www.lk.world
微信公众号

SINCE 1979

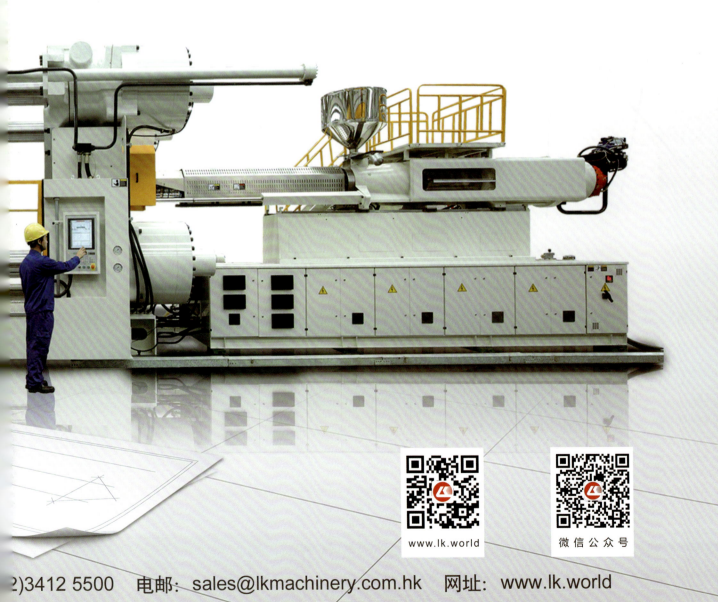

广告
东华机械
WELLTEC
Ge 423HB
东华官方微信

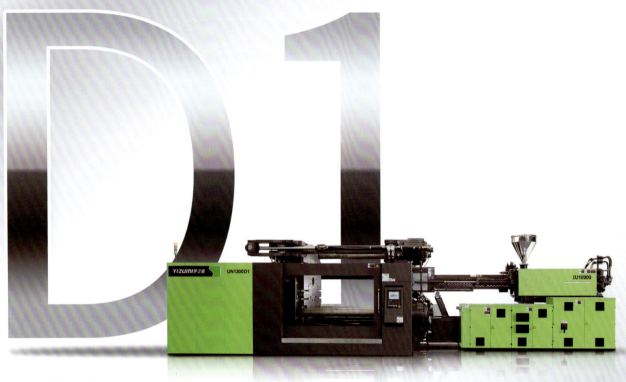

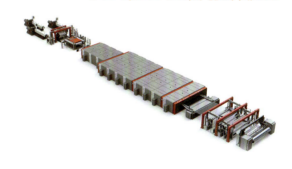

六十华诞捷报传
震雄威名四海扬

2018年7月，欧洲家电巨头Arçelik集团总裁Hakan Bulgurlu先生赴港与震雄集团商谈战略合作伙伴关系。他对震雄以往的产品服务给予了高度的赞扬，并表示未来将在罗马尼亚的“无人全智能工厂”项目中继续采用震雄提供的先进工业4.0注塑解决方案。

以下是对他的访问纪实：
Arçelik是一家拥有超过60年历史的领先家用电器制造企业。在全球范围内有20个制造生产基地。每年我们为145个国家提供超过5000万件电器产品。每一天，我们都在持续向全球拓展Arçelik的品牌足迹。在南非、波兰、土耳其、罗马尼亚、英国、巴基斯坦等市场Arçelik一直占据着行业领先的地位，我们的品牌影响力还将不断扩展到更多的国家。2000年以来，Arçelik旗下的国际品牌Beko，在竞争激烈的欧洲市场成为了发展最快的品牌之一。如今，让我们引以为傲的是，在英国每5个家庭就有一个使用着Beko的优质家电产品。

在Arçelik，我们有着强大的创新基因，这让我们在同行业中格外地显眼。我们一直专注于技术的发展来改善人们的生活。为了达到这个目标，我们投入了大量的研发费用，积极开发创新各类产品技术，并最终获得了世界知识产权基金会的大量专利，达成了百强企业中引人注目的成就。

创新是充分协作的成果，这里我想着重感谢震雄集团对我们的生产设备产品技术支持。从2005年开始，震雄已经成为了我们关键合作伙伴之一，与他们的合作是非常棒的体验。震雄一直为我们提供高品质、耐用、稳定、智能、安全的先进科技注塑机械解决方案。在过去的十年间，震雄伴随着我们制造升级遍及全球。无论是在土耳其、巴基斯坦、南非还是俄罗斯，震雄都参与了我们全球制造网络的发展与建立。

今天，震雄作为我们重要、可靠而可贵的合作伙伴，正在帮助我们在全球范围内建立更大的领先优势。比如在泰国，我们在2016年新建的重点生产基地。此前我们从未设想过，如此大型的生产基地设备基建能在12个月内完成，直到震雄向我们展示了“震雄速度”。他们从产品生产到货物运输都展现出专业的素养，全面而卓越的产品技术支持帮助我们缩短了筹建时间，提早完成了工程项目。

接下来，我们将在巴基斯坦的基地采用震雄的产品技术，以便获得区域性的生产竞争优势。此外，我们也将在罗马尼亚采用震雄的智能装备，在那里建成我们集团首个基于全数字驱动的“无人全智能工厂”。在Arçelik，“可持续发展”是指导我们一切行动的核心思想。我们通过引入高品质、高效率、高性价比的产品，来达到最高的环保标准。因此，我们非常高兴能和像震雄这样具备社会责任感、拥有共同价值观的伟大合作伙伴一同相向而行。

最后，最重要的是，我希望对震雄的主席蒋丽婉小姐表达我的敬意。经过这些年，丽婉成为了我的一位可信的、亲密的好友。我不得不说她是我最倾佩且引以为榜样的企业领导人之一。她对创新的不懈追求，驱使震雄成为一家以目标为驱动、不断进化、高速成长的伟大企业。

借此机会，我希望重申我们与震雄的战略合作伙伴关系，因为我们将延续这种合作至更久远的未来。伴随着我们的全球化增长，我们将比以往任何时候都更加需要并依赖像震雄这样的合作伙伴。

Arçelik祝贺震雄集团的第60个华诞。
由衷祝愿震雄能在下一个60年成就更伟大的辉煌。

欧洲家电巨头Arçelik CEO
Hakan Bulgurlu

震雄集团副主席兼集团生产总裁
蒋志坚

震雄集团主席兼集团总裁
蒋丽婉

姐弟同心其利断金
继往开来万象更新

为了中国实业的发展与传承，蒋震博士一生皆在奋斗。如今，鲐背之年的他已退居幕后，将宏大的震雄基业交给海外深造、德才兼备的六女儿蒋丽婉女士打理。

注塑机是技术含金量极高的高新工业装备，是国家布局“中国制造2025”的重要方向和民族工业复兴的重要支点。在这个行业里的从业人员大多是理工技术男，然而蒋丽婉女士却是一位工业基础扎实、技术实力过硬、企业管理水平卓越的工业女强人。蒋门女将当自强，百炼成钢赛凤凰。在她的带领下，震雄集团正在走向新的辉煌。

与蒋女士低调扎实的处事风格相对的是她卓越优秀的奋斗史和成长史。蒋女士毕业于美国著名的卫斯理大学，与宋氏三姐妹同为校友的她，早在大学期间就以优异的学业征服了院校师生，成为华人学生中的闪耀明星。毕业后蒋女士在蒋博士的影响下加入到祖国工业建设的宏图伟业中。家境优渥的她从未有过半点柔弱，进入震雄集团后，从基层做起，步步积累，事必躬亲。在生产部门工作了5年，先后参与计划、设计、生产、测试、质量控制和后勤保证。她一步一个脚印，以雷厉风行、坚持不懈的作风和踏实细致、专业缜密的态度，在震雄的每一个岗位上都获得了优异的成就和极高的赞誉。天道酬勤，蒋女士数倍于他人的坚持和刻苦获得了公司内外的认可和尊重。在沉甸甸的业绩和褒奖下，蒋女士逐步升任了震雄营业部主任、震雄市场及生产部执行董事、震雄总经理，并最终于2004年成为了震雄集团的总裁。2018年甲子交替，万象更新，蒋丽婉女士已经升任震雄集团的主席，其弟蒋志坚先生也久经历练升任集团副主席。

在新一代杰出企业领导人的带领下，震雄集团必将发扬光大，开创下一个辉煌的60年。

震耀中华，雄创未来

实业大企震雄集团的甲子传奇

震雄集团荣誉主席
蒋震

六十年砥砺奋进 赤子心震往烁今

60年的风雨沧桑，一甲子的岁月轮回。新中国70岁了，震雄也迎来了自己的60华诞。

70年发展，中国崛起腾飞，60载成长，震雄从无到强，实业兴邦。

震雄的传奇始于一个山东青年的自强不息。狮子山下那一盏不眠的长灯照亮了蒋震博士年轻而坚毅的面庞。艰苦的环境和匮乏的资源并不能阻挡蒋震博士发奋图强的决心。他以省吃俭用下来的200元发家创业，发明了香港首部十安士螺丝注塑机，并荣获当年的“最新产品奖”。该产品不仅在港打开了销路，更热销东南亚，为震雄品牌的国际盛誉打下了坚实基础。

然而，事业的成功无法掩盖蒋博士对内地同胞的挂念。“工业富国，国富民强”才是他实业报国的崇高追求和伟大理想。今日中国能走上民族复兴的康庄大道，正是因为历经了老一辈企业家们艰苦卓绝的自我奋斗，和碧血丹心的家国情怀。

1986年，早在香港回归之前，震雄集团就饱含着工业强国的民族情、复兴梦，积极投入到祖国装备制造业建设的历史洪流中。跨过风风雨雨，熬过日日夜夜，香港震雄集团终于在华侨之乡顺德创办了震德塑料机械有限公司。震雄集团不计成本，不遗余力地将先进的注塑机技术投入到震德，投入到内地，为的就是加快民族工业发展的步伐，让内地与香港同胞一起分享时代发展的红利。

“震德叶灵，年芳节淑”。震德是太子之德，社稷之德，宽宏之德，发展之德。震德公司以精湛的先进技术和稳定卓越的产品品质成为中国装备制造业的百强之星。如今多家注塑机行业知名企业的创办人，都是来自震德，震德公司为整个顺德地区制造业的形成和发展做出了卓越的贡献。

蒋震博士是爱国的民族企业家，也是幼人之幼的慈善榜样。少年强则中国强！蒋博士将他拥有的震雄集团的股权全数捐出，以多达20亿港元成立了“蒋震工业慈善基金”。在过去15年，基金会每年拨出2000万港元作为奖学金，培养工业界的后起之秀，至今已有超过20000名来自内地及香港的优秀人才通过蒋震工业慈善基金获得深造机会并最终投入到祖国现代化工业的建设中。他们之中不乏中国当代的工业大家和技术英才。

蒋博士在香港工业史上的义举，展现出宏大的胸怀和发展的远见，这种不屈的民族情怀和工业精神响彻了神州大地。六十年弦歌不辍，六十载薪火相传。今天的震雄依旧承担着振兴中华注塑工业的时代使命，不忘初心，砥砺前行。

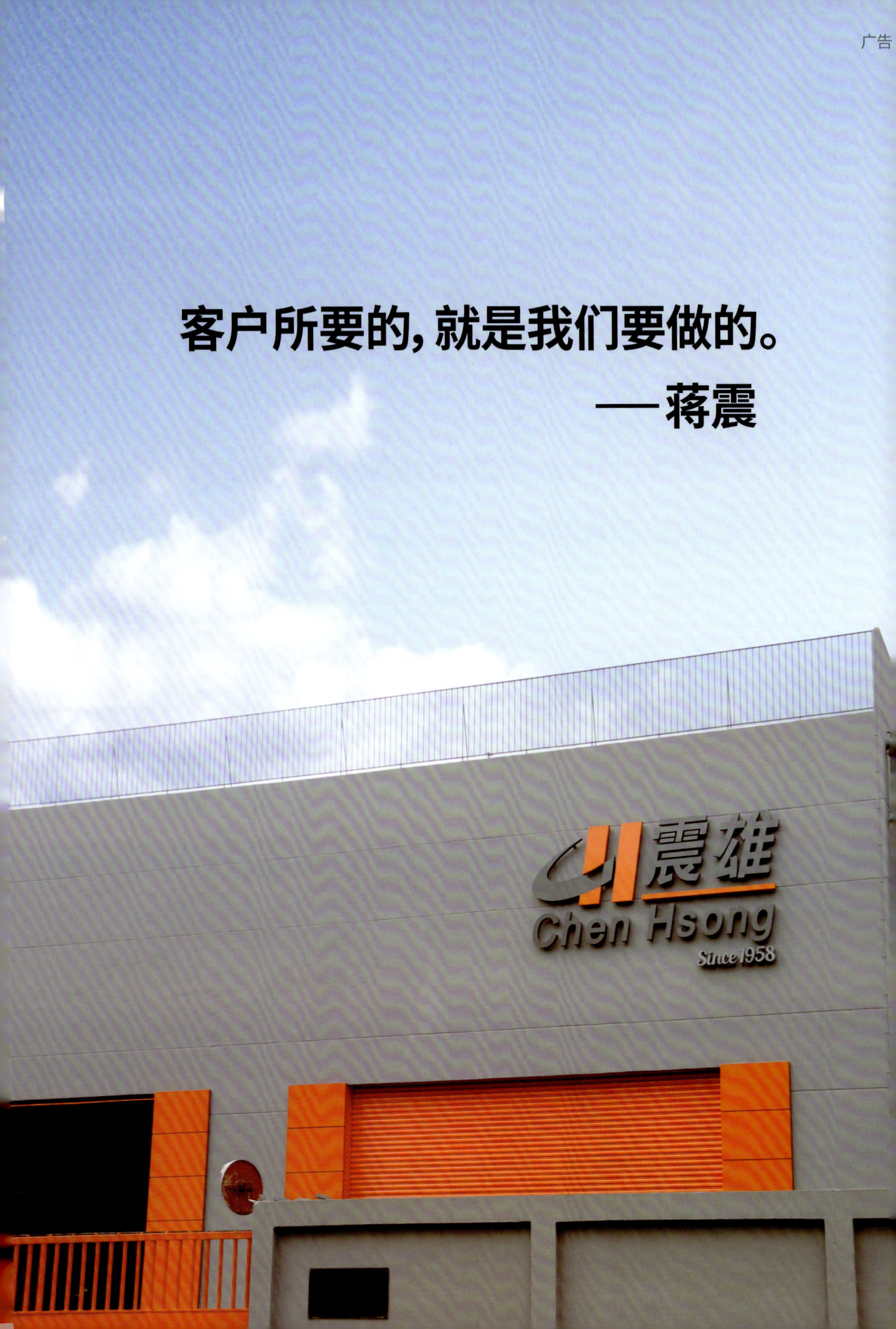
客户所要的，就是我们要做的。
——蒋震
震雄
Chen Hsong
Since 1958

广告
battenfeld-cincinnati
勇于承担·无惧挑战

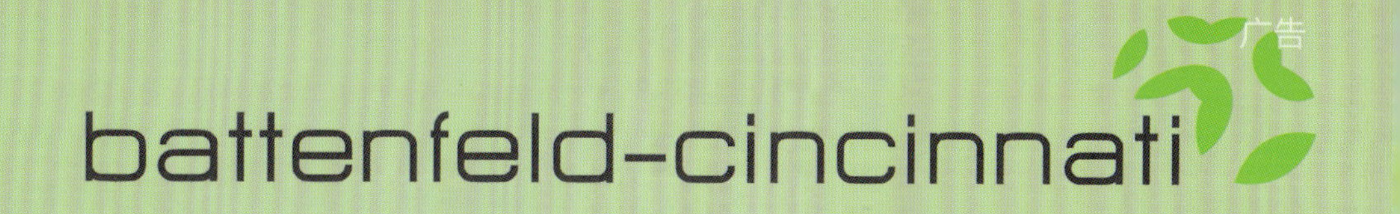

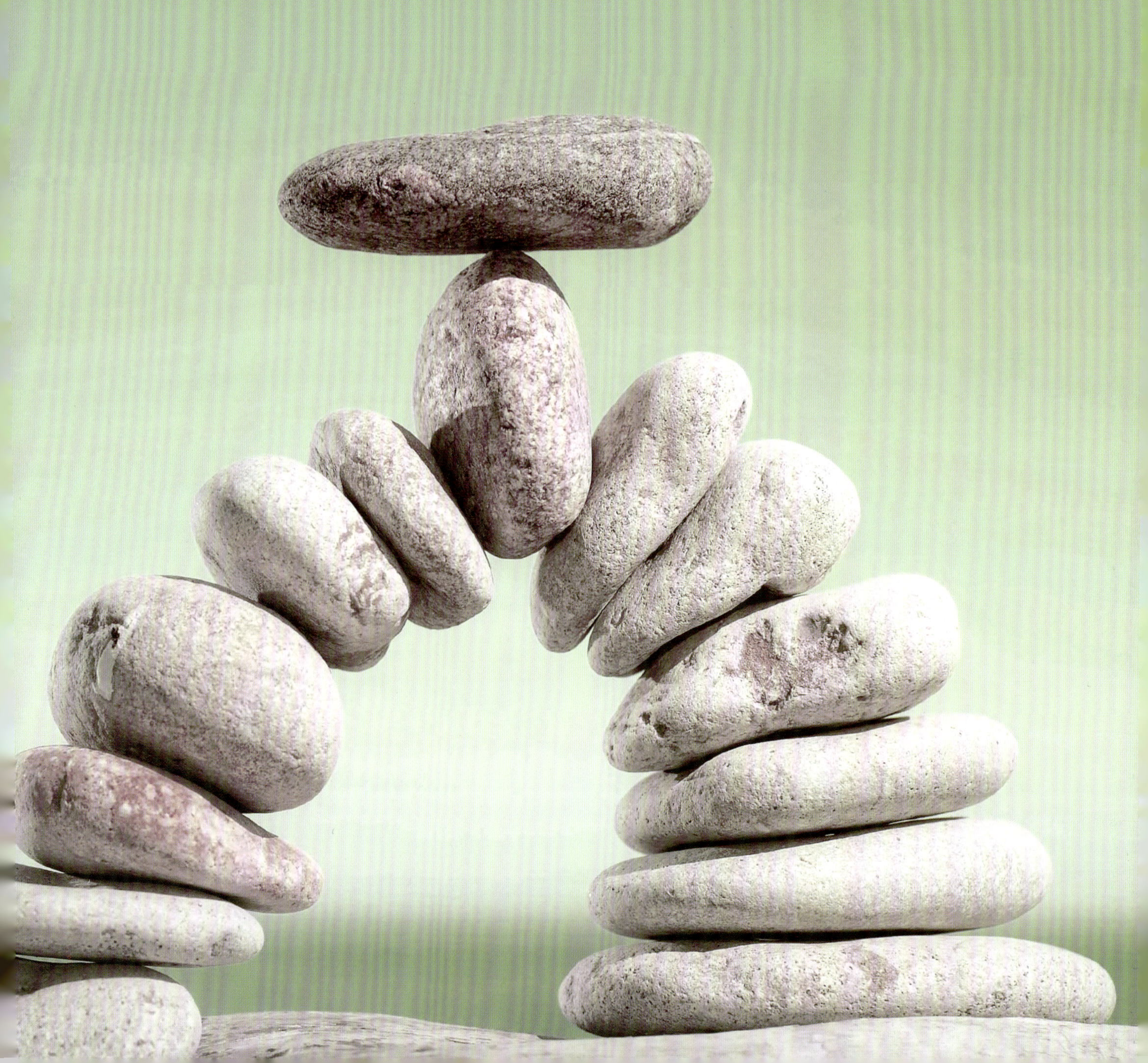

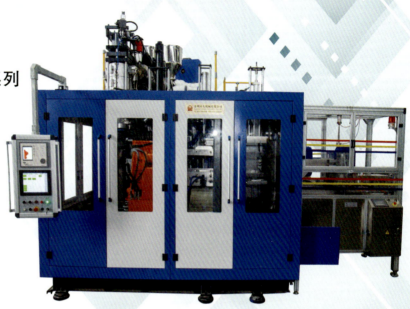

TEDERIC

股票代码 603289.SH

全电机生产区域

大型两板机生产区域

柔性系统

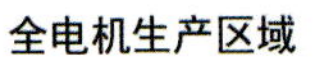

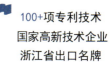

CTE 50 PLUS 双螺杆挤出机

CTE PLUS 系列双螺杆挤出机——全新德国工程设计传动箱驱动 德国质量体系和中国创新的完美结合

CTE PLUS 双螺杆挤出机搭载科倍隆德国工程设计的全新传动箱。新的接线盒设计符合更高安全标准，集成安装在设备底座上。CTE PLUS 系列具有非常吸引人的性价比。高精度的加工制造工艺确保产品的高质量。同时，在满足不同加工应用要求的前提下，为客户提供了更经济有效的解决方案。

CTE PLUS 系列新传动箱——为了进一步提高 CTE PLUS 系列挤出机运行稳定性和延长使用寿命，科倍隆德国为 CTE PLUS 设计了新的传动箱，其比扭矩为 7.2 N·m/cm³，可以和老款 CTE 传动箱互换。科倍隆德国重新了设计传动箱的旋转部件和轴承，加大了齿轮的宽度，优化了齿形齿相，增加了齿轮的啮合面。同时冷却和润滑设计以及箱体的几何结构进行了优化，使箱体更加稳固。所有传动箱箱体由科倍隆南京加工制造，每一台传动箱箱体都经由德国蔡司三维坐标测量仪进行检测，其测量尺寸精度可达 1.4 微米。每一件 CTE 传动箱的箱体检测项目近 40 项。

SP treasure 拉条切粒机

“SP treasure”拉条切粒机是由科倍隆切粒技术有限公司、德国奥芬巴赫和科倍隆南京共同合作开发的产品。科倍隆切粒技术有限公司负责设计和提供切粒室的核心部件，如切刀和胶辊，其他部件由科倍隆南京本地完成并组装。这是一款高品质、物超所值的切粒机。

“SP treasure”拉条切粒机十分适合用于高磨蚀性的矿物增强物料的切粒。它基于快拆理念设计，易于快速维护和清洁。为保证其符合科倍隆在市场上建立的 SP 切粒机的高标准，确保高产品品质的重要切粒室部件，如切刀、胶辊等，均由科倍隆德国原装提供。此外，我们为“SP treasure”配备了带隔音的切粒机出料口，使得清洁更加方便和快捷。同时，“SP treasure”系列可以根据客户的需求选配 PLC 控制和触摸屏。

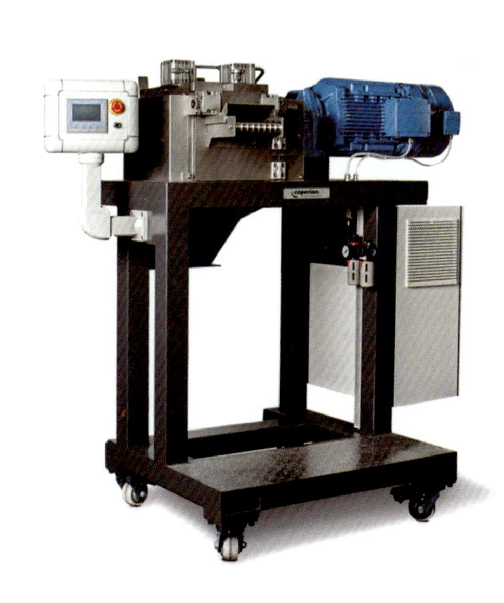
SP treasure 拉条切粒机

科倍隆的服务

科倍隆除工程设计技术优势外，还一直恪守这样的信条：我们倾听客户的声音。就像科倍隆人常说的那样：confidence through partnership（信心源于合作）。科倍隆的员工拥有丰富的经验和专业知识，可以为客户提供全方位的服务，科倍隆会派出优秀的工程师帮客户排除故障。科倍隆特有的服务体系：定期对客户的设备进行保养和检修，拥有大量的紧急备件库存，为客户提供解决问题的方案，长期对客户的设备进行检测与分析。定期对客户的操作员进行培训，对设备进行升级，以提高客户的生产效率。这种服务结构与科倍隆个性化的服务合同相匹配，可以为客户提供从基础检测到全方位维护和不同层次的服务。

科倍隆提供的不仅是服务，科倍隆之所以能创造这种新式的、个性化的服务，是因为科倍隆已经在科倍隆实验室对将来可能出现的各种风险进行了论证，这种研究经验的积累能立即应用于新产品的研发和制造，为客户提供技术竞争优势，长期保障客户的正常生产。

coperion

科倍隆（南京）机械有限公司

地址：江苏省南京市江宁区吉印大道 1296 号　邮编：211106
销售热线：025-52783922
客服热线：025-52783933
http://www.coperion.com
E-mail:Info.cmc@coperion.com

科倍隆官方微信

科倍隆南京新工厂

科倍隆(南京)机械有限公司工厂面积超过15 000m²，专注于STS和CTE双螺杆挤出机的生产与制造。工厂采用科倍隆德国先进的机械生产和工程设计技术；加工中心区域配备多台德国进口的数控加工中心和高端加工设备。全新的实验中心配备有STS 35和STS 50的配混挤出机，以及1台科倍隆德国原装的ZSK Mc¹⁸系列高端挤出机，将扩充全套上下游设备(包括物料输送设备)，为客户提供工艺实验。

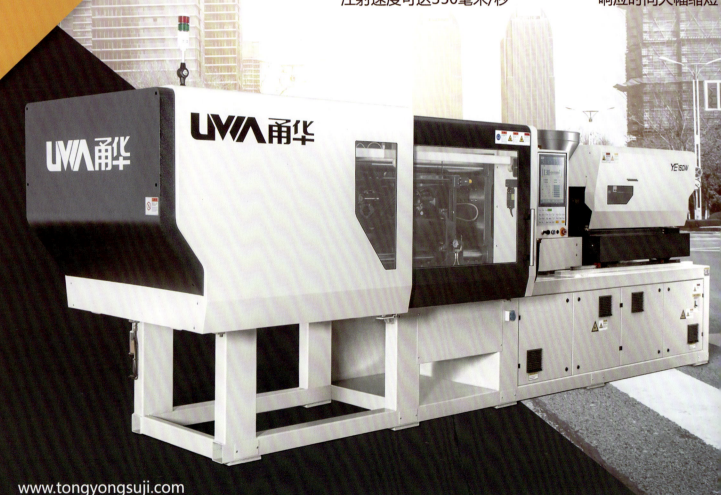

中国机械工业年鉴系列

中国塑料机械工业年鉴

2018

中国机械工业年鉴编辑委员会 编
中国塑料机械工业协会

《中国塑料机械工业年鉴》2018年版设置了综述、专文、中国塑料机械工业协会成立25周年、行业与地区发展概况、统计资料、企业概况、产品与项目、标准等栏目，系统介绍了我国塑料机械工业在2017年至2018年上半年面临的局面及总体发展情况，归纳了行业内对智能制造的认识及进展情况，收集了日本、美国、越南市场的基本情况，分析了塑料机械工业行业及地区发展状况，展现了行业骨干企业的新面貌，记录行业发生的大事及产品发展方向，直观反映了行业经济发展的新变化和新成就。

《中国塑料机械工业年鉴》的主要发行对象为政府决策机构，塑料机械行业和塑料制品行业相关企业决策者，从事市场规划、企业规划的中高层管理人员。

图书在版编目（CIP）数据

中国塑料机械工业年鉴．2018/中国机械工业年鉴编辑委员会，中国塑料机械工业协会编．—北京：机械工业出版社，2018.9
（中国机械工业年鉴系列）
ISBN 978-7-111-60850-9

Ⅰ．①中…　Ⅱ．①中…　②中…　Ⅲ．①塑料—化工机械—中国—2018—年鉴　Ⅳ．①F426.45-54

中国版本图书馆CIP数据核字（2018）第205038号

机械工业出版社（北京市西城区百万庄大街22号　邮政编码 100037）
责任编辑：董　蕾
责任校对：李　伟
北京宝昌彩色印刷有限公司印制
2018年9月第1版第1次印刷
210mm×285mm・18.25印张・60插页・474千字
定价：260.00元

凡购买此书，如有缺页、倒页、脱页，由本社发行部调换
购书热线电话（010）68326643、88379829

中国机械工业年鉴系列

作为『工业发展报告』
记录企业成长的每一阶段

中国机械工业年鉴

编辑委员会

中国塑料机械工业年鉴

记录历史
塑造品牌

中国塑料机械工业年鉴
执行编辑委员会

中国塑料机械工业年鉴

记录历史 塑造品牌

中国塑料机械工业年鉴 执行编辑委员会

中国塑料机械工业年鉴 编辑出版工作人员

总　编　辑　石　勇

主　　　编　李卫玲

副　主　编　刘世博　曹　军

编辑总监　任智惠

市场总监　赵　敏

责任编辑　董　蕾

编　　　辑　曹春苗

地　　　址　北京市西城区百万庄大街22号（邮编100037）

编辑部　电话（010）68997962　传真（010）68997966

市场部　电话（010）88379812　传真（010）68320642

发行部　电话（010）68326643　传真（010）88379825

E-mail:cmiy_cmp@163.com

http://www.cmiy.com

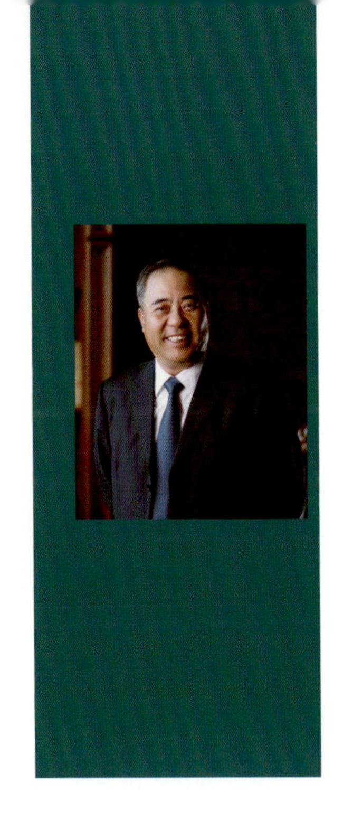

前　　言

2017年，我国塑料机械行业无论发展速度还是效益水平均居全国机械行业前列。行业整体延续了2016年下半年以来稳中向好的趋势，主要经济指标先冲高后回稳，订单数量显著增加，利润总额高速增长，出口持续平稳增长。规模以上企业累计完成主营业务收入670.64亿元，同比增长13%；实现利润总额69.14亿元，同比增长22%。重点企业不断推出新产品，研发新技术，主营收入和利润增幅高于工业总产值和销售产值增幅，主营业务收入利润率高于机械行业平均水平，资产负债率低于机械行业平均水平，在塑机行业提质增效过程中起到了引领带动作用。

行业的创新转型需要标准引领，市场规范需要依循标准。2017年10月，塑机行业的团体标准组织管理机构——中国塑料机械工业协会团体标准工作委员会成立，这为快速响应创新和市场对标准的需求、增加塑机行业标准的有效供给、促进行业更加健康有序发展奠定了基础。

塑料机械联结高分子材料与制品，与加工业和材料的发展息息相关。2018年，塑机行业及其产业链面临诸多的挑战。国内外日益严格的环保要求增大了塑料的市场压力。上半年，美国、欧盟、澳大利亚等多个经济体立法限制塑料，尤其是一次性塑料制品的使用；6月5日的世界环境日，主题为“塑战速决”；我国强调贯彻新发展、坚持人与自然和谐发展理念，从2018年1月1日起开征环境保护税。国际国内的动态表明，塑机行业需要充分关注可持续发展问题，提出切实实现资源节约、循环利用、节能环保的解决方案。此外，我国塑料加工业已进入更加依赖技术进步的发展创新阶段，呈现出功能化、轻量化、生态化和微成型发展趋势，新材料的发现与实际应用也都需要塑料机械提供相应水平的支撑。

2018年是改革开放40周年，也是中国塑料机械工业协会成立25周年。新的时代已经开启，但是整个国际社会充满了不确定性。世界经济贸易的变化，尤其是美国发起了多线贸易战，并于7月6日起对华340亿美元进口商品加征25%关税，引发“经济史上最大的贸易战”，使得塑料机械行业面临一个更加复杂的国际市场环境，也给国内塑机企业的战略布局提出了一个需要进行深度思考的问题。

塑料机械已作为单列行业进入国家发展改革委、工信部多项政策及目录，产业政策在行业中的影响不断扩大，重大技术装备首台（套）保险政策，智能制造、节能塑机以及关键共性技术等产业政策激励效果进一步提升，为整体行业的转型升级创造了良好的政策环境。行业企业要紧跟时代步伐，与国家和产业战略保持一致，清醒、清晰地规划发展之路，增强自身的竞争力，实现质与量的齐头并进。

中国塑料机械工业协会会长

2018年8月

中国塑料机械工业年鉴

记录历史 塑造品牌

中国塑料机械工业年鉴特约顾问单位特约顾问

（排名不分先后）

特约顾问单位	特约顾问
震雄集团	蒋志坚
海天国际控股有限公司	张静章
宁波市海达塑料机械有限公司	蒋忠定
山东通佳机械有限公司	张建群
博创智能装备股份有限公司	朱康建
力劲集团宁波力劲机械有限公司	王新良
上海金纬机械制造有限公司	何海潮
东华机械有限公司	杜　江
广东伊之密精密机械股份有限公司	廖昌清
广东金明精机股份有限公司	马镇鑫
宁波华美达机械制造有限公司	刘娟儿
广东乐善智能装备股份有限公司	郭锡南
佛山巴顿菲尔辛辛那提塑料设备有限公司	Toni Bernards
苏州同大机械有限公司	徐文良
宁波海星机械制造有限公司	陈兴良
泰瑞机器股份有限公司	郑建国
科倍隆（南京）机械有限公司	沈　君
富强鑫（宁波）机器制造有限公司	王俊杰
宁波通用塑料机械制造有限公司	张允升
宁波弘讯科技股份有限公司	俞田龙
信易电热机械有限公司	吴峻睿
佛山市宝捷精密机械有限公司	杨伟杰
四川金石东方新材料设备股份有限公司	陈绍江
广东达诚技术股份有限公司	罗庆青
广东正茂精机有限公司	李建军
仁兴机械（深圳）有限公司	梁伟祥
浙江申达机器制造股份有限公司	林　波
广东佳明机器有限公司	陈镇洪
宁波海太工贸有限公司	俞　冲
宁波海雄塑料机械有限公司	郑　强
爱科机械（杭州）有限公司	徐红亮
江苏贝尔机械有限公司	何德方
浙江金鹰塑料机械有限公司	潘明忠
江苏联冠科技发展有限公司	黄学祥
浙江精诚模具机械有限公司	梁　斌
青岛福润德塑料挤出技术有限公司	赵炳仁
舟山市金久机械制造有限公司	顾建军
江苏维达机械有限公司	高学飞
南京艺工电工设备有限公司	赵如平

中国塑料机械工业年鉴
特约顾问单位特约编辑

（排名不分先后）

特约顾问单位	特约编辑
震雄集团	昝勤先
海天国际控股有限公司	高世权
宁波市海达塑料机械有限公司	刘　维
山东通佳机械有限公司	李　勇
博创智能装备股份有限公司	饶启琛
力劲集团宁波力劲机械有限公司	薛　艳
上海金纬机械制造有限公司	刘惠明
东华机械有限公司	陈玉城
广东伊之密精密机械股份有限公司	张　涛
广东金明精机股份有限公司	张　前
宁波华美达机械制造有限公司	刘娟儿
广东乐善智能装备股份有限公司	夏　益
佛山巴顿菲尔辛辛那提塑料设备有限公司	谭玉娟
苏州同大机械有限公司	朱建新
宁波海星机械制造有限公司	孙　坚
泰瑞机器股份有限公司	周　玲
科倍隆（南京）机械有限公司	付　晓
富强鑫（宁波）机器制造有限公司	陈晓周
宁波通用塑料机械制造有限公司	吴　群
宁波弘讯科技股份有限公司	郑　琴
信易电热机械有限公司	陈彦良
佛山市宝捷精密机械有限公司	庾小军
四川金石东方新材料设备股份有限公司	钟　毅
广东达诚技术股份有限公司	董骏铭
广东正茂精机有限公司	邓思聪
仁兴机械（深圳）有限公司	梁志健
浙江申达机器制造股份有限公司	傅勇敏
广东佳明机器有限公司	方　来
宁波海雄塑料机械有限公司	张卫东
江苏贝尔机械有限公司	仲清锋
浙江金鹰塑料机械有限公司	冯海波
江苏联冠科技发展有限公司	刘卫祥
青岛福润德塑料挤出技术有限公司	韩　强
舟山市金久机械制造有限公司	陶家阳
大连市橡胶塑料机械协会秘书长	程　卫
宁波市塑料机械行业协会	陈　栋
张家港市塑料饮料机械协会	顾惠聪
广东省塑料工业协会注塑专业委员会	蔡恒志
胶州市塑料机械行业协会	胡　莹

广告索引

记录历史

塑造品牌

序号	公司名称	页码
1	震雄集团	封套封面
2	海天国际控股有限公司	封面
3	博创智能装备股份有限公司	封底
4	震雄集团	封套封底
5	宁波市海达塑料机械有限公司	封二
6	力劲集团	扉页拉折页
7	上海金纬机械制造有限公司	扉页
8	东华机械有限公司	前特联版
9	广东伊之密精密机械股份有限公司	前特联版
10	广东金明精机股份有限公司	前特联版
11	宁波华美达机械制造有限公司	前特页
12	震雄集团	前特拉折页
13	广东乐善智能装备股份有限公司	前特页
14	佛山巴顿菲尔辛辛那提塑料设备有限公司	前特联版
15	苏州同大机械有限公司	前特联版
16	宁波海星机械制造有限公司	前特联版
17	泰瑞机器股份有限公司	前特联版
18	科倍隆（南京）机械有限公司	前特联版
19	富强鑫（宁波）机器制造有限公司	前特联版
20	宁波通用塑料机械制造有限公司	前特页
21	山东通佳机械有限公司	封三拉折页
	聚焦“中国塑机高端自主数控（智能）装备”创新示范专栏	
22	宁波弘讯科技股份有限公司	A2 ～ A3
23	海天国际控股有限公司	A4 ～ A11
24	宁波市海达塑料机械有限公司	A12 ～ A15
25	博创智能装备股份有限公司	A16 ～ A19
26	信易电热机械有限公司	A20 ～ A21
27	佛山市宝捷精密机械有限公司	A22 ～ A23
28	中国塑料机械工业协会 2017—2018 年活动掠影	A24 ～ A27
29	广东省塑料工业协会注塑专业委员会活动集锦	A28
30	张家港市塑料饮料机械协会活动掠影	A29
31	佛山市宝捷精密机械有限公司	A30

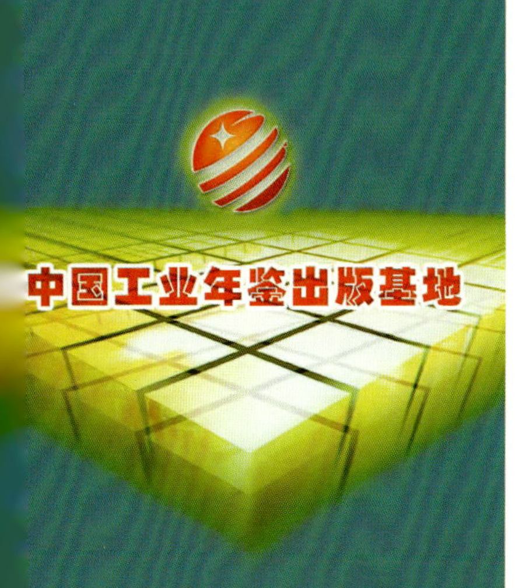

TECHMATION
Innovation in Motion 弘訊科技

股票代码：603015

挤出机集成控制系统

Extruder integrated control system

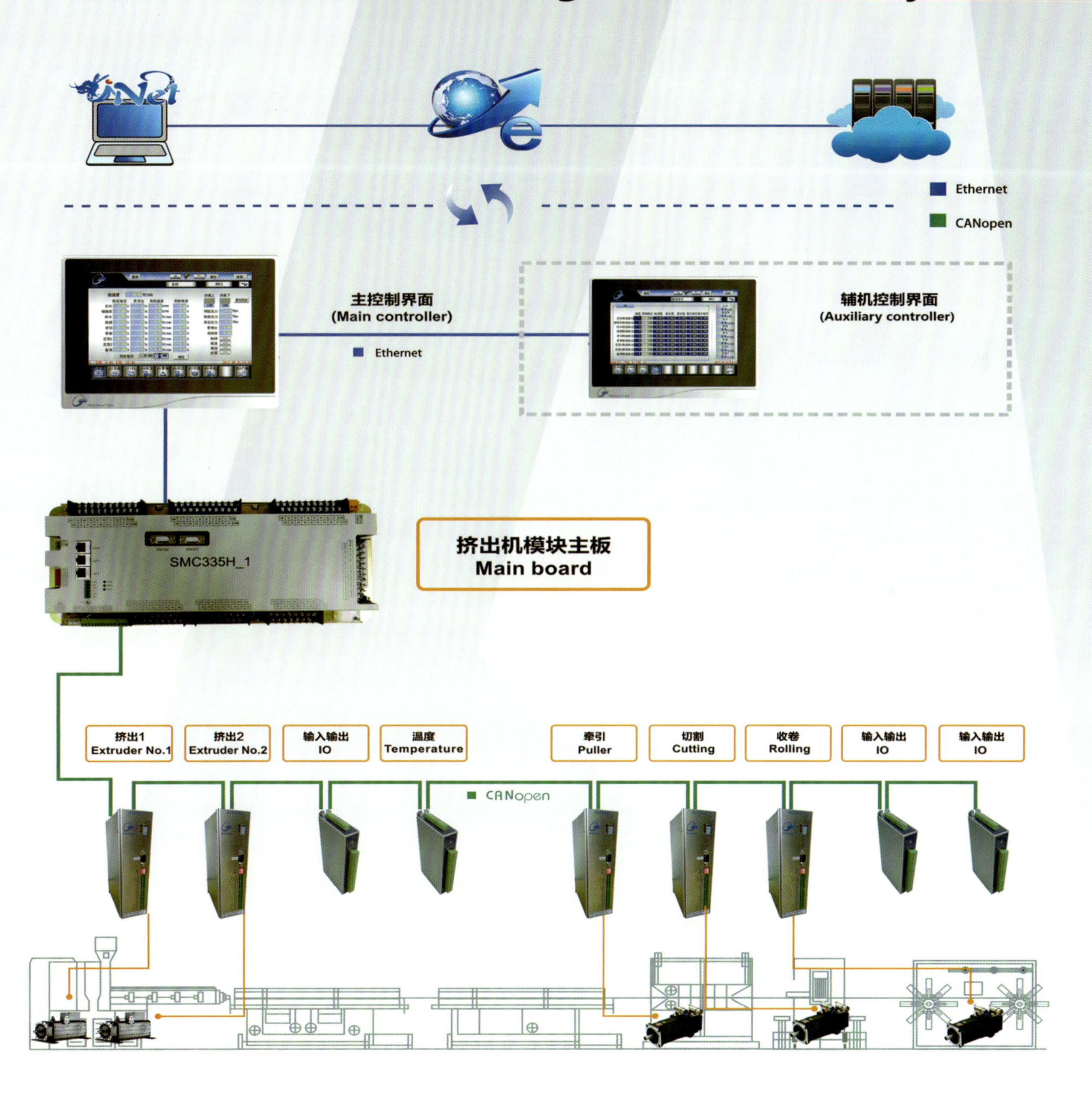

- IEC61131-3可编程控制器国际标准
- 12.1寸TFT工业级全彩色触摸屏
- 全数位通信，接线方便，节省线材
- 集散式控制系统，扩展能力强，配置灵活；温度、IO、AD、DA等可自由扩展
- 与iNet联网系统结合，实现网络化、智能化管理
- 适用于管材、片材、切粒等挤出生产线

我们的远景

多维化构筑领导力

LEADERSHIP HAS MANY DIMENSIONS

海天董事长：张静章先生

海天国际创始于1966年，为香港上市公司（HK01882），员工数5000余名，总占地面积约200万平方米，总资产和销售产值均超过100亿元，年出口创汇4.2亿美元，产品及客户遍及全球120多个国家和地区。

近年来公司获得国家、省、市级多项荣誉，连续十多年入围中国民营企业500强、中国机械制造企业10强，也是中国料机械工业协会会长单位，被评为中国优秀民营企业、全国创新型企业、国家重点高新技术企业、全国创新和谐劳动关系范企业。2018年6月，海天塑机集团以品牌强度875，品牌价值104.76亿元位列机械制造榜第四名，两次海天品牌亮相时代广场。

公司主业为精密高效、节能环保的注塑机产品，首台注塑机于1974年问世，如今拥有产销量名列世界前茅、技术国领先的注塑机生产基地。公司目前在德国、巴西、土耳其、越南、印度、俄罗斯、泰国、墨西哥等国家设立了海外工厂或分公司。海天以技术强企，拥有国家认定的企业技术中心和博士后工作站，致力于注塑机的研发、生产及销售，拥有“海天”“长飞亚”“天剑”三大品牌，清晰地表明了其市场战略：“海天”品牌继续在销售额与标准机产业上引领市场，“长飞亚”作为一个高端品牌生产适用于高科技产业的全电动注塑机，“天剑”则针对快速增长的经济型注塑机市场，积极为世界各地的客户提供全面的服务与支持。荣获“重点培育和发展的中国出口品牌”称号及“国家科技进步奖”。

海天国际控股有限公司

Haitian International Holdings Limited

THE PERFECT BALANCE BETWEEN
PRODUCTIVITY AND FLEXIBILITY AT BE
海天智造 | 灵活变通、解决切实所

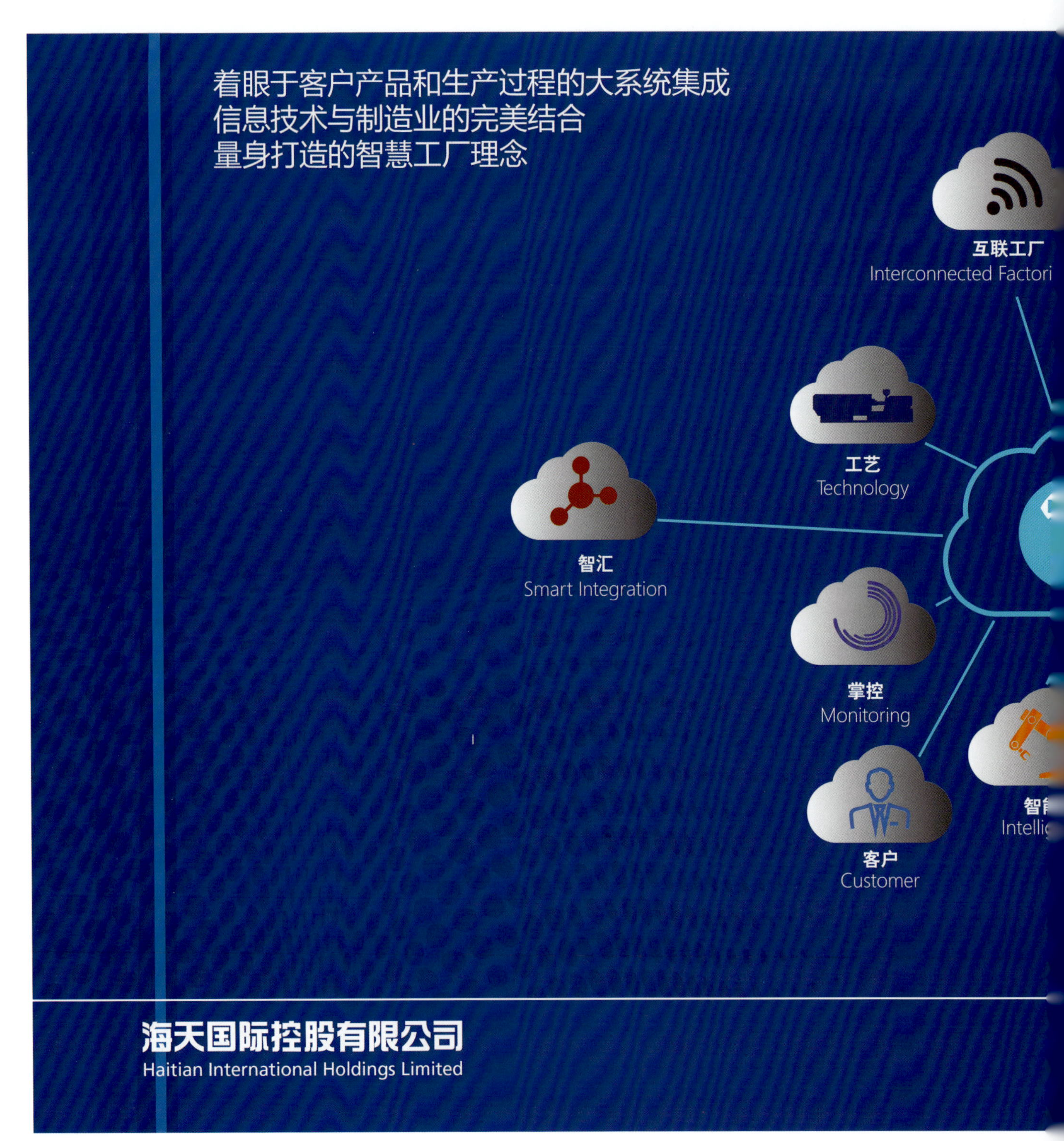

聚焦
"中国塑机高端自主数控(智能)装备"创新示范

广告
HT
HAITIAN
INTERNATIONAL

COSTS

从硬件到生态圈
Realize the hardware-ecosystem transition
供应商
Supplier
ITIAN
T SOLUTIONS
天智造
分析
Analysis
智造
Smart Manufacturing
可视化
Visualization
大数据平台
Big Data Platform
定制
stomization
www.haitianinter.com

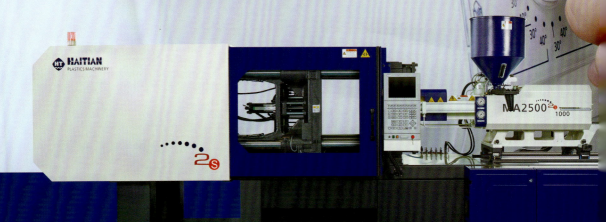

200,000 台 / UNIT

截至2017年

DELIVERED MACHINES UNTIL 2017

A10
China
Plastic Machinery Industry Yearbook

聚焦
"中国塑机高端自主数控
(智能)装备"创新示范

广告
HAITIAN
PLASTICS MACHINERY
大型制品 Large Parts
JE24000
12800
- 融合两板液压伺服和电动驱动注射技术
- 两板合模机构节省空间占用
- 快速高精密注射
- 最高可达 70% 节能
- 静音环保

communication. innovation. efficiency.

Yearbook
China Plastic Machinery Industry
A11

自强不息 务实创新

稳健经营 追求永续

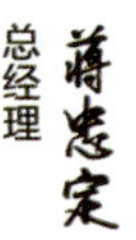

宁波市海达塑料机械有限公司
NINGBO HAIDA PLASTIC MACHINERY CO., LTD.

宁波市海达塑料机械有限公司是专业制造海达系列全自动塑料注射成型机的生产厂家，系中国塑料机械工业协会副会长单位，宁波塑料机械协会副会长单位，公司在行业内已享有较高的知名度。近年来，公司已陆续获得国家高新技术企业、浙江省著名商标、浙江省名牌产品、浙江省知名商号、浙江省安全生产标准化达标企业等国家、省级荣誉。公司于2000年获批自营进出口权，目前已在世界上十几个国家和地区办理商标注册。 在管理上，公司自2001年以来已通过ISO 9001质量认证、ISO14001认证、OHSAS18001认证和CE认证，已获得宁波市绿色环保模范工厂、区劳动关系和谐企业、区文明企业和区政府质量奖。公司已推行5S管理和ERP企业信息化管理，并取得了不错的成效。

公司创建于1992年，目前公司占地面积20余万平方米，总资产5亿元，员工450人，其中具有中高级职称的技术骨干占30%以上，并常年聘请行业知名专家和教授担任技术顾问和管理顾问，并与国内著名学府联合创办了研究中心。自成立以来，公司一直本着自强不息、务实创新、稳健经营、追求永续的企业宗旨，不断为客户提供品质卓越、制造精良的塑机产品，通过与客户长期紧密合作共赢，谋求更高的发展和更好的进步。我们不断进行技改投入、增强企业可持续发展能力。

01

更加强化的锁模机构满足高效和快速的生产需求。

02

优越的开合模特性采用进一步优化的连杆排布机构，运行更快更平稳。

03

专业模板优化设计，模板经有限元分析软件优化设计，高刚性，高强度。

04

专业的塑化单元适合多种原料生产，显著地提高塑化性能。

05

卓越的注射性能，采用双缸注射方式，性能可靠稳定。

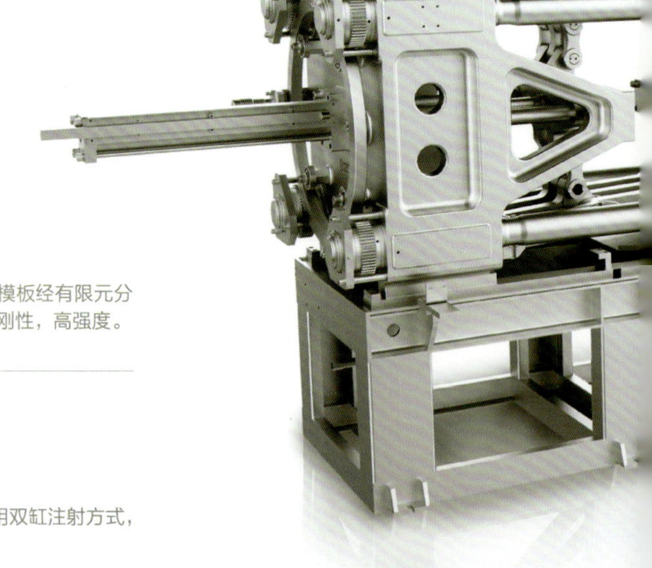

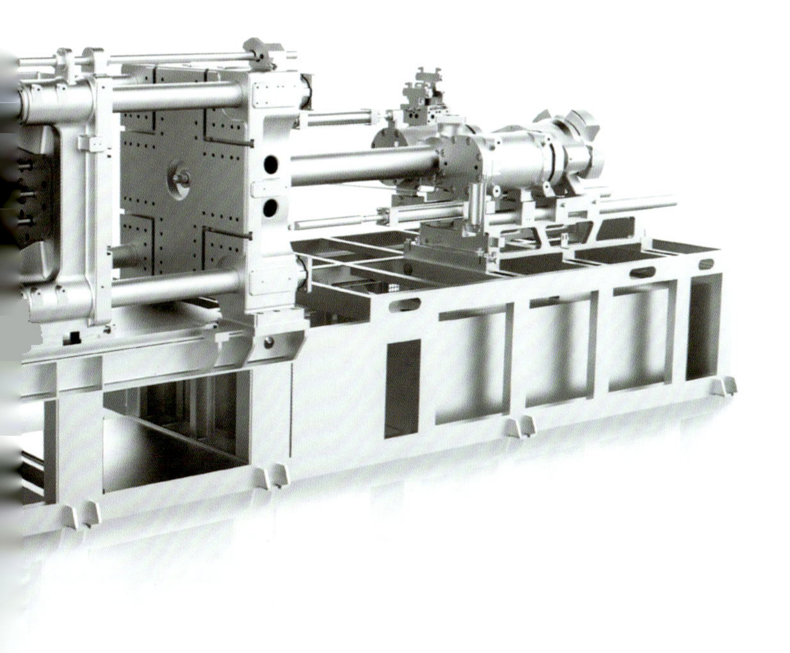

06

集中润滑系统，可靠保护配置定量分配集中润滑，提供更专业、更优良的润滑保护，延长机械寿命。

07

全新框架式结构，外观简洁大方，机身受力更加合理，刚性高。

08

高端注塑机专用控制器，双 CPU 控制，控制与显示相对独立，运行稳定可靠，全新的人机界面操作方便，运算速度快，可靠性强，扩展性好。

油电复合

高精度伺服机械系统

海达油电复合高精度伺服节能注塑机是根据目前国内塑料产品市场特点而全新开发的注塑机，既具有全电动的优点又比全电动成本更低。填补国内行业市场空白。

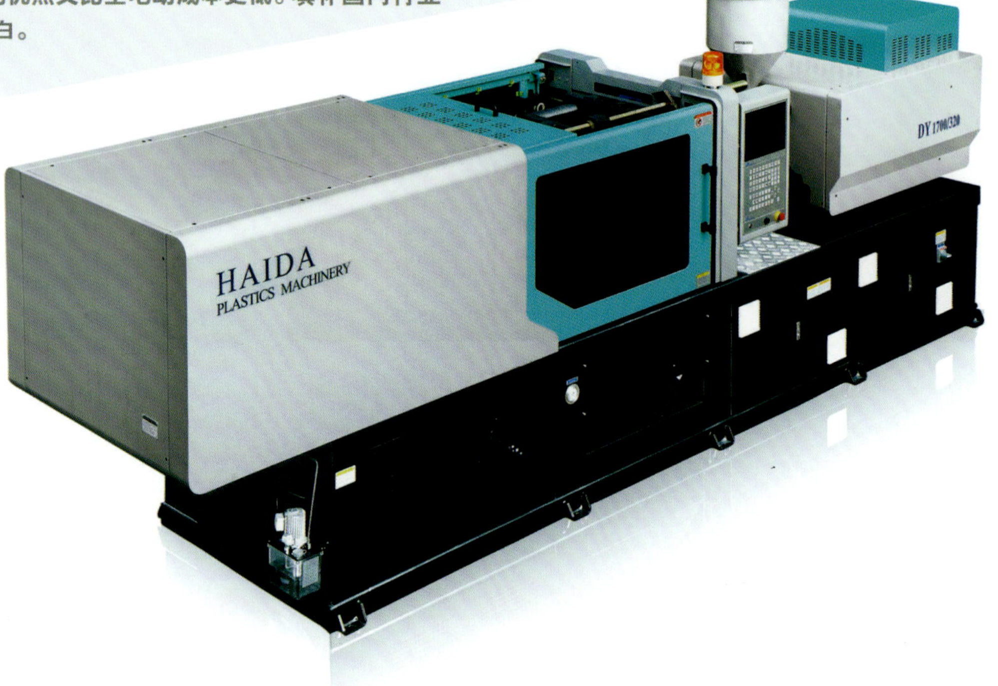

高精度

油电复合成型机到现在是精密度最高的机器。它采用压力、流量与位置控制全闭环的复合运算，真正地实现高精度、高重复性的全闭环控制。

提高生产效率

响应迅速、生产效率高；重复精度高、节省原材料。

优异的节能性

节省耗电量：冷却阶段，电机不需工作，耗电为 0。

节水和节油：与传统液压动力系统液压油相比用量减少 1/4~1/3，无需冷却，从而大幅节水。

更长机器寿命、更洁净工作环境

噪声排放更少：液压系统的噪声控制在国家标准范围内。

废热和冷却能量需求低，更适合带空调的生产环境；注塑机工作由开机至进入稳态油温上升 8℃ -10℃。

■ 应用领域

海达油电复合高精度伺服节能注塑机是油压式和电动式的综合，相比传统液压机器更快速、更精准。是目前国内全电动注塑机的理想替代品。

K系列

高性能快速薄壁注塑机

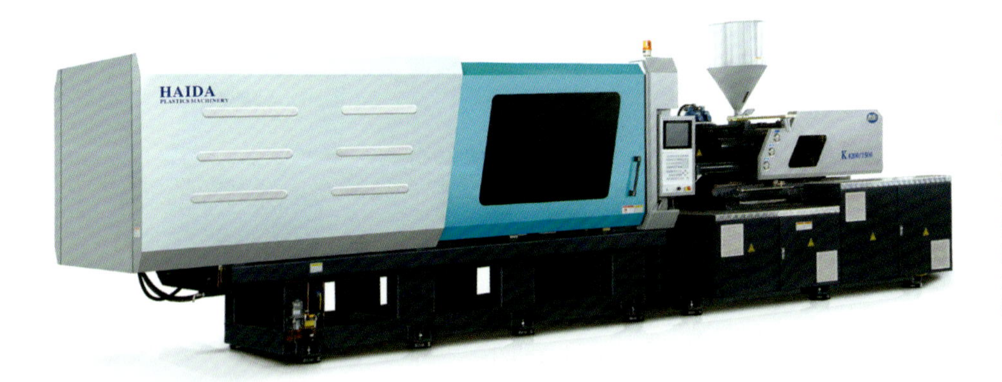

■ 海达K系列高性能快速薄壁注塑机针对目前市场高速薄壁制品、多腔类制品及有关民用制品而精心研发的机器。该机型是根据目前国际领先的设计理念结合海达几十年设计制造经验精心打造而成。

FAST 快

更高的工作效率

针对注塑生产的特点，将注塑、合模、液压、控制等一体的优化组合设计，大大缩短生产周期时间。

POWERFUL 强

更完善的机械结构

框架式机架设计，在有限元分析的基础上提高刚度和强度，大幅提升了机架精度，减少了机架的变形，使整机运行更平稳顺畅。

STABLE 稳

更严格的安全标准

符合国家强制安全标准，确保人员操作安全。

ECONOMICAL 省

更低的使用维护成本

多动作复合运行设计，高速低压注塑提高薄壁制品生产效率；高质量材料的使用，高寿命设计的机械结构，大大降低了维护成本。

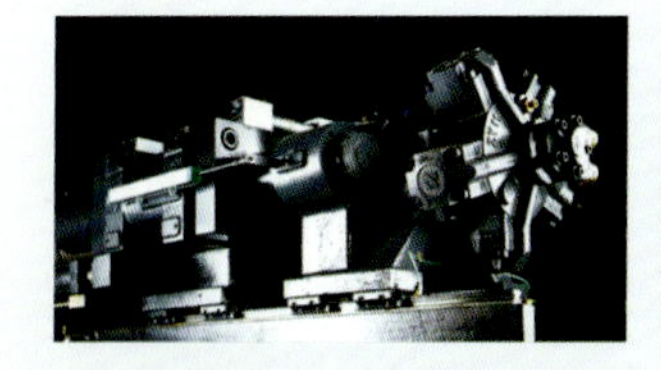

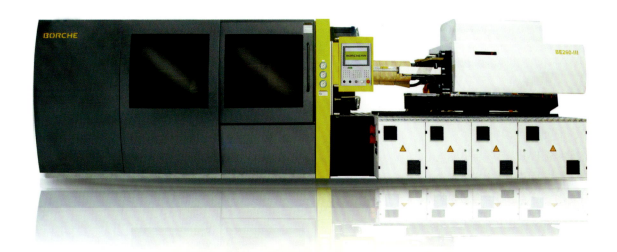

聚焦
"中国塑机高端自主数控（智能）装备"创新示范

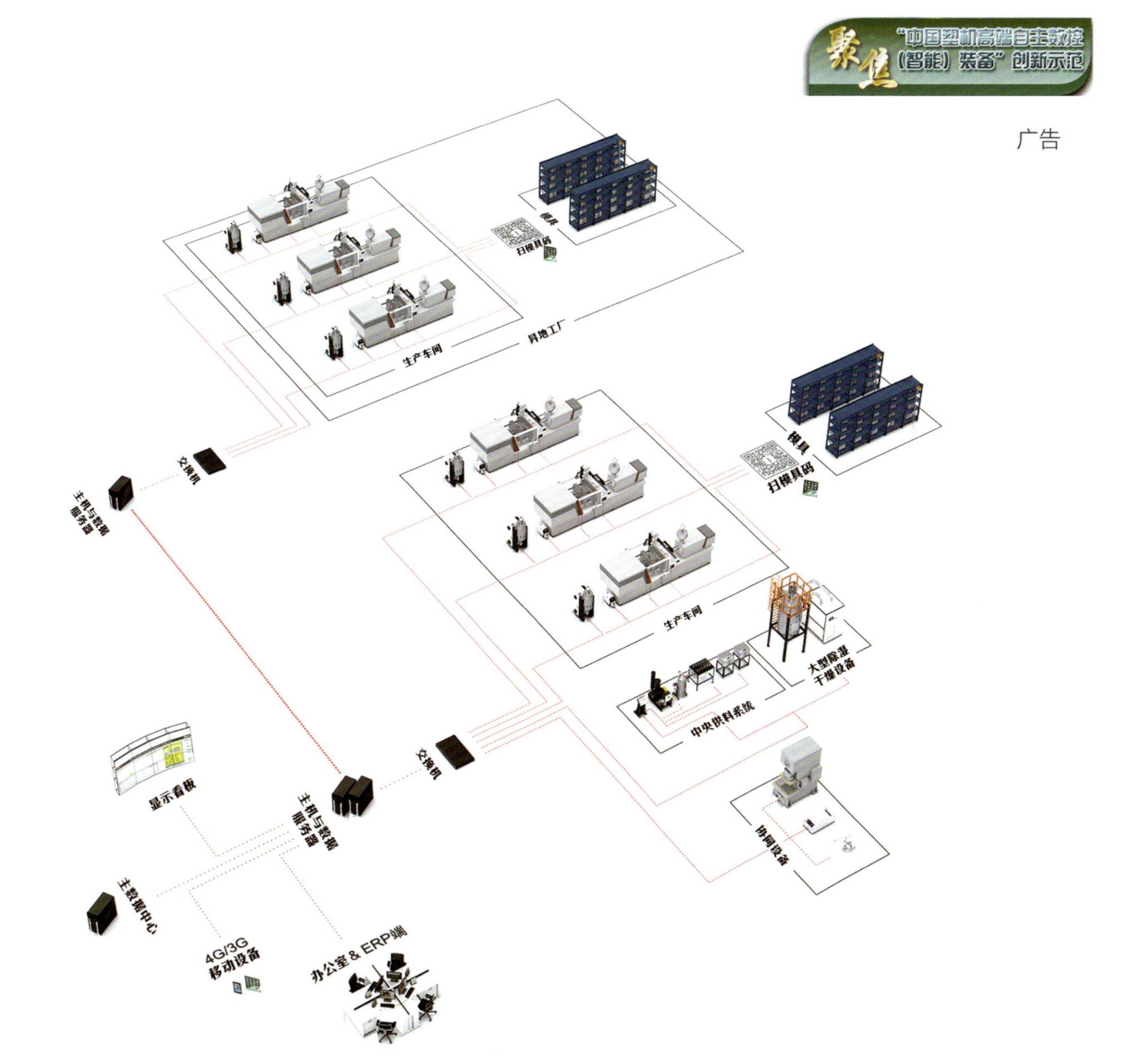

智能工厂从系统顶层开始，通过ERP配置，MES数据采集与传输，完成系统配置到单机配置的智能化。

Simple Solution

专用注塑机领跑者

The Leader
in Special
Injection Molding Machine

宝捷精机——注塑、吹瓶等专用塑机的高新技术企业！

佛山市宝捷精密机械有限公司成立于2000年，总部坐落于广东省佛山市三水高新技术工业园，拥有现代化厂房十多万平方米，是一家集研发、制造、销售、售后服务于一体的注塑、吹瓶等专用塑料机械的高新技术企业。设有伺服驱动注塑成型工程技术研究中心，拥有80多项实用新型专利及发明专利，以及20多项著作权。

宝捷公司一直专注于以品质塑造企业品牌，至今已发展成创新专用注塑机行业的领跑者！专业的团队成就了宝捷塑机“节能、高效、高速、精密”的几大优势，主导产品V6/S6系列节能注塑机节电量可达25%~60%，成本效益明显。公司更关注客户的个性化需求，凭借雄厚的技术开发和产品创新转化实力，开发出针对PET瓶坯、薄壁包装容器、多物料、中空成型、硅胶、电木、PVC/PPR管件等制品的专用型注塑机，并为客户提供高性价比的定制性整体解决方案。目前，宝捷在国内的薄壁餐饮市场、PET包装市场已经达到了行业领先水平，同时还有众多专用项目在推进，如PVC管件专用市场、LED灯罩专用市场等等。

面对下一个十年日益提升的客户需求，我们以前所未有的力度推进公司产品的升级换代，将“中小型机器油电和全电化、中大型机器两板化”作为公司的中长期产品发展策略，并兼顾产品

占地面积
Covering an area of
100000+
（平方米）
m²

的智能、环保、信息化方向，为公司的未来发展奠定坚实基础。宝捷标准型节能注塑机产品从500~35 000kN，加上吹瓶机生产线，涉及50多个系列、上万个规格，为中国乃至全球的高端客户市场应用提供更有竞争力的解决方案。

随着公司的综合实力不断增强，产能和服务也同步得到延伸和完善。以立足国内、布局全球的方针构建营销网络和服务体系，真正把“以客户为中心”的经营理念和树立长期品牌战略结合起来，全心全意为中国和海外客户提供周到的服务。目前，国内在华南、华东、华中和西南、东北等设立20多个办事处、经销点，海外在泰国、马来西亚、印尼、越南、乌兹别克斯坦、美国、墨西哥、巴西、巴基斯坦等设立经销商，产品远销60多个国家和地区，成功进入更多行业，实现了品牌、销量的双提升。

佛山市宝捷精密机械有限公司
POWERJET PLASTIC MACHINERY CO., LTD.

厂址：中国·广东省佛山市三水区乐平镇创新大道西5号　邮编：528137
Service line: 86-400 830 0005 | TEL:86-757-86697588 | FAX:86-757-86697861 | E-mail: powerjet@126.com　www.powerjet.cn

中国塑料机械工业协会

公益活动

为九寨沟草地乡中心小学捐助

举办会议活动

中国塑料机械工业协会第六届理事会换届选举

中国塑料机械工业协会第六届理事会负责人就职宣誓

中国塑料机械工业协会团标委成立会

2017 中国塑料机械工业年鉴首发

2017 第五届中国国际塑料机械产业论坛

产业命运共同体签约

2017 第三届中国塑机风采摄影展颁奖

2017 中国塑料机械优势企业颁奖

2017 首届中国好塑才颁奖

2017—2018 年活动掠影

走访企业

参加企业活动

中国塑料机械工业协会

参加行业活动

拜访华南理工大学聚合物新型成型装备国家工程研究中心、聚合物成型加工工程教育部重点实验室

宁波塑料机械行业协会五届会员大会暨五届一次理事会

香港塑胶机械协会成立 25 周年

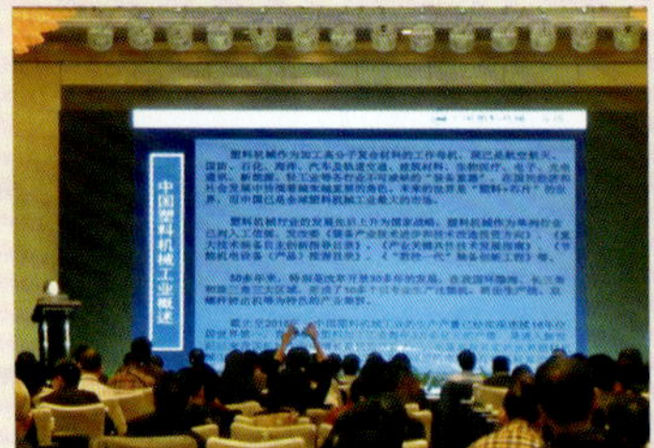
第十三届中国塑料产业发展国际论坛

粤港澳大湾区创新集聚区论坛

中国合成树脂供销协会第二届会员大会

对外交流

与美国塑料工业协会交流

参观美国 NPE2018

参观惠普总部

与美国塑料工业协会交流

参观埃克森美孚全球总部

2017—2018 年活动掠影

对外交流

2017 中印塑料工业供需对接会

2017 第三届中国（重庆）国际塑料工业展览会开幕式

与日本塑料机械工业协会交流

参观海天越南工厂

参观日本 Fanuc

参观日本 IPF 展会

参观日本帝人未来馆

参观日本马扎克大口工厂

参观日本新泻机械

参加 2017 中韩展览业对接会

参加 2017 年 CIPAD 年会

广告

张家港市塑料饮料机械协会活动掠影

广告

2017年4月14日，张家港市塑料饮料机械协会工会联合会一届十二次委员会议在江苏科技大学产业技术研究院召开。

2017年5月27日，张家港塑饮机协会换届大会在市港城大厦召开，选举产生了新一届协会领导班子。大会上聘请高学飞、黄学祥为名誉会长并由新任会长陈鹤忠颁发聘书。

2017年9月29—30日，根据协会陈鹤忠会长的要求，协会秘书处代表协会会长陈鹤忠走访全体会员单位，中秋送月饼，情暖会员心，提前向各会员企业送去中秋节日的祝福与问候。

2017年11月9日，张家港市塑料饮料机械协会秘书长顾惠聪前往浙江余姚、义乌参观考察余姚塑料机械展和义乌装备博览会。组织会员企业参展，考察国内其他展会寻求合作。

2017年9月28日上午，张家港市塑料饮料机械协会第四届一次理事会在港城大厦召开。会议由顾惠聪秘书长主持，陈鹤忠会长详细介绍了第四届当选会长、副会长的工作分工职责安排。他要求各新当选会长、副会长按照工作分工，认真履行好自己的工作职责，接受全体会员的考评。

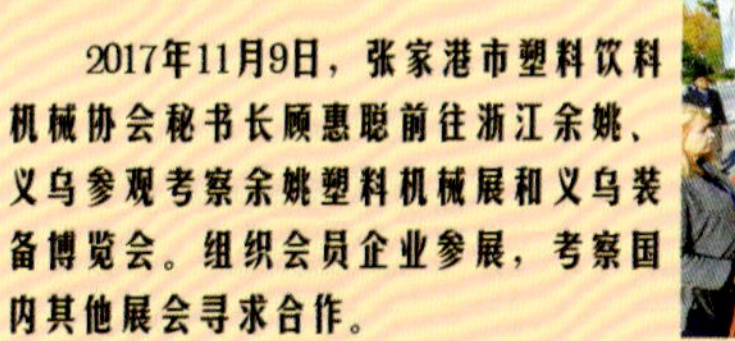

2017年11月22日，张家港市塑料饮料机械协会工会联合会暨劳动争议调解委员会第二届换届大会在张家港市港城大厦召开。协会荣誉会长维达机械董事长高学飞和工会联合会主席顾惠聪参加。

2017年9月28日下午，张家港市塑料饮料机械协会会长陈鹤忠带领协会监事徐文良，副会长金荣、倪玉标，秘书长顾惠聪，理事杨德刚、郑勇、陈刚，以及汇丰机械的代表和秘书处工作人员一行13人赴常州湖塘镇商会学习考察。

为了帮助企业解决人才问题，张家港市塑料饮料机械协会组织会员企业参加2017年校园招聘会。2017年12月1日，协会组织会员企业参加了江苏科技大学张家港市校区和苏州理工学院2018届毕业生双选会。2017年12月2日，协会又组织会员企业参加了沙洲职业工学院2018届毕业生就业供需洽谈会。

综合索引

记录历史

塑造品牌

综述

以宏观视角，分析2017年我国塑料机械工业的经济运行情况，记录2017年对塑料机械工业产生重要影响的事件

P3～26

专文

整理行业内对智能制造的认识及企业智能制造进展情况，收集日本、美国、越南的市场情况

P29～55

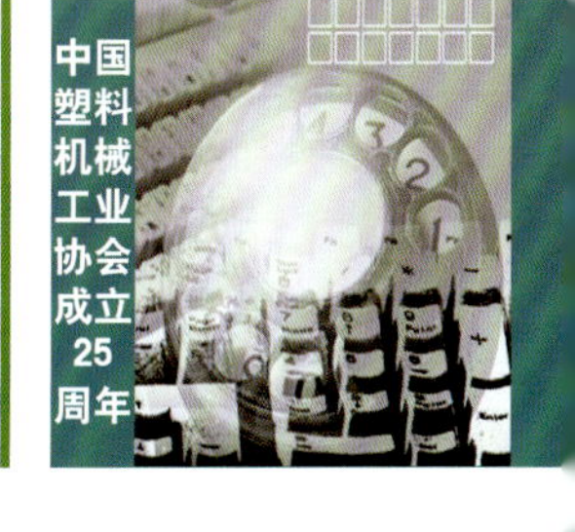

中国塑料机械工业协会成立25周年

概述中国塑料机械工业的发展历程，展现行业研发实力和骨干企业的新面貌

彩1～彩44，P57～134

行业与地区发展概况

分析行业和主要产业集聚地的发展情况

P137～172

统计资料

塑料机械行业经济指标及产品进出口数据

P175～212

企业概况

行业内优势企业名单及运行分析，分析2017年塑料机械行业上市公司情况，访谈企业管理人士，展示“中国好塑才”名单

P215～241

产品与项目

介绍2017年塑料机械行业进入国家各类目录的产品、未来产品发展方向，展示新产品

P245～274

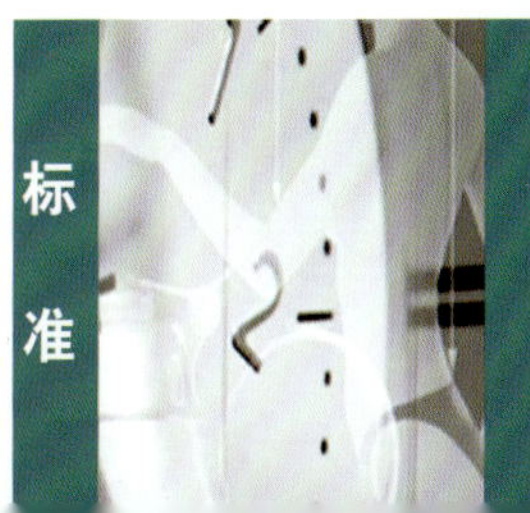

标准

论述2017年塑料机械行业标准化工作，展示塑料机械行业标准目录

P277～288

中国机械工业年鉴系列

《中国机械工业年鉴》

《中国电器工业年鉴》

《中国工程机械工业年鉴》

《中国机床工具工业年鉴》

《中国通用机械工业年鉴》

《中国机械通用零部件工业年鉴》

《中国模具工业年鉴》

《中国液压气动密封工业年鉴》

《中国重型机械工业年鉴》

《中国农业机械工业年鉴》

《中国石油石化设备工业年鉴》

《中国塑料机械工业年鉴》

《中国齿轮工业年鉴》

《中国磨料磨具工业年鉴》

《中国热处理行业年鉴》

《中国机电产品市场年鉴》

《中国机械工业集团年鉴》

编辑说明

一、《中国机械工业年鉴》是由中国机械工业联合会主管、机械工业信息研究院主办、机械工业出版社出版的大型资料性、工具性年刊，创刊于 1984 年。

二、根据行业需要，1998 年中国机械工业年鉴编辑委员会开始出版分行业年鉴，逐步形成了中国机械工业年鉴系列。该系列现已出版了《中国电器工业年鉴》《中国工程机械工业年鉴》《中国机床工具工业年鉴》《中国通用机械工业年鉴》《中国机械通用零部件工业年鉴》《中国模具工业年鉴》《中国液压气动密封工业年鉴》《中国重型机械工业年鉴》《中国农业机械工业年鉴》《中国石油石化设备工业年鉴》《中国塑料机械工业年鉴》《中国齿轮工业年鉴》《中国磨料磨具工业年鉴》《中国机电产品市场年鉴》《中国热处理行业年鉴》和《中国机械工业集团年鉴》。

三、《中国塑料机械工业年鉴》由中国机械工业年鉴编辑委员会和中国塑料机械工业协会共同编撰，2009 年首次出版。2018 年版由综述、专文、中国塑料机械工业协会成立 25 周年、行业与地区发展概况、统计资料、企业概况、产品与项目、标准栏目构成，集中反映了塑料机械行业 2017 年至 2018 年上半年的发展情况及发展趋势，全面系统地提供了塑料机械行业的主要经济指标。

四、统计资料来源于中国机械工业联合会、中国塑料机械工业协会、国家统计局（年报及快报）和中国海关。由于统计口径不一致，数据间或有出入，选用时请注意数据来源。

五、《中国塑料机械工业年鉴》主要发行对象为政府决策机构、机械工业相关企业决策者和从事市场分析、企业规划的中高层管理人员以及国内外投资机构、贸易公司、银行、证券、咨询服务部门和科研单位的机电项目管理人员等。

六、在编撰过程中得到了中国塑料机械工业协会及行业内众多专家、学者、工程技术人员和企业的大力支持和帮助，在此表示衷心感谢。

七、未经中国机械工业年鉴编辑部的书面许可，本书内容不允许以任何形式转载。

八、由于水平有限，难免出现错误和疏漏，敬请批评指正。

中国机械工业年鉴编辑部

2018 年 8 月

目 录

综 述

2017 年中国塑料机械工业发展报告 ············· 3
2017 年中国塑料加工业发展报告 ·············· 16
中国塑料机械工业大事记（2017 年）·········· 23

专 文

智能制造专栏 ································ 29
中国塑料机械智能制造的现状与未来趋势 ····· 29
中国塑料机械行业智能制造浅谈 ············· 32
创新科技驱动智能制造——工业 4.0 及智能制造深度解读 ························ 35
博创智能装备股份有限公司智能制造转型升级经验 ························ 40
塑料机械工业 4.0 现状与金纬公司智能制造的投入进展 ························ 42
市场专题 ···································· 46
日本 ·· 46
日本国际塑料橡胶工业展览会 ··············· 46
日本塑料机械生产与进出口情况 ············· 47
中日行业交流 ······························· 48
日本企业见闻 ······························· 48
美国 ·· 52
NPE 展会 ··································· 52
中美行业交流 ······························· 53
美国企业见闻 ······························· 53
越南 ·· 54

中国塑料机械工业协会成立 25 周年

贺信 ······································ 彩 2
题词 ······································ 彩 4
影像档案 ·································· 彩 5
产品档案 ································· 彩 15
人物 ····································· 彩 25
技术档案 ································· 彩 41
走向辉煌的中国塑料机械行业 ················ 57
2013—2017 年宁波市塑料机械行业现状及发展情况 ···························· 83
研发实力 ···································· 93
北京化工大学橡塑机械研究团体 ············· 93
华南理工大学高分子材料先进制造技术与装备研究所 ···························· 98
检测力量 ··································· 100
国家塑料机械产品质量监督检验中心 ········ 100
广东产品质量监督检验研究院（国家机械产品安全质量监督检验中心）··············· 103
行业企业 ··································· 104
海天国际控股有限公司 ····················· 104
上海金纬机械制造有限公司 ················· 108
山东通佳机械有限公司 ····················· 108
广东伊之密精密机械股份有限公司 ·········· 111
博创智能装备股份有限公司 ················· 114
大连橡胶塑料机械有限公司 ················· 115
宁波弘讯科技股份有限公司 ················· 118
泰瑞机器股份有限公司 ····················· 121
东华机械有限公司 ························· 123
浙江华业塑料机械有限公司 ················· 125
浙江申达机器制造股份有限公司 ············ 126
宁波华美达机械制造有限公司 ·············· 128
广东乐善智能装备股份有限公司 ············ 129
科倍隆集团 ······························· 131
佛山市顺德区考特斯塑料科技有限公司 ······ 133

行业与地区发展概况

行业概况 ··································· 137
塑料注射成型机概况 ······················· 137

中空塑料吹塑成型机行业发展概况与
发展趋势 …… 141
近年来中国滚塑机械发展状况 …… 150
塑料挤出发泡成型设备行业概况 …… 154
再生塑料及其设备行业概况 …… 157
地区概况 …… 161
张家港地区塑料饮料机械行业 2017 年
情况概述 …… 161
宁波市塑料机械工业 2017 年经济运行概况 …… 164
广东深圳塑胶行业发展概况 …… 166

统计资料

2017 年 1—12 月单个税号塑料机械进口价格指数
（以 2014 年 1 月为基期） …… 175
2017 年 1—12 月单个税号塑料机械出口价格指数
（以 2014 年 1 月为基期） …… 176
2017 年 1—12 月塑料机械进出口综合价格指数
（以 2014 年 1 月为基期） …… 177
2017 年中国塑料机械出口情况 …… 177
2017 年中国塑料机械进口情况 …… 208

企业概况

2018 中国塑料机械制造业综合实力 30 强
企业 …… 215
2018 中国塑料注射成型机行业 15 强企业 …… 216
2018 中国塑料挤出成型机行业 10 强企业 …… 216
2018 中国塑料中空成型机行业 3 强企业 …… 217
2018 中国塑料机械辅机及配套件行业 5 强
企业 …… 217
2018 中国塑料机械行业优势企业经济运行分析
报告 …… 217
中国塑料机械行业上市公司分析 …… 219
人物访谈 …… 227
庆祝震雄集团成立 60 周年
——震雄集团董事局主席兼集团总裁
蒋丽苑 …… 227
用创新促动发展 以精益铸就品牌
——泰瑞机器股份有限公司董事长
郑建国 …… 230
三垒科技划转升级 迈向“工业 4.0”
——大连三垒科技有限公司销售总经理
于淏洋 …… 232
造十年精品 领航大型中空吹塑市场
——青岛岩康塑料机械有限公司董事长
夏和义 …… 233
深耕电热圈技术 助力中国塑机行业节能减排
——艾克森（江苏）节能电热科技有限公司
总经理何海兵 …… 234
打造全面润滑解决方案 追求共同发展
——埃克森美孚（中国）投资有限公司工业润滑
油销售总经理杨东 …… 237
2017 首届“中国好塑才” …… 240

产品与项目

首台（套）重大技术装备推广应用指导目录
（2017 年版） …… 245
产业关键共性技术发展指南（2017 年）
（节选） …… 246
中国专利奖（塑料机械工业） …… 248
塑料加工业技术进步“十三五”发展指导意见
（节选） …… 249
Chinaplas 2018 优势企业展品 …… 256
环保包装 绿色创新——PLA 聚乳酸 / 淀粉基生物降
解材料的双螺杆挤出片材设备 …… 271

标　准

2017—2018 年塑料机械行业标准化工作
概述 …… 277
塑料机械行业标准目录 …… 280
中国塑料机械行业团标标准化工作概述 …… 282
塑料中空成型机能耗检测方法的研究 …… 286

Contents

Overview

Development Report of China Plastics Machinery Industry in 2017 ······ 3
Development Report of China Plastics Industry in 2017 ······ 16
2017 China Plastics Machinery Industry Chronicle of Events ······ 23

Special Articles

Intelligent Manufacturing Column ······ 29
Current Situation and Future Trend of IM in China Plastics Machinery Industry ······ 29
Brief Introduction of IM in China Plastics Machinery Industry ······ 32
Interpretation of Industry 4.0 and IM ······ 35
IM Experience of Borch Machinery Co., Ltd. ······ 40
IM Progress in Shanghai Jwell Machinery Co., Ltd. ······ 42
Market Column ······ 46
Japanese Market ······ 46
American Market ······ 52
Vietnamnese Market ······ 54

25th Anniversary of CPMIA

Striding to the Glorious Future of China Plastics Machinery Industry ······ 57
Development of Plastics Machinery Industry in Ningbo City from 2013 to 2017 ······ 83
Strength of R&D ······ 93
Beijing University of Chemical Technology ······ 93
South China University of Technology ······ 98
Strength of Testing ······ 100
National Quality Supervision and Inspection Center of Plastic Machinery ······ 100
Guangdong Testing Institute of Product Quality Supervision ······ 103
Enterprises ······ 104
Haitian Plastics Machinery Group Co., Ltd. ······ 104
Shanghai Jwell Machinery Co., Ltd. ······ 108
Shandong Tongjia Machinery Co., Ltd. ······ 108
Guangdong Yizumi Precision Machinery Co., Ltd. ······ 111
Borch Machinery Co., Ltd. ······ 114
Dalian Rubber & Plastics Machinery Co., Ltd. ······ 115
Ningbo Techmation Co., Ltd. ······ 118
Tederic Machinery Co., Ltd. ······ 121
Donghua Machinery Ltd. ······ 123
Zhejiang Huaye Plastics Machinery Co., Ltd. ······ 125
Zhejiang Sound Machine Manufacturing Co., Ltd. ······ 126
Ningbo Hwamda Machinery Manufacturing Co., Ltd. ······ 128
Guangdong Leshan Intelligent Equipment Corp., Ltd. ······ 129
Coperion ······ 131
Shunde Kautex Plastics Technology Co., Ltd. ······ 133

Industry and Regional Development Overview

Industry Development Overview ······ 137
General Situation of Plastics Injection Molding Machinery Industry ······ 137
General Situation of Plastics Hollow Blow Molding Machinery Industry ······ 141
General Situation of Rotational Molding Machinery Industry ······ 150
General Situation of Plastics Extrusion Foaming Molding Machinery Industry ······ 154

General Situation of Waste Plastics Regenerates and Utilization Industry and Related Equipments ····· 157
Regional Development Overview ················· 161
General Situation of Plastics （Beverage Container） Machinery Industry in Zhangjiagang City in 2017 ································· 161
Economic Operation Situation of Plastics Machinery Industry in Ningbo City in 2017 ·············· 164
General Situation of Plastics Industry in Shenzhen City ····································· 166

Statistical Data

Single Duty Paragraph of the Plastics Machinery Import Average Price Index in 2017 ···················· 175
Single Duty Paragraph of the Plastics Machinery Export Average Price Index in 2017 ···················· 176
Single Duty Paragraph of the Plastics Machinery Import & Export Average Price Index in 2017 ············· 177
Export Situation of Plastics Machinery in 2017 ······ 177
Import Situation of Plastics Machinery in 2017 ······ 208

General Situation of Enterprises

Top 30 Comprehensive Strength Enterprises of China Plastics Machinery Manufacturing Industry in 2018 ································ 215
Top 15 Enterprises of China Plastics Injection Molding Machinery Industry in 2018···················· 216
Top 10 Enterprises of China Plastics Extrusion Molding Machinery Industry in 2018···················· 216
Top 3 Enterprises of China Plastics Hollow Molding Machinery Industry in 2018···················· 217
Top 5 Enterprises of China Plastics Auxiliary Equipment and Accessories Industry in 2018 ·············· 217
Analysis on Economic Operation of China Plastics Machinery Industry Superior Enterprises in 2018 ································ 217
Overview of Annual Reports of Listed Companies in Plastics Machinery Industry ························· 219
Interviews································· 227
The Chen Hsong Group ······················ 227
Tederic Machinery Co.,Ltd. ···················· 230
Dalian Sunlight Technology Co.,Ltd.············· 232
Qingdao Yankang Plastic Machinery Co.,Ltd.······ 233
Aiksen （Jiangsu） Electric Technology Co.,Ltd. ································ 234
Exxonmobil································ 237
Industrial Technologists and Professional Executives in 2017 ································ 240

Products and Projects

Guidance Catalog for Promotion and Application of the First Unit （Set） of Major Technological Equipment （2017） ······························· 245
Industrial Key and Commom Technology Development Guidance （2017） （Excerpt） ·············· 246
China Patent Award （Plastics Machinery Industry） ······························ 248
Guiding Opinions on the Technical Development of Plastics Processing Industry in the 13th Five-Year Period（Excerpt）························ 249
Exhibits of Domestics Enterprises in Chinaplas 2018 ································· 256
PLA Twin Screw Extrusion Equipment ············ 271

Standards

The Work Situation of the Plastics Machinery Industry Standardization ···························· 277
Catalog of Standards of Plastics Machinery Industry································ 280
The Work Situation of the Plastics Machinery Industry Group Standard ·························· 282
Study on Energy Consumption Detection Method of Plastics Hollow Molding Machinery ················· 286

中国塑料机械工业年鉴2018

综述

以宏观视角，分析2017年我国塑料机械工业的经济运行情况，记录2017年对塑料机械工业产生重要影响的事件

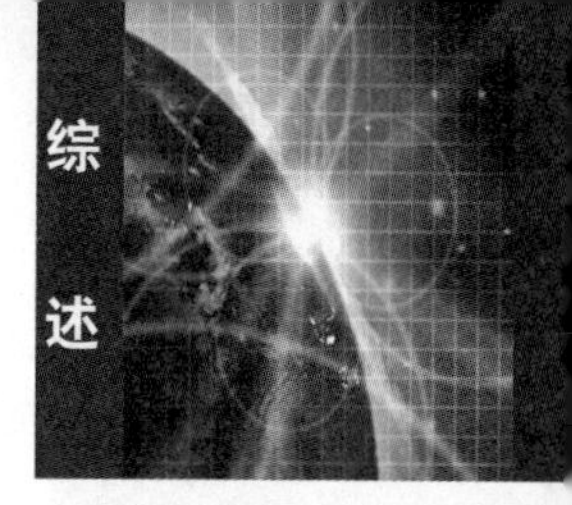

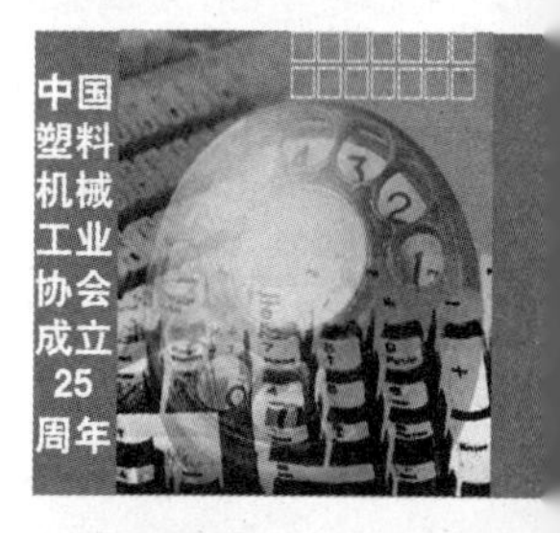

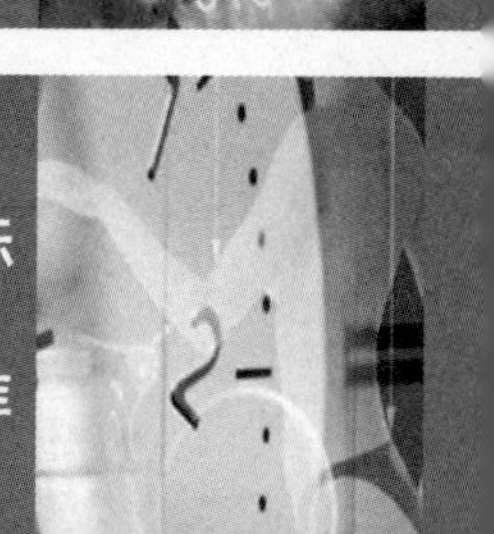

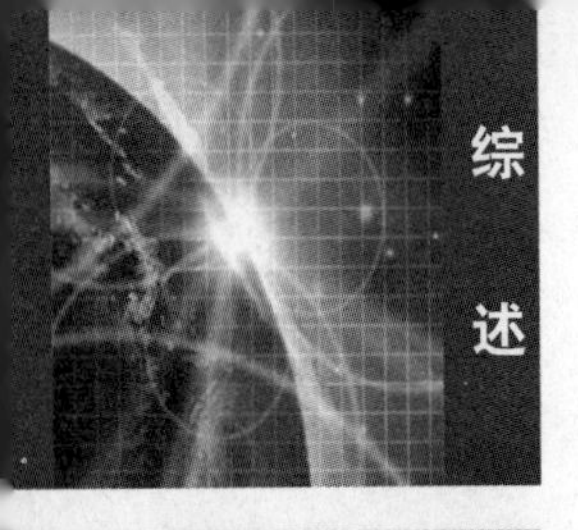
综述

专文

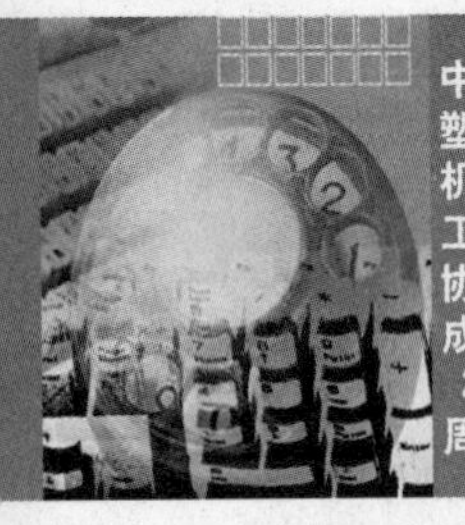

中国塑料机械工业协会成立25周年

行业与地区发展概况

统计资料

企业概况

产品与项目

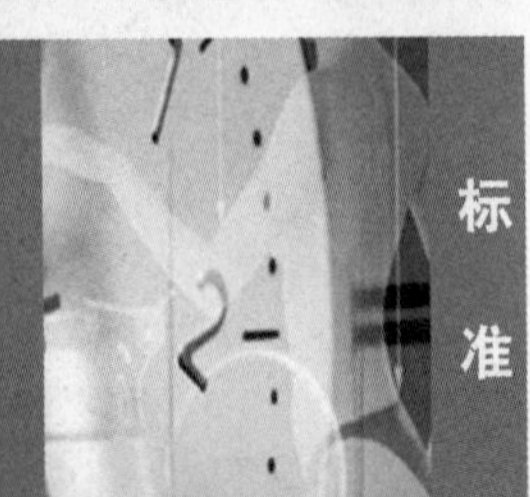
标准

综述

2017年中国塑料机械工业发展报告

2017年中国塑料加工业发展报告

中国塑料机械工业大事记（2017年）

2017年中国塑料机械工业发展报告

2017年，我国塑料机械工业顺应时代呼唤，符合国家发展战略要求，在高速轨道上实现了新发展。2018年，塑料机械工业仍然具有良好的支撑基础，发展潜力足、活力高、韧性强，市场空间依然巨大，前景看好。

一、当前我国塑料机械行业经济形势

（一）国内经济形势

2017年，我国经济稳中向好且好于预期，经济活力、动力和潜力不断释放，稳定性、协调性和可持续性明显增强，实现了平稳健康发展。2018年，我国仍处于可以大有作为的重要战略机遇期，经济韧性好、潜力足、回旋余地大，新发展理念深入人心，丰富的宏观调控手段和政策工具将继续为经济的平稳运行保驾护航，支撑我国经济实现高质量发展的积极因素不断增强。

中央紧抓全球经济联动大势，提出高质量发展的总要求，在开放格局重构、区域布局调整、空间结构优化、动能积蓄发力等方面进行了战略部署。通过“一带一路”倡议、自贸区建设、中原城市群发展规划、乡村振兴战略的实施，东部产业的转移、中西部的崛起、城镇化建设全面迎来更多、更大的发展机遇。

以上海自贸区的快速发展、外商投资管理体制变革等为代表的新一轮高水平对外开放，以及“一带一路”的积极推进将稳定和激发我国的外部需求。

我国就业形势稳定，调查失业率保持在2013年以来的最低位，对社会稳定和居民收入增长起到关键作用；消费者预期较为稳定，消费新业态高速发展，消费质量不断提高。

放管服改革以及为企业减税降费持续深入推进，企业降压减负红利显现。

贯彻实施创新驱动发展战略，加快培育发展新动能，改造提升传统动能。经济结构继续优化，经济增长质量和效益进一步提升。

供给侧结构性改革继续推进，在坚持“三去一降一补”五大重点任务的同时，要加大“破、立、降”，破除无效供给，增加有效供给，降低生产经营成本。

（二）国际经济形势

2017年以来，全球经济复苏，美国、欧洲、日本等主要经济体有望继续回升，国际权威分析机构相继调高经济增速预期。国际货币基金组织（IMF）预测，2018年全球经济增长3.9%。2018年3月的阿根廷布宜诺斯艾利斯G20财长和央行行长会议达成共识，认为2018年是全球金融危机爆发以来世界经济呈现稳定增长态势的一年。一是全球主要经济体都将呈现正增长，改变近十年来一些重要经济体好、另一些经济体陷入危机的不平衡状态；二是全球70%以上的经济体都在增长。经济合作与发展组织（OECD）5月30日发布经济展望报告，预计2018—2019年全球经济增长前景向好，但贸易保护主义、利率水平回调等问题可能影响全球经济增长态势。

1.发达国家经济企稳向好

据美国商务部经济分析局统计，美国经济至2017年12月已持续增长102个月，为仅次于20世纪90年代（120个月）和60年代（106个月）的第三个长周期。据OECD经济展望报告，美国2018年、2019年增长预期分别为2.9%和2.8%，欧元区增长预期分别为2.3%和2.1%，日本分别为1.5%和1.1%，均比2017年11月时该组织发布的预期有所上调。美国近期宣布的大幅减税和增加公共开支的政策以及德国进一步放宽财政支出，是增长预期上调的关键因素。欧元区法国由于强劲的外部需求、旅游业的回弹、有力的商业信心和就业机会，将保持增长势头；意大利 2018 年大选拉开了帷幕，经济成为各主要政党的重要抓手，与欧洲其他主要经济体相比，意大利经济增速仍相对微弱。

2. 亚洲经济增势保持最快

OECD 对我国 2018 年、2019 年的增长预期分别为 6.7% 和 6.4%，对印度的预期分别为 7.2% 和 7.5%。亚洲依旧是世界集聚经济活力和增长速度最快的区域，亚洲经济总体增长强劲，主要源自内部需求旺盛、投资持续增长，也得益于外部贸易复苏和国际资本流入。我国经济步入可持续增长路径，由快速增长阶段转向高质发展阶段，深化改革在众多领域取得显著成效；印度尽管遭遇一些挫折，但正全力赶超法国和英国，2018 年有望成为世界第五大经济体。亚洲经济活力和增长高点也在由东亚向南亚进行扩散和转移。

3. 其他新经济体相对疲软

新经济体中，拉美、非洲等资源型国家经济增速持续放缓，发展面临结构性失衡的瓶颈。OECD 对巴西 2018 年、2019 年的增长预期分别为 2.2% 和 2.4%，对南非的预期分别为 1.9% 和 2.1%。

4. 贸易保护主义加剧

世界经济在预期增势不错的同时，也面临着逆全球化暗流涌动、贸易保护主义重新兴起等不利因素的挑战。在“美国优先”政策主导下，特朗普政府加大保护主义力度，贸易保护措施频出。摒弃 TPP、联手日欧拒不承认我国市场经济地位、对华实施 301 调查、对自中国进口商品大规模加征关税等，不断引起贸易摩擦，并且干扰 WTO 多边合作机制的正常运转，为经济全球化和贸易自由化蒙上了阴影。

（三）塑料产业形势

以塑料为代表的高分子材料是当今世界四大新型结构材料之一，也是人类社会现在和未来节约资源、循环利用的关键材料。以塑料为原料的各类制品已广泛应用于国民经济各行业和人民生活的各领域。由于所有塑料原料均需经过塑料机械的加工制造才能成为塑料制品，因此，塑料机械是加工高分子材料的“工作母机”，也是国民经济各行业的重要技术装备。

1. 新旧动能转换引新机

我国经济新旧动能加速转换的一个重要途径是积极发展新兴领域，这些新兴领域包括的各大产业均与塑料工业息息相关。

（1）健康养老产业。由于我国日渐进入老龄社会，大量的老年人口必将催生巨大的老龄产业市场，日用生活品、医疗器械与用品对塑料机械的需求空间巨大。

（2）新材料产业。主要包括石墨烯、碳纤维、新兴膜和生物基材料等。我国新材料领域的研究点与创新点不断涌现，新材料将形成数万亿元产值的市场，而新材料的发展必须有相应水平的机械设备才能得以实现终端价值。

（3）新能源产业。包括新能源汽车、锂电池、超级电容等，同样需要高质量的塑料机械设备生产所需的内外饰件、电池薄膜等。

（4）人工智能产业。随着我国人口老龄化问题日益突出、人工成本急剧上升以及整体经济结构面临转型，人工智能将重塑各行各业，其庞大的市场规模不可低估。

2. 产业转移树新碑

塑料加工业自东部向中西部转移的趋势明显。近年来，我国积极推进实施区域发展总体战略，塑造要素有序自由流动、主体功能约束有效、基本公共服务均等、资源环境可承载的区域协调发展新格局。随着东部地区用电、用工成本上升，土地资源紧张，以及中西部地区产业政策倾斜和配套设施服务的逐步完善，塑料机械的主要应用领域（如包装、汽车、电子通信等行业）企业逐步向中西部地区转移，带动了当地塑料工业的快速发展。

以重庆为例，重庆是西部大开发的战略支点，地处“一带一路”和长江经济带的交汇点。2017 年，重庆实现 GDP 1.95 万亿元，同比增长 9.3%，增速连续 5 年居全国之首。重庆已成为中国汽车名城、世界摩托车之都、全球最大的便携式计算机生产基地，汽摩、电子通信、航空航天、医疗器械制造等产业的大力发展，对塑料机械的需求非常迫切。

3. 政策导向促新果

当前，塑料机械作为单列行业已列入国家发展改革委、工信部《重点产业振兴与技术改造专项》《产业关键共性技术发展指南》《工业转型升级重点技术改造投资指南》《“数控一代”装备创新工程》《节能机电设备（产品）推荐目录》《重大技术装备自主创新指导目录》《首台套重大技术装备推广应用指导目录》、“中国制造 2025”首批智能制造试点示范等。多家塑料机械骨干企业充分把握了这些产业政策机遇，实现技术进步与产品升级，在智能、节能、效能等方面取得了丰硕的成果，并以点带面联动整个塑机行业的转型升级。

二、当前我国塑料机械行业发展现状

（一）整体概况

2017 年，我国塑料机械行业经济运行延续了 2016 年下半年以来稳中向好的趋势，并呈现出冲高后回稳的态势。2017 年上半年，399 家规模以上企业主营业务收入、出口交货值同比增速分别为 26%、23%，利润总额同比增长 52%，很多企业订单大幅增加，甚至排到一年以后，供不应求。下半年规模以上企业增加到 402 家，但增速明显放缓。出口交货值同比增长 19%，主营业务收入和利润总额同比分别增长 2% 和 3%，并且在 12 月份利润总额出现 2017 年以来的首次同比、环比双降，降幅分别为 25% 和 13%，整个四季度利润总额同比下降 5%。综合全年情况来看，出口交货值、主营业务收入和利润总额等 3 项重点跟踪指标同比分别增长 21%、13% 和 22%。

2017 年我国塑料机械行业规模以上企业主要经济指标见表 1。2017 年我国塑料机械行业主要经济指标走势见图 1。

表 1　2017 年我国塑料机械行业规模以上企业主要经济指标

时间	出口交货值		主营业务收入		利润总额	
	金额（亿元）	同比增长（%）	金额（亿元）	同比增长（%）	金额（亿元）	同比增长（%）
一季度	23.26	23	143.58	24	14.13	69
二季度	27.16	23	186.37	29	18.67	41
三季度	30.14	33	141.2	-9	17.61	13
四季度	28.92	8	199.49	11	18.73	-5
合计	109.48	21	670.64	13	69.14	22

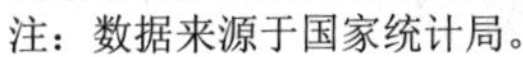
注：数据来源于国家统计局。

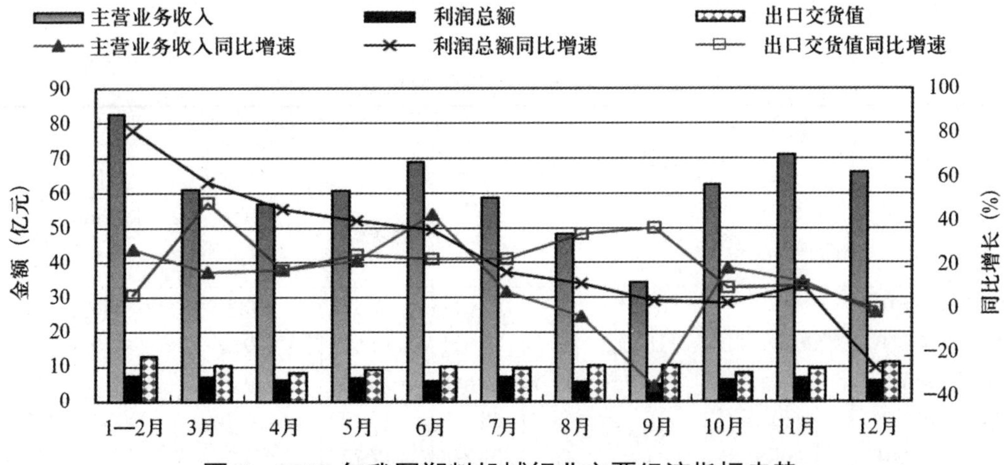

图 1　2017 年我国塑料机械行业主要经济指标走势

注：数据来源于国家统计局。

（二）2017 年我国塑料机械进出口情况

2017 年我国进口塑料机械 21 180 台，同比下降 25%；进口金额 17.41 亿美元，同比增长 30%；进口平均单价由 2016 年同期的 5 万美元/台增长至 8 万美元/台。出口塑料机械 858 109 台，同比增长 37%；出口金额约 22.4 亿美元，同比增长 12%；出口平均单价 0.3 万美元/台。其中，注塑机、挤出机、吹塑机、中空成型机和压延成型机的出口量为 100 541 台，占出口总量的 11.72%；出口金额约 19.29 亿美元，占出口总额的 86.09%；出口平均单价 2 万美元/台。全年塑机贸易顺差约 4.99 亿美元，主要来自注塑机的顺差 4.33 亿美元。

按贸易产品细分，2017 年进口注塑机 7 238 台，实现进口额 7.37 亿美元，同比分别增长 40% 和 38%；进口挤出机 1 144 台，实现进口额 3.59 亿美元，同比分别增长 36% 和 14%；进口吹塑机 265 台，实现进口额 1.56 亿美元，同比分别增长 29% 和 24%。

注塑机出口 34 943 台，实现出口额 11.69 亿美元，同比分别增长 31% 和 14%。挤出机出口 28 644 台，同比下降 34%；实现出口额 4.32 亿美元，同比增长 10%。吹塑机出口 32 907 台，实现出口额 2.08 亿美元，同比分别增长 294% 和 10%。塑料中空成型机出口 1 542 台，实现出口额 5 420 万美元，同比分别增长 3% 和 4%。塑料压延成型机出口 1502 台，实现出口额 2 960 万美元，同比分别增长 35% 和 6%。

进口来源地方面，2017 年从亚洲进口塑机 16 623 台，金额约 10.2 亿美元，分别占同期塑料机械进口的 78.5% 和 58.29%。其中，从日本进口数量和金额同比分别增长 47.2% 和 43.97%，主要产品为注塑机和其他真空模塑机器；从韩国进口数量同比下降 9.06%，但金额同比增长 32.38%，主要产品为注塑机。

从欧洲进口塑料机械 2 588 台，金额约 6.4 亿美元，进口数量和金额分别占同期塑料机械进口的 12.22% 和 36.57%。其中，从德国进口数量同比下降 36.32%，金额同比增长 14.6%；从意大利进口数量和金额同比分别增长 53.95% 和 3.43%；从奥地利、瑞士和法国的进口金额同比分别增长 7.14%、186.28%、119.34%。

2017 年我国塑料机械出口前 10 位国家或地区中，美国、印度、墨西哥、马来西亚和孟加拉国增长较快，而出口至印度尼西亚和伊朗下降较多。其中，出口至美国市场的数量为 296 581 台，同比增长 84.14%，主要产品为 3D 打印机，数量占出口美国塑料机械市场的 85.85%。

2017 年我国塑料机械月度进出口情况见表 2。2017 年 1—12 月塑料机械贸易顺差走势见图 2。2017 年我国塑料机械分税号进口统计见表 3。2017 年我国塑料机械分税号出口统计见表 4。2017 年我国塑料机械前 10 位进口来源地见表 5。2017 年我国塑料机械前 10 位出口目的地见表 6。2017 年我国塑料机械进口额洲际分布见图 3。2017 年我国塑料机械出口额洲际分布见图 4。

表 2　2017 年我国塑料机械月度进出口情况

月份	进口					出口					贸易顺差（万美元）
	数量（台）	金额（万美元）	平均单价（万美元/台）	数量同比增长（%）	金额同比增长（%）	数量（台）	金额（万美元）	平均单价（万美元/台）	数量同比增长（%）	金额同比增长（%）	
1	1 426	10 616	7	−80	−6	52 015	17 467	0.3	24	12	6 851
2	1 349	12 356	9	118	62	30 821	12 313	0.4	47	−5	−43
3	3 414	12 736	4	52	−24	59 580	16 044	0.3	107	18	3 308
4	1 538	14 269	9	18	3	68 389	17 399	0.3	8	7	3 130
5	1 278	14 001	11	11	41	51 298	17 757	0.3	−19	14	3 756
6	3 115	14 308	5	67	37	50 831	19 007	0.4	20	5	4 699

（续）

月份	进口					出口					贸易顺差（万美元）
	数量（台）	金额（万美元）	平均单价（万美元/台）	数量同比增长（%）	金额同比增长（%）	数量（台）	金额（万美元）	平均单价（万美元/台）	数量同比增长（%）	金额同比增长（%）	
7	2 007	16 474	8	−28	35	41 774	19 666	0.5	−2	11	3 192
8	1 397	18 282	13	20	77	72 632	20 474	0.3	36	17	2 192
9	1 143	16 548	14	−78	59	83 673	20 059	0.2	14	20	3 511
10	1 613	14 875	9	17	73	112 672	17 266	0.2	62	9	2 391
11	1 437	16 082	11	−28	48	113 336	21 632	0.2	105	15	5 550
12	1 463	13 539	9	2	19	121 088	24 937	0.2	66	18	11 398
合计	21 180	174 086	8	−25	30	858 109	224 021	0.3	37	12	49 935

注：数据来源于中国海关。

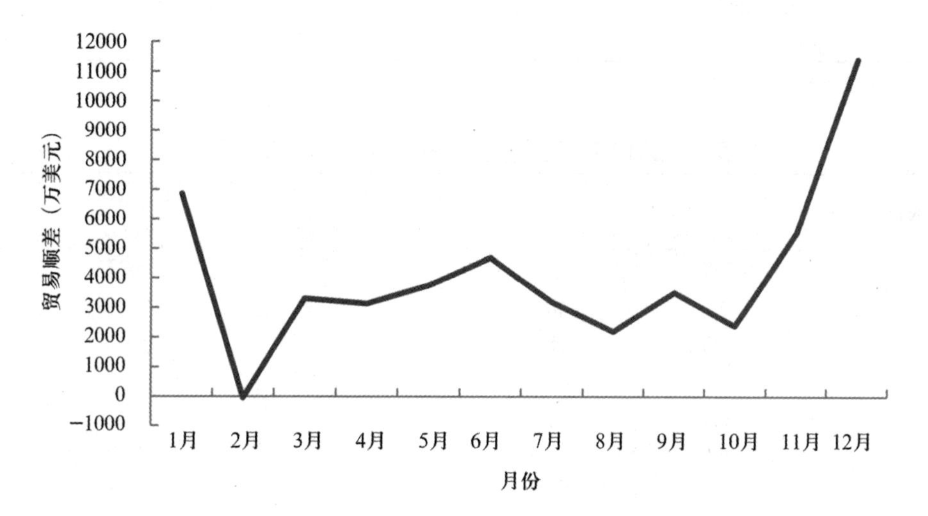

图 2　2017 年 1—12 月塑料机械贸易顺差走势

注：数据来源于中国海关。

表 3　2017 年我国塑料机械分税号进口统计

序号	税号	商品名称	进口量（台）	进口量占比（%）	进口额（万美元）	进口额占比（%）	平均单价（万美元/台）
1	84771010	注塑机	7 238	34.17	73 663	42.31	10.18
2	84771090	其他注射机	455	2.15	6 984	4.01	15.35
3	84772010	塑料造粒机	272	1.28	9 133	5.25	33.58
4	84772090	其他挤出机	872	4.12	26 732	15.36	30.66
5	84773010	挤出吹塑机	109	0.51	8 052	4.63	73.88
6	84773020	注射吹塑机	79	0.37	2 605	1.50	32.98
7	84773090	其他吹塑机	77	0.36	4 977	2.86	64.63
8	84774010	塑料中空成型机	63	0.30	1 538	0.88	24.41
9	84774020	塑料压延成型机	162	0.76	3 726	2.14	23.00
10	84774090	其他真空模塑机器及其他热成型机器	1 024	4.83	23 351	13.41	22.80
11	84775910	3D 打印机	6 418	30.30	4 995	2.87	0.78
12	84775990	其他模塑或成型机器	4 411	20.83	8 330	4.78	1.89
合计			21 180	100.00	174 086	100.00	8.22

注：数据来源于中国海关。

表4　2017年我国塑料机械分税号出口统计

序号	税号	商品名称	出口量（台）	出口量占比（%）	出口额（万美元）	出口额占比（%）	平均单价（万美元/台）
1	84771010	注塑机	34 943	4.07	116 924	52.19	3.35
2	84771090	其他注射机	1 003	0.12	3 496	1.56	3.49
3	84772010	塑料造粒机	17 558	2.05	9 508	4.24	0.54
4	84772090	其他挤出机	11 086	1.29	33 739	15.06	3.04
5	84773010	挤出吹塑机	24 061	2.80	9 034	4.03	0.38
6	84773020	注射吹塑机	396	0.05	1 253	0.56	3.17
7	84773090	其他吹塑机	8 450	0.98	10 524	4.70	1.25
8	84774010	塑料中空成型机	1 542	0.18	5 420	2.42	3.52
9	84774020	塑料压延成型机	1 502	0.18	2 960	1.32	1.97
10	84774090	其他真空模塑机器及其他热成型机器	7 007	0.82	8 184	3.65	1.17
11	84775910	3D打印机	645 739	75.25	12 431	5.55	0.02
12	84775990	其他模塑或成型机器	104 822	12.22	10 548	4.71	0.10
合计			858 109	100.00	224 021	100.00	0.26

注：数据来源于中国海关。

表5　2017年我国塑料机械前10位进口来源地

序号	国家或地区	进口量（台）	进口额（万美元）	平均单价（万美元/台）	数量占比（%）	金额占比（%）
1	日本	5 458	73 194	13	25.77	42.04
2	德国	1 480	43 111	29	6.99	24.76
3	中国台湾	1 825	15 468	8	8.62	8.89
4	韩国	773	8 225	11	3.65	4.72
5	意大利	331	7 919	24	1.56	4.55
6	美国	1 880	6 826	4	8.88	3.92
7	奥地利	172	4 374	25	0.81	2.51
8	瑞士	48	2 821	59	0.23	1.62
9	法国	95	2 310	24	0.45	1.33
10	加拿大	62	2 096	34	0.29	1.20
合计		12 124	166 344	14	57.24	95.55

注：数据来源于中国海关。

表6　2017年我国塑料机械前10位出口目的地

序号	国家或地区	出口量（台）	出口额（万美元）	平均单价（万美元/台）	数量占比（%）	金额占比（%）
1	美国	296 581	24 394	0.08	34.56	10.89
2	越南	18 615	20 513	1.10	2.17	9.16
3	印度	4 580	11 528	2.52	0.53	5.15
4	墨西哥	8 992	10 531	1.17	1.05	4.70
5	土耳其	2 871	9 827	3.42	0.33	4.39
6	泰国	5 022	8 966	1.79	0.59	4.00
7	印度尼西亚	3 163	8 948	2.83	0.37	3.99
8	马来西亚	7 947	7 491	0.94	0.93	3.34
9	孟加拉国	1 759	6 896	3.92	0.20	3.08
10	伊朗	4 382	6 708	1.53	0.51	2.99
合计		353 912	115 801	0.33	41.24	51.69

注：数据来源于中国海关。

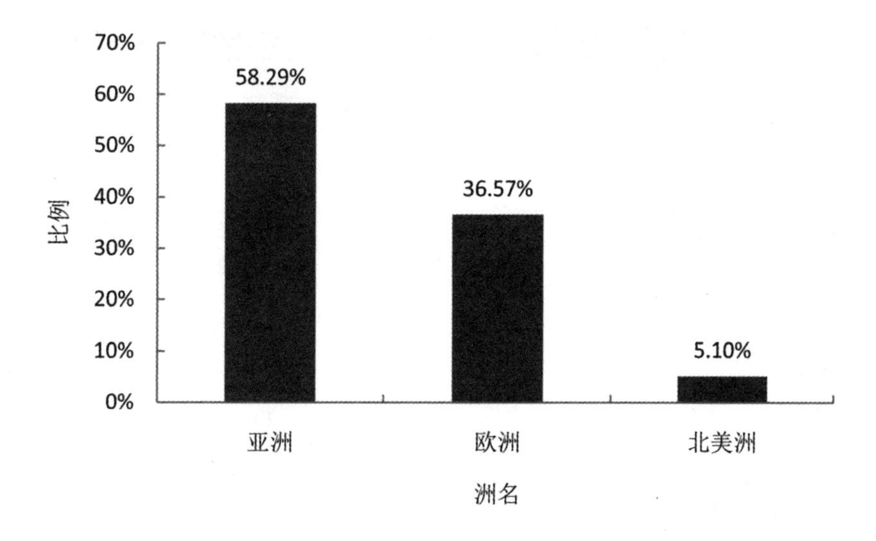

图 3 2017 年我国塑料机械进口额主要洲际分布

注：数据来源于中国海关。

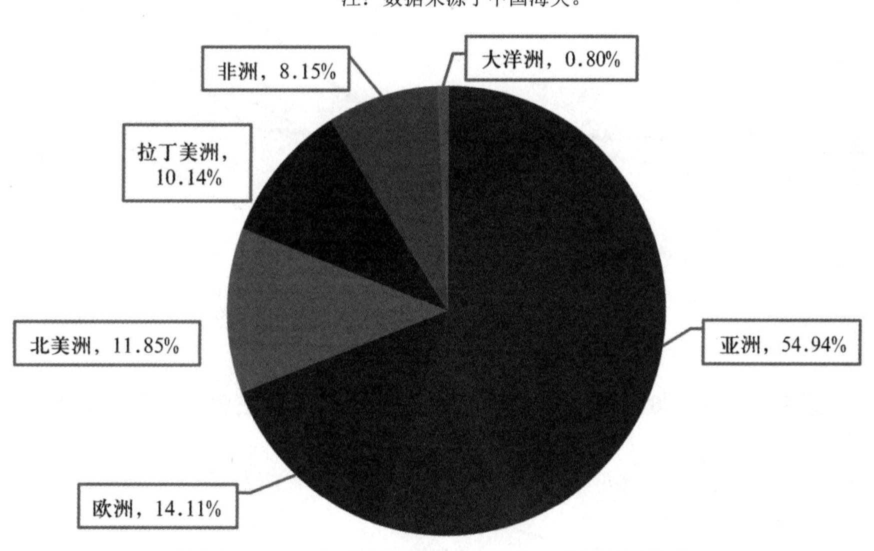

图 4 2017 年我国塑料机械出口额洲际分布

注：数据来源于中国海关。

（三）发展特点

2017 年，中国塑料机械工业协会秘书处走访了近百家行业企业进行调研，结合以上经济运行情况，归纳出行业发展的几个特点。

1. 整体稳定、局部季节性强

中国塑料机械工业协会从 2009 年进行统计分析以来，我国塑料机械工业至 2017 年已持续 8 年增长，主营业务利润率连续位居机械行业前列。按照一年的时段分解来看，呈现升降并存的状况。总的来说，虽然 2017 年一季度和三季度的同比增速较高，但是从绝对量值来看却处于全年低位。一季度由于春节因素，通常处于调整期，每年基数相对较低；三季度受 7、8 月份高温天气影响，很多工厂调整开工时间，生产有所减少。

2013—2017 年我国塑料机械行业规模企业主营业务收入季度统计见表 7。2013—2017 年我国塑料机械行业规模企业主营业务收入对比见图 5。2013—2017 年我国塑料机械行业规模企业主营业务收入增长对比见图 6。2013—2017 年我国塑料机械行业规模企业利润总额季度统计见表 8。2013—2017 年我国塑料机械行业规模企业利润总额对比见图 7。2013—2017 年我国塑料机械行业规模企业利润总额增速对比见图 8。

表 7　2013—2017 年我国塑料机械行业规模企业主营业务收入季度统计

年份	指标名称	一季度	二季度	三季度	四季度	合计
2013	金额（亿元）	99.59	129.26	127.96	142.12	498.93
	同比增长（%）	1	6	13	29	12
2014	金额（亿元）	110.89	139.47	139.74	141.89	531.99
	同比增长（%）	11	8	9	-0.2	7
2015	金额（亿元）	114.39	140.42	124.85	142.12	521.78
	同比增长（%）	3	1	-11	0.2	-2
2016	金额（亿元）	116.2	144.98	154.34	180.39	595.91
	同比增长（%）	2	3	24	27	14
2017	金额（亿元）	143.58	186.37	141.2	199.49	670.64
	同比增长（%）	24	29	-9	11	13

注：数据来源于国家统计局。

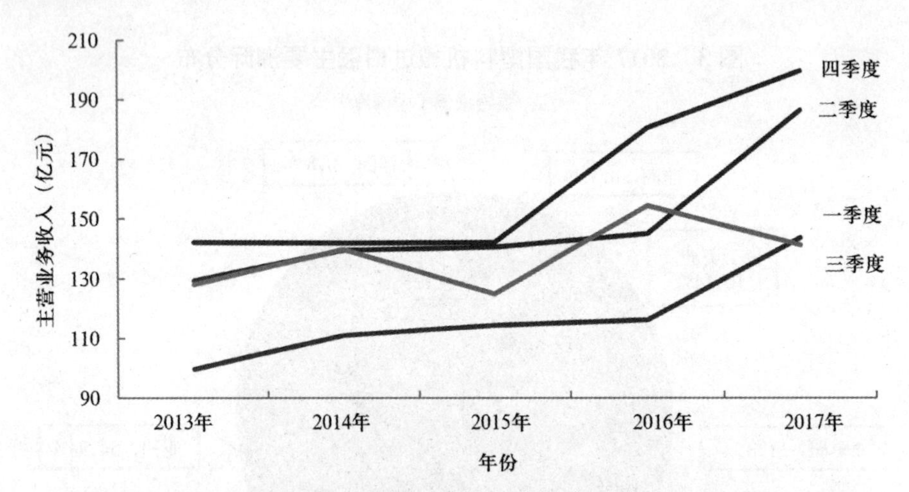

图 5　2013—2017 年我国塑料机械行业规模企业主营业务收入对比

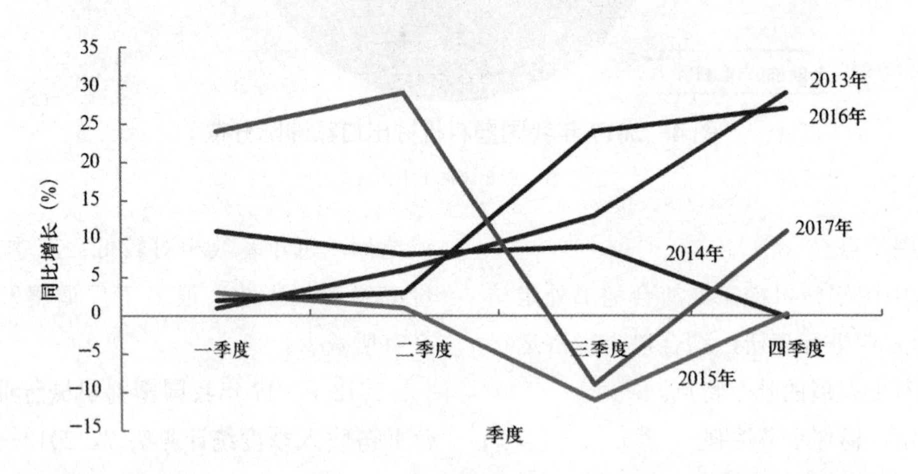

图 6　2013—2017 年我国塑料机械行业规模企业主营业务收入增长对比

表 8　2013—2017 年我国塑料机械行业规模企业利润总额季度统计

年份	指标名称	一季度	二季度	三季度	四季度	合计
2013	金额（亿元）	6.31	10.61	10.14	17.73	44.79
	同比增长（%）	3	-1	15	31	14
2014	金额（亿元）	7.50	11.36	13.54	15.64	48.04
	同比增长（%）	19	7	34	-12	7

（续）

年份	指标名称	一季度	二季度	三季度	四季度	合计
2015	金额（亿元）	8.38	12.20	12.66	16.22	49.46
	同比增长（%）	12	7	-6	4	3
2016	金额亿元）	8.36	13.23	15.64	19.67	56.90
	同比增长（%）	-0.2	8	24	21	15
2017	金额（亿元）	14.13	18.67	17.61	18.73	69.14
	同比增长（%）	69	41	13	-5	22

注：数据来源于国家统计局。

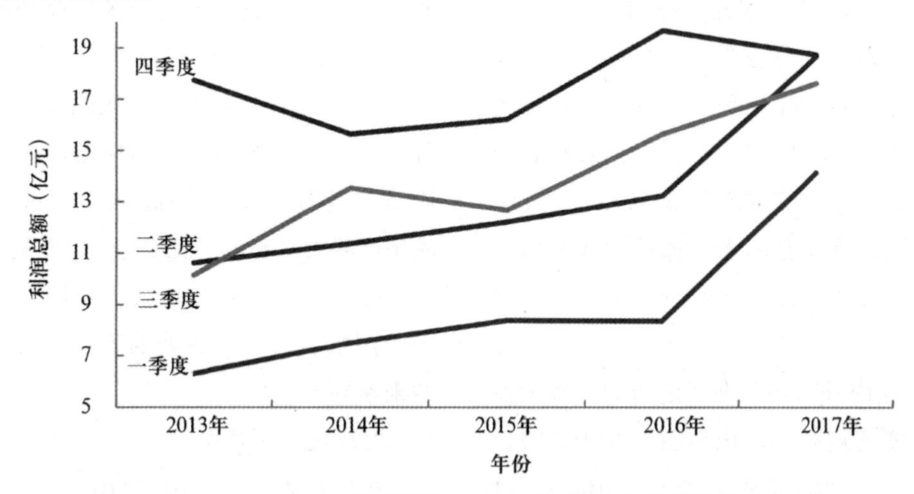

图 7　2013—2017 年我国塑料机械行业规模企业利润总额对比

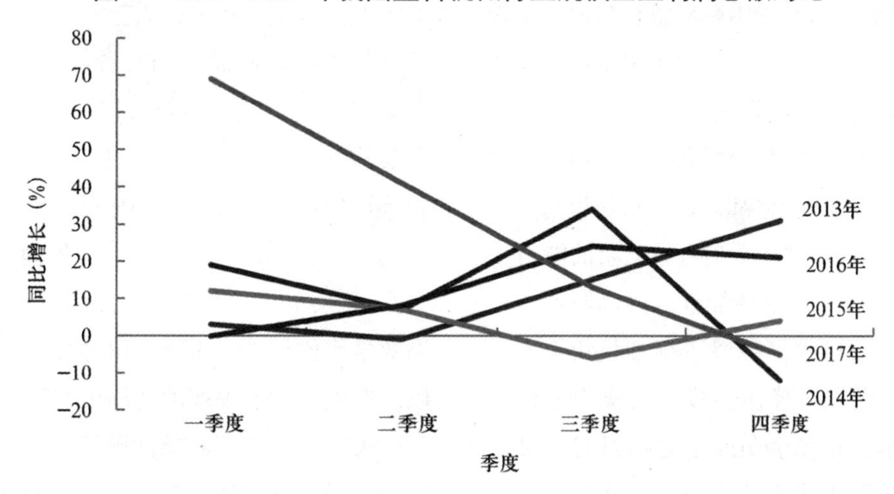

图 8　2013—2017 年我国塑料机械行业规模企业利润总额增速对比

2. 产业集群发展不均衡

与广东和宁波产业集群地创新活跃度高、当地政府支持力度大形成鲜明对比，北方的大连和青岛胶州集群地虽然起步较早，但是发展相对滞后，从企业管理、技术进步到产品创新，均需要下决心加大力度进行变革。2017 年，中国塑料机械工业协会粟东平常务副会长一行重点对胶州塑料机械行业进行了调研。胶州市塑料机械工业起始于 20 世纪 60 年代，迄今为止生产企业有 200 多家，但规模相对较小、分散，规模以上企业仅有 20 多家，2016 年销售收入超 1 亿元的只有青岛岩康塑料机械有限公司一家。与四年前相比，胶州近年来失业率上升，很多企业不景气，个别具有“专、精、特、新”特色的企业发展比较稳定，但总体亟须改革创新。

（1）企业转型升级迫在眉睫。胶州市虽然目前拥有 200 多家塑料机械企业，是我国塑料机械重要的产业集群地之一，但是单个企业不成规模，其中主要的一个制约因素是没有建立现代企业管理制度。胶州地处山东半岛西南一隅，相对于广东、上海、江浙一带而言，胶州塑料机械企业的国际化、现代化管理意识相对薄弱，当地企业仍以家族式经营居多，“小富即安”色彩浓厚，缺乏现代人力资源管理制度，强关系、弱组织的行为依然严重。

企业的转型升级，不仅仅是产品的升级换代，更包括企业发展理念、经营模式、企业家精神与企业文化等众多内容。胶州塑料机械企业急需转变观念，在注重产品出口的同时更应将人和思想“走出去”，学习先进的管理经验，优化治理结构和管理方式，建立完善的人才评价标准和激励机制，充分发挥人才在推动企业发展中的关键要素作用。

（2）应重视内外市场均衡。走访的这些企业对外贸易依存度普遍较高，出口占比少则60%、70%，多则80%、90%，有的甚至接近100%，过高的外贸依存度面临着易受国际经济形势波动影响的风险。企业在重视海外市场、以出口引以为豪的同时也要抓住国内发展高端装备制造业的重要机遇，瞄向国内高端市场，积极替代进口产品，提升产品附加值，避免内部价格战。内外市场以适度的比例均衡增长，从而增强企业自身抗风险的能力。

（3）地方协会作用亟待加强。青岛胶州市塑料机械行业协会（以下简称“胶州塑机协会”）于2008年11月成立，曾在促成会员集中采购原材料以降低成本、避免会员企业之间乱挖人才、减缓会员产品雷同无序竞争等方面发挥了重要作用。但自三年前原会长单位青岛顺德塑料机械有限公司由于盲目扩张、经营不善、家族矛盾等原因倒闭以来，胶州塑机协会一直处于群龙无首的状态，会员各自为战。面对此情况，中国塑料机械工业协会建议胶州塑机企业应当加强凝聚力抱团发展，尽快恢复胶州塑机协会的正常运作，履行协会的服务职能，发挥桥梁纽带作用，助力资源优化整合，进一步提升区域经济的规模效益和整体竞争力。

经过50多年的发展，胶州塑料机械行业已具有一定的物质积累和人力储备，并形成从原材料供给到挤出机成套设备、配套设备，再到相应制品生产较为完整的产业链条。虽然还存在用工难、融资难、传承难、非市场因素影响多等问题，但在胶州塑机协会与企业的齐心协力下，相信定将迎来新局面。

3. 进出口不均衡

虽然我国塑料机械自2015年起改变了过往几十年大幅逆差的状态，已连续三年实现贸易顺差，但是从进出口产品结构来看，国内每年仍需进口大量的高附加值高端产品。以第一大进出口贸易产品注塑机为例，近五年来从德国、日本和意大利等进口注塑机33.56亿美元，平均单价10.61万美元/台；而向180多个国家和地区出口注塑机51.04亿美元，平均单价3.86万美元/台。平均出进数量比值超过4，但平均出进金额比值仅为1.52，以量取胜、价值失衡的格局仍有待进一步改善。

2013—2017年我国注塑机进出口对比见表9。2013—2017年我国注塑机进出口对比走势见图9。

表9　2013—2017年我国注塑机进出口对比

年份	进口			出口		
	数量（台）	金额（万美元）	平均单价（万美元/台）	数量（台）	金额（万美元）	平均单价（万美元/台）
2013	5 714	68 311	11.96	22 976	92 372	4.02
2014	7 380	74 665	10.12	25 082	100 779	4.02
2015	6 137	65 664	10.70	22 304	98 030	4.40
2016	5 162	53 304	10.33	26 765	102 248	3.82
2017	7 238	73 663	10.18	34 943	116 924	3.35
合计	31 631	335 607	10.61	132 070	510 353	3.86

注：数据来源于中国海关。

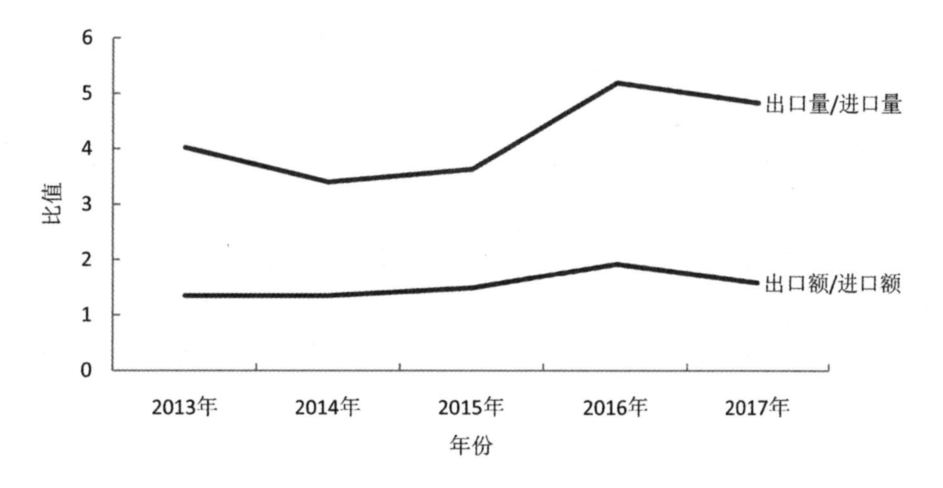

图 9　2013—2017 年我国注塑机进出口对比走势

三、中美贸易摩擦对我国塑料机械行业的影响

2017 年 8 月 18 日，美国贸易代表办公室（USTR）发起对华 301 调查，于 2018 年 3 月 22 日公布了 301 调查结果和拟采取的限制措施。

2018 年 4 月 3 日，USTR 公布根据 301 调查对自中国进口产品加征关税的建议清单，涉税项目 1 300 个，价值约 500 亿美元，涉及航空航天、信息和通信技术、机器人和机械等行业。4 月 4 日，中国商务部对此做出反击，公布对美 106 项约合 500 亿美元产品加征关税，涉及大豆等农产品、汽车、化工、飞机等，并就美对华 301 调查项下征税建议在世贸组织争端解决机制下提起磋商请求。

2018 年 4 月 5 日，美国总统特朗普指示 USTR 依据 301 调查，考虑对从中国进口的额外 1 000 亿美元加征关税。4 月 6 日，我国迅速做出回击，坚决捍卫国家和人民利益。

USTR 建议加征关税产品清单（塑机部分）见表 10。

表 10　USTR 建议加征关税产品清单（塑机部分）

HS 编码	产品类别
84771030	用于制造橡胶或塑料鞋的注塑机
84771040	用于制造视频光盘的注塑机
84771090	用于加工橡胶、塑料或生产橡胶、塑料制品的注塑机
84772000	用于加工橡胶、塑料或生产橡胶、塑料制品的挤出机
84773000	用于加工橡胶、塑料或生产橡胶、塑料制品的吹塑机
84774001	用于加工橡胶、塑料或生产橡胶、塑料制品的真空成型机和其他热塑成型设备

近几年来，随着我国塑料机械装备水平的提升和美国制造业回归政策导向，我国塑料机械对美国市场出口有了较快增长。从中美两国塑料产业优势及近五年出口表现情况来看，加征 25% 关税对塑料机械出口美国不会有太大的影响。

（一）中美塑料产业优势互补

经过 50 多年的发展，我国塑料机械行业已经形成了以科技创新为先导、门类齐全、具有世界最大规模和较先进水平的产业体系，产量已连续 17 年位居世界第一，是进入 21 世纪以来我国机械工业中增长最快的产业之一，是名副其实的塑料机械制造大国和出口大国，在全机塑料机械市场上占有重要地位。据中国塑料机械工业协会初步估算，我国塑料机械年产量约占世界的 50%，销售收入约占 40%。

美国虽然也有米拉克龙这样的世界知名塑机企业，但产业优势主要集中在产业链的上游化学原料方面。相比下游制品生产企业相对容易开工生产而言，联结原料与制品的中间核心环节——塑料机械装备制造，需要更长的技术、人才、资本积淀周期。在美国不具备塑料机械制造优势却又对高性价比的中国产品实施贸易壁垒、强迫提价的情况下，受到最大损失的当属美国塑料制品加工业，这些制品企业对 USTR 加征关税并不抱支持态度。

具有优势互补的中美塑料工业，应坚持开放、包容、合作、共赢的原则继续加强交流与合作，坚决避免由贸易摩擦所引起的损人不利己后果。

（二）塑料机械出口美国市场仍有发展空间

中国塑料机械工业协会对近五年海关数据统计进行了汇总分析，结果表明：我国出口美国的塑料机械占同期出口总量的 25.19%，出口美国的塑料机械金额占同期出口总额的 7.33%。数量与金额占比的不均衡，表明我国塑料机械出口美国的价格还有一定的提升空间。

从产品细分来看，我国塑料机械出口至美国市场的产品集中度高。按近五年数据测算，出口至美国的注塑机和 3D 打印机占我国塑料机械同期出口美国市场总额的 82% 以上，其中注塑机占比超过 65%，所以 USTR 建议加税清单中，受到一定影响的是注塑机。但是近五年出口美国的注塑机占我国塑料机械同期出口总额的比例仅为 5.45%，所以不会影响塑料机械出口的整体格局，反而还有很大的开拓空间。

2013—2017 年出口美国注塑机和 3D 打印机占我国塑料机械整体出口的比例见图 10。2013—2017 年注塑机和 3D 打印机占我国塑料机械出口美国的比例见图 11。

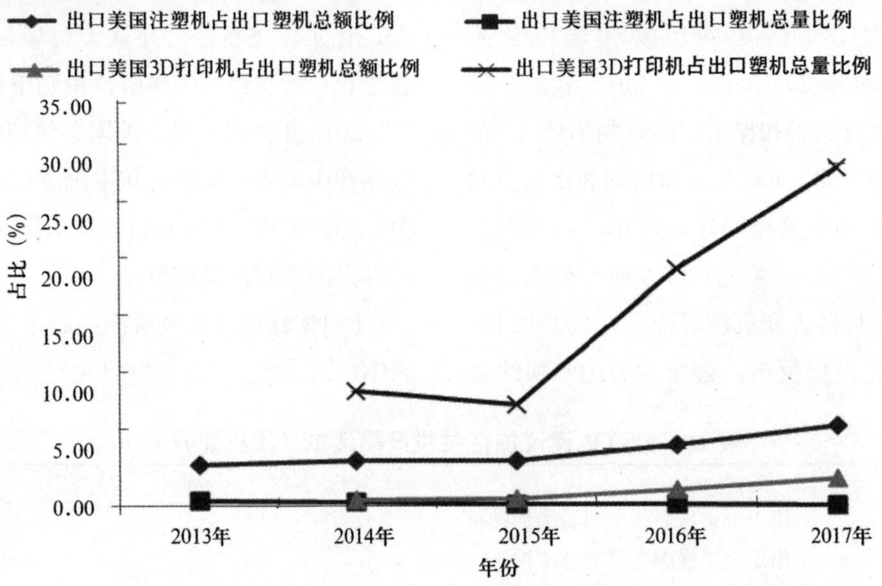

图 10　2013—2017 年出口美国注塑机和 3D 打印机占我国塑料机械整体出口的比例

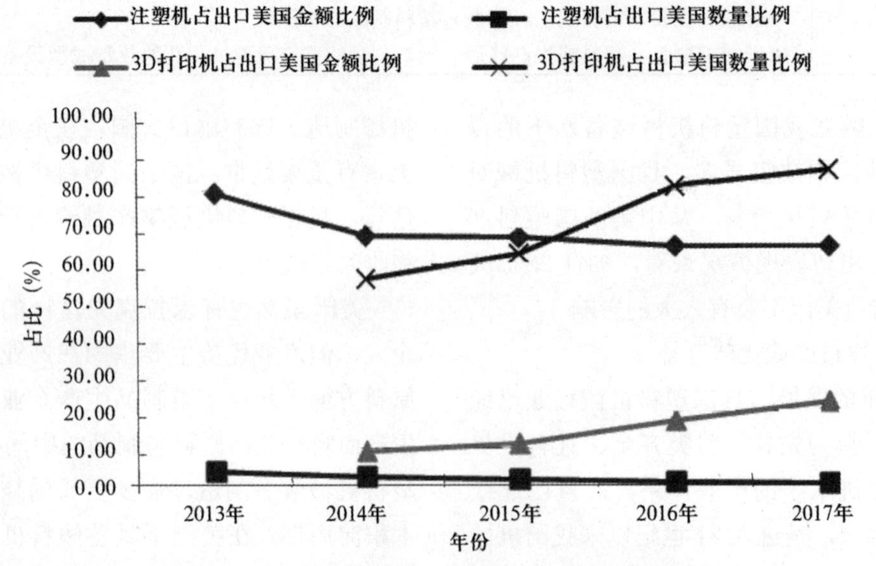

图 11　2013—2017 年注塑机和 3D 打印机占我国塑料机械出口美国的比例

四、我国塑料机械企业“走出去”的关注热点

我国塑料机械企业“走出去”战略重在推进充分利用国内外“两个市场、两种资源”，通过对外直接投资、对外工程承包、对外劳务合作等形式积极参与国际竞争与合作，提升企业的国际竞争力。实施“走出去”战略，有利于企业学习国际先进技术，吸纳海外高端人才，增强企业创新能力，推动企业在技术进步、结构优化、产业升级、市场布局等方面增强实力，以提升在全球产业价值链中的地位，形成新的资本、技术、区位比较优势。

鼓励有实力的塑料机械企业积极“走出去”，通过资本、技术和品牌的输出与本土化经营管理，也可以成为规避国际贸易壁垒、减少国际贸易摩擦、缓解国际贸易纠纷、积极参与全球资源优化配置的有效渠道之一。

近年来，随着我国塑料机械国际影响力的显著增强，塑料机械企业也开始加快“走出去”的步伐，纷纷布局海外市场。在此进程中，有以下两个方面尤其需要关注。

1. 应高度重视合规性

自 2016 年 12 月中国人民银行、国家外汇管理局、国家发展改革委、商务部接连公开表态要求防范对外投资风险以来，境外投资监管趋严。2017 年 12 月 26 日，国家发展改革委公布《企业境外投资管理办法》，对中国企业境外投资涉及的敏感国家和地区、敏感行业以及其他事项等做出了明确规范。

同时，欧美等主要发达国家也提高了战略性行业的投资准入标准，加强了对外资的审查力度，收紧了外资准入政策，使得我国企业海外投资难度有所增加。欧美发达国家以及“一带一路”沿线国家在环保标准、劳工用人标准、当地法律法规标准以及企业社会责任等方面对中国企业都提出了更高的要求。

前往海外投资的塑料机械企业应增强法律意识，注重监管信息和相关法律政策，树立正确的投资观，严格遵守当地的法律法规，承担社会责任。

2. 进行海外并购需谨慎

如今，有越来越多的企业积累了一定的资金实力，希望通过并购实现跨越式发展，将企业做大做强。但必须明确的是，资金并不是成功并购的唯一砝码，塑料机械企业要明确自身的中长期发展规划，依据所要达成的目标制定相应的战略举措，并深入了解游戏规则，完备强而有力的整合运营方案，否则并购反而可能拖累母公司的发展。

在进行海外并购时，我国塑料机械企业应当加强相互沟通与了解，对被并购企业做足充分的评估准备与发展研判，清晰并购底线，一定要避免为了竞价成功而不顾彼此利益、盲目竞价行为，否则必然导致被并购企业待价而沽、坐收渔翁之利，最终造成损失的还是中方企业。在此过程中，也要注意防止一些利益相关体利用竞购暗地输送利益造成资产损失。

我们要全面认识塑料机械行业所面临的国际、国内形势，客观分析发展过程中呈现的新机遇与新挑战，深入推进行业转型升级，加大力度培育战略新型装备，充分发掘中小企业与产业集群特色，注重国内、国外两大市场均衡发展。

行业全体同仁有信心以更加高昂的热情、更加开阔的视野、更加务实的作风和更加创新的胆识，同心同德，携手共进，为谱写新时代中国塑料机械行业发展新篇章而奋斗不息！

〔供稿单位：中国塑料机械工业协会〕

2017 年中国塑料加工业发展报告

2017 年，世界经济温和复苏，国内经济稳中向好，全国塑料加工行业以供给侧结构性改革为主线，深化改革创新，积极调结构、转方式，整体运行平稳，保持了稳中有升、持续向好的良好发展态势，结构调整明显加快，外贸持续改善。

一、塑料加工行业总体运行情况

（一）产量平稳增长，结构进一步优化

1. 产量稳步增长

2017 年全国塑料制品行业汇总统计企业累计完成产量 7 515.54 万 t，同比增长 3.44%，增幅比上年同期提高 0.78 个百分点。在统计已分类的塑料制品中，塑料薄膜产量占比最高，2017 年累计产量 1 454.29 万 t，占比达 19.35%。产量增长最快的是泡沫塑料，累计产量 278.65 万 t，同比增长 7.84%；其次是日用塑料制品，累计产量 665.14 万 t，同比增长 5.8%。产量增幅最低的是塑料人造革、合成革，仅为 1.34%。2017 年塑料制品行业产量见表 1。

表 1　2017 年塑料制品行业产量

塑料制品类别	产量（万 t）	占比（%）	同比增长（%）	增速比上年同期增加（个百分点）
合计	7 515.54	100.00	3.44	0.78
塑料薄膜	1 454.29	19.35	3.34	-2.81
其中：农用薄膜	197.34	2.63	3.41	3.79
泡沫塑料	278.65	3.71	7.84	5.88
人造革合成革	348.29	4.63	1.34	1.69
日用塑料	665.14	8.85	5.80	0.09
其他塑料	4 769.17	63.46	3.06	1.46

注：数据来源于国家统计局。

分地区看，塑料制品产量主要集中在浙江省、广东省、河南省、江苏省、四川省、山东省、福建省、湖北省、安徽省等地区。浙江省产量最高，达 1 035.52 万 t，占塑料制品总产量的 13.78%；其次是广东省，产量为 1 015.32 万 t，占塑料制品总产量的 13.51%。安徽省增幅最大，为 11.21%；其次为山东省，增幅为 10.02%。降幅最大的是湖北省，同比下降 5.18%；其次是广东省，同比下降 1.22%。2017 年塑料制品主要地区产量见表 2。2017 年塑料制品主要生产地区产量占比见图 1。2017 年塑料制品主要生产地区产量增长见图 2。

表 2　2017 年塑料制品主要地区产量

地 区	产量（万 t）	同比增长（%）	占比（%）
全 国	7 515.54	3.44	100.00
浙 江	1035.52	3.88	13.78
广 东	1015.32	-1.22	13.51
河 南	721.03	7.18	9.59
江 苏	601.84	4.40	8.01
四 川	492.10	9.92	6.55
山 东	447.23	10.02	5.95
福 建	430.73	7.36	5.73
湖 北	430.28	-5.18	5.73
安 徽	384.79	11.21	5.12
河 北	326.89	-0.49	4.35

注：数据来源于国家统计局。

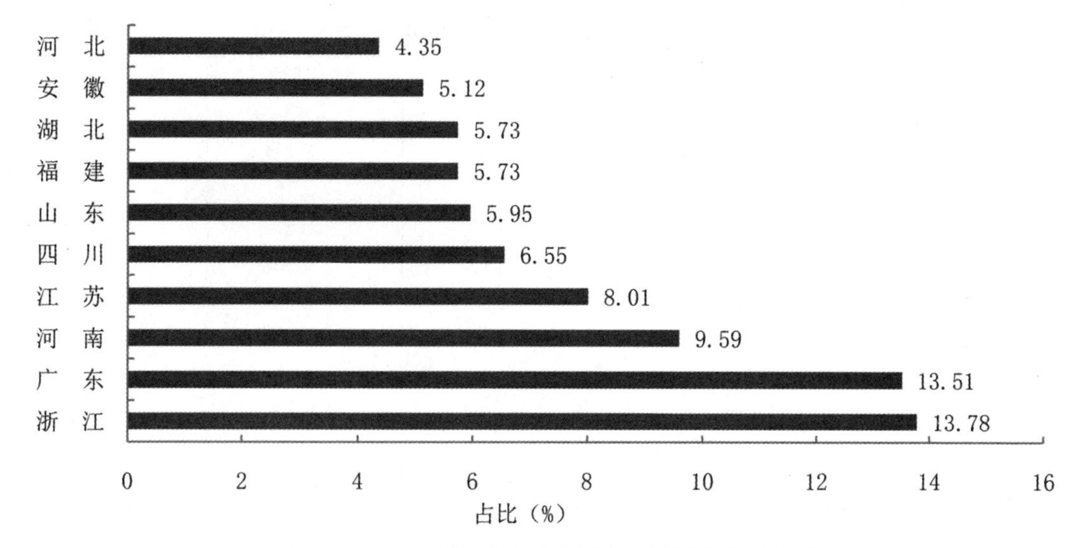

图 1　2017 年塑料制品主要生产地区产量占比

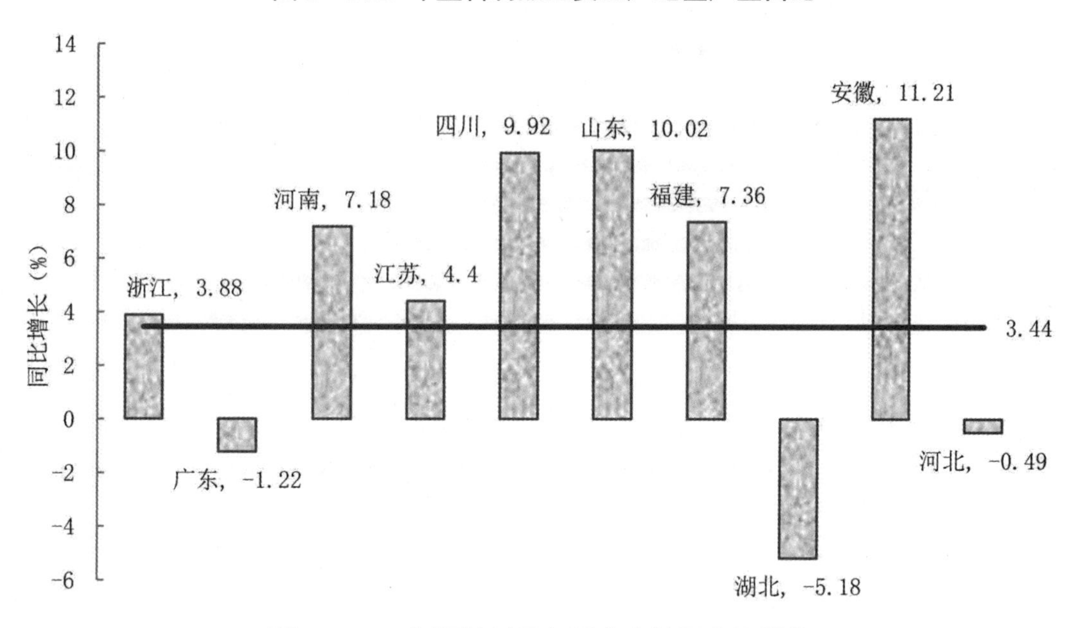

图 2　2017 年塑料制品主要生产地区产量增长

2. 结构和布局进一步优化

东部十省市塑料制品产量为 4 181.05 万 t，占全国总产量的 55.63%，同比增长 2.61%，是我国塑料制品主要生产区域；中部六省塑料制品产量为 1 806.56 万 t，占全国总产量的 24.04%，同比增长 5.05%，其中江西省、安徽省、河南省的产量增速较高；西部十二省区塑料制品产量为 1 338.94 万 t，占全国总产量的 17.81%，同比增长 8.44%。中西部地区产量增速高于全国平均水平，处于快速增长阶段。

（二）营收持续增长，效益有待提升

1. 主营业务收入完成情况

2017 年，全国塑料制品行业规模以上企业累计完成主营业务收入 22 808.36 亿元，同比增长 6.74%，增幅比上年同期提高 0.63 个百分点。其中，占比最高的是塑料板、管、型材的制造，其主营业务收入为 5 045.35 亿元，占 22.12%；其次是其他塑料制品制造，主营业务收入为 4 179.9 亿元，占 18.33%。增幅最大的是其他塑料制品制造，为 10.57%。增长较快的行业还有塑料薄膜制造、日用塑料制造、塑料零件制造，同比分别增长 9.96%、9.84% 和 8.43%；增幅最低的是塑料人造革、合成革制造，其主营业务收入为 1 073.59 亿元，同比下降 4.11%。2017 年塑料制品行业主营业务收入见表 3。2017 年全国塑料行业子行业主营业务收入占比见图 3。2017 年全国塑料行业子行业主营业务收入增长情况见图 4。

表 3　2017 年塑料制品行业主营业务收入

塑料子行业	主营业务收入（亿元）	占比（%）	同比增长（%）	增长率比上年增加（个百分点）
合计	22 808.36	100.00	6.74	0.63
塑料板、管、型材的制造	5 045.35	22.12	3.75	-3.36
其他塑料制品制造	4 179.90	18.33	10.57	-5.69
塑料薄膜制造	2 999.70	13.15	9.96	4.89
塑料丝、绳及编织品的制造	2 810.34	12.32	5.25	2.69
日用塑料制造	2 024.19	8.87	9.84	2.59
塑料包装箱及容器制造	1 892.60	8.30	6.84	1.41
塑料零件制造	1 806.96	7.92	8.43	0.46
塑料人造革、合成革制造	1 073.59	4.71	-4.11	-4.70
泡沫塑料制造	975.74	4.28	5.40	-1.46

注：根据国家统计局数据整理。

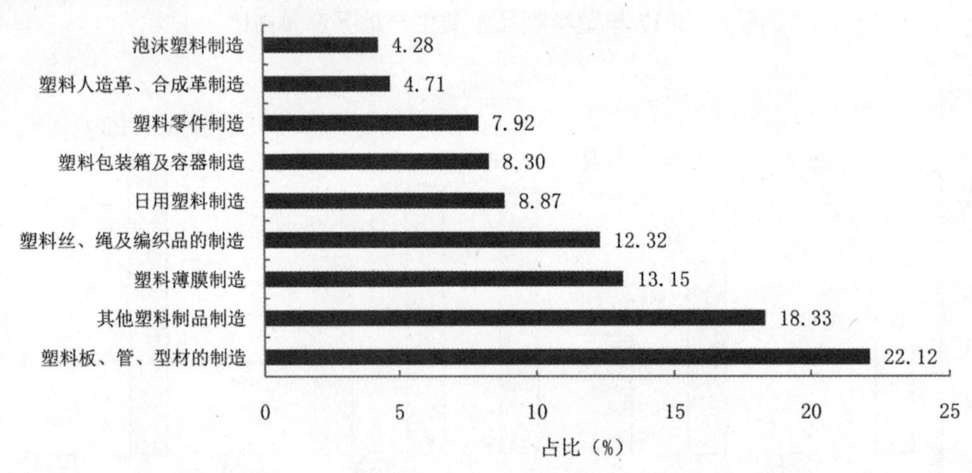

图 3　2017 年全国塑料行业子行业主营业务收入占比

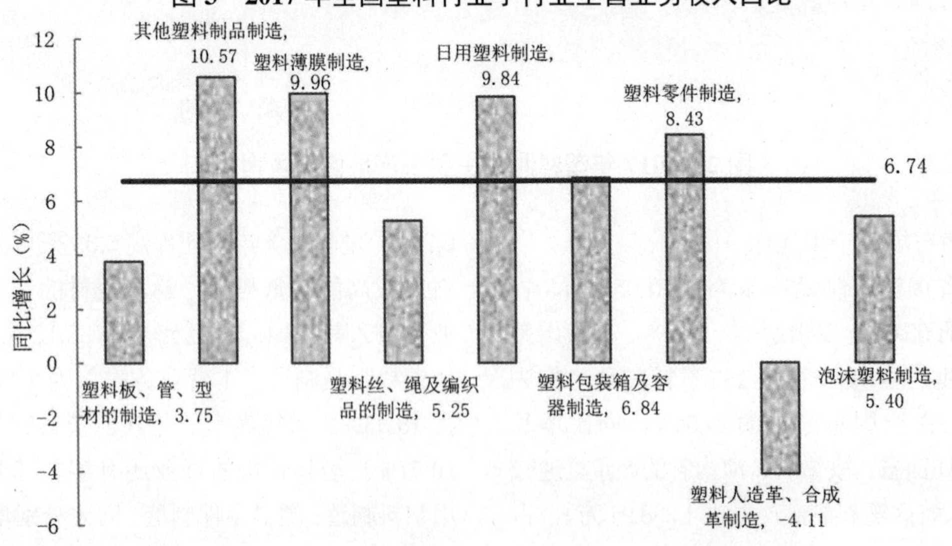

图 4　2017 年全国塑料行业子行业主营业务收入增长情况

2. 利润总额完成情况

2017 年全国塑料制品行业规模以上企业累计实现利润总额 1 354.68 亿元，同比增长 4.81%，较上年同期减少 2.51 个百分点。其中，占比最高的是塑料板、管、型材的制造，利润总额为 325.08 亿元，占规模以上企业利润总额的 24%；其次是其他塑料制品制造，利润总额为 252.96 亿元，占规模以上企业利润总额的 18.67%。增幅最高的是塑料薄膜制造，同比增长 12.71%；其次是塑料零件制造，同比增长 12.06%。塑料人造革、合成革制造和泡沫塑料制造利润总额减少，同比分别下降 18.13% 和 5.92%。2017 年塑料制品行业利润总额增长及占比见表 4。2017 年全国塑料行业子行业利润总额占比见图 5。2017 年全国塑料行业子行业利润总额增长情况见图 6。

表 4　2017 年塑料制品行业利润总额增长及占比

塑料子行业	利润总额（亿元）	占比（%）	同比增长（%）	增速比上年增加（个百分点）
合计	1 354.68	100.00	4.81	-2.51
塑料板、管、型材的制造	325.08	24.00	1.50	-1.16
其他塑料制品制造	252.96	18.67	9.74	-9.80
塑料薄膜制造	164.04	12.11	12.71	2.22
塑料丝、绳及编织品的制造	163.28	12.05	1.16	1.34
塑料包装箱及容器制造	123.34	9.10	7.01	0.87
日用塑料制造	116.19	8.58	8.79	-3.15
塑料零件制造	105.18	7.76	12.06	-7.83
泡沫塑料制造	56.32	4.16	-5.92	-9.36
塑料人造革、合成革制造	48.29	3.56	-18.13	-12.17

注：根据国家统计局数据整理。

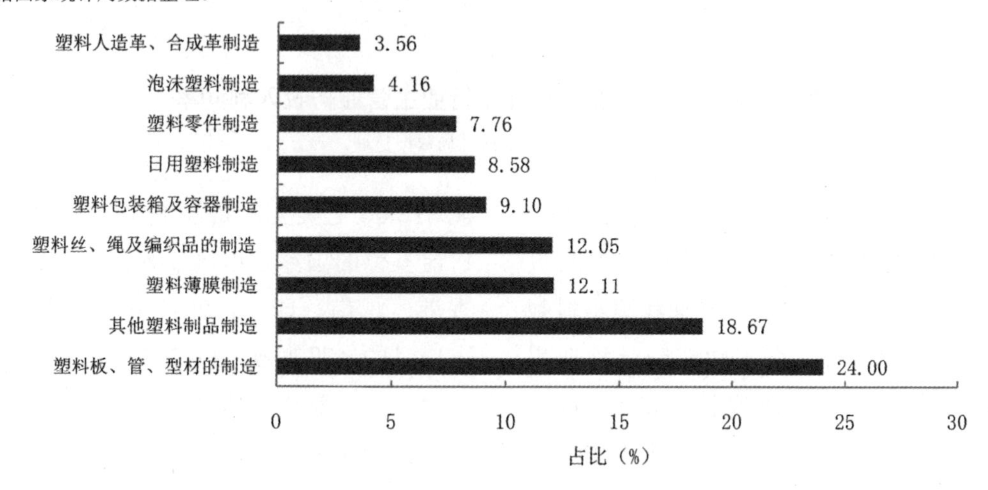

图 5　2017 年全国塑料行业子行业利润总额占比

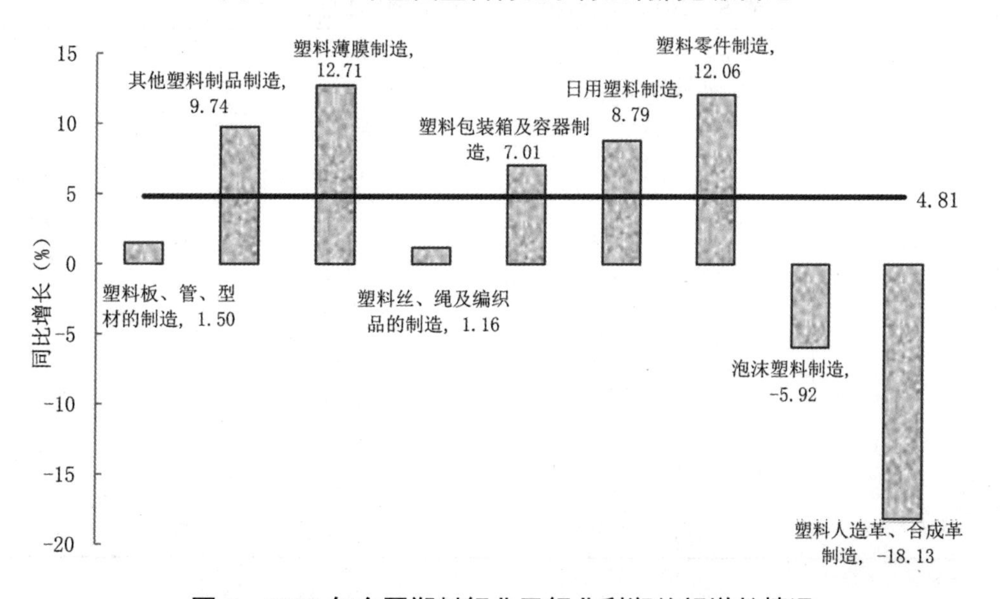

图 6　2017 年全国塑料行业子行业利润总额增长情况

3. 主营业务收入利润率情况

2017 年，全国塑料制品行业主营业务利润率为 5.94%，较上年同期减少 0.18 个百分点。其中，主营业务收入利润率最高的是塑料包装箱及容器制造，为 6.52%；其次是塑料板、管、型材的制造，为 6.44%；主营业务收入利润率最低的是塑料人造革、合成革制造，为 4.5%。2017 年全国塑料行业子行业主营业务收入利润率见图 7。

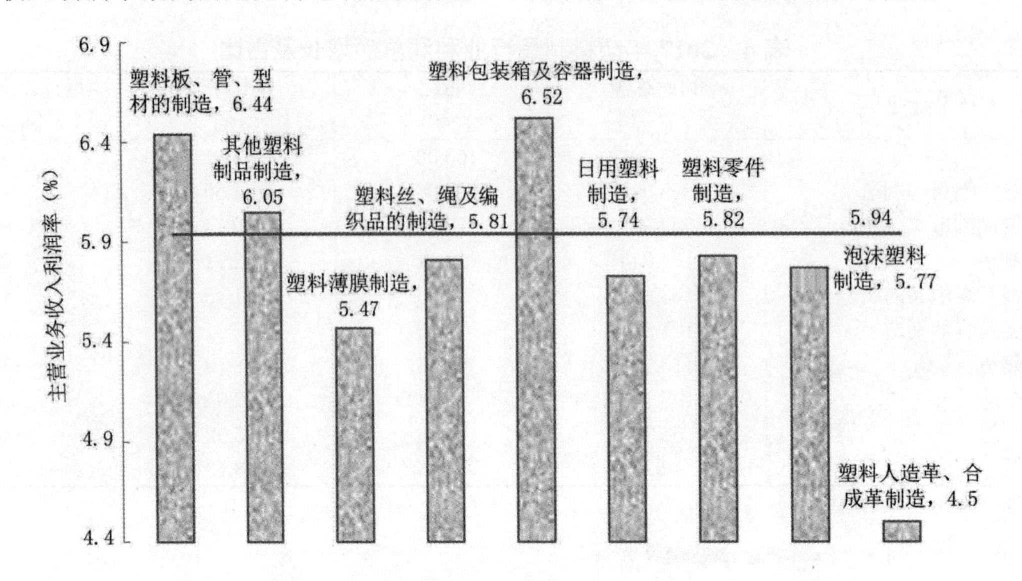

图 7　2017 年全国塑料行业子行业主营业务收入利润率

注：根据国家统计局数据整理。

（三）进出口快速增长，继续保持较大顺差

2017 年，我国外贸回稳向好的基础不断巩固，发展潜力正逐步得到释放，推动我国塑料制品行业进出口持续增长。全国塑料制品行业累计出口 627.29 亿美元，同比增长 8.62%；进口 185.76 亿美元，同比增长 7.22%；实现进出口总额 813.05 亿美元，贸易顺差 441.53 亿美元。出口前五位的国家（地区）为：美国、日本、中国香港、越南、印度。2017 年全国塑料行业主要出口目的地见表 5。2017 年全国塑料行业主要贸易地区出口额增长情况见图 8。2017 年塑料制品出口统计见表 6。

表 5　2017 年全国塑料行业主要出口目的地

国家（地区）	出口额（亿美元）	占比（%）	同比增长（%）
美国	150.35	23.97	14.23
日本	37.32	5.95	5.64
中国香港	34.15	5.44	-3.10
越南	22.28	3.55	18.60
印度	21.03	3.35	14.07
英国	19.00	3.03	7.91
澳大利亚	17.82	2.84	10.26
德国	15.96	2.55	3.74
韩国	15.81	2.52	17.12
加拿大	14.28	2.28	18.33

注：根据海关总署数据整理。

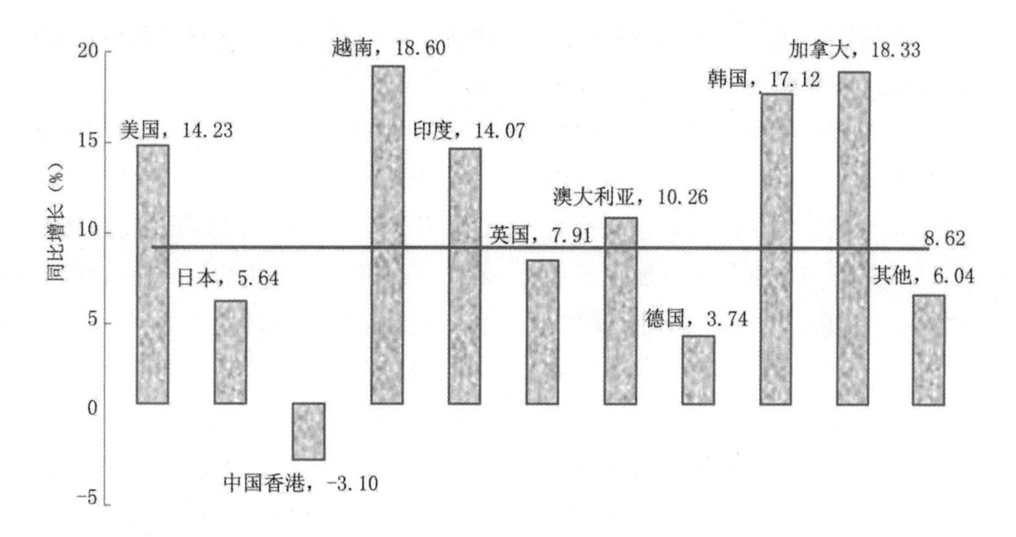

图 8　2017 年全国塑料行业主要贸易地区出口额增长情况

表 6　2017 年塑料制品出口统计

产品名称	出口量（t）	同比增长（%）	出口额（万美元）	同比增长（%）
塑料制品			6 272 859.3	8.62
1. 塑料单丝、条、杆、型材及异型	262 211	12.98	48 237.5	14.72
2. 塑料管及其附件	660 128	13.19	242 013.5	12.97
3. 塑料板、片、膜、箔、带及扁条	3 667 411	9.23	1 062 396.3	11.02
4. 塑料人造革、合成革	676 762	4.61	237 614.3	1.77
5. 塑料包装箱及容器及其附件	2 333 958	6.05	838 807.5	7.96
6. 塑料零件	47 521	13.24	69 872.1	11.51
7. 建筑用塑料制品	3 949 733	23.06	609 228.6	20.89
（1）塑料糊墙品和铺地制品	3 032 714	27.51	432 556.1	25.72
（2）塑料门、窗、窗板（帘）及类似品	239 213	2.46	67 554.2	5.03
（3）其他建筑用塑料制品	677 806	13.41	109 118.2	14.15
8. 日用塑料制品			1 566 601.7	6.55
（1）塑料制餐具及厨房用具	1 315 401	8.15	497 441.9	3.73
（2）塑料卫生设备、洁具及其配件	1 003 288	9.02	404 556.6	11.09
（3）塑料制办公室或学校用品	327 410	4.99	114 214.1	3.53
（4）其他日用塑料制品			550 389.1	6.60
9. 其他塑料制品			1 598 087.8	5.52

注：根据海关总署数据加工整理。

在政策利好推动下，优势企业纷纷“走出去”，在国外特别是“一带一路”国家办厂，拓展新市场，如金发科技股份有限公司、广东联塑科技有限公司等公司到印度等国办厂。

二、存在的问题

2017 年塑料加工业积极调结构、转方式，坚持创新驱动发展，发生了一些可喜变化：行业发展稳定，产业结构继续优化；积极探索生产自动化、信息化和智能化，机器换人广泛推进；致力于技术进步和科技创新，不断提升自身科技化发展水平，重视产学研结合，促进行业转型升级；抓住市场新动向，开拓新产品，不断形成新市场；行业品牌意识增强，更加注重品牌保护；企业环保意识增强，注重清洁生产，绿色产品比重逐步加大；推进系统化高质量发展与产业链延伸，重视发展质量。但仍然存在一些问题。

1. 原材料价格波动较大，部分品种涨价幅度大

2017 年，由于国内环保整治及推进供给侧改革，国产低端塑料原料供应减少，加上进口再生资源政策调整，塑料上游的原材料普遍涨价。原辅材料价格向上波动幅度加宽，原材料采购价格上涨，而制品价格并未相应上涨，塑料加工业受上游和市场用户的双重挤压，利润空间缩小。例如，2017 年 PVC 树脂价格波动较大，一季度价格基本稳定在 6 500元/t 左右，3 月底价格开始下降，最低降至 5 500 元/t 左右，到 6 月底开始持续上涨，至 9 月初最高达到近 8 000 元/t，随后又快速回落到 6 500 元/t 以下，给 PVC 相关加工企业的经营带来很大影响。2017 年 MDI、TDI 价格大幅波动，振动幅度超越往年，给聚氨酯及相关产业生产经营带来困难。

2. 环保整治致部分企业被迫关停、限产、整改

2017 年以来，随着环境保护上升到国家战略层面，国家治理大气污染环保督查力度不断加大，中央及地方对企业的环保督察越来越频繁，部分企业因排放不达标而被迫关停、限产、整改。一些不能以产品创新、质量功能提升而占领市场的小微企业再一次面临被“洗牌”出局的困境，呈现出强者愈强、弱者愈弱的局面，行业转型、企业整合加剧。

3. 部分产品产能依旧过剩

目前产品产能过剩问题仍未有效解决，市场上类同的通用产品较多，中低档产品占绝大多数，而高技术、高附加值的产品相对较少，仍需大量进口。由于行业企业以中小企业为主，大企业较少，企业科技人员少，科技研发能力差，再加上企业科技经费投入不足，科技创新受到严重制约。

三、发展建议

1. 大力开展技术改造，推进转型升级，实施供给侧结构性改革

塑料加工行业要持续提高产品的工艺技术和质量水平，推进自动化改造，实施供给侧结构性改革，加大产品结构调整和科技创新的力度，向中高端快步迈进。从追求扩大生产规模转向求精、求强；从做雷同、大路货产品转向定向加工和个性化生产。

2. 重视环保，响应国家节能减排政策

以过度消耗资源和牺牲环境为代价求得高速增长的时代已经过去了，多年来支撑高速增长的“红利”正在弱化甚至消失，转变经济增长模式、寻找新的经济增长点才是我们得以生存和可持续发展的唯一出路。行业企业要跟上党和国家的战略部署，积极配合环保整治，淘汰一大批污染严重、低质高耗的企业，要以最少的资源能源消耗、最小的环境代价、最大的税收利润重新组合产业队伍。

3. 抓住外卖和快递包装的生产和回收商机

近年来，随着电商行业的爆炸式发展，物流快递业产生了大量不可降解包装材料构成的“白色垃圾”，环境污染、资源浪费等问题严重。据国家邮政局数据，2017 年全国快递业累计完成 400.6 亿件，相应的快递封装用品使用量依旧巨大。国家质检总局、国家标准委 2018 年 2 月 7 日发布新修订的《快递封装用品》系列国家标准中提出快递包装袋宜采用生物降解塑料的新要求，这将对低污染、低消耗、低排放、高效能、高效率、高效益绿色环保封装用品的推广使用发挥重要作用。

2018 年是全面贯彻中共十九大精神的开局之年，我国塑料加工业已进入更加依赖技术进步的发展创新阶段，全球创新格局和产业变革将进一步加速，全球制造业进入智能转型期倒逼塑料加工业发展，塑料加工业呈现功能化、轻量化、生态化和微成型发展趋势。2018 年及今后一段时间，塑料加工业要依据《塑料加工业“十三五”发展规划指导意见》《塑料加工业技术进步“十三五”发展指导意见》和《中国制造 2025》，重点发展多功能、高性能材料及助剂，力争在材料功能化、绿色化及环境友好化方面取得新的突破；加快绿色、节能、高效新型加工成型工艺和技术的开发和应用；加快塑料成型装备的研发；紧紧围绕高端化，加快提升中高端产品的比例。

〔供稿单位：中国塑料加工工业协会〕

中国塑料机械工业大事记（2017年）

1月

12日 广东金明精机股份有限公司自主研制的“数字化控制九层共挤薄膜吹塑机组”经由中国塑料机械工业协会组织鉴定，项目整体技术处于国际先进水平。

19—23日 由全印度塑料制造厂商协会主办的印度国际塑料工业展览会在孟买国际展览中心举办，中国展团再创新高，参展企业数达300家，展团人数超过1 000人。

2月

17—20日 中国塑料机械工业协会钱耀恩常务副会长、粟东平秘书长一行前往博创智能装备股份有限公司、华南理工大学聚合物新型成型装备国家工程研究中心、广东伊之密精密机械股份有限公司、广东佳明机器有限公司、广东乐善智能装备股份有限公司走访调研，就科研管理、产品质控、智能制造、协会换届等议题进行深入探讨、出谋划策。

21日 中国塑料机械工业协会粟东平秘书长一行参观海天注塑机生产车间及海天精工车间，实地考察海天在智能工厂建设方面取得的成效。

3月

24日 SAC/TC231/WG5塑料机械电气系统标准制定工作组年会暨标准讨论会在宁波召开，主要讨论了《机械电气设备塑料机械计算机控制系统 第2部分：试验与评价方法》（国标计划号20162362-T-604）、《工业机械电气设备及系统术语 第2部分：塑料机械》（国标计划号20162647-T-604），并就塑料机械与周边设备的互联互通智能制造标准编制计划达成共识。

5月

15日 中国塑料机械工业协会六届一次会员代表大会在广州召开，选举产生中国塑料机械工业协会第六届理事会理事和第一届监事会成员。

★ 中国塑料机械工业协会六届一次理事会在广州召开，会议选举产生中国塑料机械工业协会第六届理事会负责人。海天塑机集团有限公司总裁张剑鸣当选第六届理事会会长；中国塑料机械工业协会原秘书长粟东平当选常务副会长兼秘书长；广东金明精机股份有限公司总经理马佳圳，上海金纬机械制造有限公司董事长何海潮，震雄集团有限公司执行董事兼生产总裁蒋志坚，广东伊之密精密机械股份有限公司董事长陈敬财，苏州同大机械有限公司董事长徐文良，浙江申达机器制造股份有限公司总经理林波，大连橡胶塑料机械股份有限公司董事长洛少宁，宁波市海达塑料机械有限公司总经理蒋忠定，山东通佳机械有限公司董事长张建群，大连三垒机器股份有限公司董事长俞建模、东华机械有限公司总经理杜江，泰瑞机器股份有限公司董事长、总经理郑建国，江苏贝尔机械有限公司董事长何德方，宁波弘讯科技股份有限公司总经理俞田龙当选副会长。

★ 中国塑料机械行业2017年度“技术创新活力奖”“匠心奖”及中国塑料机械工业协会2017年度“十佳理事”“十佳会员”颁奖仪式在广州举行。

17日 第三届中印塑料工业产需对接会在广州召开，参会人数再创新高。

18日 2017塑机行业新产品、新技术交流会在广州召开，海天塑机集团有限公司、博创智能装备股份有限公司、广东金明精机股份有限公司、埃克森美孚（中国）投资有限公司、苏州东亚机械铸造有限公司、信易集团、艾克森（江苏）节能电热科技有限公司、群达集团福达智能事业部和北京化工大学等开讲。

6月

3日 第四届全国“以塑代木”工作会议暨绿色建材创新发展高端论坛在江苏宿迁举办。

5—6日 中国塑料机械工业协会粟东平常务副会长一行走访江苏澳盛复合材料科技有限公司、苏州东亚机械铸造有限公司、安美润滑科技有限公司华东生产基地、苏州金韦尔机械有限公司和苏州力弗特智能装备有限公司。重点考察了当前我国汽车碳纤维产业发展现状，了解企业诉求，积极为争取国家产业政策扶持与项目落实做好调研。

29—30日 中国塑料机械工业协会参加CIPAD国际塑料工业组织负责人年会，与英国塑料联合会（BPF）、意大利塑料橡胶机械和模具制造者协会（Assocomaplast）、芬兰塑料行业协会（FPIA）、全印度塑料制造厂商协会（AIPMA）、土耳其塑料产业基金会（PAGEV）和南非塑料行业协会（Plastics SA）等就协会工作和行业发展进行交流。与会代表对近年来中国塑机企业的发展予以高度认可。

7月

5—7日 先进发泡成型关键技术及其应用高级研讨会在北京化工大学举办，有近百名学员参加。

13—14日 全国机械行业人才队伍建设工作推进会在无锡召开。中国塑料机械行业将在强化思想观念，营造良好发展环境；深化产教融合，拓展人才培养途径；落实重点工程，促进人才总量和素质提升；完善体系机制，构建人才工作新格局等方面加大推进力度。

8月

1—4日 中国塑料机械工业协会粟东平常务副会长和王静副秘书长一行走访青岛塑机制造企业，就青岛胶州地区企业发展过程中存在的问题和困惑提出意见和建议。

7—9日 中国塑料机械工业协会张剑鸣会长和粟东平常务副会长一行走访张家港市塑机制造企业，在考察交流过程中找问题、提建议、指方向。

9月

1日 工信部发布《2017年第一批绿色制造体系示范名单》，博创智能装备股份有限公司进入绿色工厂名单。

3—5日 由中国塑料机械行业专家委员会常务副主任、北京化工大学教授吴大鸣团队设计、加工、安装的巨型塑料吊顶花灯亮相金砖国家领导人第九次会晤会场。

13—16日 第17届越南胡

志明市国际塑料工业展开幕，中国塑料机械工业协会粟东平常务副会长随西麦克国际展览有限责任公司到访越南，并组织企业参观了海天越南工厂。

18日 中国塑料机械工业协会发布《2017中国塑料机械行业优势企业评选结果公告》，“2017中国塑料机械制造业综合实力30强企业”“2017中国塑料注射成型机行业15强企业”“2017中国塑料挤出成型机行业10强企业”“2017中国塑料中空成型机行业3强企业”和“2017中国塑料机械辅机及配套件行业5强企业”出炉。

26日 全国机械工业质量品牌提升大会在北京召开，海天塑机集团有限公司连续斩获“中国机械工业质量品牌标杆”和“中国机械工业优质工程（项目）”两项大奖。

10月

12日 全国机械行业转型升级推进会在南安召开。博创智能装备股份有限公司、广东金明精机股份有限公司和广东伊之密精密机械股份有限公司入选转型升级典型案例。

22—29日 中国塑料机械工业协会带领由20多位业内人士组成的参观团赴日本进行交流。参观团除参观IPF国际塑料展外，还参访了山崎马扎克、丰田、Fanuc、东邦、新泻机械等机床、汽车、塑机以及碳纤维材料等国际知名企业，为国内企业“走出去”寻求卓越的合作伙伴打造专属商务平台。

26日 《中国塑料机械工业年鉴2017》在重庆首发。

★ 首届“中国好塑才”、第三届“中国塑机风采”优秀摄影作品及“2017中国塑料机械行业优势企业”颁奖仪式在重庆举行。

27日 中国塑料机械工业协会团体标准工作委员会在重庆召开成立大会。秘书长由中国塑料机械工业协会粟东平常务副会长兼任，联络员为中国塑料机械工业协会李春燕副秘书长。秘书处下设注塑机组、挤出机组和中空辅机组3个标准制定常务工作小组。

26—27日 第五届中国国际塑料机械产业论坛暨中国塑料机械工业协会六届二次理事会在重庆召开。会议通过了关于聘任中国塑料机械工业协会王静担任秘书长、李春燕担任副秘书长的提议，秘书处日常工作在粟东平常务副会长直接领导下开展。

26—29日 第三届中国（重庆）国际塑料工业展览会在重庆国际博览中心举办。参展单位数量较上届展会上升4.8%，现场观众达到2万人次，意向订单达1.2亿元。

31日 泰瑞机器股份有限公司在上海证券交易所主板上市交易。

11月

3日 江苏维达机械有限公司“全自动三角横梁模内360°环标注吹中空成型机”经中国塑料机械工业协会组织鉴定，项目整体技术达到国际先进水平，关键技术处于同类产品国际领先水平。

12月

13日 国家知识产权局发布授奖决定，广东伊之密精密机械股份有限公司“伺服控制半固态镁合金高速注射成型机”、广东金明精机股份有限公司“同心套筒式多层共挤吹膜机头”、北京化工大学“一种双阶双螺杆挤出机连续制备再生胶的方法”获第十九届中国专利奖优秀奖。

14日 工业和信息化部、

中国工业经济联合会发布第二批制造业单项冠军企业和单项冠军产品名单，宁波弘讯科技股份有限公司入选“单项冠军培育企业”。

15 日　粤港澳大湾区创新集聚发展论坛暨高分子拉伸流变制造装备产业园项目发布仪式在三山新城举行，共签署 11 个产学研用项目合作协议。预计到 2025 年，将实现“基于拉伸流变的高分子材料塑化输运方法及设备”产业产值超百亿元，并撬动相关产业过千亿元增值空间。

22 日　中国塑料机械工业协会开始征集《全电动塑料注射成型机》和《多组分注塑机》两项团体标准的主要起草单位和参加单位，两项标准均计划在 2018 年完成。

25 日　中国塑料机械工业协会六届三次理事（通讯）会启动，审议《中国塑料机械行业节能标识管理办法》（征求意见稿）。

整理行业内对智能制造的认识及企业智能制造进展情况，收集日本、美国、越南的市场情况

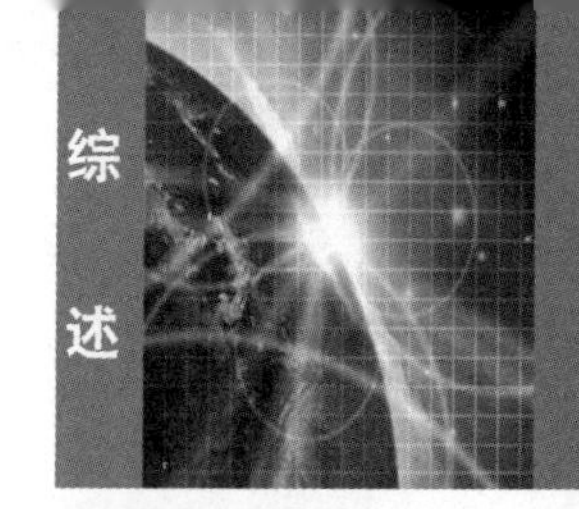

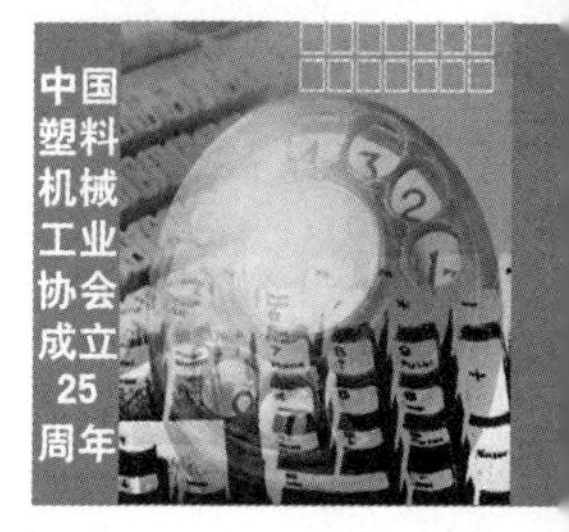

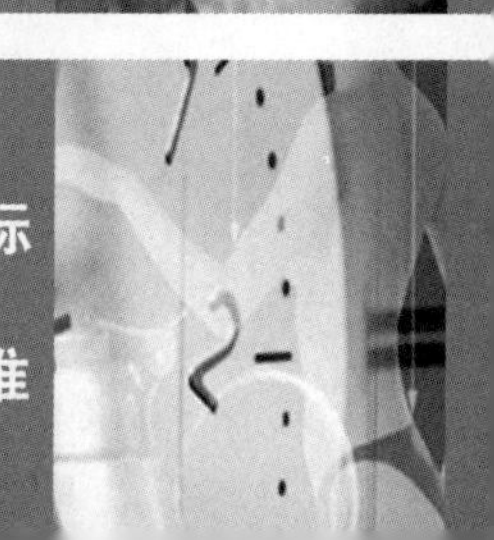

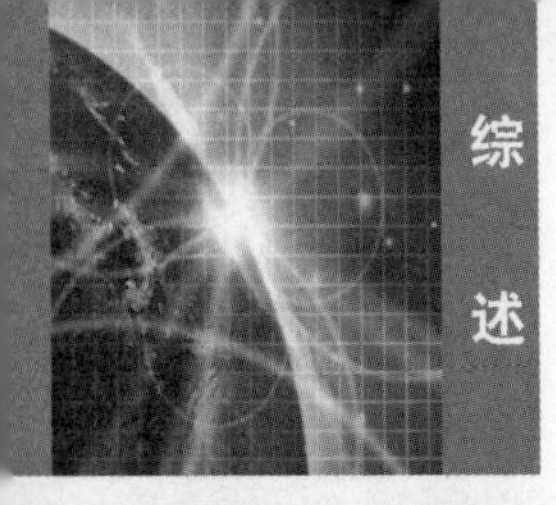

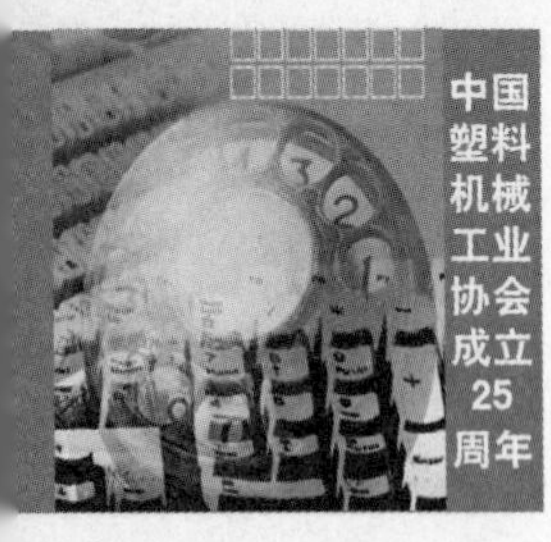

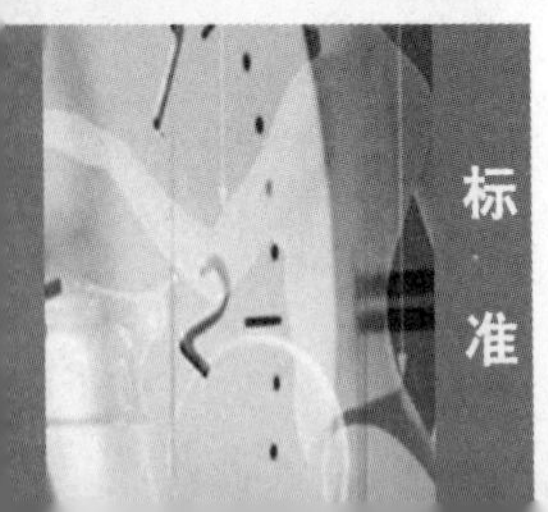

专文

智能制造专栏

中国塑料机械智能制造的现状与未来趋势

中国塑料机械行业智能制造浅谈

创新科技驱动智能制造——工业4.0及智能制造深度解读

博创智能装备股份有限公司智能制造转型升级经验

塑料机械工业4.0 现状与金纬公司智能制造的投入进展

市场专题

日本

日本国际塑料橡胶工业展览会

日本塑料机械生产与进出口情况

中日行业交流

日本企业见闻

美国

NPE 展会

中美行业交流

美国企业见闻

越南

智能制造专栏

中国塑料机械智能制造的现状与未来趋势

塑料机械是指塑料加工工业中所使用的各类专用机械和装置。塑料机械行业是随着高分子化学和塑料加工工艺的发展而发展起来的，并逐步成为一个独立的工业部门。改革开放以后，我国塑料工业发展迅猛，塑料制品产量大幅增长，已取代美国成为全球最大的塑料制品生产国和消费国。伴随着塑料制品的广泛应用，塑料机械产业也不断发展，市场规模不断扩大，连续多年逐年递增。2005年，我国塑料机械产量便跃居全球第一；2010年，塑料机械总产值突破400亿元。在满足国内需求的同时，出口量也不断加大。从21世纪初开始，我国塑料机械在低端产品领域的竞争力不断增强，出口量节节攀升，出口范围已扩大到美国、日本、德国、俄罗斯等46个国家和地区。

塑料机械产业的快速发展值得肯定，但其中暴露的问题也要引起重视。首先，我国塑料机械只在中低端市场有较大竞争力，高端市场缺位。长期在中低端市场发展，不利于塑料机械的进一步发展，技术水平难有提高。其次，国产塑料机械技术与国际先进水平差距明显，在国际上处于二三流水平。这种差距体现在多个方面，如生产效率、精密化、微型化、大型化装备及自动化控制水平上。国内塑料机械自主知识产品较少，在技术创新上投入不足，科技创新经费普遍缺乏或不够，这导致国内塑料机械产品长期滞后于国外。

“十三五”时期是我国制造业提质增效、由大变强的关键期。智能转型是建设制造强国的关键，实现“数字化、网络化、智能化”制造是制造业发展的新趋势，也是新一轮科技革命和产业变革的核心所在、《中国制造2025》的关键所在。为此，许多有识之士很早就提出中国塑料机械智能制造的概念，希望借助“智能制造”使我国塑料机械行业实现由大变强，实现弯道超车。有的注塑企业还提出了“注塑工业4.0”的概念。2018年Chinaplas国际橡塑展（业内称雅式展）的火爆场景也反映出市场对塑料机械智能制造的期待。

“智能制造”或“工业4.0”主要强调的是，机器、用户、产品通过工业互联网以及物联网在云端大数据平台下实现虚拟世界（VR）和物理世界的互联互通，最终实现在用户全程参与下的个性化和定制化产品的生产，其实就是实现终端客户在虚拟世界参与物理世界的柔性制造。用户通过互联网VR虚拟环境以及人工智能AI技术能准确描绘和设计出其需要的产品（个性化设计），然后在互联网环境中把设计分拆成各个部件分派到各智慧工厂进行加工，然后通过物联网再送到智能车间进行组装与测试，并实时把生产情况和生产过程通过物联网以及互联网反馈到用户（用户参与实际生产以实现定制化），用户可以进行在线修改以及功能增减，最后通过物联网把客户满意的产品送到其手中。可以看出，“工业4.0”强调的是个性化和定制化，以及用户和设计、生产、物流的互动，这需要强大的云端大数据下的AI互联网技术和VR技术，灵活且具有自适应、自学习能力的物联网技术，柔性智能的单机生产，以及互联互通的智慧工厂做技术支持。

一、塑料机械智能制造的现状

与许多行业相似，我国塑料机械行业大而不

强、自主创新能力差等问题导致在塑料机械行业的智能制造上会后劲不足。

1. 在“工业 4.0”的定义下，我国塑料机械制造企业所处的位置

我国塑料机械产品中的许多国外核心技术还没有完全消化，基本零部件的加工水平和装配水平较发达国家还有不小的距离。自动化和信息化的应用还处于政府推动阶段，塑料机械制造企业普遍处于工业 2.0 到 2.5 阶段，个别企业在向 3.0 迈进。

2. 研发力量薄弱，创新能力不够，特别是在电气和系统方面

许多塑机企业的机械、液压、电气与控制系统设计研发力量薄弱，尤其是电气与控制系统主要通过外包和购买第三方控制系统获得，然后负责售后服务。具有自主创新且有竞争力的研发团队基本没有。

3. 单机智能低，主要靠简单的自动化 + 远程监控 +MES

现在国内展示的塑机智能制造主要是自动化 + 远程监控 +MES。一些企业介绍智能注塑机时说“智能 = 自动化 + 远程监控 +MES”，这是对智能制造的严重误解。当然，自动化 + 远程监控 +MES 是智能制造最基本条件，20 世纪 90 年代初在国外的 HUSKY 等公司就已经是很成熟的技术，但离“智能制造”还差很远。用一些陈旧的技术来进行商业运作和政府对接，把简单自动化当作无人车间，把传统关系数据库作为大数据，把网盘存储作为云计算等，将会对我国塑料机械行业的“智能制造”之路造成严重伤害。

“智能制造”要求单机（注塑机、吹塑机、挤出机等）智能化程度高，它是实现柔性制造的基础。具体要求是：单机必须 7天/24 小时长期稳定高速运行，具有自适应/自学习/自检测/自修复/预测维护等功能，能根据不同工艺和产品在没人或人较少参与下快速调节控制参数和工艺参数来满足生产需求，实现节能、绿色生产。这些对单机的机械、液压、电机、伺服、电气、软件都提出了很高的要求。若单机问题很多，动不动就报警，机械液压电气元件总出问题，机器运行周期就很慢，效率很低。通过互联网或物联网把数据传到云端或综控室，虽然最后也能起到监控和 MES 作用，但和智能制造的目的还是有很大差距。

2018 年春节，笔者有幸再去拜访国际注塑机巨头 HUSKY。在和 HUSKY 技术人员的交流中感觉到 HUSKY 在具备注塑机工业 4.0 功能的单机开发上下了很多功夫，增加了很多智能化的模块和功能，把很多先进的智能控制技术都应用到 HUSKY 机器控制上。HUSKY 的 HPP5.0 上，应用自学习技术可以自动学习整个液压系统的压力与流量、压力与液体压缩系数、温度与液压油黏度等液压变量的非线性关系，然后根据这些关系自动把最优液压运动曲线计算出来，使整个机器运行更快更平稳。HUSKY 的模具自动清胶技术 2015 年获得了塑料届国际大奖，其自动开机技术和自动停机技术也为无人化智能生产打下了坚实基础。HUSKY 还增加了很多自修复、自矫正功能，借助其 SHOTSCOPE 系统使整机的智能化水平大幅提升。

4. 自动化控制水平低

我国很多塑机产品的控制系统采用第三方提供的现成控制系统，这样的机器设备极容易被竞争对手复制。控制系统是一台机器的大脑、系统的核心，如果连系统的核心都能在市场上买到，仿制该设备就很容易了，仿制就会导致恶性竞争，使设备成为低端设备。如果要提高设备的技术含量，使设备进入高端市场，企业就要自己拥有控制系统的核心算法。机械方面的仿制比较容易，而控制系统的算法很难被竞争对手仿制。欧美机械制造业一般都拥有自己的控制系统：他们从第三方买进控制系统平台，然后把自己的核心控制逻辑嵌入控制平台形成自己的控制系统；或与第三方联合开发，通过付开发费形式 (一次性投资) 获得控制系统的知识产权，并且通过联合开发培训了自己的控制系统技术队伍，从而能在以后独立进行基于控制平台的系统升级和改造。

我国注塑机行业至今还没有一家企业拥有自己的注塑机控制系统，都是直接从第三方购买注塑机控制系统。这一策略直接限制了注塑机的技术含量，即使注塑机企业有自己的注塑过程控制工艺，也很难在第三方的控制系统上实现，因为第三方控制系统不可能开放所有的控制窗口供企业技术人员设置和改变。而国外主要的注塑机企业（例如HUSKY、BATTENFELD、DEMAG、ENGEL、ARBURG、NETSTAL、DR.BOY等）都拥有自己的注塑机控制系统（PLC&HMI）。

国外的许多注塑机企业，把技术研发和创新作为企业的生存之本，投入了大量的人力物力，开发出许多新的注塑技术，特别是先进的控制算法。他们拥有自己的专业研发队伍（既精通自动化控制技术、软件开发，又懂注塑机的过程工艺），充分认识到控制算法和软件技术是一次性投入，带来的效益是任何硬件系统无法比拟的，而且许多硬件功能都能通过软件来实现。最近，HUSKY通过改进软件、控制算法，使其PET机器的产品生产周期提高逾2秒，这就是智力投入。

当前有两款系统在我国塑机市场处于垄断地位。其中一款注塑机控制系统是基于DSP开发的，在早期因其便宜而又运行稳定对我国塑机行业的发展起到了推动作用，但受限于DSP的计算能力，基本不能实现系统的闭环管理、复杂的控制算法和高级智能模块。另一款是针对我国中低端注塑机市场开发的。由于这两款塑机控制系统处于垄断地位，他们不会为客户专门开发专用的、具有差异性、个性化、市场竞争力的系统，这也导致我国塑机产品差异性小、同质化竞争激烈，从而也阻碍了塑机行业的发展。当前的几款塑机控制系统不可能是我国塑机行业智能制造的未来系统。

5. 缺乏专业的上层软件

现在市场上的综控上位软件，只起到采集、分析、监控、显示的作用，还没有真正实现闭环监控管理。所谓闭环监控管理，是根据采集到的数据，通过大数据分析技术（很多开发商用传统的关系数据库），分析出机器提高效率的关键点，减少机器出错机会，提前预警，同时对控制参数进行自学习/自校正，把优化的结果再反馈回机器的控制系统，最终达到优化系统、提高产能的目的。

塑机生产厂家的信息平台大多数仅做到数据的提取、显示、统计功能，上层软件主要和第三方专业软件公司合作开发。专业的软件公司主要负责其上层的业务，实现软件功能，在数据提取方面与设备生产厂家进行合作。但塑机行业涉及机械、液压、伺服电气、控制，第三方专业软件公司很难开发出针对塑机行业专业性强的综控上位软件。

二、塑机智能制造的未来趋势

我国有全球最大的塑机市场，有潜力巨大的研发技术人员储备，有世界最完备的上下游供应链，所以只要大家一起努力，塑料机械智能制造的光明前景即将到来。特别是2018年的中美贸易战使很多中国人猛醒：很多关键核心技术不能掌握在外国人手中。

1. 智能制造是趋势，企业生存必须要走自主创新之路

国家通过环保政策、税务政策将产能低、缺乏创新的僵尸企业清除出去，同时我国的人力成本将产生更大幅度的提高，人口红利将会彻底消失，工人难招将会是每个企业面临的常态化问题。机器换人和智能制造是必走之路。

2. 单机智能将会大幅提高

中国海关总署2015年的统计数据显示：2015年塑料机械出口总量为100 633台（配套件除外），进口量为25 765台（配套件除外）；实现出口额14.5亿美元，进口额25.6亿美元。虽然我国塑料机械的出口数量是进口数量的近4倍，但出口产品的价值却只是进口产品价值的一半（56.7%），进口产品单价与出口单价的比值为6.89∶1，这表明我国出口的塑料机械“含金量”较低。同时，2015年我国塑料机械进口数量虽比上年下降12%，而价值却增长7.2%，进一步说明我国进口的塑料机械价值相对较高，是国内不能生产或设

备性能不能达到要求的品种。

2017 年我国进口塑料机械 21 180 台，进口额约 17.41 亿美元，单机均价 8.22 万美元；出口塑料机械 858 109 台，出口额约 22.4 亿美元，单机均价为 0.261 万美元。出口量是进口量的 40.5 倍，而出口额仅是进口额的 1.28 倍，进口产品单价与出口单价的比值为 31.5∶1，可以看出国产单机的附加值太低。要和欧美竞争对手抢占市场，必须提高单机智能化水平，比稳定性、可靠性、智能化、柔性化、人性化。提高单位资源产生的附加值是我国必须面对的当务之急，也是中国制造 2025 的必经之路。

3. 应用更多的先进自动化技术、信息 IT 技术

自动化技术和信息技术的发展日新月异，控制硬件的计算能力、控制方法的创新、检测技术的发展、机器视觉的成熟、现场总线技术的突飞猛进，都会给注塑机控制系统的智能化开发带来前所未有的可能。更多的先进的自动化技术、信息 IT 技术将会应用于塑机开发与设计，特别是人工智能 AI 技术将会更广泛地应用到塑机控制系统的开发以及与塑料机械相关的大数据分析、云计算等综控上位软件的开发中。以前不敢想的技术、方法（控制技术、建模技术、滤波技术、VR 仿真技术等）都可以变为现实，希望我们的人机界面就像 iPhone 手机、华为 Mate10 手机一样功能强大、画面流畅、现代设计元素丰富。

要加大技术研发资金投入，将深度学习、认知计算、语音识别、计算机视觉等技术用到塑机智能制造的大数据分析、云计算等综控上位软件的开发中。

4. 塑机智能制造会更加注重节能减排、绿色环保，资源利用率会更高

我国是能源消费大国，能源浪费也很严重。随着节能环保和绿色低碳经济的不断推进，国家对塑机节能减排、绿色环保生产的要求更高。相信在未来的智能制造之路上，资源浪费很大、单位资源附加值很小的状态会得到根本改善。

5. 更多懂塑机行业工艺流程，针对注塑、吹塑、挤塑等生产工程的专业化上层软件公司不断出现

要真正实现智能制造中虚拟世界和物理世界的柔性闭环管理，通过不断的大数据分析、云平台的虚拟建模仿真，把真正能提高机器智能的控制参数、工艺参数、过程参数反馈回物理世界的机器中去，必须是由懂塑机行业工艺流程，针对注塑、吹塑、挤塑等生产工程的专业软件公司来完成。靠传统的 MES、ERP 等通用公司是做不到的。

我们也欣喜地看到，我国塑机市场上还有一些企业在技术上下功夫、在设计上创新，敢于挑战 ENGLE、HUSKY、ARBURG、DEMAG、DR.BOY，在专机和细分行业中进行突破，开辟了一片新天地。如广州华研的 PET 中心锁模直压注塑机，性能直逼 HUSKY PET 机器；浙江 DEMARK 的两板机性能也能直接和 ENGLE 进行竞争；深圳南峰 EFM 的 MINISHOT 硅胶精密注塑设备直接超越 MOLDMASTER，获得市场广泛认可；浙江力松注塑机另辟蹊径，在塑料包装行业走高端路线，也取得了不小成绩。可以说，他们在改善我国制造业的“低端大量出口，高端大量进口，对国外技术的依赖”现状方面闯出了一片新天地。

随着国家调整产业政策、鼓励创新驱动，更多的企业会投入更多的研发成本，可以攻克并完全掌握塑料机械的高端核心技术，中国塑料机械智能制造会有更加美好的明天。

〔撰稿人：国家千人计划专家何卫东〕

中国塑料机械行业智能制造浅谈

一、智能制造背景

随着新一轮科技革命和产业变革在全球的兴起，工业技术体系、发展模式和竞争格局正迎来重大变革。发达国家纷纷出台以先进制造业为核

心的“再工业化”国家战略。如德国提出“工业4.0计划”旨在通过智能制造提振制造业竞争力，美国大力推动以“工业互联网”和“新一代机器人”为特征的智能制造战略布局，欧盟提出的“2020增长战略”重点发展以智能制造技术为核心的先进制造业，日本、韩国等也各自提出发展智能制造的战略措施。可见，智能制造已经成为各国发展先进制造业的制高点。我国在2015年推出的《中国制造2025》中也强调了智能制造的重要性。发展智能制造不仅是我国企业转型升级的突破口，也是重塑制造企业竞争优势的新引擎，是制造业的未来方向。

塑料机械是重要的技术装备，其发展在一定程度上反映出一个国家和地区的国民经济及技术发展水平。各国政府及有关行业管理部门都非常重视塑料机械工业的发展。我国是全球最大的塑料生产和消费市场，塑料机械在国民经济中占有重要地位，已作为单列行业进入国家发展改革委、工信部《重点产业振兴与技术改造专项》等国家政策及产品指导目录。进入“十三五”，在“中国制造2025”的大背景下，我国塑料机械行业实施技术进步与产品升级，开启了行业的转型升级。

二、智能制造发展方向

智能制造（Intelligent Manufacturing，IM）是一种由智能机器和人类专家共同组成的人机一体化智能系统，它在制造过程中能进行智能活动，诸如分析、推理、判断、构思和决策等。通过人与智能机器的合作共事，去扩大、延伸和部分地取代人类专家在制造过程中的脑力劳动。它把制造自动化的概念更新，扩展到柔性化、智能化和高度集成化。

智能制造就是面向产品全生命周期，实现泛在感知条件下的信息化制造。智能制造技术是在现代传感技术、网络技术、自动化技术、拟人化智能技术等先进技术的基础上，通过智能化的感知、人机交互、决策和执行技术，实现设计过程、制造过程和制造装备智能化，是信息技术、智能技术与装备制造技术的深度融合与集成。智能制造主要架构见图1。

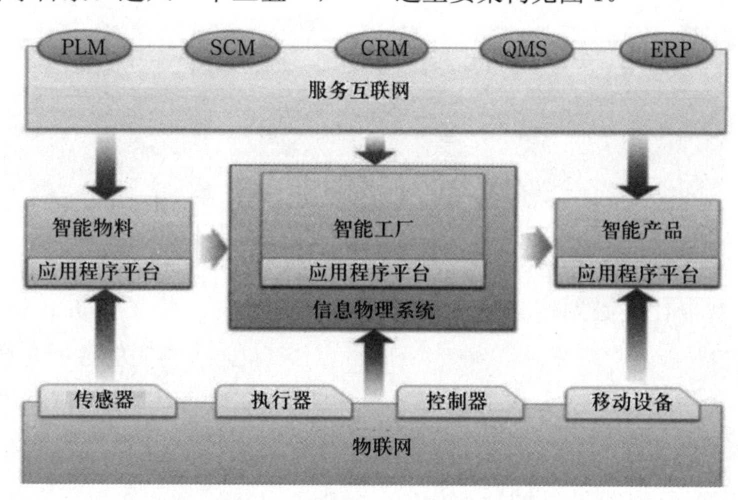

图1　智能制造主要架构

塑料机械行业实现智能制造具体需要做到以下几点：

1. 注塑机生产制造过程的智能化

实现智能制造，首先想到的是产品本身的智能化，也就是塑料机械的智能化。要保证塑料机械智能化首先要实现塑料机械生产过程的智能化，这其中应包含生产过程的自动化和生产过程的信息化。

生产过程自动化是指注塑机零部件生产加工以及装配过程的自动化。生产过程的自动化是塑料机械产品质量可靠性和稳定性的保障。传统的生产方式既耗费大量的人力，又会导致产品质量随人为因素变化而波动，尤其是员工交替会导致产品质量出现较大幅度波动。操作工人的文化程度、技术水平、劳动态度、质量意识和身体状况也会影响产品质量。

生产过程信息化具有多方面的优点。生产过程信息化可以实现产品全生命周期的可追溯性，即可以实现从产品研发设计到产品零部件加工、装配调试以及产品销售、运输、安装调试和售后维护的全生命周期的信息记录跟踪。

2. 塑料机械本身的智能化

塑料机械除了生产过程的智能化外，本身也需要具备一定的智能化。塑料机械的智能化应该可以根据集成在模具及设备本身的数字传感器，及时感知工艺条件的波动，并针对这种波动及时、自主地调整工艺参数，对冲工艺条件的扰动，最大限度地保证产品的稳定性。同时，每台设备都时刻不停地向系统同步运转信息，系统基于对大量数据的分析，预测性地向管理人员提供机台健康情况和效率情况，为生产管理人员及设备保障人员提供决策依据和建议。此外，整个任务系统可受控的向产品的相关方开放，客户可及时查询产品订单的执行情况，设备的供应商可根据授权实时掌握设备的运转信息，并提供专业性、预见性的技术支持或实时远程服务。

注塑机电控系统必须具备开放、灵活、兼容、安全的技术特征，基于最新计算机信息技术的数字化、信息化、智能化控制系统将带来注塑机电控技术的革新。在此基础上发展出包括注塑机及其周边设备、注塑与上下游生产过程的大系统集成，将促成未来注塑生产过程的少人化、自动化、信息化。未来注塑生产不再是一个孤立的自动化、信息化孤岛，未来的注塑工厂也会通过云平台与整个供需体系形成灵活智能的产品制造网络。注塑系统集成示意图见图 2。

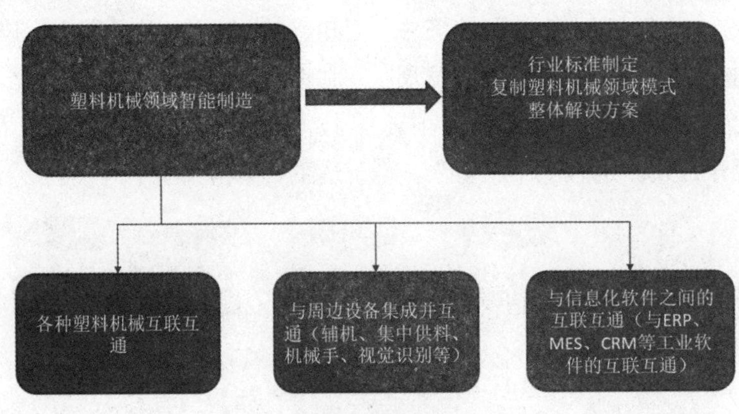

图 2　注塑系统集成示意图

此外，注塑设备智能化还必须使其设备本身具有丰富的标准化接口。

在近年智能制造大背景下，国外注塑行业在该领域率先发力。欧美各大制造强国首先在标准接口上率先发力。欧洲橡胶塑料机械协会近几年相继发布欧规 77、79、82、83 等标准数据接口，过去的几年，该协会已经制定和发布了一系列的通信标准和数据模型。他们认为只有拥有完整的信息流，“工业 4.0”才会真正运作。Euromap 77 标准仅涵盖注塑机，并允许注塑机与制造执行系统（MES）之间的标准化通信。其他包括 Euromap 82《注塑机和温度控制装置之间的数据交换》、Euromap 79《注塑机和机械手之间的数据交换》、Euromap 84《挤出机和制造执行系统（MES）之间的数据交换》也在加紧开发中。美国塑料工业协会（PIA）成立了小组委员会，研究适用于“工业 4.0”或物联网的全球标准。我国塑料机械领域的接口标准在标委会的推进下也有了一定进展，但是总体而言，我国在该领域的接口统一性还不够完善。

3. 客户生产现场的智能化

塑料机械行业的智能制造归根到底需要落实到注塑机使用现场的智能化上。在实现了上述塑料机械生产过程的智能化及塑料机械本身智能化的前提下，最重要的是实现客户生产现场的智能化，这也是塑料机械行业最终希望达到的目标。

经过前期应用实践的积累，以及与国内外相关学术部门的深入合作，业界专家认为：要实现注塑生产的智能化，就必须先实现从注塑装备到注塑生产组织过程的数字化、总线化、信息化，在注塑生产实施过程和管理过程中实现“控制器-传感器”“设备-设备”“生产过程-组织系统”“组织系统-人”等一系列个体、单元、环节、系统的互联是构建未来智能型注塑生产方式的基础。

注塑生产现场智能化简单来说可以分为注塑车间自动化、注塑车间信息化以及注塑周边智能化，包括物流智能化、能源流智能化、产品装配包装自动化、仓储智能化等。

当前，海天等几家塑料机械行业企业已经在注塑领域为客户提供了部分注塑周边自动化产品，并在某些细分领域实现标准化模块，可迅速复制应用于某些细分领域。以信易等为代表的辅助机械企业则在集中供料等领域有了一定的发展。然而国内注塑领域还是缺少具有智能制造整体集成项目的领导者，但是已经涌现出一部分以科强、弘讯等原先注塑机控制器为代表的表现良好的专业注塑行业物联网企业及物联网云平台。尤其是塑料机械行业作为传统机械制造行业，专业注塑信息化软件缺少塑料机械制造商的投入，智能化物流、智能化仓储等在塑料机械行业缺少专业化应用。当前以海天、博创为代表的塑料机械行业在这方面已经迈出坚实一步。海天塑机集团为更好地满足客户智能化改造需求，成立了宁波海天智造科技有限公司。博创则在朱康建董事长的全力推进下，智能制造产业也有了长足发展。

三、智能制造未来展望

在“互联网+工业”的“工业4.0”潮流下，制造业无疑承担着中流砥柱的作用，而我国很多制造企业大部分处在工业3.0，有些甚至还留在工业2.0时代。所以，我国制造业实现智能制造还有很长的路要走。塑料机械行业作为装备制造业的重要组成部分，与欧美的技术差距小于其他行业（如机床制造业），随着我国机器人、伺服电动机、信息技术等行业的发展，更应该抓住机遇，为“中国制造2025”贡献力量。

〔撰稿人：宁波海天智造科技有限公司周方杰〕

创新科技驱动智能制造

——工业4.0及智能制造深度解读

一、在新一轮改革中脱颖而出

当前，以智能制造为核心的新一轮科技革命与产业变革在全球范围内兴起。在此背景下，世界各国将智能制造视为振兴经济的支柱与核心，以及提升竞争力和可持续发展的基础和关键。美国联邦政府于2011年推出先进制造业伙伴计划（AMP），提出优先发展先进传感、控制与制造平台技术和可视化、信息与数字制造技术两大智能制造关键共性技术。德国政府在2013年4月的汉诺威工业博览会上正式提出“工业4.0”，旨在提升制造业的智能化水平，建立具有适应性、资源效率及基因工程学的智慧工厂，其技术基础是网络实体系统及物联网。党的十九大报告提出的坚定实施创新驱动发展战略、加快建设创新型国家，为实现建设现代化经济体系的战略目标提供了战略支撑，不断丰富了中国制造、中国智造的内涵，从而为我国持续发展注入新动力。

泰瑞机器股份有限公司（简称泰瑞）结合自身实际情况，根据客户需求，提出“泰瑞4.0”，旨在打造智能制造升级版，并取得了骄人成绩，以更加完整完善的注塑解决方案为整个行业创造更大价值。泰瑞经多年发展，已拥有逾800名员工和120 000m^{2}生产基地，含杭州下沙泰瑞总部及浙江德清两大基地。随着智能制造转换升级，泰瑞各系列产品覆盖汽配与家电、物流、工民业用品、医疗食品包装、地下管廊和地上管件、电子与办公自动化六大行业，产品销售至全球 120 多个国家和地区。公司已拥有 74 项专利技术，四大产品系列及 200 多种衍生专用注塑机。泰瑞总部车间全景见图 1。

图 1　泰瑞总部车间全景

二、在智能制造中推动企业核心竞争力提升

智能制造从广义上讲包含五个部分：装备智能化、生产方式智能化、产品智能化、服务智能化和管理智能化。

1. 智能制造：泰瑞装备的智能化

智能制造，先要实现生产产品的装备智能化，以此来完成高重复度、高精度的制品。泰瑞在装备智能化方面已经完成柔性制造系统、电气底板流水生产系统等的安装，并用于量产。

在部件加工车间，泰瑞启用柔性制造系统（FMS）。该系统由日本原装进口新泻（NIIGATA）HN80D 卧式加工中心 5 台组合而成，每台加工中心独立刀库，最多可装 62 把刀具。此 5 台加工中心由控制中心的计算机集中控制，既可合而为一，也可分散作业，体现了灵活机动的特色。产品加工涵盖 D80~D380 等十余种机型的模板，很好地适应了少量多样化的特点，同时也更加适合量产。FMS 系统的加工母机均为双工位的加工中心，产品堆放货架由 48 个栈位组成。每台加工母机的加工指令都可由控制台的计算机发出指令和提供程序进行加工。待加工的工件由装卸台进行装夹后，由运送小车放置到指定的位置或指定的加工中心。加工中心加工完成模板后，信息给到控制中心，由控制中心发出指令给运送小车，把加工完成的工件运送到装卸站拆卸下工件。该系统具有设备利用率高、生产能力相对稳定、产品应变能力大和缩短作业时间等特点。泰瑞柔性化制造系统见图 2。

图 2　泰瑞柔性化制造系统

在电气组装车间，泰瑞采用电气底板流水生产系统。该装配系统主体为铝合金和钢结构，采用组合装配形式，主要由双流道动力滚筒输送线、横移旋转输送机、直角旋转机、倾斜升降机、工装托盘、气管路道、电气控制系统、顶棚照明等设备组成。线体为U形双流道结构，工装托盘采用手推小车与上下线两端轨道连接。该线输送方式为牵制性自由式，即上下道工序之间互相牵制，完成工序时间不受传动限制，工序完毕后，操作按钮换向气动阻挡器，工件则随工装板流向下道工序，以此完成整个电气流水线生产。该系统具有提高劳动生产率、缩短成型周期、降低生产成本等优点。

无论柔性制造系统还是电气底板流水生产系统，都是泰瑞MES系统实施的基础。

2. 智能制造：泰瑞生产方式与管理的智能化

要实现生产方式智能化就必须打造智能工厂。智能工厂的实现分几个阶段：首先是实现机械设备计算机控制，即自动化；然后对自动化设备生成的数据进行采集，叫做数据化；再将数据在虚拟环境下使用，指导现实生产，即工厂数字化；最后把各类数据打通，通过网络连接起来，企业则实现了信息化管理。当通过大数据和云计算分析数据，然后能够自学习、自适应，这时的工厂才能称为智能工厂。智能工厂是数字化工厂、信息化工厂的升级阶段，充分体现了智能在工业领域的应用。

基于物联网、大数据分析、移动互联网等新兴技术，泰瑞正全力开发适合注塑机制造的智能化工厂系统，实现注塑机设计、装配、调试、入库及售后服务的数字化、智能化管理，逐步形成集中管控、资源共享的注塑机数字化制造管理整体技术解决方案。

该方案包含软硬件系统，大致可分为四层结构：感知控制层、网络传输层、数据整合层、应用层。泰瑞注塑机制造的智能化工厂体系架构见图3。

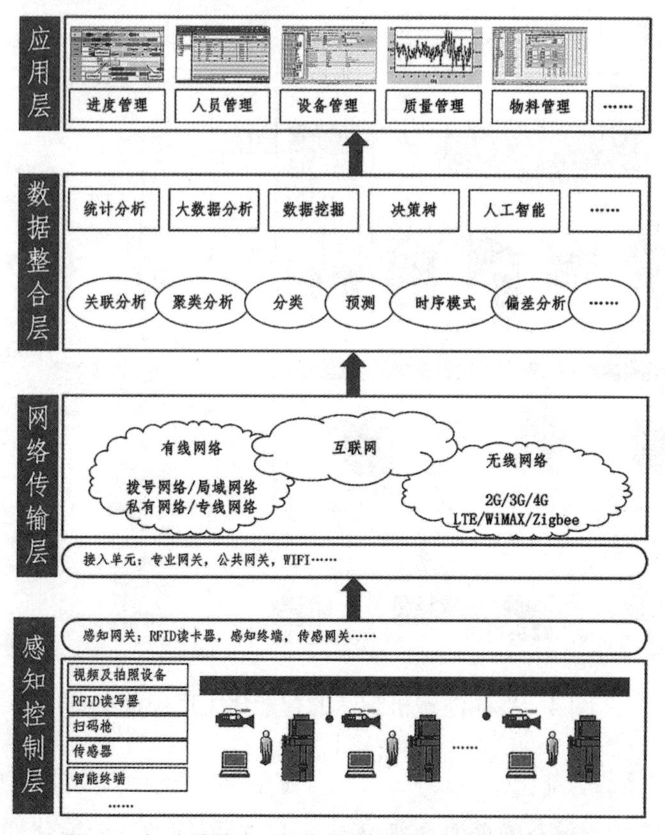

图3　泰瑞注塑机制造的智能化工厂体系架构

（1）数据化是智能工厂的基础。感知控制层主要面向物理制造资源，通过为装配资源配置信息感知元件，从而实现对物体的标识、感知和控制。为传统的装配资源配置感知元，如RIFD电子标签、一维/二维码、接近开关、传感器等，形成感知装配资源，如带有 RFID 电子标签的员工、物料、托盘以及配有 RFID 读写器的检测设备、输送设备等。

（2）物联网是智能工厂的支撑。网络传输层实现物理制造资源互联感知，确保制造过程数据的实时性和完备性。网络传输层可分为汇聚网、接入网和承载网三部分，主要功能是从异构的传感器群出发，为各类传感器在异构的感知网络环境中提供实时感知与传输支撑，通过移动通信网、互联网和其他专网组成的网络体系实现更广泛的互联功能，能够把数据无障碍、高可靠性、高安全性地进行传送。

（3）大数据、云处理是智能工厂的核心。数据整合层对生产过程信息进行加工，去粗存精、由表及里地生产出价值含量高、方便用户利用的二次信息，用以指导用户决策。生产过程信息具有异构、分散、海量等特点，对过程信息进行整合后，可利用数据挖掘技术实现生产信息的增值。

（4）无人工厂是智能工厂的目的。应用层利用物联网技术为管理者提供生产进度管理、人员绩效管理、物料优化配送、质量监控、装配过程监控、产品追溯等服务，实现生产过程可视化以及数字化管理。

在充分利用物联网技术优势的基础上，结合注塑机制造的智能化工厂体系架构，泰瑞建立了一个具有组网技术的灵活的智能化工厂指挥中心，并与数据分析服务器、产品数据管理（PDM）服务器、企业资源计划（ERP）服务器等服务器相连。指挥中心与手机查看呼叫报警系统、售后汽车定位系统和注塑机远程故障诊断系统等系统相连，保证注塑机制造、生产、售后的安全性、及时性和有效性。在注塑机设计制造现场，在对各类制造资源进行标识和数字化定义的基础上，形成智能装配资源，最终实现物物互联与感知交互。基于装配资源信息感知技术，对生产过程中的多源异构数据进行采集，并进行分析处理，能够主动发现制造过程中存在的异常，最终实现对制造过程全面、实时的监控。泰瑞注塑机制造的智能化工厂硬件架构见图 4。

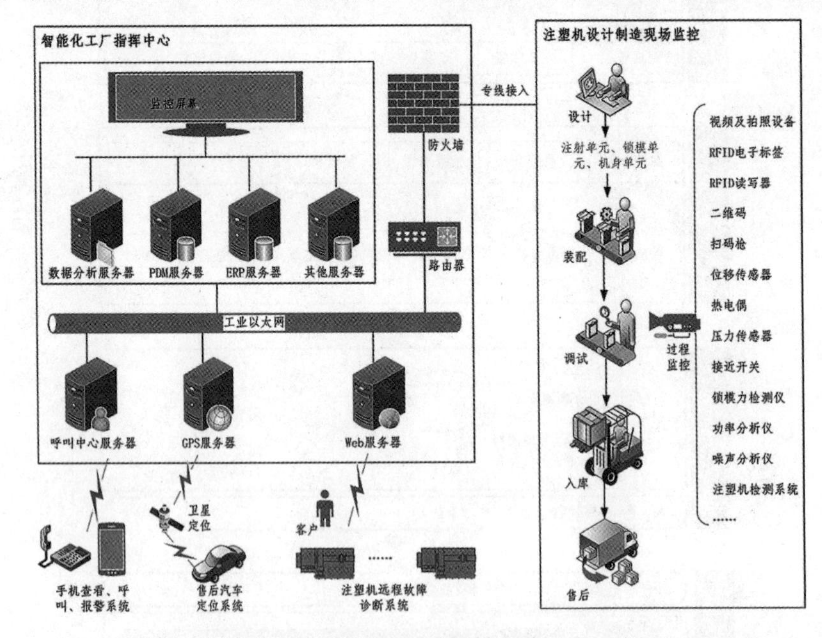

图 4　泰瑞注塑机制造的智能化工厂硬件架构

3. 智能制造：泰瑞产品的智能化

产品的智能，主要体现在设备能够具有独立思考的能力，也就是它能够根据工况自动优化工艺参数，提高产品质量，能够提前告诉外界何时会出现状况，进行自我诊断，告知使用者进行提前保养甚至维修替换等工作。

泰瑞的产品智能化通过“T-cloud”泰瑞云系统实现。该产品系统分为三个子系统。

第一个系统是云监控子系统。云监控子系统主要针对设备的数据采集、呈现和监控。其有四张

“脸”，分别是电脑端、手机端、pad 端和大屏投影。具有以下功能：①多维数据存储，包括报警记录、打漏记录、工艺管理、质量数据管理和设备快照等功能。其中的设备快照是个“时光机器”，能够让客户回到过去任何时候的运行状况。②生产管理，包括订单管理、排产管理、机台管理和仓库管理，整个过程可以通过看板来监控。③实现无纸化办公，主要通过手机、看板、pad 等平台查看设备、模具的维修保养和模具表盘信息管理。

第二个系统是云分析子系统。包含两部分内容：智能数据分析系统和报表系统。智能数据分析系统可以对采集来的数据进行分门别类的分析，并通过统一架构 (OPC UA) 方式将数据提供给其他系统。利用报表系统，客户可以在选择时间、设备和车间后，自动生成报表。报表内容包含生产详情和生产过程中的报警、维修保养情况。

第三个系统是云运维子系统。该系统包括客户侧和泰瑞侧。客户可以在该平台上提出需求，主要包括远程故障诊断、远程参数调整、远程程序更新、远程售后和远程学习等申请。在泰瑞侧企业可以根据客户的需求提供专业的支持。目前，泰瑞的设备已经接入云端网络，所有的程序包括机器程序、采集器程序和智能终端都可以通过平台批量更新，不需要逐台到工厂更新。该智能系统可减少人工的现场服务，大大节省人工成本。

三个子系统也即三个阶段，相互联系，逐步递进。云监控子系统采集到的数据经过云分析子系统的数据处理、分析，可以智能化监控设备工作、运行状况，再通过云运维子系统进行运用，即可实现设备智能化管理与售后服务。

4. 智能制造：泰瑞的服务智能化

泰瑞采用注塑机远程服务系统，运用 T-cloud 及 Web 技术实现对客户注塑车间的远程访问及注塑机故障诊断，主要包含远程访问模块和远程故障诊断模块。远程访问模块可以使企业内部网用户和远程用户获得生产现场的实时数据，了解现场的实际情况，提供重大决策和生产管理所需的技术资料。远程故障诊断模块可以实现注塑机故障的快速排除，减少机器的故障时间，从而提高企业的生产效益。

此外，在售后方面，泰瑞开发了售后汽车 GPS 定位系统，利用该系统能够实时掌握售后人员的客户服务站点，然后进行工程师的合理调配和规划，大大提高售后服务效率和质量。

服务移动端方面，在“泰瑞注塑机”微信公众号界面增加售后在线服务申请和网上配件商城。通过售后在线服务申请，客户可以进行注塑机常见问题搜索，也可以直接进行问题申报。该申请平台与泰瑞统一的售后服务管理平台通过互联网连接，能够第一时间获知故障申请并予以处理。另设的网上配件商城，能够直接进行注塑机常用易损件、标准配件的购买，大大方便了客户机器维修，减少了彼此工作量。

在设备本身，泰瑞采用机器二维码标识技术，用于标注注塑机的基本参数，包括机器 S/N 号、控制类型、HMI 程序版本、主程序版本、螺杆、机筒、液压系统及液压马达等信息。该技术具有方便查询机型参数与售后服务的优点。泰瑞机器二维码标识技术见图 5。

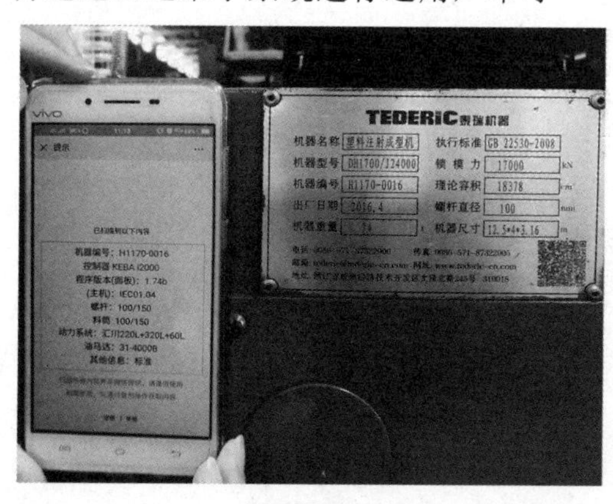

a）机器标识二维码

b）机器售后二维码

图 5　泰瑞机器二维码标识技术

三、结论与展望

泰瑞紧随时代的步伐，以市场为导向，架起“中国制造”的桥梁，将技术创新、产品研发和市场需求深度融合，从战略的高度致力于塑料机械行业的“数字化工厂”整体设计、工艺流程优化、机器互联网工程实施、系统集成、远程维护和云制造等整体解决方案研究。以研发为核心的省级研究院，将在工业信息软件平台、工业物联网和大数据应用等关键领域取得突破性进展，为客户设计更具操作性和亲和性的智能注塑装备。

随着信息化时代的快速到来，智能制造势在必行。在这个“新物种”层出不穷的时代，泰瑞基本改变了传统的生产方式，实现了从 0 到 1 的转变。但“如何实现从 1 到 n 的智能制造跨越式发展”将是一个恒久的讨论话题，泰瑞也将为之不断努力探究。

〔供稿单位：泰瑞机器股份有限公司〕

博创智能装备股份有限公司智能制造转型升级经验

一、博创智能制造回顾

博创智能装备股份有限公司（简称博创）是中国塑料机械工业协会第五届会长单位、国家火炬计划重点高新技术企业，是中国最具规模的国家塑料智能装备与智能服务标杆企业。公司成立于 2002 年，拥有广东省塑机工程技术中心、广东省企业技术中心、博士后科研工作站。率先通过国家“两化融合”管理体系认定，2015 年成为工信部首批智能制造试点示范企业，2016 年成功入选工信部智能制造新模式应用示范项目，2017 年再次获得工信部“面向智能制造的注塑装备互联互通与互操作标准化与试验验证”重大专项。连续三年获得国家工信部重大专项，这是对博创智能制造成绩的最大肯定。

2017 年，博创业绩同期增长 35%。博创通过重新定位，聚焦行业二板式注塑机，加上智能制造技术升级，连续从德国、日本等同行中抢得订单，海外市场销售占博创总销售额的 40% 以上，智能制造俨然成为博创的金字招牌。

2017 年，博创发布新的VI战略，定位“二板智能注塑机专家，亚洲最大型二板注塑机制造商”。在 Chinaplas 2017 展会上展出了业内首条注塑智能无人化生产线，同时推出了自主研发的注塑 MES 软件与 iPHM 注塑机全生命健康大数据平台，在业内引起了巨大的反响。

智能制造方向发展之路漫长，且面临着诸多拦路虎，但智能制造确实是让整个注塑行业转型升级的一条康庄大道，探索之路异常艰难，却又不乏快乐。作为设备制造商，博创为广大用户提供强有力的装备支持，缩短交货期，提高产品质量、管控手段与核心竞争能力，令用户受益。顺势“中国制造 2025”、促进中国制造真正变成中国智造，是博创也是整个行业的神圣使命。胸怀这种使命感，作为摸着石头过河的先行者，博创的投入与代价都是非常巨大的。博创成立了专门的智能系统事业部，下设自动化部、注塑 MES 软件部与大数据部三大部门，数十人的开发队伍，并联合国内研究机构、院校、专家和机器人、软件等相关企业，排除万难，已经在注塑装备的控制系统、大数据平台等方面实现了突破，为整个注塑机械行业带来一股“清流”。

二、智能制造案例分享

1. 美的、长虹等家电巨头选择二板智能注塑机，构建注塑智能车间

十年磨一剑的二板智能注塑机，标配数据互联互通互操作功能。装备配置了 LAN、RS485、CAN 等多种通信接口，开放了 OPCUA、RS480 等通信协议与数据字典，实现了二板智能注塑机与机器人、机械手、冷水机、模温机、干燥机等注塑工厂设备的互联互通与互操作。

2007年，博创与欧洲技术团队合作成功开发二板机，并取得了多项国家专利。近十年，通过持续的技术和工艺创新，博创成功推出第三代二板机，系列机型锁模力5 000～68 000kN，性能基本达到了国外先进设备水平。2013年，博创推出全亚洲首台BU6800超大型二板式伺服注射机，成为当时亚洲地区生产制造的最大型二板式注塑机。

博创二板智能注塑机采用创新动板锁模结构，拉杆从锁模液压缸内部穿过，不与液压缸内密封件接触，减少挤压漏油；高压时四根拉杆受力一致，而拉杆固定无偏载，杜绝了拉杆的断裂；拉杆导向可靠且抗重载，下拉杆起导向和辅助支撑作用，不但保证了动模运动的平稳性、可靠性，能承载更重的模具；高性能、高响应的控制器，实现高速要求，优化了运动算法，配合专用油路，提供更短的生产周期。

2. 为美国客户输出5条大型桶类注塑智能无人化生产线

该项目获得国家重大首台（套）装备。每条生产线包含1台15 000kN锁模力的注塑机、1台8 000kN注塑机、四机六轴机器人、在线视觉检测系统等15种不同设备以及配套模具。该大型桶类注塑智能无人化生产线，可生产塑料箱体的容积参数为30～70L；全生产过程实现自动化注塑下料－二次冷却－自动化装配把手－检测－贴标－码垛－缠膜等生产流程，包含快速成型、取件、在线检测、智能控制、远程诊断等功能；生产效率从原来的周期90s提升为30s；操作人工从原来的20人降低为1人，自动化率达95%以上；注塑产品重量重复精度达0.2%。生产线集成了在线视觉智能检测功能，实现100%品质视觉全检测，检测内容包括飞边、缺料、尺寸等；生产线具有不合格制品自动报警功能，产品合格率达99.5%以上。

3. 汽车行业一站式智能解决方案获英国客户高度赞誉

2016年以来，博创与机器人厂家ABB公司、台湾信易集团等公司开展战略合作，统一通信接口与协议。率先在业内开发出智能注塑岛集成控制系统，客户在注塑机的人机交互界面上就可以闭环控制注塑单元的模温机、冷水机、干燥机、上料机、三机一体机、热流道温控以及机械手（机器人）等相关设备。从注塑机到智能注塑岛集成系统，可以大幅度提高设备稳定性，提升注塑制品的一次合格率。2016年3月8日，博创董事长朱康建赴英国拜访客户，当地客户为路虎与捷豹汽车主要的塑件供应商，购买了博创多台BU二板式注塑机和BM多色注塑机用于制造汽车引擎盖和汽车其他零部件。

在客户工厂现场，朱董与正在操作博创22 000kN注塑机的工程师交谈。众工程师和现场操作工人均表示：博创22 000kN智能二板自动抽拉杆式双色机操作非常人性化，并集成六轴机器人等自动化功能，制品合格率高且生产周期短，博创注塑装备的高稳定性和智能化极大地提高了生产效率和产品质量。

三、推动行业塑料机械互联互通互操作标准化制定

博创作为智能制造的先行者与领导者，已联合多家同行与应用客户企业，针对行业现状解决塑料制造车间横向集成与纵向集成问题，研究注塑成型设备、辅助设备和成型模具、制造管理系统间互联互通和互操作的关键技术。研制关键性国家标准4项，分别为：《注塑成型数字化车间互联互通与互操作系统架构》《注塑装备的数据字典》《注塑装备数据字典到通信协议的映射》以及《注塑装备与制造管理系统集成的信息模型》，同时研制标准综合试验验证平台。

博创“面向智能制造的注塑装备互联互通与互操作标准与试验验证”的项目实施和标准制定将引导行业智能制造标准化发展，推进行业产业产品升级，对我国制造过程的智能化具有良好的示范作用和指导意义。

四、博创“大型注塑成型装备制造智能工厂”投产

2018年7月，博创“大型注塑成型装备制造

智能工厂”智能制造新模式应用示范项目投产。该工厂将全部生产二板智能注塑机以及智能注塑无人化生产线，新工厂的投产将大大缓解目前的产量不足问题。博创是广州市唯一入围国家新模式应用项目的企业，也是我国塑料装备行业唯一入围企业。

智能工厂将构建企业信息化互联互通大数据平台，促进销售、研发、生产、售后信息流的快速流转，使产品研发、工艺设计、生产制造一体化，实现精益生产与敏捷制造。实施产品全生命周期管理，实现注塑装备的远程运维，并对数据进行挖掘、分析、决策，不断优化生产资源，进而实现云制造与云服务。该项目对我国离散型装备制造业实现制造过程的智能化具有良好的示范作用和指导意义。

虽然当前中小企业普遍面临产业层次偏低、创新动力不足的问题与困局，但是只要坚持自己的转型升级之路，紧紧抓住“互联网 +”带来的各种机遇，进入智能制造新时代，就能稳定自己的发展，为机械行业的转型升级做出示范效应。

〔撰稿人：博创智能装备股份有限公司黄土荣〕

塑料机械工业 4.0 现状与金纬公司智能制造的投入进展

“工业 4.0”是工业电气化、自动化、数字化、智能化的结合体，缺一不可。我国早在“十二五”规划中就提出工业化和信息化的两化融合，并在“十三五”规划中重点强调了智能制造，与德国提出的“工业 4.0”概念基本趋于一致。

智能制造的核心是利用现代物联网、大数据、云计算等手段，基于海量数据的建模分析，形成智能决策与动态优化，同时整合分布于全球的设计、生产、供应链、销售等各种资源进行协同制造和创新，不仅满足全球用户的标准化需求，也能通过灵活的生产制造设计，满足全球用户个性化定制需求。同时智能工厂对产品的全生命周期进行跟踪维护，深度挖掘数据，推动产品的快速再创新与再发展。

一、塑料机械生产企业的智能制造描述

订单生成后，根据制造执行系统（MES）的分工规划，将订单协议下传到技术部；技术部设计好图样，通过建模仿真调试确认无误后，生成 BOM 表和数控加工程序，BOM 表中的采购件与外协件自动传到采购部。

自制件图样生成加工程序直接下传到数控机床服务器计算中心，由服务器根据机床的在线情况和 OEE 数据分析，分配给加工机床的流水线，机床与机床之间的搬运和工件的码垛都由机器人来完成。

需要电镀、热处理的零件通过 AGV 小车运到外协加工出口区域，完工的零件放在装配出口区域等待 AGV 小车运到由生产厂长指定的装配区域。

采购部的服务器与外协厂家、供应商厂家是互联互通的，因为每年与这些供应商都签订了供货协议。BOM 表中的零部件自动分配到各个厂家的数据服务器中，按照 MES 系统中的计划时间，通过各种智能物流输送到工厂的装配区域，公司仓库做到零库存。只需在售后服务部有备品备件的仓库，且这个仓库的数据共享给全球用户。

通过一系列装配工序，机器诞生，最后通过整机带载调试，进入了公司的全生命周期管理（PLM）系统，系统将对机器进行终身在线维护，并且将设备的运行和维护数据保存到历史数据库，供设计部深度分析，从而不断改进创新，提升产

品的品质。

员工的工时通过车间每个工序的终端机确认，其每天、每月、每年的工时都可以在车间的电子看板系统查询，生产厂长可以通过查询总订单生产负荷，及时发现宽松和堵塞的工序，并对各个工序进行动态调配。

公司的能源管理系统（EMS）将每天消耗的水、电、气与电子看板系统中工人的工时数据和采购数据实时上传到企业资源管理（ERP）系统供财务部使用。

公司销售部的技术配置服务器存储了许多模块化的配置方案，销售人员只要将配置组合一下，并与 ERP 互通，就可计算出设备的制造成本和对外的销售价格。销售人员可利用各种电子终端通过公司云平台获取这些数据，同时也能查看在产订单的进度，开展多方视频会议，也可把用户的需求通过电子终端上传到公司的设计开发部，然后将可行性方案及时反馈给用户。

公司的非一线生产员工，比如售后服务工程师、销售人员等，实行任务式管理，即只需在规定的时间内完成指派的任务和销售目标。他们在手机中安装工作 APP，在工作时间打开，公司通过 GIS 管理系统就知道他们在全球的位置。

公司一线工人上班则通过人脸识别或者带有 RFID 的工卡识别，将数据连接到 ERP 中。届时，时间成本将成为产品的重要成本，交货时间将纳入企业的征信系统，银行成为第三方的服务平台来保障买卖双方的金融风险。

最终所有的智能工厂都融入物联网。

设备上的电机、驱动器等关键零部件将成为设备物联网中的一个元素，每台设备又成为企业物联网中的一个元素，每个企业成为行业物联网中的一个元素，每个行业成为国家物联网中的一个元素，每个国家将来成为全球物联网中的一个元素。各个元素之间互联互通，整个物联网络呈现出扁平化的架构模式。

二、控制数据的采集问题

国外发达国家的挤出设备，比如德国巴顿菲尔、克劳斯玛菲、奥地利辛辛那提、意大利 Bausano 等，比较耐用一些，首先是基础材料工业比较发达。其次是控制系统比较复杂，除了符合 CE 与 UL 标准以外，采用的 HMI(人机界面)与控制软件基本都有 SCADA(Supervisory Control and Data Acquisition 系统，即数据采集与监视控制系统)的功能，比如贝加莱的阿波罗监控软件、西门子 wincc 监控等。SCADA 具有实时数据库、关系数据库，有了它，上层的 MES、ERP 系统才能进行对接访问数据。

基于成本考虑，国内设备生产企业比如金纬公司、仕城公司、恒瑞公司等，大部分电气控制系统没有配置 SCADA 监控软件。为了解决控制数据采集的问题，许多电气公司推出了各种串口网关来采集数据，但只是为了解决当前存量设备的数据采集问题，串口协议速度较慢，不符合未来“工业 4.0”的大数据采集接口标准，也只是权宜之计。

当前，不管国内设备厂家还是国外设备厂家都没有做到设备的数据开放，这对数字化工厂的推进是比较困难的。设备接口不标准的，每个数据变量的含义不告诉用户，用户就无法将设备融合到他的智能工厂中。

所以，希望大家今后一定要引导和提升客户的需求：

（1）在设备的电气控制系统上要么配上 SCADA 系统，要么选择带有以太网口的 PLC 和 HMI，加上带有 TCP/IP 或 OPC 接口的智能网关。

（2）生产线的控制要实现全集成自动化，不能是由多个设备厂家拼凑起来的离散控制。在资料档案中一定要说明程序控制其中每个变量的地址与含义。

只有具备以上两个基本条件，设备的运行信息才有可能方便用户快速而实时地上传 MES，做到自动化与信息化的融合。

笔者深耕塑料机械行业 16 年，很清楚生产制造效率有很大的提升空间。由于制造的每个工序靠人统筹安排，企业高管只看到不是很精准的 ERP 数据，看不到准确的生产流程数据，每个工序基本靠人去喊，如果人再把七情六欲、喜怒哀乐等各种关系和情绪带到工作中去，生产的效率、产品的质量无法实现精准控制，所以未来智能制造一定会成为现代企业的迫切需求。

三、金纬智能制造的推进

智能工厂既要成为新一代智能化生产技术的使用者和受益者，同时也要成为先进工业生产技术的创造者和供应者。以上海金纬机械制造有限公司（简称金纬）为例，公司是生产塑料挤出机械的，本身的生产制造要向智能化方向发展，生产的各种设备也要能够融入全球用户的智能工厂体系中去。

这两项工作是如何推进的呢？

第一，2017 年在苏州公司试点了 MES。设备数据不开放，没有办法做到两化融合。金纬自成立以来陆续采购了数百台的数控机床，来自数十个厂家。这些机床有的没有标准的采集接口，有的只是串行接口，需要上游软件公司开发通信协议，有的通信协议完全不开放，所有的机床企业没有提供变量表（因为多年前用户没有要求，厂家也未意识到）。这样，数百台机床的数据连接到 MES 变得非常困难。

这是个瓶颈，是所有机械制造企业面临的共同难题，也将会阻碍机械制造企业实现智能制造数字化工厂的前进步伐。

我们现在只好暂且将机加工作为产品的一个工序来对待，然后将生产计划排表、计划装配工序工时、实时生产状态的查询与统计、电子看板系统、手机 APP 的查询终端与公司的 ERP 进行数据对接。

第二，2015 年公司建立了设备 PLM 物联网云平台。通过对设备的运行实时检测，进行远程维护、故障预测与排查、设备档案管理、视频查看，引入了设备与调试人员的 GPS 技术，也可以将数据上传到用户的智能制造系统中去。

这些年，用户在设备的数据和运行的安全上有很大的顾虑。为了打消顾虑，金纬在软件上走 VPN 安全通道，经过工业防火墙，同时在智能盒子上设计了安全门电路，只有用户打开门，金纬物联网云平台才能读取数据。

金纬智能工厂管理系统见图 1。

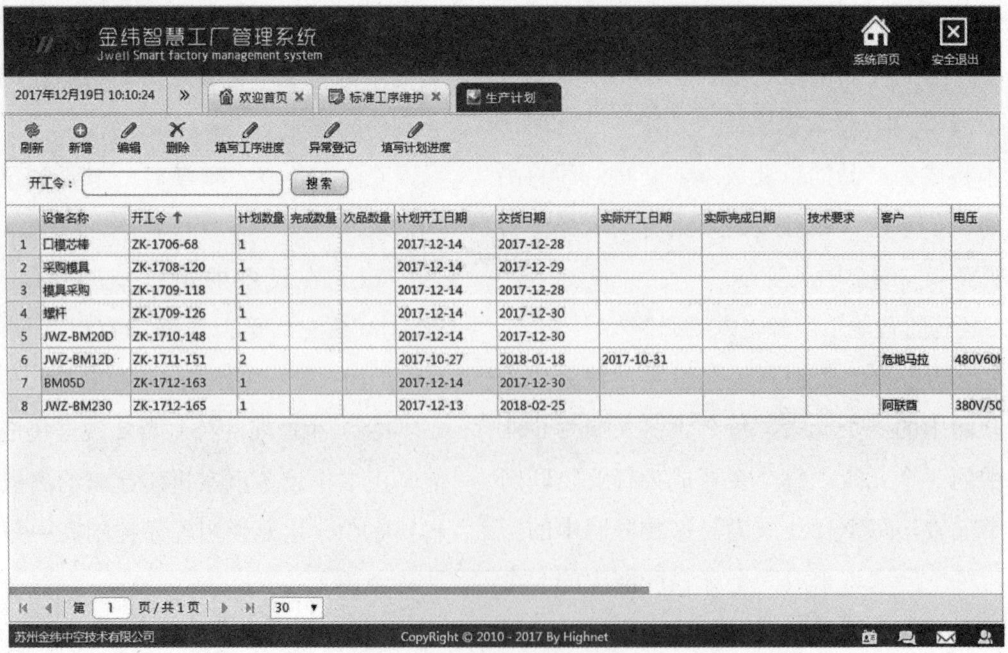

金纬智慧工厂管理系统
Jwell Smart factory management system
系统首页 安全退出
2017年12月19日 10:10:24 » 欢迎首页 标准工序维护 生产计划
刷新 新增 编辑 删除 填写工序进度 异常登记 填写计划进度
开工令： 搜索

	设备名称	开工令 ↑	计划数量	完成数量	次品数量	计划开工日期	交货日期	实际开工日期	实际完成日期	技术要求	客户	电压
1	口模芯棒	ZK-1706-68	1			2017-12-14	2017-12-28					
2	采购模具	ZK-1708-120	1			2017-12-14	2017-12-29					
3	模具采购	ZK-1709-118	1			2017-12-14	2017-12-28					
4	螺杆	ZK-1709-126	1			2017-12-14	2017-12-30					
5	JWZ-BM20D	ZK-1710-148	1			2017-12-14	2017-12-30					
6	JWZ-BM12D	ZK-1711-151	2			2017-10-27	2018-01-18	2017-10-31			危地马拉	480V60H
7	BM05D	ZK-1712-163	1			2017-12-14	2017-12-30					
8	JWZ-BM230	ZK-1712-165	1			2017-12-13	2018-02-25				阿联酋	380V/50

第 1 页/共1页 30
苏州金纬中空技术有限公司 CopyRight © 2010 - 2017 By Highnet

a）生产车间的生产计划排表

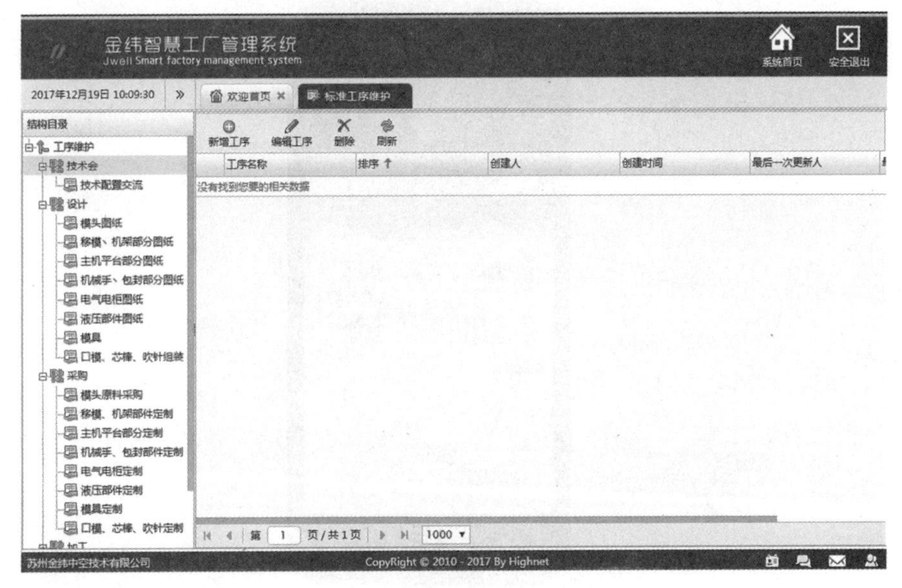

b）订单的标准工序的维护

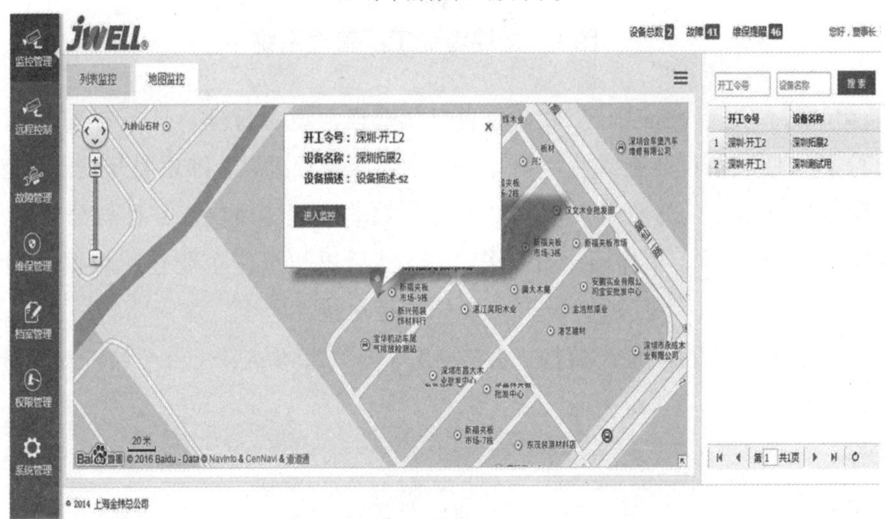

c）PC 终端的物联网云平台 1

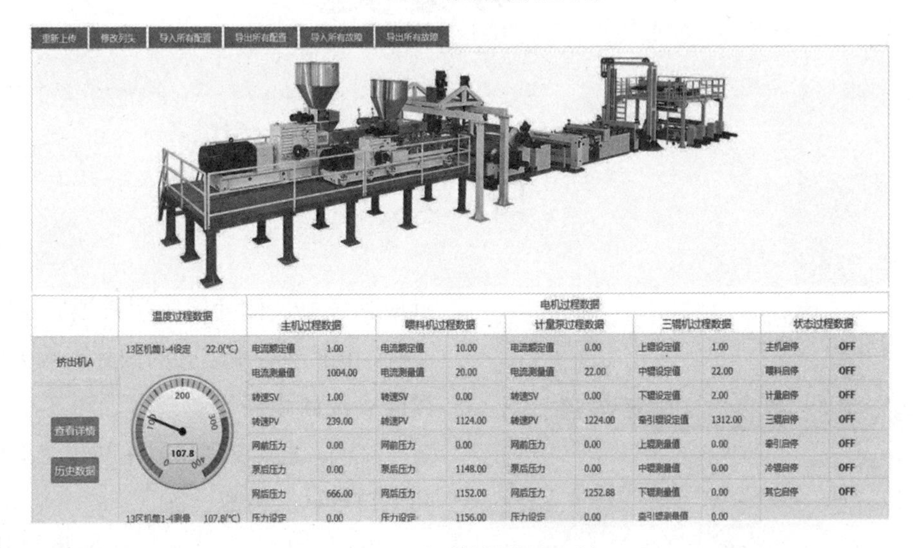

d）PC 终端的物联网云平台 2

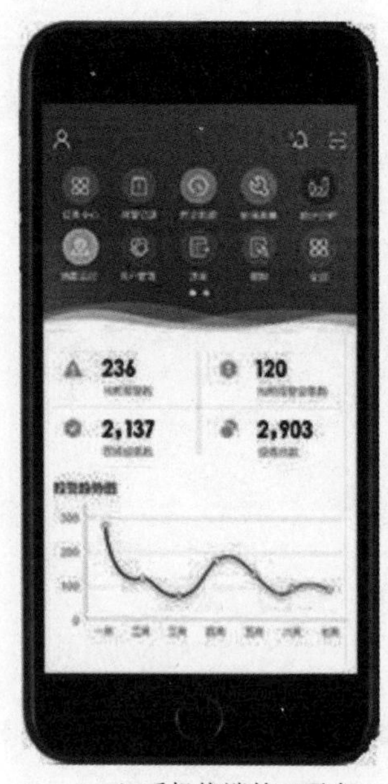

e）手机终端的云平台

图 1　金纬智能工厂管理系统

从 2018 年起，公司为了响应国家 2025 智能制造的战略目标，计划在新设备上淘汰所有不带大数据接口的程序控制器，全部换成带有 TCP/IP 接口的程序控制器、人机界面。根据用户的需求，加装万能通信协议盒子。

未来几年，除了上面开发的生产监控、生产管理、设备管理、订单管理、人员管理、看板系统等模块外，金纬还要开发能源管理、成本管理、效率管理等模块，并且与公司的 ERP 系统对接，然后再与合作企业仓库数据、物流信息的数据进行对接。

〔撰稿人：上海金纬机械制造有限公司许勇〕

市场专题

日　本

日本国际塑料橡胶工业展览会

三年一届的日本国际塑料橡胶工业展览会（简称“IPF 展”）已于 2017 年 10 月 24—28 日在东京成功举办。作为国际塑料橡胶工业展览会知名品牌，IPF 展有着较强的国际影响力，为全球塑料橡胶企业新设备、新技术、新产品提供了广阔的展示空间，尤其展现了日本塑机企业的先进理念、高端技术以及精密设备。

IPF 展是代表电动注塑机最高技术水平的盛会，汇聚日本最精尖的注塑机产品，吸引了世界各地知名厂商和专业买家前来参展、参观。展会共吸引来自30个国家和地区的778家单位参展，其中日本企业为481家，占参展商总数的61.8%，其后分别是中国台湾（65家）、德国（44家）、中国大陆（43家）、意大利（23家）、韩国（23家）、瑞士（20家）。IPF展展品众多，恩格尔、发那科（Fanuc）等诸多行业巨头均现身展会，电动注塑机、碳纤维、自动化等高端技术也成为同行们了解学习的重要对象。展会共迎来43 676名专业观众（不重复计数），其中日本国内参观者40 110名、海外参观者3 566名，总参观人数较上届略有提高。

在西麦克国际展览有限责任公司的组织下，中国展团也亮相IPF展，中国大陆共有43家企业参加IPF展，其中海天国际已连续参加了6届IPF展。通过多年的研发积累和市场开拓，海天国际在推广难度最大的日本也逐渐站稳了脚跟，并获得越来越多全球顶级买家的认可。IPF 2017上，海天国际携旗下两大品牌再次亮相。其中“海天塑机”展出了最为畅销的第二代MA系列伺服节能注塑机，该机十年内销售逾18万台，创造出行业奇迹。“长飞亚塑机”则展示了热销的ZE系列电动注塑机和在海外首次展出的新型JE两板混合动力注塑机，锁模力达6 500kN。

日本塑料机械生产与进出口情况

2011—2016年日本塑料机械生产情况

机种	2011年		2012年		2013年		2014年		2015年		2016年	
	数量（台）	金额（亿日元）	数量（台）	金额（亿日元）	数量（台）	金额（亿日元）	数量（台）	金额（亿日元）	数量（台）	金额（亿日元）	数量（台）	金额（亿日元）
注塑机	11 411	1 252.12	11 519	1 338.27	10 765	1 294.86	11 739	1 432.09	12 471	1 563.33	11 702	1 413.77
挤出机	1 373	359.10	1 408	364.68	1 255	282.47	1 349	327.33	1 419	319.84	1 298	342.64
主机	472	239.46	425	255.05	449	189.27	484	223.39	453	201.87	411	236.06
附属装置	901	119.64	983	109.63	806	93.20	865	103.94	966	117.97	887	106.58
中空机	535	119.10	596	135.32	647	182.67	620	178.38	544	179.44	650	209.16
合计	13 319	1 730.32	13 523	1 838.27	12 667	1 760.00	13 708	1 937.80	14 434	2 062.61	13 650	1 965.57

注：资料来源于日本塑机协会JPM、日本产业经济省统计数据，调查对象为从业人数大于50人的企业。

2011—2016年日本塑料机械出口情况

机种	2011年		2012年		2013年		2014年		2015年		2016年	
	数量（台）	金额（亿日元）	数量（台）	金额（亿日元）	数量（台）	金额（亿日元）	数量（台）	金额（亿日元）	数量（台）	金额（亿日元）	数量（台）	金额（亿日元）
注塑机	12 630	1 058.90	13 069	1 174.68	13 095	1 169.27	12 373	1 171.72	13 282	1 277.79	11 853	1 078.72
挤出机	701	238.29	777	330.66	595	222.90	551	280.00	506	225.13	423	240.70
中空机	317	116.00	352	121.94	397	151.01	428	160.26	367	146.04	428	152.88
合计	13 648	1 413.19	14 198	1 627.28	14 087	1 543.18	13 352	1 611.98	14 155	1 648.96	12 704	1 472.30

注：资料来源于日本塑机协会JPM、日本财务省，包含二手机。

2011—2016 年日本塑料机械进口情况

机种	2011 年		2012 年		2013 年		2014 年		2015 年		2016 年	
	数量（台）	金额（亿日元）	数量（台）	金额（亿日元）	数量（台）	金额（亿日元）	数量（台）	金额（亿日元）	数量（台）	金额（亿日元）	数量（台）	金额（亿日元）
注塑机	665	30.35	624	31.60	1 136	45.92	769	37.50	699	35.80	420	27.55
挤出机	482	31.00	477	38.27	500	66.50	419	48.74	444	49.95	420	36.15
中空机	246	54.74	278	36.59	141	33.47	289	107.40	304	43.95	167	48.87
合计	1 393	116.09	1 379	106.46	1 777	145.89	1 477	193.64	1 447	129.70	1 007	112.57

注：资料来源于日本塑机协会 JPM、日本财务省，包含二手机。

中日行业交流

IPF 展期间，中国塑料机械工业协会张剑鸣会长、钱耀恩特别顾问与日本塑料机械工业协会松井宏信副会长、柴田稔秘书长举行了会谈，并对中日塑机行业交流、日本塑机行业发展交换了意见。

在之后的技术及市场信息交流中，张剑鸣会长坦言，现在日本塑机企业发展陷入了一个怪圈，企业为了保护自己的核心技术，很少与其他同行沟通，仅在本公司及供应商范围内进行“小循环”，结果，这种做法适得其反，反而限制了自身发展。松井副会长对此表示认同，并回应称日本企业以往过于保守，不同企业之间的主关键件都有自己的规格，这反而妨碍了日本本土企业之间的共享、沟通与交流，今后日本塑机协会的一大工作重点将是促使日本企业更加开放。

张剑鸣会长补充道，日本以及中国塑机行业今后应该致力于推动接口的国际化，如果接口不统一，那么通信将会有问题，这方面欧洲做得比较好，大大促进了机器间的“互联互通”，而中日企业也应该朝此方向努力，共享互通才能进步。同时，张剑鸣会长还建议中日塑机行业多加强沟通，多走走、多看看，对双方制定政策以及标准有不少好处。

日本企业见闻

高度智能化的山崎马扎克

2017 年 10 月 23 日，中国塑料机械工业协会组织的参观团参观了马扎克的大口工厂。山崎马扎克成立于 1919 年，大口工厂是马扎克最老的工厂，集团总部也坐落于此，但是大口工厂一点也不显老旧，工厂在建筑道路保养上下了很大功夫。此次参观的马扎克 iSmart 工厂刚刚做完技术改造。马扎克的零部件加工工序已经基本实现自动化，员工很少。工人在这个工序主要处理机器故障、首件确认、5S 维护，换刀、原料出仓、加工、入中转仓已经实现全自动化。

马扎克认为，智能工厂最大的风险在于网络安全威胁——病毒入侵，病毒攻击就会造成设备乱动作，非常危险；而另一个问题就是老设备与网络的连接。马扎克与一家 IT 公司合作，解决了病毒防御问题，用一个 Smart Box 隔离互联网与设备，Smart Box 也可以把老设备的模拟量转为数字量接入互联网。马扎克的控制面板 dashboard 连接了全世界的马扎克工厂，可以看到加工的零部件编号以及每个加工中心的 OEE，如绿色代表运行、黄色代表暂停、红色代表故障、灰色代表断电、白色代表换刀等。

在装配工序，马扎克还是采用定点装配。装

配工序要实现自动化很难很难，因为不像零部件加工只要图样尺寸一确定就可以由设备自动完成，装配工序还是要依靠人的经验。在马扎克的装配工序，人员并不忙碌。马扎克的排产很有特色：有一个可以移动的小车（有些像机场的报夹），最上面是一张A3纸，纸上的第一行是国别（中国、印度、美国等）——各国产品标准不同，第二行是客户名称，第三行是机器编号，每个编号是唯一的。下面一个牌子是工作进度表，比如日期、工作计划16T～18T，在实践用圆圈表示16T、17T、18T，完成的用蓝色磁铁，正在进行中的用黄色磁铁。

安装工艺编码分别代表不同安装阶段——机械安装、电气安装、机械检查、电气检查、调试、包装、出仓等。加工中心是空调控制，精密加工中心25℃ ±2℃，检测室20℃ ±2℃。装配车间也有空调，让温度波动幅度降低。装配工序分成机架安装和零部件安装两个子工序。机架完成装配后，起吊后用平板车运到零部件安装区域。马扎克正着手把小车看板改成电子看板，这样每个机器的位置可以被系统自动定位，AGV小车可以自动运送零件到相应的机器位置，AGV小车通过三点定位导航，不再需要用地下感应线。马扎克公司每天会产生1 200万条数据，如何利用这些数据还是一个挑战，马扎克公司还在探索。

马扎克特别重视工人的技能培养提升，他们把所有的技能士（即技术工人，一级技能士由中央政府评定，二级技能士由省政府评定）的名字都挂在公司总部的走廊上，其中有3名“当代名工”（工人的最高荣誉），这值得中国企业学习。

整体而言，参观马扎克的体会有以下几点：①机加工实现自动化、少人化是可能的，但是马扎克是与社会IT公司合作的；②装配自动化，马扎克也办不到，还得靠人；③特别关注对员工技能的培训，在荣誉和待遇上配套；④物联网、智能化工厂最大的风险是网络安全威胁（防病毒）；⑤电子看板对博创等智能工厂非常适用，可以马上着手进行；⑥大数据平台一定行得通，但是数据越来越大是挑战；⑦人的技能和素养是决定成败的关键。

（以上文章根据博创智能装备股份有限公司姜子学参观后的总结整理而成）

世界文化遗产中的高精工厂——发那科

日本发那科（Fanuc）公司创建于1956年，是当今世界上数控系统科研、设计、制造、销售实力最强大的企业，是世界上用机器人生产机器人的高精尖企业典型代表。2017年10月24日，中国塑料机械工业协会参观团奔赴发那科，到访这家位于富士山脚下的数控机器人、电动注塑机行业巨头。

发那科公司总部离日本UNESCO景观——忍野八海2.5km，是坐落在世界文化遗产中的一座工厂。发那科总部工厂占地面积总共170万m^2，其中包含了面积巨大的发那科森林。可以说，发那科各个工厂是点缀在这片巨大森林之中的。

截至目前，发那科已经累计生产CNC数控机床370万台（包括发那科自用部分）、伺服电动机1 700万台，全球工业机器人产量已达到48万台。当前，发那科在45个国家和地区建有259个分支机构，并为产品提供终身维修服务。在中国大陆设有上海发那科机器人有限公司以及北京发那科机电有限公司。

发那科的产品展示中心充分展示了其三大事业本部——FA事业本部、机器人事业本部以及智能机械事业本部的展品。展示中心中，一款用于蔬菜分拣的机器人Robot M-20iB/25C吸引了参观团成员。机器人分拣对象为圆白菜，机器人可以根据圆白菜重量（分为0.7～0.9kg、0.9～1.1kg、1.1～1.3kg小中大三种规格）自动分拣，而且圆白菜表面没有破损痕迹。

另一款发那科Robot M-1iA/0.5S是1轴手腕（机器人合计4轴）型，手腕前端可以完成3 000°/s的高速旋转，适用于拾取作业，现场展示的高效快速作业令人印象深刻。发那科的机器人还配置了学习功能软件，不断强化学习能力，学习后的机器人工作效率更高、更为精准。另外，发那科超级注意工厂安全问题，设置了特殊的安全监测功能。一旦有工人进入机器人工作区域，机器运行将自动变慢，在有效保障安全的同时大大减少了隔离栅栏的使用，提高了工作区域使用效率。

发那科是电动注塑机的先驱，展示中心中的全电动注塑机成为行业人士的关注重点。资料显示，发那科 Roboshot 电动注塑机关注“联接、拓展、智能”三方面的要求。

联接：对应成型工厂的国际化以及生产大规模化方面的质量信息管理，发那科的 Roboshot-Link i 可以通过注塑制件的图像实现可追溯性，并与发那科 Field 系统互动，对应生产管理系统（ERP、MES）的通信标准。

拓展：为了适应大型化模具要求，发那科开发了 4 500kN 全电动注塑机 Roboshot α-S450iA。该机型具备同吨位最大的连接杆间隔和模具厚度，采用了长寿命滚珠丝杠和曲轴铜套，以及具备优良操作性的低基座设计；而且工作单元起动快速便捷，可以更好地支持机器人系统导入，可以利用 Roboshot 的机器人操作画面进行简单操作，还可以利用 Roboshot Link i，链接 Roboshot 与发那科机器人的质量数据。

智能：通过 AI 逆流检测、应用机器学习，进行止逆环的预防性维护。

参观团还参观了发那科的修理工厂、伺服电动机工厂、Roboshot 工厂以及钣金工厂。发那科对产品实行终身保修制。当前，30 年前的产品约占发那科产品的 6% 左右，而修理工厂还可以修理 34 年前的产品。修理工厂中有零部件库，部分零部件的年龄甚至超过 30 年。对于老产品容易出现的问题，发那科都有修理内容记录，便于同类产品出现类似问题后快速准确地解决，其对于售后服务的执着与认真值得国内企业学习。虽然发那科 1972 年从富士通独立出来后的首款产品现在已经不能修理，但是发那科已经从客户处将产品回购，并将之当作公司历史的见证。

发那科的伺服电动机工厂每月产能达到 15 万台，工厂里有 23 台机器人主导生产流程；截至 2016 年 2 月，Roboshot 工厂已经累计生产 5 万台 AI 全电动注塑机；在钣金工厂，发那科也实现了工厂的高度智能化。

参观团对发那科的高度智能化、自动化感触颇多，而发那科的视觉识别系统也做得非常了不起，厂房、工作服、机器都是清一色的 Fanuc 黄，无形之中成为发那科的一种代表。国内企业在视觉识别、机器喷涂方面也应该加把劲，做出自己的风格，做出自己的特点。

碳纤维领域的佼佼者 —— 东邦特耐克丝

2017 年 10 月 26 日，中国塑料机械工业协会参观团一行到访东邦特耐克丝株式会社（Toho Tenax，简称东邦）。东邦成立于 1950 年，2007 年秋帝人株式会社完成 100% 收购东邦，成为其唯一母公司。

帝人集团成立于 1918 年 6 月，资本金 708.16 亿日元。截至 2017 年 3 月 31 日，集团公司总数为 169 家，其中日本 58 家、国外 111 家；集团员工数 19 292 人，其中日本 9 238 人、国外 10 054 人。2016 年度，帝人集团实现销售额 7 413 亿日元，实现营业利润 565 亿日元，实现净利润 501 亿日元。2016 年度帝人集团分部门销售额完成情况见图 1。

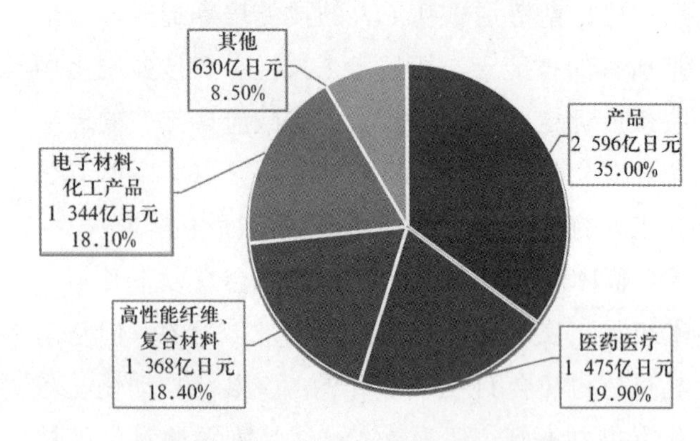

图 1　2016 年度帝人集团分部门销售额完成情况

东邦碳纤维用途极其广泛，应用于汽车零部件、高尔夫球杆以及飞机机翼等，在生活中日益重要。东邦在日本、德国和美国均设有机构和生产工厂，碳纤维产能达到13 900t/a，其中德国5 100t/a、日本6 400t/a、美国2 400t/a。东邦碳纤维是以PAN（聚丙烯腈）为主要原料、特殊的PAN纤维（原丝）炭化后的纤维，纤维直径4～7μm，具有高强度、高模量、导电性以及良好的耐热性、耐腐蚀性等优点。

碳纤维生产是高耗能的过程，由于加工都是准连续的过程，因此，每个产品批次的生产可能需要数周。生产从经过特别处理的高质量PAN原丝开始，之后拉伸PAN原丝，优化分子和结构取向，原丝接触高温空气，变成预氧化聚丙烯腈纤维。之后将PAN纤维放置于氮气高温炉中，炭化成碳纤维。碳纤维1 000～1 500℃以上进行最终炭化，获得强度和刚性，并确保其他材料性能。此外，高模量类型还要在2 000～3 000℃下完成石墨化。之后则是对碳纤维进行表面处理或蚀刻，涂覆聚合物涂层（上浆），提高纤维加工性、含浸性以及结合性。最后，将连续纤维缠绕到线轴之上，或者切断、研磨纤维等。

参观团还参观了帝人未来馆，了解帝人以及东邦碳纤维产品的具体应用。帝人未来馆共分为生命保护展区、环境能源展区、移动设备展区、信息电子展区以及医药医疗展区5部分。生命保护展区展示了为警察、消防员等从事高危职业的人员提供的防护衣，以及防灾方面的高性能产品与材料；环境能源展区则展示了聚酯纤维材料的化学法回收再利用系统、智能织物等高性能材料在各领域的环境保护技术；移动设备展区展示了以低油耗的轻量化材料以及可循环再生等领域的尖端技术方案，现场展示的电动概念汽车“PU_PA”使用了聚碳酸酯树脂和碳纤维复合材料，实现了大幅度减重；信息电子展区则展示了满足节能、轻量化、散热性等要求的尖端材料及其解决方案，可满足信息、电子领域的特有需求；医药医疗展区则展示了帝人集团为实现健康生活而提供的丰富药品药具，包括痛风药及骨质疏松、睡眠呼吸暂停综合征治疗仪等。

生产好的材料还需要尖端设备做支撑，这对装备提出了更高的要求，中国塑机企业也应当做大、做强、做精，满足新材料的发展要求，这也是中国塑机企业在前进道路上面临的一个重要问题。

引领潮头　百年新泻

新泻机械科技始于1895年，从事机械的研发与制造超过100年的历史，从1963年起开始注塑机的研发与生产，加工中心的开发也已经超过了50年。新泻加工中心的超高稳定性为客户提供了超高投资回报比，具有镗铣床的镗杆伸出功能的卧式加工中心在我国注塑机行业获得了超高的评价。

1976年，新泻机械便采用了FMS柔性制造系统，实现了世界上第一家24小时无人加工运转系统。经过40年的改良更新，新泻机械在自动化方面积累了大量的经验和技术，仅在2017年已面向中国市场提供了10套FMS系统。

作为一家百年企业，新泻机械与时俱进，打造了自动化、智能化生产线。整个自动加工线由多条FMS、毛坯仓库、工件搬运AGV小车、自动铁屑排出装置构成，同时设置了中央监控系统，能够及时掌握加工线的运行状况，为客户提供自动化、智能化、少人化自动生产系统，大大提升了客户的生产效率。

参观团实地考察了新泻工厂，感受到了新泻机械质量控制的严密，看到了齐备的刀库、高效的自动化生产线等。新泻机械不同车间之间的隔离做得非常不错，大大保障了精密设备车间的恒温恒湿。新泻机械作为一家百年企业，能够达到如此自动化程度并一直在行业里保持自己的优势非常了不起。在相对较老的厂房建立先进的生产线，生产高精产品，还要提高生产效率，在这方面中国企业还有不小的差距，应该向日本同行好好学习。

工作时间方面，工厂也实行5天工作制、一天8小时，但有时候可能会加班2个小时，但绝不会超过2个小时。在机械口，很少有企业实行两班倒的工作制度，基本是一班制，这对企业的时间管理提出了更高的要求。员工绩效方面，新泻机械会根据员工一年的综合表现调整其工资，但是每年工资只涨一次。新泻注塑机每月产能只有30台，因此评定员工绩效并不只看数量，还要看工艺复杂性。

新泻机械的时间把控能力强，每个参观交流环节的时间安排均恰到好处，不拖延、不慌张。新泻机械作为一家百年企业，在智能化、自动化浪潮中丝毫不占下风，中国同行需要向其学习的东西还有很多。

美　国

2018年5月7日，美国NPE展盛大开幕。作为国际橡塑行业中的重点展会，中国塑料机械工业协会于5月6—17日组织了观展以及商务考察团赴美。除了4天观展时间外，协会还组织安排了埃克森美孚、NASA、波音、惠普等国际大公司的参观访问。

NPE展会

2018年5月7—11日，NPE 2018在美国奥兰多橘郡会展中心成功举办。NPE是美国橡塑行业每三年一届的盛事，也是国际橡塑行业的重要展览会之一。该届展会展出面积达111 500m²，比上届增加了约6 600m²，展览面积创下NPE历史新高。参展企业达2 100余家，其中中国企业为540家，约占25%。展会共设有商务金融中心、柔性聚氯乙烯、IDSA设计中心、材料科技、模具、塑料加工、热成型、3D/4D打印、瓶区、医用产品加工区、可持续及塑料回收共11个技术展区。展会以可持续发展、工业4.0等方面为主题展示了塑料行业对世界产生的积极影响。

展会吸引了来自全球110个国家和地区的塑料行业代表，其中包括11 000多名国际观众。中国塑料机械工业协会组织了专业参观团到访NPE展，团队成员来自海天、泰瑞、贝尔、潍坊凯德、苏州立注、宁波华热、积康螺杆、大新传动等多家会员单位。

根据海天技术部副部长高世权的观察，注塑机的基础机型越来越趋同化。

1. 液压注塑机

由中国注塑机企业发起的传统液压注塑机伺服化革命已经基本完成。以2008年金融危机为契机，行业进行转型升级，普通液压注塑机升级为伺服节能液压注塑机，以中国龙头企业带动国内其他企业跟随的伺服革命改变了行业。欧洲企业先是观察，而从近几年的大型展会上看也普及应用。

2. 全电动注塑机

全电动注塑机20世纪八九十年代从日本开始，经过技术攻关和突破、市场推广，21世纪初已经成为日本注塑机的主力机型，在国际上特别受到美国市场欢迎。欧洲注塑机企业从原来的观望到研发不同类型全电动原型机，表现出自我个性化创新的特点。经过十多年的市场竞争和选择，日本式的全电动注塑机（同步带滚珠丝杠传动）综合优势大，导致现在大多数欧洲注塑机企业重新选择技术方向，中国也一样，全电动注塑机技术类型都向日本类型靠拢，技术类型趋同化。在这次NPE展会上，除了个别电动注塑机不是日本技术模式外，其他都已经趋于同化。

另外，欧洲全电动注塑机的发展同时影响了全电动的概念。早期日本的电动式注塑机基本都是全电动注塑机，而且很在意全电的概念。而欧洲在电动式注塑机上少量应用液压技术，使得机器更有适应性，逐步淡化全电动的概念。

3. 大型注塑机

大型注塑机在欧洲从20世纪末基本都是二板式注塑机，以液压技术见长的欧洲企业基本占领大型二板式注塑机的高地，是行业的标杆。日本企业在大型二板式注塑机的技术性能指标和机器可靠性等方面相对落后于欧洲，而日本全电动注塑机在大型化方面有技术限制和成本劣势，因此日本大型注塑机逐步退出了市场。在我国，20世纪大型注塑机还是以液压连杆式注塑机为主，但近五年很多企业都逐步推出了二板式注塑机，大型注塑机二板化已经变成了行业趋势。而且从合模部件结构形式看也慢慢类同，趋向统一。NPE上，不少中国注塑机企业展出了二板式注塑机，从技术类型看，也都趋向欧洲模式。

中美行业交流

开展首日，中国塑料机械工业协会便与美国塑料工业协会主席及相关负责人就中美塑料工业发展情况以及当前国际贸易的热点问题进行了交流。粟东平常务副会长简要介绍了2017年至2018年一季度中国塑机行业的发展情况，并指出自2017年3月起美国一跃成为中国塑机的最大出口市场，中国非常看重美国市场；但是在之前中美贸易战交锋中，特朗普总统将塑机主要产品列入了加税名单。

粟会长表示，中美塑料行业有着巨大的互补优势，如果征税，首先影响的还是美国本土用户，对中国塑机产品加税将会对美国用户造成更大损害。美国塑料工业协会CEO Bill Carteaux先生也对针对中国塑料机械产品加税持反对意见，且已经与其他协会一道对特朗普政府进行游说，反对贸易保护。

双方均表达了深化合作的意向，并将更新之前签署的合作备忘录，今后将在更多、更广的范围内展开合作，加强信息沟通，为双方会员提供更多便利性服务。

在行业关注的UL安全认证方面，中国塑料机械工业协会也已经与美国塑料工业协会取得了联系，获得了安全管理专员的联系方式，有助于中国塑机合规、合法、安全地进入美国市场。

美国企业见闻

埃克森美孚全球总部

2018年5月12日，中国塑料机械工业协会商务参观团拜访了位于得克萨斯州爱文市的埃克森美孚公司总部。

埃克森美孚展示了可广泛应用于塑料行业上下游的化工及润滑解决方案，详细分析了该解决方案可为塑料行业带来的综合效益。凭借高性能的润滑油品和丰富多样的化工原料，埃克森美孚将帮助推动塑料行业的可持续绿色发展。同时，还分享了合规方面的信息，并结合相关案例进行了详细的阐述和分析，有助于会员单位更顺利地开拓美国市场。

埃克森美孚的园区分为Energy（能源）、Wellness（健康）、Science（科技）和Nature（自然）四块办公区域，体现出埃克森美孚长期以来坚持的企业文化与经营理念。

埃克森美孚对于安全的重视令人印象深刻。总部主楼前有两片大型水池，仅有一个安装了喷泉，另一片水池是为消防车准备的，以便火灾时快速救援；园区内的人工湖也有着相同的作用。

此外，埃克森美孚要求员工在上下楼梯时，必须要手扶把手，这一规定已经严格执行了数十年，而当前大家都甘当“低头族”看手机时，埃克森美孚的此项规定也越来越有实际意义，这也大大保障了员工的安全。

通过此次交流，埃克森美孚与海天塑机建立起了更深度的合作，未来将在技术研发和海外市场开拓等领域为其提供全力支持。同时，也与泰瑞机器和江苏贝尔机械等企业达成了初步合作意向，将共同携手了解终端用户在实际生产过程中的需求。

惠普总部

惠普诞生于一间车库，由比尔·休利特和戴维·帕卡德于1939年创建，初始资金仅有538美元。经过近80年的发展，惠普已经成为世界最大的信息科技公司之一，旗下产品包括打印机、台式机、笔记本、云产品以及服务器等。而此次参观交流的重点则是惠普的3D打印技术。

惠普推出了多射流熔融（MJF）3D打印解决方案。MJF技术主要是利用两个单独的热喷墨阵列来制造全彩3D物体的。打印时，其中一个会左右移动，喷射出材料，另一个会上下移动，进行喷涂、上色和沉积，令成品得到理想的强度和纹理。一种细化剂会喷射到已经成型的结构上。之后，对已经和正在沉积的部分加热。这些步骤往复循环，直至整个物体以层层堆积的方式打印完成。

惠普还将其MJF技术与注射成型技术进行了对比，并指出MJF技术不需要多次制模，简化工作流程并降低成本，实现快速成型；以突破性的经济效益实现复杂零部件制造，而且还降低了使用门槛，支持各行业新应用的开放式材料与软件创新平台。3D打印产品的尺寸还有限，黑灰颜色技术也在突破中，而且MJF当前仅能加工3种材料，与注塑机多材料处理、大批量生产能力还有非常大的差距。但是，3D打印技术未来也不排除大批量生产的可能。当前，3D打印市场约为40亿～60亿美元，而惠普进军3D打印技术关注的是12万亿美元的制造市场。

惠普3D打印战略合作伙伴包括宝马集团、耐克、捷普（Jabil）、强生、巴斯夫以及其他公司。它们使用惠普3D打印技术为汽车、航空航天、医疗保健、消费品等行业应用生产模型和零部件。

惠普工业级3D打印机比一台洗衣机略大一些，但是价格将是市场上现有系统的50%，打印速度则是其10倍。

可以说，惠普3D打印技术给塑料机械行业带来了冲击，作为未来技术发展方向之一，部分国内同行也已经投身于3D打印技术。企业在关注自身主营业务的同时，也要时刻注意新技术的发展动态，并做好相应准备。

越　南

越南的经商环境总体良好，当地客户的诚信度较高，政府政策也是鼓励经济发展的。在越南做生意，想获得信任比较难，客户第一单量都比较小，下一两个小订单来尝试。如果能获取信任，后面的生意会比较顺利。在越南做生意，70%以上的客户都是越南当地客户。胡志明市辐射较广，河内市场会有一些韩国、日本及中国台湾地区的生产企业购买海天的机器。如果机器品控做得好，市场已经打开了，中方企业需要将大部分精力放在服务平台上。

一般中资企业在越南都会先找代理，一个好的代理能够解决很多事情。海天以前在越南的代理帮助做了6年，前三年处于创业期，后三年发展较快。当地代理的服务跟不上，也是一个很大的问题。如果可能最好寻求独家代理，但是一般中资企业找的代理都不是独家代理，都是代理了很多企业的产品。

取得当地客户的信任是长久做生意之道。当前海天一直在做品牌，希望得到越南当地客户的认可。

越南注塑机市场的主要占有情况为：海天注塑机占市场份额的1/3，还有1/3或者更多一些的注塑机来自韩国和日本的二手机器，这些机器价格较便宜且保值率很高。还有很少一部分机器是来自韩国、日本或者中国台湾地区的新机器，高端机器需求不多。当前采购海天注塑机较多的是三星越南公司。

越南北方主要以电子产品和玩具代加工为主;越南西南部主要以生产生活用品为主，同时自有品牌比较多。当前越南需求塑料机械的主要领域情况如下：

（1）一般家用品在越南包装。

（2）中国香港的公司在越南做代加工的较多，比如玩具、电子产品、打印机等。

（3）瓶坯加工以手动机械为主；越南是水果的出口大国，果篮及包装水果的塑料产品需求较大，这是比较有地方特色的。

（4）汽车零配件的加工主要是代生产，出口印度、日本及韩国。

越南雇员的招聘主要通过厂门口张榜招聘、网络发布。雇员普遍来说稳定性较差，需要花费精力进行培训。如果员工待遇较好，一般稳定性较高。当前海天在越南的雇员待遇较高，所以忠诚度还不错，但是需要培训和渗透企业文化给他们。如果越南雇员在越南表现好，也会送回国内进行培训。海天在越南的员工主要分布在服务点，越南市场比较注重售后服务，所以服务人员的数量比较多。

政府和当地机构会经常检查环保是否合格。如果在大型工业园区，尤其是日资、韩资企业聚集的高档工业园区，环保本身做得比较好，会节省很多精力。好的工业园区虽然租金可能会高一些，但是对企业有很多优惠政策，鼓励高科技企业入驻，鼓励外资。

2017年9月13—16日，第17届越南胡志明市国际塑料工业展开幕。中国塑料机械工业协会粟东平常务副会长随西麦克国际展览有限责任公司到访越南，并参观海天越南工厂。苏州立注机械有限公司蔡宝梅、贝尔机械金大斐、泰安海岱孙昊等一同参观。

（以上文章根据海天越南工厂乐安墩经理谈话整理）

〔供稿单位：西麦克国际展览有限责任公司〕

数据链接

2011—2017年中国塑料机械出口越南情况

年份	指标	注塑机	其他注射机	塑料造粒机	其他挤出机	挤出吹塑机	注射吹塑机	其他吹塑机	塑料中空成型机	塑料压延成型机	合计	占比（%）
2011	数量（台）	1 349	20	433	626	157	18	166	25	18	2 812	
	金额（万美元）	3 897	43	388	1 244	234	17	305	60	37	6 225	4.74
2012	数量（台）	1 334	114	255	329	162	12	218	37	44	2 505	4.15
	金额（万美元）	3 948	137	390	1 252	320	19	478	128	139	6 811	4.59
2013	数量（台）	1 221	39	313	312	272	12	211	94	84	2 558	2.45
	金额（万美元）	4 105	195	529	1 749	832	55	413	281	311	8 469	5.54
2014	数量（台）	2 140	50	464	539	196	13	283	80	92	3 857	5.65
	金额（万美元）	6 399	224	1 186	1 652	559	72	1 250	180	190	11 713	7.15
2015	数量（台）	2 543	58	411	591	165	122	416	154	71	4 531	9.86
	金额（万美元）	8 731	316	734	2 901	351	326	771	328	255	14 713	8.88
2016	数量（台）	2 675	143	464	775	253	37	354	92	115	4 908	5.23
	金额（万美元）	8 658	694	616	3 712	653	93	523	266	429	15 645	9.08
2017	数量（台）	3 023	139	36	978	244	36	562	118	263	5 399	5.51
	金额（万美元）	8 177	508	109	3 328	893	53	839	373	487	14 767	7.69

中国塑料机械工业协会

成立

25周年

中国模具工业协会文件

贺 信

中国塑料机械工业协会：

至此中国塑料机械工业协会成立25周年之际，中国模具工业协会向你们致以热烈祝贺！

塑料机械是现代产品制造业重要的生产装备。我国的塑料机械工业在改革开放以来得到快速发展，建立起了较为完善的塑料机械工业体系，不仅基本满足了我国制造业对高端塑料机械的需求，而且形成全系列批量出口能力。中国塑料机械工业协会成立以来，深入开展行业状况和发展方向的调查研究，积极组织技术经济信息和经营管理经验交流，及时与政府沟通并反应行业诉求，不断提升为企业、行业服务的质量和能力，创新服务项目和服务模式，为我国成为塑料机械的制造大国并具备较强的国际市场竞争力，发挥着不可替代的促进作用，取得了巨大成就。

模具和塑料机械是“模塑成型”关键工艺装备的一对亲兄弟。随着高分子聚合物（工程塑料）的开发和广泛应用，塑料模具（包括注塑、吹塑、吸塑、挤出模具）已经占到我国模具总消费量的45%左右，居我国目前十二大类模具消费量的首位。为此，中国塑料机械工业协会与中国模具工业协会建立了战略合作关系，以推动“模塑成形工艺-机床-模具一体化”的创新发展。

我们由衷地祝愿贵会在协会发展和指导行业转型升级中不断取得新的优异成绩！感谢贵会一直以来对中国模具工业暨中国模具工业协会发展所给与的大力支持！中国模具工业协会愿与贵会进一步密切合作，为实现“模塑成型”装备制造的强国目标共同奋斗！

中国模具工业协会

2018年7月22日

CHINA FOUNDRY ASSOCIATION

北京市海淀区首体南路2号（机械科学研究总院办公楼14层南侧）邮编：100044

电话（TEL）：010-68418899 传真(FAX)：010-68458356 http://www.foundry.org.cn

贺 信

中国塑料机械工业协会：

值此中国塑料机械工业协会成立二十五周年之际，谨向贵会致以诚挚、热烈的祝贺！并对贵会与中国铸造协会一贯地友好合作和给予的大力支持表示衷心的感谢！

二十五年来，尤其是近十年来，中国塑机协会自主创办重庆智博会等；努力为会员争取产业政策；积极开展行业统计、热心支边扶贫等公益事业；攻坚克难、汇集力量、切实履行服务宗旨，在中国塑机行业提质增效过程中起到了引领带动作用，已逐步发展成为一支重要的社会力量和具有较高影响力的全国性社团组织。祝贺中国塑机协会二十五年来创新发展，并在发展建设中所取得的成就和为行业所做出的贡献。

新时代，新作为，唯不忘初心者方可进，唯改革创新者才能强。希望能够与贵会一如既往，携手并肩、共同进取，进一步加强合作、优势互补，为实现制造强国贡献更大力量。

衷心祝愿中国塑料机械工业协会宏图大展、再创辉煌！

祝中国塑机行业的明天更美好！

中国铸造协会

2018年7月26日

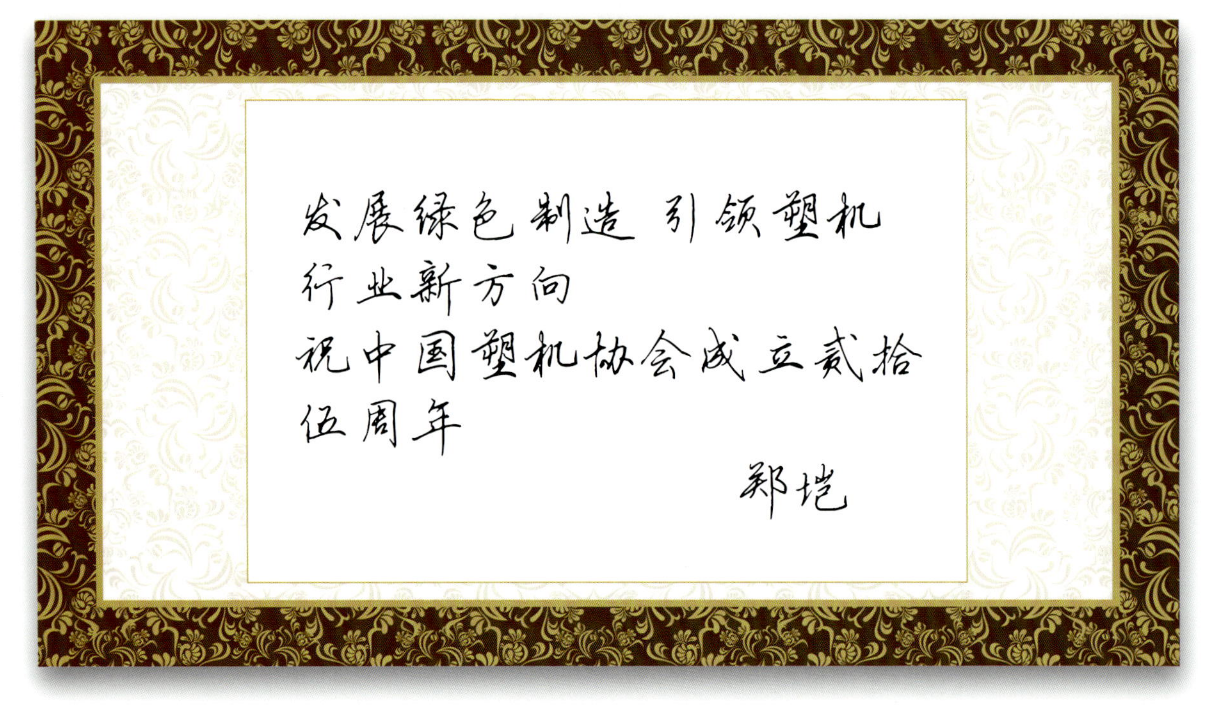

发展绿色制造 引领塑机
行业新方向
祝中国塑机协会成立贰拾
伍周年
郑垲

中国合成树脂供销协会理事长郑垲

影像档案

1993年5月18日

中国塑料机械工业协会在大连成立

1998年10月

中国塑料机械工业协会第一次组团参加、参观了德国杜塞尔多夫国际塑料橡胶展览会

1999年7月

中国国际塑料橡胶工业展览会在北京中国国际展览中心举行，中国塑料机械工业协会成为展会的主办单位之一

2003年9月

中国塑料机械工业协会第三次会员代表大会在浙江省奉化市召开，会议选举宁波海天股份有限公司董事长张静章为协会理事长，开创了由民营企业家担任全国性工业行业协会领头人的先河

2004年4月23-26日

宁波市人民政府和中国塑料机械工业协会主办的2004中国（宁波）国际塑胶工业展览会暨首届中国国际塑料机械博览会（简称中国S展），在宁波市国际会展中心举行

2004年

《中国塑机》编辑工作会在宁波召开，协会由此拥有了专业内刊

2005年4月

中国塑料机械工业协会审议通过第一版《中国塑料机械工业行规行约》

2009年12月1日

由时任国务院副总理张德江批示、工信部组织的“推进中国塑料机械产业发展振兴专题座谈会”在北京举行，开启了塑料机械行业在国家发展中重要战略地位的新征程

2007年1月

宁波市被授予“中国塑机之都”称号，舟山市被授予“中国塑机螺杆之都”称号

2009年8月

首届中国塑料机械行业专家论坛在西宁召开

2006年12月

中国塑料机械工业协会成立注塑专委会、塑料挤出专委会

2008年4月

中国塑料机械行业专家委员会成立大会在上海召开

2009年11月

首部《中国塑料机械工业年鉴》出版

2011年2月

中国塑料机械工业协会获得民政部社会组织评估AAA等级

2011 年 5 月

由中国塑料机械工业协会主办的首届“中国国际塑料机械产业论坛”在广州召开

2012 年 4 月

“数控一代”装备创新工程（塑料机械分行业）座谈会在上海召开

2013 年 5 月

第五届会员代表大会在广州召开，公推直选出第五届理事会会长

2011 年 12 月

由中国塑料机械工业协会评选的首批“中国塑料机械优势企业”名单出炉

2013 年 3 月

首部《中国塑料机械工业科技成果汇编》集结成册，汇集 2006—2011 年行业科技成果

2014 年 9 月

“中国中西部（国际）塑料橡胶展”在重庆国际博览中心举行

2014年12月

赴印度应对反倾销日落复审

2015年9月

中国塑料机械工业协会联手机械汽车展览联合会、中国仪器仪表学会、中国石油和石油化工设备工业协会和中国机械工业金属切削刀具技术协会举办首届“中国（重庆）国际智能制造技术装备博览会”

四川省行政事业单位资金往来结算票据

2016年7月

中国塑料机械工业协会开始号召行业资助四川省阿坝藏族羌族自治州九寨沟县草地乡中心小学

2016年11月

《中国战略性新兴产业研究与发展·塑料机械》首发

产业命运共同体签约仪式

中国塑料机械工业协会
中国塑料加工工业协会
中国模具工业协会
中国铸造协会

2017年5月

中国塑料机械工业协会与中国塑料加工工业协会、中国模具工业协会和中国铸造协会签署产业命运共同体

2017年5月

中国塑料机械工业协会第六届理事会和第一届监事会负责人就职宣誓

2017年10月

中国塑料机械工业协会团体标准委员会成立

信易前身——信一电器行

1969年

信易东莞工厂

1992年

广东乐善智能装备股份有限公司老厂房

1995年

1986年

东华机械有限公司老厂房

1993年

弘讯宁波办事处

1997年

华业塑料机械有限公司的金塘沥港工业区厂区，4000m^2

上海金纬机械制造有限公司的上海厂区

2001年

杭州泰瑞机械有限公司浙江转塘生产厂区

2003年

大连橡胶塑料机械有限公司原厂区

2002年

广东伊之密精密机械股份有限公司旧厂房注塑车间

2015年

科倍隆南京老厂

海天集团

新总部大楼，2013年

海天国际德国有限公司新厂房，2016年

通途路制造基地，2016年投入生产

上海金纬机械制造有限公司

上海厂区一二分厂区，2003年

舟山厂区，2005年

上海厂区五六分厂区，2005年

苏州厂区，2008年

常州厂区，2015年

东华机械有限公司

新厂房，2011年

广东伊之密精密机械股份有限公司

顺德高黎总部生产基地，2005年，8万m^2

苏州吴江生产基地，2013年，3.3万m^2

五沙生产基地，2013年，逾17.3万m^2

HPM北美生产基地，2017年，28327m^2，美国俄亥俄州

印度工厂，2017年，8775m^2

大连橡胶塑料机械有限公司

新厂区鸟瞰图

泰瑞机器股份有限公司

迁入杭州下沙经济技术开发区，2008年，逾5.2万m^2

浙江泰瑞重型机械有限公司成立，2010年，扩增7万多m^2

2017年10月，泰瑞机器股份有限公司在上海证券交易所主板A股挂牌上市，正式进入资本市场

一厂上梁，2005年5月18日

一厂，2.3万m^2

科倍隆南京新工厂

二厂，2016年，5.4万m^2

2015年3月，弘讯科技在上海证券交易所挂牌上市

科倍隆南京新工厂车间全景

金塘西堠工业区新厂区，2016年，逾13万m^2

华业塑料机械有限公司

宁波弘讯科技股份有限公司

科倍隆

广东乐善智能装备股份有限公司

信易

新厂房，2012年，37570m^2

宁波工厂，2001年

信易电热机械股份有限公司（台湾工厂），2006年更名

车间全景

平湖工厂，2010年

印度工厂，2010年

2017年8月，广东乐善智能装备股份有限公司成功挂牌新三板

重庆工厂，2015年

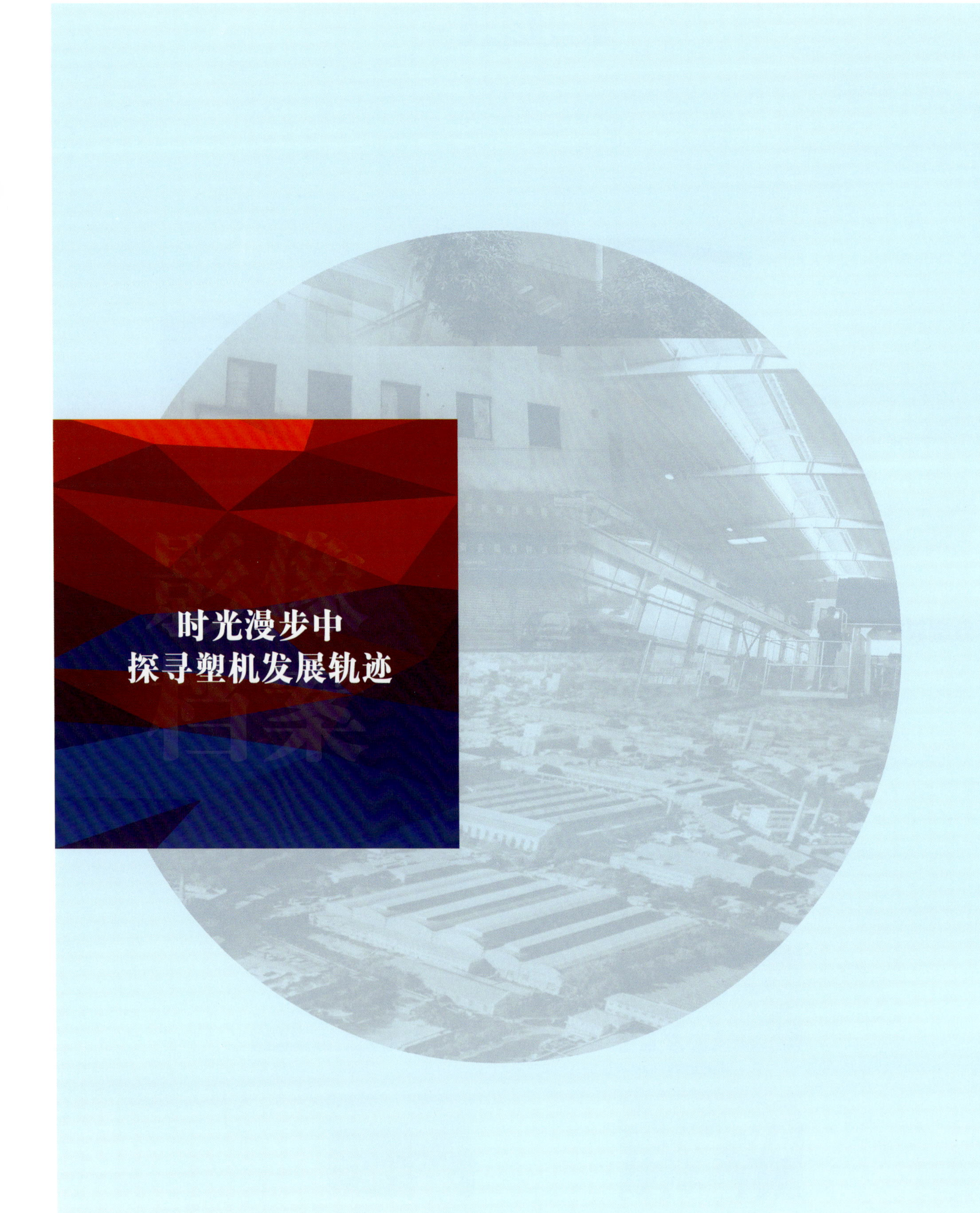

时光漫步中
探寻塑机发展轨迹

产品档案

SJ-65×30 塑料挤出机组

1982 年，大连橡胶塑料机械厂研制

国内首台新型地膜机组，具有国际先进水平

与国外引进机组相比，最高产膜量超 20%，价格便宜 2/3

当年售出 40 台（套），为国家节省引进外汇 400 多万美元

APC-3000 注塑机控制器

1986 年，弘讯科技股份有限公司研制

亚洲首部中文屏幕式注塑机控制器

TTI—2500B 型超大型注塑机

1993 年，东华机械有限公司研制

25000kN 锁模力，国内首台

TTI-1800T 二板液压式锁模大型注塑机

1999 年，东华机械有限公司研制

国内首台，锁模力 18000kN

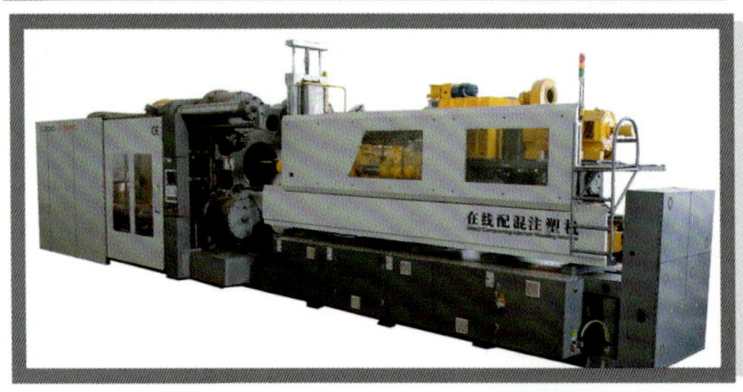

在线配混玻纤塑化式大型注塑机

2006 年，东华机械有限公司研制

国内首台，锁模力 12000kN

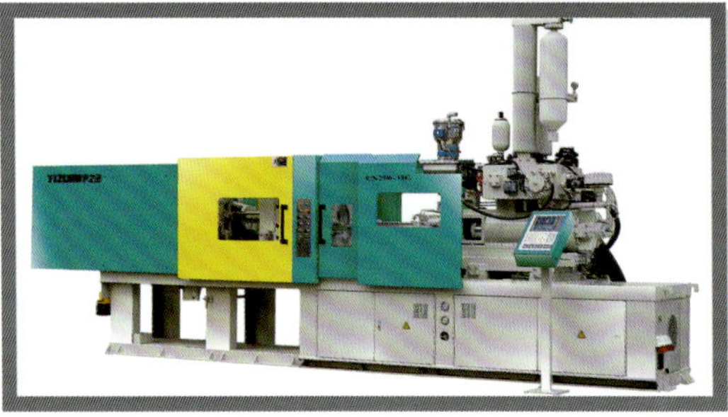

UN250MG 半固态镁合金注塑成型机

2009 年，广东伊之密精密机械股份有限公司研制

国内首台

20万t PP大型双螺杆挤压造粒机组

2010年5月在燕山石化一聚车间正式投产

大连橡胶塑料机械有限公司研制

首台套具有自主知识产权的国产化机组

整体指标达到国际先进水平

TRX2200J 塑料管件专用注塑机

2010年10月，泰瑞机器股份有限公司研制

国内首台套产品

天虹 JU66000 注塑机

2014年，海天国际控股有限公司研制

世界上最大的纯二板注塑机

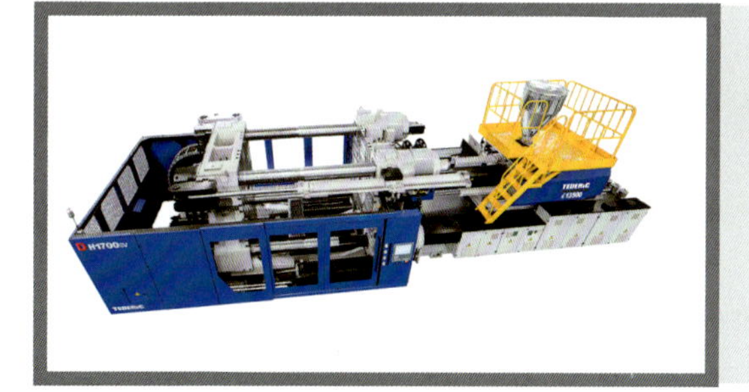

DH1700 纯二板大型注塑机

2015年11月，泰瑞机器股份有限公司研制

浙江省首台套产品

电液混合动力塑料挤出吹塑中空成型机

2017年，广东乐善智能装备股份有限公司研制

行业首创，率先将液压驱动和伺服电动机驱动相结合

广东省高新技术产品

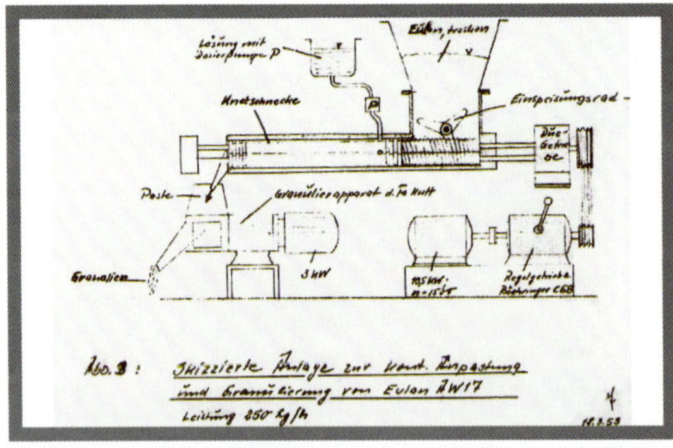

ZSK 手稿

1953年，科倍隆

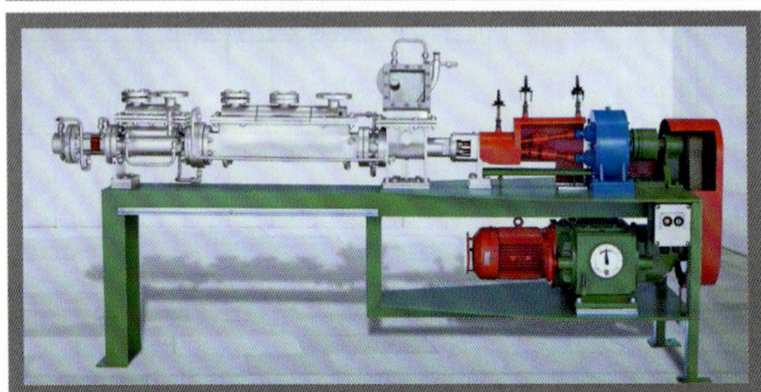

ZSK 同向啮合双螺杆挤出机

1957年，科倍隆

企业第一台

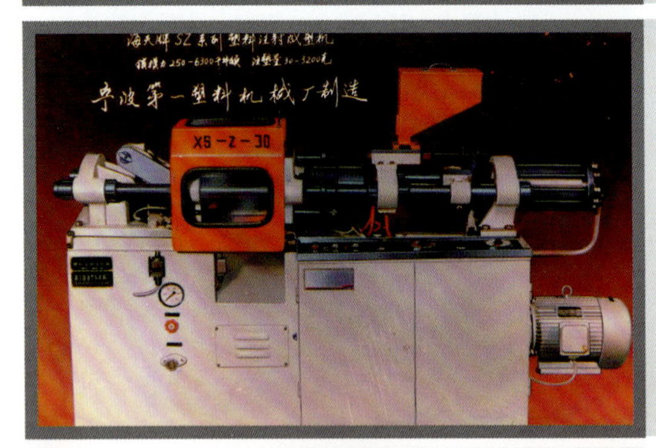

SZ 系列塑料注射成型机

1974年，宁波第一塑料机械厂（海天集团前身）

企业第一台注塑机，注射量30g

干燥机

1978年，信易

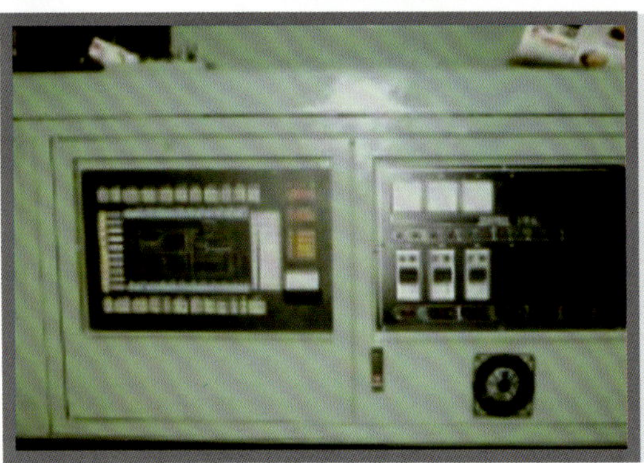

指拨式注塑机控制器

1984年，弘讯科技股份有限公司

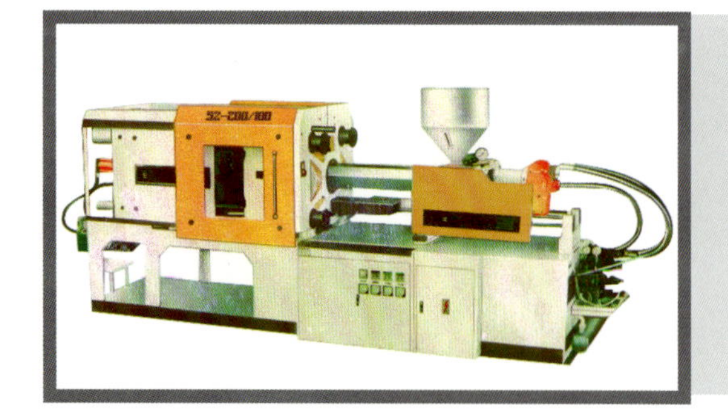

SZ-200/100 注塑机

1989 年，海天集团

出口的第一台注塑机，出口地希腊

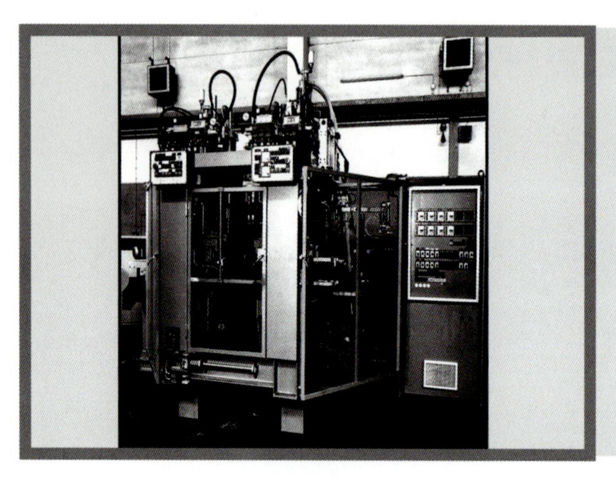

KEB2 挤出吹塑机

1995 年，佛山市顺德区考特斯塑料科技有限公司

企业第一台

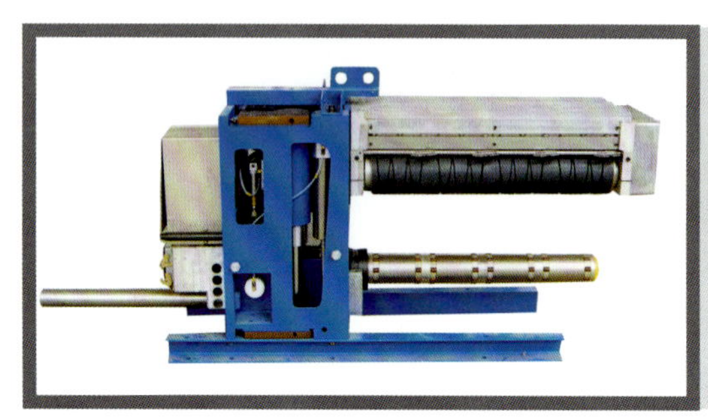

JW4/600/4000 型卷绕头

1998 年，上海金纬机械制造有限公司

自主研发的第一台原型机

1998 年年底在浙江桐乡桐昆集团化纤厂开车成功

夹头锭轴长度 600mm，机械速度 4000m/min

TRX320T 肘杆式注塑机

2003 年 9 月，泰瑞机器股份有限公司

企业第一台

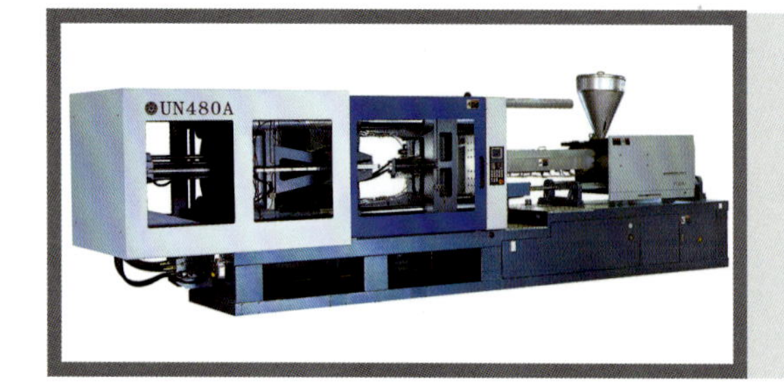

A 系列精密节能注塑机

2003 年，广东伊之密精密机械股份有限公司

企业第一批精密节能注塑机

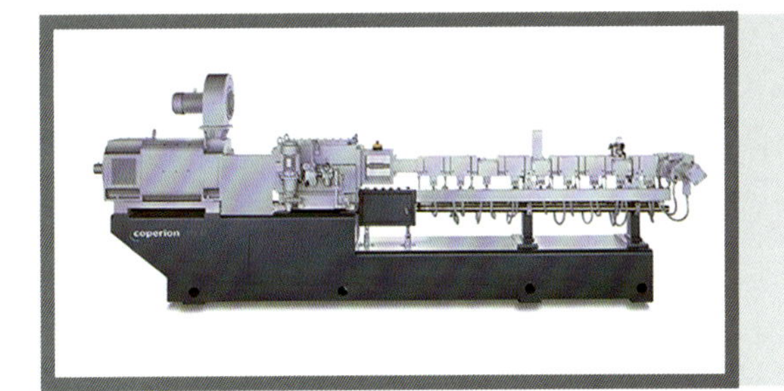

STS 系列挤出机

2004年，科倍隆

企业第一台

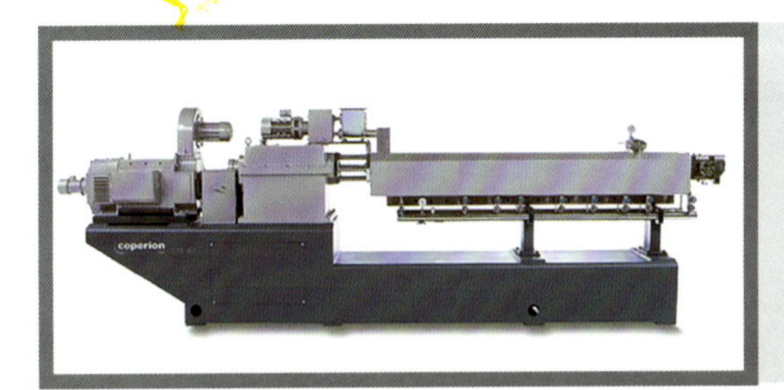

CTE 系列挤出机

2004年，科倍隆

企业第一台

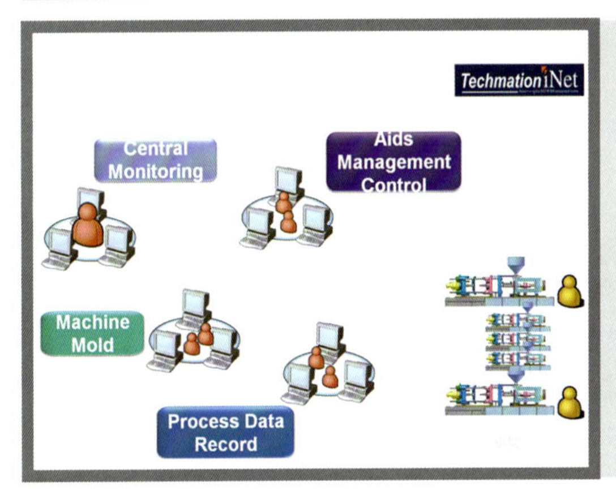

iNet 塑机网络管理系统

2005年，宁波弘讯科技股份有限公司

从传统人工管理到网络化管理的升级

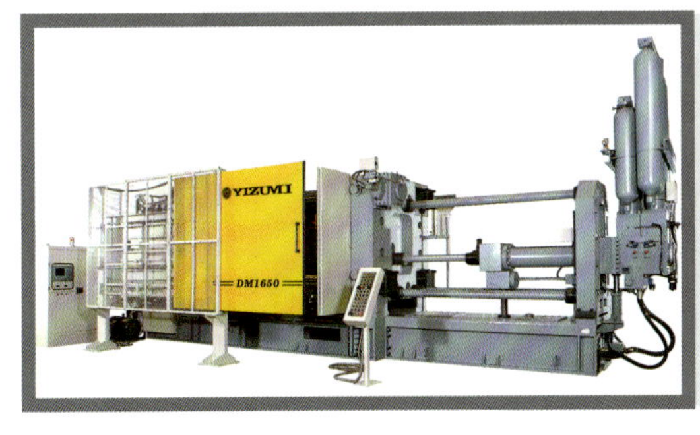

DM1650 重型压铸机

2006年，广东伊之密精密机械股份有限公司

企业第一台

PILOT 系列控制系统

2008年，宁波弘讯科技股份有限公司

带有全新网络接口

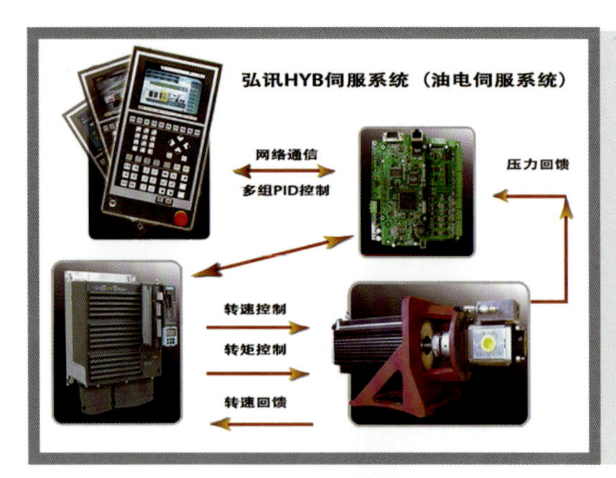

油压伺服节能系统

2008年，宁波弘讯科技股份有限公司

传统油压到伺服油压的升级

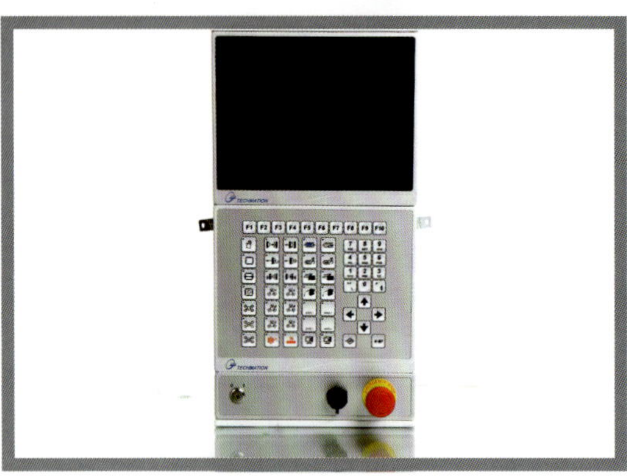

TECHQ8

2011年，宁波弘讯科技股份有限公司

带有闭环液压位置定位控制、自学习温控功能的智能控制系统

UN90A 注塑机

2012年，广东伊之密精密机械股份有限公司

企业第一台

五层共挤大棚膜生产线

大连橡胶塑料机械研制

国内领先水平，日产薄膜60t

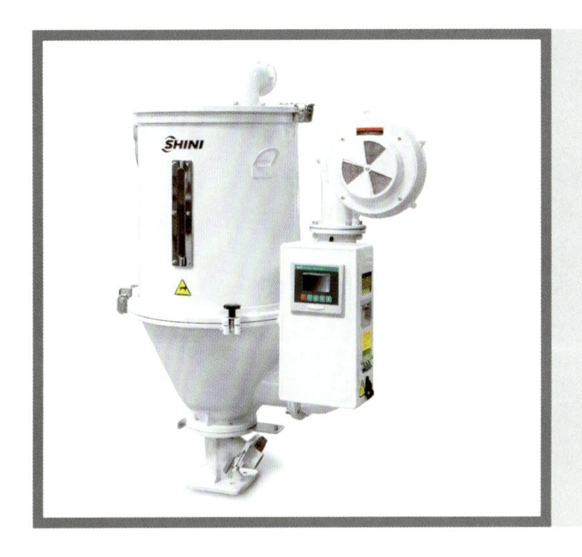

SHD-EH 干燥机

2015年，信易

带通信及节能功能

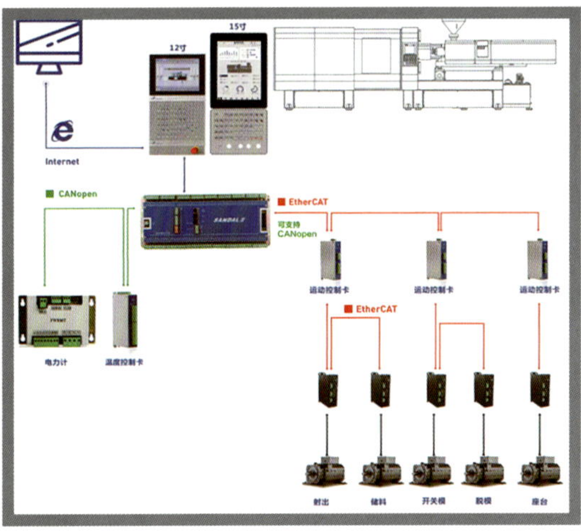

全电动注塑机整体解决方案

2015年，宁波弘讯科技股份有限公司

宁波市装备制造业重点领域首台套产品

全电高端注塑机整体解决方案

MA天隆伺服节能系列注塑机

海天国际控股有限公司

截至2017年销售200000台

HPM4500T 重型压铸机

2017年，广东伊之密精密机械股份有限公司

出口美国知名汽配企业

熔融纺氨纶长丝纺丝线

2006 年，上海金纬化纤机械制造有限公司

国家重点新产品

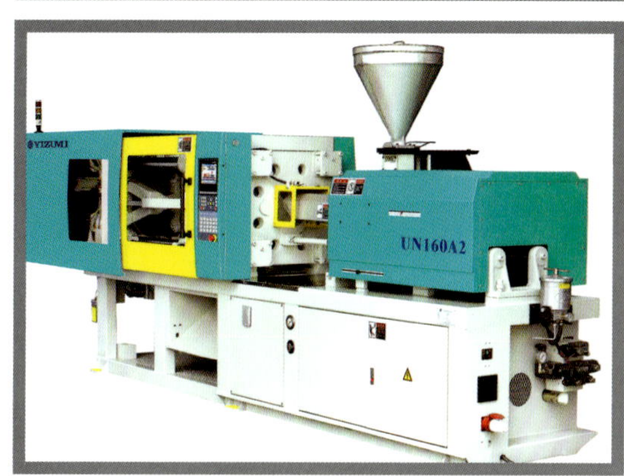

A2 系列闭环控制精密节能注塑机

2007 年，广东伊之密精密机械股份有限公司

广东省重点新产品

JWSGF-PE-1000 塑料实壁管材生产线

2007 年，上海金纬管道设备制造有限公司

国家重点新产品

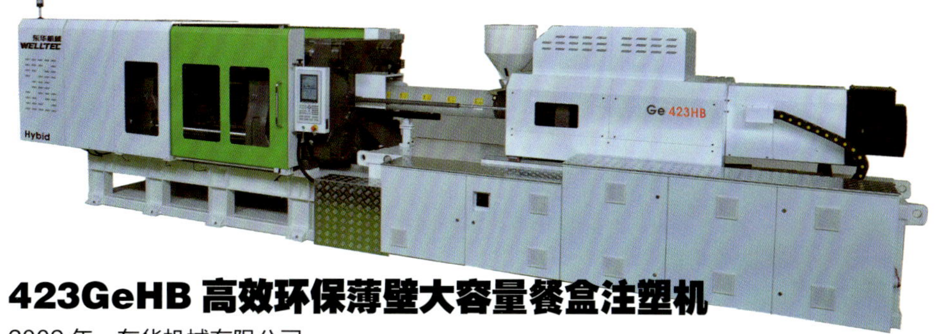

423GeHB 高效环保薄壁大容量餐盒注塑机

2009 年，东华机械有限公司

广东省高新技术产品奖

JW-PP-1220 蜂窝板复合生产线

2017 年，苏州金纬机械制造有限公司

江苏省首台（套）重大装备及关键部件

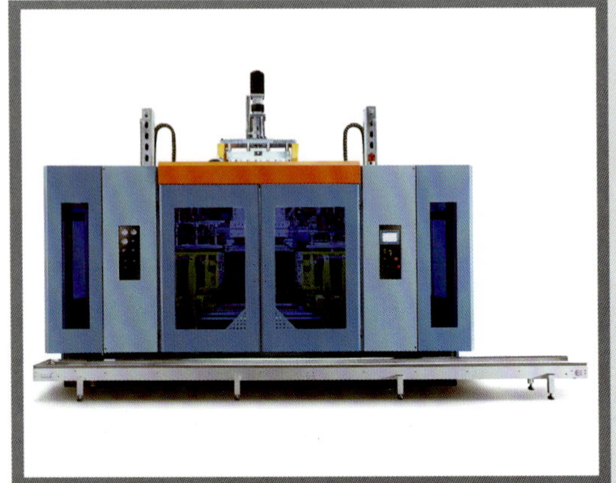

全电动塑料挤出吹塑中空成型机

2017 年，广东乐善智能装备股份有限公司

广东省高新技术产品

U 型高速塑料挤出吹塑中空成型机

2017 年，广东乐善智能装备股份有限公司

广东省高新技术产品

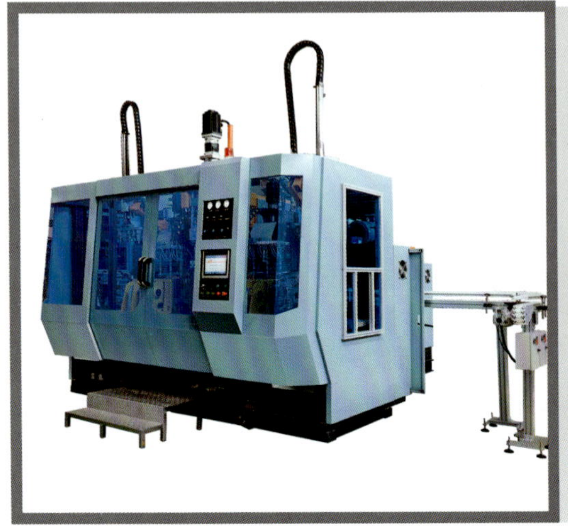

伺服节能塑料挤出吹塑中空成型机

2017 年，广东乐善智能装备股份有限公司

广东省高新技术产品

全电驱动，应用总线安装、齿轮锁模等技术

乐善未来主流产品

人物

张静章

中国塑料机械工业协会第三届、第四届理事会会长
海天塑机集团有限公司董事长

塑机行业的变化还体现在理念上，如今我们正在向整体解决方案和服务提供商转变

20世纪70年代初期，塑料制品刚刚兴起，塑料凉鞋之类的日用品在市场上十分紧俏，需要凭票购买，供不应求。中国消费市场对塑料制品的需求庞大，我洞察到这个行业未来良好的发展前景，萌发出一个想法：生产塑料制品用的机器，可以扩大塑料制品的生产规模，满足广大消费者需求。随后，就确立了我们的主业方向，最初以生产紧俏的塑料凉鞋的注塑机为主，由此进入了塑料机械行业。

我在塑机行业四十多年，经历了很多的第一次。

1988年，海天200g注塑机和800g注塑机先后参加两届广交会，与香港宝得利公司签订了提供半成品注塑机协议，这是我们的半成品注塑机首次出口香港。同年的春季广交会上，我们谈成了3台200吨(2000kN)注塑机整机出口希腊，这是“海天”牌注塑机第一次整机出口，实现了公司注塑机整机外销零的突破。

1994年，在芝加哥举行的世界注塑机展销会上，海天注塑机是当时中国唯一的参展样机，这也是海天首次在国际性大型展览会上亮相。当时，塑机产品进入美国市场不易，我们称之为“占领了世界制高点”。

2008年，印度对我国生产出口的注塑机提起反倾销调查，并于2009年2月决定对从中国进口的注塑机开征76% ~ 174%的高额反倾销税。协会组织行业主要骨干企业出资、出力，积极开展反倾销工作，海天也积极配合，多次参加听证会，搜集有关证据，配合商务部公平贸易处与印度当局交涉，为行业在印度的发展争取有利的空间。

2009年8月，我作为中国塑料机械工业协会会长，代表行业协会给时任国务院副总理张德江写信，希望能重视塑机作为工业母机的战略地位与关键作用，将塑机从轻工产品类划分到战略性新兴产业高端装备制造。张德江副总理在收到信件后做出批示，指示时任工信部部长的李毅中召开振兴塑机产业座谈会进行研究。经工信部领导研究决定：塑料机械作为高分子材料加工成型装备是我国机械工业不可或缺的组成部分，在国民经济中发挥重要的工业母机作用。塑料机械享受机电产品出口退税比例从当时的12%提高到17%，并且由当时年底退税变为每一单结汇时退税。这一转变大大缓解了塑机出口企业的资金周转压力，同时塑机行业的地位得到了认可，从此摘掉了“轻工产品”的帽子，促进了中国塑机产业的健康发展。

2010年10月，我作为中国塑料机械工业协会会长，与协会秘书处以及行业主要骨干企业，同雅式展览服务有限公司就“中国国际塑料橡胶工业展览会(Chinaplas)”的服务及管理进行了沟通和协商，督促提高办展服务质量，使我们协会和行业主要会员企业享受到优惠参展待遇。

我国塑机行业经过60多年的发展，业已发生巨大的变化。我国塑机在国内外市场占有率大为提高，在替代进口塑机方面尤为突出，在国际市场的影响力不断提高。通过自主创新和引进先进技术，我国塑机行业在管理水平、制造水平、技术水平、产品标准化、产品质量以及高新技术的应用等方面都取得了长足的进步，显著缩小了与塑机先进国家之间的差距。

塑机行业的变化还体现在理念上。过去我们只是作为塑机的生产商，但如今我们正在向整体解决方案和服务提供商转变，不仅要根据客户需求生产塑机，同时也要具备提供整体解决方案的能力，即为客户设计和提供以塑机为核心的自动化和信息化整体解决方案。

塑机行业是具有广阔发展前景的朝阳产业，希望各位业界同仁再接再厉，努力拓展国内外市场，增强创新意识，加大技术投入，加强基础研究，发扬工匠精神，不断缩小与国外一流产品的差距。

蒋震

震雄集团创办人兼集团荣誉主席及蒋震工业慈善基金主席

我深深感到：身为一个中国人，回馈国家、回馈社会、回馈工业是顺理成章的事，只要有更多的有心人，以“取诸社会，用诸社会”的方式，造福社会、造福人类，这样生命才会更有意义，这样人世间的财富才会更有效地延续。这是本人对人生真谛的一点领悟，也是一生实践的方向。

愿与大家共勉！

蒋震博士的一生充满传奇色彩，他凭着锲而不舍和持之以恒的精神，把一手创立的震雄机器厂发展成为全球知名的注塑机生产商，为中国人在工业领域树立了一个成功的典范。

蒋震博士原籍山东，1923年出生于一个贫困的家庭，父母早亡，生活贫寒，常过着朝不饱夕不暖的生活。1949年只身南下香港，初抵时，曾从事码头工人、纱厂杂工、矿工等苦力工作，历尽艰辛。蒋博士百折不挠，勤奋克俭，对人生始终充满信心。1956年在友人的介绍下进入香港飞机工程有限公司工作，他以诚恳认真的态度，虚心学习，勤于思考，善于观察，终能够逐步掌握机械维修的诀窍，为日后事业发展打下稳固的基础。

1958年蒋震博士以十分有限的资金，毅然创业。初期生意几起几落，但是在极度艰难的岁月中，蒋震博士仍能保持坚强的意志。当时他洞察先机，看准了塑料业的发展潜力，于是一点一滴地积累资金，锲而不舍地钻研制造塑料用品的注塑机，终于在1966年研发出283.5g(10oz)螺钉直射注塑机，并获得香港中华厂商联合会颁发的“最新产品荣誉奖”。从此，事业稳步发展。至今，震雄集团规模宏大，产品精良，口碑卓著，已成为工业界的翘楚。震雄集团今日的成功可以说是蒋震博士克服无数困难，持之以恒、不懈奋斗的结果。

蒋震博士仅受过四年正规教育，但凭着坚强的意志和毅力，自我不断钻研学习，在企业经营及工业发展上做出重大贡献，成为当代企业家的优秀典范。先后获颁授香港理工大学荣誉工程博士、香港中文大学荣誉社会科学博士、香港公开大学荣誉工商管理学博士和香港大学荣誉科学博士等荣衔，并获聘为香港理工大学顾问委员会创会成员及香港大学校董会成员、中国同济大学荣誉教授、广州华南理工大学名誉教授、深圳大学荣誉教授、武汉华中科技大学名誉教授、重庆大学名誉董事、北京大学高级荣誉顾问、中国国际人才交流理事会名誉理事长及山东省行政学院兼职教授等。由于他对促进香港制造工业现代化做出的巨大贡献，获英国政府颁予OBE勋衔。于2005年，更获香港特区政府颁授最高荣誉的”大紫荆勋章”。这些是社会对蒋震博士大半生努力进取和成就的充分肯定。

经历数十年的人生实践，蒋震博士总结出“工业富民，民富国强”的理念。推动中国建设成为工业强国一直是他的梦想，在20世纪80年代，蒋震博士率先进入内地发展，先后在广东顺德、深圳，浙江宁波投资设厂，建立庞大的研发和生产基地，把国际上先进的注塑机技术引入内地，大力促进了国产注塑机械行业技术的大幅提升，推动我国工业不断发展进步。

蒋震博士不只企业办得有声有色，亦非常热心公益事业。他坚信中国要走向富强，必须建立稳固的工业基础；要打好工业基础，必须大力推动教育，培训人才。为了在华人社会中进一步推动工业现代化，蒋震博士于1990年将他在震雄集团名下的全数股份慨然捐出成立“蒋震工业慈善基金”。它的成立在当时引起各界很大的震动，因为个人捐助成立基金的不少，但是像蒋震博士这样将全部资产捐助出来的绝无仅有。更为可贵的是，蒋震博士的捐赠行为得到蒋震家族成员的一致理解和认同，各成员一直支持和致力推动基金的发展，并将蒋震博士的崇高理念发扬光大，以冀薪火相传。

蒋震博士经常以“学而不厌，诲人不倦，发奋忘食，乐以忘忧，不知老之将至”这段体现孔子儒家精神的论语名句激励自己，愿意继续为中国工业的发展尽自己最大的努力。

瞿金平

中国工程院院士
中国塑料机械行业专家委员会主任委员

创新永远是科研的立地之本，没有中间状态。做科研是二进制，要么创新，要么落后

瞿金平院士主要从事高分子材料成型加工技术与装备及其理论的研究与教学，获得中国发明专利30多项，美国、欧洲等10多个国家和地区的发明专利权3项；先后主持完成国家重点科技项目和相关工程配套项目等30多项，鉴定成果20多项，其中多项成果被鉴定为技术处于国际领先水平；发表SCI、EI收录论文200多篇、出版《Polymer Dynamic Plasticating Processing: Theory and Technology》等著作5部；成果产业化效果显著。获2017年度广东省科学技术奖突出贡献奖。

过去的30年间，瞿金平院士和团队坚持开展高分子材料绿色先进加工成型技术及装备的研究，其成果颠覆了100多年来的传统加工原理，催生了塑化加工行业转型升级的深刻蝶变。

20世纪90年代，在国际上率先提出将机械振动力场引入塑料加工成型的全过程，实现振动剪切形变支配的塑化加工成型机理。通过把原本只旋转的螺杆设计成“旋转加振动”，降低了能耗、减少了设备体积重量。这一理论获得了1997年中国专利发明创造金奖、1997年国家技术发明奖二等奖和2006年国家科学技术进步奖二等奖。

带领的团队突破了百年来高分子材料加工以螺杆为核心元件的发展模式，在国内外率先提出了完全正位移特性的高效体积输运方法、拉伸流变起支配作用的塑化混炼原理以及非螺杆挤压系统结构的几何拓扑技术，发明了一系列基于拉伸流变的高分子材料绿色加工成型新方法及装备，实现了高分子材料“基于剪切流变加工”到“基于拉伸流变加工”的重大转变。这项“基于拉伸流变的高分子材料绿色加工成型技术”的创新成果彻底颠覆传统加工原理，使物料热机械历程缩短50%以上、能耗降低30%左右，节约资源保护环境。该项技术再次处于国际领先水平，也获得了2014年中国专利金奖、2015年国家技术发明奖二等奖。

2016年12月16日，由瞿金平团队研发的全球首套双杆偏心转子式拉伸流变塑化输运加工设备正式交付企业使用。这项技术直接跨过国外技术屏障，代表了当今橡塑机械装备领域的最新成果和国际领先水平。我国新疆等地的种植业大面积使用的农用地膜，现在已运用了这项新技术，实现地膜不易破、可全回收，对防止土地污染和塑料回收利用有着重要作用。新技术还将促进超级防弹衣等一大批具有超强性能的高分子产品的诞生，为撬动相关产业转型升级做出重要贡献。

高学飞

中国塑料机械工业协会第一届至第五届理事会常务理事
张家港市塑料饮料机械协会发起人、第一届和第二届会长
江苏维达机械有限公司董事长

相信在不久的将来国产设备能迎头赶上

20世纪70年代初，国家大力发展化肥工业，化肥包装供应紧缺，国内只有大连橡塑机械厂有吹塑薄膜技术。为了适应市场需求，国家计划在江苏地区发展吹塑薄膜技术，任务就下达到了沙洲县，最后就落到了我们厂，当时我们是沙洲县的农业机械二厂。9月份接到任务，分别派了4批人去大连橡塑厂参观学习，包括吹塑技术、挤出机图样资料、工艺装备，从机筒螺杆加工、齿轮箱加工、旋转吹塑模头加工到零部件组装、整机组装、调试验收，前后花了一年半时间。1977年5月，第一台包装吹塑薄膜技术样机生产出来，开了鉴定会，销售给了南京塑料二厂，当年我们一共生产了3台。随后，我们厂改名沙洲县橡塑机械厂，开始生产包装塑料机械，成为原轻工部塑机定点生产企业。自此，我和塑机行业就分不开了。

塑料机械在我国是从60年代开始发展的，我们厂从70年代中期开始研制塑料机械吹塑薄膜技术，那时候主要以消化吸收国外技术为主。到了80年代，塑料机械快速发展，注塑机、挤出机、成型设备都有了质和量的飞跃，国内塑料需求大发展带动了塑料机械行业的发展。到90年代，注塑制品在日常生活中广泛应用，带动对塑料原料、塑料机械需求的不断增长，包括包装、以塑代钢、以塑代木、以塑代纸等。同时地方乡镇企业、民营企业崛起，塑料机械正式迎来了春天。上海、浙江、柳州、苏南、广东这些地区发展尤为快速，带动了塑料机械发展。90年代后期，出现了很多合资工厂、独资工厂，推动了国内塑料行业新技术、新产品的快速发展。到2000年以后，我国塑机行业每年都以两位数的速度增长，正式进入发展高峰期。同时，行业内不断推进智能制造，打造高速、节能、精密、高质量的塑机，满足国内市场需求的同时进一步抢占国际市场。

经过几十年的发展，塑料制品种类、结构和形式越来越多，人们对其精度的要求也越来越高。现代塑料技术的趋势是高速高产化、智能化和网络化，高效功能化、结构节能化，大型化和精密化，各种塑料机械新技术层出不穷，塑料机械设备和工艺不断提高和创新。但是与国外产品相比，我国塑料机械的性能在注射、挤出成型速度，注塑制品的精度以及加工装备的控制水平上都存在着较大差距，需要在技术创新、高端技术方面不断完善，加大科技创新的投入，实现规模化和专业化生产，努力缩小国内外塑料机械技术水平上的巨大差距。相信在不久的将来国产设备能迎头赶上。

中国塑料机械工业协会自1993年成立以后做了大量工作，编制塑机行业发展规划、分析和发布行业内技术经济信息、组织行业技术交流活动，推进行业自主创新，成为全国塑机企业信息技术交流的平台，是政府、企业沟通的桥梁，是国内塑机企业面向世界的窗口。几年前美国对我国塑料机械加大关税，印度同样施压，协会以及我国政府就此问题不断交涉才突破障碍，使得我们民族的塑机工业顺畅发展。未来塑机行业的发展前景相当可观，希望协会能多多提供产业信息技术咨询服务以及国际交流合作的机会，不断推进塑机行业的发展。

刘梦华

中国塑料机械行业专家委员会第一届、第二届副主任委员

学的这个专业，从事的也是这个专业，热爱和熟悉这个专业，一干就是50年！

1965年9月我从北京化工学院高分子材料成型加工设备专业毕业被分配到大连橡胶塑料机械厂（后改制为大连橡胶塑料机械股份有限公司）工作。国家十分重视橡胶塑料机械的发展，决定成立橡胶塑料机械研究所，选址在大连，先由当时归一机部所属的大连橡胶塑料机械厂管理。国家在人力、物力上给予很大支持，把北京通用机械研究所（即合肥通用机械研究院前身）的橡塑机械研究室划归大连橡胶塑料机械研究所。每年都分配相当多的大中专毕业生到厂，光我们那一年分配来的就有43名毕业生。北京化工学院（现北京化工大学）、华南工学院（现华南理工大学）是当时全国设立橡塑机械专业的仅有的两个院校，当年就分来29名橡塑机械专业的毕业生。学的这个专业，从事的也是这个专业，热爱和熟悉这个专业，从研制螺杆直径 ϕ200mm挤出机和挤出PVC大口径管材辅机的设计员开始，干到研究所常务副所长、总工程师、厂长、改制后任公司副总经理、顾问，一干就是50年！这期间主管研发的新产品获国家、部、省科技进步奖6项；完成6部专著并发表学术论文60余篇；曾荣获国家中青年有突出贡献专家、全国化工优秀科技工作者、中国橡胶机械行业终身成就奖、大连市优秀专家等称号。享受国务院政府特殊津贴。

20世纪20年代我国还只是针对当时萌芽的塑料工业生产一些简陋的热模塑设备，随着塑料品种的逐步增多，塑料加工设备更多的是由一些用于橡胶成型加工的设备改制而成。50年代国家开始定点生产橡胶塑料机械。当时主要是对少有的进口设备进行测绘或用苏联图纸生产，1955年生产出第一台XK-560橡胶开炼机并改制适用于炼塑；1958年生产出第一台SJ-38塑料挤出机，PCH-32注塑机，三辊、四辊压延机（改制适用于塑料压延）；1964年才生产出第一台专用的塑料压延机。1958年我国在北京化工学院和华南工学院设立了橡胶塑料机械专业，至1963年培养出第一届毕业生，从此培养了我国自己的专业技术队伍；于1964年国家又成立了大连橡胶塑料机械研究所，从此橡胶塑料机械情报、标准、设计研究得以归口管理。60年代迎来了我国塑料机械飞速发展阶段，产品开始标准化、系列化研发，一些领域达到了国际先进水平，螺杆直径 ϕ250mm的塑料挤出机、注射量达万克的大型注塑机、大型塑料（橡胶）压延机、大型吹塑机、各种规格的密炼机、各种规格的硫化机相继诞生，橡塑机械的出口、援外成绩斐然。但后来的特殊年代拉大了我国橡塑机械与世界水平的差距。

改革开放以后，我国塑料机械的生产技术水平和产品档次明显提高，塑机理论研发、创新专利技术也有了重大突破。通过半个多世纪的高速发展，我国塑料机械工业已经发展成为门类比较齐全、品种多、产量大、产品档次高、技术水平优、科研开发具有相当实力、结构调整日趋深化并能保持高增长率发展的朝阳产业，我国已成为名副其实的世界塑料机械生产大国。

1993年，中国塑料机械工业协会成立，把原来分散在九个部委的较大的塑料机械厂纳入其中，在协会的领导下行业获得了长足的进步。协会在现在班子的领导下不断发展壮大，协会工作卓有成效。塑料机械常态化创新将是永恒的趋势，要紧跟国家和行业的发展规划和政策，把握塑料机械的发展大趋势。希望协会能更好地发挥“纽带”“桥梁”“沟通”作用，进一步发挥协会的“协调”“服务”职能，进一步提高行业整体素质，促进企业的管理水平，在国家政策支持下推动企业自主创新和技术进步，把塑料机械大国变为塑料机械世界强国。

张剑鸣

中国塑料机械工业协会第六届理事会会长
海天塑机集团有限公司总裁

协会将积极推动塑机行业科技创新、制度创新、管理创新

我在读书时就接触到注塑机，然后又从最基础的塑机电器装配工做起，一直到现在担任海天集团总裁。随着塑机行业不断发展，我对塑机技术日益产生浓厚兴趣。当初海天是专业制造注塑机的，现在还涉及数控机床、控制系统和金属成形，每一个项目都离不开创新。我希望在传承公司核心企业文化的同时，能通过自主创新，继续带领海天不断开拓进取，对制造水平、核心技术、管理理念等各方面进行提升，并带动、促进整个塑机行业的创新和转型升级。

塑机行业在发展初期，国家还处于一个相对封闭的时期，我们的生产水平比较低，技术也较为落后。改革开放后，我国加强了对外交流合作，不少塑机生产企业通过对进口先进设备的消化吸收，提升技术水平。再经过长时间的努力，不断改进提高，如今已经转型升级到拥有核心竞争力和自主知识产权的创新阶段，在国际市场上也有了一定的影响力。譬如，我当时作为海天总裁主导研发成功的伺服节能注塑机，开创了我国乃至世界节能注塑机的新纪元，受到国内外用户的广泛好评。

塑料机械已经成为航空航天、国防、通信、建材及交通等高新技术领域重要的技术装备，是新能源、新材料、节能环保、生物医药、信息网络等高端制造产业重要的装备支撑，正朝着自动化、智能化方向发展。未来将是“塑料＋芯片”的时代，经“互联互通”将智能装备引入塑料制品生产中，使塑料制品生产企业实现智能化高效生产，而且也为塑机行业的持续发展提供了有力保障。

中国塑料机械工业协会是全体业界同仁最好的沟通交流平台，通过协会组织的行业培训、技术交流、专题研讨会与产业论坛，我们能实现优势互补、资源共享，以集群优势共拓海内外市场。在这个过程中，行业标准与规范是我们必需的坚守，推进行业标准的不断完善，提升中国塑机行业的整体制造水平和规范化程度，助力行业发展更是协会义不容辞的责任。

“一带一路”“中国制造2025”为中国塑机行业的蓬勃发展奠定了良好的政策基础。未来，中国塑料机械工业协会将积极推动塑机行业科技创新、制度创新、管理创新，以智能制造为方向，以创新为主线，推进“中国智造”转型升级，共同为实现中国塑机制造强国之梦而努力！

朱康建

中国塑料机械工业协会第五届理事会会长、第一届监事会监事长
博创智能装备股份有限公司董事长

塑机行业走到今天，无论产量、质量还是技术进步，只能用翻天覆地这四个字来形容

日子过得真的非常快，不知不觉从大学毕业到现在整整33周年。应该说，这一生到今天为止都沉浸在塑机行业里，从国企到合资企业再到自己创业，经历了我国塑机的巨大变化。非常感恩，有塑料机械这么一个行当！感恩自己从毕业就来到这个行业，能够一直做到今天，从年轻的小伙子做到今天的头发花白；也非常感恩在工作过程中遇到的所有人——我的领导、我的同行、我的师傅、我的下属、我的客户、我的供应商、我的朋友们，对我的厚爱与支持！

我是1985年毕业的，当时最大的注塑机不过1600吨（16000kN）左右，使用的都是非常传统的继电器、节流阀、普通电机、液压泵，挤出机行业应该也差不多。1986年我去了巴顿菲尔德，感觉就是一个天一个地。今天再去拿我们的塑机跟世界先进的产品对比，我认为差距不大。

我自己用C80芯片设计过电子锁，也设计过机械手的全部控制，所以能够从技术的角度看发展，再从质量的角度看我们新的注塑机。当初我在浙江塑料机械厂——当时中国最大的塑料机械制造厂，一个月做60～100台注塑机已经是中国最大的产能了。现在，博创500吨（5000kN）、600吨（6000kN）以上的两板机一个月都要做几十台，那是以前想都不敢想的。还拿博创来说，现在已经做到6800吨（68000kN），这在过去根本是不可思议的。所以说，我国塑机行业走到今天，无论产量、质量还是技术进步，只能用翻天覆地这四个字来形容。以前的注塑机都是“朝南坐”。什么叫“朝南坐”？就是客户找上门买你的注塑机，还要给你一点好处。今天，用户的需求越来越多样，要求越来越高，从卖方市场到买方市场，这也是一种巨大的变化。

当然塑机的缩影也是我国经济发展的缩影，所以说我们感恩改革开放，感恩中国共产党的领导，感恩经济发展为行业带来那么多的机遇。这是非常值得开心的一件事情！

未来的塑机一定是向智能化、高质量化、高效化、高节能化方向发展，在中小产品领域一定是电动化，注塑机未来的大发展一定是在两板化，自动化将推动整个行业的发展，会产生一波又一波的技术浪潮。我相信只要按照现在的发展势头，不远的将来中国塑机一定能引领全球塑机的发展潮流与方向，真正让中国从一个塑机大国变成一个强国，最后成为一个伟大的塑机之国。而企业也会因行业的发展得到长久的进步。

25年来，中国塑料机械工业协会从无到有，在王义丰会长、张静章会长等前任会长的领导下不断壮大。协会一定要紧紧围绕全心全意为会员服务的宗旨，让会员团结在协会的周围。团结才有力量，让我们团结起来，切磋共性技术，探讨共性管理问题，共同提高，在协会的统筹、协调下实现行业的良性循环发展。也希望协会能够把会员的呼声、行业的呼声，切实向国家决策机构反映，同时也将政策方针及时传达，成为指导、引领我们工作的方针。我相信中国塑料机械工业协会作为全体会员的娘家，会成为最优秀的协会，成为能够真正在行业发展中发挥统筹与指导作用的协会。期待在张会长、粟会长的领导下，行业齐心合力、团结一心、奋勇拼博，让中国塑机真正地走出来，成为中国乃至世界的行业标杆。

马镇鑫

中国塑料机械工业协会第四届、第五届理事会副会长
广东金明精机股份有限公司董事长

产品和技术创新，是企业持续高速发展的原动力

无论我们是否意识到，薄膜早已遍布生活中的方方面面，大到航空、航天工业的特定模件铸造、军工防锈、农用温室大棚、医用输液袋，小到日常生活中的软包装、食品保鲜、屏幕显示器，都与薄膜有着千丝万缕的联系。

但在二三十年前，薄膜在国内还只是小规模应用的事物，拥有薄膜生产设备的企业只有为数不多的几家，且生产设备基本依靠进口，生产成本及维护成本居高不下。而当时在国外，薄膜其实已经是一种很常用的塑料制品。那个时候我就感觉到，在这背后，有一个需求非常巨大的市场。

金明是我跟几名意气相投的朋友在1987年成立的。当时我们只有一个简陋的小厂棚，加工设备也只有几台简易的机床，一切都是从零开始。

到1999年时，依靠长期的技术积累，结合创新研发、技术合作和人才引进，我们成功打破了国外设备企业的技术垄断，开发出当时亚洲最大、技术水平最高的超宽幅20m农膜（土工膜）生产线，并于当年8月18日分别被中央电视台《新闻联播》和《星火科技》栏目报道，金明开始为市场熟知。

2011年，金明顺利通过IPO登陆深圳证券交易所创业板，成功实现上市。

2013年，金明收购了汕头市远东轻化装备有限公司80%的股权，并于2017年完成余下20%股权的收购，将产品线扩展到薄膜后道加工装备的应用领域。

在30多年发展壮大的历程中，金明一直非常重视产品和技术的创新，可以说创新是金明持续高速发展的原动力。我们每年投入大量资源开展技术创新，不仅拥有多个市级、省级研发中心，还先后组建了博士后工作站、院士工作站，并投入大量资源建立起高端薄膜实验中心，形成了强大的研发实力。

如今，“中国制造2025”的大背景为我们发挥人力储备优势、提升技术影响力、实现弯道超车创造了大好时机。金明也将把握这一难得机遇，大力实施技术创新驱动全面创新的发展战略，以技术创新带动工艺创新、产品创新、品牌创新，实现“科学研究—实验成果—推广应用”的三级跳；大力发展信息化、自动化产品线，加快推动金明由传统产业向中高端智能化产业转型升级，提升品牌国际竞争力。2018年年初，金明更与战略合作伙伴西门子签订了多功能薄膜智能工厂合作协议，共同致力于未来薄膜制造智能化工厂的打造。

未来，我们将持续推进数字化、网络化、智能化制造，全力推动智能工厂的建设。依靠创新技术，充分发挥“互联网+”技术在制造业中的优化和集成作用，推动新产品新业务的培育发展，加快自动化基础工程建设，促进传统产品的改造升级，着力于智能制造、质量品牌提升，带动企业创新发展。金明将围绕战略部署，升级“智能制造+互联网制造+智能生态圈”，发展成为行业中的智慧工厂方案解决商。我们相信，这不仅为客户提供了更具竞争力的解决方案，也将推动整个薄膜行业的智能化转型升级。

金明这些年来的成就，靠的不仅仅是金明及金明人自身的努力，更离不开行业和协会长期的支持。值此中国塑料机械工业协会成立25周年之际，我谨代表金明致以最诚挚的祝福。我们相信，中国塑机行业的前路一定是光明而美丽的；我们更希望，能长期与中国塑料机械工业协会携手同行，实现替代进口，增加出口，共同为行业的美好未来而奋斗，为中华民族工业争光。

陈敬财

中国塑料机械工业协会副会长
广东伊之密精密机械股份有限公司董事长

从那时起我就有一个梦想，要让中国装备赶上进口装备的水平

我是一名广东人，出生在素有“家电之都”美誉的顺德。跟许多顺德人一样，怀揣着实业报国的梦想，开始做一些小家电OEM和五金件加工。在工作过程中，开始接触到注塑机等装备。那时还是进口设备的天下，国产设备的水平比较落后，所以从那时起我就有一个梦想，要让中国装备赶上进口装备的水平。随着2001年中国加入世界贸易组织，中国制造开启了征服世界之旅，中国装备制造作为“工业之母”也开始腾飞。这个时候，我与几名志同道合的朋友一起选择了注塑机这个行业，开始向装备制造行业进军，这样一干就是十六年。

伊之密自2002年成立以来，脚踏实地，一步一个脚印，虽然走得不快，但每一步都走得很稳健。发展初期，我们提出了“五年内成为中国领先的装备制造商，并于主要新兴市场建立全球经营系统，成为真正的全球化企业”的使命。每年投入销售额的5%用于研发，并在德国建立了研发中心，努力实现“让中国装备技术与世界同步”。2015年，伊之密在深交所挂牌上市，发展上了一个新的台阶。伊之密将以“成为所在领域的世界级企业”为目标，持续推进技术进步和管理创新，通过高效的经营和管理，通过建立“伊家”文化，大有作为，让员工以公司为傲。

伊之密正在从单一的机器设备供应商转变成为整体解决方案的提供商。具体来说，就是从过去关注单一的机器业务转而聚焦制品、模具、机器、周边设备及自动化、生产环境等整个生态系统，致力于提供最高性价比的整体解决方案，这也是我们未来长期发展的主要目标和保证企业长期竞争力的关键所在。伊之密在包装行业、微发泡技术等方面已经有了整体性的解决方案，还在积极关注汽车行业和建材行业。

2018年上半年，国内外注射成型设备行业依然延续了2017年的增长态势，预计未来几年还会持续比较快速的增长态势。随着劳动力成本上涨，整体的制造成本也在上涨，只有靠更加自动化智能化、更加高效率的装备才能弥补成本上升的损失。顺应这个趋势，整个注射成型产业正在升级，对更高端、更稳定、更加自动化、智能化设备的需求会持续增长。

从全球市场看，一些新的市场板块将会成为中国装备的重要市场，例如欧洲、美国等传统的高端设备市场。随着国内技术的发展，中国设备跟欧美国家差距越来越小，甚至在有些领域已经实现了超越，并且性价比优势非常明显。因此，欧美企业对中国设备的接受度也越来越高。

伊之密2007年正式加入中国塑料机械工业协会这个大家庭。协会在促进我国塑料加工工业发展方面发挥了重要的作用，促进了整个行业的融合与进步。十多年来，我们和协会一同经历风雨和彩虹，一同成长，共同见证了中国塑机行业的大发展。通过协会，我们加强了与国内外相关协会、团体组织、知名企业的交流与沟通，更好地融入了这个行业，也使得企业更加健康地成长。我要特别感谢协会多年来的指导与支持，今后我们会更加积极地参加协会的各项活动，密切与协会兄弟单位的沟通与合作，共同为我国塑料机械装备行业的发展贡献自己的力量。

何海潮

中国塑料机械工业协会副会长
上海金纬机械制造有限公司董事长

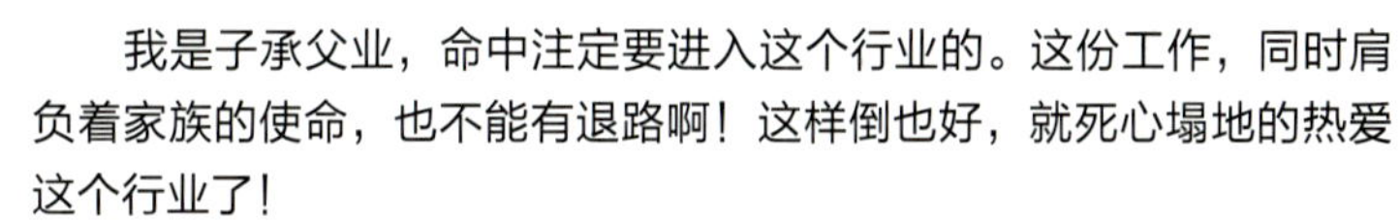

我是子承父业，命中注定要进入这个行业的。这份工作，同时肩负着家族的使命，也不能有退路啊！这样倒也好，就死心塌地的热爱这个行业了！

我国高分子树脂材料工业是从20世纪50年代末开始建设发展的，塑料制品在国民经济建设和人们生活领域的广泛应用，对经济发展也起着至关重要的作用。塑机行业的发展是随着高分子材料越来越广泛的应用和塑料加工工艺的逐步成熟而发展起来的。

金纬公司从生产“金海螺”品牌螺杆的一个工厂，逐步发展形成今天拥有上海、苏州、常州、广东、舟山五个产业基地，22家专业公司的规模。这些公司各司其职，垂直形成上下游配套，往上如螺杆、辊筒、模头、换网器等关键零部件，往下配套自动化设备、回收辅机等；横向拓展不同挤出细分领域，如高分子复合材料、大型管材、片板材、新材料、薄膜、化纤、全电动中空吹塑机、塑料回收环保设备等。二十年来，金纬公司本着工匠精神，依靠培训人才、大量投入研发、对机筒螺杆/平模头/辊筒等关键零部件技术的掌握，以及产业化全球供应链优势，在挤出细分领域已占有较大市场份额。未来塑机行业会逐步向节能环保、智能制造、高端定制等方向发展。我们要不断学习和创新，培育出敢作敢为的技术领军人物，逐步拉近与欧美国家的差距，加大科技创新的投入，吸引专业技术人才，实现规模化和专业化生产。当前，我们还有很长的路要走，在塑料挤出设备的各个细分领域，我们聚集着一批富有经验、充满朝气和激情的金纬人，怀着共同的目标和愿望，希望我们的挤出设备能够赶超世界潮流。但是我们要有‘归零’的心态，只有“归零”才能更好地放眼未来。

中国塑料机械工业协会是联系政府与企业的桥梁和纽带，行业共同利益的代表者，会员单位合法权益的维护者，协助政府开展行业工作的参谋和助手。目前协会拥有360余家会员单位，而金纬机械是协会的资深副会长单位，20多年的发展历程中离不开协会的指导和帮助。未来金纬人的使命是：坚持拼搏创新，注重客户体验，打造一个智能化的全球挤出装备领域生态链。相信未来在协会的指导和帮助下，金纬机械会成为一个合作共赢的平台，迈向一个更高的新台阶。

杜江

中国塑料机械工业协会副会长
东华机械有限公司副总经理

面对产品智能化的发展趋势，我们也要审时度势，要能够掌握这种趋势的发展，做到顺势而为，计划方面跟得上，行动方面要迅速

企业的兴衰关键在于适应形势的能力。当前，我们进入了一个新的经济周期，在这个经济大环境下，我们更需要一支有危机感、想企业所想、反应迅速的团队，积极去面对和顺应这种趋势，更好地迎接新的挑战。只有信息沟通、工作态度及员工的士气得到夯实，企业才有前途。

东华作为机械设备的供应商，面对生产成本高企、企业创新能力不足、价值链复杂度加深及经济波动等挑战，更应该保持审慎的态度，致力于卓越和精益生产，实现产品和服务的差异化。投入创新和产品开发的同时，积极做好供应链的优化工作，为客户提供更加优质、性价比更高、备受市场重视的产品设备。要在创新要素（如自动化和智能化的应用以至技术含量高的行业专机）和机械产品应具备的要素（如可靠、耐用、精密和高性价比）中取得平衡。

近年来，各种新的概念、新的革新不断涌现，新的发展潮流已经形成，势必会对传统的制造业产生比较大的冲击。如何纳入智能化制造及生产以提升自身的塑料机械制造和生产水平，好让我们能为客户提供更理想的产品和服务？如何为我们的客户提供合适的自动化和智能化的应用方案？我们也进行了一些探讨。

面对产品智能化的发展趋势，我们也要审时度势，要能够掌握这种趋势的发展，做到顺势而为，计划方面跟得上，行动方面要迅速。过去几年，我们在塑料制品/零件的智能制造和智能生产的研发上投入不少的资源，从塑料加工机械的数字化控制到今天iseev4.0智能控制系统，都是我们在这方面投入的体现。然而最令我们担心的还是客户是否具备相关的认知和条件去用好智能化的大环境下市场涌现出的各式各样的硬件和软件。

德国对完美、精确、规范等的执着和理性追求，是工业4.0的发展基石，这点也是我国制造企业应学习和追求的。

徐文良

中国塑料机械工业协会副会长
苏州同大机械有限公司董事长兼总经理

需要我们自己摸着石头过河，要静下心来，深耕细作，弥补短板

我是1990年从江苏工学院（现江苏大学）机械制造工艺及设备专业毕业，被分配到江苏维达机械有限公司，从车间技术员做起，后到技术部负责塑料注吹中空成型机的改进设计。1993年，江苏维达机械有限公司与台湾中华塑机公司合资成立张家港华丰机械有限公司，进行我国第一台塑料挤吹中空成型机的引进、消化、吸收、改良、再创新、产品系列化的工作，我有幸被公司抽调参与。也就是从我毕业起，我一直深耕塑机行业，伴随着中国塑料挤出中空吹塑成型技术的成长而成长。到1999年与几个志同道合的同事一起创建同大机械，从租赁厂房、几次异地搬迁，直至现在的苏州同大机械，先后变换了技术、生产、市场、总经理等多个工作角色。

我们从事的是塑机行业中的一个小行业——中空吹塑成型领域，规模先天不足，客户要求变化多端。在合资企业时，产品只要做出来就有人要。而到1999年自己创业时，经济环境已从卖方市场转向买方市场，而且我们创业阶段一无资金、二无市场，还面临着知识产权壁垒，一开始就要为生存而战，还要与同行比拼。所以时刻把握好企业建设的规模、速度和产品技术进步、开发水平之间的关系，时刻谨记在产品上要有自己的特色和专项优势，配套一支训练有素、有多种技能储备的员工队伍，在多变的市场体系中及时应对，是我们一直以来的发展经验。

2008年金融危机以后，由于在新产品、高端产品的开发、研制上建立了优势，我们可以稳定地向客户提供最新、最精的产品，站上了一个新的发展台阶。应当说我们企业的发展历程与行业的发展轨迹基本相近，所以我认为塑机行业的发展主要取决于以下几方面的因素：一是国家的好政策和经济快速发展，给了我们很好的发展机遇，特别是十几年来，我国塑机行业迅速崛起，为企业提供了一个良好的大环境；二是有一批行业精英多年来一直深耕塑机行业的发展，尤其像海天等企业的发展，给行业内很多同行以巨大的发展动力——我们也可以做到世界第一；三是学习国外的先进管理制度，从学习、吸收到自主创作，让我们快速完成了原始积累，实现弯道超车；四是来自客户及优秀供应商的大力支持和帮助，给行业提供了发展空间，可以在高起点上同世界竞争。而接下来就需要我们自己摸着石头过河，要静下心来，深耕细作，弥补短板。

从1936年第一台专用吹塑中空成型机诞生至今已经有近百年的时间，在这段时间里现代科学技术的发展给这个领域带来了翻天覆地的变化，设备的稳定性、操作性、制品一致性、自动化水平上均发生了巨大变化。从长远来看，国内同行要充分挖掘国内外塑机技术成果，壮大自身技术研发力量，在机电一体化核心技术、控制技术、精密制造、基础部件提供等方面敢于同世界塑机制造商相抗争，促进中国的塑机行业再次腾飞。

协会多年来为行业的发展呕心沥血，只要企业有需要，协会都会鼎力相助，为之站台。未来希望协会在引领行业优势企业掌握核心技术、自有技术上做些探索工作，让更多的国内同行参与世界舞台的竞争，加大优势企业的宣讲或实地走访、参观学习。同时希望协会加强与国外行业协会的联系，组织国内行业代表参观世界顶级塑机生产基地，加强行业内优势企业的相互交流，取长补短，共同发展。

郑建国

中国塑料机械工业协会副会长
泰瑞机器股份有限公司董事长兼总经理

持续性的创新型发展，才是未来塑机行业发展的根本

中国塑机历经数十年的发展和洗礼，正迎着良好的势头不断上升。回溯起最初仅限于塑料桶等简单制品加工，如今的注塑机应用范围很广，已经不可同日而语。

持续性的创新型发展，才是未来塑机行业发展的根本。注塑机的应用行业还在持续扩大，并向专业精细化发展，在应用手段上智能化、无人化，开拓提供优化、完整的交钥匙解决方案变得至关重要。所以泰瑞专注提供专业配套的成熟解决方案，除了高性价比的注塑机之外，还重点为下游注塑工厂提供智能升级的服务。泰瑞也将全力聚焦全电动、二板机、多物料和超大注射量先进技术，下一个10年的中期目标就是：竞争全电机型日本机市场（大于2000kN），二板机型竞争德国、奥地利等市场，保持海外市场领先优势。提高设备质量、加强技术创新、实现市场突破依旧应是各企业坚守的宗旨，如此以力求稳步、高效的发展。

我国塑料机械行业近些年实现了突飞猛进的发展，呈现出勃勃生机。协会作为各企业之间合理沟通的引导者起到了至关重要的作用，组织国际交流学习、制定行业标准、贯彻和督导国家针对行业发展政策的实施等一系列工作，推动了行业进步。我相信，将来也会有更多的兄弟同仁来到塑机大家庭，携手共进，让中国制造“走出去”，构建更精细、更宏伟的行业蓝图。

粟东平

中国塑料机械工业协会常务副会长

协会就是大家在北京的家，遇到自身不能解决的困难和问题时，会有一个强有力的组织来帮助解决问题和反映情况

2018 年是中国塑料机械工业协会（简称中国塑机协会）成立 25 周年，很高兴能够有机会暂停脚步，回头看看来到中国塑机协会 9 年多的工作经历。有时候我很相信冥冥之中的缘分，我的姓是粟 Su，塑机的首字音也是 Su，甚至一次出差途中随意买条裙子，后来发现竟然也是“Su ji”牌的，这大概就是我和塑机行业的机缘吧！

1987 年，我大学毕业来到北京，曾在万人大厂北内集团工作过 10 年，之后又先后到机械工业信息研究院、机械工业价格研究中心工作，主要从事机械行业市场信息及产业政策的调查研究。在机械行业 20 多年的工作经历，让我更愿意走到市场前沿去。正好 2009 年中国塑机协会需要新一届秘书长，经中国机械工业联合会推荐、中国塑机协会第四届会员代表大会选举，我就正式与中国塑机协会结缘形成命运共同体了（笑）。

我国塑机生产起源于 20 世纪 50 年代，从最初生产塑料花、塑料鞋、塑料盆等日用品开始，逐步进入更广泛的生活和工业领域。目前塑料机械第一大用户是包装行业，其次是汽车工业，第三是各类建材，第四是电子电器及家电，第五才是传统的塑料日用消费品和农产品。这些都与塑料原料的来源和制品的应用越来越广泛密不可分，同时也和社会技术、工艺的进步息息相关。“以塑代木”“以塑代钢”使塑料制品需求与日俱增，样式丰富多彩，极大地促进了塑料机械的迅猛发展。以注塑机为例，从全液压、伺服控制、全电动再到智能整体解决方案，无一不是和现代科学技术的发展紧密相连。

塑料机械行业是先进制造业的重要组成部分。经过 60 多年的发展，我国塑料机械行业已经形成了以科技创新为先导、门类齐全、具有世界最大规模和较先进水平的产业体系，产量已连续 17 年位居世界第一，是进入 21 世纪以来我国机械工业中增长最快的产业之一。据中国塑机协会初步估算，我国塑机的年产量约占世界的 50%，销售收入约占 40% 左右，是名副其实的塑料机械制造大国和出口大国。

经过一轮轮激烈的市场竞争和优胜劣汰，我国塑机行业沉淀出一批以用户需求为高度导向的企业，这其中民营企业约占 99%。他们重视产品的研发、创新，重视生产的质量和效益，经过数年的拼搏积累，终于让中国塑机整体在世界上具有了较高的地位和话语权。

中国塑机协会作为全国性行业组织，一定要让塑机企业感受到协会就是大家在北京的家，遇到企业自身不能解决的困难和问题时，会有一个强有力的组织来帮助解决问题和反映情况。我一直认为协会就是要协商会谈，把企业想做又单独做不了的事情做起来，把有分歧的地方进行充分沟通、协调，推动行业整体进步。具体到每个企业的生产、经营，协会的作用可能连 5% 都发挥不了，但行业又不能没有这样一个组织。因此，我认为协会的发展应该始终坚持以下几点：

以行业发展、企业诉求为立足点，协会所有工作内容必须对会员公开，执行时要公平、公正；

及时将国内外行业信息及分析、调研报告对会员发布，为会员分析市场动态提供决策依据；

协会是上联政府、下联企业、横联相关产业的汇集地，在这个各方交汇的桥梁纽带与平台上，做好服务是每个协会工作人员的唯一标准。

见证着中国塑机一步一个脚印的前行，我由衷地感到高兴和自豪！我会永远为中国塑机加油，做忠实的粉丝和啦啦队员。

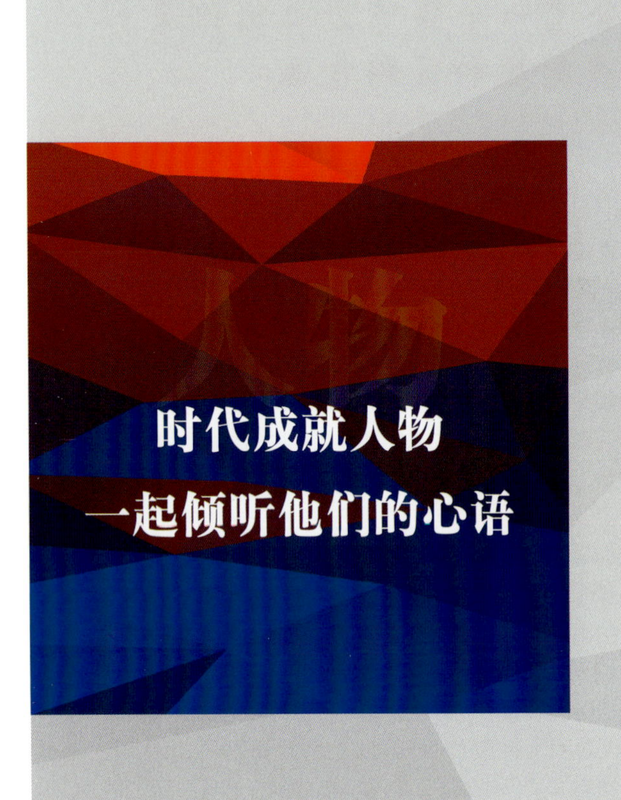
人物
时代成就人物
一起倾听他们的心语

技术档案
国家认定
高新技术企业
证书
国家科学技术进步奖
证书
国家知识产权局
STATE INTELLECTUAL PROPERTY OFFICE
OF THE PEOPLE'S REPUBLIC OF CHINA
国家火炬计划重点高新技术企业
证书
国专利优秀奖

2005年，海天被认定为国家技术中心

2006年5月，宁波海天集团股份有限公司设立博士后科研工作站

2013年，广东省首个院士工作站落户东华机械有限公司

2017年6月，乐善被认定为广东省省级技术中心

2011年12月，浙江申达机器制造股份有限公司的“复杂装备与工艺工装集成数字化设计关键技术及系列产品开发”获国家科学技术进步奖二等奖

2017年，广东伊之密精密机械股份有限公司的“伺服控制半固态镁合金高速注射成型机”获得第十九届中国专利优秀奖

2012年10月，泰瑞机器制造（中国）有限公司被评为国家火炬计划重点高新技术企业

2017年，广东伊之密精密机械股份有限公司被评为高新技术企业

2017年，宁波弘讯科技股份有限公司成为制造业单项冠军培育企业

国家塑料机械产品质量监督检验中心

国家塑料机械产品质量监督检验中心筹建的国家智能制造装备质检中心

广东产品质量监督检验研究院（国家机械产品安全质量监督检验中心）科学城总部

广东产品质量监督检验研究院（国家机械产品安全质量监督检验中心）顺德基地

EMC实验室－10米法电波暗室(国家塑料机械产品质量监督检验中心)

工业机器人实验室（国家塑料机械产品质量监督检验中心）

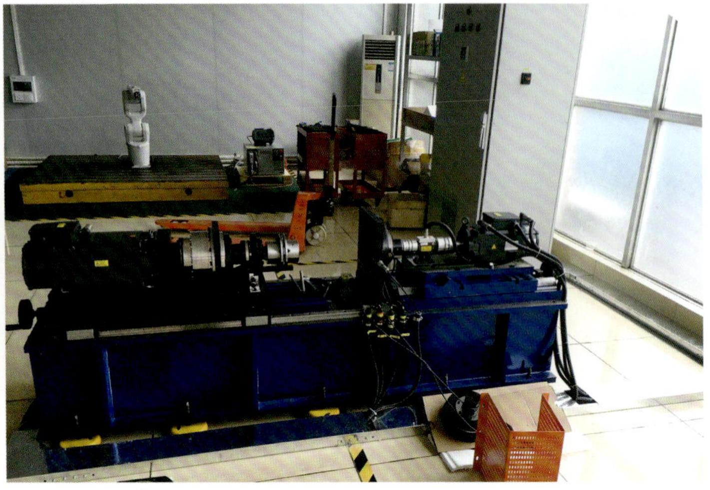

工业机器人关键零部件电机及减速器的测试（广东产品质量监督检验研究院）

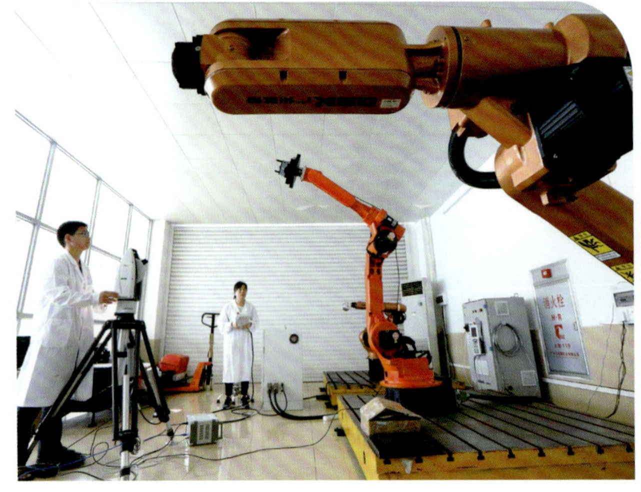

工业机器人精度补偿及标定（广东产品质量监督检验研究院）

液压元件实验室（国家塑料机械产品质量监督检验中心）

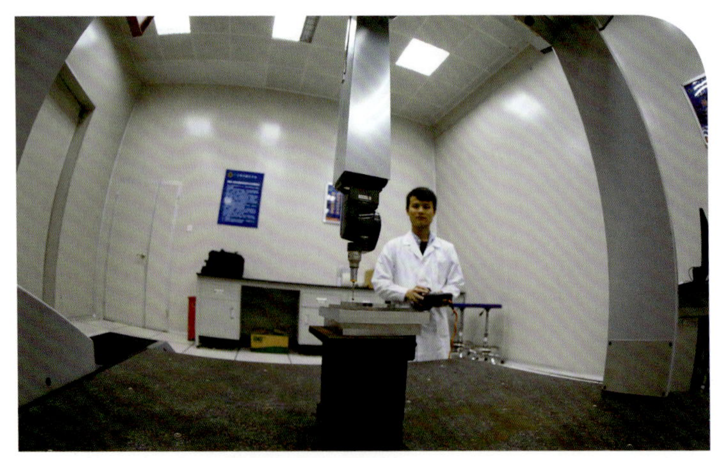

三坐标测量机检测加工中心精密加工工件的尺寸精度及几何公差（广东产品质量监督检验研究院）

走向辉煌的中国塑料机械行业

从 1958 年上海塑料机械厂生产第一台 60g 注射机开始，我国塑料机械行业走过了从无到有、从小到大、逐步做强的 58 年历程。特别是改革开放 30 年来，我国塑料机械行业实现了跨越式发展，取得了举世瞩目的巨大成就，为我国经济社会发展和科技进步做出了突出的贡献。

塑料机械行业是为高分子材料成型制品在航空航天、国防、石化、电子、光电通信、生物医疗、新能源、建筑材料、包装、电器、汽车及交通、农业、轻工业等国民经济各领域的应用提供重要装备的产业，是塑料工业发展的重要支撑，在国民经济中具有不可替代的作用。经过五十多年的发展壮大，我国塑料机械行业已经形成以科技创新为先导，产品门类齐全，企业结构和布局合理，具有相当规模和一定水平的独立完整的产业体系。自进入 21 世纪以来，行业工业总产值保持年均 15.8% 高速增长的态势，增长速度位居机械工业各行业前列，远高于国内生产总值年均增长率；塑料机械年产量也连续 15 年位居世界第一。同时，我国塑料机械产品的技术水平大幅提升，与发达国家的差距越来越小，部分产品达到国际先进水平，某些产品进入世界前列。行业产品不仅能够基本满足国内快速增长的需求，而且出口到世界 170 多个国家和地区，在国内外市场上具有举足轻重的地位。我国已成为名副其实的塑料机械制造大国、消费大国和出口大国。

一、行业改革

新中国成立以前，塑料机械行业在我国尚属空白，相关设备和配件全部从国外进口，国内企业只能进行简单的修理。建国初期，塑料机械的维修任务主要由国内几个较大的橡胶机械厂承担。自 1953 年开始，我国陆续建立和扩建了一批橡胶机械厂，如沈阳橡胶机械厂、天津市化工机械厂等。这些企业依靠自力更生和艰苦奋斗的精神，先后生产出炼胶机、压延机、成型机、硫化机等小型橡胶机械和气门嘴、轮胎模具等产品。

随着合成化学工业的发展和新兴塑料制品工业的出现，1958 年，上海塑料机械厂成功生产了 60g 塑料注射成型机。自那时起，我国自行生产塑料机械的历史翻开了崭新的一页，振兴我国塑料机械行业的征程从此起步。

1960 年，我国橡胶塑料机械产品被正式列入国家计划产品目录。1963 年，国家明确规定，橡胶塑料机械由第一机械工业部归口安排生产，化学工业部、轻工业部分别归口橡胶机械和塑料机械的分配。1967 年，第一机械工业部、化学工业部、轻工业部联合召开了三部会议商定，共同负责安排橡胶塑料机械的生产，确定了一批定点生产企业，并进行了具体分工。

1980 年，橡胶机械改划为化学工业部归口安排生产，第一机械工业部系统归口的部分橡胶塑料机械厂划归化学工业部主管。

1984 年，上海地区积极探索塑料机械的管理体制改革，在上海市机电一局轻机公司成立了塑料机械事业部，负责分管上海地区塑料机械的技术开发和生产经营，并提出了“塑料原料—塑料机械—塑料制品”一条龙管理的构想。

1985 年，是国民经济进行全面经济体制改革的重要一年。按照国家计委、国家经委关于搞好大机械行业规划的要求，机械工业部、轻工业部联合编制了《全国塑料机械行业“七五”发展规划》，使塑料机械行业第一次有了行业发展的纲领性文件，也使塑料机械行业打破部门约束和地区、行业界线，扬长避短，加强横向联合，共同推进行业发展，有了一个良好的开端。

1986 年年初，轻工业部在北京召开了轻工机械“七五”计划草案发布会。会议宣布塑料机械行业将打破条块分割、部门割据和军民分家的局面，由封闭式生产经营向开放型的生产经营转变。航空工业部和轻工业部两部经过会商，确定了第一批合作内容：①以航空工业部 625 所为基础，组织有关航空企业在轻工业系统企业的配合下，承接大型塑料注射模具的攻关和制造任务。②为了提高塑料机械的技术水平，解决制约塑料机械技术水平的一些配套件（如液压泵、液压马达、比例阀、电磁阀、传感器等）质量差和品种系列不全的问题，航空工业部发挥技术优势，组织关键技术攻关，并负责提供优质配套件。在企业自愿参加的前提下，轻工业部系统成立了中国轻工业机械总公司南方塑料机械联营公司和北方塑料机械联营公司。这两个公司本着有利于发展生产力、有利于技术进步、有利于提高经济效益的原则，协调各成员厂的发展规划，提高标准化、专业化协作水平，发挥联合优势，合作开展科研和成套设计、成套制造，为用户提供成套装备和成套技术服务。同年，轻工业部还制定了《增强轻工业机械企业活力的实施细则》，对增强塑料机械企业的活力起到了积极的促进作用。

1987 年，召开了中国塑料工程学会塑机及模具专业委员会成立大会，国家机械委、轻工业部、电子工业部及有关部门共同参加了会议。同年，国家机械委、轻工业部联合召开了中国通用机械行业协会塑料机械分行业协会筹备小组会议。这些委员会和分行业协会的成立及其相关工作的开展，对于打破部门界线，加强塑料机械行业的统一规划和协调发展，起到了一定的作用。

1989 年 3 月，中国轻工机械协会塑料机械专业委员会成立。该专业委员会在发布塑料机械行业信息、协调行业事务、协助政府部门加强行业管理等方面，发挥了积极作用。委员会通过对塑料机械行业的调查，基本掌握了行业情况，编制了 1989 年塑料机械企业基本情况表。在此基础上，广泛征求专家意见，制定了《塑料机械行业“八五”发展规划》。

1990 年 8 月，轻工业部召开了塑料机械行业会议，讨论了《塑料机械行业“八五”发展规划》，确定了“八五”期间塑料机械行业技术改造的重点和科技开发的重大项目及技术引进项目等。

1991 年，轻工业部为加强对塑料机械行业的管理，努力扩大塑料机械产品出口，公布了第一批国家鼓励生产和使用的先进轻工技术装备产品名单，其中有浙江塑料机械总厂、柳州塑料机械总厂等 25 家塑料机械企业生产的 29 个塑料机械产品。

1993 年 5 月，中国塑料机械工业协会在大连成立，拥有会员单位 195 家。大连橡胶塑料机械厂厂长王义丰当选为协会理事长，上海亿利达塑料机械有限公司副总经理耿雄虎、山东塑料橡胶机械总厂厂长王士范、宁波海天机械制造有限公司总经理张静章当选为协会副理事长。协会由我国境内从事塑料机械制造、科研和经营服务的企业、事业单位自愿组成，是非营利性、具有法人资格的全国性行业组织。自此，一个横跨十多个行业、分布全国各地、涉及多种所有制塑料机械企业以及相关高校和科研院所组成的塑料机械行业，第一次实现了产业资源的大整合，第一次以独立的工业行业出现在市场经济的大舞台。

1994 年，中国塑料机械工业协会技术开发专业委员会第一次及“九五”规划会议在山东莱芜市召开。技术开发专业委员会第一次会议讨论了工作计划，对“九五”塑料机械重点专项发展规划征求了意见。中国轻工机械协会塑料机械专业委员会所属会员单位已发展到 156 家，占全国塑料机械科研、生产单位总数的 80% 以上。新成立的合资企业有 4 家。原山东塑料橡胶机械总厂推行规范化股份制改革，发行 4 650 万股股票，实行一厂多制。该厂下属的两个分厂已分别与香港阳明公司、震雄集团合资兴办了两个公司，实行内部承包、股份、合资多种所有制并存的运作模式。武汉塑料机械总厂经联合形成集科研、制造为一体的实体，下属厂有武汉塑料机械一分厂、武汉电热电器厂、武汉塑料制品实验工厂及武汉塑机实验电控设备厂等。

1995 年 6 月 19—22 日，全国塑料机械行业工作会议和中国塑料机械工业协会一届二次理事会在山东省泰安市举行。会议的主要任务是讨论“九五”行业发展规划，审议协会工作报告，交流企业经验。

1996 年 12 月 17—19 日，全国塑料机械行业工作会议暨中国塑料机械工业协会一届三次理事会在宁波召开。会议做出了“关于打好‘三大战役’，完成‘九五’计划，为振兴塑料机械工业而努力奋斗”等决议。哈尔滨轻工机械工业集团公司、江苏恒通机械集团公司和湖北省鄂城通用机器集团公司宣告成立。至此，全国塑料机械行业已有集团公司 13 家。

1997 年 11 月 26—29 日，中国塑料机械工业协会第二次会员大会暨塑料机械标准化分委会二届六次工作会议在广东省东莞市召开。会议选举产生了新一届理事会，大连橡胶塑料机械厂厂长李志民当选为新一届理事长，上海轻工业机械股份公司总经理蔡国耀、山东华冠集团总公司总经理王士范、宁波海天机械制造有限公司总经理张静章当选为副理事长。同年，大连橡胶塑料机械厂并入大连冰山集团，山东诸城轻工机械厂成为北汽福田车辆股份有限公司的成员，至此，全国塑料机械行业已有集团公司 15 家。

1998 年 8 月，宁波海天机械制造有限公司与德国德马格公司签订协约，合资兴办德马格海天塑料机械有限公司。大连橡胶塑料机械厂与香港华大机械设备有限公司合资创办了大连华大机械有限公司，成为东北地区第一个生产塑料注射成型机的厂家。10 月 28 日，大连橡胶塑料机械厂改制为大连冰山橡塑股份有限公司。10 月，中国塑料机械工业协会第一次组团参加和参观了德国杜塞尔多夫国际塑料橡胶展览会，参展的企业有大连冰山橡塑股份有限公司、宁波海天机械制造有限公司。

1999 年 7 月 6—10 日，塑料机械工业协会第一次作为协办单位，成功地组织了有本行业企业参加的在北京中国国际展览中心举行的第十二届国际塑料橡胶工业展览会。

2003 年 9 月 20 日，中国塑料机械工业协会第三次会员代表大会在浙江省奉化市召开。会议选举宁波海天机械制造股份有限公司董事长张静章为协会理事长，开创了由民营企业家担任全国性工业行业协会领头人的先河。会议还选举大连橡胶塑料机械股份有限公司刘梦华等 6 人为协会副理事长。

2005 年 4 月 23 日，中国塑料机械工业协会会员代表大会暨行业年会在宁波市国际会展中心召开。会议审议通过了《中国塑料机械工业行规行约》《中国塑料机械工业“十一五”发展规划》(上报稿)等文件。

2006 年 12 月 13—14 日，中国塑料机械工业协会在深圳召开了三届六次常务理事会议，会议决定成立注塑专委会、挤出专委会。12 月 14 日，中国机械工业联合会授予浙江省宁波市“中国塑机之都”称号。

2007 年 1 月，经中国机械工业联合会批准，浙江省舟山市定海区被授予“中国塑机螺杆之都”称号。9 月 11 日，中国名牌产品暨中国世界名牌产品表彰大会在北京人民大会堂隆重召开。塑料机械行业共有 4 个品牌荣获“中国名牌产品”称号。他们是：宁波海天塑机集团有限公司生产的海天“HAITIAN”牌注射机，佛山市顺德区震德塑料机械有限公司生产的震雄“CH”牌注射机，东华机械有限公司生产的“h”牌注射机，力劲机械(深圳)有限公司生产的“LK”牌压铸机。这是全国塑料机械行业产品首次被列入《中国名牌产品目录》。

2008 年 4 月 16 日，塑料先进成型技术高级研讨会暨中国塑料机械行业专家委员会成立大会在上海召开，会议推选中国塑料机械工业协会理事长张静章兼任行业专家委员会主任。据统计，专家委员会拥有行业专家 32 人，其中北京化工大学、华南理工大学教授 9 人，企业高级工程师 23 人。

7 月 28 日，科技部、国务院国资委、中华全国总工会在北京召开了创新型企业建设工作会议，宁波海天塑机集团有限公司被三部委联合命名为全国首批 91 家创新型企业之一。

2009 年 5 月，选举产生中国塑料机械工业协会第四届理事会，张静章连任第四届理事会会长，粟东平担任中国塑料机械工业协会专职秘书长。

2009 年 12 月，工信部牵头组织召开“振兴中国塑料机械产业座谈会”，塑料机械行业上升为国家发展战略。2010 年，塑料机械行业作为单列行业进入《装备制造业技术进步和技术改造投资方向（2010 年）》目录，加快推进行业自主创新与技术改造步伐。

2011 年，塑料机械行业伺服节能塑料注射成型技术、塑料微尺度制造技术、塑料精密挤出成型技术、基于拉伸流变的塑料高效节能加工关键技术列入《产业关键共性技术发展指南（2011 年）》，行业关键共性技术攻克与应用步入新阶段。同年，塑料机械行业的高速、节能、全自动塑料成型机、挤出造粒机（组），作为装备制造行业重点领域装备和重点产业技术装备列入《2011 年国家重点产业振兴和技术改造中央投资年度工作重点》。

2011 年 12 月 8 日，华南理工大学机械与汽车工程学院教授、博士生导师瞿金平成为中国工程院环境与轻纺工程学部的新晋院士。这是我国塑料机械工业半个多世纪以来的第一位中国工程院院士。

2011 年 12 月 28 日中国塑料机械工业协会首次发布“2011 中国塑料机械制造业综合实力 20 强企业”“2011 中国塑料注射成型机行业 10 强企业”“2011 中国塑料挤出成型机行业 5 强企业”和“2011 中国塑料中空成型机行业 3 强企业”名录。

2012 年，全电动智能化塑料注射成型机（微型）、大型超大注射量塑料注射成型机、汽车用多层塑料燃油箱塑料挤出中空成型机、丁基橡胶后处理生产线、双轴取向拉伸往复式高强度经纬网生产线和多层共挤纳米吹塑成套设备作为复合材料制备装备进入《重大技术装备自主创新指导目录》（2012 年版）。同年 3 月 29 日，塑料机械行业“节能智能型数控化塑料注射机的研发与应用示范”进入《“十二五”国家科技计划先进制造技术领域 2013 年度备选项目征集指南》的“数控一代机械产品创新应用示范工程”。

2012 年 11 月 8—9 日，中国塑料机械工业协会四届六次常务理事会议和四届六次理事会议于重庆召开。会议经过民主讨论，一致通过了关于采取“公推直选”方法推荐第五届理事会会长候选人的决议，并以无记名投票方式选举产生中国塑料机械工业协会第五届理事会理事、常务理事、副会长和会长候选人名单。

2012 年 11 月 12 日，国家发展改革委办公厅、工信部办公厅发布了《关于开展 2013 年产业振兴和技术改造专项有关工作的通知》（发改办产业〔2012〕3154 号），重点支持装备核心能力提升、新型绿色建材及无机非金属新材料发展、企业信息化水平提升和中西部地区特色产业升级和技术改造等 10 个重点专项。塑料机械作为智能化成型和加工行业、橡胶加工机械被列入 2013 年度“高端智能化装备发展与应用”专题，将转型升级、提升数控化水平的在建项目作为重点支持方向。

2013 年 5 月 18 日，中国塑料机械工业协会四届七次常务理事会、五届一次会员代表大会和五届一次理事会在广东佛山顺德召开，选举产生了协会新一届领导机构，博创机械股份有限公司董事长朱康建当选中国塑料机械工业协会第五届理事会会长。海天塑机集团有限公司副总经理钱耀恩当选中国塑料机械工业协会第五届理事会常务副会长；震德塑料机械有限公司总经理蒋志坚、大连橡胶塑料机械股份有限公司董事长洛少宁、广东金明精机股份有限公司董事长马镇鑫、山东通佳机械有限公司董事长张建群、南京艺工电工设备有限公司总经理杜德鑫、广东伊之密精密机械股份有限公司董事长陈敬财和浙江申达机器制造股份有限公司总经理王珏、东华机械有限公司总经理李天来当选中国塑料机械工业协会第五届理事会副会长；中国塑料机械工业协会第四届理事会秘书长粟东平连任第五届理事会秘书长。当晚，中国塑料机械工业协会成立20周年庆祝晚会在顺德举行。

2013年9月16—17日，中国塑料机械工业协会五届二次理事会在京召开。会议增补上海金纬机械制造有限公司董事长何海潮、潍坊中云机器有限公司总经理张泽奎、江苏联冠科技发展有限公司董事长黄学祥、青岛顺德塑料机械有限公司董事长赵桂旭、宁波市海达塑料机械有限公司总经理蒋忠定、苏州同大机械有限公司董事长徐文良为中国塑料机械工业协会第五届理事会副会长。

2014年5月9日，印度反倾销主管调查机关宣布正式立案启动对中国出口印度的锁模力在400～10 000kN的注射机启动反倾销日落复审调查。中国塑料机械工业协会经过考察，与北京市博恒律师事务所达成代理协议，应诉该项日落复审案件。随后，协会在征询行业企业意见后，决定针对印度调查机关在日落复审期间擅自将原反倾销税率延长一年的不合理做法向印度德里高院起诉，并授权博恒律师事务所和印度律师代理这一诉讼。印度律师于2014年8月2日向印度德里高院递交起诉书。

2014年9月18—21日，首届“中国中西部国际塑料橡胶展”（CMI-PLAS 2014）在重庆国际博览中心正式拉开帷幕。展览面积达23 000m^2，国际与国内的橡塑名企悉数亮相，带来了塑料机械行业最新的科研成果，从新材料、加工技术到最终应用等各方面向出席者展示了塑料机械行业的蓬勃发展。多场同期会议把脉橡塑行业发展，引领节能环保创新应用领域。会议就推动橡塑机械制造技术、创新节能环保设计、优化应用的发展等内容进行了深入探讨，针对市场的各类需求，开展了形式多样的主题活动。10月，该展会正式更名为中国（重庆）国际塑料工业展览会。

2015年2月，工信部发布《首台（套）重大技术装备推广应用指导目录（2015年版）》，塑料机械行业有8个项目进入目录，分别是：超大型二板式伺服注射成型机；大型双壁波纹管生产线；大型实壁管生产线；超大型中空成型机智能化生产线；最新型高效高速PE管材双层共挤生产线；大型塑料挤出注射成型装备；连续混炼挤压造粒机组；高速节能双壁波纹管生产线。符合要求的首台（套）重大技术装备可申请保费补贴资金，以推动符合国家战略的首台（套）重大技术装备的推广使用。

2015年7月，中国塑料机械工业协会第五届理事会会长单位博创智能装备股份有限公司入选首批智能制造试点示范46家企业之一，塑料机械行业加快了推进智能产品、智能工厂和云服务平台的发展步伐。

2015年10月，印度调查机关（印度商工部）发布关于对华注射机反倾销日落复审最终裁决报告，继续对来自我国的被调查塑料机械产品征收反倾销税，反倾销税率由原审的60%～174%下降为29%。

2015年11月，“塑料机械数字化制造”列入工信部发布的《产业关键共性技术发展指南（2015）》，主要技术内容包括：驱动传动系统数控化与效能提升技术、成型过程复杂参数传感与信息融合技术、成型过程智能控制与预测技术、嵌入式机器人与生产过程协同技术、生产过程综合决策与信息化管理技术等，加快推进中国塑料机械制造大国向创造强国的转变。

二、行业规模

20世纪80年代以来，塑料制品在农业、建筑、包装等行业的需求量不断增加，塑料制品行业得到迅猛发展，进一步促进了塑料机械行业的快速发展。

1982年，全国橡胶塑料机械行业完成工业总产值31 830万元，其中，化学工业部系统完成工业总产值10 633万元，轻工业部系统完成工业总产值14 604万元，机械工业部系统完成工业总产值6 593万元。

1983年，由于我国塑料工业呈现迅速发展的态势，塑料机械的需求量大幅上升，塑料机械的产量快速增长。自1983年下半年起，塑料机械产品开始出现供不应求的局面。当年，全国共有橡胶塑料机械制造企业 71 家。化学工业部系统 26 家，其中知名企业有：大连橡胶塑料机械厂、上海橡胶机械厂、沈阳橡胶机械厂、桂林橡胶机械厂、益阳橡胶机械厂和天津市化工机械厂等。轻工业部系统 35 家，知名企业有：武汉塑料机械厂、无锡二轻机械厂，浙江塑料机械厂、宁波塑料机械厂和常州塑料机械厂等。机械工业部系统 10 家，知名企业有：四川亚西机器厂、福建三明化工机械厂和上海卫海机械厂等。全行业职工总数 48 305 人，其中，工人 33 828 人、技术人员 2 440 人。企业装备水平有所提高，橡胶塑料机械行业共拥有金属切削机床 7 445 台、锻压设备 772 台。全国橡胶塑料机械行业经济运行形势较好，全年实现工业总产值 34 738 万元，比上年增长 9.14%。其中，化学工业部系统完成工业总产值 11 642 万元，比上年增长 9.49%；轻工业部系统完成工业总产值 16 839 万元，比上年增长 15.30%；机械工业部系统完成工业总产值 6 257 万元，比上年下降 5.10%。

1984 年，我国塑料机械市场对塑料挤出管材、异型材、板材、造粒等机组，热固性、多色、精密、反应式等注射机，1 000g 以上的大型注射机，挤拉吹、注拉吹中空成型机，离型纸法人造革、透明片、聚氯乙烯硬片压延机组，硬片热成型机，交叉复合薄膜机组等需求旺盛，特别是对双螺杆挤出机组需求大幅上升。其中大型注射成型机供不应求，产品销售已预订到 1986 年。全国从事橡胶塑料机械制造的企业计 66 家，比上年减少 5 家，职工总数 47 400 人。化学工业部系统 30 家，职工人数 23 936 人，其中部直属企业 2 家，即益阳橡胶机械厂和桂林橡胶机械厂。轻工业部系统 31 家，职工人数 18 216 人，知名企业有：武汉塑料机械厂、无锡塑料机械厂、浙江塑料机械厂、宁波塑料机械厂和常州塑料机械厂等。机械工业部系统专业生产企业 5 家，职工人数 5 248 人，并有 11 家兼业生产企业。全国橡胶塑料机械行业实现工业总产值 36 609 万元，比上年增长 5.39%。其中，化学工业部系统完成工业总产值 13 901 万元，比上年增长 19.4%，实现利润 2 126 万元；轻工业部系统完成工业总产值 18 209 万元，比上年增长 8.1%；机械工业部系统完成总产值 4 499 万元，比上年下降 28.10%。

1985 年，全国橡胶塑料机械制造企业共计 75 家，比上年增长 9 家，职工总数 51 104 人，完成工业总产值 47 823 万元。其中，化学工业部系统有 30 家，职工人数 23 936 人；工业总产值 16 778 万元，比上年增长 20.70%；销售收入国内部分达 15 100 万元，出口橡胶机械 230 万美元，出口橡胶塑料机械零件约 95 万美元；实现利润 2 481 万元，比上年增长 16%。机械工业部系统有 10 家，职工人数 7 256 人；工业总产值 9 694 万元；销售收入 9 682 万元，比上年增长 14%，出口额 341 万美元。轻工业部系统 35 家，职工人数 19 912 人；工业总产值 21 351 万元，比上年增长 17.25%；销售额 24 157 万元，比上年增长 32.90%。

1986 年，轻工业部生产塑料机械的企业 43 家，职工人数 23 081 人，完成工业总产值 28 207 万元，比上年增长 32.11%。化学工业部从事橡胶塑料机械制造的企业 30 家，职工总人数 28 936 人，完成工业总产值 20 235 万元，比上年增长 20.60%。原机械工业部系统 15 家，职工人数 10 972 人，工业总产值 15 305 万元。下半年，由于树脂、塑料原料供应紧张，塑料加工业的发展受到较大影响，塑料机械产品供不应求的局面发生了变化，某些产品已由过去的卖方市场开始转变为买方市场，市场竞争十分激烈。但是，适销对路、质量好的塑料机械产品仍然供不应求，质量差的产品则开始积压。国家机械委系统的大多数塑料机械企业，在完全没有国家指令性计划全部靠议价材料的情况下，依靠新产品、新技术的开发，经济运行保持基本良好。

塑料机械产品（除 1986 年下半年外）连续几年的供不应求，促进了塑料机械行业的快速发展。1987 年，全国塑料机械制造企业已达 180 家以上（包括专业厂和兼业厂）。企业分布于国家机械委、轻工业部、化学工业部、电子工业部、航天工业部、中国船舶工业总公司等部门，但主要集中于国家机械委、轻工业部、化学工业部 3 个系统。其中，化学工业部系统有 30 家，职工人数为 24 000 人，工业总产值 2.34 亿元，比上年增长 15.6%；完成工业增加值 9 600 万元，比上年增长 16%；销售总额国内部分约 2 亿元，出口收入 350 万美元。轻工业部系统有 48 家，职工人数 2 6254 人，工业总产值 34 427 万元，比上年增长 21.99%；销售总额 38 267 万元，实现利税 7 591 万元，均比上年有所增长；全员劳动生产率 13 312元/人，拥有固定资产原价 28 019 万元。国家机械委系统有 19 家，职工总数 14 270 人，工业总产值 19 266 万元，年销售总收入 22 550 万元。

1991 年，由于乡镇企业和合资企业的蓬勃发展，全国塑料机械行业继续保持快速发展的态势，行业规模迅速扩大。据统计，全国生产塑料机械的企业（包括专业和兼业生产企业）约 350 家，其中具有一定规模的企业（即具有一定的工艺、检测设备、技术开发能力、管理水平）约 180 家。生产塑料机械产品约 1.8 万台（套），其中注射机约 6 000 台，挤出机约 3 000 台，生产的最大注射机成型制品为 32 000g，最小注射机成型制品为 2.5g。轻工业部系统塑料机械企业共计完成工业总产值 65 875 万元，比上年增长 11.35%；产品销售收入 66 711 万元，比上年增长 27.9%；产品销售税金 3 689 万元，利润总额 3 976 万元，全员劳动生产率 25 508元/人，实现了产值、利税等指标的全面增长。其中，浙江塑料机械厂已连续两年利润及利税居全行业之首，系统内塑料机械企业出现亏损的已有 5 家，亏损面为 10% 左右，亏损额最大的为 127 万元。机械电子工业部系统橡胶塑料机械行业产品销售收入 54 138 万元，比上年增长 1 倍以上，基本摆脱了困境，开始转入正常发展阶段。但是，发展状况也不平衡，有的塑料机械企业出现亏损，在产品质量上尚存在着不少问题，产品品种规格仍满足不了塑料工业发展的需要。

1993 年，全国塑料机械行业的生产规模继续扩大，注射机产量仍占首位，年产量 3 万余台。产值超过亿元的企业有：山东塑料橡胶机械总厂、佛山市顺德区震德塑料机械有限公司、东华机械有限公司、大连橡胶塑料机械厂、宁波海天机械制造有限公司及烟台市塑料机械厂等。

1994 年，在国内塑料机械市场中，中小型注射机销售最多，双螺杆挤出造粒机组和异型材生产线、吹膜机组、中空吹塑成型机也比较畅销。在出口产品中，以注射机、挤出机居多。随着建筑用塑料制品的增加，各类异型材生产线和辅机的销售大幅上升。另外，受国内外塑料编织袋市场疲软的影响，圆织机的产量明显下降。年销售收入位居前十名的企业有：山东塑料橡胶机械总厂、佛山市顺德区震德塑料机械有限公司、东华机械有限公司、柳州塑料机械总厂、宁波海天机械制造有限公司、大连橡胶塑料机械厂、上海轻工机械股份有限公司、上海申威达机械有限公司、浙江震达塑料机械有限公司和宁波通达塑料机械有限公司。

1995 年，全国塑料机械行业经济运行的特点是：（1）发展速度放慢，整体效益下滑，亏损企业增多。（2）注射机与挤出机仍为塑料机械的主导产品，中空吹塑成型机产销呈上升趋势，辅机生产引起重视，塑料机械配套程度有所提高，产品结构趋向合理。（3）注射机生产已逐步形成经济批量，经济效益明显。同年，塑料机械行业利税和人均利税排前三名的均为注射机生产专业厂和合资企业，他们是：宁波海天塑料机械制造有限公司，年利税总额 5 597 万元，人均利税 9.82 万元；佛山市顺德区震德塑料机械有限公司，年利税总额 5 214 万元，人均利税 11.74 万元；东华机械有限公司，年利税总额 1 818 万元，人均利税 3.37 万元。（4）出口创汇有所提高，大连橡胶塑料机械厂仍为行业之首，创汇 591.5 万美元。1995 年，由于塑料制品行业的不景气，塑料机械市场购买力下降，全行业全年实现工业总产值 48.8 亿元，销售收入 46.6 亿元。塑料机械行业销售收入排前十名的企业为：山东塑料橡胶机械总厂、宁波海天塑料机械有限公司、佛山市顺德区震德塑料机械有限公司、大连橡胶塑料机械厂、东华机械有限公司、上海申威达机械有限公司、江苏白熊机械集团公司、南京工艺装备制造厂、江苏维达机械集团公司和顺德市容声塑料机械有限公司。

1996—2001 年，我国塑料机械行业发生了巨大的变化。（1）工业总产值逐年增长，由 1996 年的 47.29 亿元增加到 2001 年的 81.6 亿元，增长 72.55%。（2）销售收入大幅上升，由 1996 年的 39.92 亿元增加到 2001 年的 74.71 亿元，增长 87.15%。（3）利润总额显著增加，由 1996 年的 1.82 亿元增加到 2001 年的 5.89 亿元，增长 223.63%。（4）全员生产率大幅增长，由 1996 年的 1.92 万元/人增加到 2001 年的 5.16 万元/人，增长 168.75%。（5）企业数明显减少，由 1996 年的 379 家减少到 2001 年的 185 家，减少 51.19%。（6）从业人数变化较大，从 1996 年到 2001 年的人数依次为：6.04 万人、6.26 万人、3.87 万人、3.49 万人、3.99 万人、4.15 万人。在这一时期，产销位于行业前列的企业有宁波海天塑料机械制造有限公司、佛山市顺德区震德塑料机械有限公司、大连橡胶塑料机械厂及东华机械有限公司等。

2002—2015 年，全国塑料机械行业快速壮大，主要表现在 5 个方面：（1）规模以上企业逐渐增多，由 2002 年的 215 家增加到 2010 年的 564 家，增长 162%。2011 年，由于规模以上企业界定标准由年主营业务收入 500 万元提高至 2 000 万元，当年规模以上塑料机械企业为 330 家，至 2014 年为 397 家，增长 20%。（2）工业总产值迅速增加，由 2002 年的 116.40 亿元增加到 2015 年的 580 亿元，增长 398%。（3）工业销售产值大幅攀升，由 2002 年的 111.27 亿元增加到 2015 年的 530 亿元，增长 376%。（4）资产总额显著增加，由 2002 年的 130.69 亿元增加到 2015 年的 593.61 亿元，增长 354%。（5）利润总额快速提升，由 2002 年的 10.43 亿元增加到 2015 年的 49.46 亿元，增长 374%。

三、出口贸易

20 世纪 60 年代初，我国已经开始向国外出口橡胶塑料机械，主要销往东南亚的一些国家和地区，并具有一定的声誉。20 世纪 80 年代以后，我国塑料机械的出口不断增加。

1981 年，机械工业部系统出口塑料机械 169 台，出口额 62 万美元。

1982 年，机械工业部系统出口塑料机械 110 台，出口额 48.7 万美元；轻工业部系统出口塑料机械 165 万美元；外贸部门收购出口 1 173 万美元。

1983 年，出口量和出口额有所减少，机械工业部系统出口塑料机械 56 台，出口额 32.2 万美元；化学工业部系统出口橡胶塑料机械 67 台。

1984 年，化学工业部系统出口橡胶机械设备 71 台，出口额 220 万美元以及出口塑料机械零件 91 万美元，共计 311 万美元，比上年增长 40.00%。机械工业部系统出口塑料机械 182 台，比上年增长 225.00%；出口额 36 万美元，比上年增长 11.80%。

1991 年塑料机械出口总额 12 991 万元；1992 年出口总额 24 464 万元，比上年增长 88.31%；1993 年出口总额 40 625 万元，比上年增长 66.06%。

1994 年，全国规模以上塑料机械企业加快了产品出口步伐，出口总额 43 645 万元，比上年增长 7.43%，取得了良好的成绩。其中，中国轻工总会系统出口总额比上年增长 110%，创历史最高纪录。同年，出口额排前 5 名的企业为东华机械有限公司、大连橡胶塑料机械厂、上海申威达机械有限公司、顺德市容声塑料机械有限公司和宁波海天机械制造有限公司。

1995 年，在国内外塑料制品行业不景气的影响下，全国塑料机械行业发展减缓，出口产品减少，全年出口总额 34 131 万元，比上年下降 21.80%。1996 年，出口总额 40 008 万元，比上年增长 17.21%。1997 年，出口总额 47 114 万元，比上年增长 17.76%，呈现回升态势。

1998年，由于受东南亚经济危机的影响，全国塑料机械产品出口又明显下降，出口创汇1 641万美元。另外，由于国内产品与国外产品相比在质量、性能上尚存在一定的差距，因而出口产品价格仅是国外同类产品的1/4～1/3。同年，塑料机械行业出口额排列前3名的企业有：宁波海天塑料机械制造有限公司，出口额480万美元；东华机械有限公司，出口额400万美元；无锡格兰机械有限公司，出口额177万美元。

1999—2008年，全国塑料机械行业出口额保持连续10年的上升态势，特别是进入21世纪，出口额大幅上升。2008年出口额已由2001年的1.93亿美元上升为19.10亿美元，增长8.9倍，出口目的地已覆盖全球120多个国家和地区。我国已成为名副其实的塑料机械出口大国。

2009—2015年，经受住国际金融危机的考验，我国塑料机械行业出口保持迅猛发展势头。2009年出口31 875台，出口金额约为8亿美元，出口平均单价为2.37万美元/台；2015年，出口数量达481 054台，比2009年增长了14倍多，出口金额约19亿美元，出口平均单价0.4万美元/台。出口单价下滑主要是由于新增统计税号3D打印机及其他模塑或成型机量大金额小，从很大程度上拉低整体出口单价。若排除此部分影响，2015年我国出口注射机、挤出机、吹塑机、塑料中空成型机和塑料压延成型机共计49 370台，出口金额约17.4亿美元，出口平均单价约为3.5万美元/台，顺差约3.7亿美元。

四、进口贸易

1983年，轻工业部系统进口的塑料机械产品有3条生产线计257套、936台设备，价值15 674万美元。

1995—2000年，我国从国外进口的塑料机械主要有注射机、挤出机、吹塑机、真空模塑机和塑料造粒机等，进口量和进口额不断上升，由1995年的27 175万美元上升到2000年的111 845万美元。

2001年以来，虽然我国已经成为塑料机械的制造大国和出口大国，但就整体技术而言，与世界先进水平仍然存在一定差距，特别是一些超精大型高档产品国内还是空白，仍需进口，并且进口量逐年上升，进口额远大于出口额。2001—2008年，我国塑料机械进口金额依次为15.54亿美元、20.47亿美元、25.52亿美元、31.84亿美元、24.57亿美元、24.51亿美元、25.61亿美元和28.63亿美元，除2005年和2006年同比下降外，其余各年均呈现逐年上升走势。随着我国塑料机械行业转型升级步伐的加快，塑料机械产品的科技含量和档次在不断提高，部分产品已达到国际先进水平，某些产品已处于世界领先地位，这些产品正在替代进口产品。

2009—2015年，性价比更高的国产设备在国内市场占有率迅速提高，对进口设备形成较大冲击。2009年进口8 400台，进口金额约13亿美元，进口平均单价15万美元/台，2015年进口18 091台，比2009年增长115%，进口金额约15亿美元，仅比2009年增长15%，远低于出口增速。进口平均单价则大幅下降至8万美元/台。

五、技术引进

技术引进改善了塑料机械行业的技术状况。

1983年，大连橡胶塑料机械厂从联邦德国雷芬豪赛公司引进了平行双螺杆挤出机制造技术和设备，包括2种主机、4种辅机。

1984年，我国从国外引进的橡胶塑料机械产品有：上海挤出机厂从联邦德国引进的CE7锥形双螺杆挤出机，四川空压机厂从意大利特里乌齐公司引进的大型注射成型机系列（锁模力7 500～12 500kN、注射量4 000～12 000g），上海第一塑料机械厂引进的350g热固性注射成型机项目，山东莱芜塑料机械厂与日本普拉克株式会社合作生产的具有国外20世纪70年代技术水平的8～15μm地膜挤出机组。

1986年，轻工业部机械局组织大连洗衣机厂、营口洗衣机厂、无锡洗衣机厂购买意大利SANDRETTO公司的大型塑料注射成型机和精密注射机13台（套），并与中国轻工业对外经济技术合作公司合作，采取技贸结合的方式，无偿引进意大利 SANDRETTO 公司的 SETTE1000 型大型注射机的全套设计、制造、检验、调试等方面的图样和技术资料及有关技术服务。

1987 年，塑料机械行业在技术引进、消化、吸收及技术改造方面取得较大进展。如，轻工业部机械局安排固定资产投资 1 215 万元，主要用于武汉塑料机械厂对引进的双螺杆挤出机的消化吸收、湖北省轻工机械厂对引进的线性低密度聚乙烯薄膜机组消化吸收及技术改造、衡阳塑料机械厂对废塑料回收设备的开发和技术改造、无锡塑料机械厂的技术改造等。上海挤出机厂引进锥形双螺杆挤出机技术、上海第一塑料机械厂引进热固性塑料注射机技术、大连橡胶塑料机械厂引进联邦德国雷芬豪赛公司的平行双螺杆挤出机技术，试制出异型材挤出机组。

1993 年，四川华西通用机器公司引进意大利特里乌兹公司的大型注射机，上海塑料机械厂和上海第一塑料机械厂联合引进德国德马格公司的 D 系列注射机。上海第一塑料机械厂引进意大利特里乌兹公司的热固性注射机，大连橡胶塑料机械厂引进德国雷芬豪赛公司、武汉塑料机械总厂引进奥地利辛辛那提公司的平行双螺杆挤出机，上海挤出机械厂引进德国韦伯公司的锥形双螺杆挤出机，山东塑料橡胶总厂引进美国休皮瑞尔公司的三层共挤复合膜生产线和流延法复合膜生产线。武汉塑料机械总厂引进德国巴登弗尔德·菲歇尔公司的大型中空成型机，武汉轻工机械厂引进德国 EMB 公司的聚氨酯高压反应注射成型机。这些设备的引进对促进我国塑料机械的进步，起到了积极的推动作用。

1994 年，山东塑料橡胶机械总厂引进日本普拉克株式会社的全套挤出机组制造技术。该机组有 EX-65 和 EX-50 两台挤出机，有多层组合机头；采用日本 YASKAWA CNC 数控系统和日本 OMROMPLC 控制系统、美国 MOOG 和日本 RKC 的型坯和温控系统；模具可在 0° ～ 50° 范围内旋转，在 X、Y 方向数控联动产品。产品主要用于生产 HDPE、PP 等的汽车、建筑、制冷用三维异形塑料管道和双层中空塑料制品。武汉塑料机械总厂引进德国巴登弗尔德·菲歇尔公司的专用技术，研制出我国第一台 VK3—200L 大型中空成型机组及计算机全闭环控制系统。德国 Krupp（克虏伯）考斯坦机械制造有限公司、香港震雄集团有限公司和广东顺德市高科技企业新力集团公司三方合资建立震雄克虏伯塑料科技有限公司，引进、生产具备国际水平的高档次中空成型机，推出 KFB 2 型中空成型机，适用于容积 4L 以下中空成型产品生产。上海塑料机械厂与香港亿利达工业发展集团有限公司所属香港亿利达精密机器厂有限公司合资后，在引进德国德马格公司的 D 系列注射机技术基础上开发推出了 SD 系列新产品。该机锁模力 850 ～ 16 000kN，采用全新控制系统，液压系统流量、压力采用比例控制，高刚性锁模机构，多项顶出方式，液压、电气采用进口配套件，配用专用程序控制器或专用电脑装置。镇江市第二轻工机械厂引进意大利 RIM 技术，成功开发出聚氨酯泡沫塑料低压反应罐注射机。

2010 年，博创机械股份有限公司与美国 TREXEL 公司就 MuCell 技术合作举行了签约仪式。新型注塑工艺 —— 微孔发泡（Microcellular Foaming）技术在我国迎来了应用与推广。

2014 年，陶氏化学和广东金明精机股份有限公司签署授权协议，许可金明使用陶氏专有的预包裹模头技术用于制造聚偏二氯乙烯（PVDC）薄膜的共挤设备。这是陶氏包装和特种塑料首次在亚洲签署此类授权协议。

六、产品开发及科技创新

塑料机械包括塑料原料配混机械、塑料成型加工机械、塑料二次加工机械及塑料加工辅助机械或装置等 4 大类 31 中类。其中，塑料成型加工机械包括塑料注射成型机械、塑料挤出成型机械、塑料中空成型机械及塑料压延成型机等。注射机、挤出机和吹塑机是塑料机械的三大品种。

我国塑料机械工业比国外起步晚。1958 年开始自行生产注射机，20 世纪 60 年代中期开始开发适合加工聚氯乙烯制品的设备。

1983年，化学工业部系统生产的塑料机械有30多个品种规格。其中，有居国内先进水平的地面覆盖薄膜机组、塑料四辊压延机人造革辅机、3 000mm^{3}发泡注射成型机、塑料微膜辅机等。轻工业部系统生产的塑料机械品种有42类172个规格，可以生产注射容量16～10 000cm^{3}的注射成型机、螺杆直径25～150mm的挤出机、1 000～20 000kN的压力成型机、8～15μm的地膜和包装用膜机组、离型纸载体法人造革生产线设备、0.5～2L中空成型机组以及印刷、编织、制袋、干式复合机、异型材拼焊装置等二次加工设备，备料设备基本配套，其中有几个规格的注射成型机的技术水平已接近或达到国外的先进技术水平。轻工业部系统完成科研新产品7项，其中，8 000g注射机采用液压马达直接驱动螺杆，液压系统使用了比例阀，填补了1项国内空白；聚丙烯薄膜双向牵伸机组为发展新型包装塑料的生产提供了装备；云彩型双色注射机也填补了国内一项空白，性能达到了国外同类产品的先进水平。

1984年，机械工业部系统生产的塑料机械有128个品种，开发新产品12项，特别是注射成型机和塑料挤出机品种增加更为明显；轻工业部系统生产的塑料机械有55个品种，新产品增加13个。同年，大连橡胶塑料机械厂研制的SY-4T2500塑料四辊压延机，通过了辽宁省机械工业厅的技术鉴定，具有国内同类结构压延机的先进水平；SJ-65×30、SJ-FM1600地膜机组和X（S）M50/40密炼机获国家经委颁发的优秀新产品奖，其中，地膜机组获全国技术开发优秀项目单项奖和机械工业部科技成果二等奖。上海第一塑料机械厂生产的SZ-350注射成型机获国家经委颁发的优秀新产品奖。上海轻工机械研究所与有关单位合作研制出具有高耐磨性的双金属机筒及其相配合的螺杆，提高了螺杆和机筒的使用寿命。上海第一塑料机械厂在注射机上采用程序控制技术，稳定了产品质量，得到了用户好评。浙江塑料机械厂试制的SZ-4000/800型注射机，提高了闭模速度，节约了能耗，填补了国内空白。无锡塑料机械厂试制的SZ-10000/1600型注射机，成为轻工系统最大的注射机。湖北轻工机械厂试制的聚乙烯收缩薄膜吹塑机组，填补了国内空白。

1985年，化学工业部生产的橡胶塑料机械共有7大类55种产品，新产品增加8种；科研攻关项目中，有8项通过部级技术鉴定，其中2项达到国际先进水平。机械工业部系统能提供开炼机、密炼机、压延机、注射机、挤出机、热成型机以及二次加工设备等14大类、57个品种、170多个规格的各种塑料机械；完成了重大科研项目4项。

1986年，塑料机械行业获原轻工业部科技进步奖二等奖2项、三等奖5项。完成的新产品和新技术有：SZ-630/250注射成型机，SZ-1000/300注射成型机，SZ-200/120排气式注射成型机，SZ-60/40NB注射成型机，三层共挤复合膜机组、管材及异型材微机控制系统，塑料机械螺杆堆焊研究，注射成型机合模机构优化设计，塑料机械微机定时电液控制系统及节能技术研究，以及高密度聚乙烯容器加工工艺及设备。获二等奖的项目是：SZ-4000/800和SZ-6300/1000大型塑料注射成型机，其中SZ-6300/1000注射成型机技术参数合理先进，合模结构特点显著，在液压、电气方面采用了较为先进的技术，可按指令实现三级注射速度和液压马达无级调速，尤其在重量轻、能耗小、速度快、噪声低等方面非常突出。获三等奖的有SZ-300/140塑料注射成型机、SMJZ-45塑料薄膜挤出机组、SXPZ100×80塑料中空异型材拼装机组、STQF15-600塑料挤出轻软复合机组和SJ45-400型高密度聚乙烯微薄膜吹塑机组。化学工业部系统增加了5个新品种，橡胶塑料机械达到7大类60种产品；有5项橡胶塑料机械新产品（科研成果）通过了化学工业部技术鉴定，有1项达到国际先进水平。机械工业部系统开发了13项新产品。

1987年，化学工业部橡胶塑料机械总共有7大类65种产品。轻工业部完成19项新产品的开发，获轻工业部优秀新产品奖8项。其中，衡阳塑料机械厂 SMPZ-200 型塑料薄膜破碎造粒机组获轻工业部科学技术进步奖三等奖。完成的主要新产品有：JPPSJ90-BF80 低发泡塑料结构板挤出机组、LD4000-1 型折径宽幅薄膜吹塑机组、CP45A 塑料中空成型机、SZ-250/100 型塑料预塑成型机、SZJ180 系列塑料造粒机组等。国家机械委系统主要开发了 14 项（组）新产品，即大连橡胶塑料机械厂的双螺杆挤管机组、XM-270/20 密炼机、XM-160/30 密炼机、SJ-90 宽膜机组、SJ-150 宽膜机组；大连橡胶塑料机械厂综合工业公司的宽幅下吹薄膜机组、废膜挤出造粒机；济南无线电设备制造厂的 04740 Ⅱ注射机、SZ-2500/630 注射机、SZ630/350 注射机；鞍山第二机床厂的 SZ-10000-8000 注射机、SZ2500-800 注射机；上海轻机模具厂的试验塑料挤出机、转矩流变仪等。

1989 年，塑料机械行业在采用和推广新技术、新产品、新工艺等方面取得一定的成果。微电子技术、计算机控制技术得到应用，行业技术状况有所改善，一批产品获国家和部级科技进步奖。国家“七五”攻关项目“HPVC 食品包装膜成型工艺及其设备的研究”获得突破，通过了技术鉴定，填补了国内空白。山东塑料机械厂研制的塑料微薄膜吹塑机组获国家科技进步奖三等奖，三层共挤复合薄膜吹塑机组获轻工业部科技进步奖二等奖。甘肃省轻工机械厂研制的 SYZ-6 六梭圆织机获轻工业部科技进步奖三等奖；宁波塑料机械总厂试制成功 SZ-1600/4000NB 型塑料注射成型机，湖北省轻工业机械厂研制成功 PVC 塑料挤管机组，大连锻压机械厂研制成功 SJ-150/30-FM3400 型吹塑薄膜机组。这些产品具有 20 世纪 80 年代初期国际水平或国内先进水平，部分可以替代进口产品。另外，通过鉴定的新产品还有由华南工学院设计、福建塑料机械厂制造的 SJ45×25/30-MFX400 三层共挤复合吹塑薄膜机组，大连塑料工程机械研究所研制的硬 PVC 波纹管成型机，北京化工学院研制的 SZW-250/100 计算机控制注射机组及其他反应注射机、结构发泡注射机等。

1990 年，塑料机械企业重视新技术的开发和使用，与大专院校、科研院所合作，在电子计算机技术的应用、塑料机械原理的研究等方面取得了一批科研成果。其中获轻工业部科技进步奖二等奖的项目有：由江苏工学院、北京化工学院和无锡塑料机械厂共同完成的塑料注射成型机合模机构、注射机构计算机辅助设计与计算机绘图系统，全国塑料加工工业科技情报站完成的“80 年代中国塑料机械”等。获轻工业部科技进步奖三等奖的项目有：北京机械工业管理学院、清华大学和无锡塑料机械厂共同开发的计算机辅助工艺设计系统，山东塑料机械厂研制的 PL100 平膜法挤出拉丝机组，河北省轻工业研究所完成的引进吸塑设备配套模具的消化吸收，无锡塑料机械厂研制的 SZ-630/2000 塑料注射成型机，辽宁阜新红旗塑料机械厂研制的 LH-500A 冷却混合机等。轻工业部机械局安排固定资产投资 2 367 万元，用于宁波塑料机械厂的小型精密注射机技术改造项目和武汉塑料机械厂的双螺杆挤出机技术改造项目。同年，经国内液压件厂与塑料机械生产厂家的联合攻关，初步解决了塑料注射机液压系统运行的稳定性和滴漏油问题，对塑料注射成型机国产化和技术水平的提高起到了推动作用。

1991 年，机械电子工业部系统的塑料机械企业加快了科技创新的步伐，并围绕精密化、大型化、微型化、自动化、专用化和节能、节材等重点，积极开发新技术新产品，我国塑料机械产品的各项技术性能指标都有了进一步提高。如注射机的注射压力、注射速率、塑化能力、螺杆转速及转矩、加热功率、温控精度、注射速度以及成型面积、启闭模速度、空循环次数等参数得到明显提高。新产品中获部级以上科技进步奖 33 项，其中，获国家科技进步奖二等奖 3 项，三等奖 6 项；部级科技进步奖一等奖 3 项，二等奖 6 项，三等奖 15 项。塑料机械行业有 50 多种新产品通过了部、省、市级鉴定，并投入小批量生产。大连橡胶塑料机械厂为进口设备研制生产的关键配件——大型混炼机转子和大型挤出机螺杆，结束了国内不能生产大型转子和大型螺杆的历史，为大型聚丙烯混炼挤压造粒机组的国产化奠定了良好的基础。青岛橡胶塑料机械厂研制的SWP400和SWP800塑料破碎机，填补了国内空白。

1993年，我国塑料注射成型机产量仍占塑料机械产品产量的首位，年产3万余台。东华机械有限公司、上海亿利达塑料机械有限公司、宁波海天机械制造有限公司、浙江震达机械有限公司、无锡格兰机械有限公司等均以新的机型自成系列，控制系统采用先进的专用计算机和比例液压控制技术。东华机械有限公司、北京泰坦机械设备有限公司和无锡格兰机械有限公司等制造了一次注射量为万克以上的大型注射机，加上原有生产过万克大型机的上海亿利达塑料机械有限公司、四川华西通用机器公司、东北塑料机械总厂，已有6家企业能生产万克以上大型注射机。此外，塑料双螺杆挤出机组发展很快，已有三四十家制造企业能生产该机组。东华机械有限公司设计制造的TT1-2500型全自动螺杆直射注射机，经鉴定各项性能参数与尺寸达到行业标准，具有20世纪90年代初国际同类注射机先进水平，填补了我国大型机的一个规格空白，为我国的汽车、造船、家电等工业提供了先进塑料加工装备。中国航天工业总公司第11研究所设计制造的SHT2—150聚丙烯造粒机组是从料配制混合起到粒料计量包装为止的一条完整的自动化造粒生产线，年生产能力为5 000t。SHT 2-150是当时我国螺杆直径最大的双螺杆挤出造粒机组，螺杆直径150mm，长径比25∶1。该机组测控系统先进，自动化程度高，对整条生产线实现程序控制，填补了国内空白，达到了20世纪80年代国外同类机组的先进水平。华南理工大学研制开发的塑料电磁动态塑化挤出设备于1993年11月通过了技术鉴定。鉴定认为：该设备采用直接的电磁换能方式，将振动力场引入塑料挤出成型的全过程，方法新颖独特，是一项新发明，是塑料加工工业中挤出方法及其设备的一项重大突破，具有很高的理论价值，处于国际领先水平。该设备与传统的螺杆挤出机相比，能量消耗降低约50%，体积重量减少约70%，制造成本降低约50%，噪声降低约8dB，可达77dB以下，无油污染，能适应多种物料加工，具有广阔的应用前景，将产生巨大的经济效益。浙江震达机械有限公司合资后推出了最新的ZM系列注射机。无锡格兰机械有限公司设计开发了“Cosmos”牌SZK系列专用计算机注射机，锁模力630～50 000kN，共19个规格。上海亿利达塑料机械有限公司合资后，一方面生产亿利达E系列注射机产品，一方面重点消化吸收从德国DEMAG公司引进的D系列NC Ⅱ技术，并设计开发了采用专用计算机和比例液压控制的先进SD系列注射机，其锁模力800～16 000kN，注射容积100～15 600cm^3。张家港华丰塑料机械有限公司合资后，已能生产0.1～200L中空吹瓶吹桶成型机。

1994年，大连声光机电公司研制开发的三层共挤发泡管机组，不但解决了塑料单管的更新换代问题，还可以充分利用废旧塑料，是世界管材发展方向之一。山东塑料橡胶机械总厂开发了PSD-65/90聚苯发泡片材机组和SJYF160型PVC微发泡异型材双螺杆挤出生产线。佛山市顺德区震德塑料机械有限公司开发了CJ1600大型复合式液压直锁计算机中文显示的注射机。华南理工大学研制的塑料电磁动态塑化挤出设备，被列为国家级火炬计划项目，并获得了中国、日本、美国和澳大利亚等国家专利，经广东佛山塑料四厂、顺德塑料厂、广州江南复合材料厂的挤管吹膜生产试用，效果良好。无锡格兰机械有限公司开发的大型注射机，合模装置采用了新技术二板式机构，结构紧凑，节省材料，获得了专利。洛阳华洋轴承研究所研制的同心双螺杆挤出机的套筒式串联推力滚子轴承组，通过了化学工业部鉴定，并获国家实用新型专利。山东塑料橡胶机械总厂的3FM5300-Ⅰ宽幅多层复合薄膜机组及轻工业包装科学研究所研制的全塑包装软塑生产线通过了部级鉴定，并进行了科技成果登记。

1995年5月，秦川机床厂研制开发的SCJ230塑料挤出吹塑中空成型机通过了机械工业部组织的鉴定。该机可生产的最大中空制品容积为

230L，能满足高分子量聚乙烯制品的生产要求，填补了我国空白，主要技术性能指标达到20世纪90年代初国际同类产品的先进水平。12月25日，由华南理工大学承担的国家科委“八五”重点科技攻关项目电磁动态塑料成型机械设备的研制开发中的子项目——电磁动态塑料混炼挤出机的研制开发和电磁动态塑料注射成型机的研制开发项目，通过了国家教委主持的鉴定验收。12月6—7日，大连橡胶塑料机械厂承担的国家科委“八五”重点科技攻关项目橡胶塑料机械CAD项目通过了机械工业部组织的鉴定，并自行研发了SJSH-92×32、SJT-F92双螺杆挤出造粒机组，SJSH-90×20、SJ-180×6、SJL-F180可交联聚乙烯挤出硬管机组，SU-630塑料扩管机等3种新产品。山东塑料橡胶机械总厂研制的FBJ1300双面结皮内向法发泡挤出生产线，引起广大用户的关注。宁波海天塑料机械制造有限公司开发的多台HTF25000大型注射成型机，采用计算机控制压力、速度、温度、位置，合模部分经优化设计并采用多泵比例控制等先进技术，具有较高的技术水平。

1996年，大连橡胶塑料机械厂开发研制的SJ-12×30、SJ-90×30、SJGM-F3500×3塑料复合膜共挤吹塑机组，通过了机械工业部组织的新产品鉴定。该机组主要用于农用大棚膜的生产，最大膜宽12m，为国内最大，机组产量为国内最高，并比国外同类同规格产品高10%左右。该机组整体水平及主要技术参数达到了20世纪90年代初国际发达国家同类产品的先进水平，填补了国内空白。山东塑料橡胶机械总厂研制开发成功的FBJl300内向法发泡板材挤出设备、EPE-90/50丁烷发泡片材机组和SFG110塑料芯层发泡管材机组，通过了省级新产品鉴定，填补了国内空白，达到了20世纪90年代国际同类产品技术水平。上海第一塑料机械厂研制成功了具有当时国际先进水平的ZLC-250/500B三工位一步法注拉吹塑成型机。大连橡胶塑料机械厂承担的国家科委“八五”重点科技攻关项目橡胶塑料机械CAD和秦川机床集团公司研制的SCJ230塑料挤出吹塑中空成型机，均获机械工业部科技进步奖二等奖。

1997年3月26日，汕头市金明塑胶设备厂研制的SZC-100计算机注塑吹塑成型机通过了由广东省科委组织的技术成果鉴定。该机是用于生产密封性好、避免手接触污染、符合卫生包装条件的高档容器制品的主要设备，可满足我国医药、化妆品、化工等工业包装容器发展的需要。其技术水平处于国内领先地位，达到20世纪90年代初国外先进水平。4月，大连橡胶塑料机械厂开发研制的SY-4r2360B、SYLM-F4r4600塑料压延拉伸拉幅机组在山东通过了机械工业部主持的新产品鉴定。该机组主要用于生产幅宽4m的高强度聚氯乙烯双向拉伸农用大棚薄膜及民用薄膜。机组的整机水平及主要技术参数达到了20世纪90年代初国际同类产品的先进水平。6月18日，宁波海天机械制造股份有限公司开发研制的HTF1500、HTF12500两种注射机新产品通过了由宁波市经委主持的投产技术鉴定。两种注射机的机械结构布局合理、紧凑，控制系统先进，主要技术性能达到了20世纪90年代国际同类机型先进水平。7月7—8日，华南理工大学瞿金平教授发明的新一代塑料挤出设备SJDD系列电磁动态塑化挤出机产品在广东顺德通过了由机械工业部委托广东省电子机械工业厅主持的新产品生产定型鉴定。该项目于1988年作为自选项目在华南理工大学立项；1990年研制出原理样机，同年年底被列入国家级火炬计划预备项目；1993年11月通过了由国家教委、广东省科委组织的技术鉴定；1995年被机械工业部列入新产品试制计划（B类），同年列为广东省电子机械工业新产品试制计划。大连橡胶塑料机械厂开发研制的SJ-90×30A、SJ-120×30、SJGM-F3500×3塑料共挤吹塑复合膜机组和SJSH-90×20、SJ-180×6、SJL-F180双螺杆交联PE挤出造粒机组分别获机械工业部1997年度科技进步奖一等奖和二等奖。

1998年，是全国塑料机械行业开发新产品种类较多的一年。大连冰山橡塑股份有限公司（原大连橡胶塑料机械厂）推出了内冷式SJGM三层复合功能大棚膜生产设备、SJSH-90×40双螺杆塑料混炼机组，使用效果很好。宁波海天机械制造有限公司开发的HTW系列注射机，合模部件采用双曲肘五铰链斜排内卷式结构，注射部件采用往复螺杆式结构，整机为模块化设计，一种合模部件可配5种注射部件。上海申威达机械有限公司试制成功了新一代高效、节能、节材型SJZB系列变螺距塑料挤出机和YF240异型材生产线。顺德秦川恒利塑机有限公司开发生产出全液压四缸直锁二板式塑机。秦川机械发展股份有限公司开发了SPZ-VS220可发性聚苯乙烯成型机等。铝塑复合管生产线是1998年行业推出的数量最多的新产品。如成都东泰工业有限公司生产的氩弧对接焊铝塑复合管生产线，管径63～110mm；南京橡塑机械厂生产的搭接焊铝塑复合管生产线，管径为14～32mm（外径）。5月22日，江苏科亚化工装备有限公司承担研制的国家地方重大科技攻关项目TE-90型高速自动化双螺杆挤出机通过了江苏省科委组织的鉴定。该机的设计制造和产品性能居国内领先水平，主要技术指标达到20世纪90年代国际先进水平。11月24日，由牡丹集团和中国科学院化学研究所联合开发的，被列为北京市21项重点产、学、研项目的“气辅注塑技术在大型电视机壳上的应用”项目，在牡丹集团公司顺利通过了北京市经委、北京市电子办联合主持的技术鉴定。

1999年，宁波海天机械制造有限公司推出了新产品F360X、F1500X、F1800X注射机和变量泵注射机。山东华冠集团总公司开发的新产品有GSJY180×80高速塑料异型材生产线、TDG-65通信电缆多孔管生产线、SGXG（75）塑料硅芯管挤出机组、SXYG（110）PVC内螺旋消音管机组、GB120-1塑料中空格子板机组、3FM160三层共挤塑料薄膜机组和LHM1400三层流延压花膜生产线等。大连冰山橡塑股份有限公司在上年开发土工膜机组和内冷式三层复合功能大棚膜机组的基础上，又开发了SY-4F2500B塑料四辊压延机、SJL-F200为辅机的色母料挤出造粒生产线及SY-2W11500和SY-2W11500A磁性片压延机组等。无锡格兰机械集团总公司推出的“COSMOS”牌WG2000型计算机全自动注射机，经国家塑料机械产品质量监督检验中心检测，各项技术指标均达到优等品标准。秦川恒利塑机公司针对国内市场需求，研制了数码光盘高精密注射成型机。潍坊中云机器有限公司（原潍坊市塑料机械厂）开发研制了一步法化学交联对接焊铝塑复合管机组，并通过了建设部科技发展促进中心主持的评估。广东金明塑胶设备有限公司（原汕头市金明塑胶设备厂）推出了国内首台20m三层复合大棚膜、土工膜机组。青岛化工学院与平度顺德建材厂通过产学研合作，成功研制开发了复合聚乙烯防水卷材生产线，并通过了山东省科委组织的鉴定。山东烟台鹏洲塑料机械有限公司（原烟台市塑料机械厂）也研制成功SFS系列挤出复合防水卷材生产线。青岛高科园德意利机械有限公司推出了配有PLC（可编程序控制器）控制系统的铝塑复合管生产线。秦川机床集团研制的SJ120×30G挤出机通过了鉴定。

2000年，宁波海天机械制造股份有限公司在实施国家“863”计划——浙江海天CIMS工程中成功应用了K3系统，实现了生产计划、物料、成本等计算机集成管理；新产品方面，开发了直压式HTK880型注射机。东华机械有限公司成功开发制造出技术先进的TTI-（900～2800）J系列计算机控制二板式注射机及TTI-（50～200）U系列全电动注射机。其中，两板式锁模机构获得了国家专利。U系列全电动注射机以交流伺服电动机、滚珠丝杆、同步带等作为动力系统，替代了传统的液压驱动系统。TTI—J系列计算机控制二板式注射机列入2000年度广东省重点新产品计划，广东省火炬计划及百项工程；TTI-1100F全自动注射机列入2000年度广东省重点新产品计划；TTI-F系列全自动注射机荣获广东省优秀新产品奖。宁波海达塑料机械有限公司成功开发出HD200、HD1100塑料注射成型机，主要用于家用电器和汽车配件等塑料制品的加工，其中HD1100

于12月通过了宁波市鉴定委员会的鉴定。浙江省申达塑料机械有限公司开发研制了省级重点技术创新项目FD1600塑料注射成型机，并通过了由浙江省计划经济委员会组织的技术鉴定。秦川恒利塑机有限公司推出的新产品是高速薄壁注射成型机，主要用于生产手机外壳、超薄塑料杯和超薄快餐盒等塑料制品；数码光盘注射成型机于2000年年底试制出合格产品，质量达到进口机水平；全液压四缸直锁二板式注射机被列为国家重点新产品，并获得2000年度广东省科技进步奖二等奖。大连冰山橡塑股份有限公司研制开发了以3台SJ-15030A为主机、以SJGM-F4500×3为辅机的塑料共挤吹塑复合膜机组，以3台SJ-150×3为主机、以SJGM-F4800×3为辅机的土工膜吹塑机组，由SY-4F2500B1与SYM-F4F2500B1组成的塑料片压延生产线和由SY-4P2300、SYRC-F2300组成的塑料革压延、拉伸拉幅生产线。山东华冠集团有限责任公司山东塑料机械厂研制出新型包装膜吹塑成型机组。广东金明塑胶设备有限公司研制开发了EVOH、PA及PE、PP等五层共挤复合塑料瓶和软管的加工设备。南京橡塑机械厂研制开发的大口径钢质管道PE（PP）涂覆机组于2000年12月在南京通过了由江苏省经贸委组织、南京市经委主持的新产品投产鉴定。青岛德意利集团公司研制的PP-R管材生产线、钢塑复合管材生产线、大口径铝塑复合管材生产线于2000年8月顺利通过了国家级专家鉴定，成功地突破了钢材与塑料难以粘连的国际技术难关，属国内首创，并获得多项国家专利，其中包含多种技术的成型焊接工艺，已达到国际先进水平。秦川机械发展股份有限公司开发研制了SCJC500×6多层中空成型机。2001年，宁波海天机械制造股份有限公司与浙江大学生产工程研究所联合研制开发了基于UG的注射机模板系统智能化软件，与浙江大学机械工程学会联合开发了HTD88电动式塑料注射成型机，新产品有HTF1600X/1、HTF2000X/1、HTF2800X/1、HTK58、HTK88注射机，HTFX150-J、HTFX250-J、HTFX300-J变频注射机，HTV80X～HTV250X PVC管材专用注射机，HTG80～HTG300热固性塑料专用注射机，HTC80磁性材料专用注射机，HTF360X瓶坯专用注射机和HTS328双清色注射机等。宁波市海达塑料机械有限公司开发了HDE108、HDE138、HDE428、HDE50等新型注射机。东华机械有限公司开发并生产了TTI-50U～200U型全电动注射机。顺德市秦川恒利塑机有限公司开发了JPH10、JPH30全液压高精密微型注射机、JPH80热固性塑料注射机。无锡格兰机械有限公司研制了WGPT-2700大型二板式注射机。大连冰山橡塑股份有限公司开发了SJGM-F4500×3塑料共挤吹塑复合膜辅机，SJ-120×30F、SJY-F150×60并联三管挤出机组，SJP-75×32、SJLS-F12×6塑料挤出排气拉丝机组，SJW-300×6塑料喂料挤出机，SYLM-F4r5000塑料压延拉伸拉幅膜辅机，SYRG-F4r2030塑料压延人造革辅机，SY-4r2030塑料四辊压延机，SJSH-72×36双螺杆塑料混炼挤出造粒机组及SJ-150×12、SJL-F150、SWSZ-110小色母料造粒机组的主机、辅机和双锥塑料喂料装置等新产品。新乡塑料机械厂开发了SRN-1700湿法人造革生产线、SRTF-2300多功能涂覆生产线、SY4F-2500四辊压延机和SK-560、SK-610双输出轴炼塑机等；SRL-1700及SRL-1800离型纸载体法人造革生产线通过了省级新产品鉴定，并被列为国家级重点新产品。常州塑料机械有限公司推出了STM1000涂塑复合机组。山东华冠股份有限公司山东塑料机械厂开发研制了3种新产品：5FM1300-Ⅱ五层共挤复合薄膜机组、SB-PG1000-Ⅰ双重壁排水管生产线和3FMS1300-Ⅰ三层复合双冷法包装膜机组。潍坊中云机器有限公司开发了钢塑复合管生产线，并与青岛海洋大学联合开发研制出ϕ200～1 200mm大口径高密度聚乙烯双壁波纹管生产线。广东金明塑胶设备有限公司开发了三层共挤（旋转牵引）下吹水冷式吹膜机，双工位、双层共挤、四型腔全自动吹瓶机，五层共挤双工位吹瓶机，BM230型储料式大型中空成型机，并有5项技术获国家专利。上海挤出机厂研究开发了木塑复合材料包装托盘生产线、$\phi 30 \sim 150$mm 超高分子量聚乙烯管材挤出生产线和 SJ-200×25A 塑料挤出机。张家港华丰机械有限公司开发出 AFBA 新型标准吹塑机系列。青岛胶州市新大成塑机公司研制成功的绿色环保管材——纳米抗菌 PP-R 管材机组，通过了建材行业和环保卫生行业专家鉴定。青岛德意利集团研制的新型中空大口径缠绕管生产线及其配套的管件于 2001 年 7 月通过了专家鉴定；自行研制的 HDPE 中空壁缠绕管生产线，使用 PF63 级和 PE80 级 HDPE 基料，采用挤出方形管的缠绕方式，同时通过挤出熔胶粘接，可生产 $\phi 200 \sim 3\,000$mm 系列规格的缠绕管。宁波方力发展有限公司的无规共聚聚丙烯（PP-R）生产线 2001 年通过了鉴定。

2003 年，宁波海天集团机械制造股份有限公司开发研制的 HTF3600X 塑料注射成型机，是当时国产最大的机型，具有塑化能力强、移模速度快、运行平稳、生产效率高等特点，是节能型的机电一体化产品，可取代进口产品，并通过了有关专家组的鉴定。顺德市震德塑料机械厂有限公司开发了注射量为 43 000g 的超大型注射成型机，无锡格兰机械有限公司推出了“格兰 -UBE”系列注射机。宁波海达塑料机械有限公司成功推出了 HD2000 大型注射机，自主开发的 HDH300 直压式注射机通过了宁波市科学技术局主持的新产品鉴定。大连橡胶塑料机械股份有限公司开发了六层共挤医用膜吹塑机组，潍坊中云机器有限公司开发了 HDPE 大口径双壁波纹管生产线，上海金纬机械制造有限公司开发了一条日产量 90m^3 的小型 XPS 挤板生产线，填补了国内小型生产线的空白。广东金明塑胶设备有限公司研制成功的 MS3R-1200Q 三层共挤热收缩薄膜（POF）吹塑机组通过了中国包装技术协会的鉴定。秦川塑料机械厂研制了 SCJC500×6 多层共挤大规格塑料中空成型机。广东泓利机器有限公司自主研制的我国首台数码光盘注射机通过了广东省科技厅组织的技术鉴定。青岛德意利集团引进吸收国外先进生产技术，开发研制的国内首套具备国际先进水平的 HDPE 硅芯管材生产线，于 2003 年 2 月 18 日通过了专家鉴定；$\phi 1\,600 \sim 3\,000$mm 的中空壁缠绕管生产线、$\phi 1\,200$mm 的缠绕式双壁波纹管生产线和聚苯乙烯（XPS）挤塑发泡板材生产线通过了有关专家的鉴定。

2004 年，宁波海天机械制造集团有限公司开发的塑料机械新产品有：HTF4000X 超大型塑料注射成型机、HTSZ250 转轴式清双色塑料注射成型机、HTK1600 二板式塑料注射成型机、HTSJ160 夹层塑料注射成型机、T3300X 换模机、T2800X 换模机、780X2/J1 变量泵注射机、86X1/e 电预塑注射机、HTH160X-K 手机壳专用注射机、JTZ300-00、HTF60X-1（2006 版）、HTF650X2/J1（2006 版）、HTF160X5/HTF200X5/HTF250X5、HTF280X 接头装配机、HSZ60 活塞装配机、德马格 DH2000、HTF58X2-3600X2 系列变频系统、HTH200X-D 导光板专机、天剑系列注射机、HTVS-200-100-P 电动式塑料成型机以及塑料注射成型虚拟样机系统。大连橡胶塑料机械股份有限公司通过引进日本先进技术开发的 KTE 系列同向双螺杆塑料混炼挤出造粒机组，具有高转速、高转矩、高产量、低能耗、深沟槽、大啮合比、低剪切及高分散等特性。山东华冠集团有限责任公司近两年开发新产品达 13 项，包括 3FM5000-Ⅰ三层共挤农膜生产线、3FM7300-Ⅰ三层共挤复合吹塑薄膜机组、3FMl300-Ⅰ三至七层复合（上牵引旋转式）包装膜机组、POF1100 多层定向拉伸膜生产线、DM2800 地膜机组、3FM2000 三层共挤包装膜机组、PES3200 热收缩膜机组、SLHJ360 双桶混料机、EPP-120/50B 丁烷发泡聚丙烯挤出机组、SBPG2200 大口径中空壁缠绕管生产线、CGSG（930）超高分子量聚乙烯管材机组、木塑型板材挤出生产线等。上海申威达机械有限公司以生产锥形双螺杆挤出管材和型材等生产线为主，在行业及塑料机械市场具有一定影响。其中 SJSZB（K）系列（45 ～ 80）变螺距超双锥双螺杆塑料挤出机，受到用户的普遍好评。SJZB 和 SJSZB 系列变螺距超双锥塑料挤出机的螺杆、机筒通过最优化的设计，是当时世界上最先进的锥形双螺杆挤出机。SJ 系列（65 ～ 90）高性能单螺杆塑料挤出机是该公司采用高新技术设计制造的大功率大挤出量的塑料挤出机，是当时世界上最先进的机型之一，与普通的同类产品相比，产量增长 100%。浙江金湖机械集团有限公司开发的大型管道防腐设备，为国家西气东输、南水北调等重大工程配套，并被中石油集团定为定点产品。

2000—2008 年，全国塑料机械行业先后有 116 个产品荣获国家和各省、市奖励。2003—2008 年荣获“中国机械工业科技进步奖”的单位有：大连橡胶塑料机械股份有限公司 2003 年、2007 年各获二等奖 1 项；2006 年，佛山市顺德区震德塑料机械有限公司、广东泓利机器有限公司、潍坊中云机器有限公司分别获三等奖 1 项；2008 年，宁波海天塑机集团有限公司、博创机械股份有限公司、宁波海太机械制造有限公司分别获三等奖 1 项。此外，宁波海天塑机集团有限公司研发的“海天”牌全电动注射机，还荣获 2007 年度浙江省加快发展装备制造业重点领域“国内首台（套）产品”称号。

2009 年，宁波海天集团的多组分塑料注射成型机应用伺服节能技术，标志着海天品牌注射机全部进入节能产品行列。浙江申达机器制造股份有限公司 FJ 系列挤注专用机，采用先进的低压注射超大容量挤注复合系统，克服了常规螺杆往复式注射机塑化量受到螺杆的直径、长径比的限制，用较小的螺杆达到超大的塑化量，为超大塑化注射成型加工制品创造了条件，在大型机、超大型注射机上实现超大的塑化注射量、低压注射，以小吨位的机型实现大吨位机型的功能，以更小锁模力的注塑设备生产大型注塑零件，具有专用设备的高效、节能、制造成本和用户使用成本低、占地面积小等特点。产品性能达到当时国内领先水平，并解决了大口径塑料管件制造的传统技术难题，改变了该领域生产设备长期依赖进口的局面。产品广泛用于国家南水北调、西气东输工程、城市给排水需要的量大面广的各种规格 PE 管件、托盘、风叶等工程用塑料制品成型。浙江申达机器制造股份有限公司的 MP 系列手机射出成型机颠覆传统射出成型机配置设计，设计创新、技术领先。该类机型的射出料管采用新型实用专利剪切式机筒加料口结构，解决细小螺杆进料问题，提高塑化效率。MP 系列手机射出成型机具有可信赖性、稳定性及精密性等多项优点，精密的开关模控制、最低的模板变形量，能确保每一次的成品品质，并搭配精确油路设计与控制，专为精确与稳定的射出系统而做的特殊设计，为高精密射出成型机做最佳保证。射出部分可做高压/高速或高压/低速调整，并搭配高精密控制系统，稳定可靠。高效能工程螺杆专为工程材料设计，能有效提升储料速度及混炼性，并准确控制射出量，尤其针对 3C 产业，更可选用不同的射出单元，达到最适合的成型制程，获取高精密高稳定度的品质。

宁波市海达塑料机械有限公司推出 HDJS 伺服节能塑料注射成型机，实现了高节能、高精度、高应答、低噪声、低油温等优异特性。

张家港市贝尔机械有限公司“回收 PET 碎片高效超声波清洗机（Q/320582BRJ9-2009）”获得江苏省高新技术产品荣誉称号。

同年，大连橡胶塑料机械股份有限公司完成了用于半钢子午胎的纤维帘布精密压延生产线、用于全钢子午胎的钢丝帘布压延生产线的开发及优化设计，设备生产制品精度高，可与国外产品媲美；完成了大型挤压造粒机组国内首台研制。完成国内首台 20 万 t/a 双螺杆混炼挤压造粒机组、25 万 t/a 双转子连续混炼挤压造粒机组开发，并完成 10 万 t/a、15 万 t/a 双螺杆混炼挤压造粒机组研制。

2010 年，海天塑机集团有限公司开发纯二板式节能型大型塑料注射成型机，完成大型注射机由三板合模技术到二板半合模技术过渡后，成功突破纯二板合模关键技术，实现了我国注射机行业大型注射机产品重大战略转型。

浙江申达机器制造股份有限公司 PET 瓶坯专用系列注射机采用具有大的内间距、大的开模行程、大的最大模厚、大的顶出行程，能使用多型腔的群腔模具的复合直压式二板式合模机构，和不间断预塑挤注复合注射塑化系统、低剪切 PET 专用螺杆，保证了瓶坯质量的一致性和瓶坯生产高效特性，产品生产型腔数目高达 96 个（一般产品为 64 个），每小时可以生产 27 284 个，远高于一般设备产品生产型腔数目 64 个、每小时瓶坯产量 15 000 个的水平。

大连橡胶塑料机械股份有限公司研制的对位芳纶的核心设备双螺杆挤出机组，攻克了大型螺纹元件、细长螺杆花键芯轴、双通道筒体、大型减速器箱体、大模数齿轮等关键零件加工、表面强化以及热处理技术方面的难点，为国内产量最大。

张家港市贝尔机械有限公司“滚筒式垃圾分选装备（标准 Q/ 320582 BRJ21—2010）”获得江苏省高新技术产品荣誉称号。

2011 年，塑料机械行业在国家重点新产品项目、国家火炬计划项目和中国机械工业科学技术奖项目喜获丰收。

震德塑料机械有限公司的伺服驱动节能注射机、博创机械股份有限公司的节能环保注射成型设备、浙江申达机器制造股份有限公司的 SE 型高效精密塑料注射成型机产品，被列入 2011 年国家重点新产品计划项目。

海天塑机集团有限公司 MA 伺服节能塑料注射成型机、博创机械股份有限公司高精度节能复合液压注射成型机产业化、浙江申达机器制造股份有限公司适用 IT 和汽车行业的高速高效薄壁注射机产业化、山东通佳机械有限公司 PLA 聚乳酸全降解发泡片材生产技术及装备产业化、苏州同大机械有限公司 TDB-2000L 吹塑托盘专用制造装备、泰瑞机器股份有限公司 TRX2200J 塑料管件专业用注射机、浙江东风塑料机械厂基于 C+Builder 控制的六通道程控制袋机、舟山市定海通发塑料有限公司锥形同向双螺杆 XPS CO_2 发泡板挤出机生产线、温州岳虹塑料机械有限公司双阶式混炼式挤出机组、杭州方圆塑料机械有限公司 PSZ140 电驱动成型机等被列为 2011 年国家火炬计划项目。

浙江申达机器制造股份有限公司和博创机械股份有限公司被评为国家火炬计划重点高新技术企业。

大连橡胶塑料机械股份有限公司的 XYG-4S1300、XYG-F4S1300 钢丝帘布压延生产线获得 2011 年中国机械工业科学技术奖一等奖；东华机械有限公司 1200t 大型橡胶机获得二等奖；广东伊之密精密机械有限公司的基于嵌入式系统的实时控制压铸机的研发和产业化项目、东华机械有限公司的新一代伺服节能注射机、博创机械股份有限公司 BU 系列新型锁模结构大型二板式注塑成型机以及镇江液压件厂有限责任公司微型摆线四五齿全液压转向器关键技术开发及产业化分别获得三等奖。

同年，海天塑机集团有限公司开发水平旋转式双色注射机，产品进入液晶电视液晶显示屏为主的双色制品市场，取代进口。

由海天塑机集团有限公司承担，浙江大学、北京化工大学参加的国家科技支撑计划“精密塑料注射成型装备”项目和 5 个课题通过国家科技部组织的专家验收。

海天塑机集团有限公司与北京化工大学合作完成的“塑料精密成型技术与装备的研发及产业化”项目，与浙江大学合作完成的“复杂装备与工艺工装集成数字化设计关键技术及系列产品开发”项目同时获得 2011 年度国家科技进步奖二等奖，这是海天集团历史上获得的最高荣誉，也是我国塑料机械行业首次获得国家科技进步奖殊荣。

2011 年 5 月，博创机械股份有限公司研发的“BU 系列新型锁模结构大型二板式注塑成型机”通过了广东省机械工程学会的科技成果鉴定，技术水平国内领先。同年，博创机械股份有限公司“BU 系列（锁模力 5 500 ～ 68 000kN，注射量 1 500 ～ 300 000cm^3）新型锁模结构大型二板式塑料注塑成型机”项目获得中国机械工业科学技术奖三等奖；BS60 ～ BS1680、BU1000 ～ BU 3500、BM150 ～ BM 1680 系列产品荣获国家重点新产品。

浙江申达机器制造股份有限公司 FT-SH 系列适用 IT 和汽车行业的高速高效薄壁注射机（包括 IT 薄壁专用注射机和 AM 汽配薄壁专用注射机）相继被评为 2010 年、2011 年国家重点新产品。HE 系列二板塑料注射成型机，实现了二板机在大型和超大型制品生产领域的突破。SE 系列高效精密塑料注射成型机列入工信部《节能机电设备（产品）推荐目录（第三批）》。

同年，张家港市贝尔机械有限公司的废塑料回收高效清洗生产装备获得江苏省高新技术产品荣誉称号、国家火炬计划奖励（项目编号：2010GH040486）。

2012 年，海天塑机集团有限公司全面开发第二代伺服节能液压注射机、全电动注射机、二板式注射机，标志着产品在节能、精密、高效和环保方面性能进一步提高。

浙江申达机器制造股份有限公司多组分注射机（包括 MC 清双色专用注射机系列产品和 MT 混双色专用注射机系列产品）取得新突破。塑料绿色节能微注射成型系统及装备获 2012 年浙江省重大科技创新项目。

大连橡胶塑料机械股份有限公司完成首台套 12K 碳纤维预浸胶生产线及 48K 大丝束碳纤维预浸胶生产线，填补国内空白，技术国内领先、国际先进。

张家港市贝尔机械有限公司“木塑复合宽幅门板生产装备（Q/ 320582 BRJ22-2012）”获得江苏省高新技术产品荣誉称号。

广东伊之密精密机械股份有限公司的高速高效瓶坯专用一模多腔注射机、桂林泓成橡塑科技有限公司的大规格橡胶冷喂料排气挤出机的推广与应用获 2012 年度国家火炬计划项目。

大同机械有限公司旗下东华与华大机械共同合作研发的 USe 机型及大同机械与大同信息科技开发的注射机群控系统 iSee，同时荣获 2012 年度香港工商业奖。

广东金明精机股份有限公司 M3B-1300Q 无机粉体环保石头纸专用吹塑装备、南京艺工电工设备有限公司“0+3”三层共挤橡胶电缆连续硫化生产线、广东粤东机械实业有限公司智能化超洁净预制杯灌装成套设备分别荣获 2012 年度中国机械工业科学技术奖二等奖，山东通佳机械有限公司 PLA 聚乳酸全降解发泡片材生产技术及设备和广东伊之密精密橡胶机械有限公司 YL-AT1800L 复合绝缘子橡胶专用注射成型机分别荣获三等奖。

2013 年 2 月，工信部《节能机电设备（产品）推荐目录（第四批）》发布，塑料机械行业 18 家企业的 22 项产品进入该批节能推荐目录。

同年，海天塑机集团有限公司成功开发国内首台 JU66000II/518000 超大型纯二板式塑料注射成型机，通过了由中国工程院院士为鉴定委员会主任委员的专家组鉴定。产品具有节能、环保、精密、高效等特点，注射量、容模量、锁模力等关键指标处于国际领先水平，整机性能达到国际先进水平，产品荣获宁波市装备制造业重点领域首台（套）产品称号。

博创机械股份有限公司研发的“四物料共塑精密成型装备研发及产业化”填补了国内空白，对行业发展及技术进步带动作用明显。同年 12 月 26 日，博创机械股份有限公司自主研发制造的“BU6800 超大型两板式伺服注塑成型机”在山东东信塑胶有限公司成功进行验收。

大连橡胶塑料机械股份有限公司完成了大型宽幅运输带四辊压延生产线开发，辊筒直径最大达到 900mm，胶带宽度达到 2 400 mm，为国内外最宽，技术处于国际先进水平。

张家港市贝尔机械有限公司成功研制出第五代高效高速单螺杆挤出生产装备，并申请了国家发明专利 2 项（申请号为：201310402538.0，201210128000.0）。该设备创新性地采用高效挤出技术、陶瓷式双风机冷却/加热技术、全自动智能化控制技术，从根本上解决了国内外同类设备产量低、能耗高、机械故障高、维护费用高等难题，可替代进口设备。

海天塑机集团有限公司的“海天”牌注射机、

震德塑料机械有限公司的“震德”牌注射机、博创机械股份有限公司的“博创”牌注射机、广东伊之密精密机械股份有限公司的“伊之密”牌注射机、东华机械有限公司的“东华”牌注射机、浙江申达机械制造股份有限公司的“申达”牌注射机、泰瑞机器股份有限公司的“泰瑞”牌注射机获得“机械工业优质品牌”。

北京化工大学和潍坊凯德塑料机械有限公司的“聚合物高速挤出成型技术及装备”荣获2013年度中国机械工业科学技术奖一等奖；广东金明精机股份有限公司的“九层共挤智能高阻隔薄膜吹塑成套装备”、江苏科技大学和苏州同大机械有限公司的“TDB-2000L吹塑托盘专用制造设备生产线”分别荣获二等奖；震德塑料机械有限公司的“曲轴式射出全电动注射机”、博创机械股份有限公司的“四物料共塑精密成型装备研发及产业化”分别荣获三等奖。

博创机械股份有限公司和浙江申达机器制造股份有限公司被列入“2013装备中国创新先锋榜”。

2014年，海天塑机集团有限公司生产的全球最大二板式塑料注射成型机正式交付客户。该机最大锁模力达88 000kN，容模量超过50m^3，可注塑当时世界上最大的制品——重量达328 696g的PE制品。有关鉴定专家委员会认为：“该新产品具有节能、环保、精密、高效的特点，注射量和容模量等关键指标国际领先，整机性能达到国际先进水平。”以88 000kN二板机的顺利交付为标志，海天塑机集团有限公司在引领行业伺服节能注射机转型发展后，在大型、超大型二板机的研制中再次占领了制高点。

广东金明精机股份有限公司高端Superex系列设备配置自主研发的新一代高效冷却风环，使冷却效果提升40%，整线产量可提升40%～50%，达国际先进、国内领先水平。

大连橡胶塑料机械股份有限公司研制完成干法动力电池隔膜生产线并通过负荷试车，投入初步应用中。制品宽度达到3m，为国内外最大，填补国内外空白；同年完成溴化丁基胶后处理生产线研制，技术达到国际先进水平。

大连三垒机器股份有限公司“PVC/PP/PE波纹管生产线”荣获“2014中国机械工业优质品牌”。

博创机械股份有限公司“BE全电动系列塑料注射成型机”、山东通佳机械有限公司和北京化工大学“高分子材料双轴拉伸取向增强成套技术及装备”、大连橡胶塑料机械股份有限公司“XY-4S2800A/XYD-F4S2800橡胶输送带压延生产线”分别荣获2014年度中国机械工业科学技术奖二等奖；广东金明精机股份有限公司“三层共挤超宽幅外涂布型PO农用薄膜吹塑成套装备”、苏州同大机械有限公司和江苏科技大学“TDB系列高效低能耗复合流道中空成型机生产线”、宁波双马机械工业有限公司“BL2880EK高节能伺服控制超大型外曲式合模成型设备”、东华机械有限公司“Ge系列全电动注射机关键技术研发与应用”、德科摩橡塑科技（东莞）有限公司“多层共挤管材挤出成型装备的关键技术研发与应用”分别荣获2014年度中国机械工业科学技术奖三等奖。

2014年11月，塑料机械行业有4家企业的5个产品进入工业和信息化部发布的《节能机电设备（产品）推荐目录（第五批）》，分别是：博创机械股份有限公司“BS80-Ⅲ～BS1800-Ⅲ伺服塑料注射成型机”、“BU600～BU2800二板式塑料注射成型机”；浙江申达机器制造股份有限公司“SE系列伺服塑料注射成型机”；宁波海星机械制造有限公司“HXF J5系列伺服节能注射机”；张家港市贝尔机械有限公司“BRD60-38单螺杆挤出生产设备”。

2014年12月，华南理工大学教授、中国工程院院士瞿金平“基于拉伸流变的高分子材料塑化输运方法及设备”荣获第十六届中国专利奖金奖；北京化工大学杨卫民、王德喜、丁玉梅“一种纳米叠层复合材料制备装置”、广东金明精机股份有限公司马镇鑫、李浩、李子平、陈新辉、林永忠、何二君“多层共挤吹膜设备的挤出机和模头的清机方法”、苏州同大机械有限公司邱建成“塑料吹塑机的口模结构”分别荣获优秀奖。

七、质量及标准

进入 20 世纪 80 年代，橡胶塑料机械行业进一步加强了质量管理工作，产品质量有了明显的提高。1980—1983 年，橡胶塑料机械行业获国家银质奖 6 项，部优质量奖 20 项。其中，化学工业部系统获国家银质奖 5 项，部优质量奖 13 项；轻工业部系统获部优质量奖 5 项；机械工业部系统获国家银质奖 1 项，部优质量奖 2 项；重点企业成品一次交验合格率达到 95%。

1983 年，轻工业部制定了塑料注射成型机和单螺杆塑料挤出机系列产品的部颁标准，1984 年制定了上述两种系列产品的检验方法。

1984 年，全国塑料机械行业广泛深入地开展了全面质量管理工作，建立健全了三级质量管理机构，继续推进质量标准的制定、修订工作。机械工业部系统上海塑料机械厂的 SZ-100/80 注射成型机、上海第一塑料机械厂的 SZ-350 塑料注射成型机和四川亚西机器厂的 S（X）K-400 开放式炼塑机获得部优质产品奖。轻工业部系统宁波塑料机械厂的 SZ-45/30NB 塑料注射成型机获部优质量奖。机械工业部批准了塑料机械行业于 1983 年修订完成的开放式炼塑机、塑料压延机和单螺杆挤出机的标准。行业组织修订了塑料注射成型机的标准，对将在 1985 年采用国际标准的产品 SJ65×30、SJ-FM1600 塑料薄膜吹塑机组，SZ-100/80 塑料注射成型机，X（S）K-400A 开放式炼胶（塑）机进行了审查确认。

1985 年，大连橡胶塑料机械厂生产的“DXS”牌 SJ-65×30L 塑料挤出机获国家银质奖，南京工艺装备制造厂生产的 SJ-45×28D 单螺杆塑料挤出机获机械工业部优质产品称号。

1986 年，轻工业部机械局所属的杭州轻工机械设计研究所建立了塑料机械质量监督检测中心，并对塑料机械产品进行了质量检测。4 月，轻工业部机械局召开了包括塑料机械企业参加的质量工作会议，对质量工作进行了具体安排，讨论了产品质量的监督检测问题；10 月，举办了质量成本学习班，根据国务院颁布的《工业产品质量责任条例》，追究了驻马店塑料设备厂把不合格产品销售出厂的责任。这些对促进和提高质量管理工作和管理水平起到了积极作用。同年，SK-400B 开放式炼塑机、SZ-160/80NB 塑料注射成型机、“初阳”牌 C4760 卧式热塑性塑料注射机 3 项产品获轻工业部优质产品称号。同年，机械工业部系统在国家标准局领导下与化学工业部、轻工业部一起组建了全国橡胶塑料机械标准化技术委员会以及全国塑料机械标准化技术委员会分会。

1987 年，山东塑料机械厂 PC65 地膜机组获国家优质产品银质奖；SZ4000/800 型塑料注射成型机、SDG-300 料斗式塑料干燥机获轻工业部优质产品奖。宁波塑料机械厂、山东塑料机械厂获轻工业部优秀质量管理企业奖。大连橡胶塑料机械厂综合工业公司生产的宽幅吹膜机组获大连市优质产品称号；上海第一塑料机械厂生产的“华北”牌 SZG/XZ-500/1500 热固性塑料橡胶注射机、鞍山第二机床厂生产的 SZ10000-6300 注射机获机械委优质产品称号。制定了两项塑料机械行业标准，即由大连橡胶塑料机械厂负责起草的《开放式炼塑机》标准和由湖北鄂城通用机械厂负责起草的《翻楦挤塑机》标准；3 项局批企业标准，即《翻楦挤塑机质量分等标准》《单螺杆塑料挤出机质量分等标准》和《鞋用转盘挤出机质量分等标准》。

1990 年，塑料机械行业产品质量有所提高，获轻工业部优质产品奖的产品有浙江塑料机械总厂的“西湖”牌 SZ-300/160（PATT-170）、SZ-500/200（FATT-200）塑料注射成型机，广西柳州塑料机械总厂的“开元”牌 XS-ZY-500C3 塑料注射成型机，北京塑料机械厂的“BPMF”牌 CP-45A、S-65NPVC 塑料挤出吸塑中空成型机等。

1991 年，根据机械电子工业部的统一部署与要求，塑料机械行业首次开展了“普通型塑料注射成型机行评工作”，对 14 家单位进行了抽样检查。检查结果中有 9 个产品达到优等品，占受检产品的 64.3%；3 个产品达到一等品，占 21.4%；2 个产品达到合格品，占 14.3%。塑料机械产品共获各级质量奖127项。其中，国优12项，部优41项，省优48项，市优12项，其他14项。抚顺设备厂生产的塑料圆织机、浙江塑料机械厂和海宁塑料机械厂生产的塑料注射成型机被评为国优产品，常州市第二轻工机械厂生产的“钻石”牌SCP-160塑料破碎机、武进网织机厂生产的“三团”牌S-GYZJ-4/750高速四梭圆织机、无锡塑料机械厂生产的“WX”牌SZ-630/2000普通型塑料注射成型机、宁波塑料机械总厂生产的“宁波”牌SZ-250/125NB普通型塑料注射成型机被评为部优产品。同年，在全国塑料机械标准化技术委员会的组织下，完成了《双螺杆挤出机》等9项标准的制（修）订工作。机电部还对“七五”期间制（修）订的66项塑料机械标准进行了清理整顿，编制了塑料机械行业“八五”标准化项目制（修）订规划，为促进行业的技术进步奠定了良好基础。

1993年，塑料机械行业开展了注射成型机制造企业产品质量评比活动，经机械工业部塑料机械产品质量检测中心检测，苏州长风机械总厂注射机分厂、上海塑料机械厂、宁波海天机械制造有限公司等单位名列前茅。同年12月，东华机械有限公司经审核评定，质量体系符合GB/T 19001（ISO 9001）系列标准体系，成为国内塑料机械行业首家获得ISO 9001质量体系认证的企业。

1994年5月，中国塑料机械工业协会质量管理专业委员会在浙江省宁波市召开工作会议，探索新形势下的行业质量工作，提出了质量规划目标。6—9月，双螺杆塑料挤出机全国统一监督检验检测工作组检测了山东等省市共30家企业的双螺杆塑料挤出机产品的质量，其中有17家企业产品统检合格，个别乡镇或区街企业不具备长期稳定生产和质量保证条件。10月，全国塑料机械标准化委员会第二届第三次会议在青岛召开，会议在宣贯GB/T 1.1—1993新国标的同时，组织修订了《塑料混合机》行业标准，并新发布了JB/T 7251—1994《塑料挤出拉丝辅机》行业标准和JB/T 7267—1994《塑料注射成型机》行业标准，从1995年7月1日起实施。

1996年11月1—2日，第二届全国橡胶塑料机械标准化技术委员会第二次扩大会议及塑料机械分技术委员会会议在重庆举行。会议讨论通过了《塑料挤出吹塑中空成型机》和《塑料机械用螺杆、机筒》两个修订标准的报批稿。大连橡胶塑料机械厂、东华机械有限公司、佛山市顺德区震德塑料机械有限公司和山东塑料橡胶机械总厂等企业通过了ISO 9000质量认证。机械工业部塑料机械产品质量监督检测中心通过了认可复查和计量认证复查评审。

1997年，塑料机械标准化分技术委员会第二届第六次工作会议制订了1998年度标准修订工作计划，会议审查了《热固性塑料注射成型机》《塑料挤出吹塑薄膜辅机》和《单螺杆塑料挤出机产品质量分等》3项标准送审稿。

1998年，全国塑料机械行业开展了创名牌、降成本活动，大打质量翻身仗，取得了明显效果。大连冰山橡塑股份有限公司（原大连橡胶塑料机械厂）的“DXS”牌SJ系列农膜挤出机组、佛山市顺德区震德塑料机械有限公司的“震德”牌CJ80-2000塑料注射成型机、东华机械有限公司的“TTI”牌TTI63-2500塑料注射成型机、宁波海天机械制造股份有限公司的“HT”牌HT58-2500塑料注射成型机和山东华冠集团总公司的“华冠”牌PC-65农膜挤出机组等被认定为中国机械工业名牌产品。挂靠在大连塑料机械研究所的塑料机械标准化技术委员会秘书组，1998年组织全行业完成了23项塑料机械标准的制（修）订工作，其中制定标准1项，修订标准1项，其他21项是质量分等标准。

1999年，行业对企业产品的质量管理主要体现在标准的制定和严把质量鉴定关上。大连冰山橡塑股份有限公司、山东华冠股份有限公司、山东塑料机械厂等企业，率先通过了ISO 9001质量体系认证复审；宁波海天机械制造有限公司通过了ISO 9001质量体系认证，该公司的“海天”牌商标获“浙江省著名商标”称号。塑料机械行业在标准化方面完成了《塑料圆织机》产品标准修订、

《塑料挤出平膜扁丝辅机》产品标准修订以及《塑料圆织机产品质量分等》和《塑料挤出平膜扁丝辅机产品质量分等》等修订工作，为进一步加强对行业产品质量的管理打下了基础。

2000年，面对加入WTO后的挑战，塑料机械行业把产品质量提到企业经营与发展的首位，自觉自主地规范产品质量，主动接受各种质量体系的检验。7月，秦川恒利塑机有限公司一次性顺利通过了ISO 9002国际质量保证体系的现场审核认证，宁波海天机械制造股份有限公司、东华机械有限公司等企业顺利通过了ISO 9001质量管理和质量保证的复查换证工作，宁波海达塑料机械有限公司通过ISO 9001∶2000质量体系认证。塑料机械行业完成了同向双螺杆挤出机、异向双螺杆挤出机和锥形双螺杆挤出机的标准修订工作。

2001年，中国机械工业联合会下达了机械行业标准制（修）订计划，其中塑料机械产品有2项纳入该计划：JB/T 6494—1992《料斗式塑料干燥机》标准，由苏州轻工电机塑料机械厂负责起草；制定《塑料挤出异型材辅机标准》，由上海申威达机械有限公司负责起草。12月，全国橡胶塑料机械标准化技术委员会及橡胶机械、塑料机械标准化分技术委员会第三届三次工作会议在福建邵武市召开。会议审查并原则通过了由上海申威达机械有限公司、苏州轻工电机塑料机械厂分别起草的《塑料挤出异型材辅机》《料斗式塑料干燥机》两项行业标准的送审稿。塑料机械标准化分技术委员会还对1996年以前颁布的17项行业标准进行了复审，认定《塑料机械术语》《塑料注射成型机》和《塑料挤出硬管辅机》3项标准需进行修订；《鞋用转盘注射成型机》和《塑料混合机》等两项标准需进行修改；其余12项标准通过确认。会议通过了秘书处提交审议的制定《开放式炼胶机、炼塑机安全要求》《密闭式炼胶机、炼塑机安全要求》《橡胶塑料压延机安全要求》等安全标准的提案；通过了分会秘书组提出的增列《铝塑复合管机组》行业标准的制定计划的建议。

2006年，宁波海达塑料机械有限公司被评为“全国外经贸质量效益型先进企业”。

2007年，宁波海达塑料机械有限公司获“宁波市环保模范（绿色）企业”，并通过ISO 14001环境认证和OHSA 18001职业健康安全认证。

2008年，行业制定GB 22530—2008《橡胶塑料注射成型机安全要求》并于2009年起实施。

2009—2013年，伴随金融危机后行业的快速发展需求，大批标准应运而生。HG/T 2148—2009《密闭式炼胶机炼塑机检测方法》代替HG/T 2148—1991；HG/T 2150—2009《橡胶塑料压延机检测方法》代替HG/T 2150—1991；GB/T 9707—2010《密闭式炼胶机炼塑机》代替GB/T 9707—2000；GB/T 13578—2010《橡胶塑料压延机》代替GB/T 13578—1992；GB/T 25941—2010《塑料真空成型机》代替JB/T 5292—1991；JB/T 8061—2011《单螺杆塑料挤出机》代替JB/T 8061—1996；JB/T 8538—2011《塑料机械用螺杆、机筒》代替JB/T 8538—1997；JB/T 8703—2011《塑料挤出吹塑薄膜辅机》代替JB/T 8703—1998；JB/T 8539—2013《塑料挤出吹塑中空成型机》代替JB/T 8539—1997；JB/T 5421—2013《塑料薄膜回收挤出造粒机组》代替JB/T 5421—1991；JB/T 5293—2013《可发性聚苯乙烯泡沫塑料自动成型机》代替JB/T 5293—1991。

GB/T 25156—2010《橡胶塑料注射成型机通用技术条件》、GB/T 25157—2010《橡胶塑料注射成型机通用检测方法》、GB 25431.1—2010《橡胶塑料挤出机和挤出生产线　第1部分：挤出机的安全要求》、GB 25431.2—2010《橡胶塑料挤出机和挤出生产线　第2部分：模面切粒机的安全要求》、GB 25431.3—2010《橡胶塑料挤出机和挤出生产线　第3部分：牵引装置的安全要求》、GB 25433—2010《密闭式炼胶机炼塑机安全要求》、GB 25434—2010《橡胶塑料压延机安全要求》、GB 25936.1—2012《橡胶塑料粉碎机械　第1部分：刀片式破碎机安全要求》、GB 25936.2—2012《橡胶塑料粉碎机械　第2部分：拉条式切粒机安全要求》、GB 25936.3—2012《橡胶塑料

粉碎机械　第 3 部分：切碎机安全要求》、GB 25936.4—2010《橡胶塑料粉碎机械　第 4 部分：团粒机安全要求》、GB/T 30200—2013《橡胶塑料注射成型机能耗检测方法》、JB/T 11343—2013《锥形同向双螺杆塑料挤出机》、JB/T 11344—2013《PVC 塑料配混系统》、JB/T 11345—2013《可发性聚苯乙烯泡沫塑料板材成型机》、JB/T 11346—2013《可发性聚苯乙烯泡沫塑料板材切割机》、JB/T 11347—2013《可发性聚苯乙烯泡沫塑料预发机》、JB/T 11348—2013《塑料挤出流延薄膜辅机》、JB/T 11509—2013《聚氨酯发泡设备通用技术条件》等标准首次起草。

在此期间，行业企业也更加注重质量管理，取得显著提升。2010 年，博创机械股份有限公司获得广州市安全生产标准化达标企业。2011 年，博创机械股份有限公司因参与制定 DB44/T 461—2007《精密塑料注射成型机》标准，获得广东省标准创新贡献奖一等奖。2012 年，博创机械股份有限公司通过了 ISO 14001 体系认证，并获得“质量信誉双保证示范单位”称号。浙江申达机器制造股份有限公司为了提高企业产品质量，公司自主制定了高于国家、行业标准的企业产品标准《高效精密塑料注射成型机》（经同级标准主管部门备案）和产品内控标准《SE 伺服节能型塑料注射成型机》，并按标准要求组织设计和生产。

2012 年 7 月，ISO/TC 270 塑料和橡胶机械技术委员会成立，共有 14 个 P（具有投票权）成员，4 个 O 成员， 中国为 P 成员，全国橡胶塑料机械标准化技术委员会秘书处挂靠单位北京橡胶工业研究设计院为国内技术对口单位，由全国橡胶塑料机械标准化技术委员会秘书处负责具体的工作。ISO/TC 270 技术委员会确定了由 TC 下设工作组制定国际标准的模式，成立了 ISO/TC 270/WG1 注射成型机安全工作组，制定橡胶塑料注射成型机安全要求国际标准，共有 12 个成员参与此项工作。此项国际标准由德国负责起草，中国为此工作组的 P 成员，共注册了中国塑料机械工业协会所属企业 9 位专家（王克先、何成、高世权、张建秋、冯志远、张贤宝、董鹏举、吴敬阳、李青）参加该项国际标准的制定工作。

根据国标委综合〔2013〕90 号文《国家标准委关于下达 2013 年第二批国家标准制修订计划》的通知，行业启动项目编号为 20132071-T-606 的《橡塑机械用电磁加热节能系统通用技术条件》国家标准制定。

八、科技力量

20 世纪 80 年代初，我国还没有建立起独立的橡胶塑料机械科研机构，仅是在橡胶工业研究院或一些橡胶、塑料机械制造厂中设立了研究室或设计室。化学工业部有两个直属研究院（北京橡胶工业研究设计院和桂林橡胶工业设计研究院）和 1 个厂属研究所，相当部分产品的科研、设计任务由橡胶、塑料机械厂承担；轻工业部系统塑料机械的科研、设计任务基本由塑料机械制造厂承担，北京化工学院和华南工学院塑料机械专业的塑料机械实验室也承担了轻工业部下达的课题，在基础理论及应用技术方面都取得了较好的研究成果，如采用透明机筒挤出机，研究塑料的固体输送和熔融过程，用计算机验证螺杆参数的合理性等。

1984 年，全国塑料机械行业已有科研单位 2 家，即大连橡胶塑料机械研究所和上海轻工机械研究所，其中，大连橡胶塑料机械研究所是塑料机械行业的归口研究所。

1991 年，从事塑料机械技术开发的研究所已有 6 家。此外，北京化工大学、华南理工大学等 3 所高等院校开设了塑料机械专业。

2000 年，企业与高校联合，以产、学、研相结合方式提高企业的研发能力，增强企业的发展后劲。如宁波海天机械制造股份有限公司与浙江大学联合，共同研发智能化有限元分析软件；宁波海达塑机有限公司与浙江大学机械系合作共同研究变频器在注射机中应用的技术难点；大连冰山橡塑股份有限公司与北京化工大学联手，共同为大连冰山橡塑股份有限公司培养企业的研究人员；秦川恒利塑机有限公司与华南理工大学联合成立博士后实验基地，联合培养博士后人才等。

2004 年，广东金明精机股份有限公司被国家科技部认定为国家级高新技术企业；被广东省科技厅、广东省发展改革委和广东省经贸局联合认定为“广东省多层共挤塑料加工装备工程技术研究开发中心”。

2005 年，宁波海天机械制造有限公司技术中心被国家发展改革委、财政部、海关总署和国家税务总局等四部门联合认定为国家级企业技术中心，成为全行业第一家国字号企业技术中心，标志着该公司在技术创新能力和创新水平方面迈上了新的台阶。同年，宁波市海达塑料机械有限公司获省级、国家级高新技术企业。2008 年，博创机械股份有限公司技术研发中心被认定为第九批广东省省级企业技术研发中心，与浙江大学联合建立了博创机械股份有限公司浙大研究院，由中国工程院院士谭建荣担任院长。

2009 年，浙江申达机器制造股份有限公司与浙江大学合作项目“精密塑料注射成型装备设计制造平台及产品开发应用”，获杭州市科学技术委员会批准列入 2009 年杭州市重大科技创新计划项目。宁波海达塑料机械有限公司被认定为省级高新技术企业研究开发中心。

2011 年，浙江申达机器制造股份有限公司与浙江大学合作研发的“复杂装备与工艺工装集成数字化设计关键技术及系列产品开发”项目获国家科学技术进步奖二等奖。

2012 年，浙江申达机器制造股份有限公司与浙江大学合作研发的“塑料绿色节能微注射成型系统及设备的研发”项目，获浙江省科学技术厅批准列入 2012 年浙江省重大科技计划项目；“伺服节能双组分注塑系统及装备的研发”项目，获浙江省科学技术厅批准列入 2012 年度第二批浙江省级重点科技创新团队项目。浙江大学与浙江申达机器制造股份有限公司共同组建的浙江省重点科技创新团队——流程工业高效节能技术与绿色装备科技创新团队，获中共浙江省委办公厅、浙江省人民政府办公厅批准列入第三批浙江省重点创新团队。

2013 年，海天塑机集团有限公司被国家工信部命名为“国家技术创新示范企业”。

浙江申达机器制造股份有限公司与浙江大学合作研究的“面向工艺需求的复杂装备方案设计技术与系统”课题，获国家科学技术部批准列入 2013 年国家高技术研究发展计划（“863”计划）课题，公司作为合作方在课题中负责承担“复杂注塑装备方案设计与应用验证”的子课题。浙江申达机器制造股份有限公司国家博士后科研工作站与浙江工业大学博士后科研流动站共建博士后科研工作站，联合招收、培养博士后研究人员，合作开展博士后项目研究。同年，浙江申达机器制造股份有限公司上报的浙江省申达制塑装备研究院通过拟建省级企业研究院公示。申达研究院的主要方向是与智能精密制塑成型相关的前瞻性技术研究，开展智能精密型、高效节能型、大型和微型等高端注塑制塑装备研发和产业化研究。

广东金明精机股份有限公司投入数亿元资金和科研力量，于 2014 年 4 月成功建设完成第一期实验中心平台。2015 年，金明实验中心与西门子（中国）有限公司签订“战略合作意向协议”，以进一步提升设备的性能和操作智能化，迎接未来工业 4.0 大数据时代。

2015 年 7 月，国家工信部公布 2015 年智能制造试点示范项目名单（工信部装函（ 2015 ）333 号），中国塑料机械工业协会会长单位博创机械股份有限公司被评为“注塑成型智能装备与服务试点示范”，成为 46 家首批智能制造试点示范企业之一。

目前，我国已有近十所大专院校设置了塑料成型机械专业，并普遍拥有硕士培养资格，其中有两所重点大学设立了博士点；拥有国家级专业研究中心（聚合物新型成型装备国家工程研究中心、塑料机械技术开发中心和国家模具研究中心）3 个，国家级企业技术中心 4 个，省级企业技术中心 20 个，市级企业技术中心 38 个，专业检测中心 2 个，企业办专业研究所 10 个；从事塑料机械教学和科研人员逐年增加，专业技术人员的素质不断提升，科技力量不断增强，科研成果不断涌现。

2013—2017年宁波市塑料机械行业现状及发展情况

一、宁波塑料机械行业发展现状

1. 宁波塑机产业发展的三个历史阶段

创业阶段。宁波塑机产业发端于20世纪70年代，当时宁波东风机械厂（后更名为宁波塑料机械总厂，现为亨润塑机有限公司）最早试制成功60g注塑机，开创了宁波生产塑机的历史，并为宁波塑机行业培育造就了大量专业人才和管理骨干，成为宁波塑机产业的“黄埔军校”。随着宁波塑料机械总厂发展和塑机产品需求的增长，一些人离开总厂自己创业，成为新办塑机企业的掌门人，有的成为新企业的管理和技术骨干。

崛起阶段。20世纪90年代，宁波塑机业界涌现出一批新的明星企业，主要形成了以宁波海天为首的，包括海太、海达、海星、海波等30余家“海字系谱”民营企业，它们机制灵活、市场适应性强，很快成为宁波塑机产业的主力军。这时期也是宁波塑机产业形成块状经济，并取得国内同业优势地位的重要阶段。

接轨国际阶段。20世纪末至今，遵循产业集聚效应，塑机巨头企业纷纷抢滩宁波，并在宁波驻扎，主要有德国的德马格，日本的住友重工，韩国的宇进，中国香港的震雄、力劲，中国台湾的富强鑫、今机等，它们代表了国际塑机产业发展的世界顶级水平。它们与当地的民营塑机企业相互竞争、交流融汇，开创了宁波塑机产业与国际接轨、实现跨越式发展的新阶段。

2. 宁波塑机产业现状

2017年宁波市规模以上塑料机械制造企业为70家，期末资产总额达402.76亿元，全部从业人员1.72万人。2017年宁波市规模塑机企业实现工业总产值185.80亿元，销售收入194.93亿元，出口交货值53.32亿元，利润总额38.39亿元，经济效益在全国同行中居领先地位。

宁波塑机企业以生产注塑机为主，是国内外公认的注塑机研发、生产、营销基地。全球每3台注塑机，我国生产1.5台，而其中1台是宁波产品。由于比较优势明显，2006年中国机械工业联合会授予宁波“中国塑机之都”称号。

随着产业规模日益壮大，市场容量相对饱和，宁波塑机产业不断探索调整自身产业和产品结构，逐步向多元化、多品种方向发展。海天塑机集团在确保行业龙头地位的前提下，近几年上马加工中心项目，形成集团经济新的增长点；宁波海太、宁波力劲除了继续做精注塑机产品外，还涉足金属压铸机；余姚华泰橡塑机械公司以生产橡塑机械为主，还生产部分吹塑机；也有个别塑机企业生产切粒机、吸塑机，但规模偏小，总量不大。

二、宁波塑机产业发展的优势和特点

1. 丰厚的企业文化

宁波市塑机工业发端于20世纪70年代的宁波塑料机械总厂。此后，“树大分枝”“儿大分家”形成了一批“总厂系”塑机企业；20世纪90年代，民营经济崛起，宁波涌现出以龙头海天为首的“海字系谱”塑机企业，奠定了宁波塑机产业集群的发展基础；20世纪末21世纪初，塑机巨头登陆宁波与民营企业交流融汇，使宁波塑机企业实现了新的跨越。三段历史进程，三波持续发展，形成了宁波塑机产业丰富独特的企业文化，使行业同仁体会了创业的艰辛，享受了成功的喜悦，经历了危机的焦虑。这些历史经验锤炼了宁波塑机产业集群较强的抗击外部风浪的能力，成为宁波市塑机企业的文化优势。

2. 产业聚集度高，集群优势明显

宁波市现有塑机整机生产企业130余家，其中规模以上整机生产企业70家，这种高度聚集的塑料机械产业群国内外罕见。2013—2017年宁波市塑料机械制造业变化状况见表1。

表1　2013—2017年宁波市塑料机械制造业变化状况

经济指标	单位	2013年	2014年	2015年	2016年	2017年
资产总计	亿元	216.46	244.27	265.32	297.71	402.76
负债合计	亿元	83.44	93.55	96.10	105.81	146.90
工业总产值	亿元	147.45	159.02	125.22	141.47	185.80
新产品产值	亿元	65.39	68.00	67.53	63.42	81.96
销售收入	亿元	140.46	148.27	143.62	160.44	194.93
利润总额	亿元	21.21	22.89	23.06	30.09	38.39
出口交货值	亿元	33.18	37.65	52.44	44.53	53.32
从业人员	万人	1.56	1.57	1.61	1.62	1.72

3.技术和品质国内同业中处于领先地位

宁波生产的注塑机门类齐全，有普通机、电脑机、全液压机、液电复合机、电动机等，塑机注射量小的15g，大到5万g，最大锁模力达到66 000kN，能基本满足国内不同用户的需求。宁波市优势骨干企业自主研发的大型二板机、高速机、伺服节能注塑机、全电动注塑机等机型，在技术性能方面处于国内领先地位。多年来，宁波塑机行业中的骨干企业，先后获得过中国机械名牌产品、中国出口名牌产品、省级名牌及市级名牌产品称号。

4.专业化程度高

注塑机部件按功能和工艺特性可分为六大类：钣金类零件（底架、料斗、护板等），铸件类零件（模板、曲臂、机身），轴类零件（拉杆等），螺杆机筒类部件，液压系统（液压缸、泵、阀等），电气驱动和控制系统（电机、电器、控制器等）。这六大部件中的钣金件、轴类件，除少数规模较大的整机企业（约占全部规模整机企业的20%）能自制配套解决外，绝大部分整机企业通过外购或外协取得。而生产六大部件的供货商散布在宁波周边50km半径范围内，形成了星罗棋布的供应链，有的关联企业已经形成了相当的产业规模。

铸件类生产企业：主要分布在宁波东吴镇。该地区已成为华东地区最大的铸造中心，年产铸件8万～10万t，可以满足全市塑机企业对于铸件的需要。代表性的企业如日月、泰兴等大型专业铸造厂。

螺杆机筒生产企业：主要分布在舟山定海区金塘岛。该岛有螺杆机筒制造企业200余家，其中规模以上企业26家，螺杆行业从业人员8 000余人，塑机螺杆国内市场占有率达到70%以上。代表性的企业有华业、金星等大型螺杆制造企业。2006年宁波市获“中国塑机之都”称号，同年舟山定海获得“中国塑机螺杆之都”称号。

液压系统生产企业：主要分布在镇海和江北两区。代表性企业有英特姆、双达等液压泵生产企业。榆次液压公司、台湾盟立，美国伊顿，德国科比、博世力士乐等液压件制造商在宁波设立了办事机构。

电机、电器、控制器生产企业：电机（含全电动的伺服电动机）几乎全部从美国、日本、中国台湾或中国大陆名牌电机厂购买。控制器生产商主要分布在鄞州和北仑科技园区，代表性企业有宁波弘讯、伊士通等企业。

以上关联企业总数千家上下，使宁波塑机企业足不出市就可采购到整机所需90%左右的零部件，特别是国内市场所需的中低端注塑机可以全部由宁波市关联企业配套解决。而精密、电动或出口到欧美市场的注塑机配套件，仍需向境外供货商采购解决。

5.发展良好的外部环境

硬件设施：宁波市的工业园区设施优良，交

通通信十分便利，加上已有的鄞州高教园区和以宁波大学为中心的北高教园区，拥有创业创新极佳的硬件环境。以占宁波市塑机销售收入约2/3的北仑区为例，区内拥有宁波经济技术开发区、宁波保税区、宁波出口加工区和宁波大榭开发区，形成支撑宁波塑机产业集群持续发展的较好的外部环境。

软件设施：

（1）实施《中国制造2025》有关政策。涉及塑机产业发展的相关内容要点有：推进“浙江制造”建设，提出“要以海天塑机集团行业龙头企业为重点”，加快开发具有自主知识产权的核心技术和产品，努力建设全国最大的塑机产品生产基地，加强企业创新体系建设，提高企业科技竞争力，加快利用信息技术改造提升传统优势产业。宁波北仑已被科技部授予“国家火炬计划北仑注塑机产业基地”，要进一步完善功能，大力引进国际著名塑机制造企业和相关配套企业，着力打造世界级的塑机生产、研发、检测和销售基地。推动节能技术应用，开发节能产品。政府设置节能扶助资金，对节能产品、节能技术、新工艺的推广和应用给予补助。加强人力资源的开发为产业结构调整升级提供人才支撑。以上一系列政策的出台，对于宁波市塑机产业集群竞争力的提升，将发挥非常重大的影响。

（2）行业协会。宁波市塑料机械行业协会成立于2003年3月，是全国仅有的三家地方性塑机专业行业协会之一。协会自成立以来，开展了多次富有成效的主题活动。如，制订行规行约，初步缓和了同业间无序竞争的状况；承办宁波国际塑机展；组织国内外同业学习考察；举行行业培训活动；成功申报“中国塑机之都”；推荐申报注塑机中国名牌产品；组织行业反倾销活动；承办《宁波塑机》，建立“宁波塑机”门户网站。行业协会在规范行业行为、促进产业技术创新、维护行业权益等方面发挥了日益重要的作用。由于宁波塑机产业在国内举足轻重的地位，宁波市塑料机械行业协会作为团体会员加入中国塑料机械工业协会，并在其中担任了理事职务，这对于宁波塑机产业借助行业平台广泛参与国内外行业交流合作、提升产业集群竞争力起到了助推作用。

（3）国家塑料机械产品质量监督检验中心。位于宁波北仑开发区的国家塑料机械产品质量监督检验中心（简称国家塑机中心）是国家质量监督检验检疫总局及国家认证认可监督管理委员会授权成立的我国唯一一家塑机类产品国家检验机构。依照国际ISO/IEC 17025，国家塑机中心建立了自己的质量管理体系，具有中国实验室国家认可（CNAL）和计量认证（CMA）资质。所出具的检测报告不但在国内具有权威性，而且得到与CNAL签署双边互认协议的44个国家的认可，可覆盖欧美亚等主要经济区。

作为国家级检验机构，国家塑机中心不仅具有塑料机械、食品机械、金属加工机械和其他机械方面的检验能力，还可提供材料化学分析、物理性能、全相、无损探伤和精度等方面的检验服务。国家塑机中心在我国塑机行业建立了较高的知名度和技术权威性，在工作中培养了一批具有丰富工作经验的工程师队伍。近年来国家塑机中心又开展了CE安全认证及产品验货服务。

国家塑机中心落户宁波，是宁波塑机产业集群优势的体现。中心建成后，在维护企业和消费者正当权益、保护优势品牌、促进产业集群发展等方面日益发挥重要作用。

（4）企业研究中心和企业工程研究院。近年来，海天塑机集团与北京化工大学、浙江大学等高校及科研院所合作，利用其雄厚的科技力量，着力提高企业的自主研发能力和水平。宁波海太与华南理工大学联合创立了宁波首家企业工程研究院和企业博士后工作站，宁波海太集团企业技术中心被认定为“省级认定企业技术中心”。此外，宁波海达、宁波通用、宁波双马等企业通过与大专院校合作，致力于产品研发或者专业人才培养引进，努力提升企业自主创新能力。这些企业代表了宁波塑机产业的发展潜力和方向。

三、宁波塑料机械行业目前存在的主要问题

宁波塑机产业的生产规模与整体水平在国内

处于领先地位，有着明显的比较优势，对此已作了比较详细的阐述。在此将客观分析宁波市塑机产业与先进国家比较存在的差距，以把握时机、努力赶超，实现由大到强的转变。当前宁波市生产的塑机产品仍以中低档、通用型为主，仅有个别企业个别产品达到了国际先进水平，对此要有客观清醒的认识。与发达工业国家的先进水平比较，宁波塑机产业存在的主要问题表现在四个方面。

1. 产业规模结构不甚合理

2017 年宁波市规模以上塑机企业 70 家，其中年销售额不足 5 000 万元的有 45 家，占全部规模塑机企业的 64%；年销售额 5 000 万元到 1 亿元的 8 家，占全部规模塑机企业的 11%；年销售额 1 亿元以上的 17 家，占全部规模塑机企业的 24%。而在年销售额超亿元的企业中，海天塑机集团的年销售额 98 亿元，遥遥领先于其他企业（其他企业的年销售额均在 5 亿元以下）。这表明宁波塑机产业集群还仍以中小企业为主，真正重量级企业寥若晨星，特别缺乏年销售额 10 亿元上下的第二层次企业群。这种实力过于悬殊的状态，不利于形成你追我赶的竞争格局，也不利于产业集群内部开展充分而公平的竞争。此外，宁波市塑机企业基本是清一色的民营企业，凭借体制优势抢占了市场先机，很快发展成为全国集中度最高的塑机制造产业基地。但是，随着时间的推移，民营企业内部家族制管理模式暴露了固有的局限性，职业经理人队伍发育仍相对滞后，这给宁波塑机产业集群的提升和后续发展造成了不利的影响。

2. 产品同质化长期困扰产业集群健康发展

宁波塑机产业发端自 20 世纪 70 年代的宁波塑机总厂，产业集群形成于 20 世纪 90 年代以海天为代表的“海字系谱”企业崛起之后，可以说多数企业都与“总厂”或“海天”有一定历史渊源，这种“近亲繁衍”的结果给产业的成长打上了深深的烙印 —— 产品雷同，由此造成企业缺乏个性、普通常规机型产能过剩、低价竞销的后果。行业协会成立不久开始推行行业自律措施，企业之间不正当竞争现象有所缓解，但是产品同质化这一结构性弊病并没有得到根本解决。近几年宁波海天等几家骨干企业开发成功了伺服节能注塑机，比传统的液压机节电 40% ～ 60%，技术上前进了一大步，成为引领市场的主打产品。但时隔不久，宁波多数塑机企业迅速跟进，也开始涉足这一产品。但问题在于多数企业缺乏自主创新能力，始终无法形成企业产品个性和特色，虽然前进了一步，但产品同质化的难题仍然没有破解。

3. 产业自主开发能力薄弱

多数企业缺乏自主创新能力。据统计，宁波市塑机企业具有自主开发能力的不上 20 家，行业研发性投入平均不到销售额的 3/1000，仅为国际先进国家技术研发平均投入的 1/10。由此造成宁波市塑机产品与国际先进国家技术水平的差距没有明显缩小。

集群企业的新产品产值过度集中于几家重点企业，广大中小企业往往没有新产品产值或产值偏低，这反映出企业新产品滚动研发的力度明显不足。宁波市塑机行业近 5 年新产品产值率变化情况见图 1。

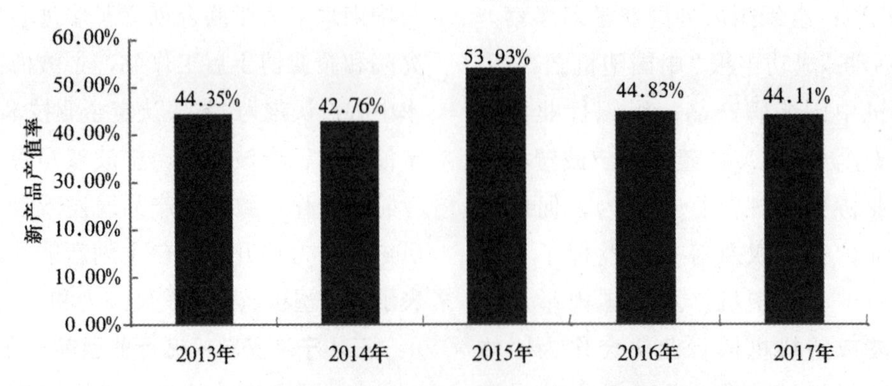

图 1 宁波市塑机行业近 5 年新产品产值率变化情况

表2 液压注塑机主要零部件及其地位

部件	零 件	在整机中地位	主要供货商
机架系统	底座、铸件	一般部件	宁波东吴镇等
机门系统	电器开关、液压保护、机械锁	一般部件	宁波等地
锁模系统	哥林柱、锁模板等	重要部件	宁波等地
射胶系统	射座、机筒、螺杆、加热干燥、防护罩等	重要部件	舟山等地
传动系统	液压缸、液压马达、液压管、泵、阀门等	关键部件	境外产品主导
控制系统	电器元件、控制器	关键部件	境外产品主导

4.产品附加值低

注塑机是一个复杂产品，其零部件的品质在很大程度上决定了整机的品质，也影响塑机产品附加值的高低。

液压注塑机主要零部件及其地位见表2。显然，注塑机配套的关键部件当前仍由国外厂商占主导。

采用国产传动系统和控制系统配套件的注塑机往往附加值就低，也难以打入国际塑机高端市场。而国产配套件的水准反映了我国基础工业的现状。换句话说，我国基础工业的发展水平，在很大程度上制约了我国塑机产品技术档次的提升。

注塑机全球价值链由以下四个环节构成。

（1）原材料生产及设备供应环节。原材料供应商如钢铁企业提供各类不同的钢材，设备供应商提供各类数控机床、加工中心等。

（2）零部件供应环节。零部件分为一般零部件和高级零部件。一般零部件如铸件、普通液压件、机筒、螺杆等；高级零部件如精密螺杆、电脑控制器、精密液压件等，该类零部件的性能要求相对很高，加工难度大。

（3）研发生产环节。包括关键零部件以及整机的研发设计和生产。

（4）市场营销与售后服务环节。当前主要有两种营销渠道：一是整机厂直接面对客户；二是通过分销商将产品传递给客户，尤其是出口到国外的注塑机，往往只能通过分销商进行销售和售后服务。注塑机产业全球价值链见图2。

注塑机产业价值链的四个价值环节中，只有某些关键环节才能创造更高的附加值。这些高附加值的环节一般就是全球价值链的战略环节，谁抓住了它谁就抓住了整个价值链，谁就控制了行业的高端市场。由此可见，要保持全球产业竞争优势，关键是掌握产业价值链上的战略环节，注塑机产业的战略环节是产品研发及制造。

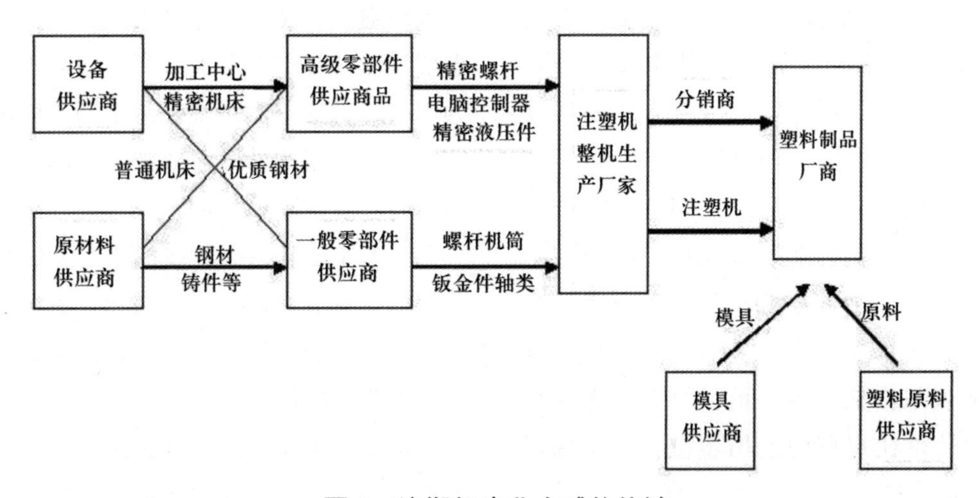

图2 注塑机产业全球价值链

四、产品分类情况及区域特点

我国珠江三角洲、长江三角洲等地区，形成了一批充满生机和活力的塑机及与塑机关联的产业集群。我国塑机主要产业集群区域分布及特点见表3。

表3　我国塑机主要产业集群区域分布及特点

序号	区域	产品类型
1	浙江省宁波市	以生产注塑机为主，包括液压机、液电复合机、电动机等。2006年被国家授予"中国塑机之都"称号
2	浙江省舟山市	塑机螺杆、机筒，螺杆产量占全国70%。2006年被国家授予"中国塑机螺杆之都"称号
3	广东省顺德市	注塑机。主要企业：震德塑机
4	江苏省南京市	注塑机螺杆、机筒、哥林柱。主要企业：南京艺工电工设备厂
5	江苏省张家港市	塑机、挤出机及混配设备产业集群。主要企业：江苏维达机械有限公司
6	山东、大连等	挤出机及挤出生产线。主要企业：大连橡塑机械有限公司、潍坊中云机器有限公司等
7	甘肃兰州市	塑料编织设备。主要企业：兰州兰泰塑机有限公司
8	陕西宝鸡市	塑料中空成型机械。主要企业：陕西秦川机械发展有限公司

1. 宁波塑料机械行业在各区的分布

据2017年行业统计资料，宁波有塑机整机企业130余家，其中规模以上整机企业70家，分别分布在北仑区26家，占37.1%；鄞州区28家，占40%；镇海区5家；江北区5家；其他县区6家。北仑、鄞州是宁波市塑机整机企业的密集区，占宁波市塑机整机企业的77.1%。

2. 宁波塑机产品的市场

（1）国内市场。我国塑料制品主要生产地区集中在东南部沿海地区，具有明显的地域性。广东、浙江、山东、江苏、辽宁五省产量位居全国前列。

塑料机械是塑料工业发展的主要支柱，它为塑料行业提供了先进的技术装备，是塑料工业发展的基础。由于塑料的可替代性、可再生性等特点，塑料工业发展前景长期看好，这为塑机产业持续发展提供了强劲的动力。当前我国塑料工业对塑机产品的需求显示出三个趋势。

第一，通用型塑机仍是市场需求的主流产品。当前我国塑料制品工业主流产品仍以日常民品为主，对塑机技术要求不高，而我国塑料产品出口也还是以东南亚、中东地区等发展中国家为主，因此性价比良好的通用塑机仍为市场需求最大的产品。

第二，节能环保塑机渐成潮流。随着全球能源日渐紧缺，环境污染、气候变暖等问题日益尖锐，传统塑机产品的耗能、耗材、噪声、污染等问题成为社会和行业关注的焦点。大型二板机、电动注塑机、伺服式注塑机等节能、节材、环保产品越来越受到市场青睐。

第三，精密注塑机成明日之星。医疗器材、电子产品的发展要求注塑机向高速注射和高重复精度方向发展。加快精密注塑机的研发是提高产品附加值、进入高端市场的紧迫要求，这也是宁波塑机产业实现由大到强转变过程中必须跨越的一道坎。

（2）国际市场。英国AMIC应用市场信息咨询公司对世界塑机产品需求增长的系统调查研究表明，近几年世界对塑机产品的需求增长平均约为15%。但需求的增长态势不同，美国市场需求减少，日本基本持平，亚洲、欧洲需求强劲，世界市场总供需保持稳定增长。

日本（公认为国际二流水平）、欧洲（主要是德国、意大利，公认为国际一流水平）是塑机产品的主要出口国，国际塑机产品高端市场仍被上述国家所控制。

北美、亚洲是塑机产品的主要消费区，亚洲对塑机的需求正以年均增长12%的速度递增，但这一势头逐渐被当地塑机产品的发展速度所抵销。

五、宁波市塑料机械行业的发展重点

1. 改善企业结构，提前进行人才储备

宁波塑机企业具有民营企业灵活的体制机制优势，要进一步发扬优势，大胆探索，建立完善的产权制度，大力提倡和推行股份制的产权结构。在行业龙头企业的引领下，各级政府应加强对产业集群中第二层次企业的扶助指导，增加产业集群中重量级企业的数量，改善产业集群内部规模结构。

宁波塑机产业在企业家、管理层和员工队伍建设三个层面上已造就了一批优势人才，但与打造世界先进塑机产业基地还有相当距离，要努力从国外引进一批高级技术和经营管理人才，以技术、项目和新的经营理念为企业注入新的活力，带动整个产业集群的发展。行业协会要为产业人才引进、员工培训牵线搭桥，努力促进宁波市的高等院校开设塑机专业或进行员工定向培训，为塑机产业的发展积蓄人力资源。

2. 加强产业集群创新能力

鼓励和推动企业采用先进技术，购置先进设备。企业则应采取多种途径不断加强自主创新能力，包括增加科研经费投入，充分利用外资企业的技术溢出效应，加强企业与高校科研机关的合作攻关等。

3. 完善产业链协作配套体系

宁波北仑区聚集了海天、震雄、力劲、德马格、住重、宇进等国内外塑机巨头企业，注塑机产销量均占全市产销量的65%以上，2005年宁波北仑被国家科技部授牌为“国家火炬计划北仑注塑机产业基地”。今后要进一步发展和完善基地功能，继续有选择地引进国外著名塑机企业，更要针对性地引进品质良好的塑机配件企业，根据专业化协作原则完善产业链，达到最佳的集聚效应。行业协会组织要配合质量检测部门，加强对塑机配套协作件的质量监控，在产业集群大力宣传和推广优质配套件，努力避免劣质配套件拖累整机产品质量。

4. 引导企业研究市场

引导企业根据产品特点做好市场定位，制订营销策略。加强对国内市场的研究和开拓，密切关注我国政府拉动内需的政策举措，加强产品研发，设法满足国内高端用户的需求，争取在替代进口中获取较大的份额。要继续加大对国际市场的研究，我国有实力的骨干塑机制造企业要提高产品技术含量，提升产品附加值，努力向塑机高端市场进军，提高自身的国际竞争能力，最终打破高端市场长期被发达国家垄断的局面。当前国际贸易风云变幻莫测，贸易纠纷此起彼伏，尤其要关注世界重要的塑机市场动态，加强信息收集分析，做好市场预警、预测，努力开拓新兴市场。建立健全“企业、行业协会、政府”三位一体应对国外反倾销调查的联动机制，维护产业集群正当权益，为我国塑机更广泛参与国际市场竞争创造良好的外部环境。

六、部分重点企业概况

1. 海天塑机集团股份有限公司

海天塑机集团有限公司是国家大型企业，中国塑料机械工业协会会长单位，宁波市塑料机械行业协会会长单位，是联合国技术信息促进系统（TIPS）认定的中国优秀民营企业，在行业中率先通过了CE认证、ISO 9001：2000版质量体系认证。

海天塑机集团有限公司以其产品的优质、高效、节能、档次高、经济效益好闻名于全国塑料机械行业，企业整体实力及各项经济指标连续多年在全国同行中名列首位，是国内同行公认的排头兵。产品外销量逐年增加，是原国家外经贸部确认的“国家重点支持和发展的名牌出口商品”。海天塑机集团有限公司2017年主要经济指标见表4。

表4　海天塑机集团有限公司2017年主要经济指标

指标名称	单位	数值
资产总计	万元	1 642 329
负债总计	万元	585 731
工业总产值	万元	1 063 223
新产品产值	万元	373 043
工业销售产值	万元	986 562
产品销售收入	万元	1 018 627
出口交货值	万元	289 225
员工年均人数	人	5 632

2. 宁波市海达塑料机械有限公司

宁波市海达塑料机械有限公司创建于1992年，是中国塑料机械工业协会常务理事单位、宁波市塑料机械行业协会副会长单位。公司自行研发了HD、HDX、HDH三大系列100余种规格型号注塑机，锁模力500～33 000kN，注射量48～50 000g。公司是国家火炬重点高新技术企业，并获得浙江省著名商标、浙江省名牌产品、浙江省知名商号等称号。

公司占地面积逾10万m^2，员工近400人，其中具有中高级技术职称的技术骨干60多人，常年聘请行业知名专家和教授担任技术顾问和管理顾问，并与国内著名学府联合创办了研究中心，正在筹建博士后流动工作站。宁波市海达塑料机械有限公司2017年主要经济技术指标见表5。

表5　宁波市海达塑料机械有限公司
2017年主要经济技术指标

指标名称	单位	数值
资产总计	万元	62 800
负债总计	万元	22 716
工业总产值	万元	52 814
新产品产值	万元	34 889
工业销售产值	万元	50 240
产品销售收入	万元	50 710
出口交货值	万元	4 893
员工年均人数	人	371

3. 宁波通用塑料机械有限公司

宁波通用塑料机械有限公司是制造塑料注射成型机的专业厂家，建厂于1985年，现有员工300余人，厂区占地面积6万m^2，引进以各类立式、卧式加工中心为标志的先进加工设备，并通过ISO 9001质量管理体系认证。

宁波通用塑料机械有限公司曾连续被评为省、市“重合同守信用”单位和国家级“重合同守信用”企业，“甬华”牌商标被评为省著名商标，“甬华”牌注塑机为市名牌产品。公司还与日本著名企业集团JSW（株）日本制钢所塑机部建立了稳定合作关系，与其合作建设电动注塑机生产基地，向发展高精度、高速度，节能环保注射成型技术，实现高效、高节能、无污染的性能目标飞跃。宁波通用塑料机械有限公司2017年主要经济技术指标见表6。

表6　宁波通用塑料机械有限公司
2017年主要经济技术指标

指标名称	单位	数值
资产总计	万元	342 701
负债总计	万元	13 815
工业总产值	万元	48 340
新产品产值	万元	2 663
工业销售产值	万元	47 530
产品销售收入	万元	48 003
出口交货值	万元	22 114
员工年均人数	人	306

4. 宁波海雄塑料机械有限公司

宁波海雄塑料机械有限公司2008年获评国家重点支持的高新技术企业，“海雄”品牌也获得宁波市名牌产品和浙江省著名商标称号。海雄工程技术中心2008年获得区级技术中心称号，2015年获得市级技术中心称号；共获得1项发明专利、14项实用新型专利。

创业至今，海雄历经两次搬迁，并吸收合并了宁波震坤塑料机械有限公司、宁波海明塑料机械有限公司。当前占地面积逾5万m^2，共有六大车间。宁波海雄塑料机械有限公司2017年主要经济技术指标见表7。

表7　宁波海雄塑料机械有限公司
2017年主要经济技术指标

指标名称	单位	数值
资产总计	万元	50 849
负债总计	万元	25 208
工业总产值	万元	44 856
新产品产值	万元	5 734
工业销售产值	万元	44 912
产品销售收入	万元	44 990
出口交货值	万元	7 165
员工年均人数	人	211

5. 宁波双马机械工业有限公司

宁波双马机械工业有限公司是宁波成路集团的子公司，创办于1998年。公司以“智能、高效、精密、节能”为创新发展方向，实施差异化竞争的经营战略，依托公司强大的自主研发实力，通过加大对高端大型两板式智能伺服节能型注塑机、全电动精密节能型注塑机的研发投入与建设，推进企业的转型升级，促进“高分子材料”“塑料机械”“塑料模具”三大研究领域的整合。当前主营产品有：EK Ⅱ伺服节能注塑机（核心技术中心锁模结构荣获国家发明专利，专利号ZL2011 10250342.5）、DK系列电液复合纯二板注塑机、CIML系列碳纤产品智能成型线。

公司2008年被认定为国家高新技术企业，建立了省级企业技术中心，先后引进德国专家2人（1人入选国家千人计划）、日本专家1人，中国香港、中国台湾地区相关行业顶尖专家十多人，研发团队2014年被认定为宁波市科技创新团队。2017年为中国塑料机械制造业综合实力30强、塑料注射成型机15强企业。“BOLE”商标被认定为“浙江省著名商标”，产品获“浙江省名牌产品”“浙江省出口名牌”称号。宁波双马机械工业有限公司2017年主要经济技术指标见表8。

表8　宁波双马机械工业有限公司2017年主要经济技术指标

指标名称	单位	数值
资产总计	万元	62 595
负债总计	万元	52 700
工业总产值	万元	38 063
新产品产值	万元	32 582
工业销售产值	万元	39 428
产品销售收入	万元	43 512
出口交货值	万元	0
员工年均人数	人	370

6. 富强鑫（宁波）机器制造有限公司

富强鑫（宁波）机器制造有限公司成立于2001年12月，是由台湾富强鑫及宁波中策集团合资成立（中策占9.5%股份），主要从事各类精密注塑机的生产及销售（锁模力600～37 000kN）。厂房位于宁波江北投资园区B区，占地面积3.3万m^2，投资总额1 750万美元，实收资本额700万美元。当前员工约290人，年产注塑机约800台（以基数来看，相当于同业1 200台），主要以特种注塑机为主，如双色机、超大型机、高速机等。

公司当前为中国塑机协会理事单位、宁波塑机协会副会长单位、宁波台商协会副会长单位、宁波市产学研技术创新联盟理事单位。富强鑫（宁波）机器制造有限公司2017年主要经济技术指标见表9。

表9　富强鑫（宁波）机器制造有限公司2017年主要经济技术指标

指标名称	单位	数值
资产总计	万元	46 123
负债总计	万元	16 442
工业总产值	万元	40 193
新产品产值	万元	29 105
工业销售产值	万元	39 684
产品销售收入	万元	41 055
出口交货值	万元	4 522
员工年均人数	人	248

7. 宁波海星塑料机械制造有限公司

宁波海星塑料机械制造有限公司创立于1999年，是浙江省高新技术企业和市重点骨干企业。公司于2005年先后通过ISO 9001质量体系认证和欧盟CE安全认证，“海星”牌塑机是宁波市名牌产品，并获宁波知名商标称号。

宁波海星塑料机械制造有限公司不断为客户提供适应不同产品要求的个性化机器，如XHF标准型塑机、HXF-J变频节能机、HXF-V比例变量泵节能机、HXF-G电木专用机、HXF-D混双色注塑机、HXF-S闭环精密机、HXF-BMG热固性塑机、HXJ全电动注塑机，产品性能已达国内领先水平。产品远销国内十几个重要工业城市和日本、意大利、西班牙、美洲、非洲、中东及东南亚几十个国家和地区。宁波海星塑料机械制造有限公司 2017 年主要经济技术指标见表 10。

表 10　宁波海星塑料机械制造有限公司 2017 年主要经济技术指标

指标名称	单位	数值
资产总计	万元	54 733
负债总计	万元	24 187
工业总产值	万元	40 211
新产品产值	万元	28 704
工业销售产值	万元	38 033
产品销售收入	万元	37 844
出口交货值	万元	8 679
员工年均人数	人	255

8. 宁波创基机械有限公司

宁波创基机械有限公司拥有三大生产基地，公司占地面积约 7 万 m^2，月产量 300 台，年产量 3 600 台左右。是国家高新技术企业，获浙江省知名商标称号，拥有专业的市级注塑机研发中心、独有的恒温检测室和三大品牌线。宁波创基机械有限公司 2017 年主要经济技术指标见表 11。

表 11　宁波创基机械有限公司 2017 年主要经济技术指标

指标名称	单位	数值
资产总计	万元	40 978
负债总计	万元	26 792
工业总产值	万元	36 710
新产品产值	万元	39 144
工业销售产值	万元	37 728
产品销售收入	万元	37 728
出口交货值	万元	391
员工年均人数	人	244

七、宁波市塑料机械行业协会

宁波市塑料机械行业协会成立于 2003 年 3 月，是宁波塑料机械产业的行业组织，由宁波市塑机及相关的企业、团体自愿组成的非营利性质社会团体法人。会员企业经营范围主要覆盖塑料机械、塑料辅机、塑机控制器、液压马达、机筒螺杆、控制电器等生产或经营单位。

当前协会经四次换届，运行日益健康规范。第五届理事会由海天塑机集团总裁张剑峰担任会长，副会长共 12 名。协会秘书处有专职工作人员 4 名。宁波市塑料机械行业协会会长、副会长名单见表 12。

表 12　宁波市塑料机械行业协会会长、副会长名单

序号	单位名称	负责人	协会职务
1	海天塑机集团有限公司	张剑峰	会长
2	宁波海太工贸有限公司	俞　冲	副会长
3	宁波通用塑料机械制造有限公司	张允升	副会长
4	宁波创基机械有限公司	石宇杰	副会长
5	宁波市海达塑料机械有限公司	蒋忠定	副会长
6	震雄机械（宁波）有限公司	蒋丽苑	副会长
7	宁波双马机械工业有限公司	黄伟良	副会长
8	宁波海星塑料机械制造有限公司	孙　坚	副会长
9	富强鑫（宁波）机器制造有限公司	王俊杰	副会长
10	浙江金鹰塑料机械有限公司	潘明忠	副会长
11	宁波海雄塑料机械有限公司	郑　强	副会长
12	宁波华美达机械制造有限公司	刘　翔	副会长
13	宁波弘讯科技股份有限公司	俞田龙	副会长

协会的主要任务是：调查研究，提供建议，组织协调，自律管理，信息引导，全面服务。

—— 面向企业，服务企业。特别在国家编制产业调整和发展规划过程中，代表企业向政府提出意见和建议，起到桥梁和纽带作用。

—— 为行业发展构筑较高的起点和平台。协会工作充分与国际接轨，加强国内外信息交流，组织同业考察，承办展销会、博览会，向国内外市场宣传推介宁波品牌塑机。

—— 规范行业行为，强化行业自律管理，为企业创造公平有序的竞争环境。

〔供稿单位：宁波市塑料机械行业协会〕

研发实力

北京化工大学橡塑机械研究团体

北京化工大学自1958年建校之时即成立机械系，并开设了合成材料加工机械专业，为我国塑机行业人才培养和科学研究开辟先河，是我国聚合物加工原理及装备研究方向的第一个硕士和博士点。以朱复华教授、程源教授为代表的老一代学科奠基人，在基于可视化研究方法基础上提出的单螺杆三段七区模型和亚宏观双螺杆挤出模型、注射成型装备优化设计、分散混合原理及新型混炼设备、大型鼓式硫化装备和子午线轮胎的设计和工程化等研究成果享誉国内外。经过多年积累和发展，北京化工大学在橡塑机方向的实力进一步增强，现已具有较强的国际影响力，处于国内行业领先地位，培养的一大批优秀专业人才已成为我国塑料机械和塑料加工行业的中坚力量。北京化工大学是中国塑料机械工业协会常务理事单位、中国塑料机械行业专家委员会副主任委员和秘书长单位、中国塑料机械行业专家委员会秘书处常设单位。

北京化工大学橡塑机械研究团体（简称北化塑机研究团体）隶属于北京化工大学机电工程学院，由塑料机械及塑料工程研究所、高分子材料先进制造科技创新英蓝实验室、橡塑机械研究所组成。当前该研究团体由教育部特聘教授长江学者1名，行业资深教授8名，副教授26名，讲师15名组成，其中90%以上具有博士学位学历，专业背景涵盖机械、材料及自动化控制等方向。近十年来，北化塑机研究团体主持国家自然科学基金、科技部重点研发计划、“973”“863”、科技支撑计划等国家级研究项目32项，省部级科研项目100余项，企业合作项目300余项。共获得国家发明专利授权500余件，发表研究论文1 000余篇，获得国家科技进步奖二等奖在内的十余项奖项。与德国阿博格、美国的Exxonmobil，国内的海天集团、伯乐塑机、南京创博、三角集团、鸿达兴业、广州数控、力劲集团、时风集团等国内外行业龙头企业合作成立了联合实验室及产学研研发中心，全力服务于塑机行业的技术创新。此外，北化塑机每年为企业输送以橡塑机械为主兼顾材料和控制工学的本科毕业生逾200名，硕士研究生逾120名，博士研究生逾10名。

北化塑机研究团体围绕国家科技重大需求和学科前沿，以聚合物加工基本原理及装备为基础，形成了高分子材料精密成型原理及装备、聚合物高性能化关键技术及装备、聚合物绿色制造技术及装备、微纳成型关键技术及装备、聚合物加工重大关键装备技术的特色研究方向。承担了一系列国家重大重点项目，并与塑机企业紧密合作，推动我国橡塑机械行业的进步和创新。

一、高分子材料精密成型原理及装备

随着高分子材料在国民经济和国防工业等领域的广泛应用，汽车工业、电子通信、医疗卫生等行业对制品的精密化提出了迫切要求，已成为全球聚合物成型加工领域普遍关注的重要问题。为此，北化塑机研究团体在精密挤出和精密注塑成型方面开展了深入的理论研究和技术开发，形成了一系列特色技术。

在精密挤出方面，将精密塑化技术、高精度驱动技术以及失重式加料计量系统、统计过程控制系统（SPC）等先进技术用于高精密挤出成型系统，同时对提高挤出成型精密度的关键技术和设备进行了深入研究和创新，所发明的并联式稳压系统、稳流式精密成型模具等装备在显著提高挤出成型压力和流量稳定性的同时，工作可靠性明显优于当前国外采用的串连式熔体泵稳压系统，且成本不到熔体泵的 1/5。将此精密挤出技术用于多层尼龙汽车燃油管及 PEX、PPR、PERT、PB 等管材的生产线上，在节省原材料、提高生产效率等方面发挥了很大作用。

在精密注塑方面，依托科技部“十一五”科技支撑计划项目，建立了精密注塑螺杆塑化评价体系，并开发了注塑螺杆优化设计方法，同时利用发明的高分子材料 PVT 特性在线测试装置和试样变形量显微放大机构，大幅度提高测量精度，为精密成型模具设计、模塑成型装备控制和工艺优化奠定基础，与海天集团合作研制成功精密注塑机并实现大规模产业化。

二、聚合物高性能化关键技术及装备

依托科技部“十一五”科技支撑计划项目“工程塑料高性能化制备关键技术和研发”以及国家自然科学基金项目，北化塑机研究团体针对聚合物高性能化设计开发了具有拉伸和低剪切流场的新型高效混合元件，并针对纤维增强体系、高黏度比体系、反应挤出体系等系统研究螺纹元件构形对改性体系相形态的影响规律，建立了双螺杆混合性能评价体系，针对性地设计合理的螺杆组合。此外，开发出具有拉伸－剪切交变流场的三角形排列三螺杆挤出机组，在高填充体系、高黏度比体系以及一步法直接挤出原位成纤技术方面得到应用。开发成功了串联式磨盘螺杆挤出机组、往复移动螺杆挤出机组、新型橡胶冷喂料排气挤出机、销钉挤出成型机以及 FIFO 橡胶高效节能注射机等新型混炼挤出机组服务于聚合物高性能化改性。倒三角形排列三螺杆挤出机及其独特的剪切－拉伸交变流场见图 1。

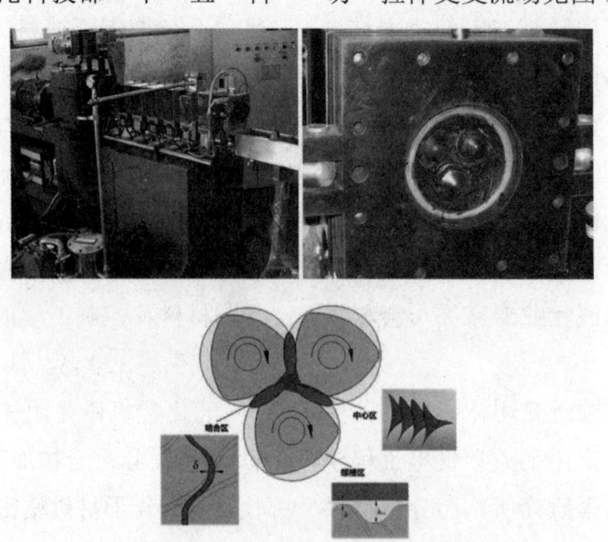

图 1　倒三角形排列三螺杆挤出机及其独特的剪切 - 拉伸交变流场

连续纤维增强热塑性复合材料（简称LFT）不仅具有良好的刚性和强度，冲击性能也远超短纤填充增强复合材料，与热固性复合材料相比具有可再加工性及可回收利用性，在汽车工业得到广泛关注和应用，作为“以塑代钢”轻量化材料将会得到更多的应用。北化塑机研究团体深入研究高黏度树脂浸渍纤维束机理，开创性地将雷诺方程和达西定律相结合，建立了浸渍理论模型，并分析纤维在模具中的受力，采用Weibull概率分布理论建立了纤维浸渍过程的断裂理论；通过建立挤出－浸渍过程的空间状态方程，实现生产过程的全自动反馈控制。在此基础上，已开发出高产量的LFT工业化整套生产技术。长纤维增强热塑性复合材料（LFT）生产线见图2。

图2　长纤维增强热塑性复合材料（LFT）生产线

三、聚合物绿色制造技术及装备

超临界二氧化碳和氮气发泡技术是轻量化材料绿色制备技术的发展趋势。北化塑机依托国家“十二五”科技支撑计划项目、“十三五”国家重点研发计划项目、北京市自然基金、财政部、环保部等省部级项目，并与中国石化、南京创博、Exxonmobil、Honeywell等国内外公司合作，在超临界流体发泡原理、技术及成套装备方面开展系统深入研究。建立了聚合物树脂可发泡性能评价体系，聚合物/气体在线流变测试系统以及挤出、注塑、间歇发泡实验平台，并对高黏度熔体的均匀高效冷却以及基于熔体粘弹性和相态控制的发泡模具流道优化设计形成专利技术。当前，聚苯乙烯/超临界二氧化碳挤出发泡板材成套技术已实现产业化；聚丙烯挤出发泡片材、聚酯（PET）免干燥扩链发泡一体化挤出生产线也已达到中试技术；另外开发的热塑性聚氨酯（TPU）挤出－注塑发泡样机已顺利交付使用。已开发各类型发泡机组20余台（套），在安徽合肥、四川大学、汕头昂斯鞋材等企业应用。PET发泡板材聚丙烯挤出管模发泡见图3。

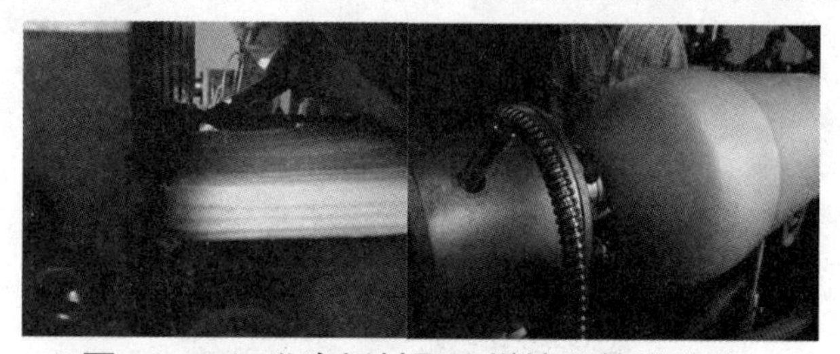

图3　PET发泡板材聚丙烯挤出管模发泡

木塑复合材料是利用再生塑料与废弃木质纤维复合制成的强度高、耐候耐腐的类木材制品，可广泛替代木材用于包装箱板、托盘、室内门窗、地板、型材等领域。木塑复合材料既可节约森林资源，又是一种环保可回收重复利用材料。北化塑机通过研究热塑性塑料与木纤维的界面结合机制、低流动性高热敏性复杂体系的加工流场特性，设计开发了木塑成型模具与冷却定型装置系统，并开发出多元化成型工艺，包括木塑多层复合技术、木塑复合材料微发泡工艺、包覆共挤、微发泡木塑共挤出等，提高了新一代木塑复合材料制品的功能性。已技术转让全国30多家企业，规模化生产木塑托盘、户外园林景观制品、建筑模板及其他建筑材料等制品。木塑板材挤出成型木塑复合材料制品见图 4。

图 4　木塑板材挤出成型木塑复合材料制品

四、微纳成型关键技术及装备

针对聚合物微纳成型的特点和典型制件（系统）的共性问题，聚焦精密成型和多层次受控定构所遇到的瓶颈问题，进行成型方法的创新和相应装备的开发。相关技术均为研究团队国际首创并经理论和实验验证，同时得到国内外同行认可。其中“空间限域强制组装（SCFNA）法制备导电复合材料”技术可以有效提高复合材料电导率 2 ~ 4 个数量级，“类固态等温微纳米热压印（IHESS）”技术可以实现微纳结构的精密大面积复制。研究团队基于以上技术开发了微纳米等温热压印机、微纳米双辊压印机、注压注塑成型装备、挤压挤出成型装备等系列专用装备、紫外固化压印装备、紫外固化注塑成型设备等。其中 SCFNA 法已经应用于高铁路基传感器以及飞机雷达屏蔽材料的制造上，正在进行产业化；IHESS 法已经应用在 LED 灯具微结构配光材料的制备，并已经在济源蓝曼公司实现了产业化。SCFNA 法工艺流程见图 5。IHESS 微纳米等温热压印机见图 6。

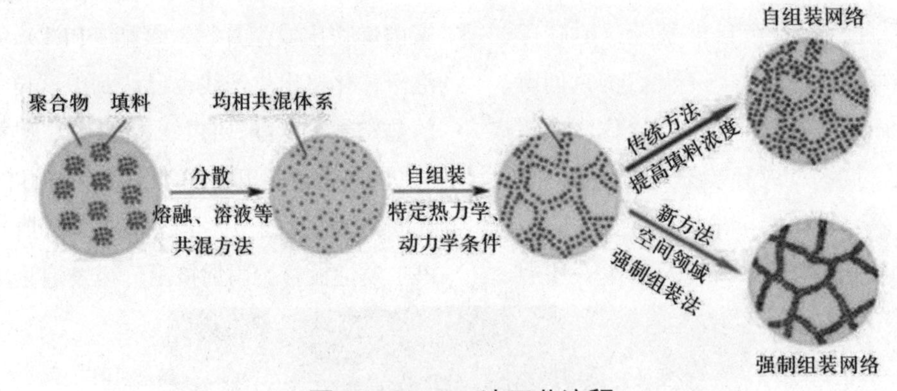

图 5　SCFNA 法工艺流程

图 6　IHESS 微纳米等温热压印机

五、聚合物加工重大关键装备技术

北化塑机研究团体参与研发的年产20万t大型挤压造粒机组国产化项目成功研制，打破了国外企业对我国在该领域的市场和技术垄断，突破了国家重大石化装备领域的又一瓶颈，目前已经在燕山石化、中原石化、洛阳石化、齐鲁石化等国内11家石化企业得到应用，增强了我国高端重大装备制造参与国际竞争的实力。大型造粒机组见图7。

a）20万t/a大型挤压造粒机组

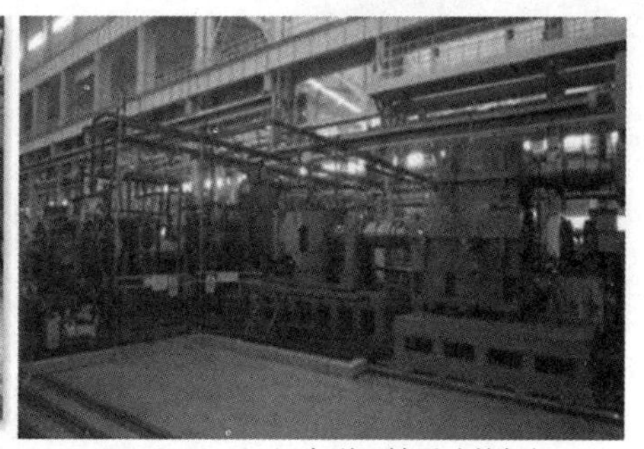

b）25万t/a大型双转子造粒机组

图7　大型造粒机组

针对大型异型中空塑料制品提出多形式、多阶段传热理论，建立了热量（Q）和时间参数（t）关系的控制方程，显著提升制品加工精度和成型效率，并降低能耗；发明了大型异型滚塑模具的无线测温装置，实现对成型过程工艺温度的实时监测与智能控制技术，发明了烘箱-烘道一体结构的滚塑装备，滚塑成型效率提高30%，滚塑装备总体节能达20%；创新研发了大型塑料制品中空发泡整体一次成型方法，成功应用于新能源汽车全塑车身，整体车身减轻55%，隔热性能提升25%。大型中空滚塑成型机见图8。

图8　大型中空滚塑成型机

在橡胶加工成型重大装备领域，独创双L型机头对顶式异形胶坯挤出成型装备，突破了巨型轮胎超宽幅胶坯成型装备的技术瓶颈；还发明了电磁感应加热内外模直压轮胎定型硫化方法及设备，解决了传统采用胶囊硫化造成偏心影响轮胎动平衡和热阻大导致硫化时效率低的难题。L型机头见图9。直压轮胎定型硫化机见图10。

图9　L型机头

图 10 直压轮胎定型硫化机

在超高分子量聚乙烯（UHMWPE）的加工成型领域，针对 UHMWPE 独特的流变特性，设计验证强制加料系统、大推力防抱轴螺杆系统、高效塑化及稳定输送系统，可不添加任何加工助剂直接挤出 UHMWPE 各种规格管材、异型材和棒材制品，开发了具有大推进力的单螺杆挤出机和单螺杆高效连续挤出成型生产技术。在设备研究基础上，同时开展 UHMWPE 物料改性及成型模具、工艺研究，实现了 UHMWPE 的单螺杆高效连续挤出成型。该技术获得多项国家发明专利，与 70 多家企业开展技术开发合作，实现 UHMWPE 单螺杆高效连续挤出成型的工业化。超高分子量聚乙烯挤出系统见图 11。大口径超高分子量聚乙烯管材见图 12。

北化塑机研究团体积极服务于塑机行业创新发展。自 2006 年以来，北京化工大学连续多年为海天塑机集团新员工开展入职专业知识教育，并合作开办工程硕士班，学员均已顺利毕业。与中国塑料机械工业协会合作开办了挤出工艺与螺杆设计高级研修班，塑料改性与双螺杆加工、塑料加工关键技术系列培训班，超临界流体发泡高级研修班，先进发泡成型关键技术及其应用高级研讨会，为塑机行业整体技术力量的提升提供支撑和保障。

图 11 超高分子量聚乙烯挤出系统

图 12 大口径超高分子量聚乙烯管材

北化塑机研究团体在继承老一代学科奠基人优良传统的基础上，不断增强国际交流以及与国内企业的合作，围绕国家和社会发展所面临的重大问题，始终走在塑机学科和技术的前沿，并不断为我国塑机行业培养具有创新精神的专业人才，推动我国塑料机械的技术进步，提高我国塑机的整体实力和国际竞争力。

〔撰稿人：北京化工大学信春玲〕

华南理工大学高分子材料先进制造技术与装备研究所

华南理工大学机械与汽车工程学院高分子材料先进制造技术与装备研究所（简称高分子所）成立于 2008 年 1 月。现有专任教师 19 名，实验教学人员 5 名。其中，中国工程院院士 1 名，博士生导师 4 名，教授 8 名，硕士生导师 15 名，副高职称（含副教授、副研究员、高级工程师、高级实验师）8 名。

高分子所承担着多相多组分复合材料制备加

工、聚合物精密加工成型、多孔质功能材料制备成型的科学研究。共有4个科研平台：聚合物新型成型装备国家工程研究中心、聚合物成型加工工程教育部重点实验室、广东高端制造装备协同创新中心、塑料改性与加工国家工程实验室。

聚合物新型成型装备国家工程研究中心把握国家工业节能降耗的发展趋势，以解决我国聚合物加工产业可持续发展急需的共性技术问题为目标，重点开展聚合物高效、节能成型加工技术及装备的研究，成功开发了一系列聚合物高效节能加工装备并实现产业化，其中包括：塑料动态塑化挤出机、聚合物及其复合材料三螺杆动态混炼挤出机、塑料脉动压力诱导注塑机、物理场强化在线配混注射成型设备、聚合物动态流变工作站、叶片式塑料塑化挤出机、叶片预塑式塑料注射机等。新技术产品由多家塑料机械制造企业生产、销售，在国内近30个省、市、自治区推广应用，社会、经济效益显著。

聚合物成型加工工程教育部重点实验室的基本任务是创造良好的科学研究条件与学术环境，吸引和聚集国内外优秀学者，在高分子材料成型加工工程的前沿领域开展高水平的应用基础研究，为聚合物成型加工技术进步和高新技术发展提供理论和技术装备。力求将实验室建设成面向国内外开放的、代表我国聚合物成型加工研究先进水平的科学研究基地和人才培养基地，为我国聚合物工业做出应有的贡献。

广东高端制造装备协同创新中心由华南理工大学融合国内优势创新力量牵头组建成立，是首个由广东高校牵头成立的面向广东区域支柱产业发展的区域协同创新中心，2014年4月通过广东省首批省级协同创新中心认定。中心以广东制造业对高端制造装备的需求为牵引、以机械工程学科为核心，汇集控制科学与工程、计算机科学与技术、材料科学与工程、仪器科学与技术等相关学科的优势力量，突出中心在高分子产品制造装备、电子信息产品制造装备、专业机器人三大高端装备的研发优势，开展共性关键技术的协同创新研究，开发出产业急需的典型高端制造装备产品，打造服务于广东制造业持续发展、国内一流的高端制造装备创新研发和人才培养高地，加快广东制造业转型升级步伐，扭转广东制造业“大而不强”的面貌，实现广东从“制造大省”到“制造强省”的跨越发展。

塑料改性与加工国家工程实验室是经国家发展和改革委员会批准，由金发科技股份有限公司、华南理工大学及国内其他著名高校和科研机构联合建立的研究开发实体，是国家科技创新体系的重要组成部分。塑料改性与加工国家工程实验室围绕我国电子电气、交通运输、航空航天、节能环保、新能源、高端装备制造等重点产业、新兴产业的需求，建设高效聚合物共混改性、化学改性、加工工艺研究、加工装备、测试评价分析等研究试验设施，打造先进的塑料改性与加工研究及公共服务平台，建立行业内一流的科研开发队伍，突破一批行业关键共性技术，提高我国塑料改性与加工技术水平以及国际竞争力。同时，基于“保护关键技术、共享共性技术”的机制，促进实验室研发成果向行业辐射，推动塑料改性与加工行业的转型升级和快速发展。

高分子所现有3支科研团队：多相多组分复合材料制备加工科研团队、聚合物精密加工成型科研团队、多孔质功能材料制备成型科研团队。多相多组分复合材料制备加工科研团队主要研究方向为不相容共混体系、电磁屏蔽复合材料、生物质复合材料以及功能弹性体的制备、改性、加工成型方法及装备等；聚合物精密加工成型科研团队主要研究方向为聚合物精密成型技术与装备在加工过程检测、机器视觉应用，精密注塑成型、精密挤出模具CAE设计与优化等；多孔质功能材料制备成型科研团队主要研究方向为多孔性功能高分子材料的制备成型技术、微孔发泡塑料加工技术与装备、高分子材料绿色制造技术与装备。

高分子所教师曾承担国家自然科学基金项目、国家“973”计划项目、国家“863”计划项目等国家级项目50多项，各类省、部级科研和教学项目100多项。曾获得2项国家级科学技术奖、2项中国发明专利金奖、9项省部级科学技术奖。共发表三大检索论文200多篇，其中SCI期刊论文100多篇。共申请和授权专利150多项，其中包括发明专利90多项，国际发明专利5项。

检 测 力 量

国家塑料机械产品质量监督检验中心

一、基本情况

国家塑料机械产品质量监督检验中心（简称国家塑机质检中心）是在宁波市产品质量监督检验研究院机械检测中心的基础上，于1999年开始筹建，2002年由国家质量监督检验检疫总局及国家认证认可监督管理委员会授权成立。国家塑机质检中心是国家质量监督检验检疫总局及国家认证认可监督管理委员会授权成立的唯一一家塑机类产品国家级监督检验机构。

国家塑机质检中心于2005年10月落户宁波市北仑区，新实验楼占地面积8 333m^2（12.5亩），建筑面积4 500 m^2。中心自成立以来，注重对检验能力的扩展，特别重视对先进测试仪器的投入，当前中心固定资产近亿元，其中检测设备的原值逾5 000万元。中心拥有德国Leitz PMM Ultra高精三坐标测试仪、英国RENISHAW激光干涉仪、瑞士徕卡六维姿态激光跟踪仪、奥地利DEWETRON动态数据采集仪、瑞士SENSORMATE传感式应变仪、瑞士LEM功率分析仪、日本HIOKI电能质量分析仪、日本RION精密声级计、日本KYORITSU回路阻抗测试仪、美国Tektronix数字示波器、日本TOHNICHI便携式扭矩测试仪、德国K.K超声波探伤仪、德国Ziwich材料拉力测试机和材料硬度测试机等世界知名先进设备近100台（套），检测能力覆盖了塑料机械及相关产品的机械性能、安全技术性能等指标的全项目，能够满足国内外对塑料机械产品及相关产品质量的检测需要。

国家塑机质检中心依照国际标准ISO/IEC 17025建立了自己的质量管理体系，并通过中国合格评定国家认可委员会实验室能力认可（CNAS）、资格认可（CAL）和计量认证（CMA）资质，同时又是方圆标志认证中心唯一指定的塑料机械产品质量检验认证机构，2007年7月成为CQC的签约实验室。此外，中心还是国际著名检验认证机构SGS的授权实验室和业务代理点，可开展机械产品相关的CE认证工作。

国家塑机质检中心重视人才队伍的建设，已建立起一支以2名教授级高工为学术带头人的25人专业管理和技术团队，其中博士3名、硕士6名，高级工程师8名，中级以上职称的专业技术人员占比52%。

二、发展状况

国家塑机质检中心由整机检测、零配件检测和安全咨询认证三大核心组成。旨在通过对国内外先进标准的跟踪、消化和吸收，推动塑料机械行业采用先进标准，从而成为产业转升助推器；通过帮助塑料机械生产企业进行产品质量检测、分析诊断和质量改进，提高产品质量水平，从而成为企业发展服务器；通过开展产业行业检验检测技术攻关，帮助塑料机械生产企业应用高新技术，从而成为塑料机械科技创新孵化器。

国家塑机质检中心已发展成为具有较高知名度和影响力的、集产品检测、检验技术研究和技术服务为一体的专业检测服务机构，是国内装备最为完整的塑料机械检测实验室，也是国内较早建立起来的可同时测试力学性能和电气安全性能的实验室之一。2015年，中心投入7 000多万元资金，扩建了电磁兼容检测评价实验室、精密测量实验室、精密液压元件检测评价实验室、工业控制器检测评价实验室、伺服驱动系统检测评价实验室、工业机器人检测评价实验室、机械环境检测评价实验室、气候环境检测评价实验室、整机机械安全检测评价实验室，扩大了中心的检测服务能力，能够更好地为塑料机械行业技术创新、产业提升提供技术支撑。

三、业务范围、资质与能力

国家塑机质检中心检测范围已覆盖塑料注射成型机、塑料挤出机及生产线、塑料中空成型机、塑料机械辅机、机床产品、包装机械、五金机械、螺杆机筒、伺服驱动系统、液压元件、工业控制器、工业机器人、机械零配件等近300种机械产品。中心还特别注重与国际检测技术的接轨，已通过了EN201、EN1114、EN60204等多项国际标准的认证，具备了按国际或国外最新标准进行检验的能力。

国家塑机质检中心的业务类型包括来自于国家质检总局、省市质量技术监督局和地区质量技术监督部门的机械产品质量监督抽查，法院委托的司法鉴定，国家出入境检验检疫局委托的进出口机械产品检验，各类机械用户、制造企业及经销商委托的产品测试、安全认证、技术咨询、验货、工程验收、新产品鉴定和应用技术验证等。

国家塑机质检中心当前具有领先水平的关键检测项目有：①具备对注塑机及同类产品中动态、静态锁模力检验能力；②具备对塑料机械产品的安全性能检验能力，并能指导安全设计生产；③具备对塑料机械类产品能耗检验能力，并能评判注塑机节能等级；④具备对塑料机械产品中螺杆、机筒等关键零部件的精度和材料成分检验能力；⑤具备对塑料机械、伺服驱动系统等机电产品的电磁兼容检测能力；⑥具备对伺服驱动系统的性能和安全检测评价能力；⑦具备工业控制器的检测评价能力；⑧具备工业机器人和生产流水线的检测评价能力。中心已成为国内公认的塑料机械类产品性能检测、安全评价和节能检测权威性机构。

四、科研状况

国家塑机质检中心践行“产、学、研、检”相结合的发展道路，大力推进科研和标准化工作，并以此提升中心的技术水平和影响力。

1. 科研项目

国家塑机质检中心成立后，开展的主要科研项目有：

2006年4月，主持开展浙江省质量技术监督系统科研计划项目“基于虚拟仪器技术的注塑机动态参数采集分析系统”；

2007年12月，主持开展浙江省质量技术监督系统科研计划项目“全电动注塑机的检测与评价方法的研究”；

2013年3月，主持开展浙江省质量系统科技计划项目（重大）“数控回转轴线高精度控制及螺距补偿技术研究”；

2013年4月，通过合作，为主承担开展宁波市科技局2013年度第三批科技项目“高速全电动塑料注射成型装备整机研发及产业化”的研究工作；

2013年4月，为主承担开展宁波市科技局2013年度第三批科技项目“精密高速数控压力机关键技术研究及产业化”的研究工作；

2013年6月，主持开展质监总局科技计划项目“门窗五金系统性能多功能测试仪的研制”；

2016年2月，主持开展质监总局科技计划项目“大型精密液压元件、液压马达综合试验台”；

2016年10月，主持开展浙江省质量系统科技计划项目（重大）“工业控制器综合性能检测设备的研究与开发”。

2. 标准制定

国家塑机质检中心成立后，主持和参与制定了多项国家、行业和团体标准。

（1）国家标准。分别为：GB 25431.1—2010《橡胶塑料挤出机和挤出生产线 第1部分：挤出机的安全要求》制定项目、GB/T 25157—2010《橡胶塑料注射成型机检测方法》制定项目、GB/T 30200—2013《橡胶塑料注射成型机能耗检测方法》制定项目、GB/T 35382—2017《塑料中空成型机能耗检测方法》制定项目、GB/T 33580—2017《橡胶塑料挤出机能耗检测方法》制定项目、GB/T 32456—2015《橡胶塑料机械用电磁加热节能系统通用技术条件》制定项目。

2018 年中心还参加了《橡胶塑料注射成型机安全要求》《橡胶塑料注射成型机》《橡胶塑料注射成型机 接口 第1部分: 机械和电器接口》《橡胶塑料注射成型机 接口 第2部分: 数据交换接口》的制定。

（2）行业标准。分别为：QB/T 4013—2010《家用不锈钢水槽》制定项目、QB/T 4102—2010《家用和类似用途电动理牌机》制定项目、QB/T 4214—2011《棒糖扭结包装机》制定项目。作为主起草单位申请立项的行业标准《合模机》已获得批准，进入标准制定阶段。

（3）团体和联盟标准。参加塑料机械行业团体标准制定工作，当前正在参与制定《全电动塑料注射成型机》《多组分塑料注射成型机》；参加浙江制造标准制定工作，已制定完成 T/ZZB 0167—2017《高强力精密开式压力机》、T/ZZB 0247—2017《数控动柱立式车床》、T/ZZB 0295—2017《高速精密数控雕铣机》，当前正在参与制定《高速精密节能型塑料注射成型机》《立式加工中心》《高精度多工位转盘合模机》；参与制定 Q/LZSX01—2010《塑料注射成型机》北仑区注塑机行业协会联盟标准；制定《数控雕铣机》《压力机能耗限值》2 个联盟标准。

3. 论文

国家塑机质检中心自成立以来，共发表论文 40 余篇，其中 SCI 论文 6 篇、核心期刊 20 余篇。

五、国际合作情况

近年来，我国塑机产品外销量不断上升，产品远销欧美、中东。塑机作为一种拥有机械、电气、电磁兼容等多重危险的机械，欧美国家一直注重塑机产品的安全认证，尤其是注射成型机被欧盟机械指令列为危险机械，必须要通过欧盟 Notified Body 的 CE 认证，因此，塑机行业安全认证需求极大。中心与国际著名的认证检测公司 SGS 合作，开展塑料注射成型机、液压元件等产品的安全认证。中心充分利用了技术人员既熟悉产品设计、特性的相关知识，又能准确把握国内外安全标准的特点，使得企业能够得到非常专业而准确的指导，从而能快速和顺利地通过安全认证，尽快地拓展国际市场。当前已为近 40 家企业取得了 CE 证书，获得了企业的好评。

随着我国工业化进程的加快，国民安全意识的不断提高，特别是自 2008 年强制性安全标准 GB 22530—2008《橡胶塑料注射成型机安全要求》发布执行以来，针对我国塑机生产企业重性能、轻安全的问题，中心多次举办相关学习班，累计对 115 家企业进行了 450 余人次的免费安标培训活动，塑机企业参加踊跃。由于新安标与我国当前塑机的安全设计相关较远，中小型企业技术人员安全设计能力相对较弱，因此，中心在标准学习宣贯班的基础上推出了标准培训、设计审核、资料审查、样机检验等安标咨询检测一条龙服务，累计帮助国内 80 多家企业设计出符合安全要求的产品，其中包括 60 家浙江省内企业和 20 家广东、江苏等地区企业。该项服务在国内企业中得到了较好和较高的评价，吸引了众多国际知名企业，先后有 9 家日本企业、2 家韩国企业、1 家加拿大企业和 1 家德国企业与中心签订了相应的技术服务合同，从而使进入我国市场的注塑机也能符合国内安标的要求。这一举措极大地提升了中心在国内的权威地位和国际影响力，日本塑机协会、意大利塑机协会等与中心多次进行了交流，互通了在安标执行推进检查方面的经验心得。

国家塑机质检中心还积极参与国际学术交流，中心技术人员于 2016 年 7 月赴加拿大温哥华参加美国机械工程师协会（ASME）组织的学术会议；

2016年8月，赴加拿大与阿尔伯塔大学骆静利院士课题组开展学术研讨和交流；2017年7月，赴美国夏威夷参加美国机械工程师协会（ASME）组织的学术会议。中心还派技术人员参加了德国K展和美国奥兰多NPE展会，并与当地著名的塑机生产企业德国克劳斯玛菲和德马格等进行了技术交流。

国家塑机质检中心还为企业的节能产品设计方案确定提供咨询和评价服务，根据注塑机新能耗检测标准在2018年实施的情况，积极与协会一起组织标准培训，企业踊跃报名参加，反响良好。中心还对行业中各种的节能检测技术进行评定，较好地解决了塑机行业节能技术评定混乱的状态，促进了我国节能型注塑机的发展，从而为我国节省了大量能源。节能技术评定得到了国外塑机生产企业的积极响应，中心也为日本、奥地利、美国等国家的塑机生产企业进行了节能技术评定。

国家塑机质检中心将进一步完善产学研紧密结合的检测与创新平台。围绕塑料机械行业质量提升和重点领域创新发展的重大共性检测需求，通过先进技术引进、协同创新、集成创新等形式，开展关键检测装备/技术的研发。同时，开展科研成果产业化、人才培训、标准宣贯等工作，更好地为塑料机械产业发展服务。

〔供稿单位：国家塑料机械产品质量监督检验中心〕

广东产品质量监督检验研究院
（国家机械产品安全质量监督检验中心）

广东产品质量监督检验研究院（简称广东质检院，英文简称GQI）成立于1983年9月，又名国家技术监督局广州电气安全检验所、广东省试验认证研究院，是广东省质量技术监督局直属的副厅级事业单位。

广东质检院是广东省质量技术监督局下属的法定第三方专门从事产品质量检验和认证的机构、中国合格评定国家认可委员会（CNAS）认可的国家级实验室和检查机构、国际电工委员会电工设备及元件合格评定体系组织（IECEE）认可的国际CB实验室、中国国家认证认可监督管理委员会（CNCA）指定的国家强制性产品认证（CCC认证）检测机构、中国质量认证中心（CQC）等国家级认证机构签约的实验室、中国船级社认可的产品检测和试验机构，是广东省质量技术监督局指定的产品质量鉴定组织单位、广东及海南等省高级人民法院注册认可的鉴定机构。广东质检院下属的广东质检中诚认证有限公司（CTC），是国家认监委指定的强制性产品认证（CCC认证）机构，指定范围为电线电缆、低压成套开关设备、低压元器件及照明电器。

广东质检院现有1个总部、3个基地（顺德基地、东莞基地、琶洲基地），拥有现代化实验室和办公场所近13万m^2，资产超10亿元，各类高素质的专业技术和管理人员900多名，先进的检测、校准仪器设备逾12 300台（套），已取得99类、3 964种产品及项目的检验、检测及校准的国际和国家资质，涉及标准11 341项，其中12大类的电气产品能按185个国际标准出具CB检测报告。是集检测、检验、认证、校准、能力验证提供、标准制修订及科研于一体，具备国际先进、国内领先水平的专业与权威的认证及检验机构。

国家机械产品安全质量监督检验中心（简称国家机械中心）是由广东质检院负责组建的技术性检测服务机构。国家机械中心是全国唯一从事机械产品安全检验的国家级检验中心，是当前国内可检测机械产品种类最全、机械安全及性能项目最多的技术机构，也是全国唯一的在几何长度检测领域达到计量校准级水平、能从事长度达3 000mm 大型零部件的精密测量、可检测长度达160m 大型机械产品（生产线）形位误差的检测机构，是全国机械安全标准化技术委员会（TC208）、全国工业机械电气系统标准化技术委员会（TC231）委员单位。国家机械中心已取得 12 类产品的国际和国家检测资质，涉及标准 803 个，检验产品包括金属切削机床、铸锻机械、木工机床、橡胶塑料机械、食品包装机械、印刷机械、服装纺织机械、建材及轻工机械、厨卫设备、金属材料及制品、轻工五金制品、机械安全、通用机械设备及零部件等。

国家机械中心拥有 2 200m^2 的国内一流、国际先进的现代化实验室，配置了 380 多台（套）先进检测仪器设备，原值超 1 900 万元。具备一支专业技术水平高、检验经验丰富、业务能力强的技术团队，中级及以上专业技术职称人员比例达到70.0%，高级及以上专业技术职称人员比例达到38.0%。设有三坐标测量室、精密测量室、力学性能检测室、理化性能检测实验室、厨卫设备检测室和便携仪器室。中心所有项目全部通过国家计量认证（CAL）、审查认可（CMA）和实验室认可（CNAS），可为客户提供包括国标、欧盟（EN、DIN、BS）标准等在内的全面产品质量检验服务。

国家机械中心承担国家、省及市质监局下达的机械产品质量监督抽查检验任务，同时接受社会各届对机械产品及各种原材料的委托检验、仲裁检验及质量鉴定、科技成果鉴定检测和新产品检测、名牌产品质量检测、产品认证检验、验货检验；借助设备优势、技术优势与多家企业建立常年检验合作关系，为企业提供各类检验、技术咨询、国内外标准查询、企业标准编写、人员培训等综合服务，协助企业提高产品品质，促进企业持续发展。

检测项目包括：机械产品安全和整机性能检测、机械产品电气安全检测、数控装备精度（几何精度和工作精度）检验、机械产品应力应变检测、金属材料化学成分检测、金属材料力学性能检测、家用及商用燃气具性能及能效等级检测、金属材料金相检验及失效分析、各种材料硬度检测、形状尺寸测量等。

〔供稿单位：广东产品质量监督检验研究院〕

行业企业

海天国际控股有限公司

海天国际控股有限公司（简称海天）创建于1966年，是国家级高新技术企业，为全球规模最大、产量最大、技术领先的塑料注射成型机制造企业。公司占地面积 119 万 m^2（1 782.34 亩），厂房建筑面积 823 139.4m^2。

海天注塑机生产的塑料制品覆盖航空航天、国防工业、交通设施、电子电器、汽车、家电、物流、各类建筑材料等众多领域，产品通过 CE、UL、KC 认证。2008 年迄今产销量世界第一，产品远销世界 130 余个国家与地区，全球市场份额占 25%。当前在德国、美国、巴西、印度、越南、土耳其建有 6 个海外工厂，在德国和日本设立 2

个研发中心，在全球设有160余个销售服务网点。

2017年，销售额达101.86亿元，纳税7.6亿元，经中国品牌建设促进会评估，海天品牌价值达104.76亿元，攀升至机械制造行业第4名。

海天被评为中国民营企业竞争力50强，入选“中国品牌海外推广计划”，被选为“国家名片”，两次荣登纽约时代广场展示。2017年，海天再获工信部“全国首批制造业单项冠军示范企业”称号。

海天的发展长期得到各级领导的关怀与支持，习近平总书记、温家宝、张德江、路甬祥等多次莅临海天考察，对海天在企业文化、技术创新方面取得的成绩予以高度评价。

海天专注塑机行业50多年，致力于精密、节能、高效塑料注射成型机的研发、制造。产品主要通过与国内外各区域的行业精英结成互利共赢的合作关系，以海天统一形象与顾客建立营销关系。通过50多年的实践，海天创建了基于“海潮效应”的“匠心塑梦”管理模式，以及具有海天特色的使命、愿景和价值观。

一、以人为本勇攀技术高峰

海天着力于人本管理，关注员工的不同需求。从1998年开创性地兴建海天新村起，公司便一直在完善员工住房问题。至今，已为员工修建7期海天新村，解决了员工对住房的后顾之忧。并且，公司为在职员工提供定期旅游、定期健康体检、上下班免费接送班车、月度卫生福利费、年节福利金、员工集体宿舍等福利。在海天，连续工作满12个月以上的员工还可享受带薪年休假。2014年起，公司执行企业年金制度，为员工补充养老金。另外，海天慈善基金会还出台了内部救助办法，“助困”“助医”“助学”三个项目为集团内部员工及其直系亲属提供援助。在员工业余生活方面，公司设立了18个员工俱乐部丰富员工业余生活，引导并帮助员工实现快乐工作、快乐生活。

公司建有国家认定的企业技术中心和博士后工作站、德国技术研发中心、日本研发中心，先后荣获国家科技进步奖二等奖（2项）、省部级科技进步奖（1项）、中国机械工业科学技术奖一等奖（1项）。拥有精密注射成型、伺服节能注射成型、高速全电动注射成型等多项核心技术，独有的塑机伺服节能专利技术将注塑机的耗能平均降低50%，为环保事业做出了重大贡献；自主开发的全电动注塑机批量生产，打破国外垄断；研制并量产世界上最大的二板注塑机JU66000，为建设“海绵城市”解决内涝问题提供技术支撑，被中科院院士誉为“国之重器”，成为国家级的重要装备。同时，海天受科技部委托，两次为亚非拉国家举办注塑机技术国际培训班，培训内容包括技术、质量、维修等模块，被教育部授予国家级教学成果一等奖。海天还积极参与注塑机行业相关标准的制定，迄今已起草或参与制修订国际标准1项、国家标准4项、行业标准2项。

截至2017年5月，全公司装备3 000台（套）设备，多为数控设备和加工中心，其中A类设备（A1——数控机床，A2——关键工序设备）共有392台，具有当今世界先进的机械加工设备和技术，拥有100多亿元的固定资产。此外，公司于2007年成立了理化分析中心，并于2015年9月获得CNAS检测实验室认可。理化中心配置了先进的检测设备，其中包括大型三坐标测量仪、激光跟踪仪、关节臂测量机等高精度先进检测设备。

公司建立了以关键绩效指标（KPI）为主线的绩效测量体系，同时借助BI、MES等信息化平台收集、整理数据和信息，并进行分析以用于驱动改进。此外，还关注战略、顾客等需求分析以及各类评审结果，通过改进策划以推动公司管理创新、技术创新和营销创新。

为确保改进有序开展，公司成立了提案改善委员会、工艺纪律检查组、6S检查小组等工作组，促进改进创新活动的有序开展。公司在提案改善活动方面取得了卓越的成效，仅2017年就收到有效提案9 524件，节约有形成本5 629万元。

二、海天主要优势

1. 基于“海潮效应”的“匠心塑梦”管理模式，助力海天稳健发展

怀抱“装备中国、装备世界”的产业报国海

天梦，在创业和发展实践中，海天通过“钱散人聚”的做法，逐步形成了基于海潮效应的“匠心塑梦”管理模式，吸引了国内外各类高精尖人才加盟。通过提升技术创新能力、提高产品质量、巩固团队凝聚力，在激烈的市场竞争中，成功超越国际同行，成为塑机领域领导者。该管理模式融合了企业家胸怀、精英特质、工匠精神，凝练全员匠心，通过“三不”“三精”，塑造了一批批海天精品，得到了全球客户的认可，海天也成为塑机行业的翘楚，成为中国制造的名片。在此管理模式的助推下，海天稳健发展，2010 年销量跃居全球第一，一举奠定了在塑机行业的龙头地位。2017 年业绩再创新高，销售额 101.86 亿元。

2. 强大的品牌影响力

海天秉承“多维化构筑领导力——沟通、创新、高效”的品牌建设理念，积极响应国家“走出去”“一带一路”倡议，开展品牌国际化战略。海天推出“三品牌”策略，在“海天”品牌基础上，2007 年收购德国品牌“长飞亚”，形成国际知名品牌，2012 年创立“天剑”品牌。海天应用国际认知领域的太阳系行星系统理念，为旗下全系列产品制定命名体系，提升了在全球范围的辨识度和认知度。当前海天塑机在海外的市场份额占 25%，连续 8 年全球第一，国内市场占有率达 35%。2018 年，经中国品牌建设促进会评定，海天塑机品牌强度达 875 分，品牌价值达 104.76 亿元，在塑料机械行业排名第一、机械制造行业排名第四。德国纽伦堡市的“海天路”，使海天成为中国塑机行业唯一命名国外城市道路的品牌。海天还连续两次位列“国家名片”，登陆纽约时代广场，代表国家向世界展示了中国品牌形象。

3. 引领行业发展的技术创新能力

（1）确保创新的组织架构。海天建有国家认定的企业技术中心和博士后工作站、德国技术研发中心、日本研发中心。国内研发中心下设技术管理委员会、产品技术部、塑机技术分会、自动化开发部、工艺设计部。成立了海天的技术分会组织，包括注射分会、合模分会、外形分会、液压分会、电气分会、机身分会、软件分会、塑化分会等专业技术组织。海天成为塑机行业高级工程师资格认定的业内唯一指定机构。

（2）产学研合作。海天与各国际组织和各大院校，开展广泛的研究、交流与合作。加入亚琛工业大学塑料加工研究所（IKV）成为会员，学习国际先进技术；与浙江大学、北京化工大学、华南理工大学等高校合作创新，共同研发国内先进技术及装备。

（3）重视专利和标准。海天建立了知识产权管理体系，构建了一个由多部门参与的动态化知识产权主动预防体系，将公司涉及知识产权和技术保密的各项工作都纳入其中进行管理。2016 年，公司累计获得专利 201 项，其中发明专利 21 项。此外，还积极参与注塑机行业相关标准的制定，迄今已主导或参与起草国际标准 1 项、国家标准 4 项、行业标准 2 项。

（4）掌握核心技术，掀起节能革命。海天一直致力于自主创新，拥有伺服节能注塑、两板式注塑、全电动注塑、多组分注塑等领域多项核心技术。产品节能 40% ～ 80%，引领了行业发展，累计销往 130 多个国家和地区；研制海天特色的二板式注塑机 JU66000（锁模力 88 000kN），位列全球最大型注塑机行列；研制真正批量应用的全电动注塑机，适合于医疗用品等高环保、高精度要求的制品生产；研制国内最全系列的多组分注塑机，可实现双色、三色、四色注塑等多色和多料制品生产，合理充分地利用回收料，回收料占比最多可达 70%。

（5）注塑全生命周期的解决方案。海天率先为客户研发基于“8+16”的智能生产模式，成为注塑机行业内智能方案的最早提供商。开启了“海天工业 4.0”时代，整体为客户提供量身定制的“海天智造”解决方案，向客户提供从建厂开始的所有流程方案，包括厂房大小、工厂布局、主辅设备采购、型号匹配、物料摆放、工艺设计、设备调试、试生产到量产、检验、缺陷分析等全产业链、全覆盖的一揽子解决方案。

（6）完善的科技创新激励机制。为进一步推进科技创新工作，使海天向“技术世界一流”目标靠近，海天实施两年一次内部技术职务评定制度，副主任工程师、主任工程师、副高级工程师、正高级工程师分别享受公司各级干部同等待遇。2016年度技术职务评定共评出助工46名、工程师59名、资深工程师37名、副主任工程师9名、资深副主任工程师1名。举办海天科技大会，设立年度“海天技术创新奖”，有效提高了科技人员的技术创新积极性。2016年度海天集团“科技创新奖”共评出一等奖3名、二等奖4名、三等奖11名、工艺革新奖3名。

4. 质量建设工作系统全面

（1）推行质量文化，全面开展质量体系建设。海天推行人品塑造精品的质量文化，从质量文化导出质量承诺：“要保不要包”——保证产品质量，而不是包修产品问题。注重质量文化传播，通过质量月活动、质量知识竞赛、质量标兵，质量提案、优秀先进评选活动、企业内刊《海天报》宣传等一系列活动，保证质量文化的传承与发展，形成了一套行之有效的操作方法。1984年推行全面质量管理，1997年海天正式导入ISO 9000体系并全面推广开展，是行业内最先导入质量认证体系的企业，也是宁波市最先导入质量认证的企业之一。此外，依据自身业务特色，海天还建立了组织有力、覆盖全面、落实到位的制度标准体系，共有27个程序文件、96个管理制度、技术文件100份，工艺作业指导书上千份。产品先后获得CE（欧洲）、UL（美洲）、KC（韩国）等产品认证，出口到欧洲、北美、亚洲、南美、非洲等世界130多个国家和地区。

（2）开启工业4.0大技术质量战略。海天从制造一般注塑机向高精尖冲刺，按小机电动化、大机二板化方向，已完成第三代混合动力注塑机的研发，满足了客户转型发展需求。当前，最前沿一代塑机已面世，混合动力产品JE13500机型样机试制完成并通过评审，在2016年的“海天秀”中作为工业4.0的代表进行了展示。为了适应工业4.0时代客户个性化、专业化的定制需求，海天开始实行由以机型规格大小划分的生产方式转向以行业细分为特征的专业化事业部制的生产方式。通过技术研发与行业特点紧密结合，海天不仅在塑机常规市场引领行业，而且在航空航天、汽车、医疗等专业化领域占据制高点。

（3）严格把控质量，建立质量安全管理制度。海天实施全员质量责任包干制，对于质量问题实施“杀无赦”“零容忍”政策，且有个不成文的传统——生产管理系统的管理人员都必须有质量系统履职经验。实行管理层“辖区责任制”，公司总裁作为公司总体质量第一责任人，对海天产品的质量负首要责任，各级分管领导对各自分管区块的质量负责。同时，海天出台“海天集团干部晋升降等管理办法”，将质量作为重要考核指标，对质量事故责任领导实施“一票否决”，员工实施“过手责任制”，质量责任最终分解到每个岗位、员工，建立对应的质量目标体系，与绩效挂钩考核，做到“人人都是检验员、人人把好质量关”。

（4）注重出厂检测及质量追溯。海天不惜投入巨大成本，采购行业内先进的检测装备，对产品所有指标进行全覆盖检测。检测项目高于同行2倍以上。测试注塑机在负载状态下7大类100余项指标，是同行业出厂检验项目的2～3倍。全覆盖检验的交付方式为海天的产品质量保驾护航，并赢得了客户的信任与尊重。完善的产品质量“三级追溯”机制保证了产品质量。海天通过健全的产品质量追溯机制，做到了快速发现问题、追溯责任、快速召回、持续改进，方便售后服务和快速应急处理。

〔供稿单位：海天国际控股有限公司〕

上海金纬机械制造有限公司

上海金纬机械制造有限公司（简称金纬公司）创建于1997年，是中国塑料机械工业协会副会长单位，挤出类塑料机械及化纤纺丝机械成套设备专业制造商，现有上海、苏州、常州、广东、舟山5个产业基地及22家专业公司。公司总部位于上海嘉定，拥有职工3 000余人，其中有一大批有理想、有作为、有专业素养的管理人才和事业合伙人，至今已连续七年列塑料挤出成型机行业10强之首。公司拥有一支高素质的研发队伍和经验丰富的机械、电气调试工程师团队，以及先进的机械加工基地和规范的装配车间，每年生产高档塑料挤出生产线及化纤纺丝成套设备逾2 000（台）套。主要产品有：各类塑料管道生产线，各类塑料异型材生产线，各类塑料板材、片材生产线，化纤纺丝工程设计与制造，微电脑自动塑料中空成型机，塑料辅助回收（破碎、清洗、造粒）生产线，各种单螺杆/双螺杆挤出机及螺杆机筒、T形模具、换网器、辊筒、机械手等配套件。

公司先后从韩国、日本等国引进了1 000多台国际一流的多工位加工中心及数控车床、数控铣床等一大批先进的高精度加工设备。率先通过了CE认证、ISO 9001∶2015质量管理体系认证，坚持全面推行“零缺陷”品质管理，加强对采购供应、生产工艺、质量检验、产品销售、资金安排、售后服务等各个环节的高效质控。公司拥有十多个大型金加工车间和五个热处理氮化车间，产品机械部件自行加工率达到95%以上，为产品品质及研发新产品奠定了稳固的基础。同时，金纬公司深知品质不仅仅是产品或设备的质量，还包括新技术、新工艺。公司拥有自主知识产权体系，已自主开发了多项具有先进水平的关键核心技术，现有已授权的专利近400项，其中发明专利35项，自2010年起连续荣获国家高新技术企业称号，产品获上海名牌、国家重点新产品等称号。更重要的是，金纬公司站在客户立场为其所需的塑料制品提供成型加工全套解决方案，落实到塑料制品品质、产量、能效、操作等各个方面。

“jwell”和“金海螺”是中国塑料机械行业的知名品牌。公司凭借领先的技术和卓越的品质，获得了权威部门和市场的高度认可，多项产品获得了国家有关部门的表彰奖励。金纬公司在挤出行业的每一个细分领域做出自己的成果，从而确立了在行业里的引领地位，其市场占有率不仅在国内领先，还出口到埃及、俄罗斯、波兰、印度、土耳其、巴西、秘鲁、伊朗、罗马尼亚等80多个国家和地区。公司从2008年开始派遣商务代表常驻埃及、印度、土耳其、越南、泰国，进一步扩展海外市场。金纬公司不断追求产品质量，保证产品使用的可靠、简便，运用新技术新工艺，不断创新，逐步降低管理成本，注重客户体验，打造智能化的全球挤出装备生态链，走专业化、服务型的企业之路。

〔供稿单位：上海金纬机械制造有限公司〕

山东通佳机械有限公司

山东通佳机械有限公司（简称通佳）作为国内规模较大的塑料机械专业制造商，凭借雄厚的技术实力及卓越的品质赢得了市场一席之地。通佳是中国塑料机械工业协会副会长单位、中国塑料加工工业协会副理事长单位，获得国家重点高新技术企业、中国专利明星企业等众多荣誉，并连续多年入选中国塑机制造业综合实力五强之列，其行业影响力日益增长。经过短暂的企业改制调整后，通佳以技术创新为支点，打通企业腾飞的新路径，以全球化战略布局未来，撬动整个塑机市场，已经成为国内塑机行业知名的现代化企业。

通佳的独特之处在于，同时进军注塑、挤出、中空三大领域。在1992年，通佳的塑料中空成型机荣获国家专利，120L大型自动中空成型机在1996年被认定为年度国家级新产品；PLA生物质降解CO_2发泡工艺技术的成功更是填补了国家技术空白。如今，通佳设有国家级塑料机械技术研发中心，先后研制开发出九大类、180多种规格的具有自主知识产权和国际先进水平的塑料机械装备，多项产品荣获省部级科技进步奖和国家专利，并被列为国家级重点新产品、国家级火炬计划项目、国家技术创新基金项目和山东省技术创新重点项目。

为提升企业生产研发水平，进一步增强自主创新和竞争能力，通佳投资11.5亿元，在济宁国家高新区建成山东通佳重工科技工业园，占地面积23.3万m^2（350余亩），厂房面积18万m^2。目前，公司形成年产塑料机械6 000余台（套）、塑料制品约10 000t的生产能力。公司全面通过了ISO9001：2000质量管理体系认证，产品通过欧盟CE认证，在46个国家和地区注册了商标。

一、通佳注塑机：以高起点、高标准赢得高端市场

通佳注塑机在近几年取得了前所未有的发展，无论是国内市场还是国外市场，一直都保持着较大幅度增长。公司各大办事处积极开拓市场，均取得了令人满意的成绩。

在注塑机市场竞争愈演愈烈的今天，通佳不断进行技术、生产制造和管理等方面的创新，提高产品品质，研发出适合市场需求的新产品，并为客户提供完善的、全方位的、保姆式服务，最终赢得了一大批新老客户的支持。如今，通佳已成为江北最大的伺服节能注塑机研发、生产基地之一。

通佳引进德国CNC柔性加工生产线、瑞士三维激光造型机和多轴复合加工机床等先进制造装备；应用ERP信息化生产管理系统，创建国家级“高分子复合材料成型装备工程技术中心”，形成系列伺服节能注塑机6 000台（套）的生产能力，主要向航空航天、高速铁路、新能源汽车等领域提供先进精密的加工机械，建成我国最大的高分子复合材料成型技术装备研发生产基地。

“智能化伺服控制注塑成套设备”是通佳率先在国际上提出的高分子材料基于拉伸流变传热塑化成型理论。该项技术被列入我国重大装备自主创新指导目录，获得了专项资金支持。该项目拥有20多项核心专利支撑，获得了山东省、中国机械工业联合会和中国轻工业联合会的多项技术进步奖，并入选工信部节能机电产品目录，达到国际先进水平。基于拉伸流变的高效传热技术、电磁辐射加热技术和伺服控制系统，介质传热效率提高60%以上，比传统注塑装备节能50%，实现了绿色制造。

此外，通佳生产的TH超越系列伺服节能注塑机，具有伺服精密、快速响应、节能环保等技术特点，配备伺服同步永磁电动机，实现产品精度、节能最大化要求，提高了生产效率。系统采用电液混合动力驱动技术，实现了动力输出“按需分配”和快速响应，避免了溢流损失和无功能耗，液压油温下降20%。

通佳利用自身优势，大力引进现代信息通信技术和网络，以实现公司智能化的转型，提高资源使用效率。目前，通佳已经装备了互联网专家服务平台，为用户建设无人值守的智能化、自动化注塑加工厂，专家可以通过Internet访问远程服务系统，进行操作，提供服务。

优质、周到的服务是培育产品品质的关键，这是通佳服务体系最为重要的环节，对用户采用一对一服务体系，以求设计出最适合用户的方案。同时，通佳还为国内客户提供24小时互动式售后服务咨询工作。在不同区域设有专业售后服务网点及技术支持中心，让所有通佳客户无任何后顾之忧。

二、通佳挤出机：技术为王，产品为皇

塑料挤出机行业是通佳最早从事研制的领域，其历史可追溯至20世纪50年代。这么多年过去，通佳已成为我国塑料挤出机行业的领军企业之一。

紧跟时代发展步伐，通佳挤出技术的研发一直走在行业的前列。如今的通佳已经全面进入智能化时代，一支高素质的研发团队和经验丰富的机械、电器工程师团队，以及被誉为“行业实验室”的先进实验基地，为通佳提供了坚实的技术后盾。可为挤出行业提供专业性极强的各种塑料物理发泡生产设备、塑料包装生产设备、木塑生产设备、塑料网材生产设备等产品。

经过多年的发展，通佳的挤出机械产品已经得到市场广泛的认可。通佳的产品不仅在汽车领域打开了应用空间，在航空航天、高铁建设、船舶码头、市政建设、建筑家装、道路修建等领域也有十分广泛的应用。

针对管材市场需求，公司研制出直径4 000mm的大口径聚乙烯（PE）缠绕结构壁管材设备。该生产设备采用高效挤出管缠绕成型和同步PE挤出焊接工艺，生产高性能结构壁HDPE管材以及超大口径承压供水管道，成品环刚度及冲击强度显著提高，整机采用PLC智能控制系统，可实现人机对话智能远程操控，具有联动功能。

通佳的木塑生产工艺吸收国际最新技术，用PVC、PP、PE、PS等塑料和植物纤维充分混合，采用高效锥形双螺杆挤出，配备强制冷却系统挤出成型，性能稳定、节能高效、智能化控制、操作简便。此外，该系列产品还降低了生产企业和终端消费者的使用成本。

通佳自主研发的行业领先的PLA聚乳酸生物质全降解CO_2发泡生产线深受国内外市场欢迎。基于对发泡工艺技术20余年丰富经验的积累，通佳在PLA发泡工艺技术的研发上有了革命性的突破，成功推出PLA聚乳酸全降解发泡生产设备。该设备采用双机串联式生产工艺，环保型CO_2做发泡剂，拥有多项发明创新专利及实用新型专利，填补了国内空白，达到国际领先水平。通佳已形成了PLA全降解发泡片材生产线的全套系列机型，TJ65/90、TJ90/120、TJ130/150等不同规格的专用机械设备，可满足现阶段PLA全降解发泡片材的各种生产加工。

高强度、高速、高效塑料土工格栅生产线是通佳又一个让市场期待的塑料挤出设备。通佳2018款新型高速土工格栅生产线本着智能化、人性化的设计理念，颠覆了传统的浸裕热拉伸方式，采用新型高效的多组合热辊式拉伸技术，不但提高了设备稳定性，还增强了产品的力学性能；生产线速度达到16m/min，比普通设备效率提升一倍有余。在传统的生产工艺配方体系中，加入多组分填充功能性母料，不但减轻了产品的质量，而且增强了产品的双向拉伸强度。全新一款土工格栅生产线在产品的物理性能上有了很大的提升，可为下游客户降低原料生产成本和人工成本，应用在铁路路基、堤坝、桥梁等领域。通佳的土工格栅生产设备已经出口近20个国家和地区，广受国外客户的认可。

如今，通佳机械的挤出机产品畅销至80多个国家和地区，出口份额占公司销售额的40%左右。为更好地服务客户，公司先后在俄罗斯、土耳其、巴西等国家设立了技术服务站。

三、通佳中空机：品质是生存之基，技术为发展动力

作为国内最早从事全自动中空成型机研制的企业之一，通佳在中空机领域经过近30年的发展，处于领头羊地位，产品涵盖大、中、小等各个领域。特别是在大型和超大型中空机的研发领域，通佳走在了国际的前沿。

近几年，通佳中空机在国内外市场的业务取得了长足的发展，市场占有率不断提升，品牌影响力逐步增强。通佳作为山东省塑料机械工程技术研究中心，不仅担负着企业的技术创新任务，同时还承担着国家、省、市级科研课题的研究任务，拥有国家级塑料挤出中空机技术中心，外聘专家20余人，为国内塑料行业提供优质精湛的塑

机精品。公司开发和构建了基于云计算的智能装备与服务平台，借助云服务、大数据等互联网服务，布局智能服务网络，实时监控设备运营状况，实现智能生产与智能服务。

“超高速智能中空容器成型装备”是通佳基于“互联网+”技术最新推出的人性化、智能化、全自动化、超高速整厂中空容器成型系统，从原材料的多组分自动配混、中空容器的自动生产、自动去除飞边、容器缺陷电子检测，到自动曲瓶、自动排瓶、在线灌装、自动贴标等整厂工程，实现全自动、智能化生产。另外，还构建了基于大数据平台的云端远程诊断、控制、预警和服务平台，真正实现了绿色制造、智能制造。该项目荣获国家发明专利和山东省科技进步奖一等奖。通佳的全伺服、全电动、全系列、多层共挤高分子材料中空成型装备可实现成型容积为0.05～100 000L。

通佳每年都会投入大量的资金进行科研，且每个专业领域都有专业的研发团队。此外，通佳还与国内多所高校进行校企联合研发项目。通佳拥有检测仪器设备上百余种，公司实验室被中国塑料机械工业协会认定为行业实验室。公司拥有一支由30余人组成的质检队伍，可实现从最初的原材料的检验，到下料、机加工以及安装等全过程的质量检验和控制。公司严格执行国际质量管理体系，从产品研发、生产、测试、销售及售后服务等每个环节，全面实施质量检验保证体系，符合GB/T 25156—2010国家标准和CE认证。

通佳以“建设百年企业，铸就国际品牌”为目标，将继续本着务实的态度，坚持技术研发、精密加工、质量保证、完善售后体系等方面的持续推进，保持其在行业领先的优势，进而向全球塑机市场进军。

〔供稿单位：山东通佳机械有限公司〕

广东伊之密精密机械股份有限公司

广东伊之密精密机械股份有限公司（简称伊之密）创始于2002年，专注高分子及金属材料成型领域，现已成立注塑机、压铸机、橡胶注射成型机、高速包装系统、机器人自动化系统等多个事业部，是一家集设计、研发、生产、销售及服务为一体的装备供应商。

作为我国装备技术领域的标杆企业，伊之密不断提升产品质量和服务水平，凭借高起点的技术平台始终位居行业前列，年收入复合增长率保持上升趋势。在全球化发展战略下，伊之密的生产基地已分布国内外，国内占地总面积近30万m^2，拥有职工2 500多名。

一、发展历程及获奖情况

16年来，伊之密始终坚持在高分子材料与金属成型领域多元化发展。2002年，广东伊之密精密机械有限公司正式成立，同年推出节能注塑机产品。2004年，压铸机项目正式启动，伊之密也被评为广东省高新技术企业。2009年，橡胶机事业部正式成立，伊之密入选广东省装备制造业50家重点骨干企业。

2012年，伊之密十年之际，年产值突破10亿元，入选中国塑料机械工业协会“2012中国塑料注射成型机行业10强企业”，荣膺2012年政府质量奖与广东省企业500强。2013年，高速包装系统事业部正式成立，开启高速包装系统项目，同年顺德五沙注塑机生产基地一期投产，苏州吴江生产基地投产。2014年，伊之密机器人自动化项目启动，伊之密获评“国家火炬计划重点高新技术企业”。值得一提的是，中国塑料机械工业协会授予伊之密“2014年度中国塑料机械行业综合实力25强企业”“塑料注射成型机10强企业”。

2015年1月23日，伊之密成功登陆深交所A股市场（股票代码300415），成为率先在深交所创业板上市的模压成型装备制造企业。伊之密一直站在行业前沿，不断创新，大胆拓展业务，成为装备行业发展最快的公司之一，2016 年伊之密被美国三大杂志之一《Fast Company》评为“中国最佳创新公司 50 强”。2017 年，伊之密印度工厂正式投产，伊之密 HPM 北美新工厂投入使用，并成立德国伊之密研发中心；“伺服控制半固态镁合金高速注射成型机”获得第十九届中国专利优秀奖；同年，伊之密获得 2017 年度广东省政府质量奖。

二、企业发展现状与特点

2004 年伊之密建立合伙人制度，往后每一次迈进新业务，伊之密都引入新的合伙人，突破传统股权制度，让合伙人以创业的心态在各自的领域实现价值。多年来，正是这种开放的合作，维持了伊之密发展的“速度与激情”。

为了向全体客户提供更贴心的客户服务体验，伊之密率先开创 YFO 尊享服务。YFO 即伊之密工厂直营店，这种模式确保了服务的高响应度和可控性，是伊之密着眼未来的全球化服务新战略。伊之密不仅为客户的安全生产保驾护航，更致力于从各项细节入手降低停机风险，并以提高客户的生产力为最终目标。全年 365 天、24 小时专属热线，近 200 名维修专家时刻回应客户需求，YFO 服务网点遍布全国 76 个城市地区、37 个国家和地区，就近服务更快更便捷；配件仓储系统覆盖全国 53 个城市仓储点和海外 14 个配件中心，仓储面积超 5 000m^2，确保备件畅通、及时、准确交付。伊之密希望建立全球统一、提供一流服务的稳定分支体系，在全球范围内解决客户的技术问题和生产问题，为客户创造更大的价值。

伊之密始终将员工视为宝贵的财富，通过举办“年会盛典”“家属开放日”“文化节”等活动让每一位“伊哥”都满怀热情、全身心地投入到装备事业中，实现自身的价值。伊之密践行企业的社会责任，关注社会公益，积极融入社区发展，参与更多的公共事务。在 2016 年已投资超 3 000 万元，采用 BOT 方式建立占地面积逾 25 000m^2 的运动公园公益项目。

三、国内外市场拓展

伊之密在国内先后建立起顺德高黎、五沙、苏州吴江三大生产基地，实现产能全面升级。早在 2011 年，伊之密就开始了全球化运营的步伐。2011 年伊之密收购美国百年企业 HPM 的全部知识产权，实现双品牌战略，这是伊之密迈向全球化的重要里程碑；2017 年在印度、北美设立生产基地。伊之密布局全球，从 2006 年签下第一批海外代理商开始，已在全球范围内设立多个技术服务中心、研发中心和销售网点，业务覆盖 60 多个国家和地区。

四、技术创新

伊之密一贯高度重视新产品研发及技术创新，近年来持续增加研发投入，2017 年研发费用支出突破 9 000 万元，至今已取得 180 多项技术专利，并成为国家级高新技术企业及国家级火炬计划项目实施单位。拥有省级企业技术中心、工程中心并先后设立了博士后科研工作站和院士工作站。

伊之密联合国内外专业人士、高等院校、科研单位共同合作，综合利用多方优势资源，将用户需求和前沿科技融入新产品，不断引领行业。与此同时，伊之密致力于构建所在领域的人才高地，精英技术研发人员超过 200 人。2016 年，拥有 30 多年塑料机械行业经验、曾任德国克劳斯玛菲塑料技术公司技术总监和奥地利恩格尔公司首席技术官及首席运营官的 Dr.-Ing.Hans Wobbe 韦伯博士加盟伊之密担任首席战略官，负责伊之密集团国际化战略及产品开发。

为了打造先进的产品经营管理理念，伊之密大力引入 IPD 产品集成研发管理模式，以贴近实际应用为研发方向，在产品开发的整个生命周期——立项、概念、计划、开发、小批量、量产，都从客户的需求出发，打造基于市场和客户需求驱动的集成开发流程管理系统。

先进的制造平台和检测中心是创新研发的坚实保障。伊之密累计投入逾 1.2 亿元打造自身的精密制造平台。投资建设恒温计量与检测中心，其中包括多台千万级加工设备，如日本 OKUMA、

TOSHIBA、MORI SEIKI、MAZAK，捷克TOS重型镗铣加工中心等，为关键零部件的加工提供了有力的保障，全力升级产品质量。

“致力在目标应用领域，整体解决方案能力实现与欧洲中高位水平同步”是伊之密在产品创新层面的目标。最近几年，伊之密积极投入全球创新领域中，打造开放式的创新平台，促进全球技术交流。2017年伊之密在德国亚琛工业大学建立德国研发中心，组建欧洲研发团队，引导工艺应用创新，并成为亚琛工业大学塑料成型研究所（简称IKV，Institute of Plastics Processing）及轻量化联盟（AZL）的会员企业。与此同时，伊之密投资位于比利时的Prince&Weiss环保塑料创新中心，进一步接轨国际资源。不久的将来，伊之密中国总部将启动模压二期厂房、新材料新工艺测试中心和研发中心项目建设，在进一步扩充产能的同时，建立新材料新工艺的研发和产业化体系。

在连接中欧先进成型技术的探索中，伊之密不断开发出多项具有前瞻性的创新工艺和技术，引领行业发展。如2018年首次亮相的“FoamPro+DecoPro”工艺，在Mucell微发泡基础上，采用膜内刻纹技术和背注塑技术，让装饰箔和注塑件一体成型，实现汽车装饰功能件的升级方案。该工艺由伊之密与德国GK Concept公司共同开发完成。与此同时，多个新材料新工艺升级方案在不同领域也同样表现优秀。PacPro薄壁包装产品成型方案，搭配全新的PAC200高速包装设备机型，生产周期缩短，效率有所提升，一出四小杯贴标成型周期在3s内，制品质量、精度高。OpticPro光学产品成型方案，是对光学硅胶的开发性创新，搭配伊之密FF飞凡系列电动式注塑机，可实现在低速低压的全自动运转模式下稳定输出高品质的液态硅胶（LSR）产品，应用范围更广泛。伊之密C系列高端多物料注塑机是围绕Multi-Pro多物料成型方案研发的新机型，通过多工艺成型降低缩水，提升合格率，不仅使不同颜色的塑料结合成型，还能通过模内装配或模内特殊工艺实现制品的各种功能。在航空、汽车领域精密轻薄件的成型发展趋势下，半固态成型技术不但能发挥新材料的优势，还具有致密性、强度高、气孔率小的特点，能满足轻量化的需求。

除了工艺方案，创新还体现在新业务的延伸上。伊之密在2017年首度亮相德国汉诺威展会，展出由德国亚琛工业大学IKV研究所开发的机器人柔性制造中心。该中心以实现增材制造、减材制造、打磨和检测等混合工艺，实现高品质、个性化零部件的快速生产。这是伊之密在德国成立欧洲研发中心后，正式登上全球顶尖的综合性工业舞台，向世界展示“连接中欧成型技术”的最新成果。从技术合作、投资设立研发中心到众多创新成果的诞生，伊之密用行动拥抱全球的先进技术潮流。

五、未来规划——致力成为技术领先的最佳性价比方案提供商

2017年，塑料和金属成型行业呈现出增长的趋势，伊之密也有着良好的发展态势，销售收入大幅增长。注塑机、压铸机、橡胶注射成型机、高速包装系统、机器人自动化系统等的市场销售均进一步提升。其中，注塑二板机、H系列压铸机（1 800～45 000kN）等新产品快速产业化，市场表现尤为出彩，成为2017年市场增长的新动力。

新产品的发力，给伊之密的下一步发展注入了“强心针”。今后伊之密将快速突破压铸二板机、大注射量半固态镁合金机等产品技术，夯实公司的产品实力，满足更多客户对高分子材料、金属材料成型的需求。在2018年年会上，董事、总经理甄荣辉直言：“未来三年伊之密将继续深化公司转型，由量变到质变，提升管理水平和运营效率，成为技术领先的最佳性价比方案提供商。”

随着伊之密的快速发展，其对产能的需求也越来越大。2018年年初高速包装成型系统和全电动注塑机悉数搬进顺德五沙模压厂的一期厂房，二期厂房预计在2019年投产。伊之密全球生产基地产能2019年有望超过40亿元。值得一提的是，大型两板式注塑机也将搬迁至伊之密吴江生产基地。吴江生产基地可满足两板机5亿元的产能需求，以及机器人自动化产品2亿元的产能需求。相信，新厂区搬迁后的产能升级，能让伊之密在先进成型领域的快车道上全速前进。

〔供稿单位：广东伊之密精密机械股份有限公司〕

博创智能装备股份有限公司

博创智能装备股份有限公司（简称博创）是一家专业从事注塑成型装备及智能化服务系统的研发、制造、销售和服务的高新技术企业，拥有广州博创总部、广州智能工厂和浙江杭州工厂三大研发生产基地。

从2003年初创的一家民营企业发展成为我国注塑机行业翘楚，特别在“中国制造2025”国家战略实施的背景下，博创坚持创新实践，率先实施注塑装备的智能化升级与物联网和大数据技术的深度融合，首批通过了国家“两化融合”管理体系认定，2015年成为国家首批46家智能制造试点示范企业，2016年成功入选工信部智能制造新模式应用示范项目，建设国家大型二板注塑机制造智能工厂示范基地，并经广东省大数据局批准建设“注塑成型智能装备行业大数据服务平台”。2017年再次获得工信部智能制造综合标准化重大专项，牵头起草国家塑机互联互通综合标准，成为塑机行业颇具规模的国家塑料智能装备与智能服务标杆企业。

一、打造创新平台，成功研发高质量注塑装备系列产品

博创建有博士后科研工作站，与浙江大学共建“博创浙大机械研究院”，与香港科技大学、华中科技大学共建“智能装备研究中心”，与华南理工大学、广东工业大学、江南大学共建“云计算和大数据工程技术研究中心”等多个产学研创新平台，承担和参与了国家智能制造新模式应用、国家智能制造标准化应用、国家“数控一代”机械创新产品等国家、省、市多项创新项目。针对市场需求，开展注塑装备数控系统平台与装备、注塑装备专用伺服驱动装置及伺服电动机、注塑工艺及其与数控系统的集成、注塑装备结构优化与快速变异设计中关键技术的研究，成功研发出高质量节能数控化注塑装备系列产品。

二、突破技术壁垒，成功推出全球领先技术、国家首台（套）BU6800超大型二板智能注塑装备

2007年，博创与欧洲技术团队合作开发了二板机，并取得了多项国家专利。十年来，通过持续的技术和工艺创新，博创成功推出第三代二板机，系列机型涵盖5 000～68 000kN，性能达到国外先进设备水平。2013年，博创推出全球领先技术、国家首台（套）BU6800超大型二板注塑机，填补了我国自行研发制造超大型注塑装备的空白。

三、研制注塑成型智能装备，构建大数据云服务平台

2018年年初，博创全球注塑大数据中心落成，实时对注塑机的健康状态进行监控，提前预测故障，并进行远程诊断和程序修复，可为全球用户提供连接、计算、创新、应用一站式的物联网端对端的产品和服务。这标志着博创的工业互联网和推进智能制造战略迈入了一个新的台阶。

博创注塑成形智能装备是把传感器装配到注塑成形装备整体系统中，感知注塑成形装备的动作、运营状态和产品质量等方面的数据信息，传递到系统、开放、多元的综合网络监控平台，实现实时感知、准确辨识、快捷响应及有效控制。

博创注塑成形智能云服务平台则自下而上经过采集、传输、保存、处理、分析和应用等环节，形成注塑信息“感、传、知、用”的完整流程。公司自主研发的“注塑MES”系统，可实现智能排产、产品检测、故障诊断等智能化的服务。

四、深挖客户痛点，为注塑装备用户提供一站式的注塑成型智能工厂解决方案

博创从客户需求出发，深挖客户需求痛点，从注塑装备单机智能到注塑工厂整厂自动化、信息化建设，从“制造”到“智造”，实现工业工程IE与信息技术IT的完美融合，为注塑装备用户提供一站式的注塑成型智能工厂解决方案。博创开发与制定了注塑装备与周边设备统一接口及智能服务规范，研制了注塑机智能传感模块，兼容LAN、RS485、CAN、OPC UA、RS480等多种接口与通信协议，实现了智能注塑机与机器人、机械手、冷水机、模温机、干燥机等注塑工厂智能化设备的互联互通与互操作标准化。以博创新一代二板智能双色注塑成型系统为例，这套系统以博创BM800-260ML二板多物料注塑机为主体，配合横式机械手、六轴机器人、水口切除、翻转机构、自动组装、自动输送等整合为无人生产线。同时配置了RS485通信功能的冷水机和除湿干燥送料组合（“ALL-in-One” Compact Dryer）等辅助设备。按照设定的指令，自动执行预设的操控，实现双色折叠凳制品的取件、剪水口、组装和输送等智能无人化生产。

该系统从客户市场精益生产需求出发，依靠创新性工艺、独特的二板智能双色注塑机，一次性生产一张折叠凳子，将传统需要三套模具、多次人手组装的双色折叠凳子，在一台注塑机与一套模具内实现智能无人化生产。其生产工序比传统工艺减少50%，周期缩短30%，品质提升20%以上，在工艺上完全实现了颠覆。

五、创新驱动发展，开展新一代人工智能引领下的注塑成型装备研发与产业协同创新

根据注射成形产业的特点以及我国国情，智能技术在定位与发展目标上主要从以下几点出发。①在目标产品上，加强在轻量化、绿色化、功能化与精密化产品中的应用。汽车、航空航天、电子电器行业是塑料产品应用的主要领域之一，轻量化是这些行业应用关注的焦点，轻质高强材料的注射成形技术是实现轻量化的有效途径。②在生产方式上，重点是提高生产效率、降低成本与节能降耗。③在服务模式上，重点搭建数据共享与创新能力提升平台。博创下一步将结合新一代人工智能技术发展趋势与注塑装备及产业特点，从智能化注塑机装备、智能化注塑生产、智能化注塑服务三个层面建立人工智能与注塑行业融合的系统工程，这将会带来装备、生产、服务模式三个维度的变革，形成新的装备、新的生产方式、新的服务，打造以协同创新为理念的工业互联商业模式。通过缩短研发与生产周期、提高产品质量、提高生产效率及提供增值服务等为企业带来新的利润增长点。通过对注射成形装备的深度感知、智慧决策与自律执行技术、注射过程的智能化节约型制造技术、注塑产业大数据云平台与智能共享服务技术的研究，搭建数据共享与创新能力提升平台，促进行业生产模式由生产型制造转变为服务型制造，打造新的共享经济生态链。

我国塑料注射成型行业以民营、中小型企业为主，存在技术力量弱、创新能力不足，关键共性技术和核心装备受制于人，系统整体解决方案供给能力不足等问题，所以，依靠互联网、大数据和信息平台，将分散的技术集成共享，使众多中小企业更好地融入全球产业链和创新链，产业分工更加注重专业化和精细化，将是智能制造面临的一项重要任务，也是实现企业转型升级和高质量发展的新路径。

〔供稿单位：博创智能装备股份有限公司〕

大连橡胶塑料机械有限公司

大连橡胶塑料机械有限公司（简称大橡塑）始建于1907年，1955年开始研制生产橡胶塑料机械，是我国橡胶塑料机械行业中历史最悠久、研发和制造能力最强的企业之一，现已成为全国规模最大的橡胶塑料机械专业生产主导企业和出口基地，被誉为中国“橡塑机械摇篮”。

2010年，大橡塑经营主体正式搬迁落户至营城子主厂区。营城子厂区占地面积13.8万m^2，总投资7.24亿元。生产区内涵盖机加工、装配、合金焊、实验车间，立体库、成品库以及质量检测中心。

2012年，长兴岛大连大橡机械制造基地正式开工生产。其占地面积25万m^2，总投资约9亿元。现有铸造、传动和热处理三大事业部。是集铸造、热处理、铆焊、机械加工、产品装配于一体的综合加工基地。

公司2010年以来，完成了对加拿大麦克罗机械工程有限公司和捷克布祖卢科股份有限公司的海外并购，走向国际化。

麦克罗公司是塑料薄膜工业领域中系统和设备科研型供应商，多项塑料薄膜生产技术处于行业领先地位，在共挤吹膜、共挤流延膜、高端PVD薄膜等生产线研制方面表现突出。

公司通过技术引进，成功开发宽幅五层共挤大棚膜机组，同时在农膜领域开发计算机集中控制系统，实现整条生产线的智能化控制及管理。

公司产品主要以“智能、高效、环保”为主攻方向，依靠技术进步和创新，推进企业生存发展迈向新高度。公司主导产品有橡胶机械和塑料机械两大类、200多个品种，已形成四大产品架构：以橡胶塑料机械为主的传统产品；以“大造粒”为核心的石化装备及其备件；以电池膜、碳纤维和相变材料等为代表的新材料加工装备；以工业用减速机、大中型机床零部件制造、粗加工为主要内容的工业装备配套产品。

公司坚持科技兴企，建有国家级博士后科研工作站和高校人才培养基地，是全国企事业知识产权试点单位。公司当前拥有高中级技术人员218人，其中教授级高级工程师16人、高级工程师63人；国家有突出贡献中青年专家1人，享有国务院政府特殊津贴12人，辽宁省优秀专家2人；辽宁省百千万人才工程百人层次6人，千人层次9人。全国石油和化工行业高分子材料混炼挤出与装备工程研究中心和国家机械工业塑料机械归口所大连塑料机械研究所均坐落在此，为公司技术创新提供了高端支持。公司在发展过程中相继荣获国家“五一”劳动奖章、国家级企业技术进步奖和国家级“重合同、守信用”、中国化工行业技术创新示范企业等荣誉称号。公司产品先后荣获科技进步奖78项，其中国家级8项、省部级45项；拥有专利145项，其中发明专利80项，使公司成为行业科技创新的前沿。

党的十一届三中全会以来，具有百年历史的大橡塑人立志将技术创新和国家发展步伐紧密联系，以优先满足市场需要为起点，以未来技术市场的发展趋势为导向，充分发挥公司技术力量雄厚这一优势，以国家重大技术攻关项目为龙头，进行了全方位、高起点的新产品研制开发。

一、吹膜设备研发

20世纪80年代初，生产塑料农用膜的专用技术装备只有日本的普拉克公司和少数几家国外公司拥有。国内农用膜都是进口设备生产的，不仅价格不菲而且供应短缺。当时，我国从日本普拉克公司高价购置了12台生产塑料农膜专用设备，大连地区有幸分到了4台机组。12台农膜专用机组对于一个农业大国好似“蜻蜓点水”，于事无补。大橡塑积极地展开了对塑料农膜专用技术装备的研制，在国内率先成功研制出具有国际先进水平的新型地膜机组。该机组与国外引进的机组相比，最高产膜量超出20%，销售价格却便宜2/3。消息传开后，塑料制品行业高呼：中国的“普拉克”造出来了！仅当年就售出40台（套），为国家节省外汇400多万美元。

到了90年代，农业上又推广宽幅大棚膜，其生产设备均属国内空白，需要大量进口。大橡塑又组织广大员工开始了新产品开发攻坚战。在较短的时间里，就完成了可生产12～16m的塑料共挤吹塑复合膜机组。这些塑料薄膜吹塑机组不断在大橡塑衍生换代，多年畅销不衰，至今已生产销售各类机组千余台，直接获得经济效益2亿元。

该系列机组还被认定为中国机械工业名牌产品，成为替代进口的效益产品。

为满足农业科技日益发展的需求，符合国家产业需求，大橡塑开发设计出五层共挤大棚膜生产线。该生产线可生产幅宽达20m的大棚膜及20m PO膜，生产线核心部件机头采用加拿大麦克罗先进技术，通过计算机辅助设计进一步优化机头流道参数，满足高档薄膜制品对机头的要求。该生产线由1台180挤出机（中层）、4台150挤出机、一套2.4m五层模头组成，辅机高度为40m，上牵引辊长度为10.5m，生产线装机容量为2 500kW，质量为350t，生产线日产薄膜60t。该生产线在国内处于领先水平，生产的薄膜制品拉伸强度大、透光率高，为当前国内反季节蔬菜栽培和园艺设施最理想的覆盖材料，主要包括五层共挤EVA消雾膜、五层共挤PO膜、五层内添加镜面温室膜等。

二、石化装备

（1）完成了首台套具有自主知识产权的年产20万吨PP大型双螺杆挤压造粒机组的国产化任务。通过对大型挤压造粒机组系统的理论研究和试验研究，掌握大型挤压造粒机组的设计和制造技术，实现关键的技术创新。机组于2010年5月在燕山石化一聚车间正式投产，至今已经稳定运行7年，机组实际生产量为20～33t/h，在高负荷33t/h工况下运行正常，各项技术性能指标能满足燕山石化公司生产工艺要求，整个机组具有运行稳定、性能可靠、生产效率高、节能低耗等多方面的优点。该机组已通过中石化科技部科技成果鉴定。评委专家认为该机组项目的研制成功，填补了国内空白，整体指标达到国际先进水平。该项目获得国家发明专利授权17项、实用新型专利授权9项，经济效益和社会效益显著。

（2）大型聚乙烯连续混炼挤压造粒机组国产化研制。该机组是百万吨乙烯工程中不可或缺的下游化工装备，是重要的乙烯装备之一。已通过中石化科技部科技成果鉴定，评委专家认为该机组项目的研制成功，填补了国内空白，整体指标达到国际先进水平。该机组共获得发明专利12项，其他专利数17项。经济效益和社会效益显著。

（3）30万～35万t/a LLDPE双支撑连续混炼挤压造粒机组国产化研制。该项目拟解决的技术关键点：研制新型整体转子，使其既适用于常规树脂物料加工，又可满足超低熔指、高分子量的树脂加工工艺要求；突破粉料及熔料密封、单输入双输出窄中心距超高转矩减速器、新型混炼度调节阀、熔体齿轮泵和水下切粒等制约机组连续平稳运行的关键技术；研究大型复杂转子形面和机筒的数控加工工艺、表面强化处理工艺、热处理工艺等技术，保证大型关键件的加工质量；突破复杂橡塑机械的机电一体化、智能化和网络化控制技术，实现一键式开车。

机组主要技术参数：主电机功率10 000～12 000kW、主减速器输出转矩2×136kN•m、转子公称直径450mm、转子转速420/315r/min、齿轮泵中心距540mm、齿轮泵电机功率1 500kW、加工树脂熔融指数0.5～50、产量30万～35万t/a、年运行时间8 000h、异向双支撑整体式转子。机组主要性能指标达到当代国际先进水平，完全能够替代进口产品。

（4）DTC道路相变调温材料挤出造粒机组项目。DTC道路相变调温材料从本质上改善沥青混合料性能，自身能够储存热量，在不同温度进行相变调温，智能调控沥青路面温度，延长沥青混合料的温度疲劳寿命54%，提高道路使用寿命近一倍。项目DTC材料充分利用太阳能，具有可观的生态效益。

关键技术创新突破：该机组的关键技术为开发了适合于混合工艺的加工设备，通过实验确定了机体材料和相变材料混合的比例、最佳反应温度、压力及停留时间。通过多次实验研究，提出了规模化生产的混合工艺对设备的要求，确定了生产机组的主要技术参数及关键核心部件结构，确定了各功能部件的控制要求，为机组进行规模化生产创造了条件。结合大橡塑大型挤压机的研制经验，通过中试取得了中试加料、混合、挤出等数据，确定了大批量加料混合混炼的混合新工艺，可满足 5 万 t/a 的生产能力。

（5）“大型混炼挤压造粒机组”专利（专利号：ZL201010593879.7）。大橡塑围绕大型挤压造粒机组技术已申报专利 53 项，拥有发明专利 17 项、实用新型专利 10 项。其中最核心的基础专利技术是“大型混炼挤压造粒机组”（专利号：ZL201010593879.7）。大型混炼挤压造粒机组已为大橡塑创产值近 5 亿元。专利技术渗透机组各关键技术及其外围技术中，对机组技术给予充分保护，打破了国外知识产权壁垒。

（6）“组合式双螺杆膨胀干燥机”专利（专利号：ZL200910248980.6）。该专利是丁基胶后处理生产线技术中最核心的基础技术，直接影响制品质量。丁基胶后处理生产线用于丁基胶原料的脱水、干燥生产，主要由振动脱水、挤压脱水、挤压干燥、膨胀干燥、流化干燥、切粒、电控七大系统组成。由于溴化丁基胶对温度非常敏感，后处理生产线对设备性能的要求较高。围绕该类产品相关技术，大橡塑已申报专利 12 项，拥有发明专利 7 项、实用新型专利 3 项。

三、电池膜设备

2003 年 9 月，大橡塑与 NITTO DENKO（日东电工）正式敲定合作开发在我国尚属新兴事物的湿法锂电隔膜机组。大橡塑负责开展适宜成膜工艺需求的相应挤出拉伸机组设备研制，研制成功具有自主知识产权的首台国产化“成品幅宽 2 400mm 塑料挤出同步拉伸（湿法）锂电隔膜机组”。2005 年 4 月，该机组在上海松江区工厂负荷试车成功。相关检测显示，该机组具有生产加工组装精度高、运转能耗低、运行平稳、驱动控制自动化等特点，经此机组生产出的（湿法）锂电隔膜拉伸厚度均匀、力学性能（拉伸强度、穿刺强度）、孔径分布、孔隙率、热收缩率等性能均达到薄膜高品质性能要求，成为生产高端（湿法）锂电隔膜的先进设备。塑料挤出同步拉伸薄膜新领域技术装备首台国产化的研制成功，填补了国内相关技术空白，设备技术水平跨入国际先进行列。

2015 年，针对日益增长的锂电隔膜行业市场发展趋势及对高精度、高速、高效挤出拉伸生产线的需求，大橡塑紧抓产品结构调整及转型创新工作，广泛开展国际间技术、管理等方面的合作洽谈，结合大橡塑自身技术、制造优势，加强战略合作及技术融合，持续提高创新能力。当前，已开发并调试 成功处于国际技术领先层次的成品幅宽 4 000mm、设计生产速度 50m/min、MD/TD 纵、横拉比率均可调整的宽幅、高速双向同步拉伸（湿法）锂电隔膜生产线，成为国内首家具有国产化关键自主知识产权的企业。

〔供稿单位：大连橡胶塑料机械有限公司〕

宁波弘讯科技股份有限公司

弘讯科技（TECHMATION）专注塑机控制领域三十余年，参与并见证了中国塑机业的发展。发展至今，弘讯注塑机控制系统国内市场占有率达到 50%, 成为塑机控制的领航者。弘讯科技拥有深厚的研发技术储备，掌握了丰富的工业控制技术、驱动技术、运动控制技术、通信总线技术等；拥有各种工业控制系统、驱动系统、运动控制模组、机械手、工业机器人、现场制造管理 MES 系统等智能制造核心产品，已经成为国内外知名的中高端塑料机械自动化系统解决方案供应商。

一、发展历程

1984 年，三位台湾青年从 TI 辞职，成立弘讯科技股份有限公司（简称台湾弘讯），主要研发工业控制器。随着塑机制造业的蓬勃发展，台湾弘讯捕捉到塑机控制系统的商机，开始进入塑机控制领域。1991 年，注塑机控制相关产品开始进入大陆市场；1993年起成立弘讯宁波办事处，从起初仅租用10m^{2}办公场所的规模开始逐步扩展壮大；2001年，台湾弘讯选择落户在注塑机产业聚集区——宁波，注册成立宁波弘讯科技有限公司（简称宁波弘讯），租用1 000 m^{2}厂房用于产品组装。2005年，高标准迅速地完成了位于北仑大港工业城的弘讯一厂建设，总占地面积2.3万m^2（35亩），建筑面积15 000 m^2，配套了研发实验楼、办公楼、生产工厂、员工生活配套设施等，为员工提供了优美现代的生产和办公环境。

公司于2010年启动内部资产重组，将台湾弘讯及其他资产并入宁波弘讯，并由宁波弘讯作为上市主体完成股份制改造，2015年3月完成A股首次公开发行，在上海证券交易所挂牌上市，股票简称“弘讯科技”，代码603015，至此公司完成了多元化发展的初步战略目标。紧接着，随着上市募投项目的推进，2016年完成位于北仑小港装备园区的弘讯二厂建设，总占地面积5.4万m^2，总建筑面积逾49 000m^2。

随着公司规模和硬件的不断提升，团队建设也随之迅速发展，弘讯科技（简称弘讯）团队人员从1984年台湾创业时期的3个人到入户宁波后的第一批员工十余人的队伍，发展至上市公司并表范围内公司共有员工近800名。公司已形成特有的企业文化，员工的归属感较强，离职率较低。团队长期从事塑料机械自动化领域的技术研发、产品生产、质量管理、市场营销和供应链管理等工作，熟悉塑料机械行业的具体应用和终端用户的需求，深刻理解塑料机械自动化控制产品的市场，使用高效的系统开发平台，快速满足不同用户的产品需求，持续敏锐把握产品和技术发展的趋势，保持公司产品技术前瞻性、保持行业领先地位。

二、品牌与荣誉

弘讯科技拥有“TECHMATION”“弘讯”“弘讯科技”等商标20余个，跨6个类别。公司主营产品相继获得“宁波名牌产品”“浙江名牌产品”等称号，已建立起较为立体的品牌保护布局。公司主要负责起草或者参与完成了多项国家标准和行业标准起草，其中GB/T 24113.1—2009《机械电气设备 塑料机械计算机控制系统　第1部分：通用技术条件》、JB/T 10894—2008《注塑机计算机控制系统通用技术条件》、JB/T 11992—2014《工业机械电气设备及系统 塑料机械计算机控制系统形象化图形符号》、JB/T 11730—2013《工业机械电气设备及系统 注塑机交流伺服驱动系统技术条件》、JB/T 12986—2016《工业机械电气设备及系统 塑料机械控制系统接口与通信协议》已发布实施。当前主要负责起草的国家标准《机械电气设备 塑料机械计算控制系统　第2部分 试验与评价方法》已完成编制待发布实施；另参与起草团体标准《塑料机械控制系统与周边设备的接口与通信协议》。

在管理方面，自成立以来沿用台湾的管理模式，结合采用国际先进的管理软件，建立了研发、生产、销售、财务等全方位的管理制度。公司严格依照ISO 9000管理体系运作和管理，先后导入ISO 9001管理体系、ISO 14001环境管理体系、卓越绩效管理体系、知识产权管理体系等。公司各项管理制度有效运行，并不断改善追求卓越，荣获“北仑区区长质量奖”。

弘讯科技是高新技术企业，并连续四年在中国塑料机械行业优势企业中排名辅机及配套件行业五强企业，是国家单项冠军培育企业。

三、研发与创新

弘讯科技在台湾、上海、宁波、西安、华南以及意大利均设有相应的技术研发和产品运用部门，共同构成一个完整研发体系，兼顾了“技术导向”和“市场需求”，使公司可以充分利用两岸各地差异化优势，因地制宜、资源互补，确保公司的研发能力。近五年来研发投入占营业收入的比重平均维持在10%左右，研发人员占员工总人数的35%，不断优化产品，引领行业发展潮流。此外，公司与西门子、同济大学、兰州大学、中原大学等单位广泛开展各类技术合作，为公司技术的持续发展提供了有力的支撑。

近些年弘讯科技围绕装备智能化、工业化与信息化融合的方向布局，已经掌握感知层、现场制造层、应用层的关键核心软件、硬件技术与产品。弘讯科技历年科技成果见表1。

表1 弘讯科技历年科技成果

年份	主要事件
1984	开始指拨式注塑机控制器的开发
1986	开发出亚洲首部中文屏幕式注塑机控制器 APC-3000
1987	开发出具有单板、温控、压力、电子尺、卧式或直立式、彩色绘图等多种特点的微电脑塑机控制系统
1990	推出 DCS-220 数码式控制器；成功开发出 APC-5000 系统，开始使用单板式双 CPU；正式以 PC 为基础进行软件开发
1995	控制系统设计大量采用双 CPU 结构，产品组合趋于多元化、弹性化
1999	开始开发网络管理系统软件
2000	注塑机网络管理系统与控制系统结合通过 64 台注塑机串联测试
2003	采用 MIPS 系统，使用 6.5in 256 色 LCD 人机界面；开发出 DSP54X 系统，用于快速精密机型；开始研发基于嵌入式 Linux 人机界面显示技术
2005	塑机网络管理系统正式上市，与西门子合作开发出全电式塑机控制系统
2006	研发用于注塑机油压伺服系统的动力装置，开发出适用于中大吨位注塑机的 AK668 塑机控制系统
2007	推出首套全电式注塑机控制系统，成功开发出 Screen Editor 画面编辑管理软件
2008	推出带有全新网络接口的 PILOT 系列控制系统
2009	全面推广高效伺服节能系统，采用数字通信，实现油压全闭环控制；启用定制化的人机界面，具备全彩 LCD 画面效果及 USB/SD 卡便捷储存功能
2010	运用无线通信技术（3G）开发塑机运行维护系统，推出自主研发的伺服驱动器产品
2012	公司开始整合工业通信技术，成功开发集散式塑机控制系统；开发塑料机械周边设备控制系统，如壁厚控制器、模内贴标控制器等；正式向市场推出油电复合式伺服节能系统
2013	基于集散式塑机控制系统的油电复合伺服节能系统开始销售，配属高端 PLC 控制器，与欧美同级；推出新一代集散式控制 SANDAL 系统，并应用于油电复合注塑机 -HYB3 方案与全电注塑机 -HYB5 方案
2014	推出 HYB+ 伺服节能方案，采用全数字通信，具有高阶开模定位功能
2015	规划塑料加工“工业 4.0”产品与技术平台
2016	推出塑料加工智能制造生产单元方案
2017	构建塑料加工智能制造生产线数据中心

截至2017年年底，拥有授权专利139项，其中发明专利23项；当前是浙江省专利示范企业、国家知识产权优势企业。

四、产品更新迭代

当前公司主营产品技术始终走在行业前沿，在“中国制造2025”指引下，保持产品与时俱进，与下游客户共进共赢，推动我国塑机工业的发展。

塑机控制系统已不仅仅定义为单台机器的“大脑”，是在整个智能制造网络中具体的可执行单元，以标准、开放的通信协议融入互联网，并基于实时以太网等总线技术与具体被控单元连接，实现了被控单元与互联网的无缝连接。公司基于多年的技术经验积累，在开发平台不断升级的情况下，控制系统呈现给用户相同的统一参数设定，既保证技术的升级又保持用户的操作习惯，满足客户产品智能制造升级所需。2017年塑机控制系统销售超过7万套，创历史新高，在国内注塑机领域市场占有率稳居第一。面板显示多国语言，满足了世界各国不同机型注塑机控制单元的需求，同时也广泛应用于其他塑料机械，如挤出机、吹瓶机、制杯机、橡胶机、制鞋机等。

油压伺服系统具有节能、高效、精密等优

势，根据不同生产条件，相较传统油压系统可节能40%～70%。该产品的广泛应用使塑料机械有效降低使用成本，提高生产效率，深受市场认可。自2009年小批量推向市场后，其显著的节能效果与稳定的产品质量推动了系统销售，近年来年销量增长势头强劲。2017年销售超1万套。

高端伺服系统总成包括伺服驱动器、伺服电动机、传感器、精密机械部件及通信技术与相关控制软件的集成。采用了智慧交互界面设计并搭配EtherCAT、CAN通信技术，系统技术整合性高、技术优势明显，高响应、高精密、高重复性，可满足油电混合或者全电等高端塑机需求，提高我国塑机的市场竞争力。全电式注塑机是未来高端注塑机的发展方向。当前该系统国内市场主要依赖进口，弘讯高端伺服系统总成已经实现了小批量的生产，有助于实现全电式注塑机的国产化，市场前景可观。

塑料加工智能制造管理系统是面向塑料机械的使用企业即塑料制品生产商量身打造的管理系统。通过塑机网络管理单元可以将多台塑料机械设备连接起来，实现对多台设备、多个车间、多个工厂的同步监控和管理，实现塑料制品生产车间人、机、物、料、制造全过程管理迈向信息化、无人化、智慧化。2017年，公司完成了塑料加工物联网核心即感知层的智能制造数据中心（含生产单元塑机及各类辅机数据中心）的打造，未来将打通其与加工数据采集单元、网络管理单元等应用层的连接，将有助于终端用户对产品追溯、质量监控、报表管理及工艺标准应用的管理，完善完整生产单元、整个车间、工厂的管理方案。

五、市场与服务

弘讯以丰富的产品种类、人性化的产品功能、稳定的产品质量占据了国内外市场，国内中大规模的塑机品牌均是公司长期战略合作伙伴。弘讯采用直销与经销并行模式，近几年来销售总体保持稳步增长。

弘讯高度注重对客户的技术支持及售后服务，已建立全业务流程的产品服务体系。在浙江省内，除宁波总部外，在黄岩、金华、杭州、余姚等地设有服务点；浙江省外则在天津、广东顺德、江苏无锡、东莞虎门、山东临沂等地设有服务点。为满足海外用户的服务需求，公司在美国、巴西、印度、土耳其等地设有维修点，在印度成立了全资子公司，服务网络覆盖了公司国内外主要的销售区域。

六、未来发展规划

当前的塑料机械，除了应用在包装、电器、建筑材料、农业、轻工业等传统行业以外，也越来越广泛地应用于各个新兴领域，如新能源、航空航天、光电通信、生物医疗、汽车等行业，在国民经济发展中的重要性凸显。

弘讯作为国内外知名的中高端塑料机械自动化系统解决方案供应商，积极响应国家的发展战略指引，顺应国内行业发展的战略方向，在新时代背景和发展环境下，练好内功，更好地满足用户高标准、高精度及多纬度的应用需求。

以国家大力发展智能制造，全面推进制造业智能转型为契机，以技术产品储备为基础，以人才梯队力量为支撑，开发各产品与技术在多领域的应用，持续以更具前瞻性与适应性的创新产品与服务满足日新月异的市场变化需求，保持行业地位，引领产业发展。立足塑料机械行业，开拓其他行业市场。在“技术基础＋前瞻视野”双轮驱动下，在现有技术平台支持下，打造具有弘讯特色的塑料加工工业物联网平台，实现塑料加工行业“工业4.0”。

〔供稿单位：宁波弘讯科技有限公司〕

泰瑞机器股份有限公司

泰瑞机器股份有限公司（简称泰瑞机器）是一家集高端注塑机的研发、生产、销售和服务于一体的专业注塑整体方案提供商。泰瑞机器拥有完整自主知识产权的产品已销往全球120多个国家和地区。公司先后获得高新技术企业、浙江省技术中心、浙江省出口名牌、浙江省著名商标及连续 7 年以较好的名次被评为“中国塑机制造业综合实力 30 强企业”和“中国塑料注射成型机行业 15 强企业”等多项荣誉。

2017 年 10 月 31 日，对于泰瑞机器来说是一个具有划时代意义的日子，也是企业发展又一转折点。这一天，泰瑞机器成功登陆上海证券交易所挂牌上市，成为注塑机行业首家主板 A 股上市的企业。这标志着泰瑞机器正式迈入资本市场，在更高、更广的平台上继续扬帆起航，谱写新篇章，也能更好地回馈社会、股东、员工、用户和供应链合作伙伴。

一、增强企业管理，提升发展

1. 优化生产环境

泰瑞机器拥有浙江德清和浙江杭州两大生产基地，公司拥有超过 12 万 m^2 的生产厂房，具有年产万台 550 ～ 70 000kN 不同规格注塑机的生产能力。泰瑞机器从铸件浇注到零件加工，再到组装测试，最后检验出厂，对每一个环节严格把控，做到质量保证、生产调配等多方面的自主控制优势。同时，泰瑞机器从国外引进十多台具有国际先进水平的卧式加工中心、五面体和多工位加工中心、落地数控加工中心等加工设备。泰瑞机器成为生产具有国内先进水平的大型精密铸件和生产智能化全闭环伺服驱动塑料成型设备的现代化综合企业。

在此基础上，泰瑞机器对车间生产环境进行完整改善，如恒温车间环境改造、电气装配室全自动流水化工台、加工中心柔性系统引进等。同时，随着智能物联网的提出，泰瑞机器也成功在充分利用物联网技术优势的基础上，结合公司工厂体系架构，建立了一个具有联网技术的灵活智能化指挥中心，与数据分析服务器、产品数据管理（PDM）服务器、企业资源计划（ERP）服务器等相连。既保证了注塑机加工生产、销售和服务的安全性、及时性和有效性，又完美实现数据化、互联化的无纸化办公，实现对制造过程全面、实时的监控和管理。

2. 提升管理制度

无规矩不成方圆，以管理塑造习惯，稳步的发展离不开精细化的系统管理。泰瑞机器在企业治理和组织架构上进行合理调整，设立了财务审计、人资行政、内控管理、技术设计、市场营销、售后服务等部门，明确各自的职责和权限，并拥有独立系统的绩效考核制度，以保证公司按照正规化、先进性、创新型的管理模式运作。同时，还设立 TNPS 精益生产管理、EHS 健康体系管理、6S 规范管理等专项小组。对生产、员工和环境进行全方位的优化管理，促进安全生产、良性办公。

二、加强基础服务，稳固根本

1. 拓展人员培训和选拔

泰瑞机器为加强员工整体素质和职业技能，设立不定期的多种形式培训。通过团队建设活动、消防主题演练、安全知识讲座、职业技能教授、基本管理培训等，让泰瑞人变得更有担当，更有责任感和团结意识。同时，储备干部预先培养和激励制度为泰瑞机器未来发展“清兵点将”做好准备工作。

2. 校企合作，加强人才储备

校企合作不是单纯的科研与制造合作，而是理论研发与生产实践相结合的理念互融，让研发产品更贴近实际、更因地制宜、更恰到好处。泰瑞机器已与全国多所高校建立合作关系，如浙江大学、浙江工业大学的科研合作项目，杭州电子科技大学的“卓越计划”项目，浙江水利水电学院的“泰瑞学院”项目，北京化工大学的“联合研发中心”项目等，实现科研项目合作、实践理论结合、新兴才干培养、公司人才储备等多方位合作。值得一提的是，2018 年泰瑞机器与北京化工大学共同签署《捐赠资金协议书》泰瑞机器及《全面合作框架协议》，捐赠的 1 000 万元用于北京化工大学教育事业发展，并成立专项人才实训基地，共同实现科技创新等深层次合作。

3. 售后集中管理平台

泰瑞机器采用售后服务管理系统，对售后服务进行全面管理，实现处理进度实时知悉、服务人员合理调配、派单出勤敏捷迅速、服务质量跟踪反馈等一系列无纸化操作。同时，为更好地保证用户的使用权益，泰瑞机器“售后服务管理平台”已正式启用并全力推行。“客户至上、用心服务”一直是泰瑞机器的服务宗旨。公司可为用户提供便携、快捷、有效的多窗口服务形式，为用户使用设备免去后顾之忧。

三、优化产品规格，创造价值

1. 产品系列优化

泰瑞机器设备品种齐全、机型众多，适用于各大主流行业。梦想系列产品现已形成覆盖汽配、家电、物流、工民业用品、医疗食品包装、地下管廊和地上管件和电子、办公自动化等行业的成熟解决方案。其中，DT三板和DH二板机器全系列产品的应用方案得到了行业内的多方认可，享有良好的口碑。而衍生系列J型和M型机器更是在建材和包装行业中表现得尤为卓越。DE全电机自全面进入量产以来，获得较好的成效。550～5 800kN标准全电注塑机、2 650～5 850kN的全电高速系列以及涵盖多种吨位的液电复合式高速机等众多机型，全面覆盖包装医疗、汽配电子等多个行业。公司以完整的系列机型来满足客户的智能、精益生产需求。

泰瑞机器从2005年开始着手多组分机型的研发，经过不断优化，至今已经拥有完整的双色注塑机系列。公司将专利自制转盘技术应用于成熟的二板机型之中，成功推出19 200kN纯二板转盘式平行双色机、14 200kN单色+平行/直角双色+三色多功能机型、18 000kN水平转盘对射机，解决模具尺寸大、产品成型困难等问题，实现多组分系列机型的充实和完善。泰瑞机器完备且优质的系列机型已在客户工厂稳定运行。

2. 智能塑机“T-CLOUD”泰瑞云服务

随着“中国制造2025”的落地，工业4.0也在包括注塑机在内的多家制造型企业贯彻落实。设备的智能主要体现在设备能够根据整个工况自动优化参数，根据业务情况自动调整生产的产品质量和精度，并进行自我诊断，告知使用者进行提前保养甚至维修替换等工作。

目前泰瑞机器实现的设备智能被称为“T-cloud”泰瑞云服务。它能够通过注塑机的云接口，让运行的和历史的数据与云端进行互联互通，实现注塑生产的远程监控、远程维护和远程分析，包括报警管理、工艺管理、质量数据管理、设备快照以及数据分析、个性化报表、生产管理等多项云端服务。其具有市场全系统适配、适应性高，零基础着手、成本投入低，电脑、移动及大屏多端口连接，远程设备监控、维护和预警，有效生产订单管理和有序排产等诸多优势。

站在新的起点，泰瑞机器将一如既往地持续创新发展，在国家“一带一路”倡议和经济全球化的背景下，扩大国际、国内市场份额，积极与欧洲、日本同行竞争，进一步整合资源、广揽人才，在新一轮战略布局中迈出更稳、更快的步伐。将泰瑞机器早日打造成为全球更具规模、更具品牌影响力的注塑机供应商和塑料注塑成型领域智能化、无人化生产整体解决方案服务商。

〔供稿单位：泰瑞机器股份有限公司〕

东华机械有限公司

一、企业简介

东华机械有限公司（简称东华公司）成立于1986年，是一家以生产全自动注塑机及其附属设备为主的企业，在华南和华东都建有生产基地，总占地面积逾20万m^2，固定资产超2亿元，配备了一整套先进完备的设计、生产、加工、装配及检测设备，拥有各类金属切削设备80多台，其中加工中心20多台、数控机床近30台。

公司可一次性提供全套注塑机及其配套设备，注塑量43～50 000g，锁模力220～70 000kN，共有90多个规格、百余种款式，现年产量5 000多台，产品遍及世界各地。

二、技术能力

东华公司自建厂以来，坚持以客户为中心，以科技为先导，极其重视研发和设计，每年都会拿出销售额的3%～5%作为研究经费。公司汇集了内地的技术精英、中国香港的塑料机械权威工程师及德国、日本的技术专家，组建了由60多名高级技术人才组成的东华技术核心部门——工程系统。1994年，经广东省科委批准成立了以东华机械有限公司为依托的广东省塑料机械工程技术研究开发中心，全面负责东华公司的新产品研制与开发，不断推出技术水平高、市场前景好的新产品。公司与北京化工大学、华南理工大学等高校建立战略联盟长期开展产学研合作，联合进行多项国际最新技术、产品等项目的研究，并结合国内雄厚的设计力量，使产品的开发“快、新、变”，保证公司所有产品均与世界先进技术同步。

由于坚持走自主研发创新及“焦点差异化”和技术领先的发展道路，二十年来东华公司在多个项目的研发上颇有建树，创造了多个国内第一。如，国内第一台超大型注塑机（25 000kN锁模力，1993年），国内第一台两板液压式锁模大型注塑机（18 000kN锁模力，1999年），国内第一台全电动注塑机（2000年），国内第一台在线配混玻纤塑化式的大型注塑机（12 000kN锁模力，2006年）。2010年3月，1 800Se（锁模力为18 000kN）标准机使用客户现用模具生产电器塑料件，电能耗0.36kW/h，被评定为1级能耗标准，这是行业里获得此节能评级的首台大型注塑机（锁模力在10 000kN以上）。2012年，Ge全电机实现了系列化（55Ge、105Ge、155Ge、205Ge）生产并销往全国各地市场。2016年，第四代两板机JSeII系列全面推向市场，获得了很好的客户口碑。2017年，4 500～9 000kN系列小型两板机开发成功并全面推向市场。

三、生产能力

先进的加工设备结合先进成熟的加工工艺，是产品质量的重要保证。在零件加工方面，东华公司配备了先进的加工设备，进口数控车床、CNC柔性加工中心、五面体加工中心、数控钣金设备、光学对刀仪、三坐标测量仪、超声波探伤仪、激光切割机、热处理车间、无污染涂装控制室等先进设备一应俱全。

在质量控制方面，东华公司是国内注塑机行业首家获得高新技术企业认定证书和ISO 9001质量管理体系认证证书的企业。从1993年开始全面推行ISO 9001质量管理体系，对产品的制造实施全过程质量监控，每一个生产岗位上的员工都经过严格的技能培训；每一道加工、装配工序都有严谨、科学的工艺规范，每一个过程都有严格的管理程序。除保证严格的零件和元器件检验、检测过程外，东华公司更注重全过程的检验和控制，定期对过程质量进行审核、诊断和评定，确保人、机、料、法、环五大要素输入的适时有效性，从而形成有效的闭环控制系统。技术精良的制造队伍，完整的质量保证体系，确保产品的加工和装配精度，从而保证了产品的稳定性和可靠性。

四、公司荣誉

1993年，东华公司在国内首先突破特大型注塑机的设计和工艺技术，成功设计制造出国内首台25 000kN锁模力的TTI-2500B型特大型注塑机，填补了我国大型注塑机的空白，获得了国务院颁发的“中华之最”荣誉证书；同年，在国内塑料机械行业中首家获得高新技术企业认定证书和ISO 9001质量体系认证证书。1997年，TTI系列全自动注塑机被评为“广东省名牌产品”。1998年，TTI系列全自动注塑机被国家机械工业局认定为“中国机械工业名牌产品”。1999年，设计制造出国内第一台TTI-1800T二板式注塑机，并获实用新型专利，TTI-（550～800）F系列注塑机获省机械工业科技进步奖一等奖。2000年，研制出国内第一台环保节能高效的全电动注塑机。2004年，被广东省科技厅评为优秀高新技术企业；2005年，荣获“中国机械500强”“中国橡塑机械10强”称号。2007年，东华公司“h”牌注塑机荣获“中国名牌产品”称号。2009年，东华机械有限公司被认定为首批国家高新技术企业，东华机械的高效环保薄壁大容量餐盒注塑机荣获广东省高新技术产品奖。2010年，东华机械的发明专利“化学发泡预压高速注塑成型方法”荣获东莞市专利优秀奖；同年，东华的Se系列机型是全行业唯一在超大型注塑机（锁模力 >20 000kN）获得1级节能评级。2011年，东华机械连续第6年被评为“中国机械500强”。2012年，广东省首个院士工作站落户东华机械有限公司。2013年，东华机械3350JSe通过一级节能标准，成为业内首个30 000～40 000kN机型达到1级节能标准的注塑机生产厂家。2015年，东华机械连续第10年被评为“中国机械500强”。2017年，被评为国家知识产权优势企业，并再次被评为高新技术企业。

五、服务销售网络

东华公司的服务网点遍及世界各地，在国内各区域、各城市设立办事处30个，在海外50多个国家和地区设有办事处或代理商，共有售后服务人员180多名。服务人员全部是机电一体化专业毕业，通过ISO 9000专业培训并持合格证，人员平均从事机械服务行业5年以上，具有丰富的塑机故障判断、解决能力及优良的人际沟通能力。

东华公司主动与客户联系，依据客户的时间安排，提前对机器进行检查保养，节约用户的时间成本，确保设备正常运行；全方位地为客户进行免费培训；随时为客户设计、开发、提供机器附加功能设计参考；提供产品升级或改造服务，如产能计算、产品打包服务。若出现需现场处理的事件，客户电话预约后，服务人员4h内到达客户现场，一般故障2h内解决使设备正常运转，特殊故障、系统问题48h内予以解决；提供24h全年无休维修服务，只需要拨打公司、各网络点服务热线，即可预约“全程管家”提供的先设计后安装、保养、清洁、维护的360度全方位服务，同时通过各售后系统建立“一站到位、一票到底”的服务流程，实现“一次服务用户，全部设备受益”的服务目的。

〔供稿单位：东华机械有限公司〕

浙江华业塑料机械有限公司

创办于1994年的浙江华业塑料机械有限公司（简称华业公司）是专业从事塑料机械及配套件开发、生产、销售的高新技术企业，是国家科技部“国家火炬计划重点高新技术企业”、中国企业改革发展委员会和国家产品质量监督检验中心“中国螺杆行业十强企业”和“中国塑料机械行业综合25强企业、中国塑机辅机5强企业”。

华业公司以注塑机、挤出机的心脏部件——螺杆、机筒及其附属部件为主导产品，现已发展为全球塑机螺杆产业中生产规模最大的精密机筒、螺杆制造企业之一，产品远销加拿大、美国、德国、印度、日本等国家和地区。经过近20年的发展、调整和提升，公司技术力量雄厚，生产规模化、产品结构多样化，良好的工业基础，突出的世界领先加工设备，为打造世界一流的塑机螺杆制造企业提供了良好的基础。公司历年注重技改投入，现拥有日本、奥地利、德国、美国等高端精密加工设备600余台（套）。公司在巩固国内市场份额和地位的基础上，积极拓展国外塑机市场，建立起与加拿大赫斯基注射有限公司、美国克劳斯马菲公司、印度德马格公司等世界顶级品牌企业的配套合作关系，努力把自己打造成世界一流的塑机螺杆制造企业，致力于使其成为全球产业内领导者和顾客首选的配套与业务合作伙伴。公司从研发生产精密机筒、螺杆到各类液压缸、气缸，创造了四个“中国之最”：中国目前最大规模的生产销售全硬螺杆的企业，中国最早生产销售无卤螺杆的企业，中国生产螺杆套数最多的企业，中国生产精密螺杆机筒最大的专业制造商之一。公司现有产品为注塑机、挤出机、橡胶机、压铸机的主要核心部件，其中包括双金属机筒螺杆、氮化机筒螺杆、HPT系列全硬螺杆、挤出机双金属机筒螺杆、挤出机氮化机筒螺杆、挤出锥双平双螺杆机筒、挤出吹瓶螺杆、橡胶机机筒螺杆、哥林柱系列。

华业公司技术研发中心拥有工程人员20名，并成立了院士专家工作小组。华业公司与北京化工大学、山东大学、华南理工大学等知名大学实行技术性研究合作，这些大学为华业公司研发中心提供了强有力的技术支持，实现了理论与实际的转换。

华业公司致力于研究各种树脂在不同成型条件下的粘弹特性以及熔融状况，全面分析树脂的比热容 、摩擦系数、热稳定性以及导热等诸多特性，并为客户提供详细的售前技术支持，全面收集制品克重、制品表面要求、成型工艺条件、溶胶速率等信息，进行点对点的问题分析，为客户提供最优的螺杆机筒选型指南。在6500T-D300综合混色和4500T-D210动车车灯的螺杆料管设计上已有了成功案例。在高端制品领域，如导光板、导光条、光学镜片、LED灯、瓶坯、精密插件等制品的料管组设计达到了国内顶尖水平。

华业公司以“专业化、精品化、国际化”为市场定位，精益求精，坚持工匠精神，专注产品品质，根据行业特性及市场需求，华业公司直接与大型钢厂合作定制的42CRMO、38CRMOAI等通用系列原材料的性能达到欧、日标准。华业公司所有原材料入厂、试样及加工过程中的产品硬度、金相及性能检测都由检测中心严格管控，确保产品品质。

华业公司在生产管理上严格执行国家有关环境保护法规，企业通过ISO 14001、OHSAS 18001管理体系认证，按照环境整洁、美化地面、设备完好、健康安全、生产均衡的要求，依据7S活动的原则整治生产现场；在品质管理上，认真落实ISO 9001质量管理体系的程序要求，完善生产管理制度，做到流程设计合理化，生产工艺科学性，完善生产作业指导书，严控部件及成品检测和入库环节。华业公司在质量管理上贯彻“质量屋”管理框架，以质量战略为先导，进行系统全面的管理设计和优化，通过20道质量门，严控产品质量，认真执行产品质量标准与验收标准，实现产品100%合格出厂，确保产品质量的长期稳定。

同时，华业公司坚持市场品牌战略，品牌已经超越了管理、人力、技术、资金等，成为企业实现自我发展目标所拥有的核心资源。企业所有的优势最直接地体现在企业是否塑造了强势品牌。通过品牌战略的科学制订和有效实施，建立核心竞争优势，提高竞争能力。华业公司自成立以来，严格产品质量管理，售后部门及时跟踪客户的使用情况，为客户提供售后问题处理，技术咨询及维修效果追踪。为生产加工、品检、工程设计提供改进信息。凭借专业的设计、加工、检测以及售后，实行精准服务，保证产品品质，提升用户使用体验。

〔供稿单位：浙江华业塑料机械有限公司〕

浙江申达机器制造股份有限公司

浙江申达机器制造股份有限公司（简称申达）于1955年3月建厂，20世纪60年代末开始生产制造注塑机。作为国内最早的注塑成型机生产制造的企业之一，浙江申达机器制造股份有限公司时刻伴随和见证着我国塑机行业的成长发展历程。

进入改革开放新时期以来，申达以科技为主导、以市场为龙头，创新发展、接轨市场，做大做强做精企业，成为我国塑机行业历久弥新、活力迸发的常青之树。

2008年公司成功改制，第一大股东为浙江省二轻集团，属于行业内唯一的国资委监管的注塑装备制造企业。

2013年8月，公司成立了国家博士后科研工作站，同年10月申达制塑装备研究院被列为浙江省企业研究院。公司是塑机行业最早的国家高新技术企业之一，浙江省创新型示范企业。

一、人才培养和机构合作情况

公司目前拥有高级职称技术人员8人，其中教授级高工3人。公司长期与浙江大学、浙江工业大学等高等院校保持良好的合作关系，在面向航空航天、潜艇、物联互联、生物医疗、五水共治、城镇化建设等国家、省重点领域进行了精密化、高效化、绿色节能化注塑技术的研究。

2014年公司与浙江工业大学联合培养了博士后科研人员，进行了大型制塑装备精密节能高效液压系统的研发，该课题获得2016年省级优选博士后科研项目。2018年6月公司与浙江工业大学联合培养了博士后科研人员，将进行注塑机中塑料粒子在不同工况条件下性能的分析与研究，以研究注塑机中塑料粒子的性能，分析各种特种塑料的使用场合，更好地了解各种材料的加工工艺，针对各种客户研发针对性的高端注塑装备。2017年聘请了浙江大学教授为特聘专家，在微型机构注塑生产方面进行前沿性的研究，目前取得了阶段性的成就。

二、公司研发成果和研发方向

公司目前获得授权专利150多项，其中发明专利15项，相关技术获得国家科技进步奖二等奖，中国轻工业联合会科技进步奖一、二、三等奖。公司积极参加起草了注塑机国家标准7项，积极与大专院校合作，进行新产品新技术的研发。2005年公司研发了伺服泵控注塑机，取得环保节能相关专利共12项，并于2008年进行了系列化研发，进入全面的批量生产，最大机型锁模力为40 000kN。由于该系列产品优越的节能性能，并提高了制品的生产精度，因而获得2014年浙江省新产品计划，经国家塑机中心检测超过国家一级能耗，节能水平达到国际先进水平，被列入工信部节能产品推荐目录。

2006年，公司先后研发了全电注塑机、二板机；研发的混色注塑装备赢得市场的好评，相关专利技术获得2015年中国专利优秀奖。2012年以来研发的大型千吨级注塑装备获得2017年杭州市科技进步奖一等奖、2018年教育部科技进步奖一等奖。并承担完成国家863计划、浙江省重大科技专项、浙江省重点团队项目、杭州市科技重大项目等20多项。

三、抢占技术制高点，培育核心竞争力

2017年以来，公司在大股东二轻集团的大力投入下，引进了日本管理和技术团队，对公司研发产品进行了转型定位，将全电机对标国外先进技术，对成型周期、重复精度等进行了梳理，分析细分行业市场，为抢占高端市场做好了准备；对伺服标准机进行了模块化定义，提升了加工精度和加工组装效率，从而更好地解决市场交付率问题。对二板机通过制造成本、设计成本梳理，对结构进行分析，提出优化方案，提升了公司二板机的市场竞争力。

同时，公司投入了大量资金进行了德清基地的建设，项目总投资额达7亿元，占地面积12.8万m^2（192亩），总建筑面积近9万m^2，建成后可新增产能10亿元。目前已完成了金加工厂房的建设，完成了金加工设备的招投标，引进了国内镗、铣、车高端智能设备，重新进行了ERP的招标工作，引进了PDM系统，为公司建设智能物联工厂做好准备。

经历60多载风雨历程的申达即将扬帆启航，翻开壮美绚丽的宏伟篇章！

〔供稿单位：浙江申达机器制造股份有限公司〕

宁波华美达机械制造有限公司

《中国制造 2025》中指出，制造业是立国之本、兴国之器、强国之基。打造具有国际竞争力的制造业，实现中国制造向中国创造转变、中国速度向中国质量转变、中国产品向中国品牌转变、中国装备制造业转型升级的任务紧迫而艰巨。

致力于为客户提供更优良的解决方案，宁波华美达机械制造有限公司（简称华美达）始终专注于节能注塑机产品的研发制造和市场推广，自2002年公司成立以来，历经十五年蓬勃发展，以“专心专注，做好塑机”的匠心精神，在行业激流中厚积薄发，搏浪前行，逐步发展为具有雄厚竞争实力和生产规模的高新技术企业。

公司先后建成四个生产制造基地，在注塑机行业强势增长的大环境下，已连续三年实现增长60%的高速发展，不但在生产总值上实现稳步提升，更在技术研发上持续发力，先后推出精密伺服节能注塑机、全电动注塑机、二板注塑机、精密高速注塑机等全系列通用型及专用型注塑机产品，以强大的研发能力为客户提供专业化的产品定制服务。目前，华美达已经在国内及海外设立了 50 多处销售服务机构以及海外服务中心，产品远销美国、俄罗斯、东欧、东南亚、南美、中东以及非洲等世界各个国家和地区，建立了国际化的营销体系。

一、专注塑机行业，做匠心产品

宁波从事塑料机械行业的企业多达几百家，上规模的注塑机制造企业数十家，行业竞争几乎达到白热化。在竞争日益激烈的行业氛围中，如果大打价格战以低价策略争夺市场无疑是伤敌一千自损八百，注定了企业无法长久健康的发展，国内塑料行业的蓬勃发展为塑机行业引进推广新技术、新产品创造了良好的发展机遇。顺应市场发展趋势，公司决策层制定了服务定制化、产品差异化的发展战略，历年来不断加大营业收入在技术创新、产品创新上的投入比例，关注新兴市场的发展前景，致力于提升核心产品本身的使用性能、科技含量，注重客户反馈，更好满足客户对注塑机高效、高精密、高速、低耗环保等方面日益提高的性能要求。通过专注深耕细分化行业市场，打造具有行业标杆的特色产品，华美达多年来保持了稳定的发展态势。2017 年，由公司创新团队自主研发的、具有独立知识产权的“高速精密塑料注射成型机”项目，入选“浙江制造”标准制修订计划。该标准的拟定将填补国家相关项目空白，代表着华美达品牌高速精密注塑机在核心技术标准和市场占有率上具备了国内一流、国际领先的技术水平，同时，华美达作为参与该类产品制造标准制定的第一起草单位，成为高品质、高水平产品的代名词。公司成为行业首家获得“品字标浙江制造”“一带一路”认证证书的企业，通过 EAC、CE 等国际认证。

“专心专注，做好塑机”是华美达自成立以来始终贯彻的企业理念。华美达只集中全部的资源和力量投入注塑机产品高精密技术开发、制造装备投入和品牌推广，尽力满足顾客的多元化需求。一直以来，公司始终重视与支持技术创新体系的改革。对高新技术的持续投入和科研队伍的培养，在很大程度上促进了企业核心竞争能力的提升，而且在技术创新的基础上实现了产品销售的同步增长。公司研发团队已具备浙江省级高新技术研究开发中心资质，研发队伍包含检验中心、情报资料中心、标准化小组和试制组，当前已掌握和使用的技术包括全闭环控制、高效节能控制、低噪声控制和高速注射成型等先进技术，获得实用新型专利及发明专利授权 60 多项，整体实力和研发经验处于同行业领先水平。华美达先后获浙江名牌产品、浙江省著名商标、高新技术企业等称号，进入国家火炬计划项目，连续三年跻身中国塑料注射成型机行业 15 强企业，实现了科技成果向生产效益转化、产品销售向品牌效应转化的良性循环。

二、产品差异化，服务定制化

注重客户体验、满足客户多样化需求是华美达在日益激烈的市场环境中拔得头筹的关键。从最初建厂的 M3、M5 传统注塑机系列，再到 M6、M8、M9 精密伺服系列，每一次产品系列的更新即是市场和客户的升级换代，也是企业痛苦蜕变、积极革新的过程。在充满荆棘与坎坷的创业创新过程中，尽管前途艰险，华美达人始终以锲而不舍的精神，专注客户的需求和市场发展趋势，投入精力和财力进行行业前沿技术和产品的研发，相继推出五大产品系列，包括 SP 高速精密注塑机系列、EM 全电注塑机系列、DU 二板注塑机系列、M9S 精密伺服注塑机以及 M8/M8S 高效节能注塑机系列，涵盖了行业未来 3 ～ 5 年发展的主流产品，并为客户提供各种行业专用注塑机的定制生产服务。

在注重企业自身品牌建设和规模发展的同时，华美达还同时兼顾合作伙伴、供应商和客户的利益。除了为用户提供传统意义上的销售、咨询等一站式的标准化服务外，华美达还将为用户提供定制化解决方案的技术支持、提供快速维修和备件仓储，以及为用户提供良好的培训等服务。购买华美达的产品，用户得到的将不仅是一台高品质的设备，还包括完善的一体化售前及售后服务，深入细致地了解每个客户的用户需求、提供及时到位的产品定制服务，其服务质量不会因为地域的不同而不同。同时，通过与客户之间展开通畅的沟通，及时了解当地用户和市场的需要，并不断把这些信息反馈给研发制造部门，为注塑机的持续创新和改进提供了强大动力，从而在技术创新和产品开发上与其他合作伙伴形成一种长期稳定的互利合作关系，始终为客户提供具有技术保证的高品质产品，实现企业销售额和产品品牌效应的同步增长。

为了进一步满足市场需求，公司先后于 2014 年和 2016 年投资了两个新的生产基地 —— 精密加工制造基地以及精密注塑机生产基地，为实现企业更大的发展目标提供支持。到 2020 年，华美达预计实现年产值 10 亿元以上，并更多地参与到国际项目的竞争中，为企业的宏伟蓝图再添华章。

〔供稿单位：宁波华美达机械制造有限公司〕

广东乐善智能装备股份有限公司

广东乐善智能装备股份有限公司（简称乐善智能）是新三板挂牌公司，证券简称“乐善智能”，证券代码 871695。公司成立于 1995 年 8 月，位于佛山市顺德区大良五沙工业区，占地面积约 37 570 m²，拥有员工 350 余人，已发展成为一家专注于塑料中空成型领域，集机械设计、研发、生产、销售及服务于一体的智能机械设备公司。

公司主营产品有吹瓶机系列、精密模具、电机系列、辅机系列、钥匙工程设计与施工等，其中吹瓶机产品采用国际标准生产，具备欧盟强制性认证 CE 资质等。

乐善智能是我国吹瓶机行业标准起草单位之一、国家高新技术企业，拥有广东省著名商标、广东省名牌产品、广东省战略新兴产业培育企业、广东省优质制造商等众多荣誉。公司拥有实用新型专利 22 项、发明专利 9 项；在途申请专利 24 项，其中实用新型专利 18 项、发明专利 6 项。乐善智能自主研发的数控塑料中空成型吹瓶机曾被纳入国家火炬计划，被中国包装协会评为名牌产品，SCJ-90K+H2×1.30D 型数控吹塑中空成型机还获得国家级创新基金扶持。

乐善智能是广东省省级企业技术中心、联合国注册供应商、TÜV 认证的中国优质制造商资质企业，公司产品研发、设计和制造全程采用计算机完成。乐善智能每年投入销售总额的5%进行技术研发，与武汉理工大学、西安交通大学、华南理工大学、广东省自动化工程学会、广东省机械工程学会保持紧密学术交流和合作关系，乐善智能与佛山科学技术学院已签署战略合作协议。

乐善智能拥有设备远程售后服务系统，拥有全球售后技术支持和人才培训、流动性零配件仓库，免费向用户提供全方位吹瓶机技术培训，是全面规划吹瓶生产线领域（钥匙工程）的供应商。公司成立了微信报装系统，方便客户随时报修。

历经20多年发展，乐善智能已成长为吹瓶机装备行业研发实力雄厚、技术创新能力强、产能规模大的企业之一，年生产吹瓶机整机规模达500台（套）以上。公司与多家全球知名企业、中国500强企业达成良好合作关系，如联合利华、P&G、Walch、Mobil、Danone、BP、统一、壳牌、中国石油、娃哈哈、立白、蒙牛、伊利、纳爱斯、美孚石油、好彩头、均瑶集团等众多知名企业。

在未来的发展中，乐善智能将布局全球，利用生产高度自动化、网络化实现产品业务在包装机械领域关联多元化，利用物联网、移动互联网、大数据、云计算等新兴技术手段，实现多元化、智能化以及工业4.0。同时，业务向全球化发展，成为全球范围内有一定知名度的智能机械制造品牌商。

乐善人坚信，只要用开拓、拼搏、创新、奋进的精神，坚持“乐创高新技术，善助用户发展”的企业使命，凭借对品牌建设梦想的执着，依靠务实和创新，乐善必将成为全球智能装备的领跑者，与客户共同收获金色希望。

〔供稿单位：广东乐善智能装备股份有限公司〕

附：

广东乐善智能装备股份有限公司历年事件

时间	事件
1995年8月	顺德市乐善机械实业有限公司成立
1995年	被评为广东省高新技术企业
1996年	数控中空吹塑成型机被列为国家火炬计划
1997年7月	从容奇乐善村迁至容边天河工业区
1998年	首台E型全气动吹瓶机研发成功
1999年	首台液压数控塑料中空成型机研发成功
1999年	首栋多功能综合办公楼落成投入使用
2001年	首项“多层复合型坯机头”实用专利诞生
2001年	通过ISO 9001：2000质量管理体系认证
2002年	首台YG系列吹瓶机研发成功
2003年	首台K系列塑料挤出吹塑中空成型机研发成功
2003年	首项“一种双工位自动吹瓶机的吹瓶控制方法”发明专利诞生
2004年	吹瓶机被广东省科学技术厅认定为广东省重点新产品
2005年	SCJ-90K+H2×1.30D型数控吹塑中空成型机成功获得国家级创新基金扶持
2006年	一模六腔双工位酸奶瓶专用塑料中空成型机研发成功
2007年	U系列高速挤出吹塑中空成型机研发成功
2008年	数控塑料挤出吹塑中空成型机被广东省科学技术厅认定为年度第一批高新技术产品
2009年	被授予广东省装备制造业100家重点培育企业
2009年	一模八腔双工位酸奶瓶专用塑料挤出吹塑中空成型机研发成功

（续）

时间	事件
2009年	首套全自动吹瓶生产线在内蒙古伊利实业集团股份有限公司上线投产使用
2009年	在节能型塑料挤出吹塑中空成型技术与装备粤港关键领域重点突破项目招标中成功中标
2009年	新产品U形高速塑料挤出吹塑中空成型机项目成为广东省创新专项资金扶持第一批重点项目
2010年10月	更名为“广东乐善机械有限公司”
2010年	入选顺德“龙腾计划”首批企业
2010年	“乐善”牌数控塑料中空吹塑成型机获广东省名牌产品
2010年	U系列三大行业专用吹瓶机（UNB奶瓶专机、URB润滑油专机、UXB洗衣液专机）研发成功
2011年	被中国塑料机械工业协会评选为“中国塑料中空成型机行业3强企业”
2011年	佛山市及顺德区高效节能塑料挤吹中空成型技术与装备工程技术研究开发中心在乐善挂牌成立
2011年	获首批“顺德区百家企业智能制造试点示范企业”称号
2012年10月	从容边天河工业区迁至广东省级高新技术工业园“顺德五沙科技工业园”
2012年	数控塑料挤出吹塑中空成型机被广东省科学技术厅认定为广东省高新技术产品
2013年	启动精益生产管理变革，采用扁平化、信息化管理
2013年	首台永磁30kW节能型电机研发成功
2013年	获得GMC广东优质制造商资格
2014年	“塑料中空成型机柔性化精益生产线技术改造项目”获广东省技术改造投资项目资金扶持
2015年	在中国塑料中空成型机行业排名由全国第3强跃升至全国第2强
2015年	入选广东省战略性新兴产业培育企业
2015年	入选佛山市“中国制造2025试点示范创建企业”
2016年4月	首台电液混合动力吹瓶机研发成功
2016年8月	完成股份制改造
2016年11月	首台全电动吹瓶机研发成功
2017年2月	与佛山科学技术学院签署战略合作协议
2017年6月	入选广东省省级企业技术中心
2017年7月	成功挂牌新三板

科倍隆集团

科倍隆集团是配混挤出系统、喂料技术、物料输送系统与服务的全球市场与技术领导者。科倍隆设计、研发、制造和维护用于塑料、化工、医药、食品和矿产的系统、设备和零部件，在全球拥有2 500名员工、30家销售和服务公司。

科倍隆斯图加特是全球最顶尖的双螺杆挤出机制造商。61年前，Werner & Pfleiderer，即科倍隆的前身，在1957年推出了第一台同向啮合的ZSK双螺杆挤出机。自此，经过这61年的不断发展，ZSK挤出机从现在看来相对简单、产量仅为170kg/h的混炼机不可思议的变身为广泛应用于塑料、化工、食品和医药等不同领域的高性能加工设备。现在，ZSK挤出机的螺杆直径从18mm到最大可达420mm，其产量在加工聚烯烃时为200g/h到125t/h。

1997年科倍隆在上海设立办事处，并于2004年在南京建立双螺杆挤出机生产基地。同年，第一台STS&CTE系列挤出机在科倍隆南京工厂完成生产和组装。这两个系列挤出机由科倍隆斯图加特完成工程设计，严格按照德国的质量管理和标准体系进行生产，ZSK 专利认证，具有更优的设备性价比，更高的经济收益。

2008 年科倍隆南京实验室成立，升级版 STS advanced 系列挤出机面世。2010 年 STS advanced T10 挤出机面世。2012 年科倍隆成为纽交所上市公司美国 Hillenbrand 集团旗下成员。2015 年科倍隆南京工厂迁入新址。2018 年由科倍隆南京工厂本地组装的、专为中国用户设计制造的高性价比 ZSK 58 Mc[18] 挤出机在 Chinaplas2018 国际橡塑展上正式和大家见面。

由于科倍隆南京工厂在过去几年里加强了制造能力和严格的质量控制，使得其在中国市场实现本地化生产和组装高端 ZSK 双螺杆挤出机成为可能。科倍隆南京工厂目前采用的是一流的德国加工中心并执行经过长期验证的科倍隆全球生产和质量标准。科倍隆南京工厂使用德国高精度制造设备和质量测量设备和仪器，严格监控生产和装配流程。科倍隆南京的实验室配有 STS 50 Mc[11] 和 STS35 Mc[11]，同时也配有一台 ZSK 32 Mc[18] 挤出机，使得中国客户可以在实物生产的条件下研发产品配方和加工工艺。今天，科倍隆南京工厂有足够的实力提供和科倍隆德国一样品质的产品。

科倍隆南京工厂生产的 STS 35 Mc[11] 挤出机，它的比转矩为 11.3 N·m/cm^3，螺杆转速最高达 900r/min，具备经过验证的科倍隆挤出机品质，具有突出的性价比优势。科倍隆针对色母粒加工应用，对 STS Mc[11] 双螺杆挤出机进行了特殊的新设计，使其更易于操作和清理。全新设计的 STS Mc[11] 底座，其内部整合了筒体冷却水路和电缆线路。这使得挤出机加工段更加紧凑简洁，方便清洁。科倍隆也改进了加工段隔热罩的设计，降低了粉尘污染和堆积，在加工段更加容易维护的同时护罩光滑的表面也更加易于清洁。筒体加热器配备的隔热板有效降低了加工段的表面温度。喂料筒体开口上配有插入式嵌件，清洁简单，因此可以快速切换产品。同时真空排气室也更新了设计，增加了托盘，用来收集可能的冷凝物或清理时的废弃物料。科倍隆也重新设计了机头来满足色母粒加工应用的特殊需求，只需松开几个螺栓就可快速打开以确保快速切换配方。

此外，科倍隆专为中国市场定制的拉条切粒机 SP treasure 具备高品质和高性价比的优点。它是由位于德国奥芬巴赫的科倍隆切粒技术有限公司和科倍隆南京工厂共同合作开发的产品。科倍隆切粒技术有限公司负责设计和提供切粒室，其他部件由科倍隆南京工厂提供并完成组装。SP 220 treasure 拉条切粒机十分适合用于高磨蚀性的增强材料的切粒。其切刀宽度为 220 mm，最大料条数 55 根，最高产量为 2 500 kg/h。

科倍隆用 treasure 系列产品拓宽了其高品质又经济的拉条切粒机产品线。SP 220 treasure 拉条切粒机基于快拆理念设计，易于快速维护和清洁。为保证其符合科倍隆在市场上建立的 SP 拉条切粒机的高标准，作为确保高产品品质的重要切粒室部件，如切刀、胶辊等，均由科倍隆德国原装提供。下牵引辊可以升级为独立驱动以实现不同粒子长度，上牵引辊可以升级为不锈钢硬化处理并独立驱动，上、下牵引辊间隙可调作为可选。此外，科倍隆为 SP 220 treasure 配备了带隔音层的切粒机出料口，使得清洁更加方便和快捷。同时，SP treasure 系列可以根据客户的需求选配 PLC 控制和触摸屏。同系列的机型还有 SP 320 和 SP120。

秉承德国的技术精髓以及科倍隆全球统一的质量标准，科倍隆南京工厂制造所有的核心部件，如筒体、螺杆元件、芯轴、传动箱及电柜组装等。

筒体焊接前，将其放到高温炉中进行加温到 440℃进行去应力，以避免筒体开裂漏水。筒体的加工采用德国 Heller 数控加工中心完成，其定位精度可达 9μm。采用德国 DMG 高精度数控机床进行螺杆元件加工，一步成形，啮合曲线完美。设备底座由科倍隆德国工程设计并进行强度和载荷计算，通过型材焊接保证钢性，采用数控龙门铣确保加工精度，进而保证设备安装的同轴度和运行过程中的稳定性。科倍隆对 CTE 传动箱进行了进一步优化，新的齿形齿向让齿轮更易啮合，增加了齿轮间的接触面积，比转矩从5.5N·m/cm^{3}提升到7.2 N·m/cm^3，提高了使用寿命和安全系数。STS系列选用国际知名品牌的电气元件，符合欧洲的电气安全标准并获得TÜV CE认证。

详尽的质检计划QCP和整机出厂检验FAT严格管控生产和组装过程中的每一个环节，以保证最终的设备质量。

为确保原材料符合技术要求，科倍隆使用原子发射光谱仪测量原材料化学成分，维氏硬度计测量热处理后零件的维氏硬度，确保其耐磨性和强度，磁粉探伤检测原材料是否有裂纹。德国蔡司桥式三坐标测量仪的测量空间精度可达1.4μm，配有专用的温度探头，有极为可靠的温度补偿功能。每一节筒体的检测数据近80项。每一件CTE传动箱的箱体检测数据近40项。采用瑞士如关节臂式三维坐标仪检测整机的装配精度，同轴度可达到0.1 mm，使用激光检测联轴器的同轴度，无接触式测量，精度达到微米级，确保动力传输的可靠性。设备在出厂前科倍隆对整机进行FAT出厂检验，采用6D报告对问题进行追踪并持续改进。

科倍隆完善的供应商评估体系SQE，从质量、服务、准时交货率、价格成本四个方面对供应商进行考核，以保障为客户提供品质优良，价格合理的产品。

科倍隆不仅是设备制造商，更是方案提供者。科倍隆在全球提供超过15 000套设备，完成过5 000次实验，进行过40 000次产品物料分析，为客户提供定制化方案。

科倍隆南京工厂共有40名现场服务工程师和备件销售工程师，为客户提供安装调试及售后服务。科倍隆的售后服务包括：筒体磨损测量、传动箱振动检测、传动箱翻新、传动箱更换、设备升级更新、操作培训、全面服务合同。

科倍隆南京实验室有三条实验线，包括2条STS和1条德国原装ZSK，配备全套的上下游设备，二十余人的设计及工艺团队可以为客户提供研发支持、现场工艺调试和工艺培训。

〔供稿单位：科倍隆〕

佛山市顺德区考特斯塑料科技有限公司

佛山市顺德区考特斯塑料科技有限公司（简称顺德考特斯）是拥有80多年历史的世界知名挤出吹塑机械制造商——德国考特斯机械制造在中国的全资子公司，拥有行业领先技术，专注研发、生产各类挤出吹塑中空成型设备。机器均采用国际高端品牌零部件，运行稳定，生产高效，质量过硬，经久耐用。目前产品包括KCC液压挤出吹塑机系列以及KBB全电动挤出吹塑机系列，可实现最大50L中空塑料容器的全自动生产，应用涵盖消费品包装、工业品包装、汽车及特殊制品领域。

顺德考特斯的前身为克虏伯考特斯机械制造公司与震雄集团、顺德新力集团在中国建立的一家合资企业，于1995年在顺德成立。2004年，随着合作关系结束，公司成为德国考特斯的独资企业，更名为顺德考特斯。2013年，顺德考特斯乔迁新厂至顺德勒流富安工业区。

1995年，公司第一台机器KEB2型挤出吹塑机开始组装生产。由于KEB2机器只能做1～2腔制品，效率较低，在著名日化企业纳爱斯集团的建议下，公司1996年推出了专为中国市场打造的KCC1 3腔机器，迅速获得市场认可，随后陆续推出产量更大的KCC1D、KCC2D双工位机器。经过20多年的发展，KCC系列机器已经有十多种型号，能够充分适应和满足客户不同的生产需求。2016年，公司顺应市场要求推出了全新研发的第三代KCC机型——KCC MK3系列。该机优化了整机设计，采用导轨式合模机构，开合模速度更快，能够显著缩短循环时间，可选用双轴伺服系统进行制品取出，整体布局更加紧凑，有效减少占地需求，节省空间。

2015 年起，面向中国和东南亚市场的 KBB 全电动挤出吹塑机在顺德工厂进行组装。KBB 全电动机装有能量回收系统，可以将能量回收到机器或电网，有效节约资源和降低能耗，帮助客户通过绿色制造实现可持续发展，为塑料包装行业带来前所未有的竞争优势。根据 Euromap 46.1 标准得出的最新能耗测量结果证实了考特斯 KBB 全电动挤出吹塑成型机具有卓越的效率，该机达到了最佳的能效等级 10 级。

〔供稿单位：佛山市顺德区考特斯塑料科技有限公司〕

行业与地区发展概况

分析行业和主要产业集聚地的发展情况

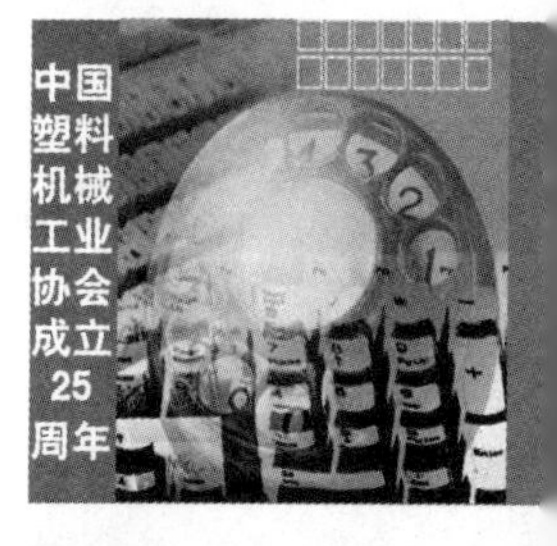

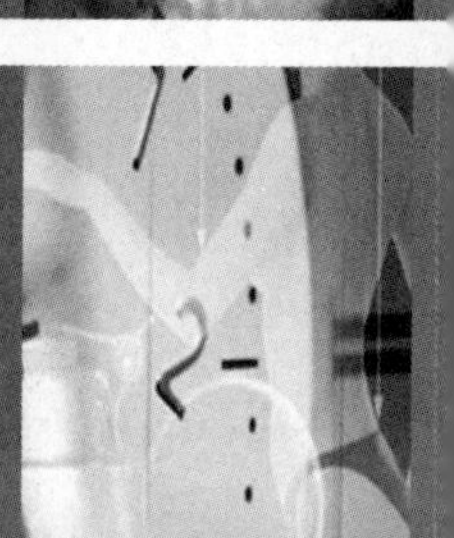

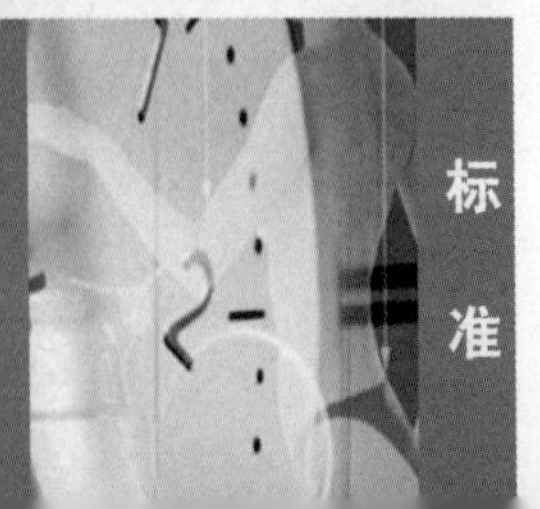

行业与地区发展概况

行业概况

塑料注射成型机概况

中空塑料吹塑成型机行业发展概况与发展趋势

近年来中国滚塑机械发展状况

塑料挤出发泡成型设备行业概况

再生塑料及其设备行业概况

地区概况

张家港地区塑料饮料机械行业 2017 年情况概述

宁波市塑料机械工业 2017 年经济运行概况

广东深圳塑胶行业发展概况

行 业 概 况

塑料注射成型机概况

塑料注射成型机（简称注塑机）是一种可将热塑性塑料或热固性塑料利用塑料成型模具制成各种形状塑料制品的机械设备，是我国产量最大、产值最高、出口最多的塑料机械设备，在塑料制品生产过程中应用极其广泛，是塑料产品生产过程中必不可少的设备，主要应用于汽车、家电、包装、物流等产业。我国已经是塑料机械生产大国、消费大国和出口大国，2006 年起我国塑料机械出口额逐年增长，进口额在近几年下降明显，逆差额不断缩小并在 2012 年出现贸易顺差，此后不断扩大，我国塑料机械逐渐获得更多的国际市场份额。

一、注塑机产业发展情况

1. 发展概况

2017 年，全球注塑机市场规模达到 82.11 亿美元，预计 2025 年将达到 104.29 亿美元，年复合增长率（CAGR）为 3.03%。中国、韩国、印度及东南亚、北美地区将成为注塑机的主要市场。北美过去几年的市场地位不可忽视，未来仍然将保持稳定发展，美国市场的变化将对全球注塑机的发展产生重要影响。欧洲也是重要的地区之一，2017 年市场规模达到 18.71 亿美元，预计 2025 年达到 22.32 亿美元，年复合增长率预计为 2.52%。全球主要地区注塑机销售额及增长率对比见表 1。

表 1　全球主要地区注塑机销售额及增长率对比

地区	2013 年		2017 年		2025 年	
	销量（台）	金额（万美元）	销量（台）	金额（万美元）	销量（台）	金额（万美元）
北美洲	6 229	64 356	7 411	74 171	9 421	94 753
欧洲	15 464	160 867	18 560	187 139	22 561	228 293
中国	52 652	257 015	66 528	314 504	87 248	409 472
日本	7 767	81 937	8 741	88 969	10 285	104 278
印度	3 802	17 801	5 141	23 393	7 878	36 032
东南亚其他国家	8 455	41 444	11 412	5 439	14 630	69 893
其他地区	11 525	60 037	15 518	78 619	19 760	100 203
全球	105 894	683 457	133 311	821 185	171 783	1 042 924

注：资料来源于厦门宇博智业信息技术有限公司。

在全球塑料成型设备行业市场，欧美国家及日本仍然占据领先地位。注重创新和长期发展的积累使得欧美及日本企业生产的注塑机在高端市场上具有优势。

国内注塑机企业凭借性价比优势，在全球注塑机中低端领域占有重要的市场地位。随着下游塑料制品需求量的增加，我国塑料机械市场规模逐年扩大，实现稳定增长。2017年塑料机械行业发展趋势整体向好，产量、销售和出口整体水平较快、较稳增长。

塑料机械工业的发展依赖塑料原料工业、塑料制品加工工业的发展。我国塑料机械总的发展趋势是：朝着组合结构、专用化、系列化、标准化、复合化、微型化、大型化、个性化、智能化方向发展，同时要满足节能、节材、高效的要求，以适应塑料原料、塑料制品加工企业节约成本的需要。1997—2016年我国塑料制品产量及人均塑料产量见图1。2017年全球不同类型注塑机产品市场份额见图2。

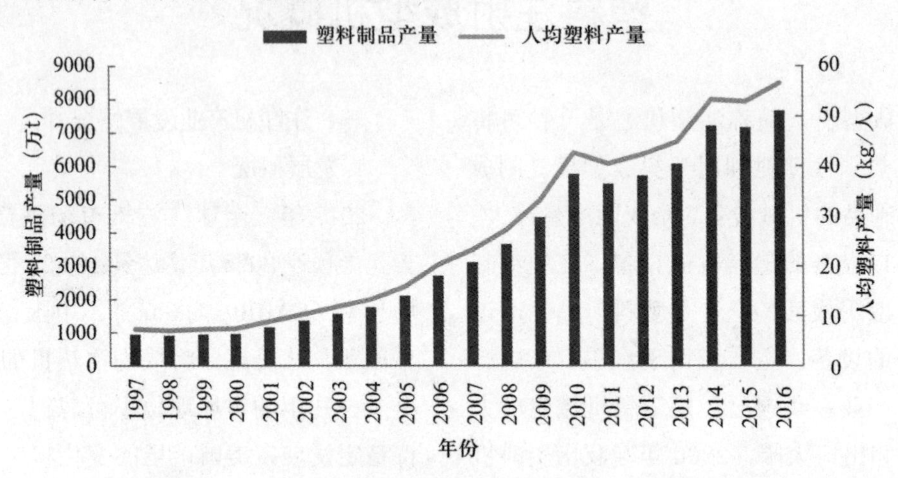

图1　1997—2016年我国塑料制品产量及人均塑料产量

注：资料来源于厦门宇博智业信息技术有限公司。

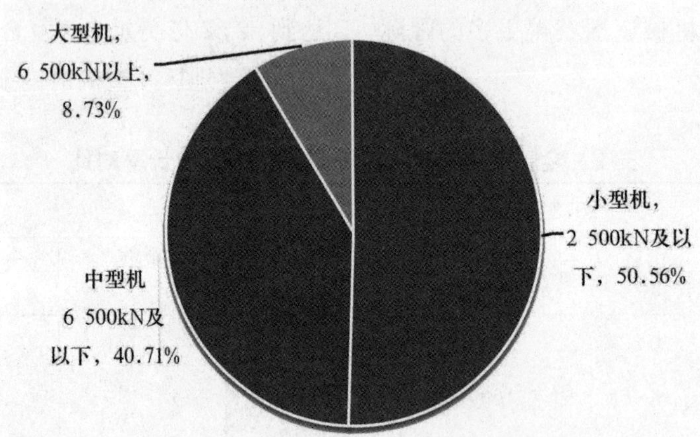

图2　2017年全球不同类型注塑机产品市场份额

注：资料来源于厦门宇博智业信息技术有限公司。

近几年，工业发达国家的注塑机生产厂家不断提高普通注塑机的功能、质量、自动化水平，改进辅助设备，降低产品功耗，同时也更加注重为注塑机用户提供整体、系统的解决方案和自动化生产方案。

国产注塑机也要由注塑机生产商向整体解决方案和服务提供商转变，不仅要具备根据客户要求设置技术参数生产注塑机的能力，同时也要具备整体方案的解决能力，为客户设计和提供以注塑机为核心的自动化和信息化整体生产方案。注塑机技术正朝着节能、高速、精密、环保、网络化、智能化、专用化、特定性、功能化的方向发展，以满足日益发展的塑料制品市场的需求。全球注塑机主要应用领域销量对比见表2。

表 2　全球注塑机主要应用领域销量对比

行业类别	2013 年（台）	2017 年（台）	2025 年（台）	2017 年份额（%）	2017—2025 年复合增长率（%）
家用电器行业	30 729	38 977	51 817	29.24	3.62
汽车工业	25 630	31 915	41 763	23.94	3.42
通用塑料行业	27 996	35 705	45 346	26.78	3.03
其他行业	20 082	26 715	32 857	20.04	2.62
总量	104 437	133 311	171 783	100.00	3.22

注：资料来源于厦门宇博智业信息技术有限公司。

2. 生产情况

2017 年 1—12 月，我国塑料机械制造规模以上企业 402 家，完成主营业务收入 670.64 亿元，实现利润总额 69.14 亿元，均实现较大幅度增长。2017 年 1—12 月我国塑料机械规模以上企业主要经济指标见表 3。

表 3　2017 年 1—12 月我国塑料机械规模以上企业主要经济指标

序号	统计指标	数值（亿元）	同比增长（%）
1	出口交货值	109.48	21
2	流动资产	496.16	15
3	流动资产中应收账款	121.96	13
4	存货	131.4	20
5	存货中产成品	41.45	31
6	资产总计	719.32	10
7	负债总计	345.62	13
8	主营业务收入	670.64	13
9	主营业务成本	524.12	13
10	销售费用	32.94	14
11	管理费用	44.39	4
12	财务费用	5.19	48
13	财务费用中利息支出	3.56	-4
14	利润总额	69.14	22
15	亏损企业数（家）	47	-6
16	亏损额	1.49	-23

注：资料来源于中国塑料机械工业协会。

我国注塑机的生产和消费呈逐年稳步上升的态势，主要注塑机厂商的生产保持稳定。2016—2017 年我国主要厂商注塑机销售情况见表 4。

表 4　2016—2017 年我国主要厂商注塑机销售情况

企业名称	销量（台）		销售额（万美元）	
	2016 年	2017 年	2016 年	2017 年
海天国际	29 535	35 768	118 110	148 582
震雄集团	7 501	8 194	16 612	20 132
伊之密	3 954	4 484	12 924	16 854
力劲集团	4 136	4 748	10 831	13 694
大同机械	4 196	6 099	9 154	13 781
泰瑞机器	1 595	2 052	7 523	10 208

注：资料来源于厦门宇博智业信息技术有限公司。

二、我国注塑机的进出口情况

2017 年 1—12 月我国塑料机械贸易顺差约 4.99 亿美元，主要来自注塑机的顺差 4.33 亿美元。

2017 年 1—12 月我国进口注塑机 7 238 台，实现进口额 7.37 亿美元，同比分别增长 40% 和 38%，进口量与进口额分别占塑料机械总量的 34.2% 和 42.3%；注塑机出口 34 943 台，实现出口额 11.69 亿美元，同比分别增长 31% 和 14%，出口量与出口额分别占塑料机械总量的 4.07% 和 52.2%。

2017 年 1—12 月从亚洲进口塑机 16 623 台，金额约 10.2 亿美元，分别占同期进口塑机的 78.5%、58.29%，其中从日本进口数量和金额同比分别增长 47.2%、43.97%，主要产品为注塑机；从韩国进口数量同比下降 9.06%，但金额同比增长 32.38%，主要产品为注塑机。

我国注塑机的出口目的地中，美国居于榜首，而越南较 2016 年、2015 年均有所下降，墨西哥虽增长率不高，但却一直活跃在我国注塑机出口前五位市场。2016—2017 年我国注塑机主要出口目的地出口额情况见表 5。2016—2017 年我国注塑机主要出口目的地出口量情况见表 6。

表 5　2016—2017 年我国注塑机主要出口目的地出口额情况

序号	出口目的地	2016 年出口额（美元）	同比增长（%）	2017 年出口额（美元）	同比增长（%）
1	美国	108 131 808	42.1	158 201 115	46.3
2	墨西哥	71 506 130	67.2	81 148 095	13.5
3	越南	90 872 929	5.1	79 696 027	-12.3
4	土耳其	68 060 851	5.8	79 331 650	16.6
5	印度尼西亚	50 271 699	15.8	41 170 052	-18.1
6	马来西亚	28 837 653	-13.4	40 535 747	40.6
7	伊朗	37 732 936	-0.3	40 410 815	7.1
8	孟加拉国	31 248 914	2.5	39 510 021	26.4
9	韩国	40 233 666	-20.4	37 357 760	-7.1
10	巴西	14 667 132	-58.7	34 909 463	138.0
11	泰国	32 585 955	-23.5	33 819 018	3.8
12	俄罗斯	25 005 728	42.3	29 691 178	18.7
13	菲律宾	27 630 103	49.5	24 310 102	-12.0
14	中国台湾	17 892 434	32.8	22 686 337	26.8
15	印度	23 343 262	20.5	21 912 988	-6.1
16	阿尔及利亚	12 521 853	14.0	21 182 392	69.2
17	巴基斯坦	17 009 755	54.6	20 475 536	20.4
18	日本	19 559 720	-21.2	19 180 263	-1.9
19	意大利	8 565 812	-55.1	16 553 690	93.3
20	德国	12 870 263	-4.6	16 306 117	26.7

注：资料来源于中国海关。

表 6　2016—2017 年我国注塑机主要出口目的地出口量情况

序号	出口目的地	2016 年出口量（台）	同比增长（%）	2017 年出口量（台）	同比增长（%）
1	越南	2 172	-4.9	2 420	11.4
2	土耳其	1 251	6.0	1 668	33.3
3	印度尼西亚	1 181	22.3	1 219	3.2
4	伊朗	1 235	6.2	1 190	-3.6
5	美国	907	5.1	1 025	13.0
6	韩国	1 069	-14.3	987	-7.7
7	俄罗斯	782	74.6	953	21.9
8	马来西亚	618	-27.2	897	45.1
9	墨西哥	864	28.4	892	3.2
10	巴西	363	-44.2	806	122.0
11	孟加拉国	830	22.8	790	-4.8
12	泰国	568	-6.0	738	29.9
13	巴基斯坦	507	67.9	670	32.1
14	日本	504	-12.0	624	23.8
15	阿尔及利亚	321	32.6	611	90.3
16	埃及	432	11.9	523	21.1
17	菲律宾	525	20.4	461	-12.2
18	印度	389	16.8	456	17.2
19	中国台湾	339	-10.6	411	21.2
20	德国	306	12.9	374	22.2

注：资料来源于中国海关。

三、我国注塑机行业发展新趋势

注塑机技术正朝着节能、高速、精密、环保、网络化、智能化、专用化、特定性、功能化的方向发展，以满足日益发展的塑料制品市场的需求。

1. 节能化

伺服节能技术经过多年的推广和应用，已完全得到市场认可，应用成本和使用寿命也得到了生产厂家和最终客户的认可。伺服技术正在朝着更节能、更稳定、响应更快速的方向发展。

2. 精密化

精密注塑要求注塑机在注射压力和注射速度上能进行精确控制，要求锁模系统具有足够大的刚性和锁模精度。锁模精度是指锁模力均匀、可调、稳定，重复性高，开锁模位置精度高；注塑精度要求能精确控制压力、流量、温度、计量等，保证成型工艺的再现条件和制品的重复精度等。

3. 差异化

随着国民经济的提高，客户对产品的要求越来越高，对机器的专业性要求也在提高。简单来说，细分行业越来越明显，专机的优势越来越明显。对客户来说，专机少了不必要的配置，降低了不必要的成本，对行业的针对性也更强，性能更符合要求。今后，可量产的、模块化的专机会有更大的竞争优势。

4. 智能化

我国制造业正在向着“工业 4.0”、工业物联网、智慧工厂、两化融合、智能制造、“中国制造 2025”“互联网 +”等进行转型和升级，注塑机作为高端制造业的重要组成部分，实现智能化成型需要掌握关键智能基础共性技术，它包括：新型传感技术，模块化、嵌入式控制系统设计技术，故障诊断与健康维护技术，高可靠实时通信网络技术等。运用这些技术集成开发基于机器人的自动化成型、加工、装配生产线及其具有加工工艺参数自动检测、控制、优化功能的大型复合材料构件成型加工生产线，即智能化成型和加工成套设备，将推动产品质量和生产效率前所未有的提高。

〔撰稿人：海天塑机集团有限公司傅南红〕

中空塑料吹塑成型机行业发展概况与发展趋势

一、中空塑料吹塑成型机行业与吹塑制品发展的基本情况

中空塑料吹塑成型机一般简称中空吹塑机，又称为中空机、吹塑机，是塑料加工行业的三大重要装备之一。其主要由机头、挤出塑化装置（挤出机）、机架、合模机、吹胀装置、液压系统、伺服液压系统、气动系统、电气控制系统以及模具、周边辅助设备等智能化设备组成。

1. 向中空吹塑机智能化生产线发展

近年来，中空吹塑机已经由过去的单一机组向中空吹塑机智能化生产线发展，且速度越来越快。中空吹塑机智能化生产线主要包括：中空塑料吹塑成型机、全自动上料机、全自动混料机、全自动后冷却去飞边设备（机器人去飞边系统）、全自动贴标机、飞边输送设备、飞边粉碎机、称重设备、气密测试设备、成品打包设备及制成品输送设备，因此业内人士已经改变对吹塑机的称谓，一般称其为中空吹塑机智能化生产线，简称吹塑机生产线。

中空吹塑机智能化生产线的问世与不断发展，极大地减少了生产现场的操作人员，也大为减轻了劳动强度，同时大幅度提高了生产效率与产品质量，预计在大宗吹塑产品的生产中将出现更多的专业吹塑机智能化生产线。单机、多机以及生产线自动化、智能化的发展将给挤出吹塑制品行业带来巨大的变化，也将影响挤出吹塑机制造行业的发展，希望能够引起吹塑机设备生产厂家与吹塑制品厂家的高度关注与重视，在吹塑机智能

化生产线相关技术领域特别是关键核心技术方面取得更多的技术突破与创新发展。

未来几年内，吹塑机智能化生产线核心技术的进步与创新将是决定吹塑机生产线制造厂家生存与发展的关键所在。同时，由于中空吹塑制品的固有特点以及物流运输成本的攀升，适度规模的中空制品吹塑工厂是未来的主要发展方向，这个主要特点也值得中空吹塑成型机研发与制造企业特别重视。

2. 集团企业内部加强配套生产的模式进一步发展

在大宗化工产品、日用化工产品的生产基地附近建设塑料桶及容器的生产配套企业已经成为一种新的发展模式，势必影响中空吹塑制品企业的发展与重组；这种新的模式也会给中空吹塑机制造企业带来较多的发展机遇。在一些化工集团公司内部，因为自身企业的包装需要，规划或建立了相关的包装生产企业，如一些润滑油生产企业建立了较大规模的包装桶生产工厂。近年来还有不少化工集团开始建立主要用于满足集团企业自身需要的吹塑托盘生产工厂。集团企业内部加强配套生产的模式还在进一步发展，这种发展趋势值得包装生产企业密切关注，及早进行战略调整。

3. 产品技术研发创新取得新进展

近几年，中空吹塑机制造行业总体发展比较平稳，一些吹塑机制造的明星企业保持较为强劲的发展势头，进一步加强了企业内部管理、产品研发、技术创新，市场开拓等方面的工作，努力克服各种困难，开发市场，产销保持行业领先水平。加快了技术创新工作，产品研发和技术创新取得新进展，设备制造水平与设备制造质量不断提高，中空吹塑机的重要技术项目获得重大技术突破，研制出更加适合中国国情和现状的关键部件与设备，打破了国外同行的长期垄断，达到了更高的技术水平。同时，常规中空吹塑成型机智能化生产线的研发与发展速度明显加快，设备的稳定性、节能性能进一步加强，全电动中空吹塑机生产线的节能效果明显，性能更加稳定。

我国研发的中空吹塑机智能化生产线的高端设备基本销往国外，一些高端的中空吹塑机设备的研发技术水平与制造质量已经接近或达到世界先进水平。许多吹塑设备与吹塑机智能化生产线已经进入欧美国家，高性能、高效率、高质量、高性价比的产品已经赢得这些国家吹塑制品行业厂家的肯定。国内只在一些合资中空吹塑制品企业部分采用，多数吹塑制品企业采用的仍然是中端或是低端吹塑机设备。吹塑设备的先进性与可靠性是降低生产成本的可靠保障，但是国内许多吹塑制品企业的投资不足使之难以选择更加高端的吹塑机设备，这是这些年国内吹塑制品企业的现状。2017 年，这种状况开始有所改变。国内的一些明星吹塑制品生产企业开始主动与吹塑机制造企业紧密合作，研制新的高技术含量吹塑机生产线，以满足市场变化与快速发展的需求。

随着军民融合战略的进一步深化与发展，许多军民两用的吹塑制品也在研发之中。未来几年，高强度、长寿命、高抗冲、耐较大范围温度变化、抗静电、导电吹塑容器及制品等吹塑产品将成为研发的重点，并且可能形成较大的市场需求。这些需求必将带动新的吹塑技术的深入研发，将直接引领一些专业吹塑机的研发以及相关吹塑技术、材料的研究与研发，值得业内专家与企业关注与重视。

吹塑机制造行业近年来对新技术的研究与应用速度明显加快，吹塑制品厂家也对此广泛重视。另外，吹塑制品厂家对设备质量提升的要求更为迫切，售后服务水平与服务的优劣对吹塑机制造企业信誉的影响是长期性的，只有稳定的客户群才是吹塑机制造企业生存的根本。以上几点值得引起吹塑机制造厂家的高度重视。

总体来看，整个中空塑料吹塑成型机制造行业的技术与制造水平仍然有待进一步提高与发展，创新与研发仍然需要继续努力，以提高行业整体研发与制造水平及服务水平。

二、主要吹塑机企业生产、研发情况

1. 苏州同大机械有限公司

苏州同大机械有限公司主要研发、生产 10mL

至5 000L全系列的中空塑料吹塑成型机组与高速、全自动智能化生产线，产品除在国内销售以外，46%左右的吹塑机设备销售到68个国家与地区。2016年度该公司生产销售各种不同规格的中空塑料吹塑成型机组、生产线500多台（套），实现销售产值2.2亿多元。

该公司近年来保持发展势头，加快技术创新步伐与新产品研发的速度。前些年研制成功的多款新型中空塑料吹塑成型机组和智能化生产线，如5L、15L、30L等双工位高速吹塑智能化生产线，技术不断完善，售后服务更加成熟，为中小型塑料桶的高速生产和全自动智能化生产奠定了良好的基础，已经成为国内外吹塑制品制造厂家优先选择的优质中空吹塑机智能化生产线。该公司近年来又研制出多种机型上市，满足了客户的不同需要。

该公司用于生产吹塑托盘的TDB-600F、TDB-800F、TDB-1200F、TDB-1600F等多款单层、多层吹塑托盘高速生产线，技术更加成熟，设备稳定性进一步提高，近年来有多条吹塑托盘生产线销售到海内外吹塑制品厂家。

该公司研制成功的复合流道技术中空吹塑机生产线，2015年度获得江苏省重大科技成果转化项目资金支持。公司生产的TDB-25F~TDB-5000F系列大中型中空吹塑机实现了该项关键核心技术的全覆盖，进一步提高了系列中空吹塑机的换色、换料速度，提高了吹塑制品的均匀性和物理力学性能。针对客户的需要，采用该技术开展了老设备更新改造，取得了较好的效果。该公司还研制了多款货架、生产线、冷库使用的单面川字形吹塑托盘。

近年来该公司研发成功了TDB-250F×2双层双L环中空吹塑机生产线。该生产线专门用于生产双L环、单L环危包桶，双层储料机头成功实现了多项关键核心技术的突破；型坯控制成功实现芯模径向与轴向同时控制，准确度与控制水平提高，双L环危包桶周向控制绝对误差值小于0.16mm。配套研制成功 ϕ90mm、长径比32∶1高性能挤出机塑化系统，单机产量达到200kg/h，能效比大幅度提高，对多种高分子量–高密度聚乙烯（HMWHDPE）塑化性能良好，共混性能好。同时对下吹装置进行了革命性的改进，采用伺服电动机驱动旋转部件，确保了零部件的稳定可靠运行，提高了设备的可靠性，延长了设备的无故障时间。该智能化生产线销往国内外多条，客户反映使用效果很好。

2015年度该公司开始与北京化工大学机电学院杨卫民教授团队合作，深入开展微层吹塑成型技术与设备研究，研制成功TDB-30W双工位30L微层吹塑成型机智能化生产线，有利于大幅度提高吹塑制品的物理力学性能，大幅度降低塑料原料的消耗，可望生产出高抗冲、耐低温、耐高温、耐候性能优越的各种特殊吹塑容器。这项研究工作代表了中国创造、创新在中空成型机研制领域的最新技术成果，将给未来吹塑技术的研究与发展带来深远的影响。该项目获得第18届中国专利优秀奖。

近几年该公司进一步加大对精密加工设备的资金投入，确保精密零部件的加工质量与精度。同时该公司对所有大型零部件与结构件进行时效处理与表面喷砂处理新技术的应用，在进一步提升大型、超大型中空塑料吹塑成型机的内部质量，消除这些零部件的残余应力方面取得了很好的效果。

该公司近几年进一步扩建塑料与机电实验室，添置了多种测试、实验设备与仪器，使用资金130万元以上，并且积极开展塑料配方研究与测试工作，形成了较为全面的机电、塑料测试、试验能力。

近年来，该公司继续深化、加快与科研院所的合作，与南京航空航天大学、江苏科技大学、北京化工大学、华东理工大学、华南理工大学、江苏工业大学等多所大学的专业研究院所深入开展了多个专业技术研究项目的合作，同时还开展了与海外多个著名专业研究人员的技术合作工作，对中空吹塑机领域的重点、关键核心技术开展合作研究。所有这些新技术的研究与新型设备的研制工作均取得较快的进展，已经取得许多阶段性的技术成果。近年来该公司申请各项专利 80 多项，在独立研发与合作研究方面均取得较快的进步。

2017 年度该公司与南京航空航天大学机械学院、江苏科技大学机械学院合作，研制了全智能化的 200L 三层双工位中空成型机生产线。该生产线正在安装调试。

近年来，该公司深入开展吹塑技术培训，为国内外客户培训吹塑技术人才，每年新培训中级吹塑技术人才 100 多人。

2. 陕西秦川机械发展股份有限公司

陕西秦川机械发展股份有限公司多年来保持平稳发展势头，主要吹塑机产品 SCJ230×2 双层双 L 环危包桶中空吹塑机仍然是该公司的主导产品。

该公司进一步研究改进的新产品有：

（1）SCJC200×6 六层汽车塑料燃油箱专用设备。主要用于加工 100L 以内，以高密度聚乙烯（HDPE）为基层、高阻隔性树脂（EVOH）为功能层的具有高阻隔性、形状复杂的六层汽车塑料燃油箱。SCJC200×6 降低了能耗，研发了先进的小型化机头，大幅提高效率，挤出机配置更优化，功能更全，省时节能，设备更加宜人化。

该产品主要由 6 台塑化不同性能材料的高效挤出机组成的挤出系统、连续式共挤机头、成型机、吹胀装置、机械手、预夹机构、机架、安全防护装置、冷却系统、集中供料系统、电气控制系统、液压系统、气动系统等组成。由该设备生产的多层塑料燃油箱，按功能从里到外分别为内基层、粘结层、阻隔层、粘合层、回收料层和装饰层（外层）。燃油箱安全性能达到国家标准的相关要求，污染物排放达到国Ⅳ、国Ⅴ要求以及欧Ⅲ、欧Ⅳ标准要求，且完全满足当前高档轿车燃油箱 55 ～ 88L 的规格要求。该设备单机可年产 20 万只燃油箱，更好地适应了汽车工业大批量、高效生产的需求特点。

（2）SCJ-350 塑料挤出吹塑中空成型机。主要用于加工 HMWHDPE，专门针对 IBC 容器内胆、单面吹塑托盘的生产需求，如 1 200mm×1 000mm 单面托盘，也可生产 1 000mm×800mm 双面托盘。中空吹塑单面托盘因比常用的注塑单面托盘性能更优、更耐用，广泛应用于轻工产品的长途运输。

储料机头采用了复式流道，使得熔体在机头流道内周向分布更均匀，消除了熔体汇合线及其带来的缺点，可以做出直径大、厚度薄的料坯，更适于薄壁制品的生产。伺服液压缸配以 100 点型坯壁厚伺服控制系统，可实现型坯的轴向壁厚控制。挤出机采用 IKV 进料结构，塑化效率高，混炼质量好。关键零部件采用有限元优化设计，液压系统采用比例伺服控制技术，主要元件选用国际名牌产品。整机动作控制采用高功能 PLC，人机界面采用触摸式显示器，独创的型坯壁厚控制系统，实现了系统的高可靠性、多功能和智能化。

（3）SCJC120×2 双层中空成型机。该机主要用于加工以 HDPE、HMWPE 为原料的各种中空容器及汽车燃油箱等，制品最大容积 120L。机头流道采用双层流道，双层流道层与层之间壁厚分布均匀，熔料先进先出，提高型坯强度，换色快捷。采用伺服节能液压系统，型坯壁厚控制采用伺服液压控制技术，合模速度控制采用比例液压控制技术，比传统液压系统具有明显的节能效果。

（4）SCJC50×2 塑料中空挤出吹塑成型机。该产品采用高功能 PLC 进行动作顺序控制，型坯壁厚控制系统采用秦川独创的 64 点轴向壁厚控制系统。机头采用内外双层流道，CAD/CAE 软件设计，设计合理，换色快，型坯强度高，制品壁厚均匀，制品内层可为纯色，外层可根据要求配色。挤出系统采用高效挤出机，塑化效率高，塑化质量好。液压控制系统采用伺服控制技术，系统节能、可靠、稳定性好。气动控制系统应用秦川独创的吹气工艺原理，气量、气压控制稳定。

SCJC50×2 塑料中空挤出吹塑成型机具有生产连续稳定、高效、节能等特点，生产的制品壁厚均匀、合格率高，具有国内先进水平。该产品主要用于生产以高密度聚乙烯（HDPE）为原料的最大制品容积为 50L 的双层中空塑料制品。生产的制品适用于包装洁净度和卫生性能要求较高的食品及化工产品。

2017 年度该公司还对 SCJ230 等多种型号的吹塑机设备进行了改进，技术更加成熟。该公司正在研制 200L 双工位生产线，预计 2018 年内投入安装与调试。

3. 香港雅琪集团广东开平塑料机械厂

香港雅琪集团广东开平塑料机械厂多年来保持平稳发展势头，年销售产值约 1.6 亿元，制造、销售多种型号、规格的中空塑料吹塑成型智能化机组、生产线 100 多台（套），产品主要销往海外市场。该公司在中空塑料吹塑成型机方面每年均有多项技术创新，其中空塑料成型机组、生产线的高端机在国际市场占有重要地位。

该公司 2016 年进一步完善 LIN-90-TSI 中空塑料吹塑成型机高速生产线，加大了移模行程，改进了外观设计，并采用全电动驱动，已经成功研制出多种规格的全电动智能化生产线。这些生产线采用双工位生产 20 ～ 30L 塑料桶，可实现单模头、双模头生产，设计合理，制造工艺精良，设备运行稳定可靠。一些生产线采用伺服电动机液压系统，节能明显，运行动作平稳，噪声低。这些生产线可以实现全自动智能化生产，可实现无人化或是少人化生产，对于提高吹塑制品工厂的自动化水平和制品质量水平能够起到很好的保障作用。

该公司进一步改进第二代全电动吹瓶机。新一代雅琪全电动机共有四个系列，分别是：AE-480-TS（双工位，移模行程 480mm）、AE-590-TS（移模行程 580mm）、AE-700-TS（移模行程 700mm）、AE-900-TS（移模行程 900mm），完全满足 100 ～ 5 000mL 中空吹塑容器不同类型、不同规模的生产需求，实现高效节能、全面自动化、低成本运行和低成本维护。

该公司能够提供更具竞争优势的全电动解决方案。研制的全电动吹塑机生产线采用德国 BECKHOFF 中央控制系统、西门子伺服电动机及驱动、SEW 减速机、Rexroth 直线导轨，以及应用美国 EXLAR 专利技术的滚柱丝杠传动电动缸，独立模车机构及独特的横向移动转移瓶坯方案，拥有多项自主知识产权和专利技术。该公司研制的 AE-900-TS 8+8 吹塑机生产线，在节能、噪声、寿命、稳定性等方面取得可喜的成绩。

该公司多年来除了研发、制造多款先进可靠的中小型中空塑料吹塑成型机组、生产线以外，还制造、销售了多款大型中空塑料吹塑成型机组、生产线，研发与制造水平及设备质量均有较快的提高与进步。

三、中空塑料吹塑机生产线关键配套技术与关键零部件的研发现状与进展

1. 塑料型坯控制系统

塑料型坯控制系统主要有轴向型坯控制系统 (AWDS) 和径向型坯控制系统（PWDS），国内中空塑料吹塑成型机已经普遍采用轴向型坯控制系统，径向型坯控制系统采用较少。多年来国内中空塑料吹塑成型机的研发、制造优势企业投入了较大的人力、财力进行了相关技术的研究与试验，国产径向型坯控制系统取得重大技术突破，并且已经将这些技术应用到中空吹塑机上，开始形成新的市场竞争力。

径向型坯控制系统主要有 3 种控制模式，它们包括：柔性曲环径向型坯控制系统（又称弹性环径向型坯控制系统）、口缘修型式径向型坯控制系统、飘移口模径向型坯控制系统。

柔性曲环径向型坯控制系统主要技术曾经为德国的一些厂家掌握，市场售价较高，多数应用局限于 200L 危包桶吹塑机的柔性环口模控制，国内进口设备时配套较少。近几年来，苏州同大机械有限公司对柔性环口模、柔性环芯模进行了深入的研究与试验，从构成柔性环的材料、计算机设计、计算机模拟试验、柔性环热处理、精密加工、装机试验等方面开展了大量工作，已经形成了系列化的柔性环口模、芯模型坯控制系统。与同类产品比较，具有制造成本较低、操作维护方便、控制精度高、耐用度高、应用机型广泛等特点。苏州同大机械有限公司在柔性环口模、芯模

的精确控制与调整技术方面有了技术突破与创新，并且已经应用到多套 TDB-250F×2 双层双 L 环危包桶吹塑机生产线上，进一步提高了塑料型坯的均匀性。

口缘修型式径向型坯控制系统是陕西秦川机械发展股份有限公司研发成功的径向型坯控制系统。经过多年的使用，技术已经成熟。该技术主要应用于该公司生产的 SCJ-230 的吹塑机上，主要用于生产 200L 的双 L 环塑料桶。

飘移口模径向型坯控制系统主要技术为国外厂家掌握，主要应用于生产汽车塑料风管的吹塑机组上，对型坯壁厚相差较大的风管类吹塑制品具有独特的控制优势。苏州同大机械有限公司近年来针对这一技术开展研究，并且在机械实体制造方面取得重大技术突破，今后将主要研究飘移口模的精准控制及其控制性能。该项技术的一些关键零部件仍然在试验中。

用于轴向与径向型坯控制的液压伺服阀，国内已有多家研究所、厂家能够研发与生产。上海衡拓实业发展有限公司（上海七〇四所）研发、制造的射流管式伺服阀具有抗污染能力强、反应速度快、耐用度高、规格型号较多、维护方便等特点，已经完全可以取代进口伺服阀的使用。

用于多点型坯控制使用的伺服阀控制器，国内已有厂家研制成功 30 点的塑料型坯控制器，其他更多点数的控制器技术还没有获得突破。当前多数中空塑料吹塑成型机制造厂家普遍采用 MOOG 控制器与相关配套产品。苏州同大机械有限公司电气部研究人员采用以太网技术，将型坯壁厚控制技术与触摸屏技术完美结合在一起，实现了触摸屏技术与 PLC 控制器的高速控制，提高了运算速度，大大提高了控制精度与速度，实现了型坯壁厚控制技术的简化，大幅度提高了控制精度。

2. 电动型坯壁厚控制系统

苏州同大机械有限公司近年来研发成功多款电动伺服控制系统，应用于中型、大型中空吹塑机的连续挤出塑料型坯的精密控制，这些电动伺服控制系统的研发，对于改善型坯的控制方式以及节能均有较好的效果。

3. 伺服电动机液压控制系统

已有多家中空塑料吹塑成型机研发、制造厂家在中小型吹塑机上推广使用伺服电动机液压系统，节能效果明显，单项节能可达 25%~40%，设备的技术档次明显提升。近年来进一步扩大了吹塑机的应用机型，取得较好的应用效果。

4. 高效、节能挤出机塑化系统

高效、节能挤出机塑化系统一直是中空塑料吹塑成型机的主要零部件，对于提高吹塑机的产能和工作效率起到非常关键的作用，一直是各个吹塑机研发、制造厂家技术研发的重点之一。随着不同品种的 HMWHDPE 材料的广泛应用，能够顺利加工这些材料的挤出机塑化系统成为吹塑机的一个重要发展方向。苏州同大机械有限公司加大投入资金与技术力量，研制出多种不同规格的高效、节能挤出机塑化系统，如 φ80mm、φ90mm、φ100mm、φ120mm、φ150mm，长径比 32∶1、30∶1 的系列化挤出机系统，可加工如 DMDY1158、HD5420、TR571、TR580、TR550 等高分子量聚乙烯，在提高塑化效果与能力的同时，在降低能耗、提高设备稳定性、延长设备使用寿命等方面取得了较好的效果。

5. 多层吹塑成型机头

多层吹塑成型机头是中空吹塑机的重要零部件之一，对于塑料型坯的有效形成与制品壁厚的均匀分布起到非常关键的作用。陕西秦川机械发展股份有限公司研制的汽车六层塑料燃油箱的成型机头和 200L 塑料桶的双层成型机头，苏州同大机械有限公司研制的四层带液位线成型机头，多层顺序挤出机头，双层、三层、多层大型、超大型储料机头，超大型扁平储料机头等高效吹塑成型机头的研发代表了近年来中空吹塑机制造行业的技术创新水平。苏州同大机械有限公司近年来在多层储料机头的研制方面获得多项专利权，加大数控精密加工设备的资金投入，用于多层储料机头精密制造，取得了较好的效果。

四、近年来中空吹塑机重点新产品、新技术介绍

1. TDB-30W 双工位 49 层微层吹塑机生产线

苏州同大机械有限公司与北京化工大学杨卫民教授团队合作，研制成功世界首台 TDB-30W 双工位 49 层微层吹塑机生产线。经过 2016—2017 年的多次试验后的继续改进，49 层微层吹塑制品已可实现工业化的批量生产，对制品各种性能的测试工作在继续进行中。该生产线是采用微纳层折叠流道技术的智能化吹塑机生产线，具有以下特点：

（1）连续挤出机头采用微纳层折叠流道技术，采用交错互包络的方式创造性地解决了微纳层流道汇流处的中空吹塑世界难题，保证了微纳层的折叠成功并成功实现清晰分层。

（2）创造性地提出了微纳层（达 3 种 49 层）中空吹塑折叠流道的设计方案，解决了微纳层中空吹塑的技术难题，有效保证了聚合物在成型过程中的均匀性，扩大了设备对原料的适应范围，大幅度提高了塑料吹塑制品的综合性能。

（3）项目组提出了微纳层折叠流道的多种拓扑结构形式，找出了塑料原料在折叠流道中的流动规律，总结了结构、尺寸参数等对中空成型机性能影响的经验公式，为进一步推广使用该项技术奠定了基础。

2. TDB-250F×2 双层双 L 环危包桶中空吹塑机生产线

苏州同大机械有限公司独立研制的 TDB-250F×2 双层双 L 环危包桶中空吹塑机生产线，主要有如下特点：

（1）双层储料机头采用自适应复合流道技术，机头流道系统设计独特，确保双层型坯分层清晰，塑化均匀，对原料的适应性好。

（2）采用两套 ϕ90mm、长径比 32∶1 的高性能挤出塑化系统，挤出效率高，塑化性能好，对 HMWHDPE 适应性能强，节能效果好。

（3）创新设计了芯模径向型坯控制系统，确保了塑料型坯控制的精准。

（4）创新设计了下吹装置，旋转部件采用伺服电动机驱动，确保了控制的精准与使用寿命，提高了设备的运行效率。

（5）生产的 200L 危包桶质量稳定，桶体周向厚度绝对误差值小，小于 0.16mm。

3. 200L 三层、双工位智能化生产线

该生产线采用了两套 ABB 公司的机器人系统装置，正在安装调试。

4. IBC 塑料桶专用吹塑机生产线 TDB-1200F

苏州同大机械有限公司研制成功的 IBC 塑料桶专用吹塑机生产线 TDB-1200F，具有如下特点：

（1）采用公司研发的 150mm 高强度塑料挤出系统，长径比 32∶1，塑化产量 550kg/h。

（2）储料机头采用复合流道技术，塑料型坯均匀，IBC 塑料桶八角壁厚均匀，塑料桶重量 15.5kg 时，八角最小壁厚≥ 1.6mm。

（3）主液压系统采用伺服电动机控制，节能，控制准确。

（4）配套公司研发的自动上料机、高强度粉碎机，生产线运行稳定可靠。

5. 深拉伸吹塑技术问世

苏州同大机械有限公司与南京航空航天大学合作，针对深拉伸吹塑技术难题进行了深入研究，创新性地提出了深拉伸吹塑技术的解决方案。该技术仍在研究中。

6. 微发泡吹塑技术研究成功

苏州同大机械有限公司吹塑技术研究中心多年来开展了微发泡吹塑技术的研究，并且将该项技术应用于吹塑托盘的生产，取得了较好的效果。

7. 负压牵引中空吹塑机与配套模具等技术研究成功

苏州同大机械有限公司 2016 年研究成功多款负压牵引吹塑机生产线，实现多种 TPE 类塑料的 3D 吹塑成型，取得了较好的使用效果。

五、挤出吹塑中空成型机行业部分企业近年研制的新产品

江苏大道科技有限公司 2017 年度研发了六层燃油箱吹塑机生产线。该生产线的智能化程度较

高，整体设计与制造水平显著提高，相关配套设备齐全，设备稳定性好。该智能化生产线出口伊朗，受到了国外客户的好评。

山东通佳重工有限公司 2017 年度研发了 200L 吹塑机智能化生产线。该生产线采用了自动化去飞边装置与机器人系统，实现了全自动智能化生产 200L 吹塑桶。

苏州金纬中空技术有限公司 2017 年度研制了全电动吹塑机生产线。该生产线采用全伺服电动机驱动，双工位生产吹塑制品，具有较高的智能化生产水平。

佛山贝克威尔智能装备有限公司研制出 BEK-BEM 系列全电动中空成型机组与生产线等。该公司专业研制全电动吹塑机组与吹塑机生产线，在未来几年内其全电动吹塑机生产线或许将占较高的份额。

六、吹塑技术研发趋势分析与建议

近年来国内经济发展增长速度约为 7%，世界经济回升乏力，整个世界经济在困难中前行。但是各国工业发展的不均衡，使得中空塑料吹塑成型机组、生产线的出口需求仍然出现一定幅度的增长。同时，随着国内经济进入常态化的发展轨道，国内各省区间的发展不均衡也会造成市场的不同需求，各种吹塑制品的提档升级给中空成型机制造行业提供了机遇和机会，值得国内相关设备制造厂家加以重视，进一步做好市场细分工作，采用不同档次的设备去满足国内外吹塑制品厂家的需求。但是，运行稳定可靠是最基本的条件，吹塑机设备的高可靠性仍然应该是中空吹塑机行业需特别重视的环节。

在欧美等发达国家与地区，20 世纪八九十年代投入使用的吹塑机设备陆续进入更新换代期，这些市场对技术先进、设备运行稳定可靠、产量高、节能效率高、自动化程度高、可实现无人化/少人化操作的高速全电动、电液混合驱动等智能化中空塑料吹塑成型机组、生产线的需求较为迫切。建议将我国吹塑机设备配套生产线的改进重点放在高效塑化系统、高性能机头、高度节能的合模系统、具有长期稳定性和高质量的模具、高稳定性的去飞边系统以及高质量、高可靠性的周边辅助设备等方面。

部分发展中国家对中空塑料吹塑成型机组、生产线有不同的市场需求，主要看重：设备的稳定可靠，换色、换料时间周期短，节能，操作简单，调试、调整简单快捷，方便使用，设备价格相对较低等。

随着用工成本、水电价格、塑料原料价格的不断攀升，国内吹塑制品使用行业对中空塑料吹塑成型机组、生产线提出了许多新的技术要求。

国内物流业近几年发展迅速，对耐用型吹塑托盘的需求量将有较快的增长。随着各地大型冻库的建设使用以及冷链物流的发展，对抗低温的吹塑托盘、吹塑型储物箱、冷藏箱的需求将有较快增长，满足生产线要求的吹塑托盘将是这类吹塑托盘产品与吹塑成型设备的重要研究领域。张家港市同大机械有限公司已经研制出多款 1210 单面吹塑托盘，适用于这些场所与生产线。

在国内物流市场托盘租赁运输与托盘对流运输发展不完全的情况下，免人工卸货吹塑托盘会有较大的市场发展空间，特别是在大宗货物的铁路、公路运输方面免人工卸货吹塑托盘将是未来几年的发展重点之一。在免人工卸货吹塑托盘方面，张家港市同大机械有限公司已有多款吹塑托盘可用于不同物流场所。同时，随着标准化托盘的推广与对流运输、托盘租赁等的大力推行，耐用型标准化吹塑托盘的生产线将获得较快发展，相关技术研究与创新将可能加快。

传统农业使用的大型、超大型储水罐，抢险救灾需要的小型救生设备、塑料担架，应急物流需要的吹塑型塑料集装箱等，旅游、休闲用的吹塑制品、水上太阳能浮体及净水、污水处理装置、环境保护产品等均对中空塑料吹塑成型机组提出了新的要求。此外，随着军民融合步伐的加快，军民两用的物流用品以及军用品也将会有较大需求。这些市场的不同需求，必然将带动中空吹塑机的技术创新与技术进步，值得引起设备研发、制造的行业厂家重视。

1. 自动化程度更高的大型、超大型中空塑料吹塑成型机组、生产线

（1）大型、超大型多层塑料储水罐、储水箱生产线。随着现代化设施农业的推进，以及缺水地区改善生产、生活环境的需要，大型、超大型塑料储水罐、储水箱在国内外市场均有一定的需求，需要提高这类设备的设计水平和制造质量，不断提高设备运行的稳定性和可靠性，主要在挤出机塑化系统、储料机头、合模机、液压系统等方面做进一步的提高和改进。中间层进行结构发泡（微发泡）的多层大型、超大型储水罐将是发展方向。

国产大型、超大型多层中空吹塑机生产线研制技术日趋成熟，完全可以与国外发达国家研制的大型吹塑机设备媲美。

（2）各种不同规格的吹塑托盘生产线。吹塑托盘在环境温度较低的工作状态下，具有独特的优势。随着国内外物流业、冷链物流、大型冷冻库、高位货架、化工、化肥、粮食加工等许多行业的高速发展，在未来多年内将进入一个稳定发展期，多种不同规格的吹塑托盘专用生产线将会获得长足的发展，标准化通用吹塑托盘将获得更多的市场份额。新型吹塑托盘生产线将主要集中在600型、800型、1200型、1600型几种型号。随着对环境保护要求的提高和降低吹塑托盘成本的市场迫切需要，多层吹塑托盘将是未来吹塑托盘发展的主流，多层吹塑托盘里外层采用全新料，内层采用回用料、回收料吹塑成型。因此，研发多层吹塑托盘中空塑料成型机组、生产线是未来几年吹塑托盘成型设备的重点之一。此外，由于企业用工成本的不断上升和吹塑托盘生产规模的扩大，采用机器人操作系统自动化去飞边的智能化吹塑托盘生产线的研制将受到重视。

同时，吹塑托盘高效、节能回收设备也将是研发重点之一，这一发展趋势将可能加速。

（3）特种大型、超大型吹塑制品成型机组与生产线。随着各种不同用途吹塑制品的不断开发，一些特种大型、超大型吹塑制品的生产有了市场需求，与之配套的吹塑成型设备有了研制的市场基础，因此，专用吹塑制品成型设备/生产线将是研发的内容之一。

2. 不同规格全自动智能化中空塑料吹塑成型机组、生产线

随着中空塑料吹塑成型机组、生产线的更新换代，市场要求各种不同规格的全自动化吹塑机进行技术创新与档次升级，高速、节能、无人化/少人化操作的全自动化吹塑生产线将受到更多的重视。全自动吹塑成型、全自动去飞边、自动计量、自动检测、自动打包、全自动粉碎边料等吹塑成型全自动智能化生产线将是未来几年的重点发展方向之一，中小型吹塑机高速生产线将以全电动驱动、电液混合驱动为主。

（1）多维吹塑成型机组、生产线。随着汽车制造业的升级换代，与汽车配套的多种塑料风管及其他塑料管道将采用更多的多维吹塑成型设备，以确保这些风管与管道的吹塑成型质量。未来几年各种不同配置的多维吹塑成型设备的研发也是重点之一。

负压牵引吹塑成型技术、机器人牵引吹塑成型技术以及移模牵引吹塑成型技术将在吹塑管道的生产中得到更多的应用。

（2）专用特种工程塑料吹塑机。国内中空吹塑成型机研制企业对专用特种工程塑料吹塑机没有进行相关的技术研究。吹塑制品行业的产品升级与其他应用行业对工程塑料吹塑制品要求的升级，将带来工程塑料专用吹塑机研制的需求。

当前用于ABS塑料等常规工程塑料吹塑的吹塑机及生产线已经国产化，其中苏州同大机械有限公司已有多款适用于ABS、TPE、TPU、SBS等工程塑料的吹塑机。

HMWHDPE与UHMWHDPE材料共混、UHMW-HDPE纤维与HMWHDPE塑料共混的吹塑机的研发将可能成为未来几年的重点之一，值得业内专家与企业家的关注。

（3）汽车燃油箱吹塑机生产线。用于轿车塑料燃油箱生产的六层燃油箱吹塑机生产线国内已

有两家公司可以生产，一家为陕西秦川机械发展股份有限公司，一家为江苏大道科技有限公司。两家公司研发的六层燃油箱吹塑机生产线技术进步较快，已经可以满足国内燃油箱制品生产商的需要，生产线的智能化程度较高。

七、行业发展趋势分析

中空吹塑机的制造企业虽然较多，但随着明星企业研发能力与创新能力的不断提高，其研发、制造的中空塑料吹塑成型机组、生产线已经获得国内外诸多客户的认可，销售产值与二线厂家的距离已经明显拉大。随着国内外市场认可度进一步提高，研发、制造、销售能力将进一步集中，明星企业的品牌效应开始显现。这些明星企业在管理创新、技术创新、市场细分等方面的不断深入，有利于我国中空塑料吹塑成型机制造行业市场竞争规则的形成。未来几年仍然是国内中空吹塑机优势、明星制造企业的重要发展机遇期。

（1）新技术、新设备、新材料、新工艺等的研究与应用将加快进行，以适应不同行业对塑料吹塑制品的需求。中空吹塑机组、生产线的智能化程度将深入发展，无人化、少人化操作的智能化中空吹塑机生产线发展更快，吹塑制品生产的全过程智能化生产将会更加普遍，吹塑机设备的稳定性、耐用性、调整的简捷化也是未来多年的主要发展方向。

专用中空塑料吹塑成型机的研发与生产将会更加专业化。吹塑机新设备的技术创新需要一个较长的时间周期，专机的研发与制造、销售将向一些厂家富集，有利于中空吹塑机市场分工的逐步形成。

东部沿海化工产品开发区的陆续建成，将使化工包装桶的需求出现较大的增长，对生产线设备的要求将进一步提高。无人化、少人化操作的高效、节能、稳定、可靠的专用塑料包装桶智能吹塑生产线将会成为新的需要，对高效生产 IBC 专用包装桶的吹塑机生产线、200L 危包桶的专用吹塑机生产线在智能化、高可靠性、高效节能等方面将提出更高的要求，这类包装桶的多层结构将成为新的需要，值得包装制品厂家与吹塑机制造厂家提前关注。

随着国家创新战略的调整与“一带一路”建设的深化，产学研合作步伐将明显加快，新型吹塑机的研发周期将进一步缩短，技术创新水平将进一步提高，一些具有高度技术创新特点的吹塑机生产线将获得技术上突破。一般性的制造将向精细化、高速化制造转化，专业的研发、制造、调试、销售、服务技术队伍将在这一进程中更加壮大。重要零部件、控制器的研发、制造将进一步实现国产化与优质化。吹塑机生产线的安全规范与创新设计将会更加受到重视。

创新服务意识与模式将成为中空吹塑机制造行业新的工作习惯，配套服务、一揽子解决客户需求是未来多年中空吹塑机制造厂家应该积极发展的服务项目，同时也是吹塑制品企业的需求。

（2）吹塑成型机理的研究将获得重大技术突破。以微纳层吹塑成型技术、深拉伸吹塑成型技术、多重壁吹塑成型技术、多种复合塑料材料吹塑成型技术、特种工程塑料吹塑成型技术、塑料吹塑过程中控制塑料结晶改性技术、纳米材料改性技术为代表的相关重要技术创新工作将占据重要位置。

〔撰稿人：苏州同大机械有限公司邱建成、何建领〕

近年来中国滚塑机械发展状况

一、行业整体情况

滚塑行业近五年来在国内发展迅速。我国滚塑材料主要以聚乙烯和聚氯乙烯为主，2017 年滚塑材料消费量约 48 万 t，占我国塑料总产量（8 377 万 t）的 0.57%，复合增长率超过 12%，高于塑料行业的整体增长率。我国滚塑材料品种分布见图 1。

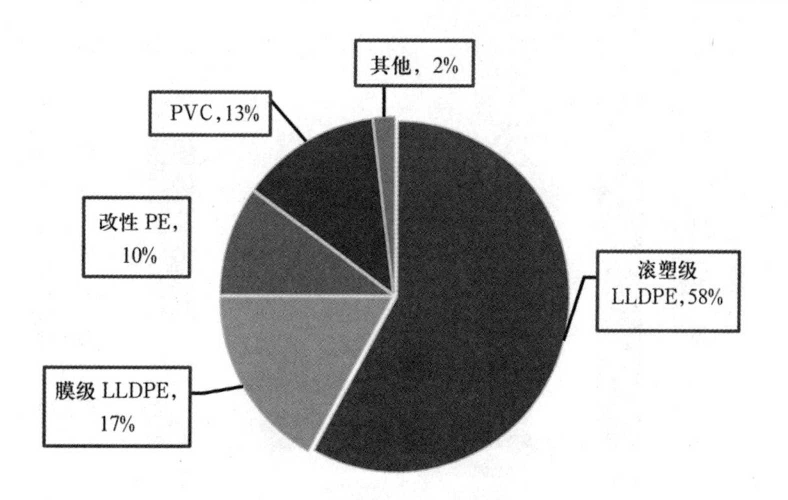

图1　我国滚塑材料品种分布

截至2017年年底，我国有滚塑相关厂家1 900家左右，其中制品企业1 500家左右，行业产值约140亿元，平均净利润约20%。我国滚塑产品应用领域分布见图2。

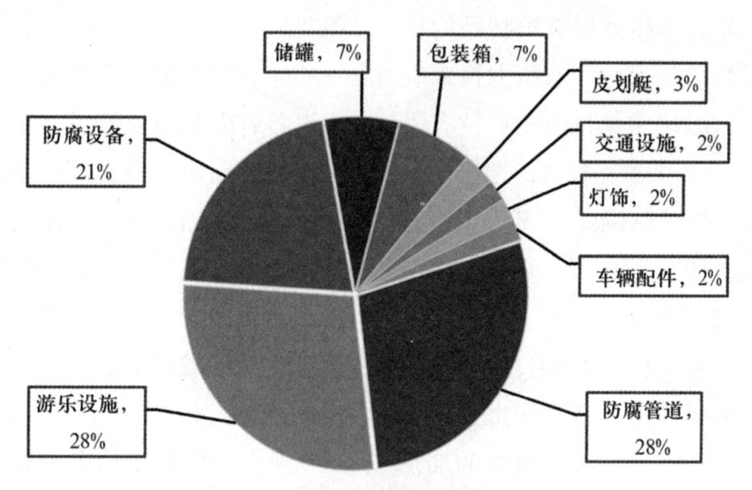

图2　我国滚塑产品应用领域分布

我国目前有滚塑机械类厂家250家左右，其中滚塑机厂家85家、磨粉机厂家38家、滚塑模具厂家122家。这些滚塑机械厂家主要分布在华东和华南，其中浙江是滚塑机械厂家最集中的区域。我国滚塑机械厂家地区分布见表1。

由中华人民共和国国家知识产权局专利检索系统查询可知，近五年来我国滚塑行业公布专利数量为1 059项，其中机械类专利250项，占总公布量的23.6%。滚塑机械虽然技术有所进步，但和滚塑行业整体情况相比还较为落后。另外，从专利的申请者来看，我国滚塑机械类专利集中在少数几家企业手中，全行业技术创新状态普遍落后。2013—2017年我国滚塑机械类专利公布情况见图3。

表1　我国滚塑机械厂家地区分布　（单位：家）

地区	滚塑机	磨粉机	模具	合计
浙江	31	8	64	103
江苏	19	16	13	48
广东	8	3	24	35
上海	4	3	14	21
山东	12	3	4	19
其他	11	5	3	19

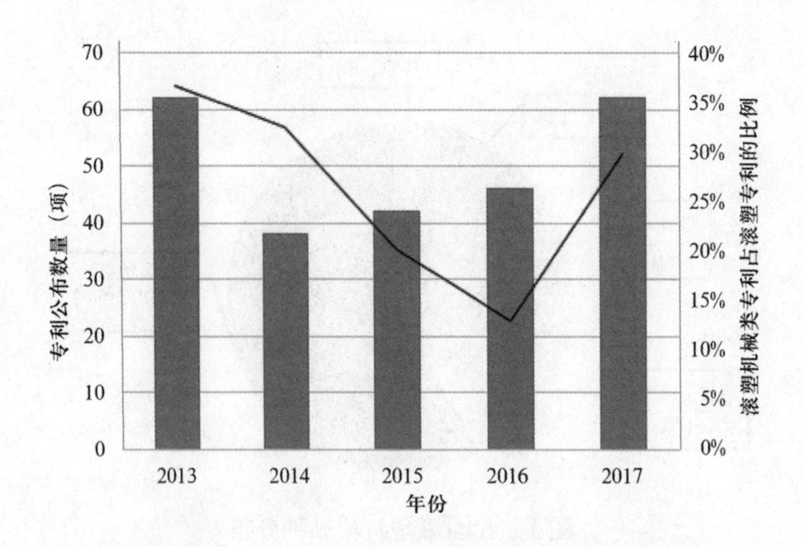

图 3　2013—2017 年我国滚塑机械类专利公布情况

二、主要技术进展

随着巨型容器、船艇等超大型滚塑制品的需求发展，大型滚塑设备成为设备厂家抢占技术制高点的核心内容之一。温岭市旭日滚塑科技有限公司开发了直径 6.5m 的超大型穿梭式滚塑机，并获得 UL 认证。浙江本凡机械有限公司开发了直径 7m 的超大型穿梭式滚塑机，已经稳定出口中东和韩国。慈溪市德顺容器有限公司开发了长度 15m 的烘箱式摇摆滚塑机，用于生产休闲船。

在提高滚塑设备热效率方面，重庆市韵诚塑料防腐设备有限公司设计了一种多口进气的加热炉，比现有单一通道进气的滚塑烘炉效率高，加热时间短。叶江富设计了一种单门滚塑机，减少了热量的流损，保温效果得到很大提升，其加热箱可沿底部中心旋转适应不同工位。温岭市旭日滚塑科技有限公司开发了底部斜进风模式的滚塑机，可使热气流直接作用于模具，具有加热时间短、受热均匀、深腔类塑料制品可直接成型、保持滚塑模具表面干净清洁的特点，同时还具有能耗低、节约能源的优点。另外该公司还在滚塑烘箱内部进风口设计了风机和排风罩，用于调节滚塑烘箱内气压，达到加快传热的目的。高元元等针对滚塑模具不同外部结构的热传导性能建立了有限元分析模型，结果表明：圆柱状表面结构模具具有在加热过程中温度场均匀性较好、在冷却过程中散热效率高等诸多特点，有利于获得高质量的滚塑产品。

对于明火加热式的滚塑设备，无锡市华润环保设备有限公司设计了一种滚塑机火把组件，在组件喷射通道内设置一颈缩部，用该颈缩部对天然气进行压缩，使其流速变大，从而加大火焰喷射的速度，提高了对模具的加热效率。淄博富邦滚塑防腐设备科技有限公司在火管内设置了一个扰风盘，使燃气通过时更好地和空气混合，达到提高燃烧效率的目的。

现有滚塑机烘箱多为长方形、六角柱形、八角柱形或圆柱形，这些结构在加热过程中存在浪费区域的问题。烟台环通滚塑设备有限公司设计了一种具有球形加热室的滚塑机，加热室由左半球加热室和右半球加热室两个中空的半球加热室组成，模具架固定在一个双 A 臂上。常州飞盛塑料机械有限公司设计了一种高效节能穿梭式滚塑机，为上下半球开合模式，其传动部分均使用气动方式，模具使用吊装移动，达到高效节能的目的。宁波市溧嵩滚塑设备制造有限公司设计了一种球形烘箱结构的穿梭机，使用 C 型直臂固定模具。

常规的滚塑机均为单边受热，热量从模具外部通过模具传导到材料和模内空气中。新乡市双诚环保设备有限公司设计了可在模具内部加热的摇摆型滚塑机，热源与塑粉间省去了传热介质，提高了热传递效率。慈溪市德顺容器有限公司设计了在模具内部加热的旋转型滚塑机。其技术方案是：在燃烧器伸入风道内的喷嘴上增设一喷管，喷管外包覆有可充入常温压缩气体的缠绕管，且缠绕管又与滚塑机工作臂上的充气口相连通，利用喷管和风道内的热量加热缠绕管内的常温压缩气体，并将加热气体通过送气管道送至滚塑机充气口、工作臂直至滚塑模具内，从而完成了滚塑模具的内加热过程。

常规滚塑机均使用燃气或煤气作为热源，存在有效热利用率低、安全性不好、人员操作环境差等缺点。烟台格林滚塑设备有限公司制备了我国第一套热油加热模具和设备，用于洗地机的生产。慈溪市德顺容器有限公司也有类似的热油加热模具的设计。上海升运滚塑制品有限公司设计了在保温炉内壁预埋电热导管进行电加热的滚塑设备。无锡新开河储罐有限公司设计了一种可移动式温度精确可控型全塑储罐滚塑装置。该装置使用电热网加热，电热网外层使用绝热材料覆盖，模具外层使用高导热材料覆盖；电热网沿模具周向分为六个模块，采用独立供电方式，由配电系统控制供电顺序和供电电流。该装置采用闭环控制系统对温度进行精确控制；电热网外面的绝热层上加工有蛇形通道，可以实现模具快速冷却。浙江大学台州研究院在模具外部缠绕线圈，利用导电环供电，实现了滚塑加工的电磁加热。

滚塑设备和模具的自动化水平是提升滚塑生产效率、提高产品质量均一性的重要途径。应革设计了一种流水线式循环滚塑设备。该设备在流水线轨道上滑动设置有若干台模具穿梭机，各模具穿梭机由 PLC 自动控制系统控制自加料区加料后，经等待区依次进入加热保温室和冷却保压室，并在完成相关操作后，进入脱模区脱模取件，从而完成一个工作循环。应革同时还设计了一种自动开模一次成型滚塑模具，模具主体及其滑块均使用自动开合机构进行。浙江斯凯瑞机器人股份有限公司使用一套滑轨系统和机器人组合，实现了滚塑制品的装夹、加热、冷却、卸料等一系列加工工序的自动化，无需人工操作。凯奇集团有限公司开发了滚塑模具合模锁紧装置和合模定位装置，扫除了滚塑模具生产自动化的障碍。上海升运滚塑制品有限公司设计了一套快速脱模机构，在模架盘上使用液压缸的伸缩来控制滚塑模具的合模与脱模，液压缸的伸缩由 PLC 控制器根据需要自动控制，顶部模具通过悬吊装置实现合模与脱模。博谊（上海）工业有限公司设计了一种双零件腔的滚塑模具，可在滚塑过程中，将位于第一零件腔的注塑件和位于第二零件腔的滚塑件实现自动粘结。

周建忠等对大型滚塑摇摆机的支承托轮接触进行了疲劳有限元分析。模拟发现：对于 830mm 的托轮，过渡圆角选用 R=25mm，疲劳寿命值最佳。

大连船舶重工集团有限公司在管道涂覆设备上安装了电磁振动装置和实现往复敲击被涂塑管件外壁的敲击锤及动作执行机构。该装置通过对管壁的敲击，使管壁局部区域均匀适度振动，有效杜绝了积粉现象，提高了产品质量可控制程度。

安徽省宁国天亿滚塑有限公司设计了一种滚塑模具用螺纹推杆挤注装置，可根据产品成型的直径大小确定推杆刻度，对熔融状态的塑料进行挤压，制成实心结构，既降低成本，又提高产品质量，经济实用。无锡新开河储罐有限公司也有类似的设计用以生产实心滚塑法兰。

三、滚塑机械未来发展

通过持续地跟踪研究，我们发现近五年来我国滚塑机械行业有以下特点：

第一，技术水平和国外的差距在缩小，开始进入原创阶段，部分技术已经超越国外的研究水平，目前世界尺寸最大的滚塑机是由我国生产的。

第二，技术研究已经深入各个环节，对滚塑机械细节的改进是目前主要的研究方向。

第三，我国滚塑机械在耐久性、安全性方面和国外差距较大，大部分机械的寿命不到 5 年，自动化程度不完善，无法形成机械的高值化营销。

2017 年 8 月，中国塑料加工工业协会发布了《塑料加工业技术进步“十三五”发展指导意见》（中国塑协〔2017〕第068 号），对滚塑行业提出了明确的发展要求，其中机械方面将“巨型、智能滚塑成型装备技术”纳入了重点装备技术中。具体的要求如下：

—— 重点发展多规格、成系列的烘箱摇摆成型设备取代明火加热；

—— 大型、多工位、自动化旋模滚塑成型装备，船舶滚塑装备；

—— 高效节能烘箱式滚塑成型装备，高效多层滚塑成型设备，滚塑电磁加热、负压加热机构；

—— 双充气结构、模内无线测温仪、燃烧机二次燃烧等装备。

我国经济持续稳步发展，随着内需的扩大，滚塑行业在污水处理、海洋工程、军工后勤、体育休闲、应急装备等领域有着广阔的发展前景。滚塑机械的需求量近年来不断攀升，用户对滚塑机械的要求正向着专业化、批量化和标准化的方向发展。滚塑机械厂家唯有不断提升自身的技术状态，才能迈向更广阔的未来。

〔撰稿人：浙江瑞堂塑料科技有限公司温原〕

塑料挤出发泡成型设备行业概况

一、行业发展概况

多年来，随着塑料工业和塑料机械工业的创新发展，塑料发泡产品及成型技术装备也得到了长足的发展和进步。泡沫塑料作为一种新型材料，主要以塑料高分子材料为基础材料，通过物理或化学的方法在聚合物体系内填充大量气泡，形成常温常压下固相和气相两相复合体系。由于发泡材料中含有大量气体，与纯塑料材料相比，具有密度小、比强度高、能量吸收能力强、隔音隔热效果好、成本低等优点，广泛应用于航空航天、节能保温、防撞防震、填充漂浮、包装等领域。塑料发泡机械产品符合我国资源节约、循环利用的产业政策，是国家支持发展的新兴产业之一。

塑料发泡产品市场需求多样，从隔热保温、缓冲包装、支撑填充到食品包装、汽车轻量化、航空航天、轨道交通等诸多领域市场都有着巨大需求。国内塑料发泡机械生产企业通过加大科研投入和引进消化吸收国际先进技术，大力开发塑料发泡技术和加工装备，使塑料发泡机械从无到有、从小到大、从弱到强，成为具有自主知识产权和较强国际核心竞争力的产业。当前已拥有规模以上生产企业 100 多家，板、片、膜、网、异型材、管、棒等 9 大系列 200 多个品种的塑料发泡机械，年产 5 000 多台 (套) 的生产能力，并远销到 100 多个国家和地区。泡沫塑料的用途逐步扩大，现在已应用于各行各业，特别在包装、建筑、生活日用和高科技等领域，已占有不可取代的地位。

二、生产发展情况

（一）塑料挤出物理发泡机械

1. 市场应用及分布情况

据不完全统计，我国专业从事物理发泡塑料机械的厂家大小共计 50 余家，但规模以上企业不到 10 家，形成一定规模并在国内外市场具有一定影响力的企业有山东通佳机械有限公司、上海金纬机械制造有限公司、南京法宁格机械有限公司等。随着减振包装和建筑节能保温等领域高倍率发泡材料的广泛应用，我国塑料挤出物理发泡机械产业进步较快，产业规模迅速扩大，已形成山东和长三角地区两大产业基地，形成每年 10 亿元以上的产业规模。塑料挤出物理高发泡产品的市场分布见图 1。

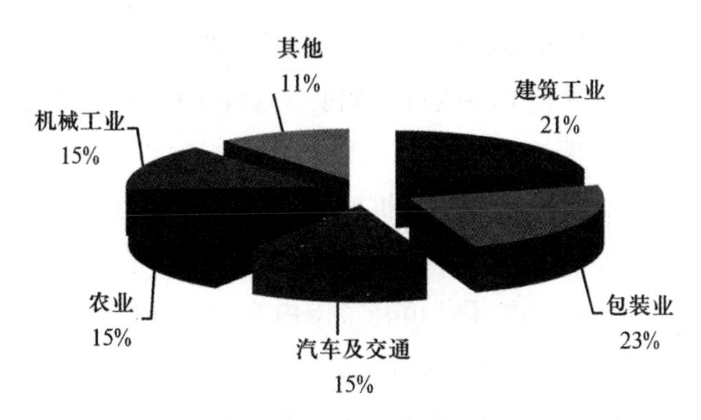

图 1　塑料挤出物理高发泡产品的市场分布

2. 产品技术创新与国际市场竞争能力

（1）环境友好发泡剂生产应用技术。现阶段国内塑料物理发泡生产企业主要采用氟氯烃类、烷烃类物理发泡剂用于高聚物的物理发泡加工。根据《蒙特利尔议定书》，发展中国家在 2025 年以前要逐步减少和冻结氟氯烃产量，部分发达国家已经禁止使用该产品，我国也在大力推动氟氯烃的替代工作。烷烃类发泡剂因易燃易爆，生产环境要求严格，应用也受到一定的制约。应用超临界 CO_2 发泡技术的产品将成为 HCFC 的理想替代产品，但是由于 CO_2 活性较强，其气液相变化对于压力和温度的变化较为敏感，容易在挤出机内部发生气相和气液相分离，不利于发泡过程的稳定控制。

由山东省物理发泡塑料机械工程技术研究中心立项开发的“环保多元共混物理发泡板材技术及装备”采用了超临界 CO_2 和共沸体系的水溶性多组分发泡剂，替代传统的 HCFC 发泡，成本低廉、来源广泛，每条生产线每年可以减少氟利昂排放 500t，将对环境保护起到积极的作用。

（2）环境友好生物基高分子材料物理发泡技术与装备进展。聚乳酸 (PLA) 是以工业淀粉为原料生产的新型生物基材料，具有良好的生物可降解性，使用后能被自然界微生物完全降解，用它制成的各种制品埋在土壤或水中，6 ～ 12 个月即可完成自动降解。生物质高分子材料 PLA、PHA 是被世界视为继金属材料、无机材料、高分子材料之后的第四类具有广泛应用价值和环保应用价值的新型高分子材料，是国家列入重点科研攻关的项目之一。针对 PLA、PHA 生物质高分子材料的流变特性，结合物理发泡材料的加工性能要求，中科院宁波材料所、北京化工大学、山东省物理发泡塑料机械工程技术研究中心等单位围绕相关加工技术进行研究开发，已实现工业化生产，中粮、恒天等企业工业化生产线已经实现市场化推广。

随着外卖产业和包装产业的高速发展，采用生物基高分子材料生产的物理发泡轻量化包装托盘、餐具将逐步发展成为环保包装新宠。

（3）TPU 超临界 CO_2 釜压式发泡工艺与应用。TPU 发泡颗粒（ETPU）是采用釜压法 CO_2 浸渍发泡工艺生产的具有高弹性的发泡颗粒，它通过成型机成型为各种形状的防护器具或鞋材，特别是在高端鞋材应用方面表现出极强的市场潜力。现在大多数传统鞋底采用 EVA 泡沫、橡胶泡沫、PU 泡沫制作，但 EVA、PU 制作过程中会产生对人体有害的残留物，EVA 和橡胶发泡材料还存在弹性较差和永久形变较大的问题，由于分子链结构交联，发泡材料无法回收利用。与之相比，ETPU 无色无味、可降解、更环保，耐热、耐磨、耐撕扯、止滑、减振、高回弹力、抗菌、透气，用 ETPU 制成的鞋材可以吸收地面对脚底的冲击力有效保护膝关节以及脚跟。

宁波格林美孚公司采用 CO_2 发泡新工艺技术生产的高弹性 TPU 发泡颗粒，其物理性能指标达到国际先进水平，已经在体育器材、运动防护、儿童玩具等领域得到广泛应用。

（二）化学发泡塑料挤出机械

1. 市场应用及分布情况

化学发泡材料的密度较大，力学性能优良，产品一般应用于装饰、家装等领域，如 PVC 发泡材料、PVC 木塑发泡材料、PE 低发泡材料、PS 低发泡装饰材料等。

生产化学发泡机械的厂家较多，主要以 PVC 化学发泡板材和 PVC 木塑发泡装饰型材与建筑模板为主，PS 发泡镜框和 PE/EVA 低发泡密封片材生产设备市场需求量也呈逐年上升趋势。塑料挤出化学发泡产品种类繁多，生产设备也多种多样，机械装备与模具生产企业分布较广，主要集中在山东、长三角和珠三角地区。具有代表性的企业有山东通佳机械有限公司、上海金纬塑料机械有限公司、上海金湖挤出机械有限公司、上海一柯模具有限公司、青岛三益塑料机械有限公司等。

2.PE/PP/PVC 木塑发泡技术与装备

木塑复合材料是由塑料和天然植物纤维（如锯木粉、糠壳、花生壳、稻秆等）经过挤出、模压或者注射等方法复合而成的一种新型材料。该材料具有一系列优于木材和塑料的特殊性能：有木质外观以及类似木材的二次加工性，尺寸稳定性比木材好，且吸水性小，不怕虫蛀，不会产生裂纹；具有热塑性塑料的加工性，但硬度比塑料高，耐磨、耐老化、耐腐蚀。各种助剂的加入可以赋予其更多特殊性能，如抗菌性、阻燃性、抗强酸强碱性等，还可以加入着色剂或覆膜制成具有各种色彩和花纹的美观制品。更重要的是：所选用塑料可以是新料，也可以是回收塑料，添加的植物纤维资源丰富，价格低廉，其本身可回收利用，对减少环境污染、保护森林资源意义重大。

木塑复合材料虽然具有很多优点，但是树脂和木粉的复合会使其延展性和耐冲击性下降，材料脆，密度也是传统木制品的 3 ～ 4 倍，其拉伸强度和弯曲强度比未填充的塑料小，限制了它的使用范围。在挤出成型的过程中，材料存在极大的内应力使 PE 木塑材料在使用的过程中发生翘曲变形，通过将发泡技术引用到木塑复合材料的加工过程很好地解决了这一问题。经发泡的木塑复合材料由于具有良好的泡孔结构，可钝化裂纹尖端并有效地阻止裂纹扩张，显著提高了材料的抗冲击性能和延展性，且大大降低了制品的密度，不仅节省原料，而且隔音、隔热性能也较好，在建筑模板、建筑结构材料、汽车内饰、航天、物流、园林、室内装潢等方面得到极为广泛的应用。

(三) 其他塑料发泡机械

PE、PP 交联发泡材料具有耐热性高、弹性好、手感细腻、耐撕裂性高等特点，按照交联方式可分为化学交联、辐射交联和硅烷交联等。

我国已具备 XPP、XPE、IXPE、EVA 交联发泡材料生产装备的生产能力，山东通佳机械有限公司、上海金纬塑料机械有限公司已成功生产制造 XPE、IXPE 交联发泡片材生产线十多套，并成功交付客户使用，填补了国内空白，有效替代了进口，还实现了出口创汇。

硅烷交联物理发泡 PE 片材生产工艺技术及装备通过技术攻关已形成产业化生产。硅烷交联聚乙烯物理发泡片材设备利用大长径比特殊螺杆推进原料，先后注入硅烷交联剂、发泡剂、泡孔稳定剂、催化剂，经过螺纹元件的压缩与强力混合，使原料逐渐塑化熔融接枝成为均质的塑料熔体，同时再流入低沸点丁烷物理发泡剂，在螺杆中进行混合和冷却，在口模的作用下，挤出发泡成为优质的塑料泡沫片材。在挤出过程中材料在过氧化物的催化下引发自由基，并进行硅烷接枝反应，遇水分子进行水解交联反应，形成三维立体空间网状结构。这种片材耐温 120℃，可以适用在较高温度场所；材料无毒、无味、耐药性，可用于食品包装；也可以使用于环境条件比较恶劣的场所，如油、酸、碱、温度、潮湿等环境。

旺盛的市场需求使塑料发泡机械在 20 多年的时间内得到了较快的发展，但由于起步比较晚，在很多方面还存在不足，主要表现在两个方面：第一，自主研发能力不足，缺乏基于理论基础的原始创新成果；第二，行业规模不大，小微型生产企业众多，厂家良莠不齐，在价格等方面竞争激烈，不少小型或作坊性质的小企业以低价冲击国内、国际市场，严重扰乱市场秩序，对市场的健康发展极为不利。

三、塑料发泡机械行业发展方向及前景

近几年塑料发泡制品需求的高速增长和多样化，促进了发泡产业技术的进步，企业更加重视产品的开发与新技术的引进，不断地增加新产品的研发投入，积极寻求研发技术伙伴。当前国内发泡塑料行业已拥有 200 多项发明专利、实用新型专利，技术水平与国外发达国家的差距逐步减小，已从简单的替代进口发展到产品的大规模出口，塑料发泡制品的应用量从20世纪50年代的每年几十万吨，发展到现在每年超过1 000万t，带动整个塑料发泡装备行业的发展。

塑料发泡产业朝着高发泡、高填充的方向发展，我们应着重提高设备的研发水平，在市场导向下对重点产品加大投资力度，提高科研水平，尽快向产业化推广。

在研发方面，应该加强自动化研究，体现设备的人性化设计，减小人力资源的成本；在高新领域，不断涉足高科技领域，提高产品的技术含量和产品附加值；在新兴发泡技术方面，开发微孔发泡材料加工技术和塑料加工节能技术，在氟氯烃发泡剂替代技术方面开发水发泡剂或空气发泡剂。

塑料发泡机械总的发展趋势是高效、节能环保、精密、高附加值，并朝着专业化、规模化的方向发展。行业要保持快速、健康、茁壮的成长，势必要加大基础装备的投入和自主创新能力的建设。另外，要加快行业标准的制定，形成良性竞争、有序发展的局面。现阶段，塑料发泡装备行业应该依靠国家产业政策，发展循环经济，促进塑料产品的可回收利用。

塑料发泡机械企业应把精力用于新产品和国外市场的开发上，在现有基础上争取不断缩小与国际先进塑机的差距。随着塑料发泡机械精细化和规模化进程的不断加快，以及市场需求的不断扩大，塑料机械发泡装备业将会迎来新一轮的发展契机。

〔撰稿人：山东通佳机械有限公司李勇〕

再生塑料及其设备行业概况

近两年，我国的环保整治和“禁废令”给全球再生塑料产业带来了巨大的冲击，彻底颠覆了行业格局，我国从全球最大的废料进口国转变为最大的禁废国。全球再生塑料大型项目的投资迅猛增长，我国在新增投资以及新建项目中占有很高比重。我国再生塑料颗粒进口市场新增容量将高达600万t以上。

一、政策层面——环保为抓手，规模化经营为目标

2018年塑料行业新政策法规盘点如下：

1. 国家发展改革委正在调整完善“限塑令”

随着电商、快递、外卖等行业的发展，我国塑料餐盒、塑料包装等的消耗量快速上升，造成新的资源环境压力。塑料垃圾被随意丢弃会引起“白色污染”，不规范处理塑料垃圾存在着环境风险。

2018年年初，国家发展改革委邀请社会各界人士围绕不同领域塑料制品的管理要求提出意见建议，这是继2008年实施《国务院办公厅关于限制生产销售塑料购物袋的通知》以来，国家层面就防治“白色污染”采取的进一步举措。国家发展改革委正在研究制定防治塑料垃圾污染的政策文件，按照“限制一批、替代一批、规范一批”的原则，对生产、生活、消费等情形中使用的塑料制品分领域、分品类提出政策措施。

2. 环保税

2018年1月1日起，环保税正式实施。“费改税”标志着我国经济增长新方式的到来。开征环保税向企业释放出“控制和减少污染物排放、保护和改善生态环境”的明确信号。环保税开征给再生塑料行业带来三个影响。

（1）全线涨价。从原材料到再生料再到塑料制品全线涨价，尤其是塑料制品的涨价幅度将非常惊人。

（2）停产整顿。环保税的根本目的是减少污染，提高绿色化生产水平。以停产整顿使环保水平达标，将成为企业面临的常态。通过升级改造环保设备，企业才能减少或减免环保税。

（3）升级改造。新政策推动再生塑料行业向绿色环保型转型，一大批高污染高排放、经营不好的小企业将被关停或倒闭。今后国家政策将更倾向于再生资源规模化环保型企业，也将出台更多的环保政策，这对于提前转型的企业将是一大机遇。

3. 强制性国家标准《聚乙烯吹塑农用地面覆盖薄膜》

2017年10月，我国发布了强制性国家标准《聚乙烯吹塑农用地面覆盖薄膜》。该项国家标准于2018年5月1日起实施。新国标以规范生产、引导使用、提高质量、促进回收为目标，系统考虑地膜厚度与力学性能，适当提高了厚度要求。从兼顾农用地膜的可回收性、农民的经济承受能力和资源节约的角度出发，参考国际、国外相关标准，将地膜最小厚度从0.008mm(极限偏差 ±0.003mm)提高到了0.010mm(负极限偏差为0.002mm)。同时，按地膜厚度范围配套修改了力学性能指标，防止企业为提高厚度而加入过多的再生料，降低产品质量和可回收性。此外，新标准还修改了人工气候老化性能及相应的检测方法。

4. 工信部实施《废塑料综合利用行业规范条件》

2018年1月1日起《废塑料综合利用行业规范条件》（简称《规范条件》）施行，它明确了行业新建、已建的三大重点类型企业在废塑料处理能力上的门槛。

《规范条件》所指的废塑料综合利用企业，主要包括PET再生瓶片类企业，废塑料破碎、清洗、分选类企业以及塑料再生造粒类企业。根据《规范条件》的要求，PET再生瓶片类新建企业要求年废塑料处理能力不低于30 000t，已建企业不低于20 000t；废塑料破碎、清洗、分选类新建企业，年废塑料处理能力不低于30 000t，已建企业不低于20 000t；塑料再生造粒类新建企业，年废塑料处理能力不低于5 000t，已建企业不低于3 000t。《规范条件》明确了“资源综合利用及能耗”，如对回收的废旧塑料“不得倾倒、焚烧与填埋”，再生加工相关生产环节要求每吨废塑料综合电耗低于500kW·h，PET再生瓶片类企业与废塑料破碎、清洗、分选类企业的每吨废塑料综合新水消耗低于1.5t。

施行《废塑料综合利用行业规范条件》后，以往行业内占据绝对数量优势的家庭作坊式、小微企业将被大批量淘汰出局，国内新上马的大型项目将填补产能空缺。我国再生塑料行业正在形成以规模化经营企业为主的新格局。

二、行业态势——企业生存环境更加严峻，产业规模化提高

1. 再生塑料行业健康发展面临多重难题

再生塑料行业在再生资源行业中占据十分重要的地位。当前，我国废塑料再生利用行业步入环保升级转型的阵痛期，并面临着不少难题。

（1）社会大众误读。长期以来，行业内存在大量小作坊，对环境造成了严重破坏，加之一些社会媒体的负面报道，令普通大众对整个废塑料再生利用行业产生了极深的偏见。而当前国内小作坊几近全军覆没，一批规模化正规企业正在兴建或投入生产运营，这类企业的明显特征就是正规化、规模化、装备先进、自动化程度高，在环保设施上的投入非常巨大。

（2）缺乏资金支持。行业内中小企业居多，由于缺少资金，企业在技术、人才投入等方面困难较大，难以深化产业链，产品技术含量低，创新性差，竞争力弱，最终导致利润微薄，难以发展壮大，行业“低小散”格局难以改变。

（3）行业发展无序。我国废塑料再生利用行业仍处于相对混乱的状态。首先，行业缺乏标准化体系，制约了行业规范、有序发展。其次，行业竞争无序，同类企业之间为了争夺市场，产品竞相压价，而利润或是靠对产品“偷工减料”来榨取，或是通过减少环保投入来获得。这些做法扰乱了市场秩序，生产造成的二次污染也引发公众不满，阻碍了行业发展。

2. 全行业生存环境艰难，但机遇多多

2018年，我国废塑料进口相关管控政策执行力度持续增强，国内环保整顿呈常态化，国内绝大多数进口、加工利用企业都将受到冲击，一些企业退出市场，留存下来的企业一段时间内业务也有不同程度的萎缩。

现阶段，一方面是废塑料进口量“归零式”暴跌，以进口废塑料为主要原材料的再生利用企业面临“无米下锅”的尴尬；另一方面是国内生活垃圾产量逐年增加，塑料产量与回收量之间产生越来越大的差异。可以说，我国国内废塑料再生利用市场潜力巨大。面对常态化的环保整顿，业内企业正在走“逼迫式”转型升级之路。

三、市场层面——上游有原料才是王道，价格一路上涨

根据历年进口数据推算，我国每年需要进口近 200 万 t 高等级再生 PET 瓶片，约 500 万 t 再生塑料颗粒。“禁废令”后，国内再生塑料颗粒的供应产生了巨大的缺口，国内再生塑料颗粒市场价格一路上涨。

1. 国内环保整治对于再生塑料行业的影响巨大

国内环保整治已经常态化，绝大多数废塑料再生利用传统聚集区都遭到全面清理整治，没有环保处置能力的家庭作坊式、小微企业都被关停，致使国内再生塑料造粒企业的数量急剧减少。虽有规模化新建项目上马，但是短期内无法弥补再生塑料颗粒供应数量的缺口，从而导致再生塑料颗粒的供需失衡，推动了国内再生塑料颗粒价格的明显上涨。

2. 进口受阻致使国内再生塑料颗粒价格上涨

自 2017 年推行“禁废令”之后，国内大量企业在东南亚、中东、美国、日韩和欧洲建厂，在国外将废塑料加工成再生塑料颗粒后输入中国。当前，国内再生塑料颗粒总量尚不能满足市场需求，带动了再生塑料颗粒进口总量的不断增长。进口再生塑料颗粒成为现阶段再生塑料原材料的主力军。

生态环境部、商务部、国家发展改革委和海关总署于 2018 年 4 月 13 日联合发布《关于调整 <进口废物管理目录> 的公告》，将废五金类、废船、废汽车压件、冶炼渣、工业来源废塑料等 16 个品种固体废物，从《限制进口类可用作原料的固体废物目录》调入《禁止进口固体废物目录》，自 2018 年 12 月 31 日起执行。

长期以来，我国没有明确禁止进口再生塑料颗粒，但亦未有明确通关操作条文。近阶段，国内各口岸严查进口再生塑料颗粒，使得港口集装箱批量滞留、退运。按原料归类的再生塑料颗粒在进口过程中一般按 20% 的概率抽检，检测方法是危险废物鉴别标准及浸出毒性鉴别。如果肉眼观察到太多杂质或者检测出不合格，就要送到海关的化验中心做是否属于固体废物的鉴定，因此，进口颗粒通关缓慢，滞港成为常态化。

3. 改性塑料市场规模持续扩张将力挺再生塑料颗粒行情

国内改性塑料行业起步较晚，市场占有率较低，国内塑料改性化率（10%）仍低于国际平均水平（20%）。改性塑料在阻燃性、强度、抗冲击性、韧性等方面的性能都优于通用塑料，下游应用领域广泛，家电、汽车是其最大的两个应用领域。

汽车行业已经成为改性塑料需求增长最快的领域。由于全球汽车产量增长稳定，汽车轻量化使得单车改性塑料用量增大，据测算，2018 年全球车用塑料市值有望由 2012 年的 216.16 亿美元增至 461.12 亿美元，年复合增长率达 13.46%；消费量预计将由 2012 年的 710 万 t 增至 2018 年的 1 130 万 t，年增长率达 8.05%。

国内 3 000 家改性塑料生产企业，多数年产量不足 3 000t，过万吨的更少，大部分企业规模普遍偏小，生产技术能力和质量保证能力欠缺，很难满足高档汽车的要求。伴随汽车轻量化及家电消费升级，改性塑料在未来将持续高增长。预计 2023 年，我国改性塑料行业销售规模有望超 2 622 亿元，而高品质的再生塑料颗粒在汽车专用料和家电专用料改性方面占有较大的市场份额，对再生塑料行业的发展产生强有力的支撑。

四、技术层面——环保处置新技术与装备大型化、集成化是主要方向

再生塑料行业的三废污染备受关注。近两年来，国内一些行业协会、科研院所、装备制造企业和产业技术联盟都在废塑料环保处置技术与装备、废塑料再生处理集成化装备与技术等方面进行了研究与探索，并取得了一定的成果。

在再生塑料行业三废处理中，污水处理是重中之重，无水清洗技术将有效地解决这个问题。中国再生资源回收利用协会再生塑料分会、北京石油化工学院高分子材料环保处置技术研究所、广东省废塑料分选及利用集成装备与工艺工程技术研究中心、广东省再生塑料技术创新联盟等联合多家装备制造企业正在研发废塑料无水清洗技术与装备，并在薄膜与编织袋无水清洗和家电电器拆解硬杂废塑料无水清洗两大领域取得突破性进展。一种适用于薄膜和编织袋的干洗设备见图1。

图1　一种适用于薄膜和编织袋的干洗设备

国内外废塑料再生处理大型项目的上马，使设备的机械化、大产能和低能耗成为主流发展方向。在废塑料再生处理的集成化系统中，关键设备的大型化和自动化程度不断提升，大型撕碎机、重型破碎机等正在逐步替代产能低、能耗大的小机型。DGF 系列大型破碎机见图 2。

在废塑料再生处理设备系统集成化方面，针对不同废塑料物料的专业处理生产线正在被越来越多的废塑料再生处理企业接受并运用。大产能 PET 清洗生产线、农地膜清洗生产线、PE/PP 软料清洗生产线、家电汽车拆解硬料清洗生产线、日杂废塑料清洗生产线等一批专业生产线正在许多新上马的国内外中大型废塑料再生处理项目中运用。天奇股份无锡帝格曼环保科技有限公司的家电汽车拆解硬料清洗生产线见图 3。浙江宝绿特环保科技工程有限公司的 PET 瓶回收清洗系统见图 4。

图 2　DGF 系列大型破碎机

图 3　天奇股份无锡帝格曼环保科技有限公司的家电汽车拆解硬料清洗生产线

图 4　浙江宝绿特环保科技工程有限公司的 PET 瓶回收清洗系统

五、中国再生资源回收利用协会再生塑料分会对再生塑料行业的展望

第一，产业结构将由以“散乱污”作坊和小企业为主转变为以有环保处置能力的中大型专业化、自动化分选处理的加工利用企业为主。

第二，国内再生塑料市场需求旺盛，企业在获取再生塑料原材料方面应考虑进口再生塑料颗粒原材料与国内废塑料再生利用两头并举的经营模式，有原料渠道优势的企业将逐步拥有原材料价格议价权。

第三，国内推动的“两网融合”以及实行的城乡垃圾分类，将为国内再生塑料加工利用企业带来新的废塑料原料，可以有效地弥补“禁废令”后国内废塑料来源的巨大缺口。

第四，大量国内外新建和改建项目将为装备制造企业与装备集成系统技术服务商创造新一轮发展良机。

第五，在东南亚各国投资兴建废塑料加工厂的企业也要有危机意识。大量废塑料进口给东南亚各国生态环境带来的巨大冲击，也会促使各国调整环保政策，中资海外投资的废塑料加工企业的生存环境必将恶化，企业发展空间将被严重挤压。

第六，废料全面被禁、进口再生塑料颗粒收紧，加之国内环保持续严格，将利好于国内行业龙头企业和跨界投入再生塑料行业的新企业。这些企业将利用资金或资源优势，通过兼并重组等方式扩大市场占有率，进一步取得行业话语权。

〔撰稿人：中国再生资源回收利用协会再生塑料分会盛敏〕

地区概况

张家港地区塑料饮料机械行业2017年情况概述

一、2017年塑料饮料机械行业总体情况

据初步估算，2017年张家港市塑料饮料机械行业实现销售额90亿元以上，实现利税8亿元左右，利润3亿元左右。行业利润与上年基本持平，主要原因是2017年钢材及零部件价格均有不同程度的上升，特别是钢材价格大幅度上升，挤压了设备生产商利润。全行业出口额3亿美元以上。其中，塑料机械出口较上年有一定增长，增幅5%左右；饮料机械出口也有一定增长，增幅在3%左右。

1. 塑料机械行业发展的基本情况

张家港市塑料机械制造行业经历了2015年、2016年的国内市场需求不旺、国际市场销售不畅的困难局面，整个行业发展迟缓，除中空成型设备制造一枝独秀外，其他设备制造包括挤出机、废塑料回收造粒机、混合机等出现了市场清淡、销售不畅的局面。

2017年，受房产市场的拉动，挤出机销售逐渐回暖，比上年同期增长8%左右。混合机制造也随挤出机的销售回升，形势逐渐好转，较大的几家混合机制造企业比上年同期增长30%左右。废塑料回收造粒机随国际原油市场价格的步步攀升，销售也出现了回升，比上年同期增长10%左右。特别是随着国家环保补贴政策的兑现，企业对废塑料回收的积极性进一步增强；国际市场原油价格的提升，也进一步加大了废塑料回收造粒的利润空间，促进了回收造粒设备的旺销。中空成型设备延续市场需求量增大、市场继续保持旺销的势头，销售比上年同期增长15%以上，部分企业增幅20%以上。

2. 饮料机械制造行业的基本情况

饮料机械在前两年跌入低谷后，2017年市场出现了一定幅度回升。根据初步统计，有些企业的饮机销售比上年同期增大40%以上。特别是产

能每小时在 6 000 瓶以下的灌装设备，自停止在国内销售后，在国际上一些国家反而被看好，非洲一些企业进口此类设备较多。每小时灌装量超过 2 万瓶的设备在国内需求旺盛，饮机全年销售比上年同期增长 8% 左右。

3.2017 年塑料饮料机械行业取得的主要成绩

2017 年张家港市塑料饮料机械行业在新产品开发、重大科技创新成果方面取得了丰硕成果。张家港市塑料饮料机械协会企业共有 9 项产品通过了省新产品认定，其中亿利机械 2 项、维达机械 2 项、永道机械 3 项、新美星和同大机械各 1 项。2 家企业获省经信委质量研发制造赶超工作奖，其中新美星获得奖金 257 万元，同大机械获得奖金 45.19 万元。此外新美星还获得了企业研发新产品奖，奖金 219 万元。新美星和同大机械同时被张家港市人民政府认定为 2017 年重大科技成果创新企业。

2017 年由苏州同大机械、江苏维达机械牵头起草的《塑料中空成型机能耗检测方法》国家标准已由国家标准化管理委员会发布公告，于 2018 年 7 月 1 日起施行。协会副会长单位繁昌机械被评为 2015—2016 年张家港市重合同守信用企业。

二、2017 年张家港市塑料饮料机械行业主要工作成果

1. 及时向会员企业传递党中央的声音

协会秘书处将中发〔2017〕25 号《中共中央 国务院 关于营造企业家健康成长环境 弘扬优秀企业家精神 更好发挥企业家作用的意见》通过微信公众号转发给各会员企业。这是新中国成立 68 年以来中央首次以专门文件明确指出企业家是经济活动的重要主体，明确了企业家的主体地位价值和作用。

协会还组织企业家学习十九大精神，积极响应国家号召，使大家能够在第一时间听到党中央的声音，坚定听党话、跟党走的决心。

2. 召开第四届换届大会，焕发新的动力

2017 年 5 月 27 日协会召开了第四届换届大会，选举产生了新一届理事会成员，张家港市亿利机械有限公司董事长陈鹤忠任会长。在新一届会长的领导下，协会秘书处积极开展各项工作。2017 年 9 月 29—30 日，根据会长的要求，协会秘书处代表协会会长陈鹤忠走访了全体会员单位，提前向各会员企业送去中秋节日的祝福与问候。

3. 开展各项公益活动

协会秘书处积极组织各项公益活动。2017 年 7 月 24 日，协会秘书处在秘书长顾惠聪的带领下开展夏日送清凉活动，走访慰问了城北环卫所的环卫工人。

4. 组织外出学习考察，举办外贸转型路径探索培训会

2017 年 9 月 28 日下午在会长陈鹤忠的带领下，协会监事徐文良，副会长金荣、倪玉标，秘书长顾惠聪，理事杨德刚、郑勇、陈刚，以及汇丰机械的代表和秘书处工作人员一行 13 人赴常州湖塘镇商会学习考察。湖塘镇商会作为常州知名商会，形成了全国基层商会的典型“湖塘模式”。考察结束后，会长陈鹤忠表示在他任职期间一定要团结大家，共同把协会办好，实现协会工作的新超越。

2017 年 6 月 6 日，由张家港市塑料饮料机械协会与张家港市工业经济联合会、张家港市机械装备行业协会、张家港市纺织行业协会共同举办的外贸转型路径探索培训会在港城大厦召开。参加此次会议的企业达到 58 家、70 余人，协会有 15 家企业 21 人参加。米奥兰特国际会展资深讲师张慧艳女士分析了“一带一路”背景下外贸企业的机遇与挑战，介绍了米奥兰特 O2O 拓展市场新模式，以及如何铺面全球营销网络，如何有效利用线上结合线下的参展模式，打破时间、空间、语言等限制，精准找到产品匹配买家，提升参展效果。米奥兰特国际会展营销总监钱玲女士为张家港企业剖析了北非（埃及）、中近东（约旦）、南非区域市场对纺织品及机械装备制造业的市场需求，着重讲解了塑料加工设备、食品加工设备等。

5. 积极组织企业参展，为企业争取更多利益

2017 年，塑料机械及饮料机械终于迎来了经济的回暖，企业积极参加各类展会，寻找合作机会。协会秘书处也积极与各展会主办方协商，通过抱团参展获得更大的参展优惠政策。与省贸促

会合作，先后争取到了俄罗斯、迪拜、越南等五个国家塑机展会摊位费70%的财政补贴和部分展会人员费用的全额补贴。2016年在新疆乌鲁木齐举办的亚欧博览会，是省财政全额补贴，协会在第一时间就通知到了会员企业。2017年协会还帮助会员企业申报国内展会补贴，邀请市相关领导到展会实地勘察，申请将该展会列入市补贴项目。另外协会秘书长顾惠聪对浙江余姚展进行实地考察，及时为会员企业通报展会实际情况。协会秘书处主动与主办方联系，初步达成会员企业参展优惠事宜。

6. 发出出口企业预防出口货物被骗的预警

2017年12月13日，协会发出关于提醒出口企业预防出口货物被骗的预警通知。近几年来，我国企业出口货物屡屡被骗，特别是非洲的乌干达和欧洲的荷兰、波兰，还有伊朗、土耳其等国，多次发生出口货物被骗的现象。协会秘书处提醒各外贸出口企业一定要把握好自己出口产品的质量；签订外贸合同时，一定要要求对方必须出具信誉度较高的银行出具的信用证；验货包括产品质量验证必须在国内完成，分期付款和货到付款的生意尽量不做，以减小风险。另外出口货物必须进行投保，以尽量减少损失。希望各出口企业树立起出口货物防范被骗的预警心理，认真做好每一笔出口业务。

7. 讲解政府扶持新政策

为了会员企业能够更好地了解政府相关补助政策，协会组织了新政策讲解座谈会，由市经信委各科室就各项目补贴政策进行讲解。参会企业均表示通过新政策讲解对原本模糊的补贴政策有了新的认识了解，将会对符合政策的相关产品通过正确途径进行补贴申报。

8. 接待中国塑料机械工业协会的走访考察

2017年8月7—9日，中国塑料机械工业协会会长、海天集团总裁张剑鸣，中国塑料机械工业协会常务副会长粟东平等一行7人到张家港市走访考察。他们走访考察了8家大中小型塑料机械制造企业，通过车间现场参观考察、与企业主直接交流和企业管理人员座谈等方式，为塑机制造企业把脉问诊。

9. 积极配合市纪委及省巡查组对协会政府拨款使用情况的核查

2017年市纪委对经信委的行业协会政府拨款使用情况进行了详细核查，并就在行业协会兼职的政府部门退休人员兼职取薪问题进行了清退，这也涉及协会秘书长顾惠聪的兼职问题。因中央关于干部的八项规定是在2014年7月出台，顾惠聪同志早在2003年就在协会兼职，所以经与市纪委反复沟通，妥善解决了该事。

三、2018年工作安排

1. 积极解决会员企业招工难问题

2017年协会组织会员企业参加了校园招聘会。大部分企业表示：当前对接的两大院校各有特色，由于是本地院校，招聘比较方便，成功率也高，但由于很多学生是外地的且不愿意下车间，不容易留住人才。考虑到这点，企业提出可以对接本市的技工学校，如乘航职业技术工学院等，更能满足企业对车间工人的需求。2018年协会将努力与技工学院达成校企合作对接项目，帮助企业解决招工难问题。

2. 积极开展公益活动

近两年协会积极开展各项公益活动，但参与企业甚少。2018年协会将鼓励动员更多的会员企业参与进来，塑造良好的塑饮机行业企业形象。

3. 为企业争取更多的展会补贴

目前协会已经与省贸促会合作并争取到了一些展会的国家财政补贴，但还是有很多参展效果非常好的展会没有与协会达成合作。2018年协会的目标是增加2～3个展会合作协议的达成，为企业争取更多的展会补贴政策。

4. 加快落实协会领导分工职责

协会已经出台会长、监事、副会长的职责分工内容，2018年需要切实加快并落实这项分工职责。

5. 举办各项培训及外出考察活动

2017年“走出去”计划由于各种原因搁浅，2018年将加强对外沟通考察学习。计划在2018年举办各项培训，为员工开展技能培训，召开企业主学习交流会议，邀请知名老师授课。

〔供稿单位：张家港市塑料饮料机械协会〕

宁波市塑料机械工业 2017 年经济运行概况

2017 年，宁波市塑料机械行业以供给侧结构性改革为主线，深化改革创新，整体运行平稳，保持了稳中有升、持续向好的良好发展态势。

一、全市行业概况

2017 年，宁波市塑料机械行业完成工业销售产值 190.22 亿元，同比增长 19.95%；完成工业总产值 185.80 亿元，同比增长 31.34%；完成主营业务收入 194.93 亿元，同比增长 21.49%；实现利润总额 38.39 亿元，同比增长 27.58%。行业整体经济效益呈明显增长态势。2013—2017 年宁波市塑料机械行业产销同比增长情况见表 1。

行业新产品产值达 81.96 亿元，新产品产值率为 44.11%，比上年有所减小，结构调整仍在积极推进当中，仍需要不断加大对塑料机械产品创新的投入力度。2013—2017 年宁波市塑料机械行业新产品产值率变化见图 1。

表 1　2013—2017 年宁波市塑料机械行业产销同比增长情况　（%）

指标	2013 年	2014 年	2015 年	2016 年	2017 年
主营业务收入	12.89	5.57	-3.14	11.71	21.49
工业总产值	13.85	7.84	-21.25	12.97	31.34

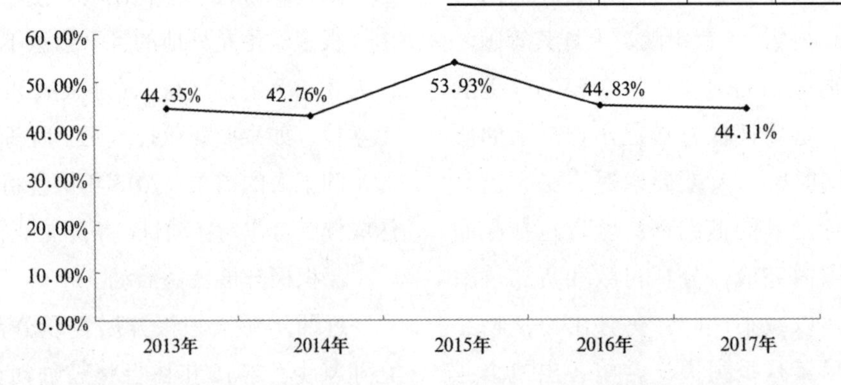

图 1　2013—2017 年宁波市塑料机械行业新产品产值率变化

塑料机械行业完成出口交货值 53.32 亿元，出口增幅 19.74%，比上年明显增加；出口交货值占销售产值的比重为 28.03%，略低于上年同期。2013—2017 年宁波市塑料机械行业出口交货值增幅及比重见图 2。

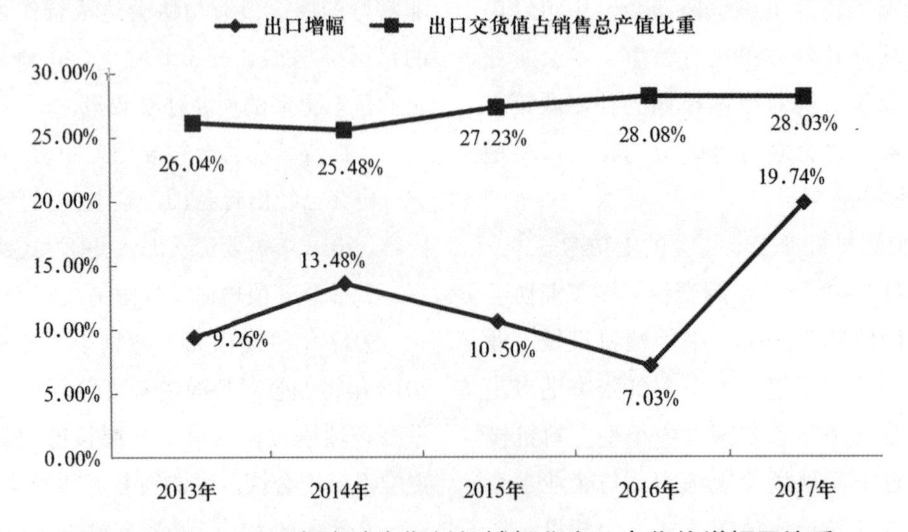

图 2　2013—2017 年宁波市塑料机械行业出口交货值增幅及比重

全市塑料机械行业资产总计为402.76亿元，同比增长35.28%。企业资产明显增加，大部分属于固定资产投资，部分项目建成投产。中高档机型大量投放市场，核心零部件的自给率也逐步增加，企业的技术能力、产品档次和盈利水平不断提升。

塑料机械行业实现利润总额38.39亿元，利润增幅27.58%，比上年同期略有减少。2013—2017年宁波市塑料机械行业利润增幅及主营业务利润率见图3。

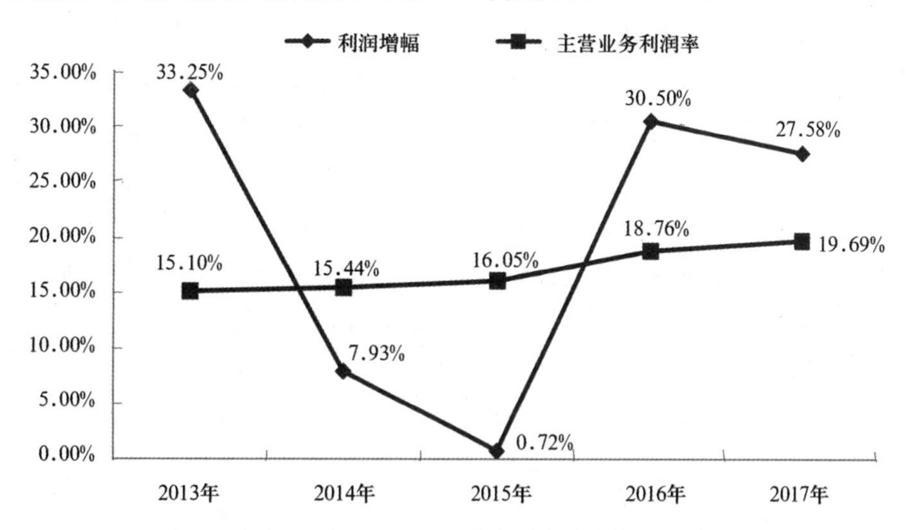

图3　2013—2017年宁波市塑料机械行业利润增幅及主营业务利润率

二、协会企业情况

协会秘书处2018年1月向协会企业发送"宁波市塑料机械行业整机生产企业主要指标统计表"，于2月开始对上报的企业进行梳理分析，具体情况如下。

从全市比较来看，参与统计的企业2017年共实现工业总产值160.51亿元，比上年同期增长31.34%，占全市工业总产值的86.39%。新产品产值、工业销售产值、出口交货值、产品销售收入、利润总额五项指标均占全市70%以上，资产总计和负债总计两项指标占全市65%以上。其中，利税占比份额最高，达96.56%。

统计的企业2017年工业总产值、资产总计、负债总计增幅明显，达30%以上，新产品产值、工业销售产值、出口交货值、产品销售收入、利润总额、利税总额六项指标增幅平稳，从业人员增幅最小达5.7%。协会内企业整体运行平稳，保持了稳中有升、持续向好的良好发展态势。2017年协会企业主要经济指标见表2。

表2　2017年协会企业主要经济指标

序号	指标	金额（万元）	占全市份额（%）	同比增长（%）
1	新产品产值	646 506	78.88	29.22
2	工业销售产值	1 520 929	79.96	19.95
3	出口交货值	374 960	70.32	19.74
4	资产总计	2 623 301	65.13	35.28
5	负债总计	977 689	66.56	38.83
6	产品销售收入	1 558 964	79.98	21.49
7	利税总额	352 600	96.56	13.83
8	利润总额	295 697	77.03	27.58

三、2017年塑料机械经济运行回顾

2017年，宁波市塑料机械行业认真贯彻落实党中央、国务院的战略部署，主动适应发展新常态，推动供给侧结构性改革、扩大有效供给，行业经济运行稳中向好，效益改善，出口回升，市场信心逐步提升，主要经济指标好于预期。

但还应看到，当前行业经济运行中仍有诸多矛盾与问题，也存在发展不平衡、不充分的问题，稳中之忧仍然存在，转型升级的任务依然繁重。还存在三个没有改变：

一是工业发展的外部环境没有改变。短期很大程度上取决于上下游的改善，总体供大于求的情况下，取决于最终需求，投资、消费、出口三大需求都有很大的不确定性。

二是工业自身长期积累的结构性矛盾没有改变。部分行业产能过剩，处于胶着状态，若松口气就有可能回归原来，工业基础薄弱，自主创新不足，盈利能力弱，供给侧结构性改革不适应新的变化。

三是工业投资，特别是技改投资、民间投资增速缓慢没有改变，仍在低位徘徊。工业没有新的投资，发展后劲不足。

总之，稳中有积极的一面，也有不巩固、基础脆弱的一面，要看到进的一面和进中不确定的一面，要有紧迫感、危机感。

国家发展改革委《增强制造业核心竞争力三年行动计划（2018—2020年）》已正式发布，9个重点领域（轨道交通装备、高端船舶和海洋工程装备、智能机器人、智能汽车、现代农业机械、高端医疗器械和药品、新材料、制造业智能化、重大技术装备等关键技术产业化）中有5个直接与机械工业密切相关。部分项目已经开始实施，为塑料机械工业提供了良好的发展环境。塑料加工业要突破发展瓶颈，取得新的进步，只有不断依靠创新驱动转型发展，推进产业升级，才能打造行业持续发展新动能。

〔供稿单位：宁波市塑料机械行业协会〕

广东深圳塑胶行业发展概况

一、广东省塑料工业发展情况

1. 产业规模

广东省塑料加工业数据表明，广东是塑料加工业重要的省份，行业经济运行的关键指标均居全国前茅。2017年广东省塑料总产量增速下降并趋于平稳，产量略低于浙江省，占全国产量的比重超1/8；产值总量接近5 000亿元，占全国约1/5以上；主营业务收入占全国的比重超1/5；利润总额占全国的比重超1/5；产品出口交货值已连续多年占全国40%以上；全行业规模以上企业资产总额占全国的比重超1/5，企业实力增强，产业集中度有所提升。

广东塑料加工业已从产量快速发展和规模快速扩张时期，进入产量增幅下降、总量平稳、综合经济指标明显提升、发展质量向好的转型发展期。2017年广东省塑料加工业经济指标见表1。

表1　2017年广东省塑料加工业经济指标

行业类别	企业数（家）	从业人员人数（万人）	资产总计（亿元）	资产平均（万元）
合计	2 961	72.73	3 139.8	10 604
塑料薄膜	335	5.63	465.5	13 897
塑料板管型材	208	6.11	341.8	16 433
塑料丝绳编织品	107	2.04	87.2	8 150
泡沫塑料	162	2.37	90.0	5 556
人造革合成革	50	1.12	78.4	15 680
塑料包装箱及容器	240	4.90	297.7	12 404
日用塑料	456	10.50	295.4	6 478
塑料零件	361	13.36	460.8	12 765
其他塑料	1 042	26.70	1 023.0	9 817

2. 主要塑料制品产量

2017 年，广东省塑料制品总产量 1 015 万 t，同比下降 1.12%，占全国塑料制品总产量的 13.51%。广东省为我国塑料制品生产大省，塑料制品产量增幅小于全国增幅，产量和占比从 2015 年开始略低于浙江省。2017 年全国塑料制品产量前 10 名地区见表 2。

表 2　2017 年全国塑料制品产量前 10 名地区

序号	地区	占比（%）
1	浙江	13.78
2	广东	13.51
3	河南	9.59
4	江苏	8.01
5	四川	6.55
6	山东	5.95
7	福建	5.73
8	湖北	5.73
9	安徽	5.12
10	河北	4.35

2017 年，广东省塑料制品累计完成产值 4 976 亿元，同比增长 1.4%，工业总产值增幅远大于产量增幅，产值占全国的比重也高于产量。原因主要有两点：一是多年来全行业进行产品结构调整，塑料制品逐步向高端高附加值、配套多个行业方向发展；二是与原料价格、劳动力成本等生产成本趋高有关。

3. 产品进出口

2017 年，尽管外贸形势不乐观，广东省塑料制品出口仍保持较高增长，增幅高于全国平均水平，出口额占全国塑料制品出口总额的 32.42%；累计进口 50.11 亿美元，同比增长 10.88%，占全国塑料制品进口总额的 26.78%。

2017 年全省塑料制品实现出口交货值 1 026 亿元，占全国塑料制品出口交货值的 45.96%。其中，其他塑料制品完成出口交货值 325.6 亿元，塑料零件完成 200 亿元，日用塑料制品完成 175 亿元，塑料薄膜完成 89 亿元。出口产品结构仍以普通塑料制品为主，日用品、塑料零件等产品出口交货值占总额的 72%。

4. 行业经济效益

2017 年，广东省塑料制品企业累计实现主营业务收入 4 799 亿元，同比增长 8.5%，占全国主营业务收入的 21.04%；实现利润总额 276.2 亿元，同比增长 13.7%，占全国利润总额的 20.39%；盈利企业平均利润额 571 万元。全省 2 992 家规模以上企业中，亏损企业 403 家，亏损面 13.47%，亏损企业数占全国塑料制品亏损企业的 32.4%；亏损额 13.39 亿元，占全国塑料制品亏损企业亏损总额的 27.85%；亏损企业平均亏损额 332 万元。亏损企业及亏损额均占全国较大比例。

5. 企业资产

2017 年，广东省塑料制品企业资产总计 3 140 亿元，占全国塑料制品资产总计的 21.94%；规模以上企业平均资产为 6 925 万元，略低于全国平均水平。按产品分类，平均企业资产较大的是塑料管、板、型材企业，人造革合成革企业，塑料薄膜企业，分别为 16 433 万元、15 680 万元和 13 897 万元。平均企业资产偏小的是泡沫塑料企业、日用塑料企业、塑料丝绳编制品企业，分别为 5 556 万元、6 478 万元、8 150 万元，均集中于塑料行业传统产品制造和偏劳动密集类企业。全行业企业仍以中、小微型企业为主。

6. 工业优势

行业中有一批各类产品制造领军企业或骨干企业，其装备先进、生产规模大，具有与国际、国内同类企业、同类产品竞争的实力。由龙头企业带动，全省形成多个塑料特色产品制造区域或集群，如佛山为主的珠三角地区塑料薄膜产业区域，顺德、广州地区的塑料建材产业集群，揭阳、汕头、广州地区的日用塑料、高档塑料家居用品、塑料玩具生产企业集群。另外，广州、深圳、东莞、佛山地区的改性塑料原料制造，佛山、江门地区的配套汽车、家电行业的塑料零件制造，汕头地区的塑料包装材料及机械设备制造，佛山高明地区的人造革合成革产业集群，揭阳地区、湛江吴川地区的塑料鞋产业集群都在行业中占有重要地位。

当前广东塑料加工行业骨干企业主要装备先进，塑料制品加工工艺完善，塑料制品加工中的挤、压、注、吹、拉、涂、发泡、共挤、复合等工艺技术越来越成熟。产品涵盖塑料制品中的膜、板、管、丝、片、带、中空容器、零件等，其中多个产品系列领先于行业。按当前的加工技术和装备水平，广东塑料加工行业生产水平完全可满足民生消费及经济建设各领域的需求。塑料作为新兴材料在多个应用领域的开发速度越来越快，产业链越来越长。塑料制品及材料可全面应用和配套于民生消费、轻工、建筑、电子、信息、家电、汽车、医疗、食品、文体、农业、国防军工、交通运输等多个行业和领域。

广东塑料产品进出口比重大、渠道多，行业企业接触国际先进技术和先进管理理念、引进先进设备、与外界技术交流等便捷。此外，与塑料应用密切相关的产品如汽车、家电、电子信息、家具、玩具、食品等，广东省均是国内最大的生产省份，对塑料材料的需求有利于高端、高附加值塑料制品和材料、加工技术的开发，对塑料产业应用领域的拓宽及产品结构转型十分有利。

随着炼油、乙烯、合成树脂项目在广东立项建设和投产、扩产，广东塑料原料生产能力不足的局面逐步改观，广东地区初级形态塑料产量占全国的8%～9%，排名省份第三。适应多个领域应用的塑料原料改性及工程塑料产业在广东也优势明显，聚集了以金发科技为代表的数千家塑料原料改性及工程塑料生产的企业。

广东珠三角地区是国内最大的塑料原料现货市场聚集地，几大塑料原料市场经营面积超过200万 m^2，集中经营塑料原料的客商数千家。广东还是国内塑料期货推广交易的主要区域之一，国内有多家期货公司在广东设有总部或营业机构，开展塑料期货业务，为塑料实体企业和投资者服务。广东是塑料产业互联网建设发展最快的省份。

广东塑料专用设备产量占全国27%左右，注塑、挤出、流延、吹膜及各类辅机制造企业齐全，研发力量强，珠三角是重要的塑料设备制造基地。

二、深圳市塑料机械行业发展情况

广东省是塑料加工设备制造大省。2017年，全国规模以上企业数564家，广东占65家；全国工业总产值431.70亿元，广东占83.0亿元；全国塑料加工专用设备产量350 707台，广东77 847台。

深圳市2017年塑料机械销售总额约为20亿元，其中震雄集团、力劲科技集团、仁兴集团几家龙头企业在深圳市场发展非常理想。深圳的许多大企业，如比亚迪股份有限公司、富士康科技集团、深圳市永高塑业发展有限公司等都采用该类企业的注塑机。过去深圳的塑料制品行业对精度要求并不高，对产品更多的要求是价位适中、有品牌保证；而如今，随着深圳工业特别是电子制造业的快速发展，深圳对高精度以及大型塑机的要求不断提高，给更多的企业提供了商机。深圳的汽车和电子信息业是目前各大塑机厂家追逐的主要市场。汽车产业的塑胶生产链比较成熟，对大型机械的需求非常大；电子产业的塑胶产业链逐渐完善，预计未来3～5年会有一个大的飞跃，对塑料机械的需求也会迅速增长。

三、深圳市规模以上塑料机械生产企业

1. 震雄机械（深圳）有限公司

在2017年中国塑料机械制造业综合实力20强企业名单中，震雄集团排名第二；在2017年中国塑料注射成型机行业10强企业名单中，震雄集团排名第二。震雄集团于1958年由蒋震博士在香港成立，迄今已有60年的历史，已成为全球注塑机产量最大的生产商，1998年迁入深圳市龙岗区坑梓镇震雄工业园。震雄集团产品已从单一的注塑机发展到机械臂、球墨铸铁、精密模具、液压配件、震雄PET瓶坯注塑配套系统等，客户遍及全球60多个国家和地区。震雄机械(深圳)有限

公司生产能力见表5。

表5　震雄机械(深圳)有限公司生产能力

序号	主要数控产品	产能（台/月）	先进性
1	Ai-02注塑机控制器	800	国内领先
2	Ai-12注塑机控制器	200	国内领先
3	Ai系列伺服注塑机	200	国内领先
4	C2系列伺服注塑机	100	国内领先
5	二板式伺服注塑机	20	国内领先
6	PET瓶坯机系统	5	国内领先
7	PET专用二轴重型机械手	5	国内领先
8	ichen网络监控管理系统	50	国内领先

2. 力劲科技集团深圳区域

在2017年中国塑料机械制造业综合实力20强企业名单中，力劲集团排名第十；在2017年中国塑料注射成型机行业10强企业名单中，力劲集团排名第七。力劲科技集团深圳领威科技有限公司成立于1991年，是力劲集团在内地投资建设的首家工厂，位于深圳市龙华力劲高新技术工业园。占地面积12万m^2，以制造、销售热室压铸机、冷室压铸机、精密注塑机、镁合金压铸机、高精密数控加工中心为主，产品广泛用于航空航天、汽车工业、电子、电器、玩具礼品等行业，远销东南亚、欧美等地区，为全球最大的压铸机制造商之一。深圳力劲是深圳高新技术企业、深圳机械行业副会长企业、全国外商投资双优企业、外商投资先进技术企业。力劲科技集团深圳区域生产能力见表6。

表6　力劲科技集团深圳区域生产能力

	主要数控产品	产能（台/月）	先进性
1	压铸机	650	国际先进
2	注塑机	420	国内领先
3	数控加工中心	450	国内领先

3. 仁兴机械（深圳）有限公司

仁兴机器厂有限公司于20世纪50年代成立于香港，致力于研制注塑成型机。90年代初，仁兴集团成立仁兴机械（深圳）有限公司，自筹资金兴建厂房及购置进口生产设备，获ISO 9001质量保证证书。已设计和制造出七大系列注塑成型机，分别为SP-A优质注塑机系列、SP-i优质节能注塑机系列、SK高速精密注塑机系列、MM双色成型注塑机系列、JS高级注塑成型机系列、HC直液压锁模大型机系列、EM全电动注塑机系列。锁模力300～20 000kN，可依照市场和客户需求“量身定做”。开发了锌、铝及镁合金专用压铸机及压铸技术，致力于为生产高质量压铸产品的客户提供专业服务，已设计和制造出镁铝合金冷室压铸机AMC系列、锌合金热室压铸机AMH系列、镁锌合金热室压铸机AMH-M系列。

四、塑料机械最新技术进展及发展趋势

近年来，国际注射成型技术发展迅猛，新技术、新设备层出不穷。世界工业发达国家的注塑机生产厂家都在不断提高普通注塑机的功能、质量、辅助设备的配套能力以及自动化水平。同时也大力开发、发展大型注塑机、微型注塑机、专用注塑机、高精度注塑机、生物材料注塑机、智能化注塑机，以满足市场对塑料制品的需求。注塑机控制系统朝着电子技术、计算机技术、网络技术、信息与塑机的机电一体化相结合等方向发展，向着高精度、高速度、节能环保等方向发展。

1. 注塑机控制器发展

当前注塑机95%以上采用微机控制器。随着注塑机技术的不断升级，注塑机对控制系统的需求如下：①实现对注塑机整个工艺流程的控制；②达到流量、压力、位置等的控制要求；③能够自动控制机筒温度，达到所需精度；④有良好的人机界面，能方便地修改参数，并实时显示注塑机的工作过程；⑤满足各种通信接口需求，运行速度更快；⑥实现工艺各个参量的PID闭环控制；⑦通过总线通信方式，控制器直接控制伺服泵工作；⑧直接驱动伺服阀，省却中间（放大板）控制环节；⑨更多的网络功能，支持远程售后服务；⑩自主开发应用程序。

微机控制器将由中低档微机控制器向中高档

微机控制器发展，最后发展到高档微机控制器。

中低档微机控制器产品代表：国产品牌控制器（含大部分台湾品牌控制器）。中低档微机控制器以单片机为核心，由于计算能力有限，一般是开环控制，控制精度不高，属于市场逐步淘汰产品。主要应用于普通低端注塑机。

中高档微机控制器产品代表：中国台湾品牌少量系列产品。中高档微机控制器以高速 DSP 微处理器为核心，运算快，注塑机部分动作实现闭环控制，基本实现机器的精度需求，显示直观，但扩展能力有限，对周边产品适应性不够强，整合机器整体性能不够高。主要应用于一般注塑机、中型注塑机、部分高速注塑机。

高档微机控制器产品代表：如欧美品牌，KEBA 控制器系统。高档微机控制器以工控机为核心，多数采用多任务、高速、高性能 CPU，运算能力超强，实现工艺各个参量的 PID 闭环控制，实现各运行参数的动态显示，使机器更精确、成品质量更优良。高档微机控制器可轻松配置周边设备，整合升级注塑机整机性能，可大幅提高注射速度、开合模速度，生产效率大大提高。同时，提供产品各种质量参数的分析模块，可保存及打印各种机器参数报表，可加快各种参数的调节进程，更适合多品种的现代生产模式。

2. 注塑机液压驱动技术的发展

注塑机液压驱动技术的发展阶段：传统阀控→调速电动机加阀控→第一代液压伺服控制→增强型液压伺服控制。

（1）传统阀控。采用比例阀调节流量及压力，缺点是精度低、能耗大、稳定性差。

（2）调速电动机加阀控。一般采用变频器驱动液压泵调整流量，使用比例阀调节压力及最终流量。和传统阀控相比，有效降低了能耗，但响应慢、精度差。

（3）第一代液压伺服控制。在保证高响应性、高精度的同时，最大限度地降低了能耗水平。

（4）增强型液压伺服控制。应用自适应模糊控制技术，改善各种工况下的控制性能，进一步提高响应性、精度以及稳定性，并拥有精密定位、闭环射胶等先进的功能。

3. 高速注射

一般注塑机的注射速度为 80 ～ 110mm/s，如果达到 500 ～ 1 000mm/s，完全属于高速注射。利用传统的动力系统很难实现高速注射，可以采用以下解决方案来实现。

（1）采用氮气射胶。注射速度可以达到 500 ～ 1 000mm/s，甚至更高。

（2）注射单元采用单缸式注射结构。根据动力学和运动学原理，在实际注塑生产过程中，所需的注射推力 F 恒定不变，那么质量 m 越小，所获得的加速度 a 就越大，同时运动部件的速度达到 V_t 所需要的时间 t 就越短，确保系统在最短的时间内获得最大加速度和最大运动速度，即高速响应。

（3）锁模单元的结构。由于高速注射会在模具型腔内产生很大的冲击力，产品容易产生飞边，模具型腔有被胀开的可能，所以拟采用直压式锁模机构，以直推液压缸（高压缸）作用在锁模中板的中心部位。与传统机铰模板相比，模板的变形非常小；同时通过液压系统对直推液压缸内的油液进行保压或二次锁模，确保模具变形小的同时型腔不被胀开或后退。

4. 精密控制

超精密塑料制品的精度控制非常关键，可以采用以下解决方案。

（1）注射动作的控制。采用当前世界上最先进的 MOOG 伺服闭环阀或德国力士乐的伺服闭环阀予以控制。该类型的液压阀除了可以实现闭环控制外，还具有控制精度高、响应速度快、性能稳定等一系列优点。以确保在注射开始时快速获得最大加速度和最大的注射速度，在注射动作完成时快速获得最大减速度使注射速度降至零，从而获得最佳的位置控制。

（2）熔胶塑化。传统上利用液压马达熔胶，但由于油液具有可压缩性以及液压马达存在内泄、运动惯性等特点，很难对熔胶动作实现精确控制，因而采用伺服电动熔胶。采用伺服电动熔胶后，伺服电动机的转速及转数可以通过伺服驱动系统实现闭环监测控制，而转数的控制可以达到1/1024转，从而实现精确计量。

（3）位置监测装置。多数采用电子尺或编码，但传统的电子尺分辨率比较低，国内同行采用的电子尺监测精度只有0.1mm，采用悬浮式不接触电子尺的监测精度可以达到0.01mm。不接触式结构可确保运行中不磨损，性能长期稳定可靠。

（4）螺杆的止逆元件。传统的止逆元件即过胶头、过胶圈，过胶介子在注射开始时，没有封胶，可以横向滑动，导致在注射开始时胶料因压力变化而回流。采用特殊结构的止逆件（三小件），在熔胶完成后，通过伺服电动机的微量反转（可控），将通道提前主动封死，避免了注射时及注射过程中胶料回流的现象，从而实现非常精确的注射控制，确保产品的尺寸精度及重量偏差。

5.控制系统

从速度到结构等都做到精密控制，控制系统本身也要满足要求，才能保障高速、高精密的要求。可以采用以下解决方案。

（1）采用奥地利的KEBA微机控制器。其具有响应速度快、控制功能强大、性能稳定、可控制的绝对精度和重复精度高等优势性能。

（2）采用蒙德的伺服驱动系统。该公司的驱动系统专门针对注塑机行业进行功能研究，如动力系统的压力波动校正，液压泵泄漏自动流量补偿等。

（3）控制程序。超高速注射和精度控制要求，供应商原有的标准控制程序不能满足要求，要自主编写控制程序，以完成各项功能组合。

6.生物材料注塑

以生物塑料为原料的塑胶制品因具有环保、污染低、可降解等特点，随着人们环保意识的增强，为越来越多的用户所接受，相应的生物塑料工业发展迅猛。

生物塑料又称绿色塑料，低碳、低能耗，是在微生物作用下生成的塑料，或者是以淀粉等天然物质为基础生成的塑料，可部分或完全替代通用塑料，应用于包装、薄生物塑料膜、购物袋、移动电话和饮料瓶等领域，在降低塑料对石油资源的依赖、推行低碳经济方面将发挥重要作用。

注射成型优点突出，可生产结构复杂、尺寸精确的制品，生产周期短，自动化程度高，易于与计算机技术结合，适合生物塑料在汽车、电子电器、建材、医疗器械等领域的产业化应用。但生物塑料自身物性及其加工性能的特点，导致在注射成型加工时存在许多难题。例如材料加工温度低，加工温度与降解温度非常接近，易氧化降解且易受水分影响，加工窗口很窄，一旦受热时间长或温度过高，就会降解造成凝胶、黑斑或者黄变，严重影响制品外观和性能。传统注塑机生产生物塑料制品存在的问题见图1。

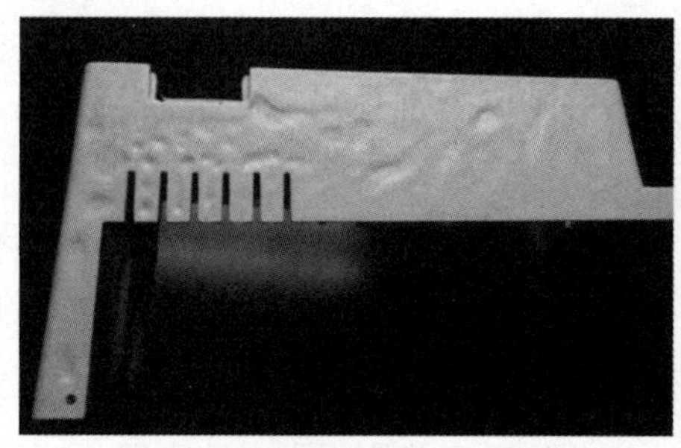
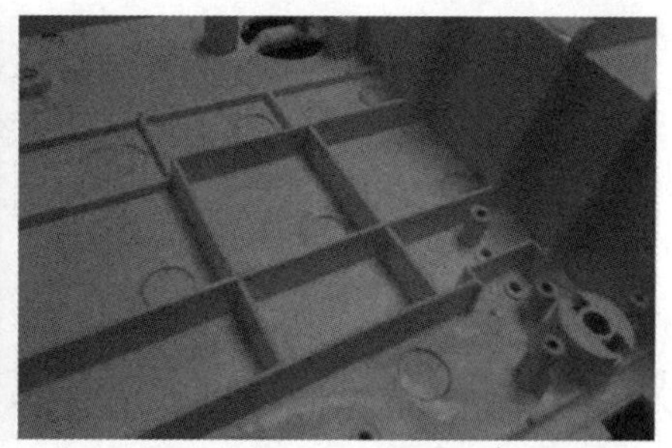

图1　传统注塑机生产生物塑料制品存在的问题

生物塑料自身物性和加工性能导致现有的传统注射成型设备难以满足产业化生产生物塑料制品的需求。解决生物塑料注射成型难题，将成为推进生物塑料广泛应用、实现资源和环境可持续发展的关键因素之一。

从机械、控制和材料等方面开展生物塑料的

注射成型关键技术研究，突破当前普遍采用传统塑料注射成型机加工成型生物塑料时存在的过度降解、充模困难、能耗较高和制品质量不稳定等技术瓶颈。通过低温低剪切高效塑化螺杆、低剪切浇口和流道模具等机械方面的创新设计，以及热流道和模具快速变温、伺服驱动节能以及成型全过程工艺参数智能反馈等控制技术方面的集成应用，研制开发基于短热机械历程技术的生物塑料注射成型系统，实现生物塑料的短热机械历程注射成型以及成型全过程工艺参数的智能反馈控制，力图应用新型系列设备对不同物性的生物塑料进行注射成型，获得性能良好的生物塑料制品。

7. 微结构注塑

判定微结构注塑的依据是制成品的精度，即成品的尺寸公差、几何公差和表面粗糙度。要进行微结构注塑必须有很多相关的条件，而最基本的是注塑设备、模具、塑料材料和注塑工艺这四项基本因素。

影响微结构塑料制品成型质量精度的因素较多，如浇口位置设计、流道设计、注射压力、注射速度、保压压力、型腔内的压力场、型腔内的温度场、熔料温度、模具温度、制品壁厚与形状、充模时间和保压时间等。在加工同一塑料制品时，也会因上述条件的不同而有很大差异，微结构塑料制品在成型工艺中很容易出现短射、飞边、翘曲、熔接痕和尺寸超差等质量问题。因此，在微结构注塑成型过程中，从成型工艺角度精密控制微结构制品成型质量是微结构注塑的关键技术之一。

五、新的周期塑料工业（广东）发展探讨

最近 10 年，广东省塑料工业经历了由产量规模快速发展向产业调整、结构优化发展。质量优势初步显现的过程。建设创新型的、有国际竞争能力的、大而强的塑料产业是新的周期广东塑料工业发展的任务和目标。过去，以快速增长、产能扩张的方式拉动产业发展，为广东的塑料工业打下了基础，新的周期应该是推动广东塑料产业高质量发展的黄金期。广东塑料加工业正进入以上质量、上档次、上水平为标准的创新驱动发展新阶段，提高整体产业素质是努力的方向和目标，必须从过去依靠增加数量、投资和扩大产能的发展方式，坚决调整到依靠创新、技术进步和优化结构的发展方式。

广东是家电、电子信息、汽车、轻工等产业大省，塑料产业结构和产品结构除继续保持传统消费品升级发展外，应该向这些产业倾斜。高性能、复合化、环保化、轻量化是产品结构优化的努力方向，最终目的是以高新技术改造传统塑料材料和产品，适应多个产业发展需求，拓宽新型塑料材料和制品在各新兴产业的应用，在尽可能短的时间内进一步缩小与国际先进水平的差距。

广东塑料工业必须坚持绿色环保理念，坚决摒弃以牺牲环境、资源换取或达到发展的观念，从产业发展的源头如选址、选材、加工工艺选取等环节开始引入安全、环保、节能概念，确保塑料加工过程的安全和环境、资源受保护；产品制造及市场开发更加严格执行国际、国内相关安全、卫生、环境保护的法规，确保应用和消费环节的安全、卫生；废弃塑料的处理是环境保护的重要环节，需要全社会重视，消费者要有正确的使用和处置观念。产品开发和应用提倡尽可能减少不可再生资源材料的含量，尽可能加大降解材质成分，尽可能提高废弃塑料的回收循环利用比例。同时，要建立和完善塑料加工业各类标准体系，研究和建立塑料工业安全生产、生态化、检测方法等基础标准体系，对于涉及食品、卫生、安全或其他特殊行业使用安全的塑料加工过程和制品，研究建立行业生产与市场准入标准体系。全行业要以高度的社会责任感，把完善塑料制品安全体系作为创新塑料产业的重要环节，真正实现塑料工业的资源节约、安全性和绿色环保。

〔供稿单位：深圳市机械工程学会、广东省塑料工业协会注塑专业委员会〕

塑料机械行业经济指标及产品进出口数据

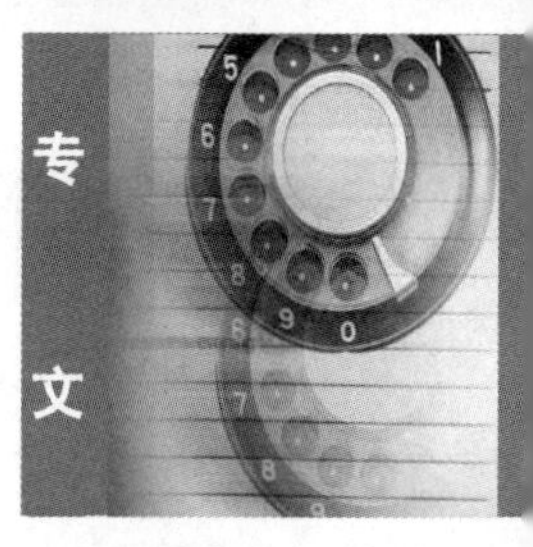

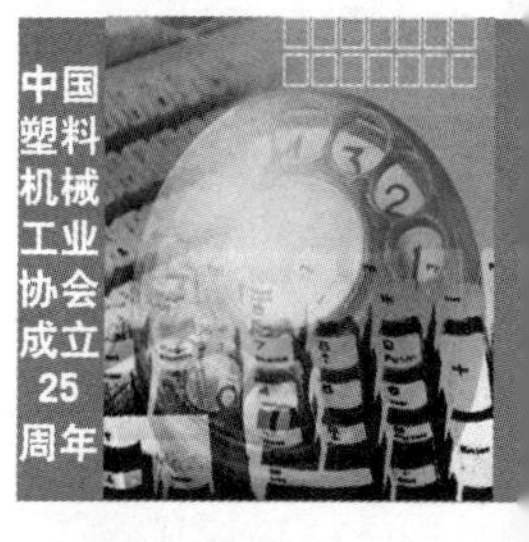

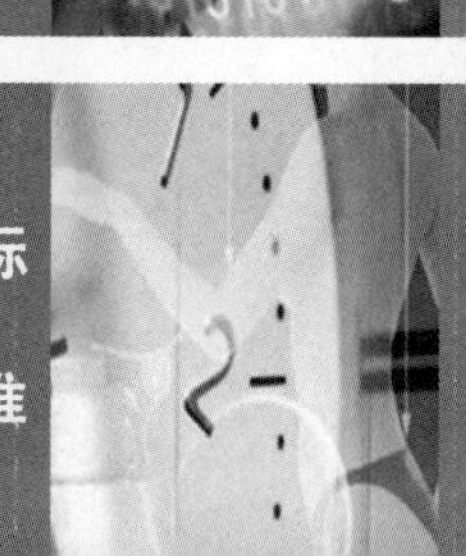

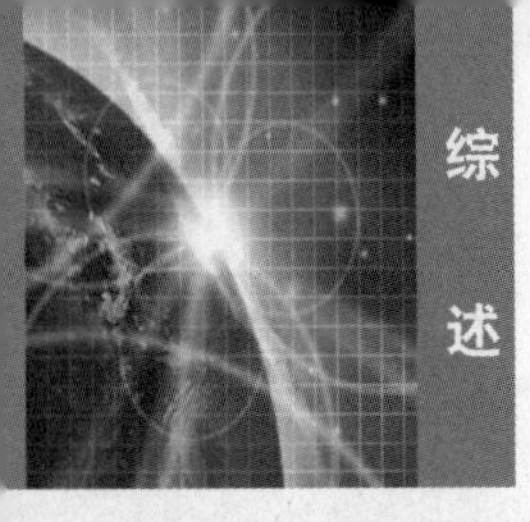

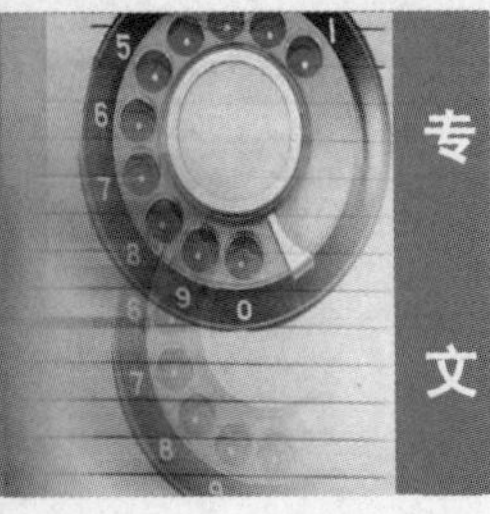

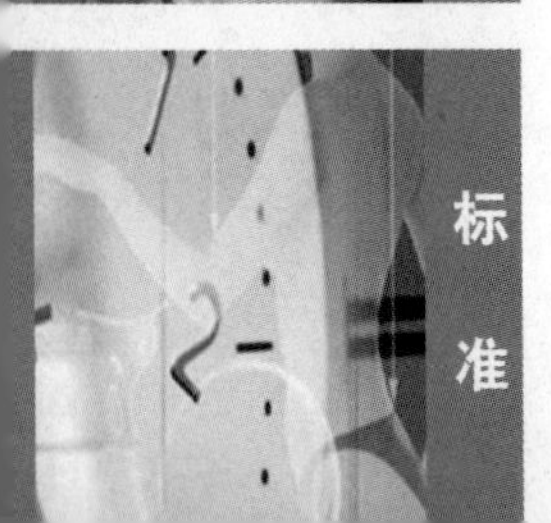

统计资料

2017年1—12月单个税号塑料机械进口价格指数（以2014年1月为基期）

2017年1—12月单个税号塑料机械出口价格指数（以2014年1月为基期）

2017年1—12月塑料机械进出口综合价格指数（以2014年1月为基期）

2017年中国塑料机械出口情况

2017年中国塑料机械进口情况

2017 年 1—12 月单个税号塑料机械进口价格指数（以 2014 年 1 月为基期）

月份	项目	注塑机	其他注射机	塑料造粒机	其他挤出机	挤出吹塑机	注射吹塑机	其他吹塑机	塑料中空成型机	塑料压延成型机	其他真空模塑机器及其他热成型机器	3D 打印机	其他模塑或成型机器
1	平均进口单价(万美元)	11	8	117	31	72	25	43	14	35	9	0.4	12
	定基价格指数	73	24	54	42	66	54	58	56	117	60	33	48
	环比价格指数	138	13	900	94	232	74	100	78	130	100	40	71
2	平均进口单价(万美元)	14	16	28	23	67	50	55	11	68	17	0.2	30
	定基价格指数	93	48	13	32	61	109	74	44	227	113	17	120
	环比价格指数	127	200	24	74	93	200	128	79	194	189	50	250
3	平均进口单价(万美元)	10	16	55	21	86	29	127	18	13	9	0.5	0.5
	定基价格指数	67	48	25	29	79	63	172	72	43	60	42	2
	环比价格指数	71	100	196	91	128	58	231	164	19	53	250	2
4	平均进口单价(万美元)	11	14	19	26	39	29	60	11	6	38	1	12
	定基价格指数	73	42	9	36	36	63	81	44	20	253	83	48
	环比价格指数	110	88	35	124	45	100	47	61	46	422	200	2 400
5	平均进口单价(万美元)	9	14	43	23	45	34	97	2	42	10	1.7	20
	定基价格指数	60	42	20	32	41	74	131	8	140	67	142	80
	环比价格指数	82	100	226	88	115	117	162	18	700	26	170	167
6	平均进口单价(万美元)	11	16	16	23	98	41	57	19	23	8	2.3	0.2
	定基价格指数	73	48	7	32	90	89	77	76	77	53	192	1
	环比价格指数	122	114	37	100	218	121	59	950	55	80	135	1
7	平均进口单价(万美元)	10	11	52	44	38	24	41	61	29	25	0.5	11
	定基价格指数	67	33	24	60	35	52	55	244	97	167	42	44
	环比价格指数	91	69	325	191	39	59	72	321	126	313	22	5 500
8	平均进口单价(万美元)	10	21	15	36	135	29	58	13	15	57	1	11
	定基价格指数	67	64	7	49	124	63	78	52	50	380	83	44
	环比价格指数	100	191	29	82	355	121	141	21	52	228	200	100
9	平均进口单价(万美元)	10	12	21	41	117	33	70	18	24	34	3	13
	定基价格指数	67	36	10	56	107	72	95	72	80	227	250	52
	环比价格指数	100	57	140	114	87	114	121	138	160	60	300	118
10	平均进口单价(万美元)	10	17	31	28	89	42	62	44	11	19	0.5	14
	定基价格指数	67	52	14	38	82	91	84	176	37	127	42	56
	环比价格指数	100	142	148	68	76	127	89	244	46	56	17	108
11	平均进口单价(万美元)	8	20	14	56	47	24	58	28	2	47	2	2
	定基价格指数	53	61	6	77	43	52	78	112	7	313	167	8
	环比价格指数	80	118	45	200	53	57	94	64	18	247	400	14
12	平均进口单价(万美元)	10	26	22	22	85	29	98	24	14	22	1	11
	定基价格指数	67	79	10	30	78	63	132	96	47	147	83	44
	环比价格指数	125	130	157	39	181	121	169	86	700	47	50	550

2017 年 1—12 月单个税号塑料机械出口价格指数（以 2014 年 1 月为基期）

月份	项目	注塑机	其他注射机	塑料造粒机	其他挤出机	挤出吹塑机	注射吹塑机	其他吹塑机	塑料中空成型机	塑料压延成型机	其他真空模塑机器及其他热成型机器	3D打印机	其他模塑或成型机器
1	平均出口单价（万美元）	4	4	0.4	3	0.3	3	1	3	3	1	0.02	0.1
	定基价格指数	100	200	13	100	10	100	100	60	750	100	10	100
	环比价格指数	80	20 000	20	100	5	75	50	100	75	100	100	56
2	平均出口单价（万美元）	5	2	2	1	3	3	2	3	3	2	0.02	0.47
	定基价格指数	125	100	67	33	100	100	200	60	750	200	10	470
	环比价格指数	125	50	500	33	1 000	100	200	100	100	200	100	470
3	平均出口单价（万美元）	4	4	2	3	4	3	1	3	3	1	0.02	0.05
	定基价格指数	100	200	67	100	133	100	100	60	750	100	10	50
	环比价格指数	80	200	100	300	133	100	50	100	100	50	100	11
4	平均出口单价（万美元）	5	3	2	2.5	5	2	1	5	8	1	0.02	0.23
	定基价格指数	125	150	67	83	167	67	100	100	2 000	100	10	230
	环比价格指数	125	75	100	83	125	67	100	167	267	100	100	460
5	平均出口单价（万美元）	4	4	2	3	3	3	2	3	1	0.8	0.02	0.15
	定基价格指数	100	200	67	100	100	100	200	60	250	80	10	150
	环比价格指数	80	133	100	120	60	150	200	60	13	80	100	65
6	平均出口单价（万美元）	3	5	1	4	1	3	1.5	3	1.1	2	0.02	0.1
	定基价格指数	75	250	33	133	33	100	150	60	275	200	10	100
	环比价格指数	75	125	50	133	33	100	75	100	110	250	100	67
7	平均出口单价（万美元）	4	4	2	4.5	5	4	2	4	1	2	0.03	0.3
	定基价格指数	100	200	67	150	167	133	200	80	250	200	15	300
	环比价格指数	133	80	200	113	500	133	133	133	91	100	150	300
8	平均出口单价（万美元）	4	4	2	3	4	2	1	4	3	1	0.02	0.1
	定基价格指数	100	200	67	100	133	67	100	80	750	100	10	100
	环比价格指数	100	100	100	67	80	50	50	100	300	50	67	33
9	平均出口单价（万美元）	4	2	2	3	4	4	3	8	3	2	0.02	0.04
	定基价格指数	100	100	67	100	133	133	300	160	750	200	10	40
	环比价格指数	100	50	100	100	100	200	300	200	100	200	100	40
10	平均出口单价（万美元）	4	3	0.11	3	0.03	3	0.44	2	3	1	0.01	0.13
	定基价格指数	100	150	4	100	1	100	44	40	750	100	5	130
	环比价格指数	100	150	6	100	1	75	15	25	100	50	50	325
11	平均出口单价（万美元）	3	3	1	3	2	4	2	4	2	1	0.01	0.14
	定基价格指数	75	150	33	100	67	133	200	80	500	100	5	140
	环比价格指数	75	100	909	100	6 667	133	455	200	67	100	100	108
12	平均出口单价（万美元）	1	3.98	2	4	2	3	1	4	1	1	0.02	0.34
	定基价格指数	25	199	67	133	67	100	100	80	250	100	10	340
	环比价格指数	33	133	200	133	100	75	50	100	50	100	200	243

2017年1—12月塑料机械进出口综合价格指数（以2014年1月为基期）

月份	进口		出口	
	Paasche 价格指数	Laspeyres 价格指数	Paasche 价格指数	Laspeyres 价格指数
1	56	57	49	96
2	49	65	75	140
3	18	49	72	108
4	57	60	66	132
5	55	52	72	101
6	20	48	62	95
7	57	61	88	126
8	62	73	70	108
9	70	68	72	116
10	51	56	14	100
11	53	67	49	91
12	55	55	36	84

2017年中国塑料机械出口情况

出口目的地	出口量（台）	出口额（万美元）
合计	**867 323**	**223 342.50**
注塑机（84771010）	**34 871**	**116 638.42**
阿富汗	28	74.78
巴林	7	28.34
孟加拉国	829	3 921.91
缅甸	102	321.85
柬埔寨	91	192.51
塞浦路斯	9	39.71
朝鲜	40	108.20
中国香港	1 879	1 320.01
印度	911	2 334.26
印度尼西亚	1 276	4 151.22
伊朗	1 251	4 056.59
伊拉克	58	206.60
以色列	105	557.70

（续）

出口目的地	出口量（台）	出口额（万美元）
日本	641	1 922.00
约旦	72	240.16
科威特	13	53.05
老挝	8	22.20
黎巴嫩	52	180.16
马来西亚	945	4 069.17
马尔代夫	3	7.03
蒙古	4	56.43
尼泊尔联邦民主共和国	22	104.69
阿曼	13	69.20
巴基斯坦	1 104	2 067.62
巴勒斯坦	3	6.49
菲律宾	865	2 457.92
沙特阿拉伯	130	555.53
新加坡	218	695.84
韩国	1 009	3 773.93
斯里兰卡	143	305.09
叙利亚	64	130.36
泰国	758	3 386.71
土耳其	1 691	7 944.67
阿联酋	144	688.31
也门共和国	39	160.02
越南	3 023	8 176.69
中国台湾	465	2 266.34
哈萨克斯坦	69	143.40
吉尔吉斯斯坦	3	8.63
塔吉克斯坦	19	66.63
土库曼斯坦	36	117.84
乌兹别克斯坦	6 790	1 188.69
阿尔及利亚	642	2 128.84
安哥拉	10	28.58
博茨瓦纳	1	14.40
布隆迪	1	8.30
喀麦隆	17	97.86
乍得	1	4.38
刚果	3	65.31
吉布提	42	202.85
埃及	610	1 638.42
埃塞俄比亚	130	570.83
加纳	36	70.04
几内亚	3	17.09
科特迪瓦	60	200.69
肯尼亚	98	263.04
利比亚	10	17.55
马达加斯加	14	25.77

（续）

出口目的地	出口量（台）	出口额（万美元）
马拉维	23	22.31
马里	4	14.51
毛里塔尼亚	2	5.42
毛里求斯	2	4.55
摩洛哥	88	367.37
莫桑比克	29	75.54
纳米比亚	2	3.77
尼日利亚	213	625.86
卢旺达	3	13.69
塞内加尔	17	50.98
塞拉利昂	2	8.70
索马里	1	11.61
南非	273	1 482.09
苏丹	94	302.54
坦桑尼亚	76	208.91
多哥	6	20.09
突尼斯	56	169.54
乌干达	15	38.98
刚果（金）	4	1.18
赞比亚	5	31.15
津巴布韦	6	20.37
比利时	8	36.62
英国	103	677.73
德国	381	1 630.89
法国	79	716.49
爱尔兰	2	11.71
意大利	228	1 655.94
卢森堡	52	1 651.32
荷兰	76	337.34
希腊	10	29.77
葡萄牙	123	735.86
西班牙	179	1 012.76
阿尔巴尼亚	5	25.73
奥地利	2	4.65
保加利亚	17	63.98
芬兰	15	58.17
匈牙利	50	243.26
马耳他	2	0.63
挪威	2	16.61
波兰	317	1 444.25
罗马尼亚	42	247.20
瑞典	31	116.85
瑞士	4	43.82
爱沙尼亚	16	36.04
拉脱维亚	18	59.19

（续）

出口目的地	出口量 （台）	出口额 （万美元）
立陶宛	24	80.93
格鲁吉亚	9	22.23
亚美尼亚	4	12.04
阿塞拜疆	25	127.86
白俄罗斯	26	139.64
摩尔多瓦	2	8.39
俄罗斯联邦	997	2 988.78
乌克兰	161	385.35
斯洛文尼亚	24	52.99
克罗地亚	7	16.63
捷克	145	1 190.86
斯洛伐克	5	121.02
前南马其顿	1	27.74
波黑	2	0.76
塞尔维亚	48	224.46
黑山	1	2.05
阿根廷	282	999.45
多民族玻利维亚国	15	47.68
巴西	818	3 439.94
智利	85	355.39
哥伦比亚	227	615.06
哥斯达黎加	13	46.87
古巴	14	57.01
多米尼加共和国	39	240.91
厄瓜多尔	82	336.02
危地马拉	27	108.67
海地	2	19.35
洪都拉斯	12	43.94
墨西哥	919	8 123.12
巴拿马	2	4.02
巴拉圭	9	35.81
秘鲁	156	717.01
波多黎各	1	9.84
萨尔瓦多	15	90.44
特立尼达和多巴哥	3	50.72
乌拉圭	7	22.94
委内瑞拉	7	38.47
加拿大	58	1 353.26
美国	1 070	15 794.36
澳大利亚	215	693.33
斐济	1	1.70
新西兰	16	113.62
巴布亚新几内亚	2	9.36
其他注射机（84771090）	**939**	**3 457.87**
孟加拉国	27	99.51

（续）

出口目的地	出口量 （台）	出口额 （万美元）
缅甸	4	3.65
柬埔寨	2	12.60
朝鲜	5	12.43
中国香港	18	28.53
印度	41	128.41
印度尼西亚	49	293.41
伊朗	37	115.74
日本	17	52.95
约旦	1	1.96
中国澳门	2	0.01
马来西亚	7	14.25
蒙古	3	0.97
巴基斯坦	66	99.21
菲律宾	5	12.60
沙特阿拉伯	2	0.80
新加坡	20	156.58
韩国	15	70.11
斯里兰卡	2	2.23
叙利亚	6	27.37
泰国	29	107.27
土耳其	44	104.23
越南	139	507.54
中国台湾	15	34.35
哈萨克斯坦	3	8.99
吉尔吉斯斯坦	1	0.85
塔吉克斯坦	1	2.20
土库曼斯坦	4	12.84
乌兹别克斯坦	9	42.28
阿尔及利亚	5	25.73
安哥拉	3	4.01
吉布提	12	49.48
埃及	19	33.95
埃塞俄比亚	14	64.94
几内亚	6	25.25
科特迪瓦	7	9.63
肯尼亚	7	17.73
马达加斯加	13	39.26
马拉维	2	15.00
摩洛哥	15	41.31
莫桑比克	9	27.13
尼日利亚	18	51.72
南非	4	8.80
苏丹	19	90.15
坦桑尼亚	1	5.60
赞比亚	4	26.00

（续）

出口目的地	出口量（台）	出口额（万美元）
英国	1	27.22
德国	6	7.38
意大利	7	54.61
葡萄牙	14	103.21
波兰	8	44.04
罗马尼亚	2	15.70
立陶宛	2	8.80
白俄罗斯	6	3.64
俄罗斯联邦	19	135.62
乌克兰	7	44.80
斯洛文尼亚	1	0.24
捷克	1	5.00
波黑	1	18.70
阿根廷	18	69.23
多民族玻利维亚国	2	3.91
巴西	12	54.86
智利	4	11.48
哥伦比亚	18	29.49
多米尼加共和国	4	13.00
墨西哥	21	118.57
秘鲁	21	70.10
乌拉圭	1	1.70
美国	27	96.59
澳大利亚	4	30.48
塑料造粒机（84772010）	**17 416**	**9 298.05**
阿富汗	1	1.50
巴林	6	14.64
孟加拉国	27	91.04
文莱	1	5.28
缅甸	18	35.94
柬埔寨	12	8.50
朝鲜	11	14.41
中国香港	61	81.36
印度	117	436.62
印度尼西亚	149	387.61
伊朗	71	271.49
伊拉克	195	14.23
以色列	7	23.90
日本	175	262.37
约旦	16	8.24
科威特	3	6.27
老挝	3	3.13
黎巴嫩	7	15.92
马来西亚	461	953.89
蒙古	4	2.19

（续）

出口目的地	出口量（台）	出口额（万美元）
阿曼	2	44.23
巴基斯坦	28	49.10
菲律宾	78	87.24
卡塔尔	13	3.12
沙特阿拉伯	60	146.68
新加坡	35	143.41
韩国	1 401	225.93
斯里兰卡	20	11.77
叙利亚	18	27.93
泰国	281	489.36
土耳其	29	86.33
阿联酋	62	140.54
也门共和国	14	10.30
越南	11 995	1 832.84
中国台湾	36	108.95
哈萨克斯坦	58	86.77
吉尔吉斯斯坦	5	6.68
塔吉克斯坦	7	10.04
土库曼斯坦	10	8.67
乌兹别克斯坦	85	161.06
阿尔及利亚	151	94.06
安哥拉	70	12.06
喀麦隆	2	0.63
佛得角	2	0.12
刚果	1	0.35
吉布提	15	14.95
埃及	49	108.80
埃塞俄比亚	51	64.65
加纳	26	19.31
几内亚	3	13.40
科特迪瓦	8	16.79
肯尼亚	22	29.14
利比亚	1	2.45
毛里塔尼亚	11	0.36
毛里求斯	2	1.35
摩洛哥	10	15.70
莫桑比克	11	15.43
尼日尔	1	0.72
尼日利亚	165	111.00
卢旺达	1	0.42
塞内加尔	2	2.12
南非	296	180.52
苏丹	29	37.09
坦桑尼亚	36	22.85
多哥	5	4.90

（续）

出口目的地	出口量（台）	出口额（万美元）
突尼斯	14	28.98
乌干达	5	9.84
刚果（金）	4	1.96
赞比亚	11	5.41
津巴布韦	3	3.91
非洲其他国家（地区）	2	6.00
比利时	11	0.90
英国	19	43.95
德国	13	87.77
法国	5	12.66
意大利	5	21.57
荷兰	22	23.95
希腊	3	16.33
葡萄牙	2	9.06
西班牙	10	12.11
阿尔巴尼亚	3	4.89
保加利亚	2	13.14
芬兰	4	18.11
匈牙利	1	9.16
波兰	21	81.77
罗马尼亚	29	36.18
拉脱维亚	2	2.40
立陶宛	9	2.24
格鲁吉亚	3	5.46
亚美尼亚	3	0.33
阿塞拜疆	1	1.40
俄罗斯联邦	241	469.00
乌克兰	28	123.75
斯洛文尼亚	2	5.39
克罗地亚	3	0.87
捷克	3	6.38
前南马其顿	1	3.15
塞尔维亚	30	16.28
黑山	1	0.50
阿根廷	47	108.33
伯利兹	1	3.33
多民族玻利维亚国	3	1.04
巴西	18	80.38
智利	11	17.04
哥伦比亚	6	12.51
哥斯达黎加	1	0.56
多米尼加共和国	18	23.02
厄瓜多尔	11	17.10
危地马拉	3	9.70
洪都拉斯	1	4.70

（续）

出口目的地	出口量（台）	出口额（万美元）
牙买加	1	0.76
墨西哥	103	416.48
尼加拉瓜	5	4.91
巴拿马	2	21.01
巴拉圭	4	4.93
秘鲁	29	119.59
萨尔瓦多	1	0.63
特立尼达和多巴哥	1	0.33
乌拉圭	2	12.52
委内瑞拉	10	20.53
加拿大	4	6.52
美国	54	212.13
澳大利亚	8	19.41
斐济	1	0.31
新西兰	2	5.05
巴布亚新几内亚	1	1.86
其他挤出机（84772090）	**11 009**	**33 606.94**
阿富汗	12	49.19
巴林	144	17.88
孟加拉国	285	1 067.37
缅甸	26	141.49
柬埔寨	37	91.59
朝鲜	14	22.00
中国香港	520	91.20
印度	952	3 528.55
印度尼西亚	391	1 968.41
伊朗	590	1 107.26
伊拉克	81	147.22
以色列	36	59.89
日本	59	282.45
约旦	28	58.04
科威特	7	23.93
老挝	9	15.01
黎巴嫩	32	135.63
马来西亚	273	954.82
蒙古	1	5.50
尼泊尔联邦民主共和国	12	84.08
阿曼	5	34.00
巴基斯坦	251	910.76
巴勒斯坦	5	16.88
菲律宾	181	543.98
卡塔尔	13	229.41
沙特阿拉伯	225	329.66
新加坡	55	162.67
韩国	591	1 087.27

（续）

出口目的地	出口量（台）	出口额（万美元）
斯里兰卡	42	229.03
叙利亚	50	87.51
泰国	394	1 792.18
土耳其	171	1 027.40
阿联酋	117	293.86
也门共和国	18	58.28
越南	978	3 327.78
中国台湾	190	831.50
哈萨克斯坦	60	227.12
吉尔吉斯斯坦	16	56.34
塔吉克斯坦	20	54.85
土库曼斯坦	12	64.57
乌兹别克斯坦	145	1 315.66
阿尔及利亚	136	412.78
安哥拉	2	23.90
贝宁	5	8.01
喀麦隆	4	10.72
刚果	2	24.79
吉布提	261	163.87
埃及	220	396.32
埃塞俄比亚	49	189.59
加纳	22	47.24
几内亚	7	4.97
科特迪瓦	6	8.70
肯尼亚	87	139.56
利比亚	2	1.10
马拉维	3	1.10
马里	2	3.56
毛里求斯	4	8.76
摩洛哥	31	77.04
莫桑比克	6	6.71
纳米比亚	1	3.34
尼日利亚	84	304.67
卢旺达	2	2.27
塞内加尔	2	4.99
塞拉利昂	1	3.50
索马里	3	8.28
南非	191	336.91
苏丹	16	52.92
坦桑尼亚	80	61.40
多哥	17	13.21
突尼斯	27	178.41
乌干达	8	29.43
布基纳法索	1	0.91
刚果（金）	5	11.37

（续）

出口目的地	出口量 （台）	出口额 （万美元）
赞比亚	27	45.95
津巴布韦	3	54.68
比利时	2	1.89
丹麦	5	62.00
英国	111	137.43
德国	160	283.52
法国	11	28.87
意大利	66	198.23
卢森堡	1	12.43
荷兰	12	22.65
希腊	16	78.69
葡萄牙	1	1.58
西班牙	64	343.47
奥地利	10	3.95
保加利亚	58	34.10
芬兰	6	69.33
匈牙利	3	192.23
挪威	1	3.77
波兰	50	570.32
罗马尼亚	10	95.34
瑞典	4	7.86
瑞士	3	0.92
爱沙尼亚	7	11.45
拉脱维亚	12	85.42
立陶宛	1	4.10
格鲁吉亚	7	88.72
亚美尼亚	3	12.87
阿塞拜疆	18	35.32
白俄罗斯	16	29.56
俄罗斯联邦	937	1 557.72
乌克兰	134	516.48
斯洛文尼亚	8	6.12
捷克	3	6.17
斯洛伐克	1	0.23
前南马其顿	1	2.17
波黑	5	9.61
塞尔维亚	8	15.47
黑山	4	24.50
阿根廷	40	257.52
多民族玻利维亚国	9	20.48
巴西	83	428.73
智利	26	151.59
哥伦比亚	22	127.74
哥斯达黎加	2	8.01
多米尼加共和国	6	34.56

（续）

出口目的地	出口量（台）	出口额（万美元）
厄瓜多尔	17	173.85
危地马拉	6	33.18
海地	1	7.12
洪都拉斯	7	42.89
牙买加	1	0.79
墨西哥	131	614.00
巴拿马	5	3.17
巴拉圭	4	49.90
秘鲁	27	63.35
萨尔瓦多	8	33.89
特立尼达和多巴哥	1	5.90
乌拉圭	4	16.39
委内瑞拉	6	10.90
加拿大	38	332.97
美国	309	1 276.01
澳大利亚	106	127.60
斐济	10	10.50
新西兰	15	47.32
巴布亚新几内亚	1	0.98
挤出吹塑机（84773010）	**23 057**	**8 949.18**
阿富汗	4	4.58
巴林	3	3.97
孟加拉国	84	295.04
缅甸	42	140.10
柬埔寨	46	33.26
塞浦路斯	1	3.04
朝鲜	53	53.43
中国香港	1 401	243.32
印度	40	466.84
印度尼西亚	64	464.35
伊朗	137	338.97
伊拉克	11	73.48
以色列	16	74.23
日本	1	0.48
约旦	14	71.93
科威特	4	12.84
老挝	2	1.41
黎巴嫩	10	41.14
马来西亚	2 758	348.99
蒙古	2	0.10
阿曼	10	51.67
巴基斯坦	35	201.52
巴勒斯坦	8	15.25
菲律宾	52	85.21
卡塔尔	5	14.14

（续）

出口目的地	出口量（台）	出口额（万美元）
沙特阿拉伯	38	302.22
新加坡	14	51.28
韩国	28	157.21
斯里兰卡	36	140.88
叙利亚	15	34.94
泰国	62	412.58
土耳其	23	159.69
阿联酋	31	280.10
也门共和国	19	17.72
越南	244	892.83
中国台湾	24	85.36
哈萨克斯坦	22	28.15
吉尔吉斯斯坦	6	4.06
塔吉克斯坦	10	12.26
土库曼斯坦	5	5.29
乌兹别克斯坦	33	79.61
阿尔及利亚	67	120.37
安哥拉	8	6.27
喀麦隆	1	5.20
佛得角	2	4.32
吉布提	11	20.81
埃及	115	108.95
赤道几内亚	1	1.05
埃塞俄比亚	34	75.89
加蓬	2	6.36
冈比亚	1	0.26
加纳	34	54.03
几内亚	6	11.62
科特迪瓦	21	29.02
肯尼亚	17	18.16
马达加斯加	1	16.25
马拉维	1	1.31
马里	2	4.63
毛里塔尼亚	1	2.56
毛里求斯	2	4.70
摩洛哥	23	53.61
莫桑比克	4	7.45
纳米比亚	4	0.83
尼日利亚	91	116.35
卢旺达	1	0.52
塞内加尔	3	10.80
索马里	3	2.79
南非	125	232.93
苏丹	36	95.74
坦桑尼亚	24	15.83

（续）

出口目的地	出口量（台）	出口额（万美元）
多哥	16	16.92
突尼斯	6	17.73
乌干达	2	2.20
赞比亚	16 503	18.48
英国	4	10.53
德国	7	200.80
意大利	7	17.17
希腊	8	37.57
葡萄牙	1	5.48
西班牙	2	2.69
阿尔巴尼亚	1	7.80
保加利亚	5	13.51
芬兰	1	30.00
匈牙利	2	6.92
挪威	1	65.03
波兰	7	25.34
罗马尼亚	5	45.36
爱沙尼亚	1	3.30
立陶宛	2	11.24
格鲁吉亚	1	5.17
阿塞拜疆	4	4.91
白俄罗斯	3	24.06
俄罗斯联邦	83	270.35
乌克兰	29	121.07
斯洛文尼亚	1	3.20
塞尔维亚	2	4.38
黑山	1	0.54
阿根廷	17	84.92
多民族玻利维亚国	3	3.07
巴西	19	68.57
智利	22	32.88
哥伦比亚	12	30.74
哥斯达黎加	1	1.44
多米尼加共和国	3	2.76
厄瓜多尔	13	121.33
危地马拉	4	10.55
圭亚那	2	5.70
海地	5	5.94
洪都拉斯	2	2.22
墨西哥	67	215.56
尼加拉瓜	3	3.91
巴拿马	2	3.11
巴拉圭	8	16.45
秘鲁	52	131.54
萨尔瓦多	3	1.22

（续）

出口目的地	出口量（台）	出口额（万美元）
特立尼达和多巴哥	1	1.82
乌拉圭	2	5.21
委内瑞拉	1	14.85
荷属安地列斯群岛	1	0.70
加拿大	8	92.48
美国	22	237.43
澳大利亚	22	116.54
巴布亚新几内亚	3	34.46
注射吹塑机（84773020）	**393**	**1 244.21**
孟加拉国	6	26.36
缅甸	4	17.65
塞浦路斯	2	1.96
朝鲜	2	0.74
印度	63	294.70
印度尼西亚	20	81.35
伊朗	9	27.46
伊拉克	2	0.96
以色列	7	29.67
约旦	3	10.39
黎巴嫩	2	0.58
马来西亚	4	7.13
蒙古	1	1.74
巴基斯坦	22	84.16
菲律宾	21	5.32
沙特阿拉伯	1	0.27
新加坡	2	5.07
韩国	9	40.39
叙利亚	1	8.06
泰国	23	46.75
土耳其	6	38.05
阿联酋	1	1.55
也门共和国	2	1.15
越南	36	53.13
中国台湾	3	19.11
哈萨克斯坦	2	0.16
乌兹别克斯坦	1	6.46
阿尔及利亚	4	19.49
安哥拉	4	28.98
贝宁	1	4.79
刚果	1	0.86
埃及	4	14.59
埃塞俄比亚	12	81.34
科特迪瓦	6	9.58
肯尼亚	13	2.83
摩洛哥	1	3.93

（续）

出口目的地	出口量（台）	出口额（万美元）
尼日利亚	2	1.33
塞内加尔	1	0.07
索马里	2	2.21
南非	8	37.19
苏丹	3	4.89
突尼斯	1	1.55
布基纳法索	2	2.48
刚果（金）	1	1.35
津巴布韦	2	6.45
英国	7	12.10
德国	6	47.42
希腊	1	5.27
葡萄牙	1	2.43
西班牙	1	6.07
波兰	2	8.45
亚美尼亚	1	4.35
白俄罗斯	1	4.17
俄罗斯联邦	2	5.45
乌克兰	1	4.43
阿根廷	7	10.16
多民族玻利维亚国	1	0.90
巴西	11	41.28
智利	5	4.45
哥伦比亚	2	11.96
危地马拉	1	5.63
墨西哥	8	21.30
巴拿马	1	2.18
秘鲁	1	0.46
萨尔瓦多	1	1.60
特立尼达和多巴哥	2	1.30
委内瑞拉	4	6.08
美国	1	1.15
斐济	1	0.20
法属波利尼西亚	1	1.21
其他吹塑机（84773090）	**7 431**	**10 583.59**
阿富汗	6	2.27
巴林	2	6.22
孟加拉国	226	833.60
文莱	2	2.28
缅甸	127	219.64
柬埔寨	28	32.40
塞浦路斯	2	0.75
朝鲜	66	47.43
中国香港	1 266	20.28
印度	85	654.43

（续）

出口目的地	出口量（台）	出口额（万美元）
印度尼西亚	169	526.19
伊朗	348	372.94
伊拉克	204	106.95
以色列	39	35.61
日本	5	36.23
约旦	56	53.19
科威特	6	9.10
老挝	2	4.50
黎巴嫩	29	50.15
马来西亚	111	364.98
马尔代夫	1	2.40
蒙古	14	6.24
尼泊尔联邦民主共和国	23	14.46
阿曼	21	111.20
巴基斯坦	257	158.51
菲律宾	91	101.06
卡塔尔	7	32.69
沙特阿拉伯	115	264.68
新加坡	17	37.13
韩国	27	139.71
斯里兰卡	36	34.60
叙利亚	75	61.13
泰国	207	516.24
土耳其	33	85.93
阿联酋	42	129.76
也门共和国	191	97.09
越南	562	839.10
中国台湾	35	99.77
哈萨克斯坦	32	23.45
吉尔吉斯斯坦	7	9.49
塔吉克斯坦	3	4.38
土库曼斯坦	14	7.64
乌兹别克斯坦	538	134.62
阿尔及利亚	94	203.49
安哥拉	10	19.89
贝宁	1	1.43
博茨瓦纳	9	5.70
布隆迪	1	3.44
喀麦隆	9	20.17
刚果	2	0.66
吉布提	47	59.53
埃及	146	129.15
赤道几内亚	4	4.34
埃塞俄比亚	62	421.29
加蓬	20	1.69

（续）

出口目的地	出口量（台）	出口额（万美元）
冈比亚	2	1.60
加纳	60	53.43
几内亚	10	20.68
科特迪瓦	41	50.54
肯尼亚	178	80.81
利比里亚	1	0.52
利比亚	7	15.88
马达加斯加	5	2.59
马拉维	7	4.78
马里	2	0.93
毛里塔尼亚	5	14.88
毛里求斯	2	1.14
摩洛哥	36	41.33
莫桑比克	11	15.34
纳米比亚	2	3.06
尼日尔	2	0.84
尼日利亚	271	272.00
卢旺达	1	4.97
圣多美和普林西比	1	0.70
塞内加尔	31	16.12
塞拉利昂	5	5.66
索马里	18	22.48
南非	98	192.04
苏丹	40	56.32
坦桑尼亚	60	136.42
多哥	17	24.47
突尼斯	11	51.74
乌干达	8	10.25
布基纳法索	1	3.00
刚果（金）	12	17.63
赞比亚	24	25.59
津巴布韦	9	7.90
丹麦	2	4.66
英国	8	9.72
德国	3	28.24
意大利	12	61.44
荷兰	5	1.41
希腊	2	9.20
葡萄牙	5	18.57
西班牙	22	26.23
阿尔巴尼亚	2	1.28
保加利亚	6	7.15
匈牙利	1	0.50
马耳他	1	3.06
波兰	5	15.93

（续）

出口目的地	出口量（台）	出口额（万美元）
罗马尼亚	11	15.98
瑞典	4	5.98
瑞士	5	0.02
爱沙尼亚	1	0.44
拉脱维亚	5	13.51
立陶宛	19	21.32
亚美尼亚	10	10.24
阿塞拜疆	3	1.80
白俄罗斯	3	2.24
摩尔多瓦	1	2.36
俄罗斯联邦	142	369.13
乌克兰	23	25.19
斯洛文尼亚	1	2.26
克罗地亚	3	2.54
捷克	4	0.66
斯洛伐克	2	2.10
前南马其顿	6	20.41
波黑	2	3.85
塞尔维亚	6	8.29
黑山	1	1.00
阿根廷	22	37.48
阿鲁巴	1	2.40
巴哈马	1	20.61
伯利兹	4	12.71
多民族玻利维亚国	16	33.51
巴西	10	14.22
智利	49	42.37
哥伦比亚	46	66.72
哥斯达黎加	5	11.39
多米尼加共和国	22	48.34
厄瓜多尔	22	50.08
格林纳达	2	1.54
危地马拉	10	24.54
圭亚那	1	0.88
海地	7	13.09
洪都拉斯	5	6.33
牙买加	3	15.83
墨西哥	85	166.80
尼加拉瓜	6	10.79
巴拿马	8	9.31
巴拉圭	5	7.56
秘鲁	99	124.83
波多黎各	1	7.86
萨尔瓦多	7	11.88
苏里南	2	3.15

（续）

出口目的地	出口量 （台）	出口额 （万美元）
乌拉圭	5	3.63
委内瑞拉	11	28.29
圣其茨和尼维斯	1	1.96
加拿大	18	66.13
美国	95	664.99
澳大利亚	11	20.92
斐济	3	24.78
新西兰	2	1.25
巴布亚新几内亚	4	5.58
所罗门群岛	1	2.89
汤加	1	0.52
萨摩亚	2	1.31
法属波利尼西亚	2	3.53
塑料中空成型机（84774010）	**1 530**	**5 403.38**
阿富汗	1	1.50
巴林	1	0.63
孟加拉国	32	115.41
不丹	1	0.46
缅甸	33	199.04
柬埔寨	2	3.25
朝鲜	4	15.30
中国香港	4	11.04
印度	85	390.85
印度尼西亚	58	182.15
伊朗	34	112.18
伊拉克	7	36.26
以色列	4	9.56
日本	4	15.26
约旦	6	35.78
科威特	3	5.56
黎巴嫩	6	38.17
马来西亚	28	185.77
蒙古	2	1.92
阿曼	6	11.39
巴基斯坦	46	165.30
菲律宾	34	83.13
卡塔尔	6	23.52
沙特阿拉伯	37	210.65
新加坡	20	77.56
韩国	6	35.05
斯里兰卡	7	13.82
叙利亚	2	3.30
泰国	50	206.48
土耳其	16	79.21
阿联酋	22	108.68

（续）

出口目的地	出口量 （台）	出口额 （万美元）
也门共和国	12	17.21
越南	118	373.07
中国台湾	28	74.22
哈萨克斯坦	76	29.77
吉尔吉斯斯坦	1	2.50
塔吉克斯坦	3	9.51
土库曼斯坦	6	4.49
乌兹别克斯坦	20	77.31
阿尔及利亚	35	159.49
贝宁	5	22.94
布隆迪	1	4.00
喀麦隆	11	45.20
乍得	1	4.32
科摩罗	1	2.62
刚果	2	2.06
吉布提	3	4.10
埃及	50	185.35
赤道几内亚	6	2.80
埃塞俄比亚	9	38.18
冈比亚	1	0.45
加纳	3	7.91
几内亚	2	2.59
科特迪瓦	10	44.16
肯尼亚	5	6.03
马拉维	1	2.00
毛里求斯	5	8.03
摩洛哥	6	12.05
莫桑比克	3	2.25
尼日利亚	41	160.59
塞拉利昂	1	7.35
索马里	6	5.71
南非	19	121.30
苏丹	5	33.18
坦桑尼亚	24	40.89
多哥	7	24.80
突尼斯	10	21.29
乌干达	2	6.81
刚果（金）	3	17.35
赞比亚	1	7.02
津巴布韦	1	5.65
丹麦	1	11.26
英国	21	101.38
德国	5	31.00
法国	2	1.02
意大利	1	60.06

（续）

出口目的地	出口量 （台）	出口额 （万美元）
荷兰	1	1.13
葡萄牙	2	8.60
西班牙	6	20.57
阿尔巴尼亚	2	10.22
保加利亚	2	8.64
波兰	5	41.18
罗马尼亚	3	4.24
瑞典	1	1.77
爱沙尼亚	1	7.50
拉脱维亚	1	2.68
立陶宛	1	0.68
格鲁吉亚	8	15.54
亚美尼亚	2	1.82
白俄罗斯	1	5.90
俄罗斯联邦	28	110.67
乌克兰	5	21.75
斯洛文尼亚	1	1.01
克罗地亚	1	6.10
捷克	1	263.20
阿根廷	10	68.75
多民族玻利维亚国	2	11.00
巴西	14	46.21
智利	9	71.56
哥伦比亚	5	8.60
哥斯达黎加	3	4.40
古巴	4	40.10
多米尼加共和国	4	29.40
厄瓜多尔	35	5.07
圭亚那	1	0.49
海地	2	4.22
洪都拉斯	1	2.95
墨西哥	27	115.21
巴拿马	3	8.69
巴拉圭	1	5.60
秘鲁	32	66.00
苏里南	3	8.00
特立尼达和多巴哥	1	4.80
委内瑞拉	10	39.14
加拿大	2	23.84
美国	122	101.81
澳大利亚	23	14.34
新喀里多尼亚	1	1.14
巴布亚新几内亚	2	9.42
塑料压延成型机（84774020）	**1 280**	**2 948.11**
阿富汗	1	2.46

（续）

出口目的地	出口量（台）	出口额（万美元）
巴林	2	0.06
孟加拉国	36	56.52
缅甸	2	6.85
柬埔寨	4	24.50
朝鲜	7	2.52
中国香港	35	7.16
印度	171	611.25
印度尼西亚	56	186.31
伊朗	12	55.36
伊拉克	17	20.66
约旦	1	10.80
科威特	1	54.16
黎巴嫩	1	0.03
马来西亚	7	83.32
尼泊尔联邦民主共和国	67	6.44
巴基斯坦	12	70.86
菲律宾	24	119.11
沙特阿拉伯	142	125.44
新加坡	3	7.48
韩国	9	100.68
斯里兰卡	11	4.29
泰国	27	118.69
土耳其	31	77.12
阿联酋	3	4.64
也门共和国	2	0.16
越南	263	487.24
中国台湾	8	50.93
哈萨克斯坦	6	0.64
吉尔吉斯斯坦	2	5.85
土库曼斯坦	1	3.40
乌兹别克斯坦	10	28.30
阿尔及利亚	36	34.18
吉布提	1	22.75
埃及	9	106.59
埃塞俄比亚	1	0.02
加纳	1	1.40
科特迪瓦	6	6.91
利比亚	1	3.90
摩洛哥	1	0.86
南非	2	1.90
苏丹	25	4.85
突尼斯	5	0.07
津巴布韦	1	13.74
比利时	1	0.30
德国	1	0.05

（续）

出口目的地	出口量（台）	出口额（万美元）
阿尔巴尼亚	1	17.00
匈牙利	1	2.75
马耳他	1	0.05
波兰	12	10.13
罗马尼亚	2	0.63
爱沙尼亚	1	1.16
立陶宛	10	0.19
格鲁吉亚	7	0.14
阿塞拜疆	2	0.63
白俄罗斯	1	0.004
俄罗斯联邦	29	129.75
乌克兰	31	104.49
阿根廷	1	0.60
多民族玻利维亚国	8	0.56
巴西	2	7.22
智利	3	18.37
厄瓜多尔	2	32.99
危地马拉	15	0.28
墨西哥	15	43.53
秘鲁	1	6.40
加拿大	41	13.63
美国	25	9.81
澳大利亚	2	12.16
斐济	1	3.50
新西兰	1	1.38
其他真空模塑机及其他热成型机器（84774090）	**6 911**	**7 990.30**
阿富汗	1	2.30
巴林	2	1.45
孟加拉国	122	279.60
文莱	4	3.85
缅甸	14	15.91
柬埔寨	75	9.93
塞浦路斯	1	2.69
朝鲜	17	7.99
中国香港	137	24.04
印度	515	585.81
印度尼西亚	142	346.57
伊朗	147	181.97
伊拉克	19	31.94
以色列	21	11.42
日本	68	249.58
约旦	10	36.38
科威特	6	77.50
老挝	4	3.70
黎巴嫩	9	9.30

（续）

出口目的地	出口量（台）	出口额（万美元）
中国澳门	1	0.40
马来西亚	81	318.90
蒙古	13	1.45
尼泊尔联邦民主共和国	1	0.07
阿曼	6	2.55
巴基斯坦	49	164.01
菲律宾	67	159.04
卡塔尔	8	10.07
沙特阿拉伯	27	88.14
新加坡	67	149.80
韩国	283	293.71
斯里兰卡	14	71.56
叙利亚	9	13.73
泰国	135	472.01
土耳其	66	74.62
阿联酋	49	50.31
也门共和国	1	0.56
越南	550	1 139.99
中国台湾	648	306.75
哈萨克斯坦	19	55.32
吉尔吉斯斯坦	5	6.20
塔吉克斯坦	8	7.85
土库曼斯坦	13	21.57
乌兹别克斯坦	37	179.03
阿尔及利亚	52	224.54
安哥拉	2	0.86
喀麦隆	1	0.80
佛得角	1	0.57
吉布提	8	10.42
埃及	55	209.15
赤道几内亚	1	0.29
埃塞俄比亚	15	16.31
冈比亚	1	0.89
加纳	6	8.49
科特迪瓦	3	3.28
肯尼亚	7	13.17
马拉维	1	0.01
毛里求斯	2	1.98
摩洛哥	38	7.98
莫桑比克	12	1.92
纳米比亚	1	0.11
尼日利亚	21	32.89
塞内加尔	1	0.93
南非	34	40.68
苏丹	95	12.68

（续）

出口目的地	出口量 （台）	出口额 （万美元）
坦桑尼亚	23	3.70
多哥	5	2.83
突尼斯	6	1.59
乌干达	5	10.44
赞比亚	1	0.61
津巴布韦	2	0.50
比利时	95	25.88
丹麦	2	0.08
英国	59	9.69
德国	164	73.40
法国	3	0.59
意大利	21	11.23
荷兰	52	4.33
希腊	1	0.16
葡萄牙	3	1.63
西班牙	55	10.11
保加利亚	5	15.92
匈牙利	2	5.10
挪威	2	0.09
波兰	18	35.88
罗马尼亚	18	7.43
瑞典	7	0.39
瑞士	1	0.39
拉脱维亚	2	0.30
立陶宛	2	1.29
格鲁吉亚	2	1.58
亚美尼亚	4	4.22
阿塞拜疆	1	3.20
摩尔多瓦	1	0.64
俄罗斯联邦	167	229.71
乌克兰	21	110.60
斯洛文尼亚	2	1.17
克罗地亚	1	20.05
捷克	13	2.04
前南马其顿	2	6.67
塞尔维亚	4	10.22
阿根廷	12	51.82
伯利兹	1	0.54
多民族玻利维亚国	3	14.88
巴西	174	155.16
智利	16	97.48
哥伦比亚	7	35.47
哥斯达黎加	2	1.26
多米尼加共和国	2	2.55
厄瓜多尔	2	5.73

（续）

出口目的地	出口量 （台）	出口额 （万美元）
危地马拉	6	13.59
洪都拉斯	6	15.35
墨西哥	673	497.88
尼加拉瓜	4	4.27
巴拿马	7	15.86
巴拉圭	4	1.70
秘鲁	10	6.89
萨尔瓦多	4	6.05
特立尼达和多巴哥	1	2.10
乌拉圭	2	3.49
加拿大	19	28.50
美国	1 309	320.23
澳大利亚	44	35.01
新西兰	3	3.33
3D 打印机（84775910）	**657 602**	**12 484.38**
巴林	1	0.13
文莱	1	0.08
缅甸	3	2.88
柬埔寨	1	0.01
塞浦路斯	3	0.30
朝鲜	2	0.22
中国香港	25 827	389.59
印度	1 196	149.49
印度尼西亚	709	92.02
伊朗	810	8.58
以色列	733	133.68
日本	6 392	252.93
约旦	2	0.16
科威特	21	1.09
老挝	1	0.35
黎巴嫩	552	4.13
中国澳门	5	0.19
马来西亚	2 624	49.27
马尔代夫	1	0.08
蒙古	6	0.80
尼泊尔联邦民主共和国	9	0.85
阿曼	2	0.09
巴基斯坦	14	1.86
菲律宾	24	1.68
卡塔尔	15	1.34
沙特阿拉伯	138	5.42
新加坡	1 133	62.08
韩国	7 468	364.84
斯里兰卡	241	3.94
叙利亚	2	0.78

（续）

出口目的地	出口量（台）	出口额（万美元）
泰国	2 695	86.26
土耳其	718	35.29
阿联酋	2 014	62.13
越南	224	176.39
中国台湾	1 687	165.37
哈萨克斯坦	33 417	110.28
乌兹别克斯坦	2	0.13
阿尔及利亚	16	0.26
喀麦隆	1	0.07
埃及	33	3.65
科特迪瓦	2	0.43
肯尼亚	5	0.68
马达加斯加	1	0.03
毛里求斯	4	0.16
摩洛哥	153	2.59
纳米比亚	1	0.01
尼日利亚	8	0.56
塞内加尔	951	0.24
南非	1 217	25.23
苏丹	2	0.82
坦桑尼亚	3	0.42
突尼斯	26	4.41
布基纳法索	2	0.05
比利时	5 034	69.03
丹麦	212	6.59
英国	62 674	763.11
德国	46 257	897.32
法国	3 576	236.12
爱尔兰	7	9.05
意大利	529	63.31
卢森堡	3	0.54
荷兰	37 971	577.22
希腊	186	4.96
葡萄牙	5	0.29
西班牙	2 438	55.95
奥地利	9	1.46
保加利亚	682	12.39
芬兰	11 614	22.37
匈牙利	8 488	105.36
冰岛	7	0.40
列支敦士登	2	0.51
挪威	75	2.28
波兰	20 613	374.19
罗马尼亚	84	1.67

（续）

出口目的地	出口量（台）	出口额（万美元）
瑞典	11 342	331.32
瑞士	234	12.99
爱沙尼亚	3	0.12
拉脱维亚	1	0.53
立陶宛	6 131	7.56
亚美尼亚	1	0.04
阿塞拜疆	1	0.08
白俄罗斯	2 433	19.95
俄罗斯联邦	52 886	372.31
乌克兰	422	5.34
斯洛文尼亚	616	24.41
克罗地亚	5	0.78
捷克	1 066	16.44
斯洛伐克	39	1.24
波黑	2	0.13
塞尔维亚	370	5.83
阿根廷	2 190	72.97
多民族玻利维亚国	9	0.78
巴西	463	32.54
智利	883	14.18
哥伦比亚	842	5.03
多米尼加共和国	55	1.16
厄瓜多尔	463	4.31
洪都拉斯	21	0.99
墨西哥	6 455	80.16
巴拿马	1	0.02
巴拉圭	15	1.62
秘鲁	204	8.69
乌拉圭	280	2.65
委内瑞拉	1	0.24
加拿大	6 542	145.54
美国	254 610	5 486.03
澳大利亚	16 516	387.85
斐济	1	0.11
新西兰	915	32.03
其他模塑或成型机器（84775990）	**104 884**	**10 738.07**
巴林	1	7.80
孟加拉国	85	109.47
缅甸	5	22.15
柬埔寨	5	21.90
塞浦路斯	2	1.49
朝鲜	2 522	12.83
中国香港	44 787	89.29
印度	404	1 946.97

（续）

出口目的地	出口量（台）	出口额（万美元）
印度尼西亚	80	268.11
伊朗	936	59.45
伊拉克	223	2.23
以色列	127	1.04
日本	725	37.20
约旦	100	0.89
科威特	122	1.62
老挝	3	1.09
黎巴嫩	1	1.59
马来西亚	648	140.79
蒙古	2	0.45
阿曼	1	19.22
巴基斯坦	60	71.36
菲律宾	24	67.74
沙特阿拉伯	14	26.69
新加坡	8	7.83
韩国	1 909	175.87
斯里兰卡	126	3.00
泰国	361	1 331.47
土耳其	43	114.44
阿联酋	107	31.63
也门共和国	103	0.35
越南	483	2 705.96
中国台湾	377	348.36
哈萨克斯坦	3	5.74
吉尔吉斯斯坦	367	2.77
塔吉克斯坦	1	3.14
乌兹别克斯坦	21	349.65
阿尔及利亚	27	16.96
喀麦隆	3	0.10
吉布提	41	2.56
埃及	47	10.12
埃塞俄比亚	3	12.72
加纳	9	0.36
科特迪瓦	25	0.25
肯尼亚	88	15.36
利比亚	2	32.00
摩洛哥	16	1.44
尼日利亚	3 435	34.38
塞内加尔	7	1.58
南非	72	43.70
苏丹	20	0.49
坦桑尼亚	201	5.22
赞比亚	1	2.75

（续）

出口目的地	出口量（台）	出口额（万美元）
丹麦	5	0.11
英国	1 622	8.84
德国	65	354.02
意大利	103	140.34
荷兰	130	435.57
希腊	90	0.56
西班牙	1 323	2.03
保加利亚	7	2.96
匈牙利	37	0.08
波兰	134	0.55
罗马尼亚	2	15.24
瑞士	1	7.69
拉脱维亚	1	2.59
立陶宛	6	0.01
格鲁吉亚	2	0.08
白俄罗斯	4	858.93
俄罗斯联邦	39	33.38
乌克兰	1 208	15.03
斯洛文尼亚	400	0.32
克罗地亚	5	0.03
斯洛伐克	1	0.37
塞尔维亚	1	0.20
阿根廷	265	17.98
巴西	22	199.32
智利	982	31.94
哥伦比亚	38	17.13
哥斯达黎加	1	0.06
多米尼加共和国	1	0.06
厄瓜多尔	42	3.36
牙买加	1	0.18
墨西哥	488	118.02
尼加拉瓜	3	45.70
巴拿马	4	22.56
秘鲁	41	2.19
萨尔瓦多	1	1.30
乌拉圭	6	0.06
委内瑞拉	2	0.75
加拿大	65	13.19
美国	38 937	193.08
澳大利亚	7	20.30
新西兰	1	0.36
巴布亚新几内亚	8	0.04

2017 年中国塑料机械进口情况

进口来源地	进口量（台）	进口额（万美元）
合计	**21 176**	**174 937.10**
注塑机（84771010）	**7 239**	**73 850.56**
印度	1	4.10
日本	4 836	44 371.65
新加坡	1	4.08
韩国	409	4 867.64
泰国	215	1 227.64
越南	2	7.34
中国	228	1 214.21
中国台湾	819	6 561.16
英国	2	70.46
德国	559	10 610.60
意大利	30	707.39
荷兰	2	7.55
西班牙	19	59.82
奥地利	81	2 097.98
波兰	2	9.50
瑞士	4	294.57
斯洛文尼亚	1	2.32
加拿大	15	1 601.01
美国	13	131.54
其他注射机（84771090）	**452**	**6 932.71**
印度	13	95.02
日本	78	1 740.51
新加坡	1	16.61
韩国	9	155.48
中国	5	11.34
中国台湾	122	886.78
英国	7	199.13
德国	62	1 529.11
法国	56	797.09
意大利	44	884.66
荷兰	1	6.60
奥地利	28	473.86
捷克	1	0.54
加拿大	22	116.25
美国	3	19.74
塑料造粒机（84772010）	**272**	**9 133.32**
柬埔寨	1	0.22

（续）

进口来源地	进口量（台）	进口额（万美元）
中国香港	4	27.75
印度	1	6.80
日本	87	2 421.15
新加坡	2	11.05
韩国	15	123.66
阿联酋	1	0.12
中国	4	16.82
中国台湾	40	384.75
阿尔及利亚	4	4.12
英国	3	109.72
德国	69	4 327.85
法国	2	42.55
意大利	4	24.28
奥地利	18	833.85
瑞士	8	734.58
美国	9	64.05
其他挤出机（84772090）	**873**	**26 864.66**
印度	10	96.87
日本	92	6 330.36
马来西亚	2	1.14
新加坡	1	21.06
韩国	45	1 389.10
泰国	12	64.87
土耳其	6	55.72
中国	6	12.37
中国台湾	275	2 436.21
阿尔及利亚	4	4.80
英国	6	52.80
德国	174	10 046.60
法国	3	389.80
意大利	69	1 247.75
荷兰	7	62.76
奥地利	11	455.29
芬兰	16	1 070.46
瑞典	51	5.53
瑞士	10	558.35
捷克	4	6.63
墨西哥	1	15.55
美国	68	2 540.64
挤出吹塑机（84773010）	**109**	**8 052.46**
柬埔寨	5	5.27
印度	1	32.30
日本	3	111.17
马来西亚	2	0.90
韩国	4	83.58
泰国	1	2.12

（续）

进口来源地	进口量（台）	进口额（万美元）
中国	2	0.87
中国台湾	21	271.25
德国	41	5 463.79
意大利	7	504.48
西班牙	1	48.43
波兰	1	115.73
瑞士	8	625.79
加拿大	10	255.33
美国	2	531.46
注射吹塑机（84773020）	**79**	**2 605.33**
印度	14	185.24
日本	51	2 088.28
马来西亚	2	0.35
中国台湾	7	112.10
德国	4	181.63
意大利	1	37.72
其他吹塑机（84773090）	**77**	**4 976.89**
日本	12	415.72
韩国	2	11.39
越南	1	1.10
中国	1	1.53
中国台湾	3	60.49
德国	21	2 396.83
法国	5	757.45
意大利	8	471.78
西班牙	1	40.24
瑞士	8	481.65
美国	15	338.70
塑料中空成型机（84774010）	**63**	**1 537.74**
日本	8	286.49
韩国	2	0.51
阿联酋	1	0.15
中国	3	16.86
中国台湾	32	655.76
丹麦	1	0.28
德国	11	555.24
瑞士	1	20.15
美国	4	2.30
塑料压延成型机（84774020）	**161**	**3 702.68**
日本	13	707.31
韩国	7	111.37
泰国	6	67.94
中国	4	0.40
中国台湾	57	1 031.12
英国	1	0.38
德国	19	915.39

（续）

进口来源地	进口量（台）	进口额（万美元）
法国	2	0.12
意大利	31	674.22
荷兰	2	2.81
加拿大	1	22.34
美国	18	169.29
其他真空模塑机及其他热成型机器（84774090）	**1 024**	**23 937.58**
印度	1	0.36
日本	168	12 873.03
马来西亚	13	64.53
新加坡	2	2.24
韩国	50	1 101.72
土耳其	2	50.56
中国	11	7.55
中国台湾	289	1 792.73
南非	3	34.00
比利时	2	112.85
丹麦	2	9.27
英国	18	54.49
德国	207	4 891.49
法国	20	264.89
意大利	21	1 693.30
荷兰	4	23.34
西班牙	1	34.57
奥地利	10	298.13
瑞士	4	93.59
斯洛文尼亚	4	22.25
加拿大	2	79.68
美国	190	433.01
3D 打印机（84775910）	**6 417**	**4 992.62**
中国香港	3	1.07
印度	3	1.36
以色列	116	1 065.92
日本	43	5.40
马来西亚	1	0.27
新加坡	30	205.53
韩国	200	29.42
泰国	1 958	61.17
阿联酋	80	2.66
中国	1 962	158.05
中国台湾	35	31.26
比利时	1	6.32
丹麦	2	0.06
英国	26	6.64
德国	198	932.66
法国	4	38.96
意大利	24	31.40

（续）

进口来源地	进口量（台）	进口额（万美元）
荷兰	119	27.39
西班牙	12	4.95
奥地利	2	52.55
匈牙利	28	8.20
波兰	9	3.80
罗马尼亚	1	0.57
瑞典	1	0.16
瑞士	5	12.29
拉脱维亚	34	15.97
捷克	2	0.32
墨西哥	1	0.87
加拿大	11	14.09
美国	1 497	2 260.75
澳大利亚	9	12.55
其他模塑或成型机器（84775990）	**4 410**	**8 350.55**
日本	67	1 843.19
马来西亚	5	100.27
新加坡	16	89.87
韩国	30	350.90
泰国	114	7.29
中国	3 691	54.21
中国台湾	125	1 244.72
阿尔及利亚	1	0.32
丹麦	2	2.92
英国	6	0.95
德国	115	1 260.19
法国	3	19.16
意大利	92	1 642.05
奥地利	22	162.17
匈牙利	4	7.66
瑞典	2	7.80
克罗地亚	53	1 215.41
加拿大	1	6.82
美国	61	334.64

企业概况

行业内优势企业名单及运行分析，分析2017年塑料机械行业上市公司情况，访谈企业管理人士，展示“中国好塑才”名单

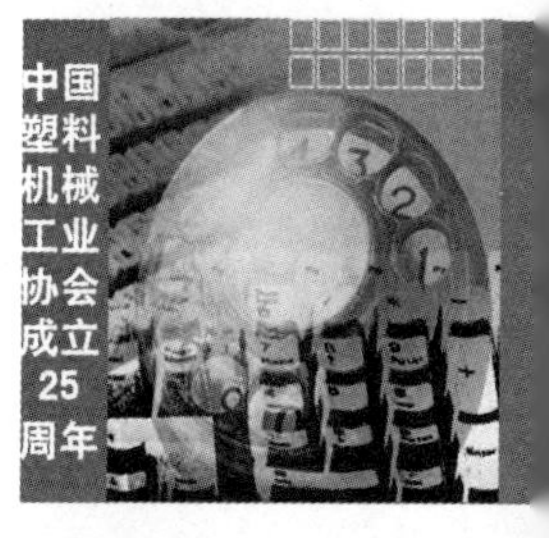

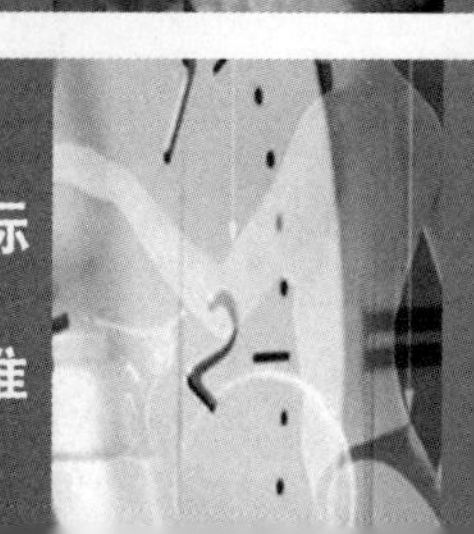

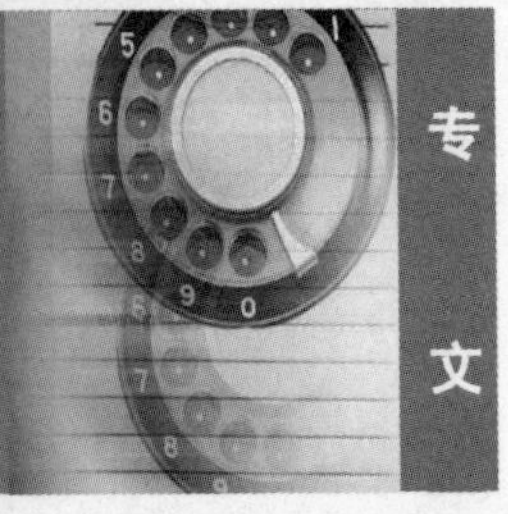

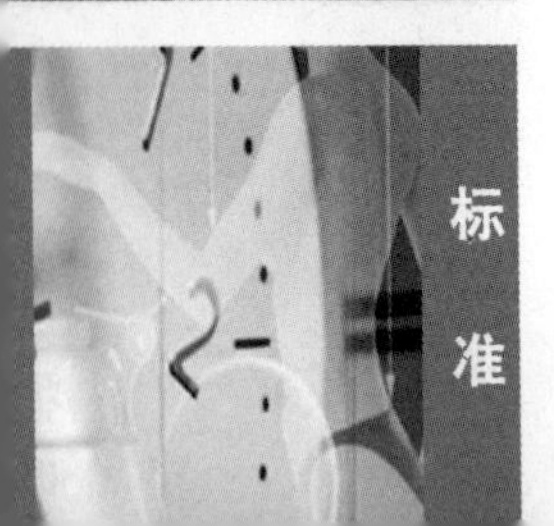

企业概况

2018 中国塑料机械制造业综合实力30强企业

2018 中国塑料注射成型机行业15强企业

2018 中国塑料挤出成型机行业10强企业

2018 中国塑料中空成型机行业3强企业

2018 中国塑料机械辅机及配套件行业5强企业

2018 中国塑料机械行业优势企业经济运行分析报告

中国塑料机械行业上市公司分析

人物访谈

庆祝震雄集团成立60周年

——震雄集团董事局主席兼集团总裁蒋丽苑

用创新促动发展　以精益铸就品牌

——泰瑞机器股份有限公司董事长郑建国

三垒科技划转升级　迈向“工业4.0”

——大连三垒科技有限公司销售总经理于渼洋

造十年精品　领航大型中空吹塑市场

——青岛岩康塑料机械有限公司董事长夏和义

深耕电热圈技术　助力中国塑机行业节能减排

——艾克森（江苏）节能电热科技有限公司总经理何海兵

打造全面润滑解决方案　追求共同发展

——埃克森美孚（中国）投资有限公司工业润滑油销售总经理杨东

2017 首届“中国好塑才”

2018 中国塑料机械制造业综合实力 30 强企业

排序	企业名称（按主营业务收入排序）	排序	企业名称（按净利润排序）
1	海天塑机集团有限公司	1	海天塑机集团有限公司
2	广东伊之密精密机械股份有限公司	2	广东伊之密精密机械股份有限公司
3	上海金纬机械制造有限公司	3	上海金纬机械制造有限公司
4	震雄集团有限公司	4	山东通佳机械有限公司
5	山东通佳机械有限公司	5	泰瑞机器股份有限公司
6	力劲科技集团有限公司	6	震雄集团有限公司
7	博创智能装备股份有限公司	7	富强鑫精密工业股份有限公司
8	大连橡胶塑料机械有限公司	8	力劲科技集团有限公司
9	泰瑞机器股份有限公司	9	宁波双马机械工业有限公司
10	富强鑫精密工业股份有限公司	10	博创智能装备股份有限公司
11	东华机械有限公司	11	宁波市海达塑料机械有限公司
12	宁波市海达塑料机械有限公司	12	宁波通用塑料机械制造有限公司
13	宁波通用塑料机械制造有限公司	13	宁波创基机械有限公司
14	宁波双马机械工业有限公司	14	宁波海雄塑料机械有限公司
15	广东金明精机股份有限公司	15	宁波海星机械制造有限公司
16	宁波海雄塑料机械有限公司	16	广东金明精机股份有限公司
17	宁波创基机械有限公司	17	浙江金鹰塑料机械有限公司
18	宁波华美达机械制造有限公司	18	江苏贝尔机械有限公司
19	浙江金鹰塑料机械有限公司	19	东华机械有限公司
20	宁波海星机械制造有限公司	20	苏州同大机械有限公司
21	佛山市宝捷精密机械有限公司	21	宁波华美达机械制造有限公司
22	浙江申达机器制造股份有限公司	22	新乐华宝塑料机械有限公司
23	江苏贝尔机械有限公司	23	宁波康润机械科技有限公司
24	苏州同大机械有限公司	24	佛山市宝捷精密机械有限公司
25	宁波方力集团有限公司	25	广东乐善智能装备股份有限公司
26	广东乐善智能装备股份有限公司	26	大连三垒科技有限公司
27	宁波康润机械科技有限公司	27	德科摩橡塑科技（东莞）有限公司
28	江苏诚盟装备股份有限公司	28	上海金湖挤出设备有限公司
29	新乐华宝塑料机械有限公司	29	浙江申达机器制造股份有限公司
30	德科摩橡塑科技（东莞）有限公司	30	江苏诚盟装备股份有限公司

2018 中国塑料注射成型机行业 15 强企业

排序	企业名称（按主营业务收入排序）	排序	企业名称（按净利润排序）
1	海天塑机集团有限公司	1	海天塑机集团有限公司
2	震雄集团有限公司	2	广东伊之密精密机械股份有限公司
3	广东伊之密精密机械股份有限公司	3	震雄集团有限公司
4	力劲科技集团有限公司	4	泰瑞机器股份有限公司
5	博创智能装备股份有限公司	5	富强鑫精密工业股份有限公司
6	泰瑞机器股份有限公司	6	力劲科技集团有限公司
7	富强鑫精密工业股份有限公司	7	宁波双马机械工业有限公司
8	东华机械有限公司	8	博创智能装备股份有限公司
9	宁波市海达塑料机械有限公司	9	宁波市海达塑料机械有限公司
10	宁波双马机械工业有限公司	10	宁波海雄塑料机械有限公司
11	宁波海雄塑料机械有限公司	11	宁波海星机械制造有限公司
12	宁波华美达机械制造有限公司	12	宁波通用塑料机械制造有限公司
13	浙江金鹰塑料机械有限公司	13	宁波创基机械有限公司
14	宁波通用塑料机械制造有限公司	14	浙江金鹰塑料机械有限公司
15	宁波创基机械有限公司	15	东华机械有限公司

2018 中国塑料挤出成型机行业 10 强企业

排序	企业名称（按主营业务收入排序）	排序	企业名称（按净利润排序）
1	上海金纬机械制造有限公司	1	上海金纬机械制造有限公司
2	山东通佳机械有限公司	2	山东通佳机械有限公司
3	广东金明精机股份有限公司	3	江苏贝尔机械有限公司
4	江苏贝尔机械有限公司	4	广东金明精机股份有限公司
5	宁波方力集团有限公司	5	新乐华宝塑料机械有限公司
6	大连橡胶塑料机械有限公司	6	宁波康润机械科技有限公司
7	宁波康润机械科技有限公司	7	大连三垒科技有限公司
8	江苏诚盟装备股份有限公司	8	上海金湖挤出设备有限公司
9	新乐华宝塑料机械有限公司	9	江苏诚盟装备股份有限公司
10	上海金湖挤出设备有限公司	10	德科摩橡塑科技（东莞）有限公司

2018 中国塑料中空成型机行业 3 强企业

排序	企业名称（按主营业务收入排序）	排序	企业名称（按净利润排序）
1	苏州同大机械有限公司	1	苏州同大机械有限公司
2	广东乐善智能装备股份有限公司	2	广东乐善智能装备股份有限公司
3	秦川机床工具集团股份公司	3	秦川机床工具集团股份公司

2018 中国塑料机械辅机及配套件行业 5 强企业

排序	企业名称（按主营业务收入排序）	排序	企业名称（按净利润排序）
1	宁波弘讯科技股份有限公司	1	宁波弘讯科技股份有限公司
2	信易集团	2	广东拓斯达科技股份有限公司
3	广东拓斯达科技股份有限公司	3	信易集团
4	浙江华业塑料机械有限公司	4	浙江华业塑料机械有限公司
5	艾尔发智能科技股份有限公司	5	艾尔发智能科技股份有限公司

2018 中国塑料机械行业优势企业经济运行分析报告

根据 2018 中国塑料机械行业优势企业的统计数据，2017 年 38 家上榜企业工业总产值和工业销售产值较上年同期分别增长 30.1% 和 29.9%；主营业务收入和利润总额同比分别增长 25.8% 和 30.8%；主营业务收入利润率为 14.7%，高于行业 10.3% 的平均水平；资产负债率为 42.3%，低于行业 48.0% 的平均水平。主要经济指标占行业同期规模以上企业总量的比例分别为：主营业务收入占 44.4%，资产总额占 67.6%，利润总额占 63.2%，出口额占 64.7%，负债总额占 59.5%。2012—2017 年我国塑料机械行业优势企业主要经济指标及其在行业内的同期占比见表 1。2013—2017 年我国塑料机械行业及优势企业综合指标见表 2。2011—2017 年我国塑料机械行业优势企业主要经济指标走势见图 1。2011—2017 年我国塑料机械行业优势企业主要经济指标在行业内的同期占比见图 2。2012—2017 年我国塑料机械行业优势企业主要经济指标变化情况见表 3。

表 1　2012—2017 年我国塑料机械行业优势企业主要经济指标及其在行业内的同期占比

指标名称	金 额（亿元）						占比（%）					
	2012 年	2013 年	2014 年	2015 年	2016 年	2017 年	2012 年	2013 年	2014 年	2015 年	2016 年	2017 年
主营业务收入	194.2	217.3	207.5	205.8	236.7	297.7	43.0	43.5	39.0	39.4	39.7	44.4
资产总额	267.7	314.2	336.2	375.3	421.3	486.3	57.0	60.0	59.5	63.2	63.8	67.6
纳税总额	10.6	12.7	12.8	12.7	16.1	18.2	71.4	68.2	68.5	67.1		
利润总额	23.1	29.0	26.8	24.8	33.4	43.7	55.5	64.7	55.9	50.2	58.7	63.2
出口额	52.1	51.4	52.1	55.6	60.0	70.8	62.0	69.8	57.5	66.0	66.3	64.7
负债总额		126.8	127.8	151.1	165.4	205.7		50.6	47.8	56.6	55.0	59.5

表 2　2013—2017 年我国塑料机械行业及优势企业综合指标

指标名称	全 行 业					优 势 企 业				
	2013 年	2014 年	2015 年	2016 年	2017 年	2013 年	2014 年	2015 年	2016 年	2017 年
资产负债率（%）	47.9	47.3	45.0	45.6	48.0	40.4	38.0	40.3	39.3	42.3
主营业务收入利润率（%）	9.0	9.0	9.5	9.5	10.3	13.2	12.9	12.1	14.1	14.7

注：全行业是指中国塑料机械制造业规模以上企业。

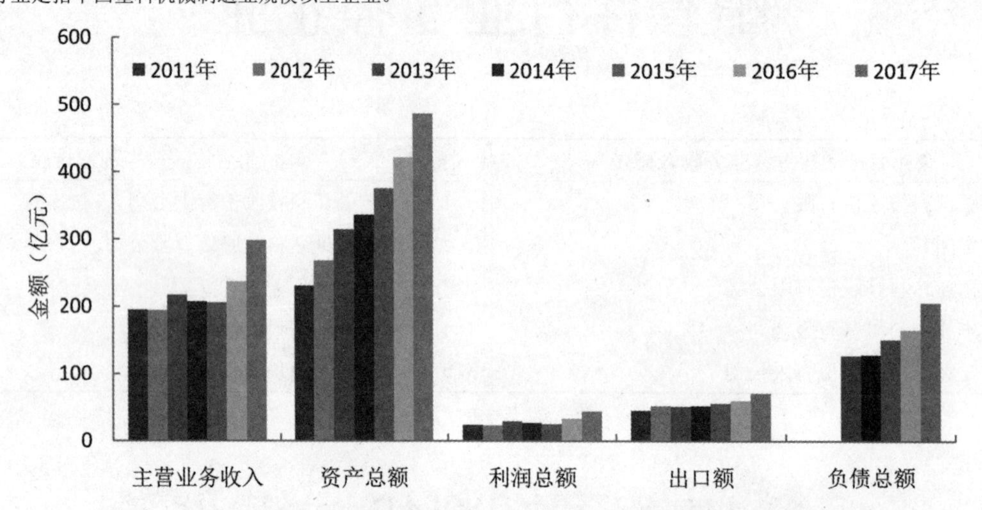

图 1　2011—2017 年我国塑料机械行业优势企业主要经济指标走势

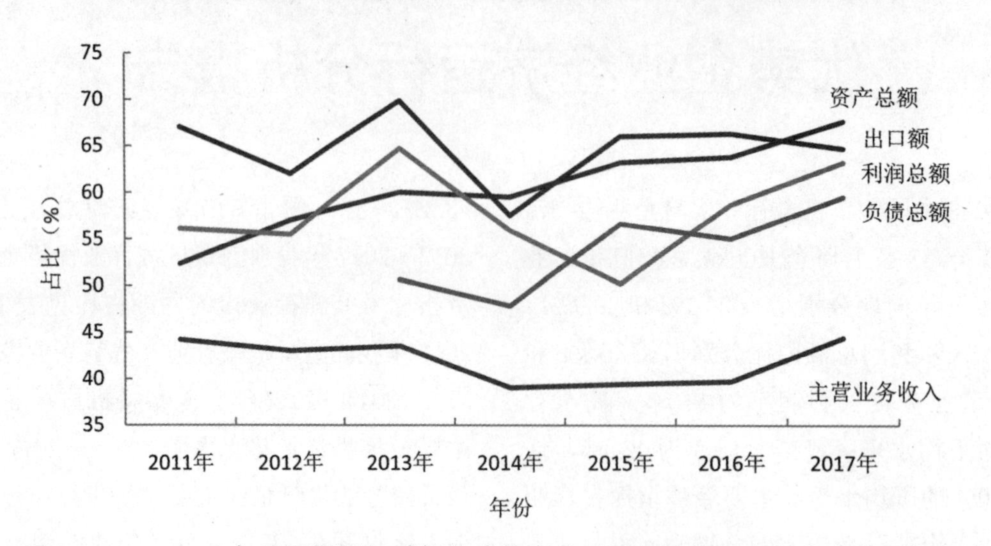

图 2　2011—2017 年我国塑料机械行业优势企业主要经济指标在行业内的同期占比

表 3 2012—2017 年我国塑料机械行业优势企业主要经济指标变化情况

指标名称	金额（亿元）						同比增长（%）					
	2012 年	2013 年	2014 年	2015 年	2016 年	2017 年	2012 年	2013 年	2014 年	2015 年	2016 年	2017 年
工业总产值	208.8	235.1	241.6	219.0	249.2	324.1	6.3	12.6	2.8	-9.4	13.8	30.1
工业销售产值	200.4	232.3	236.3	212.1	243.7	316.6	5.6	15.9	1.8	-10.3	14.9	29.9
资产总额	267.7	314.2	336.2	375.3	421.3	486.3	16.0	17.4	7.0	11.6	12.2	15.4
主营业务收入	194.2	217.3	207.5	205.8	236.7	297.7	-0.4	11.9	-4.5	-0.8	15.0	25.8
净利润	20.6	24.6	22.4	20.2	28.1	36.6	-0.9	19.6	-8.9	-9.7	38.9	30.2
纳税总额	10.6	12.7	12.8	12.7	16.1	18.2	15.8	20.2	0.5	-0.3	26.5	13.4
出口额	52.1	51.4	52.1	55.6	60.0	70.8	16.1	-1.4	1.3	6.8	7.9	18.0
研发费用	7.6	8.9	9.2	8.8	11.8	12.5	9.0	16.4	3.2	-4.2	34.9	5.9
利润总额	23.1	29.0	26.8	24.8	33.4	43.7	-2.7	25.6	-7.4	-7.6	34.6	30.8
所有者权益	152.1	178.7	192.0	225.0	249.4	268.2	16.5	17.5	7.5	17.2	10.9	7.5
负债总额		126.8	127.8	151.1	165.4	205.7			0.7	18.3	9.5	24.3

〔供稿单位：中国塑料机械工业协会〕

中国塑料机械行业上市公司分析

塑料机械行业是为塑料制品开发与应用行业提供先进技术和装备的产业，塑料机械行业与塑料制品开发与应用行业紧密一体、相辅相成。

根据收集的资料，我国塑料机械行业共有 16 家上市企业，分别是海天国际（1882）、三垒股份(002621)、金明精机(300281)、伊之密(300415)、新元科技（300472）、拓斯达（300607）、金鹰股份（600232）、弘讯科技 (603015)、泰瑞机器(603289)、诚盟装备(831031)、双林环境(832111)、灵鸽科技（833284）、大同机械（00118）、力劲科技（00558）、震雄集团（00057）及秦川机床（000837）。2017 年我国塑机行业上市公司主要经济指标见表 1。由于秦川机床主营机床，年报中并没有专门的塑料机械数据，无法进行估量，因此将其剔除。去除秦川机床后的 15 家上市公司中，震雄集团、力劲科技和大同机械统计的年度时间与货币单位均与其他 12 家企业不同，因此表 1 中未列出。

表 1 2017 年我国塑机行业上市公司主要经济指标

简称	营业收入（万元）	同比增长（%）	每股收益（元）	归属于上市公司股东的净利润（万元）	同比增长（%）	备注
海天国际	1 018 606.60	25.80	1.26	2 372.90*	31.00	
三垒股份	17 716.89	165.17	0.05	1 835.44	82.68	注塑机占比 58.22%
金明精机	41 448.05	16.68	0.14	3 639.81	11.42	
伊 之 密	200 831.46	39.20	0.64	27 548.83	153.10	注塑机占比 56.22%

（续）

简称	营业收入（万元）	同比增长（%）	每股收益（元）	归属于上市公司股东的净利润（万元）	同比增长（%）	备注
新元科技	30 285.60	38.24	0.21	2 089.00	28.98	
拓 斯 达	76 442.30	76.51	1.34	13 802.19	77.92	注塑机占比 27.4%
金鹰股份	123 271.58	19.69	0.07	2 525.14	-13.09	
弘讯科技	73 285.41	38.05	0.20	8 053.02	51.44	注塑机占比 47.76%
泰瑞机器	70 317.46	37.31	0.52	8 351.42	13.41	注塑机占比 97.27%
诚盟装备	12 166.55	7.43	0.02	178.48	-0.66	
双林环境	12 116.89	-18.70	-0.57	-3 328.92		
灵鸽科技	8 864.73	9.11	0.23	1 455.47	-32.57	注塑机占比 73%

注：1. 数据来源于上市公司年报。

2. 年报公告最后日期为 2017 年 12 月 31 日。

3.* 为主营利润。

1. 海天国际

2017 年市场持续复苏，公司多年来对全球市场采用的基于“沟通、创新、效率”三大战略支柱的多元化策略措施取得显著成果，海天国际再创销售新高。收入增长至 101.86 亿元，较 2016 年增长 25.8%。2017 年，美国市场成为公司出口最大的单一市场，增长率达到 16.0%；欧洲和德国的高端产品市场也取得了增长 19.1% 及 24.0% 的可喜成果。小型吨位注塑机全电化及大型吨位注塑机二板化的策略卓有成效。2017 年海天国际产品销售额见表 2。

表 2 2017 年海天国际产品销售额

产品类别	销售额（亿元）	占比（%）
Mars 系列（节能注塑机）	70.73	69.4
长飞亚电动系列注塑机	10.11	9.9
Jupiter 系列（二板注塑机）	13.23	13.0
其他系列	5.37	5.3
部件	2.42	2.4
总计	101.86	100.00

2018 年对海天而言为效益变革之年。除进一步实行销售服务中心向市场应用中心的转变，亦积极进行内部改革，以提升公司的产能及效益。海天将继续推行“8+16”的自动生产目标，以提升生产效益、降低成本。

2. 三垒股份

三垒股份主营塑料管道成套制造装备及五轴高端机床的研发、设计、生产与销售。报告期内通过收购北京楷德教育咨询有限公司切入了教育行业，初步形成了教育、制造业双主业运营的产业格局。在稳定发展塑料机械的基础上，三垒股份延伸发展高端机床，研发了 3D 增减材复合五轴数控机床，实现了基于激光技术的金属 3D 增材制造与减材加工的同步进行。2017 年三垒股份塑料管道制造装备指标完成情况见表 3。

表 3 2017 年三垒股份塑料管道制造装备指标完成情况

指标名称	数值（万元）	同比增长（%）	占比（%）
营业收入	10 314.96	73.84	58.22
营业成本	7 232.43	87.91	67.09
毛利率（%）	29.88	减少 5.25 个百分点	

报告期内，公司研发投入 1 498.89 万元，占营业收入的 8.46%，较上年减少 9.94 个百分点。研发支出主要用于塑机装备、五轴机床、3D 增减材复合五轴机床。公司已经完成 3D 增减材复合五轴机床设计、装配、调试，以及螺旋曲面、球面、空心不规则曲面及叶轮结构等多种零部件的打印

测试。2017 年度，公司新开发了由多台五轴机床与机器人结合的柔性自动化生产线，实现了工件从毛坯到成品的全工序自动化加工。由于下游塑料管道行业快速发展势头放缓，公司决定终止“大连三垒塑机装备产业园一期建设”项目及“大连三垒技术中心建设”项目。

塑机装备方面，公司将继续加大新产品、新技术的开发，从高效、节能、智能化入手，结合互联网技术，提高设备自动化程度。

3. 金明精机

报告期内，公司实现营业总收入 4 1448.05 万元，同比增长 16.68%；营业利润 4 410.18 万元，同比增长 54.5%；利润总额 4 230.81 万元，同比增长 16.02%；归属于上市公司股东的净利润 3 639.81 万元，同比增长 11.42%。

2017 年度公司营业收入和净利润实现双增长，主要得益于“智慧金明”与“健康金明”两大战略的践行。一方面，以“智慧金明”发展战略为主线，打造“全系列薄膜智慧工厂方案解决商”，逐步建立现代化智慧金明生态体系；另一方面，形成“康复医疗”与“康复养老”两个板块，逐步完善“健康金明”产业布局。

2017 年 1 月，在深圳设立子公司深圳智慧金明科技有限公司，衔接智能装备、智慧工厂和智能康复三大产业链在技术、人才等方面的发展。当前，该公司已逐步落实政策衔接、团队搭建、软件研发等工作，部分软件技术已实现应用。

报告期内，子公司远东轻化着力推进以智能、创新、高效、绿色为核心的技术改造并取得较好成果，推出智能精密涂布设备及环保热能回收设备，产品成功进入光学、锂电池、新能源等行业。BOPP/BOPET 双拉技改项目进展顺利，已成功生产出光学基材薄膜。公司聚焦云平台、工业大数据、工业物联网、自动控制等新技术的研发，并实现 PVDC 预包裹技术应用、数字控制、数据系统叠加等技术的应用，不断升级工艺技术以及产品智能化水平。

“特种多功能膜智慧工厂建设项目”“农用生态膜智能装备建设项目”“云端大数据智慧服务平台建设项目”已经在加紧建设中。2018 年 2 月“特种多功能膜智慧工厂建设项目”建设内容变更为建设特种多功能膜中的光学基材薄膜生产线及智慧工厂，并将项目总投资由 22 822.13 万元调整为 46 014.22 万元。项目建成后，将形成年产 48 200 万 m^2 光学基材薄膜的能力。

2017 年金明精机各类产品经营指标见表 4。

表 4 2017 年金明精机各类产品经营指标

产品名称	营业收入（万元）	同比增长（%）	营业利润（万元）	同比增长（%）	毛利率（%）	同比增长（%）
薄膜吹塑机	21 411.24	19.35	12 529.74	17.35	41.48	1.00
薄膜/纸加工成套设备	2 863.419	−26.83	1 778.713	−29.45	37.88	2.31
其他设备	4 505.414	19.48	2 963.156	22.58	34.23	-1.66
薄膜及袋制品	12 050.12	32.57	10 755.55	40.44	10.74	-5.00

4. 伊之密

伊之密主要产品有注塑机、压铸机、橡胶机、高速包装系统、模具和机器人自动化系统等。2017 年，伊之密主营业务收入 200 831.46 万元，比上年增长 39.20%。其中，国内销售收入 161 677.69 万元，比上年增长 37.91%；出口销售收入 39 153.77 万元，比上年增长 44.82%，土耳其、以色列、美国、伊朗、印度等市场表现出色。利润总额 32 396.06 万元，比上年增长 142.38%；归属于上市公司股东的净利润 27 548.83 万元，比上年增长 153.10%，净利润增幅远高于收入增幅。

2017 年，伊之密继续以发展主营业务为主，围绕模压成型专用机械设备领域多元化地延伸产品，创新产品研发和企业运营方式，积极布局全球市场。2017 年伊之密注塑机产品的指标完成情况见表 5。

表 5 2017 年伊之密注塑机产品的指标完成情况

经济指标	单位	数值
营业收入	万元	112 916.67
同比增长	%	30.40
营业成本	万元	72700.9
同比增长	%	26.51
毛利率	万元	35.62
同比增加		1.99 个百分点

伊之密在国内市场和海外市场分别采用不同的销售模式。国内主要采用直销模式，海外主要采用经销模式。2017 年，印度工厂和北美工厂正式投入使用，这两个地区可以部分采用直销模式。

2017 年度，伊之密国内销售客户数量 1 712 个，其中新客户 1 280 个，新客户销售额占比 61%。在澳大利亚、英国、危地马拉、巴基斯坦、意大利、俄罗斯、捷克、突尼斯、阿尔及利亚和墨西哥新增代理。

2017 年，公司研发总投入 9 081.84 万元，同比增长 11.47%。推出的 A5 中大型机系列广受市场欢迎，A5 全系列机全年销售业绩良好，较 2016 年增长一倍。二板式注塑机全面推出市场，H 卓越系列高性能铝镁合金压铸机全系大机（包括 35 000 ～ 45 000kN）全部完成研发，并面向市场推广；半固态镁合金注射成型机应用突破 2.5kg 注射量，完成试模验证，首次获得“中国专利优秀奖”。在工艺应用方面，持续 FoamPro 技术的研发投入和推广。2017 年，伊之密首次获得“广东省政府质量奖”。

5. 新元科技

新元科技以提供工业智能化输送、配料成套解决方案为主业，主要产品包括上辅机系统、小料配料称量系统、气力输送系统、环保系统、电镀系统等。2017 年，新元科技并购清投智能，形成了环境治理、高端智能制造、智能控制、云计算大数据信息技术四个方面的产业布局。

报告期内，“制造” + “环保” 双轮驱动公司业绩增长，实现营业总收入 30 285.60 万元，同比增长 38.24%；营业利润 2 550.12 万元，同比增长 68.61%；利润总额 2 440.11 万元，较上年同期增长 32.13%；归属于上市公司股东的净利润 2 089 万元，较上年同期增长 28.98%。2017 年新元科技不同类型产品经营情况见表 6。

表 6 2017 年新元科技不同类型产品经营情况

产品名称	营业收入（万元）	同比增长（%）	营业成本（万元）	同比增长（%）	毛利率（%）	同比增加
上辅机系统	5 452.79	-30.69	3 529.02	-32.39	35.28	1.63 个百分点
气力输送系统	3 700.38	5.58	2 166.07	-0.73	41.46	3.72 个百分点
环保系统	10 552.06	63.85	6 987.05	65.51	33.78	-0.67 个百分点

2017 年，新元科技研发投入 2 134.77 万元，占营业收入的 7.05%。累计获得各种专利及著作权 153 项，其中发明专利 21 项、实用新型专利 62 项，软件著作权 70 项。

6. 拓斯达

拓斯达主要产品及服务包括工业机器人（直角坐标机器人和多关节机器人）及自动化应用系统、注塑机配套设备及自动供料系统、智能能源及环境管理系统三大系列。生产的注塑机配套设备主要包括干燥机、除湿机、三机一体、自动吸料机、模温机等多个系列产品。

2017 年拓斯达机器人（机械手）事业部、自动化事业部、绿能事业部、辅机事业部都保持健康发展势头。其中，工业机器人及自动化应用系统业务实现收入 43 526.23 万元，占总营收的 56.94%，同比增长 84.73%，机器人营收占比持续上升；注塑机配套设备及自动供料系统、智能能源及环境管理系统两大主营业务模块也都保持持续增长态势，其中注塑机配套设备及自动供料系统业务实现收入 20 946.63 万元，占总营收的

27.40%，同比增长 36.15%。2017 年拓斯达注塑机配套设备及自动供料系统营收情况见表 7。2016—2017 年拓斯达注塑机配套设备及自动供料系统产销存情况见表 8。

表 7 2017 年拓斯达注塑机配套设备及自动供料系统营收情况

指标名称	单位	数值
营业收入	万元	20 946.63
同比增长	%	36.15
营业成本	万元	11 449.58
同比增长	%	51.29
毛利率	%	45.34
比上年增加		-5.47 个百分点

表 8 2016—2017 年拓斯达注塑机配套设备及自动供料系统产销存情况

（单位：台 / 套）

项目	2017 年	2016 年	同比增长（%）
销售量	18 968	13 361	41.97
生产量	21 265	14 335	48.34
库存量	4 533	3 391	33.68

近年来，公司持续增加在研发方面的投入，2015 年、2016 年及 2017 年分别为 1 820.69 万元、2 019.08 万元和 4 345.90 万元，2017 年研发投入占当期营业收入的 5.69%。2017 年研发并推出粉体吸料机、体积式计量机、纯水模温机等新产品。2017 年 11 月拓斯达入股掌握国内较先进机器人伺服驱动技术的武汉久同智能科技有限公司。截至 2017 年 12 月 31 日，公司拥有授权专利 99 项，其中发明专利 8 项。累计申请与软件相关的各类知识产权 48 项（专利 40 项、软件著作权 8 项）。

7. 金鹰股份

金鹰股份控股子公司浙江金鹰塑料机械有限公司生产注塑机械系列设备。报告期内，金鹰股份在坚持主营机械类产品品质持续提升的基础上，尽量争取毛利率较高的中高端产品订单，专用机械类设备营业收入同比增长超 50%，销售额近 6 亿元，其中注塑机及配件营业收入较上年同期增长 68.07%。控股子公司浙江金鹰塑料机械有限公司投入开发的高速薄壁注塑机系列产品占该公司 1/3 的营业收入。公司正在进行整体产业结构优化重组，从原来以纺织板块为主体转向以创新能力较强的机械装备制造板块为主体。

2017 年金鹰股份研发费用 3 000 多万元，增长近 20%。2017 年金鹰股份注塑机及配件经营情况见表 9。2017 年金鹰股份塑机产销情况见表 10。

表 9 2017 年金鹰股份注塑机及配件经营情况

指标名称	单位	数值
营业收入	万元	34 877.47
同比增长	%	68.07
营业成本	万元	27 294.71
同比增长	%	59.22
毛利率	%	21.74
同比增加		4.35 个百分点

表 10 2017 年金鹰股份塑机产销情况

指标名称	单位	数值
生产量	台	1640
同比增长	%	93.40
销售量	台	1707
同比增长	%	85.34
库存量	台	367
同比增长	%	-15.44

8. 弘讯科技

报告期内，弘讯科技工业控制类（主要指塑机控制系统）与驱动系统类（主要指伺服节能系统）产品实现营业收入 65 339.94 万元，其中塑机控制系统与伺服节能系统销售量分别达到 70 875 套与 11 721 套，同比分别增长 44.69% 与 44.85%。完成新一代塑机控制系统的市场投放，实现快速、稳定、精准的开关模控制，满足二板机、大型机、特殊机、快速机等中高端设备对速度和性能的要求。2017 年弘讯科技产品产销情况见表 11。

表 11　2017 年弘讯科技产品产销情况

主要产品	生产量（套）	同比增长（%）	销售量（套）	同比增（%）	库存量（套）	同比增长（%）
工业控制类	73 502	49.35	70 875	44.69	3 344	366.39
驱动系统类	12 421	52.27	11 721	44.85	878	393.26

2017 年弘讯科技研发投入占营业收入的 8.72%，拥有授权专利 139 项，其中发明专利 23 项。主要负责起草的国家标准《机械电气设备塑料机械计算控制系统　第 2 部分：试验与评价方法》已完成编制待发布实施，另参与起草团标《塑料机械控制系统与周边设备的接口与通信协议》。弘讯科技报告期内主要的研发投入项目见表 12。

表 12　弘讯科技报告期内主要的研发投入项目

项目	研发目的与目标	当前进展	对公司未来发展的影响
新一代控制系统与系统集成	满足注塑机以外的应用需求	已完成	拓宽产品应用领域
小功率驱动器	与伊雪松工业机器人配套	完成开发，后期验证中	提高公司工业机器人自制率，优化成本结构，提高性价比
新一代驱动器	满足高端伺服系统需求	已完成并出货	满足中高端伺服系统需求
高端伺服系统	不同配套的验证与性能优化	已完成并出货	满足油电、全电等高端塑机需求，便于市场开拓，取代替口
多轴机器人	丰富伊雪松产品线	部分规格已出货，部分规格正在开发中	为后续提供系统集成解决方案提供支持
智慧工厂整体解决方案	完成硬件、软件、通信、云端平台多方面的整合	持续进行中	实现塑料加工“工业 4.0”

2017 年弘讯科技被工信部列入第二批“制造业单项冠军培育企业”名单，主营业务产品注塑机控制系统被浙江省技术监督局认定为“浙江名牌产品”。应用于全电机和油电混合机的高端伺服控制系统总成 SANDAL，获宁波市经信委“2017 年度宁波市装备制造业重点领域首台（套）产品”称号。

2017 年弘讯科技完成了塑料加工物联网感知层智能制造生产线数据中心（含生产单元塑机及各类辅机数据中心）的打造，未来将打通其与加工数据采集软件、网络管理系统软件 iNet 等应用层的连接。2018 年将以新一代控制系统、伺服驱动系统、自有品牌伊雪松机械手、工业机器人产品为核心，推出注塑生产单元解决方案。

9. 泰瑞机器

2017 年泰瑞机器内销主营业务实现 42 889.90 万元，同比增长 35.98%；外销主营业务完成 27 426.09 万元，同比增长 39.45%。2017 年泰瑞机器注塑机经济指标完成情况见表 13。

表 13　2017 年泰瑞机器注塑机经济指标完成情况

指标名称	单位	数值
营业收入	万元	68 397.33
同比增长	%	35.71
营业成本	万元	47 337.05
同比增长	%	41.19
毛利率	%	30.79
比上年增加		-2.69 个百分点

公司主要产品为梦想 Dream 系列注塑机，包括 D（T）系列、DH 二板系列和 DE 全电系列。技术中心在 2017 年度完成了 DT 标准系列、J 系列、单缸注射系列、多物料系列转盘结构、二板机系列合模结构的技术优化和升级，并启动 DT 系列等新款产品的开发，着重优化软件满足和方便用户

使用，通过优化设计降低产品成本。2017 年泰瑞机器产销存情况见表 14。

表 14 2017 年泰瑞机器产销存情况

指标名称	单位	数值
生产量	台	1943
同比增长	%	32.45
销售量	台	2 052
同比增长	%	28.65
库存量	台	99
同比增长	%	-52.40

2018 年，泰瑞机器将以境内外各类展销会为抓手，进一步开拓和加强市场渠道建设。国内重点在华东上海、西南成都、华北天津等区域，国外重点在欧洲、中东、南美洲、东南亚等区域。

10. 诚盟装备

诚盟装备的产品主要包括以混炼改性造粒设备为代表的常规通用产品、以一步法成套装备为代表的升级改造成品、各类创新开发产品三个类别。报告期内，公司营业收入上涨，归属于挂牌公司股东的净利润出现小幅下降，原因是升级创新产品仍然处在推广适应阶段，当前仍以常规产品为主导，造成归属于挂牌公司股东的净利润较低。2016—2017 年诚盟装备分产品收入情况见表 15。

表 15 2016—2017 年诚盟装备分产品收入情况

产品类别	2017 年收入（万元）	占营业收入比例（%）	2016 年收入（万元）	占营业收入比例（%）
TSB/H 双螺杆系列	4 938.54	40.59	4 184.09	36.94
SDJ 双阶系列	4 362.49	35.86	3 835.06	33.86
GWSH 往复机	1 856.00	15.25	1 799.89	15.89
DJ 单螺杆系列	208.34	1.71	412.24	3.64
配件	801.18	6.59	1 093.95	9.66

2018—2019 年，公司将对传统通用型产品加大升级改造的力度，强化向上下游配套的扩展延伸和成套装置的集成化。继续加强高分子聚合物装备技术与高分子新材料、新工艺的融合，注重实现专项技术的创新提升，加大往复式单螺杆混炼机和双转子连续混炼机的推广力度。

11. 双林环境

公司立足于塑料管道成套装备行业，主要产品有建筑给排水管材设备、市政给排水管道设备两大系列。2018 年 5 月 23 日正式在全国中小企业股份转让系统进行公司名称及证券简称变更，公司中文名称由“浙江双林机械股份有限公司”变更为“浙江双林环境股份有限公司”，证券简称由“双林机械”变更为“双林环境”。报告期内，公司实现营业收入 12 116.89 万元，同比下降 18.70%，主要是生产线销售同比减少 5 856.64 万元。2016—2017 年双林环境产品营收情况见表 16。

表 16 2016—2017 年双林环境产品营收情况

类别	2017 年收入（万元）	占营业收入比例（%）	2016 年收入（万元）	占营业收入比例（%）
生产线	4 747.39	40.10	10 604.03	71.86
单机	1 245.73	10.52	1 305.21	8.85
配件	978.40	8.26	735.93	4.99
管材	2 767.59	23.38	88.21	0.60
塑料粒子	2 099.10	17.73	2 022.81	13.71
合计	11 838.21	100.00	14 756.19	100.00

12. 灵鸽科技

2017 年，灵鸽科技改性塑料行业中小订单持续增长，毛利率稳定，实现了公司 2017 年度改性塑料等原有市场稳固发展的经营计划。

公司的主要产品有失重式喂料机、自动配料系统、物料输送系统和塑料辅机。报告期内投入研发费用 485.83 万元，占营业收入的 5.49%。投入研发的项目主要有：1 万 t 改性 PP 成套生产线研发及产业化、高精度双档位传动的失重式喂料机、计量正压发送罐 GWP90、两用投料站 FS500、真空粉料接收器 VRP120，均已全部完成并实现量产。

重点投入研发的锂电自动化配料及输送系统在报告期内取得了 2 800 万元订单，改进自动配混系统包括失重称、液体称、龙门切粒机等单机产品与系统类产品的性能。报告期内新增实用新型专利 13 项，申请发明专利 1 项。2016—2017 年灵鸽科技部分产品营收情况见表 17。

表 17　2016—2017 年灵鸽科技部分产品营收情况

类别	2017 年收入（万元）	占营业收入比例（%）	2016 年收入（万元）	占营业收入比例（%）
配混输送系统	2 548.60	28.75	2 788.59	34.32
切粒机	395.17	4.46	300.66	3.70

13. 大同机械

大同机械报告期内实现收入 244 684.8 万港元，同比增长 11.6%。通过对注塑机两大生产基地产品的重新布局和调整，提高了总体产能。

2017 年，注塑机业务加大了产品开发和优化的力度，特别是二板机系列通过性能的优化，效率、速度和可靠性明显提升，满足了汽配及家电两大行业的市场需求，成为销售增长点。注塑机业务销售获得较大的增长，实现了扭亏为盈。另外，行业专用机的销售也有明显增长，但仍需在质量、成本等方面做进一步优化，这也将是下一年的重点培育项目。

报告期内，塑料制品及加工业务未能完成年度预算，主要是由于珠海生产基地遭受台风“天鸽”的严重破坏，带来非经常性亏损。然而，珠海生产基地借此对所有生产车间按更高级别的洁净要求更新，重新购置高效率、高配置的机器设备，提升整个生产的效率及产出。该基地在停产三个月后迅速复原，恢复生产。此外，其用于奶粉产品的折叠式密封盖与勺一体成型新技术的使用，缩短了生产周期。

14. 力劲科技

截至 2018 年 3 月 31 日的财政年度，力劲科技实现收入 372 853.3 万港元，较上年增长 15.6%。

其中，注塑机业务营业额为 107 891.5 万港元，比上年的 84 857.3 万港元增长 27.1%。主要机种需求持续回暖，趋势强烈。

压铸机及接口设备业务收入为 250 791.4 万港元，比上年的 224 114.7 万港元增长 11.9%。其中中国市场的收入 182 513.7 万港元，比上年的 155 658.7 万港元增长 17.3%，业务收入全面复苏，并创下近年来新高。海外市场的收入为 68 277.7 万港元，金额基本与上年持平。

15. 震雄

截至 2018 年 3 月 31 日的财政年度，震雄集团实现营业额 16.68 亿港元，较上年增长 15%。集团全年的国际市场营业额比上年增长 26%，达到 4.21 亿港元。

集团在报告期内继续加强大型注塑机的设计及优化，保持稳健而进取的态度开辟新的海外市场，进一步巩固国内市场的服务分点。虽然市场境况变动频繁，但集团的新产品却连连报捷。其中第六代 MK6 系列以及二板式大型注塑机继续引领市场潮流。MK6 系列于本财政年度首次全线量产投放，重复订单率极高，销售量已占集团主要中小型机台的近一半。

〔撰稿人：中国塑料机械工业协会白陆宇〕

人物访谈

庆祝震雄集团成立60周年
——震雄集团董事局主席兼集团总裁蒋丽苑

震雄集团由蒋震先生于1958年创立，至今已有60年的历史。震雄一路坚持不懈，已由一间小规模的机械加工厂发展成为全球最大的注塑机生产企业之一。震雄的年产量已达到15 000台，约每10分钟便成功销售一台注塑机。震雄凭借对技术突破、创新生产的永恒追求，秉持着不断提升服务水平、力求完美的理念，奠定了自己在注塑行业的领导地位。

2018年震雄迎来六十周年大庆，时间见证了震雄从创立到发展壮大的一切艰辛、努力与成果。为了纪念60周年这一特别的日子，震雄有什么特别的庆祝活动呢？

蒋丽苑总裁（以下称蒋总）：2018年，对于震雄是非常重要的一年，我们全年都会举办一系列的活动庆祝集团成立60周年！届时也会诚挚邀请广大客户、合作伙伴以及各界人士与我们共同庆祝，希望得到业届朋友的大力支持与捧场。

60周年，对企业来说是一个非常伟大的成就！在过去的60年里，我们经受了各种考验，并凭借着顽强的团队力量，一直走在塑机行业的前列，在未来的60年甚至更长的时间里，我们也将作为引领行业的主导力量继续前行。

下一个60年，是震雄新的发展周期，有新的机遇和挑战，我们将为大家展示更年轻、更有活力、更有朝气的震雄，请大家拭目以待。

行业里对震雄有着非常高的评价，不少同行认为震雄是塑机行业里的“黄埔军校”，是中国塑机人才的重要基地，请问震雄是如何评价自己在中国塑机行业里的历史地位？

蒋总：震雄成立之初便以“推动工业发展”为价值取向，60年来震雄从未忘记初心，担负伟大的社会使命感，不遗余力回馈社会。集团的创始人蒋震博士，一心为推动工业发展而坚持发展慈善事业，被授予香港最高荣誉的“大紫荆勋章”，成就行业佳话，广为流传。蒋震博士于20世纪90年代捐出名下所持的股份成立了“蒋震工业慈善基金会”，这种大爱无疆的义举在整个香港工业发展史上可谓是前无古人。这种全局的价值追求奠定了震雄成为整个塑机行业标杆性代表企业的基础。

很荣幸能被称为塑机行业的“黄埔军校”，这是行业对我们最高的赞誉，也体现了我们中国企业人的高风亮节！任何行业都需要良性的竞争环境，竞争也是企业不断自我提升的原动力。震雄从不惧怕竞争，也愿意继续为行业培养出更多优秀的人才，鼓励及建立行业内诚信、公平、互相尊重的竞争氛围，推动行业的发展。

总之，大家好才是真的好！

自1958年创立起来，可以说震雄见证了新中国历史的各个阶段。请问在60年的发展历史中，震雄面临的最大困难是什么？震雄是如何克服困难，走上发展的快车道的呢？

蒋总：60年的发展我们经历了许多，从20世纪70年代的石油危机至国际金融风暴，对我们无一不是严峻的考验。但我们一直贯彻守住震雄的核心价值观——坚持发展先进科技、坚持不断自我提升、坚持追求完美品质。我们用这三把利刃曾战胜一切危机。

世界瞬息万变，固步自封无法追上时代变迁。面对无法预知、更无法控制的未来，我们要努力去适应，不骄不躁，灵活应变。企业要克服困难实现持续发展，依靠的是团队创新、灵活变通的精神，坚韧的意志和强大的凝聚力。我们认为，探索是发展的基础，人才是企业的明天。

2017 年，震雄取得了丰硕的业绩，请您简要介绍一下震雄 2017 年的运行情况。

蒋总：2017 年我们确实收获颇丰，不管是业绩还是企业发展方面都步入一个新的台阶。从 2016 年开始我们陆续推出了一系列全新的产品线及应用技术，并很快引起相当不俗的市场反响，客户体验反馈非常好。2017 年上半年的业绩净增长 22%。

同时我们的品牌影响力也进一步扩大，尤其是 MK6 系列和全新二板机系列可谓是市场上炙手可热的明星机型，机器的综合表现能力体现出来的高品质、高设计水平给我们带来了接近百分之一百的重复订单率。

2018 年，震雄有着何种规划，对于市场有何预期？能否简要介绍震雄的中长期规划？

蒋总：未来我们仍将继续专注于研发更加精密、更具稳定性的核心科技，因为只有这样才能最快、最深入地推动整个行业的发展，给客户带来更高的投资回报。我们的目标是与客户一起成长，客户的利益便是我们的利益。同时，我们也意识到会面临的挑战，一些不可控的因素可能会给行业带来明显的冲击，比如越来越收紧的国家环保政策，但我们并不会太悲观。虽然政策的收紧短期内会对许多公司（其中包括许多我们的客户）的运营产生影响，但我们相信加强环保意识和环保行为是有益于人类长期发展的伟大工程，也是企业在发展中应尽的社会责任。因此，震雄将采取一切必要的措施，积极支持与配合政府的环保政策，同时新产品研发理念也会以环保为先，支持国家可持续发展计划。

先进的高新技术水平一直是震雄的核心竞争力所在，未来我们将增加投资，进一步发展这一领域。AI 技术日趋成熟并逐渐成为改变传统科技的变革性主导发展力量，震雄早已洞察到机会所在，已经在研究如何向整个行业提供更现代化的“智能装备链”，同时也通过人工智能技术向客户提供更快捷、更客制化的服务，相信这将是我们发展的新机遇。

震雄是如何看待当前国际、国内注塑机市场格局的？

蒋总：其实所有客户要求都是一致的，好的产品、好的服务。首先我们对自己产品的竞争力有足够的信心，客户知道什么是最好的、最适合他们的。大部分客户比较后会选择震雄，因为我们的机器带给客户的体验效果是任何虚拟的广告与宣传都无法比拟的。

我们并不惧怕越来越激烈的行业竞争，我们只专注于通过完美的品质、创新的科技和定制化的服务来不断提升自身的市场竞争力，保持行业领军者的地位。精神力量是最强大的，震雄有明确的集团愿意和核心价值观，这便是把我们团结在一起的精神力量，是我们企业强大凝聚力的纽带。震雄全体成员齐心协力朝着集团的发展目标而奋斗，专注、创新、永葆活力。

现在，塑机行业里也出现了新的发展情况，比如电动注塑机、大型两板机。请问面对新形势，震雄是如何进行产品规划、进行升级换代，以满足市场的新需求？近期有没有推出新产品的打算？

蒋总：震雄的短中期规划中，研发与设计将继续专注于三个方向：提高效率、提高精度、提高稳定性。我们相信这三点是可以为客户创造最高价值的核心要素，震雄注塑机也一直凭借这三个诀窍赢得客户的青睐。

例如，震雄 SUPERMASTER TP 系列两板机在得到市场印证前，很少人会想到中国制造的注塑机可以达到如此水平。秘诀正是高效、精密和稳定。震雄两板机最重要的两点优势是：一是日本“精准液压”技术的使用，最大限度降低了机器运作中产生的冲击和振动，结果便是机器运行更稳定、对机械零件的磨损也更低。这便是我们引以为傲的“永不止步™”技术，除了正常的维保之外，客户真的可以“永不停机”。二是震雄专利的机械设计让机器的动作极致顺滑，运行起来更快速、更精准、更平衡。

震雄大量新技术的研发都基于日本技术。通过与三菱公司的长期合作，震雄学习到许多日本技术的精髓，相信零缺陷的达成正是我们与客户获得双赢的终级杀手锏。

近期市场对全电动注塑机需求增加，但全电动注塑机必须用得其所，即为客户带来实质的价值。震雄研究全电动注塑机可以追溯到2000年，所以我们对此并不陌生。事实上确实有部分特殊制品非常适合使用全电动注塑机，但是一台高精密的液压注塑机几乎可以满足99%的其他应用要求。这意味着其实大部分产品都可以用更有竞争力的成本达到同样的品质。这是发达国家（如欧美等）仍然以液压注塑机为主导，全电动注塑机只占据部分市场份额的原因。

我们的宗旨是给客户提供他们所需要的产品。相信全电动注塑机技术一定会继续高速发展（震雄也多年全面投入研究），而我们的科研是倾向于带来真正增值的方向，即高效率、高精密、高稳定性的控制技术，这些我们将在全电机与液压机双轨并行推进。

震雄对于工业4.0有何看法？震雄是如何推动数字化、智能化建设的？

蒋总：工业4.0是目前全球工业发展的主题和趋势，我们认同且早已迈开工业4.0的研究步伐。自2004年开始所有震雄注塑机已经标配先进的联网功能，目前震雄的标配工业4.0系统（即iChen® System）已经踏入第四代，将近第15个年头，是非常稳定成熟、“真正能用”的工业4.0技术。

未来的研发方向包括三个重点，即IOT/大数据、AI、人机沟通。我们已逐步在开展机器全自动化自调、AI模式/趋势识别、智能预防性维护、社交网络集成等工作。

对于塑机租赁这种模式，震雄有没有什么看法？是否也会探索相关销售以及新型务模式？

蒋总：震雄素来自豪于企业极强的变通能力。我们从多年前就已经开始运行机器租赁，这远远早于同行业的其他公司。

客户各有所需，我们可以向客户按需提供相应的产品、服务甚至财务支持。这正是我们企业发展的座右铭：客人所要的，就是我们要做的。

协会正在推行标准化建设，涉及安全、节能、接口等多方面内容，请问对于标准建设方面，震雄对协会有什么要求，震雄最在意哪方面的标准？

蒋总：震雄非常认同并会全力支持行业标准化的建立，行业标准正是客户需求的升华。标准化意味着给予客户更多的选择，意味着更容易集成，更多可能和方式连接生产设备，从而创造额外的价值。

震雄将致力于与工业协会各方亲密合作，为行业标准化建设做出最大努力，同时也将致力于积极参与推动任何有益于工业发展的伟大事业（这也是我们一直在做的），尤其在社会安全、环境保护和数据连接方面更加义不容辞。

震雄既是民营企业也是上市公司，在企业管理、文化建设方面有没有独到的经验与行业分享呢？

蒋总：以集团愿景和价值观作为一切企业管理、文化建设行业的基础及指导思想，是震雄不断超越自我，寻求更高发展的核心所在，企业的价值便是为客户创造价值，以此与大家共勉！

作为行业里的前辈，震雄对今后中国塑机行业的健康发展有什么建议与意见？

蒋总：个人有三点建议。第一，环保是刻不容缓的事，是整个行业的社会责任。从注塑机的立场来看，以减少浪费及追求节能为新产品研发的主要任务，才可以为保护环境做出实质的贡献。

第二，业界应该加大知识产权的保护力度，否则这将成为阻碍创新思维最大的隐患。而创新，才是技术发展的原动力。

最后，要永远保持谦逊、乐观、好学的态度，积极接受新事物，基于传统，努力创新，让我们大家联手共同推动全球塑机行业往良性的方向发展。

值此 60 周年大庆之际，有没有话想对关心震雄的同仁说？

蒋总：在这里，我们要感谢所有人在震雄发展的 60 年里一路相随，感谢大家对我们的大力支持，感谢大家给予宝贵意见以鞭策我们进步，我们将努力成就更好的震雄来回报大家对我们的厚爱。

在未来的日子里，震雄将一如既往地为业界提供更多的高新科技，谋求与客户、合作伙伴的同发展、共强大。

用创新促动发展 以精益铸就品牌

——泰瑞机器股份有限公司董事长郑建国

泰瑞机器股份有限公司（简称泰瑞）是我国注塑机行业首家上海主板 A 股上市的企业。主要产品覆盖 550 ～ 5 850kN 全电动系列注塑机、4500 ～ 70 000kN 二板式系列注塑机、800 ～ 40 500kN 全系列液压精密注塑机、2 650 ～ 7 000kN 系列高速注塑机、1 700 ～ 19 200kN 宽窄板多角度多物料注塑机等，产品品种齐全。泰瑞连续 7 年以较好的名次被评为由中国塑料机械工业协会公布的“中国塑机制造业综合实力 30 强企业”以及“中国塑料注射成型机行业 15 强企业”。

泰瑞机器产品主要应用于汽摩配塑料件，塑料托盘、垃圾桶、周转箱等大型物流制品，食品、药品包装，地下管廊、地上管件，电子产品、办公自动化，通用注塑件六大领域，特别是超大型注塑机（10 万 g 以上注射量）全球市场占有率遥遥领先。

在短短 16 年的时间里，泰瑞便实现了质的飞跃。郑董能与大家分享一下泰瑞的发展历程吗？您认为是什么原因促使泰瑞取得上述成就的？

郑建国董事长（以下称郑董）： 2001 年，我带领一群热爱注塑机、拥有共同有梦想、志同道合的年轻人成立了泰瑞。本着“进步每一天”的企业精神和“为用户创造更大价值”的价值观，16 年来如一日，泰瑞拥有了具有完整自主知识产权的产品，得到用户和同行的高度认可。如今，泰瑞已经拥有逾 12 万 m^2 的生产面积，集研发、生产、销售、集成、服务于一体，梦想系列注塑机及衍生的多款产品远销全世界 120 多个国家和地区。先后被评为高新技术企业、浙江省技术中心，获得浙江省出口名牌、浙江省著名商标、中国驰名商标等称号，连续 7 年进入注塑机十强企业。

泰瑞的成功上市离不开长期合规、细致的准备工作。请问郑董，在上市过程中，泰瑞遇到的最大问题是什么？对于行业里准备上市的同行们，有没有什么建议？

郑董：作为行业首家在主板 A 股上市的企业，最大的困难莫过于一切都无迹可寻，必须依靠自身长年积累的实力和扎实的业务基础来直面一个又一个“查验”。泰瑞自 2003 年开始生产销售以来，仅仅十余年的发展便已经跻身行业前列。企业在迅速发展的同时，要保证管理健全、生产完善、销售稳定、财务规范，都是比较大的考验。所幸的是，泰瑞机器从一开始的运营，便以高标准的企业管理制度来约束自己。公司不断建立并健全公司的管理系统，再加上 ERP、OA 等办公辅助软件，账务明确、责权细分。从每个细节牢牢把控，保证每个环节的健康运行，这正是泰瑞成功上市最关键的保证。对于每一个预备上市的企业来说，稳定的业务基础和规范的财务系统都是相当重要的部分。

借助资本市场，泰瑞的资金实力也大大增强。一个更强大的泰瑞机器有没有新业务的投资意向或者国际化战略？

郑董：如今随着在上交所的成功上市，站在新的起点，泰瑞机器将一如既往地持续创新发展，扩大国际、国内市场份额，积极与欧洲、日本同行竞争，进一步整合全球资源，广揽人才，在新一轮战略布局中，迈出更稳、更快的步伐。努力将泰瑞早日打造成为全球具有规模、具有品牌影响力的注塑机供应商和塑料注射成型领域智能化、无人化生产整体解决方案服务商。

请您介绍一下泰瑞2017年的运营情况以及2018年的整体规划。

郑董：得益于国家政策的正确领导和整个行业经济的宏观调控，在经过2016年制造业转型升级、智能创新、绿色环保的洗刷，2017年开始整个行业便呈现快速增长的态势。泰瑞凭借齐全的机器系列和周到的产品服务，顺应这股潮流，实现突飞猛进的增长。新的2018年，作为泰瑞成功上市后的第一年，我们将从生产优化、技术创新、人才培养、品牌建设、市场拓展和智能制造等多个方面着手，远瞻美好蓝图，用实力来促进泰瑞进步，带动行业发展。

您如何看待当前国内注塑机市场的竞争格局，泰瑞在深挖市场方面有何应对策略？

郑董：不同于全球注塑机市场的金字塔局势，当前国内注塑机市场的竞争，大体基本可以分为三个层次，即成熟稳定型层次、发展成长型层次和初入门待成长层次。每个层次内的企业之间的差距已经很小。因为塑料制品行业产品覆盖范围广、行业特性区别大的特点，不同企业的拳头产品可以在相应的领域得到较好的发挥，所以整个行业呈现出蓬勃上升状态。

然而，我国塑料机械行业也面临着成本压力、经济衰退、国际环境动荡和政策法规变动等制约，因此必须学会转型升级、精益求精。如今，泰瑞处在成熟稳定层次，就必须加强产业链的调整升级，从适应市场变化往带动市场发展转型。在稳定原有市场的同时，开拓新的产品应用领域，将“一站式”产品整体解决方案应用在各个领域，实现“有注塑就有泰瑞”的伟大愿景。

泰瑞理念“进步每一天”，在企业运营管理中具体落实到哪些措施上？泰瑞是如何打造自己的企业文化的？

郑董：对于泰瑞而言，“进步每一天”不仅仅是一个口号，更是深入骨子里的发展诉求。泰瑞除却重视企业本身的成长以外，同样注重内部人才骨干的储备和培养。公司不仅和周边院校成立“泰瑞学院”进行新兴人才培育，而且在公司施行“内培专业讲师”“师徒一对一教授”“员工定期专项培训”和“精益管理学习”等促进员工不断提升的各项措施。泰瑞提倡，以每个员工技巧、经验和意识上的提升，来促动整个公司的进步。我们都有一个相同的信念，用不断提升的产品来为用户乃至整个社会创造更大价值。

请问郑董是如何看待“工业4.0”的，泰瑞在智能制造方面做出了哪些努力？

郑董：如今，随着“中国制造2025”的落地，“工业4.0”也在包括注塑机生产企业在内的多家制造企业里贯彻落实。所谓“工业4.0”，指的就是工业领域的升级和变革，旨在讲述通过充分利用信息通信技术和网络空间虚拟系统－信息物理系统相结合的手段，使制造业向智能化转型。“工业4.0”强调的智能工厂、智能生产和智能管理，正是制造企业改造过程中最重要的一环。泰瑞，从管理模式的创新到销售模式的创新，从研发的智能化到制造的智能化，通过“人－软件－硬件－平台”的方式将各个环节有序串联，最终实现产能、产品的转型升级。如今，泰瑞在机器中研制增设设备智能诊断和远程监控、包装系列机器智能注射调节、汽配系列机器模具自动更换、多组分机器注射机筒自动转换位置等诸多功能来实现机器的智能生产。

我国塑机在高端、精密设备上与国外同行还有一定差距，请问泰瑞在提供高端、高性能设备，振兴民族工业方面有何努力？

郑董：不同于只是盲目追求产量的年轻企业，

泰瑞更加注重企业的品牌效益和设备品质。2017年，被我们泰瑞人称之为“质量年”，因为这一年我们在以往高质量生产和高标准检验的规定上表现得更加严苛。除了加强制度管理，还增加了“检举”和“奖惩”模式，以期为客户提供高品质的注塑机设备。泰瑞作为浙江省企业技术中心，拥有研发部门进行新产品的开发、测试和改进。近年来，泰瑞独立自主研发的薄壁包装专用高速机、光学精密全电机、二板双色多组分注塑机等设备，都凭借高品质、高性能、高性价比填补国内市场空白，或冲击国外设备进口。未来，泰瑞也会持之以恒地为全球用户提供专业、系统、实用的整套产品解决方案，以振兴民族企业。

三垒科技划转升级　迈向“工业4.0”

——大连三垒科技有限公司销售总经理于淏洋

大连三垒科技有限公司（简称三垒）是我国塑机行业的中坚力量，作为我国建设部大口径双壁波纹管生产线设备产业化示范建设基地，具有雄厚的技术力量、强大的设计研发能力、高效的现代化管理模式和完善的质量管理体系。公司先后从德国、日本、西班牙等国引进了德马吉、马扎克、森精机、三菱、仓敷等国际一流的多工位加工中心、五轴联动加工中心及数控车床、数控铣床等一大批先进的高精度加工设备。作为多元化、复合型高新技术企业，三垒始终以开拓创新的精神，引领塑机行业发展趋势。

我们注意到大连三垒已经启用了“大连三垒科技有限公司”的名称，请问大连三垒更名的背后考量是什么？是否代表着公司正在进行战略转型？

于淏洋总经理（以下称于总）：大连三垒机器股份有限公司（简称公司）未进行更名，公司是为了优化组织和管理架构，理顺公司业务架构关系，提升上市公司管理效率及进行多元化发展考虑，于2017年3月8日成立全资子公司大连三垒科技有限公司（简称三垒科技），并将公司全部与制造业相关的资产及人员划转到三垒科技，由三垒科技承接公司塑料管道成套制造装备及五轴高端机床的研发、设计、生产与销售等相关制造业务。公司业务将调整为控股管理平台，管理公司合并范围内各业务板块。

三垒正在积极开拓新业务，并在进行3D打印方面的技术攻关，请问三垒是如何看待3D打印技术的，能介绍一下三垒的3D打印业务么？

于总：以3D打印技术为代表的智能制造是制造业发展的趋势。三垒发展的3D打印技术包括以激光近净成形技术为主的五轴联动增减混合制造技术，以及大尺寸的激光选区融化技术。当前主流的工业级金属3D打印直接制造的产品尺寸公差等级和表面粗糙度都不太理想，而传统数控机床具有高精准度和易于切削加工等优点，因此，将增材制造与传统机床相结合的混合3D打印技术可以兼得两者的优点，具有广阔的应用前景，其中五轴联动增减混合加工中心处于技术前沿。这种增减混合增材制造技术也可用于塑料机械，比如螺杆、螺旋体和分流盘的修复，表面合金化以提高使用寿命，甚至直接打印成型。三垒公司正在尝试打印带有内流道的成型模具，打印后的模具质量更轻、冷却速度更快、使用寿命更长。

请问三垒在自动化、智能化发展方面有何最新动态，如何打造智能工厂以及智能产品呢？

于总：现在智能化和自动化是制造业发展的一种趋势，谁落后谁就会被淘汰。三垒自主研发的高端五轴机床配合地轨式机器人已经可以组成智能加工单元，从自动上下料到各种工序都可以在加工单元内自动完成。波纹管生产线也添加了远程操作、智能化操作功能，从上料到出成品可以做到自动化生产。我们近期的目标是做到波纹管生产的现场无人化。

造十年精品　领航大型中空吹塑市场

——青岛岩康塑料机械有限公司董事长夏和义

青岛岩康塑料机械有限公司（简称岩康）成立于2007年，主要生产和销售超大型中空吹塑机，是青岛唯一一家生产中空吹塑设备的高新技术企业。岩康是青岛市高新技术企业、青岛市中空吹塑机专家工作站、广东海洋大学产学研实践基地以及青岛市重信誉企业，其产品已通过ISO 9001国际标准质量管理体系认证、美国CE认证和SGS国际第三方认证。公司生产的“岩康”牌200～10 000L多层系列中空塑料吹塑机出口印度、沙特阿拉伯等45个国家和地区，产品出口率达90%。公司产品技术全部自主研发创新，其中10 000L多层中空吹塑机荣获青岛市“市长杯”小微企业创新大赛银奖，并被青岛市经信委系统认定为“专精特新”产品。在2016年整体经济形势不好的情况下，岩康依旧实现了销售15%的增长，2016年产值达到1.2亿元，利税1 000多万元。2017年7月岩康开始启用胶西新厂区，未来产能可以扩大到3亿元左右。

胶州地区作为塑机企业的集群地之一，近几年整体发展情况却不尽人意。胶州地区塑机行业内部竞争激烈，而岩康却异军突起，请问岩康是如何实现转型升级以及快速发展的。

夏和义董事长（以下称夏董）：岩康能够实现转型升级以及快速发展，主要源于两个方面。首先，规划整合胶州塑料机械行业，走集团化发展道路。胶州大大小小的塑料机械企业有300多家，主要以管材板材片材设备为主，竞争大、创新少、质量低，现在很多塑料机械企业生存很艰难，同时也影响了胶州塑料机械在国内的名声。我们公司团队正在策划一个整合方案，走集团化合作，而不是企业之间对抗，从而让整个塑料机械行业活跃起来，为青岛经济创造更多的效益！

第二，企业升级转型，成立环保公司。2015年年底，岩康引进瑞士技术并收购了一家深圳的环保企业，成立青岛康景辉环保科技有限公司，位于胶州市胶北工业园。产品包括多效蒸发系统和MVR系统，主要用于客户工业废水中盐成分的提取再利用，并实现工业废水零排放，在青岛岩康是首家拥有这种技术的公司。公司产品共有十多项专利技术，并具有能耗低、产量高等八大优势，因此市场前景非常广阔，目前山东市场就非常大。

我们了解到岩康的主要产品是超大型中空吹塑机，设备规格200～20 000L系列。岩康还有20多项专利，在世界上最早研发出5层6层超大型中空吹塑设备。请问岩康是如何实现超大型高端技术创新的？

夏董：先讲一下国内同类技术情况。目前国内同行业还没有能做到10 000L以上大型多层吹塑机的，岩康研制的大型多层塑料中空吹塑机填补了国内空白。

岩康每年的技术研发费占销售收入的5%以上，主要用于中心的设备购置、中长期项目研发、市场考察、信息资源、学习、培训、技术交流及所需各种原、辅材料的购置等。公司还制定了研发经费核算管理办法，保证经费的专款专用、及时到位和节约。

企业创新体制和机制的完善是顺利开展技术创新工作的基础。公司从2012年开始了在技术创新体制上的改革和创新，于2013年投资新建了企业技术研发大楼，以研究开发新产品为核心，逐步建立起多层次、机动灵活的创新体系。2015年1月组建了青岛市塑料中空吹塑机专家工作站，为申报和组建省级工程研究中心打下了良好的基础，我本人是公司专家工作站课题负责人。公司还聘请了两位高校科研院所的教授专家作为工程研究中心的外聘专家，定期前来进行技术培训和指导。

岩康努力调整产品结构，开发差异化、功能化的大型中空吹塑机新品种，并不断开拓吹塑机的新用途，提高产品在国际市场上的竞争力，增加企业经济效益。企业技术创新工作的不断推进，科技项目技术水平的不断提高，必将吸引更多的国内外客户。

企业良好的表现离不开优异的制度建设，夏总能否介绍一下岩康的内部制度建设情况？

夏董：现在岩康的内部制度建设已经基本完善，主要包括项目技术标准管理制度、知识产权管理制度、人才激励机制、质量管理情况、创新环境管理、安全生产管理制度等。

项目技术标准管理制度：公司成立了专家委员会、技术委员会作为技术创新决策咨询层，负责企业技术创新项目的论证、决策参谋和咨询，保证了技术创新项目立项的科学性，减小了立项的风险性。知识产权管理制度：公司设有技术研发中心办公室，有两名工作人员，专职负责公司知识产权的管理和各部门协调以及技术保密工作。人才激励机制：根据公司发展规划结合当前研发工作实际，每季度进行一次考核，将研发人员的评估结果逐个与绩效目标责任书中规定的绩效目标进行对比评估，形成考核结果；对考核结果评价高的员工进行奖励、表扬，对考核结果评价低的员工进行惩罚、批评。

质量管理情况：公司早在 2009 年成立之初就实行了 ISO 9001 质量认证管理方法，我本人任质量管理者代表，并设有专人管理和培训员工。2014 年又实行了美国 CE、SGS 第三方认证管理。安全生产管理制度：公司自成立以来就树立“安全第一，预防为主”的安全生产方针，生产服从安全的需要，实现公司的安全生产和文明生产。新职工、临时工、实习人员等必须先进行安全生产的三级教育，即生产单位教育、机房或班组教育、生产岗位教育，才被获准进入操作岗位。工人改变工种后，必须重新进行安全教育才能上岗。这些有效杜绝了因违反安全生产制度和操作规程而造成的安全生产事故。创新环境管理：恰如前面所提到的，岩康积极进行自主研发，加强产学研合作并加大技术引进，保持了公司的技术优势，为公司继续发展奠定了坚实的技术基础。

深耕电热圈技术　助力中国塑机行业节能减排

——艾克森（江苏）节能电热科技有限公司总经理何海兵

艾克森（江苏）节能电热科技有限公司（简称艾克森）创始于 1988 年，是一家具备国内领先研发能力的国家级高新技术企业，主打产品为兼具高效加热和节能效果的纳米远红外电热圈，附属产品有智能热风干燥机和新近推出的智能漏胶检测仪等。艾克森是目前中国领先的纳米远红外电热圈制造商，拥有 21 项实用新型专利、6 项发明专利，掌握该产品的核心技术。

公司已通过 ISO 9001 和 ISO 14001 体系认证，产品拥有 CE、FCC、RoHS、UL 等多项认证。艾克森是全球首家对纳米远红外电热圈提供 4 年质保的制造商，亦是目前唯一开发出现场修复、全并联加热与立式加热技术的制造商。在 30 年的历程中，艾克森累计生产超过 90 万只电热圈，产品远销东南亚、土耳其、美国等多个国家和地区及中国台湾地区。

我们注意到艾克森 2017 年度纳米远红外节能圈产量达到了 92 736 只，想必艾克森 2017 年生意一定非常火爆。请何总介绍一下 2017 年的运营情况。

何海兵总经理（以下称何总）：艾克森 2017

年业务的确非常火爆，这得益于我国塑机业的一片红火和国内合作厂家们对我们的支持。已有超过 30 家主机厂跟我们有稳定合作，国内像泰瑞机器、海雄塑机、海达塑机、华美达塑机、宝捷精机、台湾全力发，还有国外的日本 JSW 这些知名的厂商，都跟艾克森进行了产品线标配。另外有一些规模并不十分大的企业，他们在新技术的接受与应用上也走在了前列，比如胜沃塑机、优灿塑机、雷盟塑机，几乎是进行了整厂标配，跟艾克森的合作非常深入。2017 年，艾克森也进行了一个产能倍增计划，第二工厂也筹建结束，并在 4 月份开始投入生产，7 月份之后就已经实现了稳定供货。目前我们两个厂的订单都趋向饱和，还在考虑是否增加第三、第四工厂。我们在纳米远红外电热圈市场深耕了 8 年多，市场也越来越接受、欢迎这种新型节能加热器，反响热烈。除了注塑机，我们在挤出机领域也有着非常不错的合作成绩，比如金纬机械从 2016 年开始就跟我们合作，并在 2017 年提升了 3 倍多的业务量，我们有信心在不远的将来再大幅增加挤出机领域的合作。另外，流延膜市场的巨头新乐华宝也跟我们公司在 2017 年达成了业务合作。可以这么说，纳米远红外节能圈的市场前景非常好，我们艾克森对这个领域充满信心，希望在未来的两到三年，整个塑机市场份额的覆盖率达到 60% ～ 80%。

恰如何总所言，艾克森是塑机行业里重要的配套商，也成功为上述知名品牌配套，请问艾克森的加热圈在市场上有何竞争优势？

何总：艾克森一直围绕着“品牌”“品质”和“技术优势”这三方面精心打造产品。大家知道，1 000 次成功不一定能立得起一个品牌，但 10 次失败，再强大的品牌也会轰然倒塌。所以，我们这 8 年来，如履薄冰，坚持品质，致力于打造一个高品质的放心品牌形象，不敢在“品质”和“技术优势”方面有一点马虎。这个理念经过这么久的坚持，现在终于获得了大家的认可。

说到品质，我们首先在选材上就坚持一个原则：绝不偷工减料。艾克森一直坚持所有加热圈外壳使用不锈钢材料，电阻丝使用进口康泰尔合金丝，保温材料坚持选用航天六院生产的航空级高密度气凝胶产品，这在原材料上就形成了优势。

另外，艾克森有一整套严格的质量管理系统。公司所有中层以上的管理人员全部强制性通过 ISO 9001 质量管理认证内审考试，所有艾克森出产的产品都必须通过业内最严格的出厂检测。艾克森还联同一家国外企业合作开发一套视觉识别的质检系统，使得品质控制更为精准便捷，提升品质控制力度，保持行业优势。

在“技术优势”领域，艾克森是全球首家把塑机加热器的质保期提升到 4 年的制造商，并开发出现场修复、全并联加热与立式加热等领先技术，甚至在特定领域形成了技术性垄断。举例来说，日本 JSW 公司的镁合金压塑机，使用的加热器温度高达 650℃，就选用了艾克森 HT6 型高温纳米远红外电热圈，可以稳定工作在 630 ～ 650℃一年以上，这在目前的电热圈领域还未被突破。

艾克森产品在节能方面具有显著效益，何总有什么好的案例与大家分享吗？

何总：我讲两个有趣的小故事。2016 年，重庆有一个客户做了纳米远红外电热圈的节能改造之后，节能率达到了 62%。客户在两台设备上进行验证后，在采购新的设备时直接要求厂方不再安装原来的加热圈，由他们自行安装，这让设备厂方十分惊奇，他们的售后工程师在现场组装设备时把纳米远红外加热圈的品牌和联系方式反馈给设备工厂。随后，工厂跟我们取得了联系，经过多次沟通之后形成了合作，这就是我们和金纬机械公司合作的缘来。

同样的故事发生在苏州美的公司，苏州美的在进行整厂改造之后，节能效果显著，导致他们在向海天塑机采购 20 多台新设备时都是要求不再安装原来的陶瓷加热圈，由艾克森现场安装纳米远红外电热圈。

这样的事例说明，节能型电热圈在终端客户处形成了节能优势，这种优势会掀起整个注塑业的节能改造大潮，并且最终会引导整个塑机行业向节能电热圈方向转变。正是看到了这种趋势与转变，我们对公司将来的发展充满了信心。

何总曾向大家介绍已经成功研制出“违反物理规律”的“立式加热”技术，请何总介绍一下相关情况。

何总：（大笑）这个说法太言过其实了，我没有能力违反任何物理规律，没有任何一样实物能违反物理规律的。

“立式加热”一直是纳米远红外电热圈的禁区，因为它的原生结构无法适应“立式加热”的要求。艾克森进行了多方面的研发和探讨，做了大量实验与结构性改进，对电热圈原生结构进行了革命性的改造，螺旋电阻丝更换成360°旋扭扁带电阻丝，使得加热方式发生了根本性变化。经过检测，由于热效提升，本体温度下降，电阻丝寿命提升了至少20%，加热效率提升了15%。而且在“立式加热”的时候，没有任何结构变化，基本上完美解决了在“立式加热”方面一直困扰大家的问题，为立式注塑机、中空成型机等领域带来了节能提升的佳音。

我们公司也开发了全并联技术。目前电热圈内部结构全部都是串联，其中一根电热管发生损坏，基本上整个电热圈都会失效，而全并联技术的推出彻底改变了这个现况。全关联技术攻克了组装困难的难题，使用电热管全部并联工作，大大提升了产品的健壮性与生存力，延长了产品寿命，使得产品在国外等偏远地区的应用更为可行。

另外我们公司还研发出一款新型的可现场更换电热管的产品。因为目前电热圈产品的结构性弊端，它在现场是没有办法进行电热管更换操作的，而偏偏石英管易碎，这就造成了产品在安装、远程运输时的破损高风险。艾克森在这方面投入了大量的人力物力财力，进行了专项研发，目前研发出来的产品也是完美地解决了这个问题，已经在进行大量测试。

艾克森专攻电热圈并在加热领域精耕细作，请介绍一下艾克森的研发团队，以及公司是如何进行产品创新的。

何总：艾克森的研发团队是从小到大不停成长的。最早跟东南大学的余加兵硕士进行合作，随后跟南京航空航天大学材料院的陶博士和南京大学工学院的唐少春教授，跟中科院材料研究所宁波研究院的许博士都进行了多方接触。除了在外获取技术帮助，我们在内部也培养了一个6人的研发小组。有人负责材料研发，有人负责结构设计，有人负责整合测试。对外而言，我们的团队是很小的，但专业技术很强，所以在行业内的技术优势都一直保持得非常好。2017年，艾克森的纳米远红外加热圈出口到日本，给日本友人留下了非常深刻的印象，获得了高度认可和称赞。在这一点上，我们还是比较自豪的。

专利方面，我们有21项实用新型专利、6项发明专利和1项外观专利，在知识产权上在行业内拥有绝对优势。不过我们也不会盲目自信，电热圈还有不少的领域需要提升与改进，我们有义务也必有信心把加热领域的基本功打扎实，开发出更多更新型的产品，为行业增加竞争力。

作为配套企业，服务是非常重要的内容，请问艾克森在市场开拓、配套服务上有什么经验与行业分享。

何总：纳米远红外电热圈其实只是注塑机、挤出机上面的一个小配件，而且是易损的配件。举例来说，对于注塑机，远红外电热圈如果经常发生故障，影响的是整个注塑机的工作，影响客户生产过程的顺畅，甚至影响注塑机的品牌形象。艾克森一直深知，作为配套厂家只能给合作方加分，不能给他们制造麻烦，所以在品质控制上一直精益求精，尽力做到完美。

另外，万一发生问题，我们会立即派出技术团队，全面跟踪和服务。2016年，海雄塑机的一个客户的加热圈安装后接线头未拧紧，导致五眼瓷接头处打火发红。客户向海雄塑机提出投诉。我们没有做任何争辩，派出一名技术人员当天下午直飞成都，帮他们拧紧所有的螺钉，并免费赠送了一节同规格的备用产品，再飞回公司，全程没要海雄塑机出一个人。这样尽心尽责的优质服务，既赢得了客户的高度赞扬，也为海雄塑机提升了品牌形象，更为我们和海雄塑机的合作夯实了基础。艾克森就是用这样的贴心服务，一点一点，获得行业的认可与信任，建立起一个值得信赖的优秀品牌形象。

说到客户服务问题，我们也注意到何总遭遇到向客户追欠款的情况。公司会不会在管理上进行调整，避免自身被动呢？

何总：（笑）这是一个行业性的话题了。塑机圈子比较主流的做法都是N+3付款账期，就是开票之后90天付款。艾克森对供应商一直坚持的是N+1账期，即30天内全部支付完所有的供应商货款。并不是艾克森特别有钱，而是一个优秀的供应商需要扶持与培养，良性循环、合作共赢才是大方向。

虽然对行业内约定俗成的一些规则，我们也只能被动接受，但是在可能的情况下还是呼吁大家良性合作。在这一方面我要特别赞扬金纬机械这样的好公司，他们在付款方面一直做得非常优秀，小额货款全部现结，大额货款也是在规定账期及时到账。除了金纬机械，还有海雄、宝捷、华美达，这些公司注重诚信，付款不拖欠，在这一点上艾克森要向他们表示感谢！也希望行业内更多的企业，在供应商扶持方面互惠互利，共同建立起一个健康稳健的产品生态链。

何总如何看待当前塑机行业加热圈市场，如何看待同行的竞争？

何总：任何行业都有竞争，只不过竞争分为良性和恶性两种。艾克森的产品从面世以来一直稳打稳扎，经历了8年的艰辛开拓。这些年来，我们经历了很多次的产品换代、修改和提升，获得了21项实用新型专利、6项发明专利和1项外观专利。我们积累了很多开发经验，但是也遭遇了抄袭、仿制等问题，对公司造成了不良影响。对于这些问题，我们正在通过法律手段解决。另外，国外的一些竞争者也注意到我们的产品，但是他们大多进行自行研发，设计出跟我们竞争的产品。我们尊重这样的竞争对手，也希望国内有更多这样的研发型竞争对手出现。虽然目前在红外线节能电热圈领域，艾克森还具备领先优势，但我们非常希望有更多优质的竞争者出现，共同把这个产品推向更高的技术高度，拥有更大的发展空间。

艾克森未来有什么新产品投放计划吗？

何总：目前最主要的新产品推出计划是我们的发明专利——智能漏胶检测仪。它解决了注塑机一直以来令人头疼的漏胶检测的麻烦。这个产品非常节能、工作稳定，它可以跟注塑机的控制系统进行连接，当发生漏胶时发出警报，暂停设备，以防对产品和机器造成较大的影响，影响产品品质和业绩，而且售价低廉。预想这个产品会成为注塑机的热门选配件。

另外，艾克森全新设计的智能热风干燥机，结构精巧，节电率达到50%以上，有非常大的应用市场前景。

打造全面润滑解决方案　追求共同发展

——埃克森美孚（中国）投资有限公司工业润滑油销售总经理杨东

埃克森美孚（中国）投资有限公司注意到在过去几年塑料加工行业设备进行了升级换代，节能环保的理念越来越深入人心，市场对高品质润滑油的需求与日俱增，发展空间和潜力非常大。

现如今中国塑料产业在高端化、差异化发展的同时，还更注重降本增效，绿色可持续发展。埃克森美孚如何顺应市场需求，为高产量塑料加工厂商创造安全、环保、高效的润滑效益？

杨东总经理（以下称杨总）：过去几年我国

经济蓬勃发展，家用电器、汽车制造、通信设备、建筑材料、医疗器械等一系列和提升民众生活水平息息相关的行业快速增长，使塑料加工行业一举成为我国工业发展的新增长点。但同时，塑料加工产业单位产值能耗高、环境污染问题等也成为限制其进一步发展的关键因素。

我们深悉塑料行业面临的机遇和挑战，为客户提供了一系列具有优异节能效果的润滑产品，可有效助力本土塑料行业用户提升设备运行效率，增加经济效益，推动行业实现绿色可持续发展。

不光是塑料行业，各行各业都在讲求节能减排、节能增效。值得一提的是，我们跟中国节能协会在过去几年有非常好的合作，借助这个平台一直在向其会员单位推广节能减排的润滑理念。近两年，我们携手各行业的领军企业，比如大家熟知的神华集团、中联重科，多次开展工业润滑油节能效果测试，都取得了不俗的成绩。

中国塑料产业正经历着转型升级，塑料市场对新产品、新技术的需求与日俱增，同时，中国塑料企业也将目光更多地投向海外市场。埃克森美孚还将以何种方式，助力中国塑料企业打好创新升级攻坚战，更好地接轨国际？

杨总：在我看来，中国塑料行业的发展速度已经走在世界前列。根据中国塑料加工工业协会数据，2017 年全国塑料制品行业累计出口额超过 600 亿美元，同比增长近 9%。同时，以塑代木、以塑代钢的发展趋势也为这个行业带来了非常广阔的发展前景。

我们主要从以下几个方面出发，助力企业更好地“走出去”。

第一，我们是一个国际化的企业，产品营销与技术服务的网络遍布全世界近 200 个国家和地区。这样一个国际化的服务网络可以帮助国内企业更轻松地对接当地市场。举个例子，浙江紫江包装在国内和我们的业务往来很密切，我们的液压油与齿轮油全面满足了其设备需求。他们在埃塞俄比亚建立分厂时，在我们的帮助下很快对接上当地的服务网络，找到了最合适的经销商帮助解决了渠道空白的问题，确保了工厂的稳定生产。同时，我们在当地的服务工程师也进行了跟进。

第二，我们拥有技术上的优势。埃克森美孚每年用于研发的投入高达 10 亿美元，在全球还有近 2 万名科学家和工程师。为了更好地服务中国乃至亚太区的客户，在上海研发中心内设立了亚太润滑油科技中心；埃克森美孚上海研发中心的扩建工程也于 2018 年 4 月 19 日正式完成。新设施将与设在中国的亚太润滑科技中心一起，增强埃克森美孚覆盖全球的润滑技术网络。

第三，我们的组织框架中有设备制造商工程师部门，在全球范围内与 1 000 多家设备制造商直接对接。该团队同样为中国的设备制造商提供服务，可以在最短的时间内响应合作伙伴的需求。

作为一个跨国企业，我们非常乐意帮助中国的企业走出去，也希望能够把中国先进的加工设备推向全世界。

当前，很多用户企业并没有获得完整的润滑服务与培训，美孚工业润滑油如何帮助企业提高重视程度和认识水平，利用润滑解决方案推动行业的可持续健康发展？

杨总：我们在和企业接触的过程中，发现企业对于润滑管理的认识差别很大，有的企业已经深刻认识到了润滑油对设备稳定运行的重要性，但仍有不少企业的观念还未更新，认为润滑油仅仅只是企业成本的一部分。所以我们与中国塑料机械工业协会合作，通过协会这样权威的平台向更多塑料企业灌输这样一种理念：润滑油不仅仅是企业成本中的一环，更是一份投资，可以为企业带来更多的经济收益。除此之外，我们积极联手行业龙头企业，通过他们去帮助更多企业认识到润滑油在整个设备管理、生产管理上至关重要。

实际上，我们一直以来的宗旨就是“不只是提高生产力”，始终致力于为用户提供一整套润滑的解决方案，而非简单的润滑产品。下面我想从安全、环保、高效这三方面出发，简单阐述一下我们的润滑解决方案如何为塑料行业的终端用户带来实际效益的提升，帮助企业进一步提升竞争力。

安全指的是通过延长换油周期，使维修技术人员接触设备的机会或时间大大减少，这样一来人员安全就得到了保障，潜在风险随之降低；而在环保层面，润滑油的使用寿命延长了，废油的排放也就大大减少了，这对环境的保护效果是显而易见的。同时，我们还推出了一系列具有优异节能效果的润滑产品，可以推动塑料加工业实现绿色循环低碳发展，可以说为环保做出了切实的贡献。最后讲到高效。我们经验丰富的现场工程服务团队可以帮助塑料企业改进维修计划，减少废品率，避免非计划停机，从而实现产品生产效率的提升。

美孚工业润滑油在塑料加工行业拥有丰富的润滑管理经验，请您分享一两个实际案例。

杨总：在这里我想举个汽车行业的例子，要知道汽车行业不管是内外饰、面板、密封件，还是保险杠，都跟塑料行业息息相关。

过去几年，汽车行业一直注重轻量化发展，塑料作为减轻车体重量的绝佳材料由此得到了极大发展。我们海南有一个主营汽车内外饰的客户，配备了2台大型注射成型机用于生产汽车内外饰产品，但在生产过程中经常出现产品飞边等质量问题。经过一系列的排查后，我们专业的工程师团队推荐使用美孚DTE 10超凡™高性能抗磨液压油来解决注塑机液压系统压力不稳的问题。更换产品后，设备生产力和成品合格率切实提高了，而每年减少的人工成本、润滑油采购费用和能效提升后节省的用电费用近三万元。

通过这样一个简简单单的产品更换升级，加上配套的专业服务，这家企业获得了可观的收益。这也并非个例，仅在2014—2017年这段时间里，我们已经帮助20多家中国企业实现安全、环保、高效的润滑效益，并出具了客户官方认可的业绩证明。

为促进润滑油在中国塑机行业的销售，贵公司有什么新的举措？

杨总：我们现在有几个方面的想法。第一，要加强跟既有客户合作的深度跟广度，不断扩大服务网络和服务范围。比如说和赢泰的合作，现在我们主要是利用赢泰的平台，让其终端用户能有一个正确的渠道来了解、使用润滑油。但是，在服务的广度上目前显然做得不够。接下来会把重心更多地放在这一块，利用遍布全球的服务网络去一一对接经销商。比如初装，我们会针对不同客户的不同需求提供定制化服务。

第二，我们将与龙头企业紧密合作，进一步扩大行业影响力。正如我之前说的塑料行业对高端润滑油的需求越来越旺盛，润滑管理理念也在逐步提高，他们知道一个高品质的润滑油可以帮助企业和终端用户提高生产力。所以，接下来我们会努力扩大市场份额。

第三，我们也想借助电商平台、权威媒体和协会来提升品牌影响力。通过这些平台去跟更多的用户沟通，去宣传我们的理念以及优质的产品和服务，达到互利共赢、共同发展的目的。

作为一家知名的跨国上市企业，埃克森美孚有哪些关于创新的文化理念可以分享？

杨总：创新是每个企业的灵魂，不论是传统行业还是现代通信行业和IT行业，每个行业都需要不停地创新和进步，创新也是我们整个企业文化中非常重要的组成部分。在埃克森美孚的企业文化中，“安全”始终是位于第一位的，在安全的前提下我们一直鼓励创新，从最高的管理层到执行的层面，创新贯穿于所有日常工作。但我们所做的创新不是把所有东西推倒重来，而是在原有的基础上一点点地进步，逐步提高。

除此之外，创新还源于我们对行业需求的倾听。就像塑机行业有“走出去”的想法，有产业升级的趋势，那我们就要跟上。通过倾听广大企业的需求，积极研发相对应的节能减排产品，对我们而言也是一种创新。

与此同时，我们也在不停地向市场学习，向同行学习，促使创新文化成功落地，实践在每一天的工作过程中，实践在新产品的引进、新服务的推出上面。以美孚®优释达®系列服务的全新成员美孚®优释达®油品分析服务为例，当油样检测报告完成后，用户只需通过手机 APP 就能收到油样化验报告。未来，我们也将把创新的科技和既有的产品、服务结合起来，为客户带去更好的生产效益。

2017 首届“中国好塑才”

为落实《制造业人才发展规划指南》文件精神，进一步加强我国塑机人才建设，有效开展人才评价与激励，加大对优秀人才的表彰和奖励力度，中国塑料机械工业协会组织了 2017 首届“中国好塑才”评选活动。经自愿推荐申报与协会评议、行业公示，共评选出“管理精英”7 名，“技术能手”10 名，“科技英才”10 名。

管理精英入选名单

序号	姓名	公司名称及职务
1	朱康建	博创智能装备股份有限公司董事长兼总经理
2	蒋忠定	宁波市海达塑料机械有限公司总经理
3	王稳根	宁波双马机械工业有限公司总经理
4	张　兵	苏州金纬机械制造有限公司片板膜分公司总经理
5	裴　章	常州金纬化工成套设备有限公司总经理
6	张　斌	宁波长飞亚塑料机械制造有限公司总经理
7	姚礼贤	泰瑞机器股份有限公司制造中心总监

技术能手入选名单

序号	姓名	公司名称及职务
1	谢继永	博创智能装备股份有限公司华南区服务主管
2	程宝海	宁波市海达塑料机械有限公司质保部副部长
3	李　辉	苏州金纬机械制造有限公司调试工程师
4	彭　登	宁波创基机械有限公司锁模组组长
5	方国平	海天塑机集团有限公司员工
6	司贵超	宁波弘讯科技股份有限公司技术员
7	兰海林	上海金纬片板膜设备制造有限公司工程师
8	王烈辉	海天塑机集团有限公司员工
9	王应军	常州金纬挤出机械制造有限公司售后服务副部长
10	魏建鸿	泰瑞机器股份有限公司技术中心办公室主任

科技英才入选名单

序号	姓名	公司名称及职务
1	黄土荣	博创智能装备股份有限公司智能系统事业部技术总监
2	袁卫明	浙江申达机器制造股份有限公司技术总监、研究院院长
3	许　勇	上海金纬机械制造有限公司副总工
4	林梓生	广东金明精机股份有限公司高级工程师
5	刘玉鹏	宁波双马机械工业有限公司技术总监
6	李向东	佛山宝捷精密机械有限公司副总经理兼总工程师
7	王多勇	四川中旺科技有限公司技术总工
8	严　兵	江苏澳盛复合材料科技有限公司研发总监
9	储能奎	泰瑞机器股份有限公司技术二部经理
10	孙凌财	宁波弘讯科技股份有限公司副经理

中国塑料机械工业年鉴2018

产品与项目

介绍2017年塑料机械行业进入国家各类目录的产品、未来产品发展方向，展示新产品

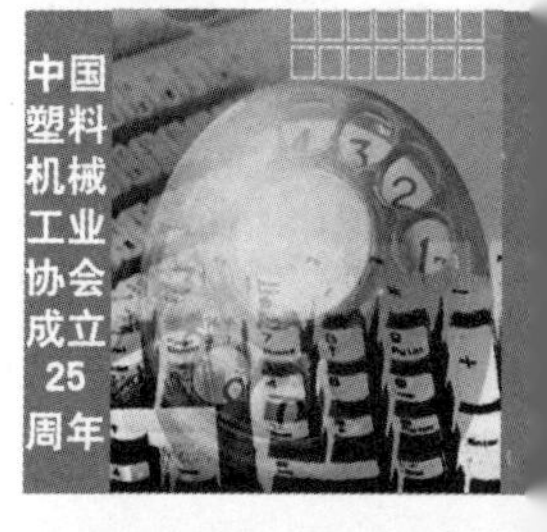

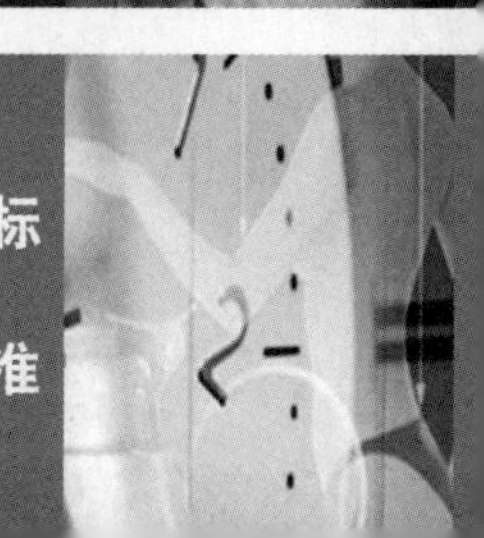

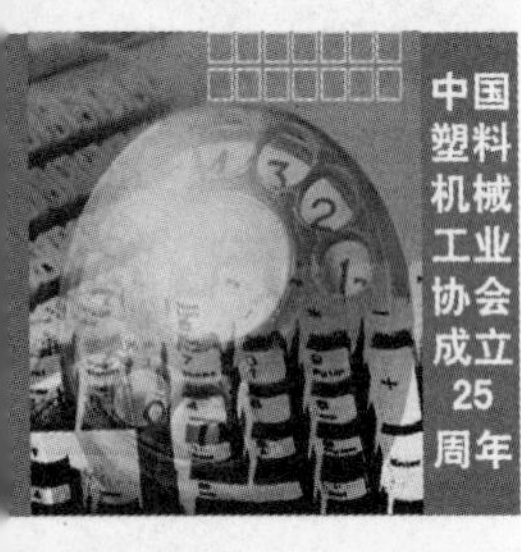

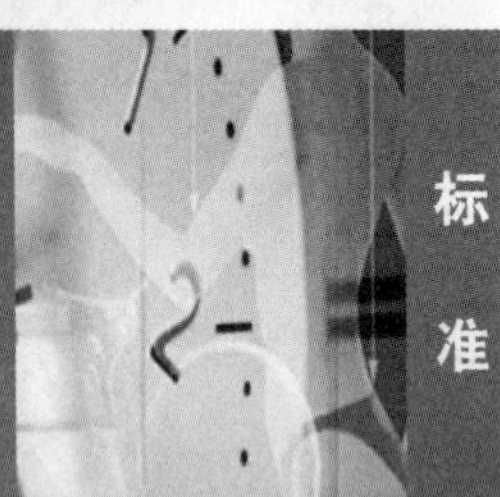

产品与项目

首台（套）重大技术装备推广应用指导目录（2017年版）

产业关键共性技术发展指南（2017年）（节选）

中国专利奖（塑料机械工业）

塑料加工业技术进步“十三五”发展指导意见（节选）

Chinaplas 2018 优势企业展品

环保包装 绿色创新——PLA 聚乳酸/淀粉基生物降解材料的双螺杆挤出片材设备

首台（套）重大技术装备推广应用指导目录（2017 年版）

编号	产品名称	单位	主要技术指标
11.2.1	超大型二板式伺服注射成型机	台	锁模力≥ 60 000kN；容模量≥ 3 000dm^3；最大注射量≥ 280dm^3；注射行程≥ 925mm
11.2.2	大型实壁管生产线	套	挤出产量≥ 1 300kg/h；生产线速度≥ 0.055m/min
11.2.3	双向拉伸塑料薄膜生产线	套	（1）聚酰亚胺薄膜（PI）生产线：幅宽≥ 1.6m，速度≥ 6m/min，产能≥ 60t/a；（2）聚酯薄膜（PET）生产线：幅宽≥ 5.8m，速度≥ 400m/min，产能≥ 25 000t/a；（3）聚丙烯薄膜（PP）生产线：幅宽≥ 8.5m，速度≥ 450m/min，产能≥ 35 000t/a
11.2.4	溴化丁基胶后处理生产线	套	生产能力≥ 4.5t/h（溴化丁基、普通丁基）；胶料水性质：PH 值 5 ～ 9；门尼：45±4、32±4 和 51±5；入口胶粒含水 5% ～ 8%；出口胶粒含水 2% ～ 3%
11.2.5	橡胶湿法混炼自动化生产线	套	干胶产量≥ 3t/h；耗电量≤ 100kW · h/t 干胶；燃煤量≤ 120kg/t 干胶；每吨干胶生产用水≤ 2t
11.2.6	包装专用 PET 瓶坯注塑机	台	生产周期≤ 6.8s；机械手单次进出时间≤ 1.6s
11.2.7	大型多泵组合两板式伺服节能精密高响应注塑成型机	台	设备锁模力≥ 21 000kN；开模行程：1 800/2 700mm；多泵组合、伺服控制，高性能伺服电动机、高性能齿轮泵单元；节能≥ 30%
11.2.8	太阳能电池专用薄膜生产线	套	收缩率≤ 3%；制品最大幅宽≥ 3000mm；制品最大生产线速度≥ 6m/min
11.2.9	高速宽幅双向拉伸薄膜生产线	套	宽幅≥ 8 700mm；最大生产速度≥ 450m/min；年产量≥ 36 000t/a
11.2.10	农用生态型斑马膜智能成套装备	套	制品厚度：0.012 ～ 0.10mm；制品最大幅宽≥ 2 650mm；制品厚薄均匀度≤ ±3.5%（0.012 ～ 0.040mm 范围内）
11.2.11	大容量模内贴标成型系统	套	锁模力≥ 8 000kN；注射速度≥ 85mm/s；理论注射容积≥ 3 900cm^3；模内贴标时间≤ 3.5s
11.2.12	塑料绿色节能微型注射成型设备	台	锁模力≥ 50kN；注射压力≥ 230MPa；注射速度≥ 300mm/s
11.2.13	全自动大型塑料箱体智能生产线	套	注塑机锁模力≥ 16 000kN，注射量≥ 8 812cm^3；可生产塑料箱体的容积 30 ～ 100L；注塑产品重量重复精度≥ 0.2%；能耗≤ 0.5kW · h/kg
11.2.14	离子型高分子玻璃夹层膜生产线	套	模头宽幅≥ 2 600mm；可生产的胶膜厚度范围：0.89 ～ 2.54mm；最大生产速度≥ 3m/min；年产量≥ 2 000 000m^2
11.2.15	高效节能压塑制盖设备	台	最高产能≥ 72 000 个 /h；能耗≤ 0.995kW/1 000 个；成品盖合格率≥ 99.9%
11.2.16	挤出复合膜生产线成套装备	套	最大模头宽度≥ 2600mm；成品最小厚度≤ 0.02mm；成品最大宽度 2 300mm；最大机械线速度≥ 180m/min
11.2.17	多层共挤农用薄膜吹塑装备	台	最大幅宽≥ 20 000mm；制品最小厚度≤ 0.04mm；制品厚薄均匀度：±6%；最大产量≥ 2 500kg/h；挤出层数≥ 5
11.2.18	预涂膜高速挤出复合设备	套	最大生产速度≥ 260m/min；最大挤出量≥ 200kg/h；复合膜剥离强度≥ 1.8N/15mm；

（续）

编号	产品名称	单位	主要技术指标
11.2.19	大型三色注塑成型机	台	最大锁模力≥ 15 000kN；最大注射量：主≥ 2 300cm³，副≥ 360cm³，侧≥ 550cm³；额定系统压力≥ 17.5MPa；最大容模量≥ 1 800mm；注射行程：主≥ 450mm，副≥ 245mm，侧≥ 300mm；转盘重复定位精度≤ 0.02mm
11.2.20	热塑性聚氨酯（TPU）超临界流体发泡注塑成型机	台	发泡材料厚度 2 ～ 20mm；密度 60 ～ 360kg/m³；可连续成型
11.2.21	大型长纤维在线注塑成型机	台	锁模力≥ 23 000kN；注射量≥ 15 000g（PP+30GF）；纤维含量 20% ～ 50% 可调
11.2.22	微孔发泡注塑成型机	台	锁模力≥ 2 000kN；注射量≥ 15 000g；平均泡孔直径≤ 30 μm
11.2.23	宽幅、高速双向同步拉伸电池膜生产线	套	制品宽度≥ 4m；膜厚度 9 ～ 20 μm 可调；厚度公差 ±1 μm；生产线速度 50 ～ 60m/min；年生产能力≥ 9 600 万 m²/a；成品率≥ 70%
11.2.24	道路相变自调温材料混炼挤出造粒成套生产装备	套	年生产能力≥ 5 万 t/a；由双阶挤出机组构成，主驱动电机功率：一阶（双螺杆）≥ 2 600kW，二阶（单螺杆）≥ 1 000kW；螺杆直径：一阶（双螺杆）≥ 320mm、二阶（单螺杆）≥ 400mm；螺杆转速：一阶（双螺杆）20 ～ 200r/min，二阶（单螺杆）10 ～ 100r/min
11.2.25	双阶式螺杆混炼挤压造粒机组	套	年产量≥ 5 万 t；一阶主电机功率≥ 2 600kW，二阶主电机功率≥ 1 000kW

产业关键共性技术发展指南（2017 年）（节选）

原材料工业

（三）石油化工

4. 水性聚氨酯树脂及下游应用技术

主要技术内容：丙烯酸酯改性水性聚氨酯技术；有机硅改性水性聚氨酯技术；水性聚氨酯合成革贝斯技术；水性聚氨酯涂料配方技术；水性无溶剂高固含量发泡聚氨酯制备技术等。

5. 高熔体强度聚丙烯直接聚合技术

主要技术内容：聚合催化剂链转移敏感性在线调控技术；共聚单体分布的聚合物链结构控制技术；多相共聚物形态控制技术等。

9. 全生物降解聚丁二酸丁二酯及其共聚物的制备技术

主要技术内容：酯化催化剂和酯交换催化剂、稳定剂等复配技术；分子链结构设计与控制技术；基于生物基/化石基丁二酸的 PBS 聚合工艺；薄膜级 PBS 的分子结构设计及聚合工艺；PBS 薄膜的加工技术。

11. 汽车低成本专用碳纤维开发关键技术

主要技术内容：优化聚合和纺丝及碳化、（预）氧化等关键生产工艺；原丝的纺丝速度及纺丝液的含固量控制技术；满足汽车典型零部件综合性能要求的汽车大丝束低成本专用碳纤维材料；碳纤维材料性能检测技术。

12. 汽车注塑发泡内饰结构件的生产与应用关键技术

主要技术内容：发泡注塑内饰结构件，包括

发泡PP、发泡ABS内饰件等；发泡注塑件的发泡机理及尺寸、形状控制关键技术；目标零部件结构设计、性能仿真分析及产品本构特性核心技术；发泡注塑模具设计及工艺；发泡结构件强度和韧性调控技术。

（四）建材

6.超细、超薄、低介电玻璃纤维及其制品的制造技术

主要技术内容："BC"级和"C"级电子纱及布规模化制造技术；高压水枪开纤技术；低介电高硼玻璃纤维成分配方技术；池窑化生产的熔制和拉丝工艺技术；浸润剂技术及规模化开发技术。

7.高性能纤维预制体自动化制造技术

主要技术内容：高性能纤维预制体精密化设计与制备技术；国产商用发动机风扇叶片等关键部件低成本、高效率、规模化机械生产技术；整体多层无屈曲织物结构自动化织造技术；织物多方向、多角度整体制备技术。

8.纤维增强热塑性复合材料制造技术与装备

主要技术内容：热塑性树脂与玻璃纤维、碳纤维等增强纤维的浸渍与成型技术，包括各类热塑性复合材料预浸料的工艺技术与装备，以及各类热塑性复合材料制品的拉挤、缠绕、模压、液体膜塑、连续挤拉、注塑等成型工艺与装备。

装备制造业

（五）汽车

3.动力电池能量存储系统技术

主要技术内容：正负极、隔膜及电解液等关键材料技术；电池管理系统技术；集成及制造技术；性能测试和评估技术。

5.汽车节能技术

主要技术内容：动力系统节能技术；传动系统节能技术；轻量化技术及低阻力技术。

（六）机械基础件

4.轻量化与复杂液压先进制造及表面处理技术

主要技术内容：增强型碳纤维或高分子材料等非金属材料液压元件的设计与制造工艺；分层制造工艺、金属熔融激光加工增材制造工艺等复杂液压阀块先进制造工艺；先进的液压缸活塞杆表面镀铬替代涂层工艺；密封的适应性；疲劳耐久性等。

消费品工业

（一）纺织

1.干喷湿法纺高性能碳纤维技术

主要技术内容：大型、高效聚合导热体系；高稳定化干喷湿法纺丝及高倍牵伸工艺；快速均质预氧化技术和高效节能预氧化碳化装备；干喷湿纺碳纤维表面处理技术及与不同树脂基体、不同复合材料成型工艺相匹配的系列化油剂和上浆剂。

（二）轻工

6.多层共挤高强度生态环保高档薄膜（农用、包装用功能膜）

主要技术内容：薄膜成型技术，包括聚合物微纳层叠技术，薄膜多层共挤、配方优化技术，在线多层涂覆、烘干定型折叠等生态工艺技术。薄膜配方技术，包括添加光转换助剂，使用全生物降解树脂、纳米改性PET树脂、PET/PE合金等技术。

节能环保与资源综合利用

（一）节能节材

1. 水性、无溶剂及热塑性弹性体树脂合成革制造技术

主要技术内容：合成革清洁生产用水性树脂、无溶剂树脂、热塑性弹性体树脂（包括功能性、生态性合成革等制造用水性贴面聚氨酯树脂、发泡树脂、改性树脂、超纤含浸树脂、粘结树脂）；与水性树脂配伍的关键助剂（如流平剂、润湿剂、消泡剂、增稠剂、交联剂等）；生态人造革、合成革制造关键工艺技术（如水性干法工艺、水性湿法工艺、水性表处工艺、无溶剂制备合成革工艺等）。

（三）大气治理

1. 新型无机非金属材料净化空气滤材制备技术

主要技术内容：具有吸附性能的海泡石、凹凸棒石，以及电气石、稀土矿物、纳米二氧化硅等材料的选择、提纯及加工工艺；适宜粘结剂的选择比对；涂覆浆料的配方和配制工艺；涂覆浆料与 PET 纤维层的复合工艺；新型无机非金属净化空气滤材成型工艺。

（四）资源综合利用

4. 碳纤维复合材料废弃物低成本回收及再利用技术

主要技术内容：连续的热裂解工艺及设备技术、可控的氛围气浓度和热解温度匹配技术等连续热裂解碳纤维复合材料废弃物回收工艺及设备；复合型节能技术、树脂热解产物的高热值重整技术、配套的循环热利用工艺与设备技术等低成本低能耗技术；尾气能源再利用技术、清洁排放处理技术等尾气综合处理技术。

中国专利奖（塑料机械工业）

序号	专利号	专利名称	专利权人	发明人	获奖情况
1	ZL200910131017.X	伺服控制半固态镁合金高速注射成型机	广东伊之密精密机械股份有限公司	刘勇兵、张涛、隋铁军、李斌礼、崔晓鹏、沈锋利	第十九届（2017）优秀奖
2	ZL201210165932.2	同心套筒式多层共挤吹膜机头	广东金明精机股份有限公司	李浩、林楚漂、马佳圳	第十九届（2017）优秀奖
3	ZL201210422570.0	一种双阶双螺杆挤出机连续制备再生胶的方法	北京化工大学	张立群、史金炜、任冬云、陈成杰、邹华、王士军	第十九届（2017）优秀奖
4	ZL201180004212.1	一种同步电机电感参数辨识方法及其实现系统	深圳市英威腾电气股份有限公司	王玉雷、徐铁柱	第十九届（2017）优秀奖
5	ZL201410135993.3	纳米叠层复合挤出设备	苏州同大机械有限公司、北京化工大学	杨卫民、贾辉、刘程林、邱建成、丁玉梅、何建领	第十八届（2016）优秀奖
6	ZL201310088020.4	一种吹瓶机	江苏新美星包装机械股份有限公司	董海龙、芮校举、蔡同经、何德平	第十八届（2016）优秀奖

（续）

序号	专利号	专利名称	专利权人	发明人	获奖情况
7	ZL201310356393.5	一种分配器内轴机构的防转装置	广州达意隆包装机械股份有限公司	杨恢光、樊衡益、张聪敏	第十八届（2016）优秀奖
8	ZL201320044770.7	一种整卷塑料边角料粉碎和定量包装机组	王昌佑	王昌佑	第十八届（2016）优秀奖
9	ZL201110039891.8	侧面锁紧复合橡胶挤出机头	桂林橡胶设计院有限公司	黄发国、欧安林、周立新、兰新亮	第十八届（2016）优秀奖
10	ZL201010108545.6	一种高性能杂环芳纶及其制备和应用	中蓝晨光化工研究设计院有限公司	王凤德、彭涛、邱锋、陈超峰	第十八届（2016）优秀奖

塑料加工业技术进步“十三五”发展指导意见（节选）

“十三五”期间重点产品发展方向

1. 制品及助剂

塑料管材及管件：重点发展高模量PP双壁波纹管、复合缠绕增强等大口径排水排污管，接枝改性PVC-M管，PVC-O管，可熔接(FPVC)管、燃气用PA管、PVC-U双壁波纹管、PE-RT耐热管，PVC-C管，长效抗菌PP-R给水管，非开挖施工技术和旧管道修复用塑料管材，增强复合热塑性塑料管（RTP），耐磨、耐腐蚀、耐热等特点特种介质输送用塑料管、矿山用阻燃和抗静电的双抗塑料管，超高分子量聚乙烯(UHMW-PE)管、聚烯烃消音静音管、多层复合管材、大口径塑料检查井等。

塑料型材、板片材：重点发展高耐候ASA/PVC共挤彩色门窗型材，动态密封功能的TPE后共挤异型材，非铅盐稳定剂塑钢型材，高气密性、隔音塑料推拉窗，PVC基全包覆共挤异型材，共挤出全塑窗型材，PVC结皮发泡建筑模板、硬质超透厚板，功能型共挤包覆类塑木板材及型材，显示、保护等高性能电子电器片材等。

改性及工程塑料：重点发展液晶高分子原位增强复合改性材料，石墨烯/碳纳米管纳米复合改性材料，防霉、阻燃塑木复合改性材料，废旧塑料高值化利用改性材料，高效纳米抗菌功能塑料，高填充改性环保装饰材料，纤维连续增强改性复合材料，环保型无卤阻燃改性材料，用于汽车船舶、航天航空、电子电器、轨道交通等高端领域高性能工程塑料及改性料、长效高耐热改性工程塑料等。

生物基材料及制品：突破二氧化碳基聚合物（PPC）、聚乳酸（PLA）、聚对苯二甲酸己二酸丁二酯（PBAT）等全生物降解材料的合成、改性、加工核心关键技术，重点发展全生物降解高分子材料在快递、日用品、医用、工业品包装、低成本可控全生物降解地膜、3D打印材料、一次性餐饮具等领域的应用；发展生物基石墨烯制备及应用的产业化技术、生物基汽车零部件（车挡板、保险杠等）、聚氨酯硬泡、高阻隔功能性材料，淀粉基塑料，秸秆、麻、竹及木质纤维，木质素等农业废弃物，甲壳素等生物质天然高分子原料资源的热塑成型加工生物转化技术制备功能性复合材料的制造技术及其制品。

功能性薄膜、袋：窗膜用光学级聚酯薄膜、高耐湿热聚酯薄膜、光伏农业功能膜、高阻隔性聚酯薄膜，在新能源电池中的锂离子、镍氢电池隔膜，在平板显示器中的扩散膜、棱镜膜、光学膜、柔性屏幕膜等，以及电器绝缘、石墨烯、纳米纤维素导电、导热功能膜、半导体及微电子用膜等。加强对光伏薄膜、热收缩膜、热封膜、水处理超滤纳滤膜以及BOPP彩印膜袋、真空镀铝膜袋、复合袋、淋膜袋、集装袋、高温蒸煮袋及鲜果蔬的透汽抗菌保鲜包装膜的深度开发。

医用塑料制品：重点发展心血管支架植入手术用可扩张气囊导管，不含DEHP的PVC软管、肾透析用特种中空塑料透析用纤维，人造血管、关节、心脏瓣膜等医用塑料制品；重点开发生物质塑料医疗植入物和药物传输系统，如关节置换、骨折固定板、骨缺损填充物、人工腱、韧带和骨接合剂等方面的产品。

农用塑料制品：重点发展具有长寿、流滴、保温、消雾、防菌防霉、防尘、转光、高透光、高散射等功能的各种单层、多层复合棚膜，流滴、除草、增温、降解、防虫等功能的地膜，如降解地膜、功能与寿命同步棚膜、新型材质高强度、耐候、易回收地膜及农用超长寿聚酯、氟材类温室棚膜；发展节水灌溉器材、防渗膜和渠道防渗管材，不同类型的微灌（滴灌、微喷、渗管等）器材及各种土工材料。

滚塑制品：重点发展渔船、皮划艇、高级游艇等，物流领域的保鲜箱、防腐箱、冷冻箱等，环保领域的垃圾地埋桶、化粪池等，生活日用品领域的家具、灯饰等，工业领域的车辆装饰件、油箱、水箱等；重点发展多规格、成系列的烘箱摇摆成型设备取代明火加热。

人造革、合成革：重点发展水性、无溶剂、热塑弹性体材料制备人造革、合成革，抗菌防霉、防紫外线、阻燃、透气透湿、自洁防污、耐刮、耐候性等功能性聚氯乙烯人造革、聚氨酯合成革、超细纤维合成革与超纤基材、环保型助剂。

氟塑料制品：重点开发高功能膜材、高端密封、电子、低温余热回收用氟塑料制品。重点发展新能源、环保、电子、化工、航空航天等领域用过滤、高纯、电池、离型等膜材，如太阳电池背板用PVDF薄膜、PVDF中空纤维膜、航空用含氟离型膜、建筑用氟塑料膜材；重点发展低蠕变高性能填充聚四氟乙烯密封材料、高纯氟塑料板材及管材、聚四氟乙烯雷达天线外壳、电厂烟气低温余热回收用氟塑料换热器、膨体聚四氟乙烯（ePTFE）弹性航空密封板及密封条。

塑料助剂：绿色、高效、多功能成为目前塑料助剂产品的主要发展方向。重点发展农膜用抗农药型防老化剂、高效转光剂、流滴消雾剂，环氧化、聚合物型、生物降解型增塑剂，钙/锌复合、稀土类、水滑石类热等绿色、高效、多功能热稳定剂稳定剂，低GWP（物质的全球变暖潜能值）新型环保发泡剂，无卤低烟高效纳米复合阻燃剂，快速光固化胶粘剂，满足食品接触与医疗塑料制品安全的新型助剂。

塑料软包装：高阻隔、抗菌塑料软包装膜。高性能塑料合金薄膜制造技术，食品包装及建材、家电用覆膜钢板专用PET、ETFE薄膜生产技术，啤酒、化妆品、医疗、食品包装及农药、汽车油箱油管用高阻隔、抗菌等产品技术，纳米复合PET软包装技术，高性能废旧塑料共混合金及产品（编织袋、包装膜、片材等）生产技术，物流、仓储及制造过程智能包装及其材料的研发技术，创意、功能化包装标签、喷码技术，薄膜高速印刷、复合用水性胶粘剂、水性凹版油墨制备及应用技术。

2. 塑料加工设备

新型成型装备：塑料微尺度制造装备，聚合物动态反应成型加工设备，极端流变行为高分子挤压造粒装备，特种工程塑料体积脉动精密高效注射成型装备，差速锥形螺杆塑炼技术及装备，行星式挤出机、熔融立体三维打印成型设备，高弹性网状塑料软垫成型生产线，高性能芳纶、功能膜、无纺布等的熔体静电纺丝微纳米纤维化绿色制造装备。

注射成型设备：精密智能化注塑机，全电动、全液压精密注塑成型机，纳米复合PET注－拉－吹生产用高效注塑机，内循环两板式注塑机，大型高效混炼注塑一体化塑木注射成型机，节能大容量挤出注射成型机，强化传热塑化注射成型装备。

薄膜成型及辅助设备：五层以上多层共挤薄膜生产线，微纳叠层共挤（双向拉伸、超强力膜、光学膜及复合管材等）成型装备。

小型及宽幅、高速柔性双向拉伸、同步双向拉伸薄膜生产线。

CPE流延包装薄膜生产线，高性能锂电池干湿法隔膜生产设备，TPU薄膜、PVB玻璃夹层膜、EVA太阳能背板封装膜等高端流延薄膜生产线。

宽幅聚氯乙烯吹膜装备，完全生物降解地膜生产线，厚型宽幅糙面土工膜生产线。

BOPET在线涂布装置、链夹式弯轨薄膜平拉机，农膜纳米涂层用微量液体在线涂覆装置，地膜全自动化机械手式收卷机。

模内微层叠/双向拉伸集成化功能膜及功能复合材料装备研发。

管材、板片材成型设备：聚合物管旋转挤出装备，大口径PE-X管材、高速超高分子量聚乙烯管材及取向聚氯乙烯（PVC-O）管材、高压增强热塑性塑料管材（RTP）加工设备。

大挤出量、宽幅多层、高速PVC板/片材生产线，立式真空风冷板材成型机。

中空成型设备：大型多层共挤中空塑料成型机，智能型高速节能PET吹瓶机，大型挤吹塑料成型机，“一步法”注拉吹中空塑料成型机，多层共注射瓶坯设备，三维挤吹中空塑料成型机。

滚塑成型设备：大型、多工位、自动化旋模滚塑成型装备，船舶滚塑装备，高效节能烘箱式滚塑成型装备，高效多层滚塑成型设备，滚塑电磁加热、负压加热机构、双充气结构、模内无线测温仪、燃烧机二次燃烧等装备。

氟塑料成型设备：高精度可熔融氟塑料挤出机及专用流延设备，发泡、高频、交联等高性能氟塑料线缆专用设备，大直径糊状挤出PTFE管材设备，氟塑料板材、大口径管材生产线，新型煤电烟气低温余热氟塑料热交换器。

其他成型设备：难再生混杂废塑料高效高质回收利用装备，各类有机/无机物再生循环利用与高效集中回收处理设备，PET瓶片回收及再利用装备。

高铁、船体、建筑等用轻质高强塑料复合蜂窝板、折叠结构及非吸塑成型蜂窝复合板成型装备，PE/PP/PET热塑弹性体高弹网状软垫成型装备。

无HCFC超临界CO_2聚合物发泡挤出装备，热固改性EPS生产装备，挤出石墨造粒设备，双螺杆反应挤出装备。

编织袋生产用宽幅、高速拉丝机，高速自动切袋机，高速切缝机，塑编切缝一体机，高效节能智能化塑料挤出草坪单丝机组技术及装备。

快干型无溶剂复合机、塑料水墨凹版印刷机、聚氨酯与聚烯烃类热塑弹性体合成革生产线及辅助设备。

管理、智能制造：塑料管材、管件、注塑等制品加料、加工、包装、流转、运输生产自动化流水线，大型密闭原料混配、精密计量生产系统；实施车间自动化管理。以塑机控制系统为核心，将人、机、料互联互通，科学下单、排单、跟单、录单和入库生产全过程实施监控的智能工厂的应用。

高填充共混改性功能材料的智能、绿色、高效连续混炼装置，连续混炼双阶造粒成套设备及直接成型辅机，智能自动化连续密炼母料生产线，聚烯烃塑木原料预处理混合及造粒一体化设备。

塑料薄膜、管材等制品在线自动检测设备，全自动连续式数控振动切割机，人造革合成革智能制造与生产过程零排放在线检测系统，塑料成型加工用智能蒸汽发生器。

3. 塑料加工模具

层叠模具装置，大型化、精密化模具，多功能复合模具，热流道模具，气体辅助注射模具，高压注射成型用模具，微型、复杂模具，先进智能模具，新型免钢衬型材模具，塑料模板制粉机。

技术项目目录 - 前沿技术

序号	技术名称
	材 料
1	跨尺度强制组装聚合物基导电 / 导热复合材料制备技术
2	功能性合成革用水性聚氨酯树脂及助剂研发
	制 品
3	碳纳米管导电膜制造技术
4	纳米天然纤维复合材料柔性屏显示基膜
5	基于完全生物降解材料构筑的复合软包装生产技术
6	生物质高阻隔多层共挤出功能性降解膜、袋生产与应用技术
7	新型亚低温血管内体温精确调控多腔塑料导管生产技术
8	改性聚酯、聚酯合金等新型材质高强度、耐候、易回收地膜生产技术
9	寿命 5 年以上高强高韧高透明改性聚酯农用大棚膜生产技术
10	寿命 15 年以上氟塑料温室膜生产技术
11	极端流变行为高分子材料加工成型技术
	加 工
12	复合膜基材的无溶剂凹版印刷技术

技术项目目录 - 关键共性技术

序号	技术名称
	材 料
1	管材用高模量聚丙烯（PP）专用料
2	汽车轻量化、电子行业等领域应用的通用塑料、工程塑料和 S-PEEK、PPS、PI、长链 PA/ 耐高温半芳香尼龙、聚醚亚胺、聚砜类、含杂萘联苯结构系列等高性能特种工程塑料的改性及制品生产技术
3	碳纤维热塑性复合材料快速模压成型、低成本碳纤维复合材料部件液体成型制造技术
4	耐冷媒及高强度挤出级 PBT 材料关键技术
5	苯乙烯类热塑性弹性体用于人造革技术
6	薄膜型 LNG 储运用增强阻燃绝热聚氨酯泡沫材料生产技术
7	可控发泡倍率的超临界 CO_2
8	超临界二氧化碳挤出发泡聚丙烯珠粒技术
9	工业化加工禽畜冷鲜肉、水产品用包装、保质及储运关键材料产业化
10	塑料智能包装材料技术
11	纳米纤维素的生产技术
12	在线 BOPET 涂布用涂层材料生产技术
13	绿色、环保、高效聚氨酯发泡剂研发技术
	制 品
14	高性能 PET/PO 合金制造技术
15	覆膜钢板专用 PET、ETFE 薄膜生产技术
16	生物降解低分子多元醇制备多孔立构缓释控化肥包膜生产技术
17	高分子液晶薄膜制备技术
18	心脏手术用节血器材生产技术

（续）

序号	技术名称
19	自增强 PE 管材生产技术
20	可熔接聚氯乙烯（FPVC）、取向聚氯乙烯（PVC-O）管材生产技术
21	高性能硬质 PVC 发泡板材与金属、非金属复合技术
22	折叠结构及非吸塑成型轻质高强蜂窝复合板成型技术与装备
	加　工
23	宽幅超高分子量聚乙烯板材连续挤出及单向拉伸技术
24	聚乙烯醇热塑加工新技术

技术项目目录 - 重点推广技术

序号	技术名称
	材　料
1	二元酸二元醇共聚酯、聚己内酯、淀粉基塑料产业化技术
2	高精度聚四氟乙烯覆膜滤料生产技术
3	无毒无味 TPV 塑胶跑道专用料
4	热塑性树脂的刚性增韧制备技术
5	易回收热固性树脂制备技术
6	棚膜用聚烯烃树脂改性生产技术
7	汽车用高性能环保聚丙烯生产技术
8	电子辐照交联聚丙烯 (iXPP) 发泡片材及汽车内饰材料生产技术
9	高性能、功能化 3D 打印材料
10	非 HBCD 阻燃发泡材料生产技术
11	高回弹耐磨耐油 TPEs 材料
12	CPET 耐高温加热餐盘材料制备技术
13	新型 TPU 微孔粒子材料制备成型及应用技术
14	植物塑性材料及制品生产技术
15	完全生物降解树脂改性与应用技术
16	长碳纤 LFT、低成本高性能碳纤维增强聚合物基复合材料生产技术
17	废旧高分子材料固相力化学高值化集成化技术
	助　剂
18	PVC 助剂体系去重金属，非邻苯二甲酸酯技术
19	新型 PVC 型材用高耐候改性助剂开发应用
20	农用纳米光转换剂绿色生产工艺与产业化技术
21	农用聚合物基纳米复合涂覆液生产技术
22	生物基、环保植物油增塑剂的制备及应用技术
23	改性无机粉体材料在无交联聚烯烃发泡体系中应用技术
24	聚丙烯增韧增刚型 β 晶成核剂生产技术
25	水性色浆、多功能性水性表面处理剂生产技术
26	塑料凹印水基油墨和能量固化无溶剂油墨生产及应用技术

（续）

序号	技术名称
27	耐蒸煮、耐苛刻内容物或加工条件软包装用溶剂型胶粘剂的生产及应用技术
28	生物基水性涂料、胶粘剂制备及应用技术
29	家电用聚氨酯密封胶生产技术
30	高值化回收塑料在电子电器产品中的应用技术
31	合成多孔硅酸钙改性及制备高吸附性功能母料集成化应用技术
32	PMMA/ASA 彩色专用料的研发及其在高性能推拉门窗上的应用技术
	制　品
33	智能建筑、汽车用节能玻璃贴膜，太阳能 TPT 背材用聚酯薄膜，高介电强度聚酯电容膜，耐热抗老化聚酯绝缘膜生产技术
34	功能与寿命同步棚膜
35	模内微层叠/双向拉伸复合集成化技术制备多功能膜技术及功能复合材料成套装备
36	BOPET 高端光学膜基膜及其专用料生产技术
37	微纳多层建筑节能采光膜制备技术
38	自清洁隔热节能窗膜生产技术
39	新型高阻隔双向拉伸多层共挤出薄膜的成型技术及产品
40	超高透汽聚烯烃微纳膜，新型无孔透湿防水功能薄膜生产技术
41	聚乙烯醇等环保型高阻隔薄膜制备技术
42	食品、生鲜用生物降解高透明保鲜膜制备技术
43	低压聚乙烯交叉复合膜生产技术
44	高效过滤微纳米纤维膜集成化技术
50	大口径钢塑复合管、超高分子量聚乙烯等管材、管件生产技术
51	PVC-C 管材管件制造技术
52	用于精准治疗的可视性介入导管生产技术
53	用于 80 平开系列门窗的 UPVC 型材生产技术
54	动态密封功能的 TPE 后共挤异型材生产技术
55	餐盒用 PP 发泡片材的产业化
56	高透明、高强度 PET 厚板板材生产技术
57	再生聚苯乙烯制备环保装饰板材、框材生产技术
58	异型滚塑制品及巨型滚塑制品的设计及成型技术
59	新型滚塑游艇成型技术
60	多层共挤超大型中空容器成型技术
61	高效节能智能化塑料挤出草坪单丝技术
62	高分子合金电缆架桥及板桩生产技术
63	高端密封用、低温余热回收用、低损耗同轴稳相电缆用低密度 PTFE 微孔带生产技术
64	多岛数定岛型超细纤维、水性、无溶剂聚氨酯及热塑弹性体制备合成革集成生产技术
65	按压式真空密封保鲜容器技术及应用
	加　工
66	涂覆型长效流滴消雾功能农用棚膜生产技术

（续）

序号	技术名称
67	完全生物降解地膜生产与应用技术
68	医用导管、插管抗凝涂覆技术与应用
69	基于石墨烯镀层快变模温注射成型技术
70	特种工程塑料体积脉动精密高效注射成型及应用技术
71	微流控芯片光固化模内化学成型
72	高性能聚碳酸酯薄膜/片材加工技术
73	PVC 型材表面功能化技术
74	螺杆挤出及分散工艺制备导电导热塑料生产技术
75	废弃高分子材料高效高值回收利用加工集成化技术
管　理	
76	建立食品塑料包装及材料卫生安全管理溯源体系
77	生产中精确计量、连续稳定混配及车间粉尘控制系统技术应用
78	塑料复合包装材料功能与溯源信息识别及卫生安全管控技术

技术项目目录 - 节能重点与清洁生产技术

序号	技术名称
节　能	
1	基于拉伸流变、锥形同向双螺杆等技术的塑料高效节能加工成型技术
2	塑料加工石英超导双效加热节能技术
3	塑料成型加工用智能蒸汽发生器技术
4	印刷复合工艺的转轮浓缩 - 蓄热燃烧 - 热能回收利用系统技术
5	新型建筑节能复合保温材料及节能体系应用技术
清　洁	
6	汽提、分离机等先进设备应用降低增塑剂生产有机物排放及能耗技术
7	人造革、合成革清洁能源与安全环保生产系统技术

技术项目目录 - 重点装备技术

序号	技术名称
1	农用生态型斑马膜智能装备
2	聚氯乙烯宽幅吹膜技术与装备
3	TPU、PVB、EVA 等高端流延薄膜生产线
4	高性能锂电池隔膜生产设备
5	在线精密涂布用涂覆装置
6	PVC-O 管材装备研发技术
7	碳纤维复合材料注射成型装备
8	新一代高效塑化与自适应合模三板式精密注塑机 (G2.0)
9	内循环两板式注塑机研发技术
10	巨型、智能滚塑成型装备技术
11	超厚、超宽硬质 PVC 发泡板材生产设备及模具

（续）

序号	技术名称
12	微层中空吹塑机智能化生产线
13	高弹性网状塑料软垫成型技术及生产线
14	轻质高强蜂窝结构复合板成型技术及装备
15	塑料微尺度制造装备及技术
16	人字轮捆绑式双向拉伸薄膜成型技术及装备
17	熔体静电纺丝微纳米制品（微米毡、无纺布等）制造装备研发技术
18	高填充共混改性功能材料高效连续混炼装置
19	模具内在线质量感知技术
20	差速锥形螺杆塑炼技术及装备
21	塑料动态成型加工技术与装备

Chinaplas 2018 优势企业展品

海天塑机集团有限公司

在 Chinaplas 2018 展会上，海天塑机集团有限公司主要展示了三种机型：ZE2300、JE6500/3350、MA3600IIS/1250h。

1. 长飞亚 ZERES 电动注塑机

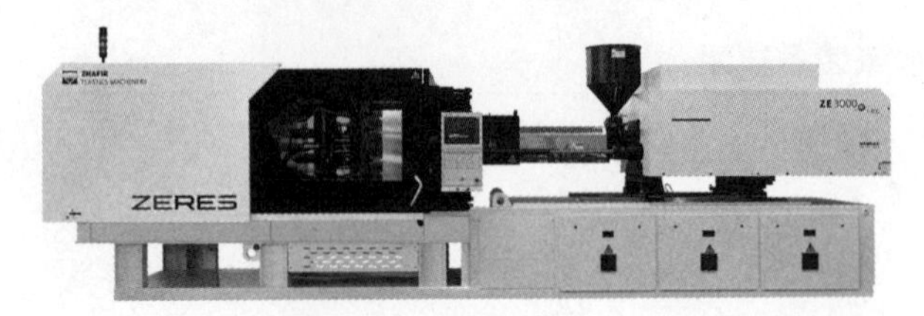

长飞亚拥有全电动注射成型机系列和高端应用解决方案，ZERES 系列在全电动注塑机的基础上，融合德国先进的研发设计理念，设计集成了高性能、低能耗的液压驱动单元，使模具应用领域得到进一步扩展，尤其是在集成有液压中子和阀控浇口的模具应用技术上表现优异。

当前推出的二代升级版机型，性能得到进一步提升：

（1）通过伺服电动机与伺服驱动的合理匹配，实现驱动效率进一步提升及再生能源的回馈利用，从而使设备更加节能。

（2）注射单元上对称的双拉杆结构消除了开关模时作用在定模板上的转矩，有效避免了定模板摆动对模具和精密成型的影响，喷嘴接触力增强，并可编程精确控制。

（3）优化连杆结构，提升运动特性，增加模板强度，减少运动惯量。

（4）模块化设计使一个合模单元可配多种注射组件，满足客户不同的应用需求。

（5）优化动模板支撑脚，降低了摩擦系数，确保运行更加平稳，维护保养更加简便。

（6）采用最新的润滑系统，减少润滑剂的使用量，润滑分配更加合理。

（7）软件和控制系统进一步升级，输入输出可编程控制，对质量、生产过程实时监控管理。

2. 长飞亚 JENIUS 大型精密注塑机

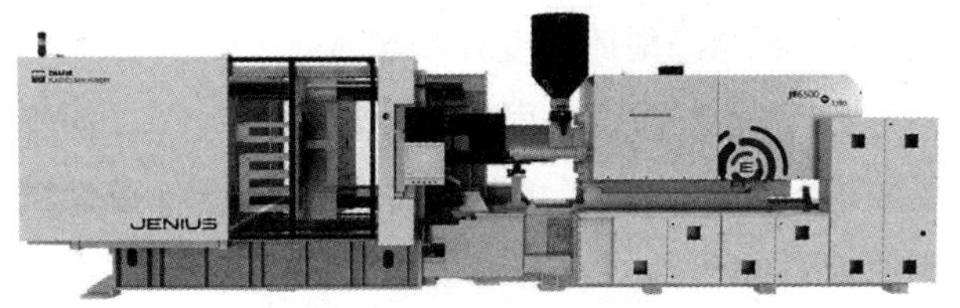

海天 JE 系列混合动力大型精密注塑机是融合了纯电机技术与二板伺服液压技术的创新型产品。将模块化的不同系统进行优化组合，使纯电动技术和伺服液压驱动之间高效融合，既全面继承二板机合模部件的优势——锁模力精度高、占地面积小、参数扩展性强、节省资源等，又全面继承了全电动注塑机注射部件的优势——注射精度高、速度快、可控性好，更加高效、节能、环保。该产品性价比更高，可以应对模具尺寸大、产品精度要求非常高的产品。

JE 系列适用于各个行业的中大型制品，尤其是汽配部件和白色家电的生产。

3. 海天 MARS 二代高性能注塑机

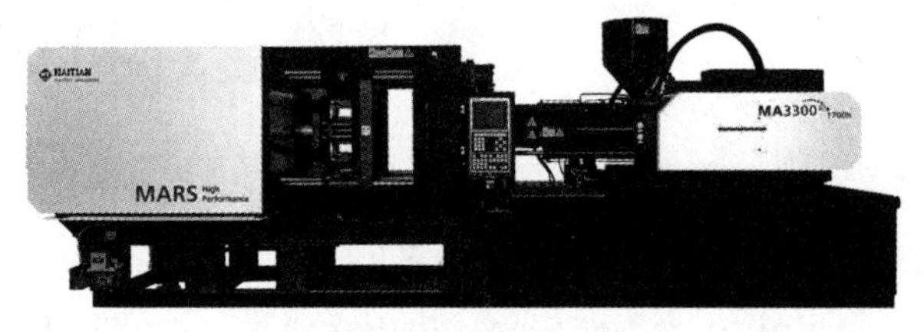

（1）高寿命的锁模单元。优化设计的双 5 点式肘节式高速锁模机构，关节处低压应力，高刚性模板，确保了机器的高精度与长寿命。模厚调整数值化，锁模力精确控制。

（2）高效率的注射单元。注射单元配置了独立的注射和预塑伺服驱动器，根据各类成型要求，自由组合设备注射能力，实现最佳化配比。

（3）高精密的控制系统。数字运动控制卡确保了高性能运动和逻辑控制的实现以及系统的稳定运行。

（4）高响应的驱动技术。高效能的混合驱动技术可以保证工作过程安全可靠和可用性的最大化，高响应的驱动技术能保证较高的生产效率。

广东伊之密精密机械股份有限公司

在 Chinaplas 2018 展会上，广东伊之密精密机械股份有限公司面向全球发布并展示多款新工艺：FoamPro 微发泡 +DecoPro 表面装饰、MultiPro 多物料成型、OpticPro 光学产品成型、PacPro 薄壁包装产品成型。

1.FoamPro+DecoPro：汽车装饰功能件升级方案

FoamPro 微发泡与 Chinaplas 2017 展示的一致，实现产品减重和较好的表面质量。此次增加的 DecoPro 表面装饰，采用了模内刻纹技术（IMG）和背注塑技术（Back Injection），可让铝箔跟产品同步一次成型，比传统二步法工艺减少了设备投入和操作工序，大大降低了生产成本。该组合工艺可满足金属、皮革、木皮等多种材质的装饰需求，可为产品成型带来减重 30%，缩短成型周期 15% 以上以及消除翘曲、缩水，降低成本等好处。

2.Pro 时代：瞄准多物料、液态硅胶成型

MultiPro 多物料成型工艺搭载新设备——C 系列高端多物料成型注塑机，在展会现场生产 400mL 大容量双色杯。MultiPro 可基于不同的制品应用，设计不同类型、大小注射单元的模块系统，让多种射台灵活快速搭配，满足市场个性化需求，实现双色、三色，甚至特殊材料的多物料注塑。

在 LED 行业，高透液体硅胶材料（LSR）成型正成为市场的新宠。OpticPro 光学产品成型技术聚焦液态硅胶，由伊之密与欧洲合作伙伴共同设计的 FF 飞凡系列电动注塑机现场生产液态硅胶路灯透镜，并实现全自动取出、装箱打包全套工序。

PacPro 薄壁包装产品成型技术专注效率的提升，为客户提供高性价比的解决方案，展会现场 3s 以内生产一出四 IML 薄壁胶杯，机器、模具均由伊之密自主设计制造。

上海金纬机械制造有限公司

在 Chinaplas 2018 展会上，上海金纬机械制造有限公司展出了 6 类不同设备。

1.XPE 化学交联发泡挤出生产线

XPE 交联发泡卷材生产线具有产量高、能耗低、宽度大、泡孔细密等诸多优点，有两段、三段供客户选择。产品主要集中在汽车、体育、家装等领域，是汽车脚垫、空调保温的理想材料，近年在体育休闲用品市场上发展迅速，如冲浪板、防潮垫、瑜伽垫、爬爬垫等。在建筑上也有一定的用途，如墙体、地板保温隔热材料、墙贴等，在阻燃材料上也有更广泛的应用。

2. 涂布设备

在线防静电涂布设备是在 PET/PP/PS/ABS/PC 等片材生产线的基础上增加的辅助设备，可在基材的表面涂一层防静电液，并采用循环烘箱加热烘干，涂布后表面电阻值不受环境温度、湿度变化影响，无粉末油污析出，环保不含有害物质。

涂布单元主要由精密涂布模头、涂布辊、驱动组件、调节机构等组成。利用可换的空隙片来改变涂层厚度和宽度，涂层厚度可从不足 1μm 到 250μm。在涂层厚度只有 2μm 的情况下，将整个宽度上的涂层量控制在 5% 的公差变化范围。

涂布方式有微凹涂布、狭缝涂布、刮刀涂布、浸泡涂布等，可用于光学膜涂布复合材料、太阳电池背板、柔性线路板涂布复合、在线永久防静电片材。

3.JWZ-BM30SN-A 储料式中空成型机

该产品拥有以下优点：

（1）适用于生产 10 ～ 30L 中空制品。采用储料式机头，下吹结构，二次风冷单元，自动去飞边，飞边在线输送，制品在线贴标、侧漏、输送，减少人工成本，提高生产效率。

（2）采用贝加莱自动化控制系统，支持多任务分时操作，自动化程度高；400 点壁厚控制系统，ATOS 伺服阀，型坯厚度控制精确。

（3）液压系统采用电液伺服驱动系统。伺服系统通过控制电动机的转速和转矩向设备提供精确的流量和压力；比普通电机泵节能 50% 左右，能够降低液压油的油温，延长液压设备使用寿命，动力系统噪声降低 10dB 以上。

4.110 新风管生产线

设备设计空载速度 10m/min，制品范围 ID63 ～ ID110，生产的新风管道具有良好的弯曲性和记忆性，适用于各种室内外安装。特点如下：

（1）主机和模具同平台安装，具有良好的可靠性和稳定性。

（2）成型机采用进口技术减速机，交 - 交变频控制。

（3）采用单悬臂结构和直接式水冷结构，提升了设备生产速度，更高效，设备占地面积更小，结构紧凑。

（4）可兼顾生产特殊形状的异形管材。

（5）采用电脑屏集中控制，方便操作。

5.PVC250 三层共挤管材生产线

PVC250 三层共挤管材生产线具有以下特点：

（1）SJZ55/110+SJZ65/132 锥双主机实现三层共挤，管材夹心层由 SJZ 65/132 主机生产高钙或者发泡原料。

（2）主机采用新型连体立式减速箱，超耐磨合金螺杆机筒，双螺杆喂料机喂料均匀，粉料不架桥。

（3）优化设计的 PVC 三层模具，内部流道经过镀铬高抛光处理，耐磨耐腐蚀，配合专用的定径套，制品生产速度快、管材表面质量好。

（4）电控系统采用 SIEMENS S7-1200PLC，集成工业以太网接口，方便设备联网和数据采集；可以实现远程监控和人机互动，配有智能电力监视装置。

（5）切割机采用旋转夹紧装置，适应不同管径，不需频繁更换夹具。配备新式可调浮动倒角机构，切断、倒角一步成型。密闭式吸尘装置，吸屑效果更好。安装有新式圆弧面透明防护罩移动安全门。

6.PP/PE 高产土工格栅板材生产线

针对 PP/PE 材料特性设计的 220 单螺杆挤出机，塑化效果良好，产能可达 1 200kg/h；采用五辊压光机，保证冷却定型效果，提升板材表面的粗糙度及平整度；五组辊温控制系统采用最先进的控制设计，各回路的水压水温控制系统、自动排气补水等有效保证了辊筒的温控精度。辅助设备更配备了废边裁断、热分切刀、废料在线回收、多组分称重混料、全自动上料等自动化设备。

山东通佳机械有限公司

1.PE 塑料警示网生产线

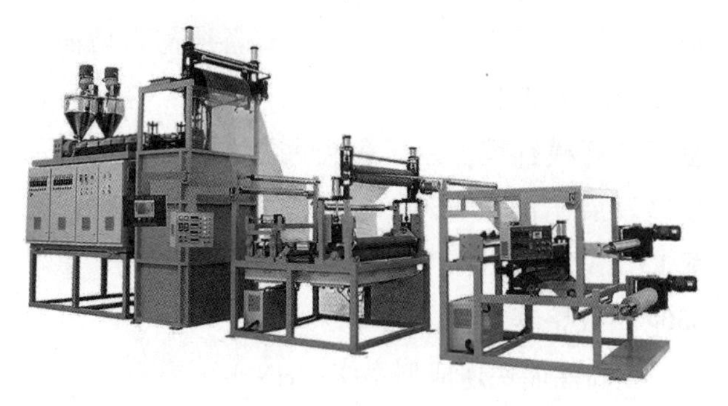

PE 塑料警示网生产线生产的网材制品网孔均匀美观，层面细腻光滑。经过纵向热拉伸遂成方格拉伸警示网，力学性能明显提高，广泛应用于工程建筑、路基防护、高档警示围栏、雪地围栏等。

2.TJ-HB230L Ⅱ全自动中空成型机

该设备实现了高速、精密、低耗，具备自动去飞边、自动测漏、自动称重等功能，真正实现了双环桶的全自动智能制造。该技术为国内首创。

博创智能装备股份有限公司

在 Chinaplas 2018 展会上，博创智能装备股份有限公司展出了一套由二板智能注塑机为主体构成的智能双色注射成型系统。

智能双色注射成型系统以 BM800-260ML 二板多物料注塑机为主体，配合横式机械手、六轴机器人、水口切除、翻转机构、自动组装、自动输送等整合为无人生产线。同时配置了具有 RS485 通信功能的冷水机和除湿干燥送料组合等辅助设备。生产工序比传统工艺减少 50%，周期时间缩短 30%，品质提升 20% 以上。

二板智能注塑机具备拉杆超长寿命、动板锁模、拉杆导向可靠且抗重载等特点。BM800-260ML 采用电动熔胶，侧射台放置在定模板后侧，与主射台垂直，成L型排布，两个射台独立控制，可根据客户要求对射台进行自由组合形成单色机、双色机，适合多种不同的注射成型工艺。锁模部分采用BU系列二板式机构，机器的开模行程与容模量不再受机铰的限制，提高了机器对不同类型模具的适应能力。

二板智能双色注射成型系统标配了iPHM注塑机全生命健康大数据系统，实时对注塑机的健康状态进行监控，并能进行远程诊断和程序修复。注塑生产MES软件为企业提供了注塑生产过程透明化管理的有效途径，弥补了公司决策层偏重对计划的管理而无法监控制造过程现场执行的缺陷，达到智能生产、信息化管控的生产水平。

富强鑫集团

在Chinaplas 2018展会上，富强鑫集团（FCS）推出“全电”“多色”“二板”“包装”四大主题产品，并搭载智能制造管理平台。

1. 高效能全电式射出成型系统：HE系列

此次推出的锁模力3 000kN全电式射出机，结合模内压力感测系统，自动化快速生产4+4穴100mL冰淇淋盒。除通过堆栈模的技术达到产量倍增效果，亦利用多模穴流动平衡模块进行自动补偿及不良品的筛选，成就无人化监控生产。

2. 精密节能双色成型系统：FB-R系列

双色伺服节能射出机最大锁模力可达19 000kN，配备闭回路伺服阀、新式单缸射出结构，以及专利转盘定位夹具等，实现动作稳定、定位精准。展出的FB-280R精密双色机，搭配欧洲SEPRO三轴机械手，自动化生产可伸缩的双色碗。

3. 二板直压式成型系统：LN系列

FCS在2006年成功开发锁模力5 000～37 000kN大型二板式射出成型机。其特点为：除却第三块车壁（调模车壁），设备所需占地面积较传统三板式射出机减少20%～30%；超大容模空间及开模行程适用于各类大型、深桶型的产品生产。展出的LN-500二板式伺服节能机种，搭配KUKA六轴机械手自动化生产一模一穴、重量850g精致整理箱。

4. 高性能快速成型系统：HN-h/p系列

HN-h/p系列为FCS全新设计的快速成型机种，具有精密、节能、高速、稳定、高效的特点，可以大幅提高生产效率、降低成本，满足各种薄壁包装容器对高速成型解决方案的需求。展会推出的HN-280p高速机搭载伺服电动熔胶单缸射出结构，配合模内贴标自动化设备，进行8穴酸奶杯的生产加工，生产周期可达5～6s。

宁波市海达塑料机械有限公司

在Chinaplas 2018展会上，宁波市海达塑料机械有限公司（简称海达）重点推出全新的绿色伺服驱动技术。

1. 油电复合精密注塑机

油电复合精密注塑机是海达根据国内塑料产品市场特点全新开发的注塑机，既具有全电动的优点又比其成本低，是国内市场行业首创。它采用压力、流量与位置控制全闭环的复合运算，真正地实现高精度、高重复性的全闭环控制。油压式和电动式的综合，使该机比传统液压机器更快速、更精准，是国内全电动注塑机的理想替代品。

2.K 系列高性能注塑机

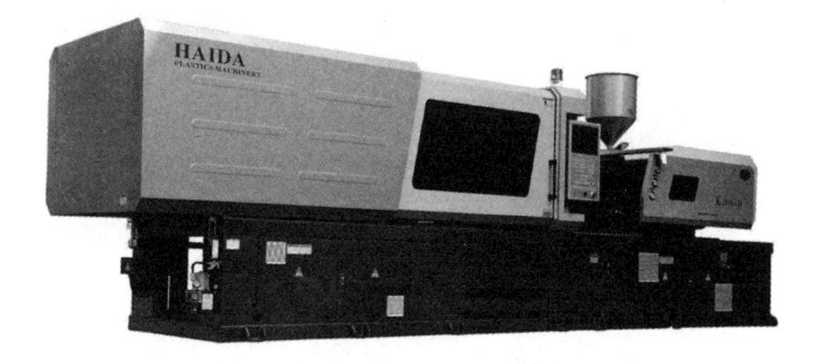

K 系列高性能快速薄壁注塑机针对高速薄壁制品、多腔类制品及有关民用制品而研发。K 系列注塑机根据环境价值并利用现代科技潜力，实现能源、动力、热力学、材料、控制、成型加工、生态环保、清洁、网络等绿色技术从较低层次向较高层次的阶跃式发展，减少能源和不可再生自然资源的消耗，构建清洁化、人性化、科学化、合理化、可持续化的新常态“现在需求”和“潜在需求”注塑工程。

东华机械有限公司

在 Chinaplas 2018 展会上，东华机械有限公司（简称东华机械）针对汽车、家电、食品包装和玩具等行业展示了注塑机一体化解决方案。

1.160Se Ⅲ通用型伺服节能注塑机

Se Ⅲ是针对具有更高要求的塑料制品设计开发的一款高速机，具备高精密、高强度、高配置等特点。该产品拥有以下优点：

（1）伺服电动机实现流畅低速的动作控制，液压耗能降至最低，避免油温上升，有效减少油温冷却水的消耗。

（2）高效射台，提高射速；优化机铰运动更畅顺快速，停止更精确。

2.423GeHB 油电复合餐盒专用机

油电复合机型具备高精度、高效熔胶等优点，液压开合模时可实现同步熔胶功能，缩短成型周期 20%。全新升级的 423GeHB 可满足精密注射需求，适用于薄壁包装、高精密塑料零件产品、高精度导光板等产品的生产。

东华机械针对食品包装推出奶茶杯生产一站式解决方案，搭配新型模内贴标快速机械手、一模 6 穴热流道模具全自动高速生产奶茶杯。

3.450JSe Ⅱ两板机

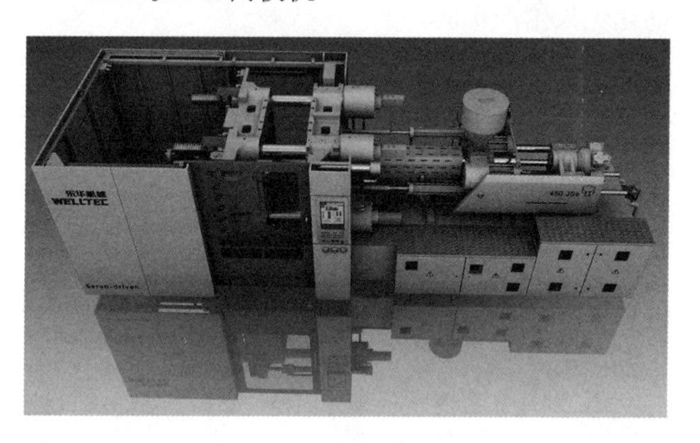

小型两板机（4 500 ～ 9 000kN）是大型两板机产品系列的延伸，拥有以下优点：

（1）先进的两板式锁模机构，结构紧凑，占地空间更小。

（2）锁模高压建压行程短，起压迅速，锁模力与系统压力成正比，线性好。

（3）压力传感器实时监控，锁模力重复精度高。

（4）拉杆与动模板零摩擦，使用寿命更长，对角式布局的两个快速液压缸大大提升了开合模速度。

（5）超长动模板支撑滑脚，保证模板在使用沉重模具时的精度，提升模具的使用寿命。

（6）同步式拉杆抱闸装置，抱闸液压缸具备缓冲功能，抱闸精确，无冲击。

4.1200JSe Ⅱ两板机

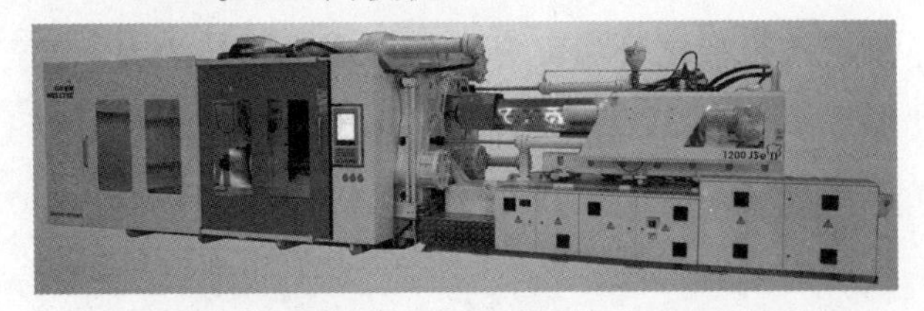

1200JSe Ⅱ拥有以下优点：

（1）先进的两板式锁模机构，结构紧凑，占地空间更小。

（2）直压式锁模结构，配高精度压力传感器，确保锁模力精确。

（3）大四柱间距，大容模量及开模行程。

（4）伺服电动机实现流畅低速动作控制。

（5）高重复精度，即使在低速和长保压时间下仍然表现优异。

（6）欧洲原装进口控制系统。

宁波华美达机械制造有限公司

在 Chinaplas 2018 展会上，宁波华美达机械制造有限公司推出第三代精密高速注塑机系列、全电动注塑机系列，以及新型二板注塑机等多项技术产品，以自动化生产解决方案助力客户打造智能化无人生产车间。

1. 第三代高速精密注塑机系列

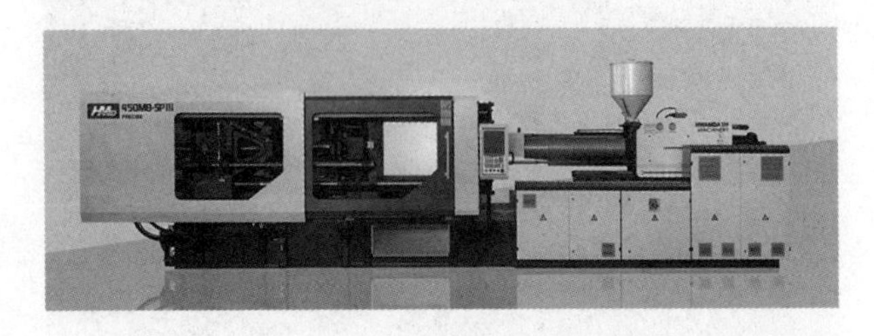

第三代高速精密注塑机系列遵循“精心设计、精工制造、精良选材、精诚服务”的四精标准，在设计阶段全面考虑快速、精密、高效等各种要素以及节能的生产特点，具备更短的生产周期和更好的制品成型力。

SP 系列精密高速注塑机采取高速低压注射和多动作复合运行设计理念，对锁模机构、润滑系统及油路系统重新设计并强化处理，在除注射外单个动作运行速度加快 15% 的情况下，通过多动作复合运行大幅缩短薄壁制品的生产周期，机械结构及熔胶电动机负载更轻，设备运行平稳的同时，采用伺服泵设计也更加节能。该系列产品在薄壁餐盒、饮料包装、医疗行业都有广泛应用。

2. 全电动注塑机系列

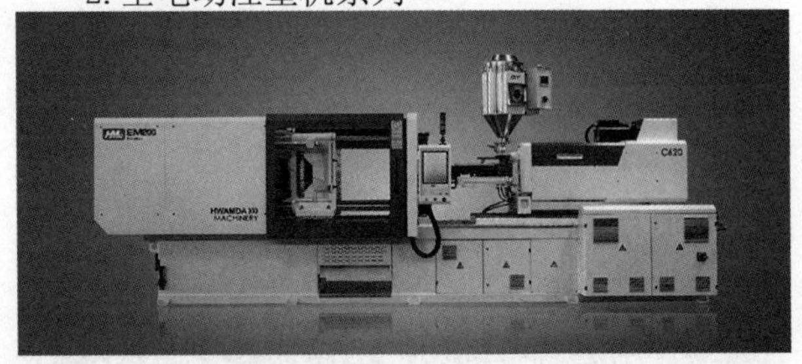

通过引入模块化设计理念，全新系列的全电动注塑机更加适应客户对精密制品、薄壁制品的注塑需求。

（1）全新设计锁模机构，运行特性平稳、高速，模板刚性好，适合精密模具使用。

（2）封闭式定量加压油脂润滑系统，保证部件洁净美观。

（3）注射机构采用模块化设计理念，相同锁模部件可与不同规格的注射部件自由组合，满足不同客户对注塑单元的特殊需求。

（4）优化注射运动部件设计，使注射速度提升，动态响应快（0 ～ 300mm/s），注射速度响应均小于 40ms，满足客户对超薄精密零件的生产高要求。

（5）定制化的全电动专用永磁伺服电动机，动态响应快，功率密度高。支持多种通信协议，控制方式灵活可靠。

3. DU 系列二板注塑机

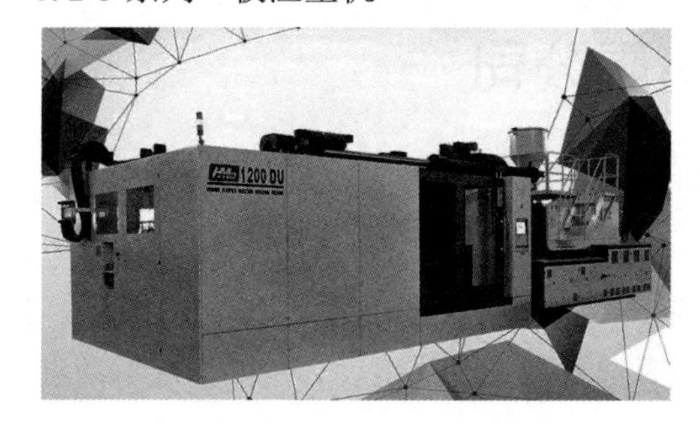

DU 系列二板注塑机采用欧式纯二板设计，非接触式拉杆设计，配合拉杆位置独立调整和机械同步式抱闸机构，抱闸开闸可靠，高压锁模运行稳定。相比常规三板机，具备更小的机器外形尺寸，以及更大的拉杆内间距、开模行程和顶出行程，特别适合深腔制品的生产，适用于汽配行业。

大连三垒科技有限公司

在 Chinaplas 2018 展会上，大连三垒科技有限公司展出了具有远程控制功能的新一代高速节能型 SBZ630H 塑料双壁波纹管生产线解决方案。

该生产线主要用于生产 DN200 ～ 500 HDPE/PP 双壁波纹管，相比传统的生产线，速度可以提高 1 倍，能耗可以降低 30%。具有远程监控、自动切割、自动称重、超重报警等功能。

1. 挤出机

该生产线通常配备 SJ-120X33A/SJ-90X33A 单螺杆挤出机组。经过优化设计的 A 系列挤出机，采用交流变频电动机、高强度齿轮箱、带有螺旋槽的衬套和特殊结构的螺杆，具有产量高、能耗低的特点。

如果用纯原料 HDPE 和 PP-H 生产双壁波纹管，SJ-90X36/SJ-75X36 单螺杆挤出机组也是非常好的选择。

最新配置的 SJSP-72X40/SJSP-65X40 同向平行双螺杆挤出机，采用了特殊的螺杆组合，加强了混炼密炼过程，可直接使用粒料或粉料生产双壁波纹管，省去了造粒过程。同时由于螺杆转速高（最大 700r/min）、长径比大（40∶1），塑化质量得到了大幅度提高，管材制造成本也相应降低。

2. 挤出模具

采用了短模口专利技术（2005 年专利），使双层扩口变得简单；机筒长度的缩短降低了熔体压力，适于主机的高速旋转，产量得到提高；较大的螺旋机头体又弥补了机筒长度缩短后出现的不足。特殊设计的水套，有利于高速生产时管材内壁的冷却。

3.SBZ630H 成型机

SBZ630H 成型机是塑料双壁波纹管生产线实现高速生产的最主要设备，特点如下：

（1）相比于传统的卧式开放式水冷成型模块和立式风冷成型模块，该设备的成型模块采用密闭、高压水冷结构，能够快速定型管材外壁。

（2）相比于同类型的成型机，该设备成型模块的真空结构安装在模块下面，既便于维修和调整，又可以实现成型模块的单真空缝、单波及上下抽真空。

（3）固定中心高、前后左右移动采用直线导轨，整体加工氮化的导轨板、齿轮传动的模块载体结构，极大地提高了成型机精度。

4. 切割锯

切割锯特点如下：

（1）双刀无屑切割。

（2）带有牵引功能，高速生产时牵引管材扩口段至水箱，保证扩口不变形。

（3）创新性发令装置，保证高速生产时准确切割。

（4）变频电动机带动切割小车与生产线同步行走。

5. 接管架

可实现自动称重、超重报警、自动卸料等功能。

通常情况下，冷却水箱、辅助牵引装置也是实现高速生产的必配设备和装置。

宁波创基机械有限公司

1. 朗格液压高精密注塑机

主要面向超薄及微细复杂的3C电子精密产品的生产，适合生产光盘、手机配件、计算机配件、齿轮、连接器及光学镜片等精密塑料零部件，特别适合生产尺寸精度高、尺寸稳定性好的薄壁体。

主要特点有：射移专用精密双线轨结构，导向精准，阻力小，射移提速快，双出杆射胶液压缸设计。采用进口低摩擦密封件，射胶阻力小，密封性好，起动速度快。射胶速度达220～280mm/s，液压响应速度30～50ms，射胶压力300MPa以上。锁模部件的模板加厚，开合模位置偏差控制在±0.3mm。为配合高压高速生产工艺，料管组件特配双合金料管和全硬双合金螺杆，使用寿命长，产品稳定性好。

2. 安腾全电动医疗注塑机系列

该产品具有以下特点：

（1）成型周期快，产品质量稳定。注射速度可达600mm/s；加速到最高速度响应时间仅为20ms；注射位置重复性在0.02mm以内，螺杆中心轴旋转跳动量0.02mm以内。基于射出直驱结构为核心，实现射出高响应、高速控制；欧系伺服驱动，响应快，误差小，性能优异，运行稳定；高精度多圈绝对值编码器和射出压力传感器控制和稳定熔胶、射出、保压、背压的波动变化，提高产品成型精度。

（2）根据需求配备专门的洁净室。在180T-S307M医疗机上，动模板四根导杆处配备专门的密封装置，防止导杆润滑油对产品的污染；动模板的支撑改用直线导轨，防止油污的堆积，同时进行密封以防止与产品的接触。在30T-S67医疗机上，在下料口配置洁净室，避免产品受到污染。

（3）噪声小，节能，环保。部品加工、装配精度高，运行时机器部品摩擦小，整机平稳抖动小；采用伺服电动机直驱结构，动力传递过程损耗少；所有动作都由电动机驱动，伺服电动机运行过程中噪声小，无油污。

（4）适应多腔大模具的厚度要求及大顶出力要求。比传统机型增加150mm的模厚，扩大了模具选型范围；使用大转矩的伺服电动机和放大力矩的顶出机械结构，满足绝大部品产品顶出力的要求。

（5）提高模具使用寿命要求。压中心式动模板结构使锁模力均匀分布在整体模具平面；具有低压射出功能，降低产品注射所需的锁模力；具有模保功能，防止合模过程中异物掉入模具内。

3. 曼瑞注塑机

注塑机采用Euromap标准和EN201安全标准，配备高精度KEBA控制器、高响应高精度Rexroth伺服泵控系统，具有SPC控制功能。采用直列式设计结构：螺杆、油缸、预塑电机同一轴线，保证高速注射的低惯量要求。

注射速度0.1～800mm/s，注塑件重量偏差0.3%～0.6%。注射位置精度：150mm/s在0.1mm以内，高速注射采用伺服阀闭环控制0.1mm以内。开合模最大速度为1 500mm/s，开模终点重复精度0～1mm，CP系列采用伺服阀控制重复精度0～0.3mm。

（1）高效、节能。喷嘴接触力平均分配两个对称的液压缸，且接触力可精确调整，保证高速注射时，喷嘴孔与模具浇口同心度。射台移动采用线轨全支撑结构。比例背压控制，PID模糊优化算法温度控制，料温精确度±1℃。不同规格的螺杆$L/D=20:1$，保证塑化的一致性；高效螺杆$L/D=24:1\sim28:1$，保证高速塑化能力。采用双伺服高效节能系统，输出能耗随负载变化，压力和速度闭环控制，高效进口冷却器，红外线加热控制，具有多重节能效果。

（2）稳定、洁净。全新优化的5点双曲臂高刚性锁模单元，保证高速运行的平滑性，尤其适合长时间24小时不间断的高速高压工作。销轴导套、拉杆导套、动板滑板采用低摩擦系数的铜材，配合容积式油脂润滑系统，只需 1 000 ～ 1 500 模润滑一次，锁模区域相当洁净。就近的液压控制，高精度的控制系统，使得动板最高移动速度达到 1 500mm/s，且定位准确。欧式顶出结构，空间大，易于安装模具。

震雄集团

在 Chinaplas 2018 展会上，震雄集团展出了 6 台先进注塑机：SPEED398 高速注塑机、JM398-MK6 捷霸 (第六代) 伺服驱动注塑机、SM700-TP-SVP/2 超霸伺服驱动二板大型注塑机、SM90EJ 超霸全电动注塑机、EM-320PET 易霸瓶坯注塑机及 SM180SSR 超霸系列专用注塑机。还展示了多种自动化注塑方案，配合后道工序的自动化包装系统，从原料到成品包装一次性完成。运用了震雄推出的智能联网控制系统的最新版本——iChen4.0 联网技术，展现了集中监控、集中供料等新技术。

SPEED 系列高速注塑机以高速度、高精度见长。

MK6 捷霸 (第六代) 伺服驱动注塑机是以性能超稳定、环保节能见长。

SM-TP-SVP/2 超霸伺服驱动二板大型注塑机占地面积小，开模行程大，适合生产汽车零部件、大型家品电器及大型包装用品。

SM-EJ 超霸全电动注塑机节能效果显著，其高 C/P 值不容忽视。

EM-PET 瓶坯注塑机是全新设计的产品，具有高品质、高效率、稳定精密、低耗能、低污染、低噪声等特点。

SM-SSR 超霸系列专用注塑机是专为固态硅胶原料成型研制的，具有高稳定、高效能的特点。

宁波弘讯科技股份有限公司

在 Chinaplas 2018 展会上，宁波弘讯科技股份有限公司重点围绕“工业 4.0- 智能制造生产线数据中心”主题展出产品。除了智能制造生产线外，亦展示全系列其他塑料机械相关控制系统，如新一代挤出机控制系统、吹瓶壁厚一体式控制系统、高精密智能伺服转盘系统等延伸产品与解决方案。

展会现场通过新一代 SANDAL 高端控制器端口与 SANDAL DRIVE 动力执行单元、感知感测单元、自动化设备 (取出机)、搭载 M4 控制器的辅机辅助设备等实现互联互通，建构出生产线控制数据中心与辅机数据中心，并运用新的 iNet 大数据中心整合生产线控制数据中心、辅机数据中心、能源数据中心的数据，再与 MES/ERP 系统进行数据交换与收集分析，架构出一个智能制造生产线数据中心系统，实现了企业数据的闭环管理，构建出塑料加工工厂一体化和实时化的智慧信息管理体系。

新一代挤出机控制系统采用铝铣面板，驱动器能实现联动、随动快捷切换，多种控制模式并存；采用 NET/CAN 等通信方式同上位机建立数字通信，控制更加精确，操作更简单；采用矢量变频器，具备低频力矩大、电机参数自辨识、最优加减速控制、逐波限流等先进的控制性能。

泰瑞机器股份有限公司

在 Chinaplas 2018 展会上，泰瑞机器股份有限公司（简称泰瑞）配合多款机型方案，进行“T-cloud”泰瑞云智能注塑物联网远程数据统计、诊断分析、图表展示、工艺下载、生产管理等诸多功能的现场实景演示。

1. 薄壁包装高速成型解决方案

DH550、DM415、DE580、DE180 四款高速机同台展出，单穴四面贴标收纳盒、8 穴叠模快餐盒、8 穴直筒奶茶杯、4 穴模内贴标水杯，不同设备带来不同的产品解决方案。高效、高速、高重复精度、高使用寿命的“四高”特性是各款高速机的品质追求。

2. 新一代注塑机引导的日用品解决方案

全新的 DT 新一代轴杆注塑机，能更好地适配日用品、精密件等产品的成型。演示了多功能手机支架 + 笔架产品方案，用完美的设备及配套方案打造精益生产管理。

3. 多组分汽配件成型解决方案

泰瑞大型二板双色机在汽配领域拥有深厚的应用基础，在展会上推出了平行双射台 + 全电顶入式副射台三色多组分注塑机，可以很好地满足多种解决方案需求。配合关节机器人进行电动汽车充电桩插头的生产演示，诠释了“金属件嵌入—PP 塑化成型—TPR 胶合封边”多步骤的一次成型。

宁波通用塑料机械制造有限公司

在 Chinaplas 2018 展会上，宁波通用塑料机械制造有限公司针对高速薄壁、医疗、包装等领域展出了多款全电动设备解决方案。

甬华 YE 系列全电动注塑机是一款自主研发的创新机型，多项技术荣获国家专利。宽幅度的模板结合坚固的锁模装置，以高速化和高精密运行作为要求开发的创新机械结构，实现了高速循环成型；模块化设计搭配多种组合注射部件可以适应不同行业产品成型要求；采用低惯量高速伺服电动机加高负载滚珠丝杠驱动，核心部件具备自主化、高性能、新集成的技术优势；EtherCAT 总线实现控制器、伺服驱动器、伺服电动机实时运行数据共享，实时闭环控制，更精准地实现注射过程控制。伺服共母线驱动系统和绝对值编码器控制技术，使控制性能达到国际先进水准。

YE 系列全电动注塑机开模位置重复精度可达 0.05mm，注射速度可达 350mm/s，注射位置重复精度可达 0.01mm。具有注射精度高、注射加速度快、全闭环控制等液压伺服无法达到的优势，不受油污和温度的影响，工艺稳定性好。同时具备精密、稳定、高效、省电、环保的优点。可应用于 IT 行业、光学制品、医疗行业、精密零件等行业的产品生产。

YE230W 高速全电动注塑机是一款专机，展会现场搭配伺服高速机械手、一模四穴热流道模具，演示酸奶杯模内贴标生产方案。

YE190W 高速全电动注塑机在展会现场配合机械手演示 1 出 24 餐勺自动包装生产线方案。最高射胶速度 350mm/s，响应时间大幅缩短。

YE150W 高速全电动注塑机是针对医疗行业推出的一款专机，在展会现场配合机械手演示生产 1 出 24 医疗扁外套方案。

宁波双马机械工业有限公司

1.EK 系列三板机

伯乐 EK 系列在全国首创中心锁模结构，节省了原材料，降低了投资成本。中心锁模，即锁模力集中在模板中心区域，是一种通过曲肘连杆实现机械直压的机构。相较于传统结构，伯乐中心锁模结构具有直压机大锁模力、锁模力集中从而更好地保护模具以及模板的优势。这一优势表现在制品高重复精度、产品克重精准、飞边显著减少甚至无飞边等。

2.DK 系列二板机

DK 系列二板机采用一体式拉杆设计，保证拉杆的抗折断；等面积开合模液压缸设计，确保机器开合模运行快速平稳；拥有独立的液压油冷却系统、抱闸处的变距螺牙、垂直放置的伺服电动机等独特的设计。

3.FE 系列全电动注塑机

FE 系列全电动注塑机应用于高精密电子、医疗、光学等行业。采用了伺服驱动中心锁模结构、全封闭式滚珠丝杆和德国原装进口倍福控制器，配以微软 Windows 系统组成高效可靠的控制平台，德国设计的塑化系统塑化效率超国内水平 20% 以上。

4. 碳纤维智能成型工艺 CIML

CIML 碳纤维产品智能成型线是汽车轻量化技术的利器，集设备、工艺、材料配方于一身，将造粒与注塑过程“合二为一”，为客户提供纤维增强复合材料成型技术解决方案。

宁波海雄塑料机械有限公司

在 Chinaplas 2018 展会上，宁波海雄塑料机械有限公司展出了第三代 HXYD430 油电复合注塑机。该机针对薄壁包装类制品的成型特点，在机械结构、机器运动性能方面进行了全新的设计，采用电动注射熔胶、液动开合模，在精密度、响应速度、高速射出等方面表现出众。

该机的开合模动作采用高性能液压伺服驱动系统和高响应比例方向阀，具有动作迅速、平稳、精度高、响应快。创新的控制程序使开模位置重复精度达到 0.1mm；注射动作由伺服电动机直接驱动，熔胶动作由伺服电动机通过同步带及带轮驱动螺杆旋转，保压、背压全闭环控制，可实现边开模边熔胶，注射速度可达 400mm/s。注射结构经过创新设计，运动惯量降低，加速性能优异，加速度可达 1g。

第三代油电复合注塑机既有着电动注塑机精密、节能、高速的注塑性能，又有着电动注塑机所没有的超高性价比，可广泛应用于薄壁包装类制品的成型，如快餐盒、冰激凌盒、一次性餐具等。

江苏贝尔机械有限公司

1. HDPE 50-250 三层复合高速管材生产线

（1）三层高效挤出系统。中间层为 BRD75 挤出系统、内外层为 BRD45 挤出系统，配置 38∶1 的高效机筒螺杆，通过特殊的设计大幅提高螺杆的挤出量。螺杆采用分离型并设有剪切段和混合段，使塑化效率提高，塑化质量提升，熔体均匀性更好。

（2）精确加热及冷却系统。加热器采用陶瓷带保温棉式加热器计，加热效率更高，热量损失更小，高效节能。该设计兼顾了加热和冷却，温度控制更精确。

（3）静音传动系统。减速机采用国内当前同样外形尺寸最高转矩的减速机，静音、高效。

（4）智能电气控制。整机采用 PLC 控制、大屏幕西门子触摸屏操作板，是一款全电脑控制挤出机，可实现整线的同步调速运行。

（5）多层比例可调整模具。模具采用三层螺旋式模体设计，三层比例厚度可调，特殊的结构设计能够保证每层的壁厚均匀度。

2.PE200L/75 机团粒造粒生产线

（1）TLJ 系列 200L 团粒机。主要用于薄膜物料回收，改变物料的堆积密度，有利于下一步造粒。机筒采用不锈钢制作，其余为碳钢制作，外表面镀锌不污染物料。可将厚度不大于 0.2mm、面积不大于 $0.6m^2$ 的薄膜均匀直接地投入机器，破碎和团粒同步进行。该机设有自动和手动两种操作方法。

（2）新型水环切粒系统。全新可调式刀头在运行的过程中可以自行细微调节与磨面的接触角度，切粒磨头采用数控加工中心加工，经过精磨、氮化处理，提高装配精准度的同时延长了工件的使用寿命。

新型切粒装置可气动调节，结构紧凑合理，弹簧式的切粒装置进刀响应快，横面不会粘刀。

新型刀轴调节走刀范围可控，任意调节贴合模面。刀轴整体结构设计简单，操作容易，可快速更换。

苏州同大机械有限公司

在 Chinaplas 2018 展会上，苏州同大机械有限公司重点推出全新的油电复合 30L 中空成型装备。

该机是苏州同大机械有限公司根据国内塑料吹塑产品市场特点全新开发的吹塑机，既具有全电动机的优点又降低了成本。它采用压力、流量与位置控制全闭环的复合运算，真正实现了高精度、高重复性的全闭环控制。采用多组伺服控制结构，适合同步动作控制，提升了运行效率和运行稳定性。具有如下特点：

（1）专用于堆码桶产品成型，尺寸一致性达标。

（2）三工位除溢装置，保证了制品不变形。

（3）非接触电子尺位置控制，精度高、寿命长。

（4）抱肘式开合模机构，容模量大、产品适用广。

（5）高效精密稳定生产，创造更好的投资回报。

宁波海星机械制造有限公司

在 Chinaplas 2018 展会上，宁波海星机械制造有限公司展出了 HXF270H 薄壁包装机和 HXF200E 全电动注塑机。

1.HXF-H 系列高速包装专用注塑机

主要特点有：

（1）高强度设计的机械结构。特殊设计的锁模机构，拉杆受力更均匀，寿命更持久。

（2）高精度低阻力线性导轨。注射部分采用线性导轨设计，摩擦系数低，注射和塑化过程阻力小且均匀。

（3）自润滑铜套。采用自润滑铜套，减少机械磨损，降低保养成本。

（4）高响应油路设计。注射加速快，相应速度较常规机提升 100%。

2.HXF-E 系列全电动注塑机

主要特点有：配备适合高速化和高精度运行的机械结构，集高性能、高静音和高控制精度于一体，具有重复精度高、稳定性好、响应速度快、成型周期短、节能、清洁、环保等优点。

宁波伊士通技术股份有限公司

1. 全电动注塑机整套控制方案

全电动注塑机整套控制方案为宁波伊士通技术股份有限公司自主研发，包括系列全电动控制器、汇川 ES810 全电动专用驱动、汇川全电动专用电机、上海莱恩滚珠丝杠。整套方案能够让产品之间形成最优配合使系统发挥出最大的性能，同时避免多渠道采购带来的系统性能以及产品质量的不确定性。

2. 快速注塑机整套控制方案

快速注塑机整套控制方案为宁波伊士通技术股份有限公司自主研发，由注塑机控制器、汇川 IS580 驱动器、汇川快速机专用电机组成。该方案通过控制器与伺服系统之间的配合使得快速机能够在最短的时间内完成产品成型，开合模动作快速又稳定，机器既具备快速性能又拥有较长寿命。

3.iLink 物联网系统与 MES 管理系统方案

iLink 物联网系统通过数据云端和客户终端相连接，实现对注塑机的基本信息、故障情况、运行数据等信息的统一分析和监管，为制造商提供专业的大数据分析管理和应用，改善企业产品规划和经营管理，提高生产作业效率。

浙江申达机器制造股份有限公司

在 Chinaplas 2018 展会上，浙江申达机器制造股份有限公司推出了两款机型：FE-150 绿色节能全电高速精密注塑机、SE-220 伺服节能注射成型机，均为公司自主设计制造。

1.FE-150 绿色节能全电高速精密注塑机

该机专为高精复杂的注塑产品设计，采用内支点高刚性锁模机构，变形小，锁模重复精度高；采用具有自主知识产权的自动调模技术，调模精准；引进先进专业控制技术，精密的反馈元器件，应答速度快，控制精度高；注射速度≥ 350mm/s，符合高速生产的要求；采用重载线性导轨，低摩擦、高可靠；配套采用全球一线品牌，打造国内高端品牌。

2.SE-220 伺服节能注射成型机

该机采用自主专利技术，全新的工业造型设计和全面的人性化设计；采用高刚性锁模机构，变形小，产品精度高；拥有可靠稳定的液压动力装置；达到国家一级能耗要求；高刚性机架确保机器在高速下平稳运行。

广东拓斯达科技股份有限公司

在 Chinaplas 2018 展会上，广东拓斯达科技股份有限公司展出了针对注塑工艺的高速节能新型坐标机器人、六轴及水平桌面型机器人工作站、智能工厂 MES 系统演示、多款新型周边配套辅机、智慧整厂模拟项目。

1. 拓斯达智能制造系统

智能制造执行系统——MES 系统提供制造数据管理、计划排程管理、生产调度管理、库存管理、质量管理、人力资源管理、工作中心/设备管理、工具工装管理、采购管理、成本管理、项目看板管理、生产过程控制、底层数据集成分析、上层数据集成分解等管理模块，打造了一个扎实、可靠、全面、可行的制造协同管理平台。

2. 配套终端设备

拓斯达配套终端设备不仅具备生产现场的实时数据采集功能，还能把采集的信息数据反馈到 MES 系统上，从而避免企业在产线智能升级上造成二次成本浪费。

3.EUROT 高速节能新型坐标机器人

电力消耗缩减 10%；自动化配合，减人降成本（实际项目计算）；线性速度提高 20%，同时间产出更高；负载提高 20%（5 ～ 6kg）；采用国际知名品牌，精度高、稳定性好、寿命长。

4. 拓斯达 Scara 机器人

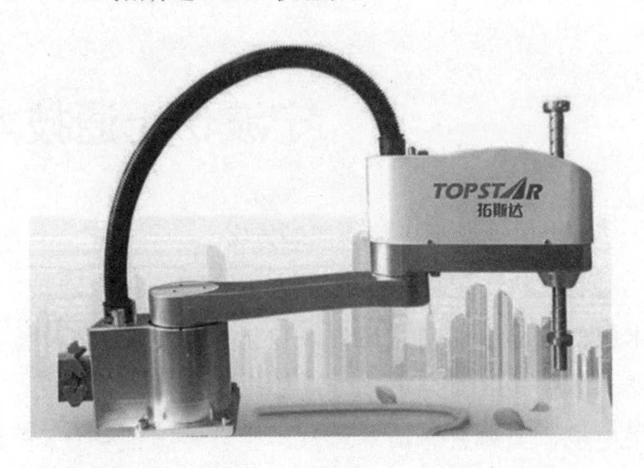

具备高速度、高重复性、低振动的特性；采用驱动一体控制器，大大节省空间；配线简单方便，快速提高企业生产效率。

5. 机器人应用喷涂项目

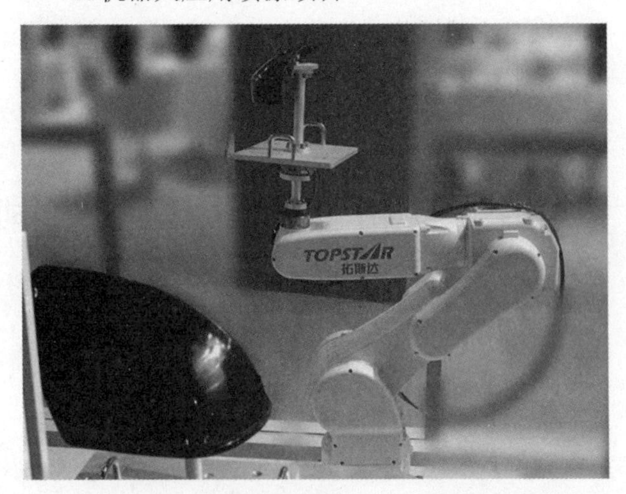

供漆系统配有 PD2K(Graco)；可实现在水性、油性漆间的自动切换；可为客户定制 1C1B、2C1B、2C2B、3C3B 模式。

信易集团

信易集团提供的智能注塑工厂方案，从工厂系统的顶层设计开始，通过 ERP 系统的配置，MES 系统进行数据的采集与传输，直至底层设备层面的智能化（从设备的系统化配置到设备的单机配置）。该方案融合了原料处理系统、水电气规划系统、自动化解决方案、sLink 的数据采集技术及 MES 系统等全球领先的软硬件产品。

1.MES 系统

智能注塑工厂方案包含的注塑车间级 MES 系统，通过联网所有成型设备，实现对成型机及周边辅机设备的数据采集、制造流信息数据的搜集，组建了信息大数据库，再结合客户需求对这些大数据进行分析处理，以最直观的形式展现出客户需求（定制个性化报表），为企业管理层提供决策依据。系统综合订单管理模块，实现计划单与机台、模具相关联，可以根据各机台工作生产情况以及机台、模具维修保养时间合理安排订单任务，从生产计划直通机台生产任务。系统还可根据设备与模具的工作时长或合模数自定义维护保养计划，并且设置信息通知，完善了车间的生产管理。该系统也可与ERP系统充分进行信息互通，实现完整的信息流网络，最终为客户提供先进的一体式解决方案。系统主要划分为设备监控、生产过程管理、异常停机管理、设备模具管理、自动报表、系统设置六大软件功能模块。

2. 中央供料及整厂水电气系统

中央供料控制系统采用先进、高集成度的一体化控制器，极大地提高了系统的抗干扰能力。系统采用总线型组网通信，最大通信距离可达300m，扩展方便，控制器直接安装于管道上；HMI人机界面能够直观监视供料状态及控制相关设备。

3.sLink基于网络的集成控制技术

该技术通过标准通信接口将辅机的监控功能全部集成到注塑机控制系统，实现在注塑机的操作面板上对注塑机和辅机的集中监控。该技术对辅机控制器内所有参数进行数据采集和操作设定，可以远程监控辅机工作状态。集成了sLink技术的注塑控制系统使整个注塑作业流程更加高效及智能化，实现少人化生产，降低生产成本。通过sLink技术的不断推广，辅机设备与成型主机之间的联系将会更加紧密，从而实现辅机设备与成型主机设备即插即用式的通信连接。

环保包装　绿色创新

——PLA聚乳酸/淀粉基生物降解材料的双螺杆挤出片材设备

一、前言

PLA聚乳酸/淀粉基生物降解材料是一种新型的生物基及可再生物完全降解材料，使用可再生的植物资源（如玉米等）所提出的淀粉原料制成。淀粉原料经由糖化得到葡萄糖，再由葡萄糖及一定的菌种发酵制成高纯度的乳酸，再通过化学合成方法合成一定分子量的聚乳酸。其具有良好的生物可降解性，使用后能被自然界中的微生物在特定条件下完全降解，最终生成二氧化碳和水，对土壤和空气不造成污染，并可增加土壤肥力，对保护环境非常有利，是公认的环境友好材料。

聚乳酸是一种新型聚酯材料，因其性能与现有聚乙烯等塑料相近，但可被自然界中微生物完全降解，且具有优良的生物相容性，是解决白色污染问题的重要替代材料，在快餐盒、快递袋、餐具、购物袋、保湿地膜、保温盒等医疗健康、家纺领域有巨大潜力。

产品优势如下：①原料天然。以天然玉米淀粉为原料，可持续供应，使天然资源重复使用，循环不息。②安全生物降解。原料为天然高分子化合物，能在自然条件下实现降解。③绿色环保。产品使用后在自然环境中能快速被微生物降解，成为植物养料，真正做到源于自然、还于自然，有效解决白色污染带来的环境破坏。④无毒害性。原料天然，生产过程无菌生产，消毒检验严格，产品降解后不会对土壤空气产生毒害，无二次污染的危害。⑤完全符合“4R+1D”国际环保标准。4R指低消耗、绿色材料、可循环利用、往复生产，

ID 为降解。

二、原料加工特点

PLA 聚乳酸/淀粉基生物降解材料具有较好的加工性能，能适用于传统的挤出、注塑、吹塑等加工方法。然而，聚乳酸独特的分子结构使其在加工过程中随着温度的升高黏性数将迅速下降，同时引发熔体强度下降，熔体破裂、松弛，产量降低等问题。这些问题在需要熔体强度的加工过程，如片材挤出、成型加工、发泡中尤为突出。因此，如何提高聚乳酸的熔体强度，改善其加工性能以拓展应用领域，成为摆在业界的一个新问题。

针对 PLA 聚乳酸/淀粉基生物降解独特的分子结构及加工特点，研究及掌握其热性能、结晶性能和熔体流变性能是优化其成型工艺和制成品质量的关键。因此，通过原料添加助剂及工艺温度调整优化、精密装备设计制造协同等一系列有效解决方案入手。

三、产品加工工艺

PLA 聚乳酸/淀粉基的产品加工工业流程图见图 1。

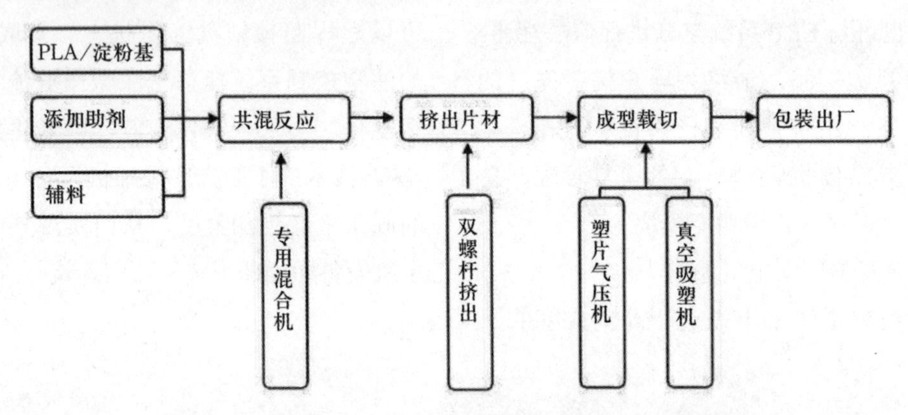

图 1　PLA 聚乳酸 / 淀粉基的产品加工工艺流程图

其加工过程如下：将原料共混后通过双螺杆挤出，模头出片，三辊冷却，定型牵引，成品收卷制成片材，再通过气压热成型设备或全自动吸塑设备成型加工后包装。

由于普通 PLA 原料在空气中含水率高，在熔融挤出时会引起水解作用，使熔体黏度和分子量显著下降，出现挤出成型片材起泡、变脆、发黄等异常现象。改善方法通常从三方面入手。

(1) 增加加工助剂，能够在加工中有效地和聚乳酸分子作用，形成均匀的物理网络结构（避免凝胶的生成），提高熔体强度。一旦熔体强度得到提高，在加工过程中就能够有效地阻止熔体破裂，使加工过程更为稳定，从而提高产量。同时，也可以在一定程度上提高产品的质量。

（2）设备工艺选型上，通常采用的设备主要有两种：第一种是单螺杆挤出机，采用“干燥—熔融挤出”的加工路线，一般需配套干燥系统；第二种采用真空排气双螺杆挤出机直接挤出成型。单螺杆适用于生产品种少的专业厂家要求，不同原料的生产条件需配套专用螺杆结构才能更好发挥效率。而双螺杆排气挤出工艺具有若干显著优点，包括节能效果明显、流程工艺简单、可以实现在线配混等。通过双螺杆专用化改造，可以达到理想的排气效果，有效控制 PLA 熔体黏度，更能适应当前市场柔性化制造的需求。

（3）精密制造设备对温度场的调整工艺要求。由于 PLA 聚乳酸/淀粉基独特的分子结构，它在加工过程中对温度场要求高，故对设备应采用多点温度加热及冷却，以实现快速调整、精确控制。

广东达诚技术股份有限公司（简称达诚公司）一向致力于可降解材料加工装备的应用和推广，早在 1999 年 7 月就开发生产出第一代可降解片材机。2001 年 1 月改良型第二代 PLA 聚乳酸环保可降解片材面世，2005 年 4 月单螺杆 PLA 聚乳酸环保可降解片材研制成功，2007 年 1 月双螺杆 PLA 聚乳酸环保可降解片材研制成功推向市场，并获得国家、省、市多项科学技术奖。产品销往 50 多个城市，设备运转性能良好。达诚公司学习国外尤其是欧洲的设计理念，结合自身的定位和特色，与国内外高等院校、研究所、可降解材料生产商建立融入高校等科研院所的最新成果，广泛而密切的联系，共同研发先进装备。凭借在塑料加工装备领域的雄厚技术基础与丰富经验，充分运用公司现有进口高精尖设备，提高零部件加工精度，设计优化各类零件结构、加工工艺，提升设备整体性能。同时持续加强产学研工作，努力开发功能更为完善的产品，以满足更广泛的要求，为可降解原料的推广和应用做出更大的贡献。

广东达诚技术股份有限公司设计制造的 PLA 聚乳酸片材挤出设备具有下列特点：适用于 PLA 聚乳酸/淀粉基全生物降解的片材生产，具有产量高、能耗低、操作简单的特点；与国内同类设备相比，综合节能提高 30% ～ 40%；采用三级真空排气技术及油气分离技术；采用双螺杆优化组合技术，确保产品质量及稳定性；挤出系统采用压力闭环反馈控制技术、加热冷却的温度场采用双 PID 控制技术；整机采用 PLC 控制，实现参数设置、数据运算及反馈，实时提供改进措施。

四、加工装备的绿色创新点

通过多方论证，开发 PLA 聚乳酸/淀粉基高效率挤出片材设备要从五个环节进行技术创新、结构优化、精密制造，实现设备的高产量低能耗，打造国内高效 PLA 聚乳酸/淀粉基双螺杆挤出片材高端设备。

（1）双螺杆组合技术。将多年积累的双螺杆构型研发设计经验与先进软件技术进行优化结合，形成特殊的双头螺纹元件以及独特的螺杆组合，实现输送塑化、混合混炼、剪切分散、均化均质、排气脱挥、建压挤出等各项功能。特别是在 PLA 材料内部结晶水的脱除方面有极高的效率，特殊设计的排气口不冒料，自由通畅，实现低温挤出，避免 PLA 的热降解。

（2）真空排气技术。多段强制排气，高效、安全地保证 PLA 物料熔融、塑化过程中不水解，无晶点产生。特殊的三级真空排气技术及油气分离技术、超大抽气量、超高真空度，大大控制了 PLA 的黏度降低。

（3）高强度辊筒内部螺旋流道技术。高强度辊筒内部螺旋流道的结构设计，再配套水温控制系统，使辊筒有精准温控和高效传热效果。

（4）智能化远程控制技术。公司工业数据中心和工业数据采集与分析软件、远程监控网络设备、标准电机健康检测分析系统、设备能源管理优化系统等，可以对在客户工厂的达诚设备实现远程监控，采集和存储各种工艺数据，并进行工艺数据分析，优化生产工艺配方。

（5）设备制造工艺工匠精神。从零部件选材、制造工艺、加工精度、热处理及表面处理、外观设计等工业设计进行全面考量，确保设备的稳定可靠性，提升档次。

设备绿色性能如下：多组分喂料装置技术，适应于新料、回料、色母等比例的控制；原料干燥技术，使机组综合能耗低，节省成本；高转矩挤出机组，配套转矩保护器；配超大过滤面积熔体过滤器，节省大量换网作业的时间和人工消耗；三辊压光辊筒压合采用液压装置，结构紧凑，辅助设施布置方便，操作简单；水温系统采用加热冷却的温度双 PID 控制技术等；在线切边、破碎、输送回收系统，特殊的收卷结构设计，实现在线不停机换卷，卸卷装置节省大量的作业时间和人工消耗；在线涂硅系统提高片材适应性，提高竞争力；高精密双螺杆挤出系统采用压力闭环反馈控制技术、加热冷却的温度双 PID 控制技术等；整机采用 PLC 控制，实现参数设置、数据运算及反馈、报警等功能的自动化控制；先进双 PID 控制算法技术，对技术数据进行实时统计分析，实时提供改进措施，确保生产过程始终处于统计控制状态，以提高制品的质量、精度、能耗等性能指标。

五、市场应用前景及未来展望

由于人们对该新兴材料的认识不足，市场尚未充分开发，需求少，大多数企业徘徊观望，企业规模小、产能低、生产成本高，在市场竞争中持续能力较弱；但是，随着国际原油资源日趋紧张，石油供给压力增大，一级城市垃圾处理、白色污染等压力增加，PLA 聚乳酸/淀粉基生物材料产业的经济性和环保意义凸显，产业发展的内在动力不断增强。PLA 聚乳酸/淀粉基材料绿色环保、环境友好、资源节约等特点，正使其逐步成为引领当代世界科技创新和经济发展的新的主导产业。因此，PLA 聚乳酸/淀粉基生物材料产业有着广阔的市场前景。

达诚公司将朝着数字化、自动化、智能化挺进，全力打造高效节能、智能高品质片材挤出装备，同时满足产品绿色包装、技术创新、可持续发展要求，增加产品附加值，不断拓展设备应用市场，以综合性价比优势和过硬的质量保障与国外企业分庭抗礼，为中国制造助力升威。

〔撰稿人：汕头市达诚环保精机科技有限公司杨伟光〕

标准

论述 2017 年塑料机械行业标准化工作，展示塑料机械行业标准目录

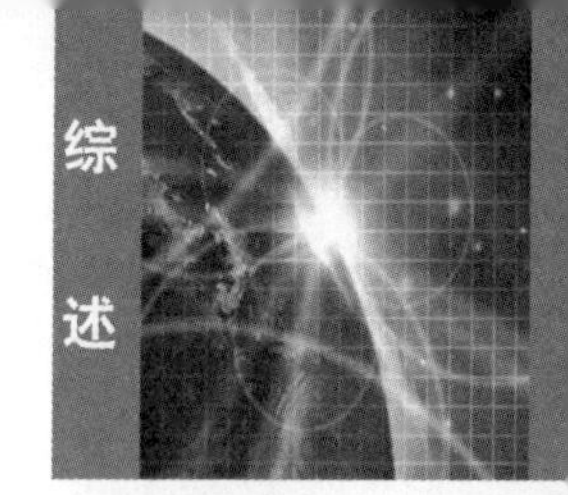

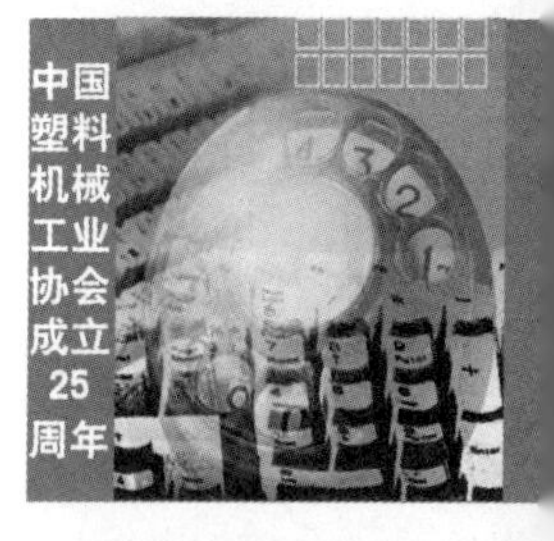

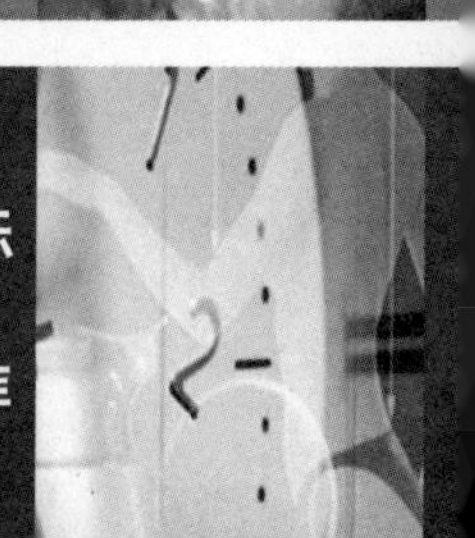

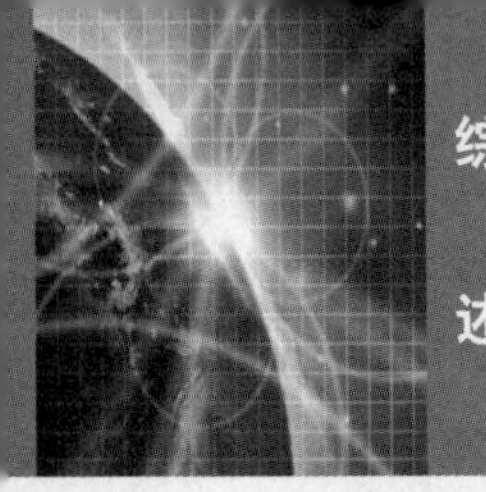

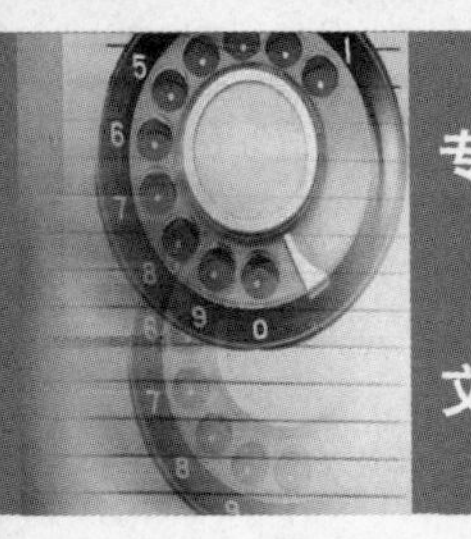

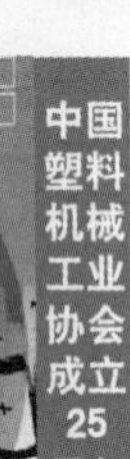

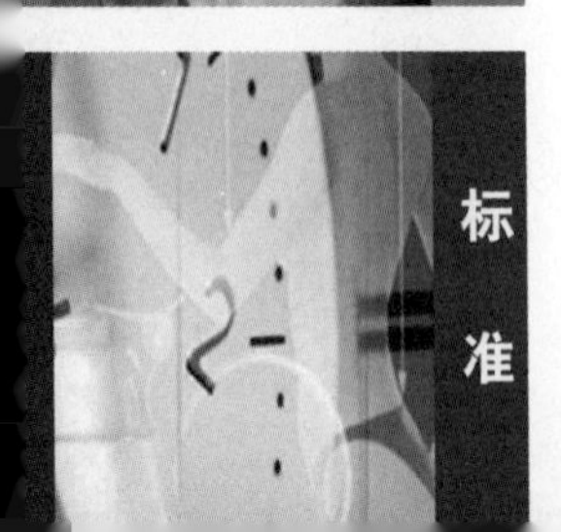

标准

2017—2018 年塑料机械行业标准化工作概述
塑料机械行业标准目录
中国塑料机械行业团标标准化工作概述
塑料中空成型机能耗检测方法的研究

2017—2018 年塑料机械行业标准化工作概述

在国家标准化管理委员会、工业和信息化部、中国机械工业联合会和全国橡胶塑料机械标准化技术委员会的领导下，通过塑料机械分技术委员会全体委员的共同努力，塑料机械行业标准化工作在组织架构、专业领域的划分、标准的覆盖与配套、标准水平和结构等各方面都进一步健全、合理和完善，在标准体系建设、重要标准制修订、标准化技术机构和专家队伍建设、关键技术标准研究、国际标准化工作等方面成效显著。

在塑料机械标准化工作者的共同奋斗和努力下，迄今已形成塑料机械标准 99 项，一些标准已经过多次修订。塑料机械行业基本形成了以产品标准为主体，以安全标准、基础标准、通用标准、方法标准以及分等标准为辅的，更为合理、更具操作性的行业标准体系。

全国橡胶塑料机械标准化技术委员会塑料机械分技术委员会（简称分委会）负责全国塑料机械行业的标准化归口工作，包括塑料机械行业标准的规划制定，标准体系确立，标准制修订计划的编制与申报，各项标准的起草、修订、复审、报批、贯彻及实施等，业务上归属中国机械工业联合会。第五届分委会于 2016 年 12 月成立，由 39 家单位的 39 名委员组成，另聘请顾问 1 名，秘书处仍设在大连塑料机械研究所。

一、标准计划项目完成情况

分委会按照工业和信息化部、中国机械工业联合会下达的计划，组织标准起草工作组起草了 3 项机械行业标准，其中 JB/T 13448—2018《螺杆柱塞式塑料注射成型机》及 JB/T 13449—2018《塑料注射成型机用自动取件机》2 项标准已于 2018 年 4 月 30 日发布，2018 年 12 月 1 日开始实施；新制定的《塑料挤出机械用换网器》标准已完成征求意见稿。配合总会组织修订了 GB 22530—2008《橡胶塑料注射成型机安全要求》及 GB/T 25156—2010《橡胶塑料注射成型机通用技术条件》2 项橡胶塑料机械通用国家标准，组织制定了《橡胶塑料机械外围设备通信协议》《橡胶塑料注射成型机模具固定和联接尺寸》《橡胶塑料注射成型机 接口 第 1 部分：机械和电气接口》《橡胶塑料注射成型机 第 2 部分：数据 交换接口》和《橡胶塑料注射成型机 测量设备通信协议》5 项橡胶塑料机械通用国家标准，均已完成标准征求意见稿。

二、及时完成行业标准复审及标准体系建设工作

分委会进一步贯彻《中华人民共和国标准化法》，不断加强与企业间的联系，跟踪现行标准的执行情况，及时了解标准在贯彻中的反馈信息。2017 年，分委会对所有现行 45 项行业标准的主要起草单位及主要生产单位征求了意见，根据他们的意见和建议，又征求了分委会委员的意见，做出的复审结论工业和信息化部已批准发布。2018 年的行业标准复审工作也在 2017 年年底的分委会五届二次工作会议上完成，复审结论为 2 项标准需要及时修订。

为全面贯彻落实《国务院办公厅关于印发国家标准化体系建设发展规划（2016—2020 年）的通知》的要求，按中国机械工业联合会具体编制要求，分委会编制完成了《塑料机械专业领域“十三五”标准体系建设编制终稿》并上报。

三、标准计划项目的申报工作

分委会五届二次工作会议审议通过了申报 JB/T 10899—2008《塑料挤出双壁波纹管辅机》及 JB/T 8539—2013《塑料挤出吹塑中空成型机》2 项行业标准修订计划项目，正在申报中。总会

申报 GB 20055—2006《开放式炼胶机炼塑机安全要求》、GB 25433—2010《密闭式炼胶机炼塑机安全要求》、GB 25434—2010《橡胶塑料压延机安全要求》、GB 25431.1—2010《橡胶塑料挤出机和挤出生产线　第 1 部分：挤出机的安全要求》、GB 25431.2—2010《橡胶塑料挤出机和挤出生产线　第 2 部分：模面切粒机的安全要求》、GB 25431.3—2010《橡胶塑料挤出机和挤出生产线　第 3 部分：牵引装置的安全要求》、GB 25936.1—2012《橡胶塑料粉碎机械　第 1 部分：刀片式破碎机安全要求》、GB 25936.2—2012《橡胶塑料粉碎机械　第 2 部分：拉条式切粒机安全要求》、GB 25936.3—2012《橡胶塑料粉碎机械　第 3 部分：切碎机安全要求》、GB 25936.4—2010《橡胶塑料粉碎机械　第 4 部分：团粒机安全要求》10 项橡胶塑料机械通用国家标准修订计划项目，正在申报中。

申报的修订项目将提高进入该行业的门槛，淘汰一些技术落后的低端产品，对促进产业结构调整与优化升级将发挥重要作用，将有力地推动科技创新成果的产业化、规模化，奠定产品的设计、工艺、制造技术基础，保障产品质量、提高和实施产品监督检验，对促进塑料机械行业科技进步、转型升级和节能减排均具有十分重要的现实意义。

随着塑料波纹管生产新技术的不断推出，其下游产品应用更加广泛。原 JB/T 10899—2008《塑料挤出双壁波纹管辅机》标准已不能完全发挥生产的指导性作用。相同的辅机不仅仅只能生产双壁波纹管，也可以生产单壁波纹管、三壁波纹管、方型波纹管、桥梁波纹管等。因此，拟将修订标准后的名称更改为《塑料挤出波纹管辅机》，以满足更广泛的市场需求。

当前，国内外塑料挤出吹塑中空成型机正向高生产效率、高使用性能、大规格、节能减排等方向发展，并且随着科技水平的发展，用户对产品水平和质量要求不断提高，修订 JB/T 8539—2013 标准将有力地促进产品技术水平和质量的提升，对于推动我国塑料挤出吹塑中空成型机向国际化水平攀升具有重要的意义。

四、分委会考核评估工作

根据国家标准化管理委员会《全国专业标准化技术委员会考核评估管理办法》以及中国石油和化学工业联合会、中国机械工业联合会的要求，2015 年分委会随同总会被考核评估为 AAAA 级标委会（有效期为三年）。2018 年，分委会随同总会继续参加考核评估，已提交分委会自评报告。

五、积极参与国际标准转化与活动

ISO/TC 270 国际标准化组织塑料和橡胶机械技术委员会于 2012 年 7 月成立，秘书处设在意大利，共有美国、英国、中国、法国、德国、意大利等 17 个 P 成员，还有韩国等 6 个 O 成员。全国橡胶塑料机械标委会（SAC/TC71）秘书处负责 ISO/TC 270 国内技术对口单位的工作。

国际标准《橡胶塑料注射成型机安全要求》的起草，标志着橡胶塑料机械行业终于实现了国际标准零的突破。该国际标准的起草单位里出现了我国企业的身影，海天塑机股份有限公司等几家企业参加了该项标准的起草。这将对我国积极应对技术性贸易壁垒，进一步打开国际市场具有重要的战略意义。

2017 年，ISO/TC 270 成立了 ISO/TC 270/WG2 挤出机工作组和 ISO/TC 270/WG3 橡胶塑料机械夹具系统工作组。总会通过广泛的征集，申报了国内相关单位的 5 名专家参加 ISO/TC 270/WG2 挤出机工作组的工作，申报了国内相关单位的 4 名专家参加 ISO/TC 270/WG3 橡胶塑料机械夹具系统工作组的工作。

六、挤出机能耗检测国家标准发布

国家标准 GB/T 33580—2017《橡胶塑料挤出机能耗检测方法》已由国家质量监督检验检疫总局、国家标准化管理委员会批准发布，并于 2017 年 12 月 1 日开始实施。该标准规定了橡胶塑料挤出机电能消耗的检测方法，适用于单螺杆和双螺杆橡胶塑料挤出机。对橡胶塑料挤出机的能耗进行有依据的检测，通过标准衡量产品的能耗大小，有助于推动产品向高效节能方向发展，淘汰高能耗产品。

1. 标准的主要内容

（1）适用范围的确定。根据挤出机主要结构差异、适用的加工物料不同将适用范围确定为单螺杆橡胶挤出机、单螺杆塑料挤出机、平行双螺杆塑料挤出机（同向和异向）及锥形双螺杆塑料挤出机（同向和异向），统称为单螺杆和双螺杆橡胶塑料挤出机。

（2）试验材料（配方）的选择。挤出机的比能耗与配方的关系很大，配方不同，比能耗的数值会有很大差别。检测方法中共包含橡胶塑料挤出机10大类，适合加工的物料也有很大差别，有的同类挤出机也适合加工不同种物料。为了使检测方法不过于复杂，便于节能评价值的确定，增加可操作性，只选择具有代表性和广泛适用性的配方并将其作为资料性附录，同时尽量考虑不同类挤出机共用同一配方。在实际操作中可以根据挤出机的实际应用确定检测配方。

（3）测试机头压力的选择。挤出机机头压力与挤出机的耗能有直接关系，而检测方法所包含的挤出机种类较多，适合加工的制品也多种多样，正常工作的压力差别很大。为了验证机头压力对于挤出机比能耗的影响，按照聚合物在加工过程中焓变化的公式计算结果可知，压力的变化对于物料加工过程中的能耗影响并不大，因此，可以将测试机头压力确定为一个范围。橡胶挤出机加工橡胶制品对出料温度要求不高于120℃，而机头压力越高，料温越高，比能耗值也越大，所以对于橡胶挤出机的测试机头压力，只需给出能保证制品合格的最小机头压力即可；塑料挤出机种类比较多，每一类挤出机加工的制品也有很大不同，在一定压力范围内均能生产出合格制品。考虑到有些检测是与挤出机相匹配的辅机一起进行，测试压力会比测试机头高，所以只给出一定的压力范围，实际检测能耗值时可以采用试验机头，只要满足最低压力即可。

（4）节能评价值。为保证能耗等级划分准确并合理，标准起草工作组针对不同机型进行了用户走访、调研、测试，在大量测试数据的基础上并与国外同类机型进行比较后，按挤出机的分类、螺杆直径范围、长径比范围及配方，最终分别确定了橡胶挤出机和塑料挤出机的节能评价值。

（5）节能评价方法。分别按橡胶挤出机和塑料挤出机进行系列划分，按不同直径范围每个长径比范围内抽取一台样机进行检测，达到节能评价值的系列产品可认定为节能产品。

2. 标准实施的意义

标准的实施，可为规范橡胶塑料挤出机的能耗检测提供依据，对促进行业节能、低碳、环保、技术进步和持续发展，对提升我国橡胶塑料挤出机节能降耗水平、提高经济效益和社会效益将起到十分重要的作用。

2018—2019年，分委会将组织开展行业调研和标准需求分析，明确标准支撑产业结构战略性调整的着力点，突出加强战略性新兴产业、节能降耗、安全环保、资源节约与综合利用等重点领域标准的制定工作。应重点做好行业标准中的安全标准，涉及环保要求的标准，基础标准，符合国家有关重大工程项目并与主攻课题相配套的标准，市场急需制定的、技术先进并有发展潜力的产品标准；组织开展《塑料挤出薄膜生产线》《塑料挤出同步拉伸拉幅膜辅机》及《高强高模PE纤维拉丝机》等标准的研究制定及《塑料挤出双壁波纹管辅机》《塑料挤出吹塑中空成型机》等标准的修订工作。还要加快标准对节能环保新产品、新技术科研成果的转化，及时制定出实用性强的技术标准。分委会将继续以贯彻落实新《标准化法》为契机，以服务行业发展为中心，不断提高工作水平，全面推进塑料机械行业标准化工作。

〔供稿单位：全国橡胶塑料机械标准化技术委员会塑料机械分技术委员会〕

塑料机械行业标准目录

序号	标准号	标准名称	标准类别	备注
1	GB/T 9707—2010	密闭式炼胶机炼塑机	产品	代替 GB/T 9707—2000
2	GB/T 12783—2000（2015）	橡胶塑料机械产品型号编制方法	基础	代替 GB/T 12783—1991
3	GB/T 12784—2017	橡胶塑料加压式捏炼机	产品	
4	GB/T 13577—2006（2013）	开放式炼胶机炼塑机	产品	代替 GB/T 13577—1992
5	GB/T 13578—2010	橡胶塑料压延机	产品	代替 GB/T 13578—1992
6	GB 20055—2006（2013）	开放式炼胶机炼塑机安全要求	安全	
7	GB 22530—2008（2014）	橡胶塑料注射成型机安全要求	安全	
8	GB/T 25156—2010	橡胶塑料注射成型机通用技术条件	产品	
9	GB/T 25157—2010	橡胶塑料注射成型机检测方法	方法	
10	GB 25431.1—2010	橡胶塑料挤出机和挤出生产线　第1部分：挤出机的安全要求	安全	
11	GB 25431.2—2010	橡胶塑料挤出机和挤出生产线　第2部分：模面切粒机的安全要求	安全	
12	GB 25431.3—2010	橡胶塑料挤出机和挤出生产线　第3部分：牵引装置的安全要求	安全	
13	GB 25433—2010	密闭式炼胶机炼塑机安全要求	安全	
14	GB 25434—2010	橡胶塑料压延机安全要求	安全	
15	GB 25936.1—2012	橡胶塑料粉碎机械　第1部分：刀片式破碎机安全要求	安全	
16	GB 25936.2—2012	橡胶塑料粉碎机械　第2部分：拉条式切粒机安全要求	安全	
17	GB 25936.3—2012	橡胶塑料粉碎机械　第3部分：切碎机安全要求	安全	
18	GB 25936.4—2010	橡胶塑料粉碎机械　第4部分：团粒机安全要求	安全	
19	GB/T 25941—2010	塑料真空成型机	产品	代替 JB/T 5292—1991
20	GB/T 30200—2013	橡胶塑料注射成型机能耗检测方法	方法	
21	GB/T 32456—2015	橡胶塑料机械用电磁加热节能系统通用技术条件	通用	
22	GB/T 32662—2016	废橡胶废塑料裂解油化成套生产装备	产品	
23	GB/T 33580—2017	橡胶塑料挤出机能耗检测方法	方法	
24	GB/T 35382—2017	塑料中空成型机能耗检测方法	方法	
25	HG/T 2148—2009（2015）	密闭式炼胶机炼塑机检测方法	方法	代替 HG/T 2148—1991
26	HG/T 2149—2004	开放式炼胶机炼塑机检测方法	方法	
27	HG/T 2150—2009（2015）	橡胶塑料压延机检测方法	方法	代替 HG/T 2150—1991

（续）

序号	标 准 号	标 准 名 称	标准类别	备注
28	HG/T 3108—2012	冷硬铸铁辊筒	产品	
29	HG/T 3120—1998（2015）	橡胶塑料机械外观通用技术条件	通用	代替 HG 5-1541—1983
30	HG/T 3228—2001（2015）	橡胶塑料机械涂漆通用技术条件	通用	代替 ZBG 95010—1988
31	JB/T 2627—2008	塑料挤出硬管辅机	产品	代替 JB/T 2627—1991
32	JB/T 5289—2004	鞋用转盘注射成型机	产品	代替 JB/T 5289—1991
33	JB/T 5290—2008	塑料圆织机	产品	代替 JB/T 5290—2000
34	JB/T 5291—2007	塑料破碎机	产品	代替 JB/T 5291—1991
35	JB/T 5293—2013	可发性聚苯乙烯泡沫塑料自动成型机	产品	代替 JB/T 5293—1991
36	JB/T 5416—2005	塑料挤出干法热切造粒辅机	产品	代替 JB/T 5416—1991
37	JB/T 5417—2007	塑料排气挤出机	产品	代替 JB/T 5417—1991
38	JB/T 5418—2015	聚丙烯不织布机	产品	代替 JB/T 5418—1991
39	JB/T 5419—2008	塑料挤出平膜扁丝辅机	产品	代替 JB/T 5419—2000
40	JB/T 5420—2014	同向双螺杆塑料挤出机	产品	代替 JB/T 5420—2001
41	JB/T 5421—2013	塑料薄膜回收挤出造粒机组	产品	代替 JB/T 5421—1991
42	JB/T 5438—2008	塑料机械 术语	基础	代替 JB/T 5438—1991
43	JB/T 6489—2014	塑料捏合机	产品	代替 JB/T 6489—1999
44	JB/T 6490—2015	塑料压力成型机	产品	代替 JB/T 6490—1992
45	JB/T 6491—2015	异向双螺杆塑料挤出机	产品	代替 JB/T 6491—2001
46	JB/T 6492—2014	锥形异向双螺杆塑料挤出机	产品	代替 JB/T 6492—2001
47	JB/T 6493—2015	塑料薄膜制袋机	产品	代替 JB/T 6493—1992
48	JB/T 6494—2014	料斗式塑料干燥机	产品	代替 JB/T 6494—2002
49	JB/T 6928—2014	塑料挤出带辅机	产品	代替 JB/T 6928—1993
50	JB/T 6929—2015	塑料挤出转盘制鞋机	产品	代替 JB/T 6929—1993
51	JB/T 7251—2014	塑料挤出拉丝辅机	产品	代替 JB/T 7251—1994
52	JB/T 7669—2004	塑料混合机	产品	代替 JB/T 7669—1995
53	JB/T 8061—2011	单螺杆塑料挤出机	产品	代替 JB/T 8061—1996
54	JB/T 8538—2011	塑料机械用螺杆、机筒	产品	代替 JB/T 8538—1997
55	JB/T 8539—2013	塑料挤出吹塑中空成型机	产品	代替 JB/T 8539—1997
56	JB/T 8698—2015	热固性塑料注射成型机	产品	代替 JB/T 8698—1998
57	JB/T 8703—2011	塑料挤出吹塑薄膜辅机	产品	代替 JB/T 8703—1998
58	JB/T 8943—2015	全塑鞋用注射机	产品	代替 JB/T 8943—1999
59	JB/T 10342—2014	塑料挤出异型材辅机	产品	代替 JB/T 10342—2002
60	JB/T 10464—2004	拉条式塑料切粒机	产品	首次起草
61	JB/T 10898—2008	塑料挤出复合膜辅机	产品	首次起草
62	JB/T 10899—2008	塑料挤出双壁波纹管辅机	产品	首次起草
63	JB/T 11343—2013	锥形同向双螺杆塑料挤出机	产品	首次起草
64	JB/T 11344—2013	PVC 塑料配混系统	产品	首次起草
65	JB/T 11345—2013	可发性聚苯乙烯泡沫塑料板材成型机	产品	首次起草

（续）

序号	标 准 号	标 准 名 称	标准类别	备注
66	JB/T 11346—2013	可发性聚苯乙烯泡沫塑料板材切割机	产品	首次起草
67	JB/T 11347—2013	可发性聚苯乙烯泡沫塑料预发机	产品	首次起草
68	JB/T 11348—2013	塑料挤出流延薄膜辅机	产品	首次起草
69	JB/T 11509—2013	聚氨酯发泡设备通用技术条件	产品	首次起草
70	JB/T 11730—2013	工业机械电气设备及系统 注塑机交流伺服驱动系统技术条件	通用	
71	JB/T 11992—2014	工业机械电气设备及系统 塑料机械计算机控制系统形象化图形符号	基础	
72	JB/T 12787—2016	塑料成型模具温度控制机	产品	首次起草
73	JB/T 12788—2016	塑料成型模具用冷水机	产品	首次起草
74	JB/T 12789—2016	转轮式塑料干燥机	产品	首次起草
75	JB/T 12986—2016	工业机械电气设备及系统 塑料机械控制系统接口与通信协议	通用	
76	JB/T 13022—2017	塑料挤出吹塑土工膜辅机	产品	首次起草

注：标准号括号中的数值为该标准确认有效的年份。

中国塑料机械行业团标标准化工作概述

我国现行标准体系和标准化管理体制是20世纪80年代确立的，已不能完全适应社会主义市场经济发展的需要，必须切实转变政府标准化管理职能，深化标准化改革，提升标准供给质量和效率，改进供给能力，提升标准化服务经济社会能力和水平。为此，国务院在2015年印发了《深化标准化工作改革方案》，提出到2020年基本建成结构合理、衔接配套、覆盖全面、适应经济社会发展需求的新型标准体系。通过整合精简强制性标准、优化完善推荐性标准、培育发展团体标准和放开搞活企业标准，把政府单一供给的现行标准体系转变为由政府主导制定的标准和市场自主制定的标准共同构成的新型标准体系，实现市场规范有标可循、公共利益有标可保、创新转型有标引领、服务发展有标支撑，确保标准供给满足经济社会结构性改革需要。

培育发展团体标准是深化标准化改革的创新点、活力点，是促进行业自律与市场监管互动与平衡的重要一环。设立和发展团体标准可以推动简政放权，支撑实施创新驱动战略，满足市场多样化需求，有效增加市场标准的供给。

在致第39届国际标准化组织大会的贺信中，习近平指出：“标准是人类文明进步的成果。从中国古代的‘车同轨、书同文’，到现代工业规模化生产，都是标准化的生动实践。伴随着经济全球化深入发展，标准化在便利经贸往来、支撑产业发展、促进科技进步、规范社会治理中的作用日益凸显。”标准的作用已越来越凸显，创新性地开展标准工作越来越迫切。

一、团标委的组织构成

为适应塑料机械行业快速发展需要，促进我国塑料机械行业更加健康有序的发展，根据国家相关要求，中国塑料机械工业协会从2016年开始开展团体标准相关工作，并制定了《中国塑料机械工业协会团体标准管理办法（试行）》（中塑机协〔2016〕22号）。该管理办法已在行业内公布并报国家标准化管理委员会审核通过后在全国团体标准信息平台进行了公告。管理办法的制定，让协会团体标准的制定有据可依。

2017 年，为系统、全面、高效地推进行业团体标准化工作，协会经过综合考虑后成立了中国塑料机械工业协会团体标准工作委员会（简称中塑机团标委），并于 2017 年 10 月 27 日在重庆国际博览中心召开了中塑机团标委成立会。中塑机团标委设有秘书处，秘书长由中国塑料机械工业协会粟东平常务副会长兼任，具体工作由中国塑料机械工业协会李春燕副秘书长负责。办公场所设在北京市西城区三里河路 46 号，即中国塑料机械工业协会办公地。中国塑料机械工业协会团体标准工作委员会组织结构图见图 1。

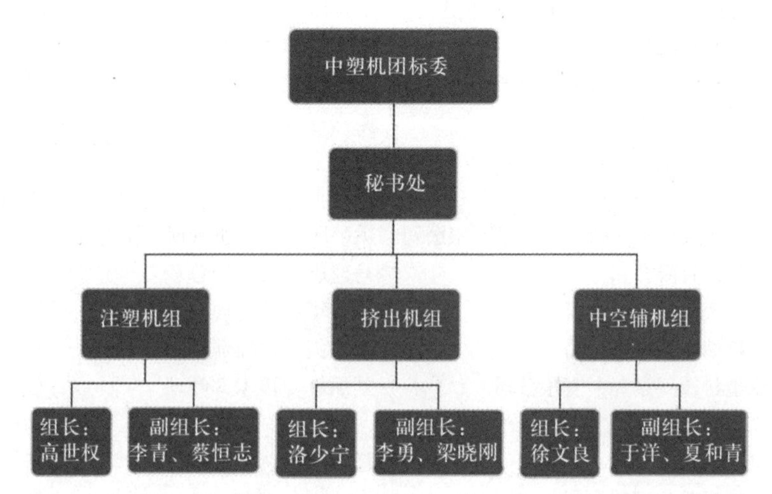

图 1　中国塑料机械工业协会团体标准工作委员会组织结构图

秘书处下设有注塑机、挤出机和中空辅机 3 个标准制定常务工作小组，每组设 1 位组长、2 位副组长。

注塑机组组长由海天塑机集团有限公司高世权副部长担任，副组长分别为广东伊之密精密机械股份有限公司李青经理和力劲科技集团蔡恒志经理。

挤出机组组长由大连橡胶塑料机械有限公司洛少宁董事长担任，副组长分别为山东通佳机械有限公司李勇总经理和天华化工机械及自动化研究设计院有限公司梁晓刚总工。

中空辅机组组长由苏州同大机械有限公司徐文良董事长担任，副组长分别为宁波弘讯科技股份有限公司于洋技术总监和青岛岩康塑料机械有限公司夏和青总经理。

同时，中塑机团标委还聘请了 3 位特别顾问，分别是全国橡胶塑料机械标准化技术委员会何成秘书长、全国橡胶塑料机械标准化技术委员会塑料机械分技术委员会李香兰秘书长和全国橡胶塑料机械标准化技术委员会甘学诚顾问。

中国塑料机械工业协会团体标准工作委员会标准制定常务工作小组名单见表 1。

表 1　中国塑料机械工业协会团体标准工作委员会标准制定常务工作小组名单

序号	分组	企业名称	姓 名	职 务	专 业
1	注塑	海天塑机集团有限公司	高世权	技术本部副部长	塑料机械
2	注塑	广东伊之密精密机械股份有限公司	李 青	经理	机械设计
3	注塑	力劲科技集团	蔡恒志	项目经理	机械制造
4	注塑	宁波长飞亚塑料机械制造有限公司	王乃颖	标准化管理	塑料机械
5	注塑	浙江申达机器制造股份有限公司	周巨栋	技术中心办公室主任	机械设计
6	注塑	德马格塑料机械（宁波）有限公司	金敬明	技术经理	电气自动化
7	注塑	富强鑫（宁波）机器制造有限公司	陈晓周	技术部经理	机电一体化
8	注塑	广州市香港科大霍英东研究院	高福荣	教授	间歇过程自动化

（续）

序号	分组	企业名称	姓 名	职 务	专 业
9	注塑	泰瑞机器股份有限公司	魏建鸿	技术办公室主任	机电一体化
10	注塑	震雄集团有限公司	梁健民	主任	机械制造
11	注塑	博创智能装备股份有限公司	李崇德	副总工程师	自动化系统
12	注塑	东华机械有限公司	严厚明	项目经理	机电一体化
13	注塑	宁波市海达塑料机械有限公司	刘 维	工程技术部部长	机械设计及制造
14	注塑	宁波海雄塑料机械有限公司	张卫东	副总经理	铸造
15	注塑	宁波华美达机械制造有限公司	王舟挺	副总经理	机械工程及自动化
16	注塑	广东佳明机器有限公司	方 来	质量总监	质量
17	注塑	国家塑料机械产品质量监督检验中心	郭一萍	常务副主任	机械与冶金产品检测
18	注塑	北京化工大学	谢鹏程	主任	精密注塑
19	挤出	大连橡胶塑料机械有限公司	洛少宁	董事长	橡胶塑料机械
20	挤出	山东通佳机械有限公司	李 勇	总经理	机械设计
21	挤出	天华化工机械及自动化研究设计院有限公司	梁晓刚	化工机械研究部总工	橡塑机械
22	挤出	江苏贝尔机械有限公司	马建忠	技术副总裁	塑料成型与加工
23	挤出	常州金纬片板设备制造有限公司	刘春华	总经理	机电一体化
24	挤出	上海金纬机械制造有限公司	楼亦剑	总经理	机械制造及自动化
25	挤出	德科摩橡塑科技（东莞）有限公司	刘炳辉	技术部经理	模具设计与制造
26	挤出	华东理工大学	谢林生		橡塑机械
27	挤出	大连三垒科技有限公司	任忠恩	总工程师	机械
28	挤出	广东金明精机股份有限公司	李子平	副总工	自动化控制
29	挤出	苏州金韦尔机械有限公司	孙锋林	总经理	材料
30	挤出	诺信塑料工程系统（上海）有限公司	章 硋	应用工程经理	机械工程师
31	挤出	苏州塑之源机械制造有限公司	汪发兵	总经理	机械设备及自动化
32	挤出	南京创博机械设备有限公司	李东生	总经理	机械制造
33	挤出	广东星联科技有限公司	李保银	副总经理	化工机械
34	挤出	宁波康润机械科技有限公司	徐 新	总经理	塑料机械制造
35	中空辅机	苏州同大机械有限公司	徐文良	董事长兼总经理	机械制造工艺及设备
36	中空辅机	青岛岩康塑料机械有限公司	夏和青	总经理	机电设备与维修
37	中空辅机	苏州星贝尔中空成型设备有限公司	费世明	总经理	机械设计与制造 / 锻压
38	中空辅机	沧州市义德机械有限责任公司	庞子喜	总经理	机电一体化
39	中空辅机	江苏大道机电科技有限公司	曾祥永	技术经理	机械制造与工艺
40	中空辅机	广东乐善智能装备股份有限公司	王树辉	技术副总	机械制造工艺及设备
41	中空辅机	苏州金纬中空技术有限公司	王宏松	技术部长	机械设计制造及其自动化
42	中空辅机	山东通佳重工机械有限公司	戴 强	副总经理	机械设计
43	中空辅机	宁波弘讯科技股份有限公司	于 洋	技术总监	计算机科学与技术
44	中空辅机	大连塑料机械研究所	杨宥人	所长	高分子材料加工机械
45	中空辅机	广东拓斯达科技股份有限公司	黄代波	总经理	机械自动化
46	中空辅机	艾克森（江苏）节能电热科技有限公司	何海兵	总经理	
47	中空辅机	宁波华热机械制造有限公司	徐小军	研发部经理	机电一体化
48	中空辅机	山西大新传动技术有限公司	张新辉	董事长	机械制造
49	中空辅机	苏州锦珂塑胶科技有限公司	毕宏伟	经理	塑料成型加工
50	中空辅机	东莞信易电热机械有限公司	谢仲铭	研发部主任	机械设计及其自动化
51	中空辅机	宁波伊士通技术股份有限公司	樊雄飞	副总经理	精密仪器
52	中空辅机	苏州康尼格电子科技股份有限公司	朱建晓	董事长	化学分析
53	中空辅机	深圳塑能节能装备有限公司	寻尚伦	董事长	金属切削

二、团标委的业务范围

与国家标准、行业标准不同，团体标准注重市场需求导向和组织内的利益一致性，采用公平、公正和协商一致的原则制定并实施，所以团体标准更贴近市场，更能代表广泛的利益，对于产业发展、市场规范、国家战略和区域协同都有着更为积极的意义。同时，团体标准为我国现行的标准体系提供有效补充，有利于解决标准滞后、标准缺失等问题。

中塑机团标委的主要工作内容有：

（1）根据行业的实际情况和需求，组织开展行业团体标准研究工作，制定行业团体标准的发展规划。

（2）建立协会团体标准体系，依据行业发展需求，组织制定、发布、实施，并对其进行维护。

（3）接受政府部门和有关社会组织的委托，开展有关标准化工作的调查研究、评价、论证和咨询等。

（4）宣传国家有关标准化法律、法规和政策，普及标准化知识，组织开展标准化学术研究、技术交流和业务培训等。

（5）反映行业诉求，向政府标准化行政管理部门提出行业标准工作的意见和建议。

（6）积极开展对外交流，建立与国际标准组织的联系，互通有无。

2017 年 11 月 4 日，第十二届全国人大常委会第三十次会议表决通过了《中华人民共和国标准化法（修订草案）》，正式确立了团体标准的法律地位，构建了政府标准与市场标准协调配套的中国新型标准体系。

新标准化法的颁布给团体标准工作带来了新的机遇、新的动力，营造了更好的发展环境。我国塑料机械行业是以民营企业为主的行业，市场竞争充分，充满活力，技术和产品发展快，更需要紧跟企业和市场发展需要的团体标准。2016—2017 年，中国塑料机械工业协会先后两次面向行业、会员单位征求团体标准相关建议，并在中塑机团标委成立会上讨论表决后，确定制定《全电动塑料注射成型机》和《多组分塑料注射成型机》两项行业团体标准。这两项标准还在制定，预计 2018 年年底可以完成。

《全电动塑料注射成型机》标准起草单位有：海天塑机集团有限公司、广东伊之密精密机械股份有限公司、国家塑料机械产品质量监督检验中心、震雄集团有限公司、泰瑞机器股份有限公司、东华机械有限公司、宁波双马机械工业有限公司、广州一道注塑机械有限公司、宁波海雄塑料机械有限公司、佛山市宝捷精密机械有限公司、宁波海星机械制造有限公司、宁波市海达塑料机械有限公司、山东通佳机械有限公司、宁波弘讯科技股份有限公司、宁波伊士通技术股份有限公司、力劲科技集团和浙江申达机器制造股份有限公司。

《多组分塑料注射成型机》标准起草单位有：富强鑫（宁波）机器制造有限公司、海天塑机集团有限公司、博创智能装备股份有限公司、震雄集团有限公司、广东伊之密精密机械股份有限公司、东华机械有限公司、宁波海雄塑料机械有限公司、泰瑞机器股份有限公司、宁波海星机械制造有限公司、宁波市海达塑料机械有限公司、宁波巴斯顿机械科技有限公司、国家塑料机械产品质量监督检验中心、宁波双马机械工业有限公司和浙江申达机器制造股份有限公司。

团体标准是市场标准，在满足市场和创新需求的同时，可增加标准有效供给，成为提升产品和服务质量，促进科学技术进步，保障人身健康和生命财产安全，维护国家安全、生态环境安全，提高经济社会创新发展水平不可或缺的力量。中塑机团标委将充分发挥好团体标准优势，不断完善自身建设，及时制定出满足市场发展需要的好标准，不断加强标准宣贯，积极促进塑料机械行业的健康发展。

〔供稿单位：中国塑料机械工业协会团体标准工作委员会〕

塑料中空成型机能耗检测方法的研究

随着煤炭、石油等不可再生能源的日益减少和全球能源消耗的大增，在可预测的将来，能源问题必将是制约一个国家发展的主要因素之一。我国作为世界新兴经济体的一员，能源消耗量世界第一，而且主要依靠能源进口来满足我国经济的高速发展，提高能源利用率、优化产业结构、降低能耗是我国现阶段实现可持续发展的必由之路。

塑料中空成型机与塑料注射成型机、塑料挤出机并称为塑料机械的“三驾马车”，塑料注射成型机和塑料挤出机已经先后制定了能耗检测方法，塑料中空成型机能耗检测方法的制定迫在眉睫。

一、塑料中空成型机的现状

塑料中空成型机加工设备是在橡胶机械和金属压铸机的基础上发展起来的。聚合物注射成型工艺和简单的成型设备自 19 世纪 70 年代出现，直至 20 世纪 30 年代才获得较快发展，塑料成型加工设备逐渐商品化，注射成型和挤出成型成为工业化的加工方法。吹塑成型是仅次于注射与挤出的第三大塑料成型方法，也是发展最快的一种塑料成型方法。

塑料中空成型机制塑成型的基本工作原理如下：先成型型坯，后用压缩空气（与拉伸杆）来径向吹胀（与轴向拉伸）型坯，使之贴紧（拉伸）吹塑模具型腔，把型腔的形状与尺寸赋予制品，并冷却之。根据型坯成型的方法，吹塑成型分为挤出吹塑成型和注射吹塑成型两大类。挤出吹塑成型的设备（尤其是模具）造价及能耗较低，可成型大容积容器与形状复杂的制品；注射吹塑成型的容器有较高的尺寸精度，不形成接合缝，一般不产生边角料。

二、能耗评价和标准情况

塑料中空成型机可以分为塑料注射吹塑中空成型机和塑料挤出吹塑中空成型机。其中，塑料挤出吹塑中空成型机可查询到的国外标准有 EUROMAP 46.1：2014《中空成型机机器相关的能耗等级》、EUROMAP 46.2：2014《中空成型机制品相关的能耗等级》；塑料注射吹塑中空成型机尚未查到国外相关标准，其机器结构与塑料注射成型机有相同的锁模和注射部分，可以参考 EUROMAP 60：2009《注射成型机　机器相关的电力能源消耗率的测定》。

国内标准中也未查到关于塑料中空成型机的能耗检测方法和评价标准。类似机械产品能耗检测方法和评价标准有 GB/T 30200—2013《橡胶塑料注射成型机能耗检测方法》，该标准使用重新起草法参考 EUROMAP 60：2009《注射成型机　机器相关的电力能源消耗率的测定》编制，与 EUROMAP 60：2009 的一致性程度为非等效。由于塑料注射吹塑中空成型机与塑料注射成型机具有相同的锁模和注射部分，可以参考 GB/T 30200—2013 标准。

我国塑料机械行业面临进入国际市场并参与国际竞争的巨大机遇和挑战，国内同样重视和支持节能减排，又加之橡胶塑料注射成型机和橡胶塑料挤出机的能耗检测方法标准相继出台，塑料中空成型机的能耗检测方法标准的制定已是行业的迫切需要。

为了对各种节能技术有一个统一的检测方法和节能指标的评价，由中国石油和化学工业联合会提出，全国橡胶塑料机械标准化技术委员会归口，苏州同大机械有限公司、江苏维达机械有限公司、秦川机床工具集团股份公司、宁波高智创新科技开发有限公司、山东通佳重工有限公司、中国塑料机械工业协会、北京橡胶工业研究设计院及国家塑料机械产品质量监督检验中心共同起草的GB/T 35382—2017《塑料中空成型机能耗检测方法》于2017年12月29日正式发布，2018年7月1日正式实施，这意味着我国塑料机械行业中最主要的三大机械——塑料注射成型机、塑料挤出机、塑料中空成型机都拥有了现行有效的能耗检测方法标准，具有重大意义。

通过对塑料中空机生产企业和使用企业进行调研，广泛征集了行业内的各种意见和建议，采集了不同厂家、不同类型、不同大小的多台塑料中空成型机的大量试验数据，寻找其中规律，确定了塑料中空机测试工况、测试方法和能耗评定指标。标准制定过程充分纳入和反映了当今新产品、新技术、新工艺的先进技术成果，保证标准的时效性，使塑料中空成型机生产企业可以按标准方法进行能耗测试，可以按标准指标进行节能指标评价，使广大用户在塑料中空成型机的订货、验收、使用等方面有据可依，更好地满足市场和使用需要。

三、节能评价方法的研究

1. 塑料挤出吹塑中空成型机节能评价方法的研究

塑料挤出吹塑成型机的能耗测试方法可以采用欧洲标准EUROMAP 46.1：2014，经翻译、整理、重新排版并对标准内容讨论后，认为测试条件与方法均科学合理，因此，塑料挤出吹塑成型机部分的测试条件与方法非等效采用EUROMAP 46.1：2014。现对以下几点做重点说明：

（1）塑料挤出吹塑成型机的测试用原料规定为高密度聚乙烯(HDPE)粒料原料，无干燥无预热，熔体流动速率为(8～10)g/10 min(190℃，2.16kg)，测试用料的温度应小于30℃。熔体流动速率反映的是塑料原料加工时流动性的好坏，达到同样的温度不同熔融指数的原料表现出不一样的流动性，对最终测得的能耗数值会有影响，因此必须规定熔体流动速率。

（2）塑料挤出吹塑成型机的机筒温度设定为190℃。加热温度直接影响了塑料的流动性能，不同温度下的原料表现出不一样的流动性，对最终测得的能耗数值会有影响，因此必须规定机筒加热温度。

（3）为确保机器是在温度恒定的状态下进行的测试，规定了在调试后30min内，机筒的测量点温度变化应在±10℃范围内。

（4）液压式塑料挤出吹塑成型机的工作油温不超过60℃，这点符合JB/T 8539—2013中5.1.3的规定，也是为了确保机器在正常的工作状况下进行测试。

（5）对塑料挤出吹塑成型机的一些关键参数进行了设定，如锁模力、抬模头速度、开合模速度、移模速度、开合模加减速度、吹塑时间、挤出产量。这些参数的设定一般考虑在整机最佳产能的状态。

（6）塑料挤出吹塑中空成型机应在全自动模式连续或间歇挤出的状态下测试，同时规定了测试周期，测试时间应大于10min，挤出总质量应大于5kg，且连续循环次数不少于10次，不规定具体的试验时间。

（7）塑料挤出吹塑中空成型机的能耗主要表现在电动机驱动各主要动作时的能耗以及机筒加热产生的能耗。主要动作包括开模/合模、挤出、移模、吹塑，当然也包括在整个动作过程中不可避免地由控制器以及内部维护装置（如电气元件冷却系统、润滑系统和液压油冷却系统）产生的能耗。但是试验不包含提供外部动力——压缩空气的动力源所产生的能耗。

2. 塑料注射吹塑中空成型机节能评价方法的研究

塑料注射吹塑中空成型机目前没有相应的国际标准和欧洲标准可供采标。因塑料注射吹塑中空成型机的制坯过程类似于塑料注射成型机，因此可以参考EUROMAP 60：2009《注射成型机　机器相关的电力能源消耗率的测定》和GB/T 30200—2013《橡胶塑料注射成型机能耗检测方法》，并在此基础上增加吹塑工位和旋转部件的工况。不同点说明如下：

（1）考虑到与塑料挤出吹塑成型机测试方法的一致性，同时高密度聚乙烯（HDPE）粒料原料同样广泛适用于塑料注射吹塑中空成型机，因此同样采用熔体流动速率为（8～10)g/10min(190℃，2.16kg）的高密度聚乙烯（HDPE）粒料原料。

（2）塑料注射吹塑中空成型机应安装可调节的试验喷嘴，因其在实际生产中与模具是紧密接触的，而试验过程喷嘴与模具不接触，对空注射无阻力，所以采用可调试验喷嘴通过调整注射压力来模拟模具型腔的阻力，同时建议采用闭合装置以防流延。因与塑料注射成型机具有一样的锁模工位，所以推荐采用 GB/T 30200—2013 标准的两个可调喷嘴型式，但也不排除测试时采用能达到调整注射压力要求的其他型式的可调喷嘴。

（3）塑料注射吹塑中空成型机锁模区域的结构类似于塑料注射成型机，因此安装 GB/T 25157—2010 中表 1 规定的试验块。而 EUROMAP 60 中规定的试验块是 EUROMAP 7 中规定的试验块。考虑到国家的推荐性标准 GB/T 25157—2010《橡胶塑料注射成型机检测方法》中已有明确的试验块要求，塑料注射吹塑中空成型机的锁模机构与塑料注射成型机的锁模机构非常相似，且试验块作用只是产生锁模力，并不影响能耗测试结果，因此可直接采用 GB/T 25157—2010 中规定的试验块。

（4）塑料注射吹塑中空成型机同样采用高密度聚乙烯（HDPE）粒料原料，因此机筒温度同样设定为 190℃，在调试后 30min 内，机筒的测量点温度变化应在 ±10℃范围内。

（5）液压式塑料注射吹塑成型机的工作油温同样规定不允许超过 60℃。

（6）塑料注射吹塑成型机的周期参数规定了注射锁模力、开模行程、开/合模速度、加/减速度、吹塑锁模力、吹塑时间、脱模行程、转台速度、注射压力、注射速度、注射容量、注射时间、计量行程、塑化时间、保压压力、保压时间、熔体背压。这些参数的设定一般考虑在整机最佳产能的状态。

（7）塑料注射吹塑中空成型机应在全自动模式连续注射的状态下测试，同时规定了测试周期，测试时间应大于 10 min，且连续注射次数不少于 10 次，不规定具体的试验时间。

（8）塑料注射吹塑中空成型机的能耗主要表现在电动机驱动各主要动作时的能耗以及机筒加热产生的能耗。主要动作包括开模/合模、预塑、注射、转台运动、吹塑，当然也包括在整个动作过程中不可避免地由控制器以及内部维护装置（如电气元件冷却系统、润滑系统和液压油冷却系统）产生的能耗。如果有喷嘴闭锁装置，也包括闭锁装置驱动产生的能耗。但是试验不包含提供外部动力——压缩空气的动力源所产生的能耗。

（9）在结果表述中，规定必须给出整机比能耗、平均电力消耗、平均功率消耗、循环周期和功率因数，以便更加明确该机器具体的耗能情况。

根据对国内规模塑料挤出吹塑成型机专业生产厂家和塑料注射吹塑成型机专业生产厂家进行的大量数据采集和验证，整机比能耗基本稳定在一定的范围内，可判定该方法的可行性较强。参考 EUROMAP 46.2：2014 和 GB/T 30200—2013 标准的能耗等级和节能评价值，并兼顾各大生产企业的意见建议，制定了更符合我国国情的能耗等级和节能评价值。

〔撰稿人：国家塑料机械产品质量监督检验中心马小刚、郭一萍〕

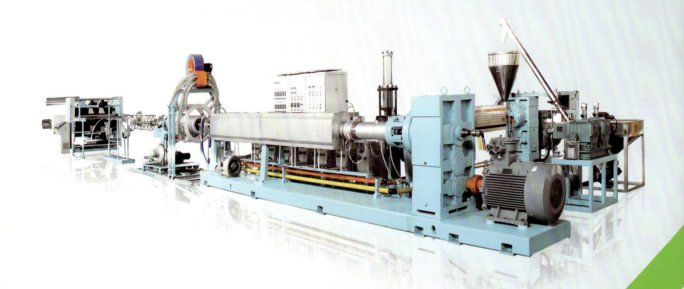

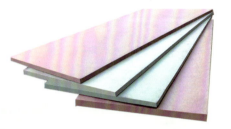

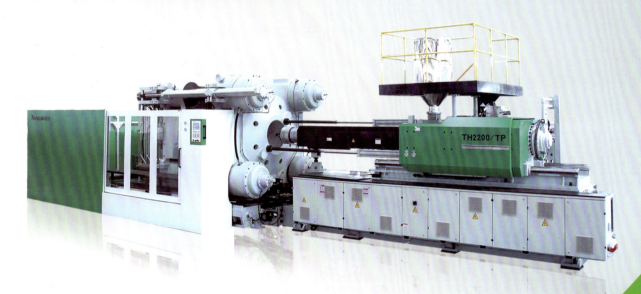